사회복지실천기술론

손광훈

KNOWLEDGE COMMUNITY 공동체

지난 15년 이상 대학에서 사회복지실천기술론, 인간행동과 사회환경, 장애인복지론 등 주로 미시적 접근의 교과목을 연구하고 가르치고 있다. 특히 사회복지학의 핵심이라고 할 수 있는 사회복지실천기술론에 다양한 과제, 이론, 실천을 유기적으로 접목해 보려고 노력하고 있지만, 늘 아쉬움과 무언가 부족하다는 생각을 갖게 하는 교과목이다. 사회복지실천기술론 교과목은 사회복지사 1급 국가고시의 기초과목으로, 한국사회복지교육협의회의 2004년도 사회복지학 교과목지침서에 충실하려고 노력하였다. 그러나 본 저자가 사회복지실천기술론을 집필하고자 교과서의 구성, 규모, 틀을 구상하는 단계에서 고민하고 갈등했던 내용을 보면, 현행 교과목지침서에는 방향성은 있으나 사회복지실천기술의 수준(entry, advance, special 또는 초급, 중급, 고급), 케이스워크, 그룹워크, 가족접근 등의 균형, 제한된 시간(한 학기 15주), 지면의 제한 등을 고려할 때, 다양하고 풍부한 내용을 담을 수 없었음을 밝히는 바이다.

저자가 임상사회사업가가 되고자 청운의 꿈을 안고 노력하던 학창시절(1970년대 말~1980년대 초)에는 사회사업 3대 방법론(Casework, Group Work, Community Organization)을 공부하기 위해 교수님들께서 어렵게 구입하시거나 구하신 원서교재를 복사하여 공부하던 시절, 케이스워크는 장인협 교수님의 청색 교재, 김만두 교수님의 녹색 번역교재, 이명홍 교수님의 회색 교재가 떠오르며, 핫포드의 그룹워크, 칵스(Cox)의 지역사회조직 전략, 워렌(Werren)의 주민조직(neighborhood organization) 등 그룹워크와 CO 교재 대부분을 복사본 원서를 갖고 학부에서 공부해야 했다. 특히 숭실대학교 사회사업학과에서 4학년 때, 고 조성경 교수님이 가르치셨던 통합방법론(핀커스와 미나한)을 공부하면서 다양한 개념과 예를 접할 수 있었고, 대학원에 입학하여 박종삼 교수님의 교수 아래 로버트(R. Robert)와 그 동료들이 당대의 저명한 학자들을 중심으로 편집하여 집대성한 3대 방법론에 대한 이론을 공부하기 위해 날밤을 새고, 수많은 오역과 무식함으로 강의실에 가기가 두려웠던 시절이 주마등처럼 스쳐지나간다.

그 시절 3대 방법론 중 케이스워크와 그룹워크가 통합·정리되어 현재의 사회복지실천론과 사회복지실천기술론에 이르렀다. 그러나 현행 다양한 사회복지실천론과 사회복지실천기술론 교재들을 분석해 본 결과 많은 내용이 혼재되어 있을 뿐만 아니라 과거의 케이스워크와 그룹워크의 균형 면에서 그룹워크의 내용이 매우 축소되어 있는 것을 발견할 수 있었다. 따라서 본 교재에서는 사회복지실천기술의 수준은 정리할 수 없었지만 그룹워크의 내용을 보강하려고 노력하였다.

이 책은 4부 14장으로 구성하였다. 제1부는 사회복지실천기술의 이해로서 3장으로 구성하였다. 제1장은 사회복지전문직의 정체성으로 사회복지사 자신의 이해, 사회복지사의 스타일과 능력 갖추기, 효과적인 사회복지사의 특징으로 구성하였고, 제2장은 사회복지사의 가치와 윤리로서 전문적 능력과 책임성, 사회복지사의 가치와 윤리, 사회복지사의 윤리적 의사결정을 다루었으며, 제3장에서는 사회복지실천기술의 기초로써 사회복지실천기술의 개관, 사회복지접근방법, 사회복지실천사정을 기술하였다.

제2부는 사회복지실천 모델과 개입기술로서 6장으로 구성하였다. 제4장은 이론과 관련된 인간본성에 대한 관점으로 인간본성에 대한 5가지 상담이론의 관점, 다양한 이론과 관련된 기술을 학생들이 확인하고 점검할 수 있도록 구성하였고, 5~9장은 정신분석치료 모델, 행동치료 모델, 인본주의적 접근, 인지행동치료 모델, 해결중심치료 모델의 기본 과정, 원칙과 특징, 기본 개념, 개입절차, 사회복지실천의 과정과 기법을 다루었다.

제3부는 대상별 사회복지실천기술로서 3장으로 구성하였다. 제10장은 개인중심 사회복지실천기술로서 기본적인 원조기술, 전문적인 원조관계, 사회복지실천의 기초 기술을 다루었고, 제11장은 집단중심 사회복지실천기술로서 이론적 이해, 집단단계에 따른 기법과 기술을 기술하였으며, 제12장은 가족중심 사회복지실천기술로서 기본 개념과 관점, 가족사정, 가족중심 사회복지실천의 실천과정과 모델을 다루고 있다.

끝으로 제4부는 사회복지실천기술의 기록과 평가로서 제13장은 사회복지실천 기록으로 사회복지 기록의 기본 개념, 사회복지에서 사용되는 기록들, 사회복지 기록의 활용과 유의점 등을 다루었으며, 제14장에서는 사회복지실천 평가로서 평가의 개념, 사회복지실천 평가를 위한 기술과 지침, 단일사례설계 등으로 구성하였다.

이 책으로 강의를 할 경우에 제2부에서는 제4장을 중심으로 학생들의 성향을 분석한 후, 5~9장 중 2~3개의 모델을 선택하여 강의할 것을 추천한다. 그리고 제3부는 3개의 장으로 구성되었지만, 각 장마다 2~3가지 세부 장으로 구성되어 있어서 강의 양이 비교적 많을 뿐만 아니라 개념, 사정, 실천기술로 구분되어 있어서 학부생의 경우는 기본 개념을 중심으로 강의하고 사정이나 실천기술은 취사선택하여 강의할 필요가 있다. 그리고 학생들의 사회복지실천기술의 연습을 보충하기 위해서 누크러그(Ed. Neukrug) 저, 손광훈 역. 『사회복지사를 위한 기술과 기법』(2009, 양서원)을 강의진도에 따라 다양한 연습과제를 학생들에게 과제로 제공하면, 많은 도움이 될 것이다.

이 책을 내면서 늘 내 인생의 좌표와 같은 박종삼 교수님의 지도와 교육에 감사드리며, 꼼꼼하게 자료를 확인하고 교정을 도와준 전재명 박사에게 무한한 고마움과 감사함을 전하며, 경성대학교 대학원 사회복지학과 출신 박사(하소연 · 염동문)와 박사과정 제자들(이정묵 · 김다희 · 김문희 · 우현희 · 박희진 등)과 이 책의 출판을 위해 늘 격려해 주시는 공동체 김동훈 대표님과 직원 여러분께 감사함을 전한다. 끝으로 늘 가정보다 연구실에서 많은 생활을 하는 남편에게 끝까지 격려와 지원을 아끼지 않는 아내 지숙에게 무한한 감사를 전하며, 이제는 생명공학도가 되어 열심히 노력하고 있는 두 아들, 수영과 수민에게 부족함이 없는 아버지의 역할을 다할 것을 약속하고 싶다.

2013년 8월

부산 광안리 해변이 내려다보이는 연구실에서

저자 손광훈

차례

Part 04 사회복지실천기술의 기록과 평가

부록

01

사회복지실천기술의 이해

Chapter

01 사회복지전문직의 정체성

1. 사회복지사 자신의 이해

1) 사회복지사의 자세

사회복지실천과정은 사회복지사 자신의 전문지식, 자세, 기술 등을 클라이언트에게 전달하여 클라이언트의 문제를 해결하는 것이다. 따라서 사회복지사는 자신 삶의 여러 가지 상황에 대해 어떤 태도와 마음가짐을 가지고 있는지를 점검해 볼 필요가 있다. 상담가, 치료자, 슈퍼바이저, 전공교수를 통한 점검, 동료와 짝을 이룬 역할극을 통한 점검, 성격유형검사 등을 통한 점검 등 매우 중요한 과정이다.

커노여(Cournoyer, 2000)는 사회복지사가 자기 자신을 이해할 수 있는 방법으로 자신을 둘러싼 상황의 평가, 자존감의 점검, 타인의 수용 정도, 책임있는 자기주장, 자기통제의 정도, 자신의 원가족의 분석 등을 통한 점검을 제안하였다. 브릴(Brill, 1997)은 휴먼서비스에 종사하는 전문가의 신체적 · 정신적 · 사회적 · 영적 · 지적 욕구를 강조하였으며, 아래 <표 1－1>과 같은 질문에 스스로 답해봄으로써 자기분석 및 자기고찰을 통한 사회복지사 자신의 장 · 단점, 한계점, 극복해야 될 과제 등을 점검해 볼 수 있다고 하였다.

〈표 1-1〉 **사회복지사의 자세향상을 위한 질문**

① 자신에 대해 어떻게 생각하고 느끼고 있는가?
② 자신의 기본적인 욕구(예 신체적 · 정신적 · 사회적 · 영적 · 지적 욕구)를 어떻게 다루고 있는가?
③ 나의 가치관은 어떤 것이 있으며, 이것이 나의 행동 및 타인과의 관계를 어떻게 규정하고 있는가?
④ 내가 살고 있는 사회와 직장과 어떻게 관계하고 있는가?
⑤ 나의 생활양식은 어떠한가?
⑥ 나의 기본적인 철학관은 무엇인가?
⑦ 내가 상대하는 사람에게 나 자신을 어떻게 보여주고 있는가?

(1) 자신에 대해 어떻게 생각하고 느끼는가를 점검

자신을 귀중하고 쓸모있는 사람, 괜찮은 사람, 능력이 있는 사람으로 여기는 정도에 대한 것(자아존중감)으로 자신에 대해 만족스러운 사람은 다른 사람과 좋은 관계를 형성할 수 있다. 자신에 대한 긍정적인 생각은 자신의 장점, 특성, 기질 등에 의해 결정되기도 하지만 타인이 자신을 어떻게 대하느냐에 따라서도 많은 영향을 받는다. 사회복지사는 자신의 자아존중감을 점검해야 한다. 사회복지사는 사회복지실천과정에서 클라이언트의 자아존중감 향상, 사회적 기능향상, 권한부여 등을 위해 많은 노력을 하기 때문이다.

(2) 자신의 욕구 다루기

인간의 욕구는 크게 안정(security)의 욕구와 성장(growth)의 욕구로 나누어 볼 수 있다(Brill, 1985). 사회복지사는 안정의 욕구와 성장의 욕구 중 어떤 것을 얼마나 갖고 있는지, 얼마나 충족된 상태인지, 충족시키기 위해 어떤 수단과 방법을 동원하며 노력하는지 등을 살펴볼 필요가 있다. 사회복지실천과정에서 클라이언트의 문제해결보다 사회복지사 자신의 욕구를 충족시키기 위한 경향이 나타날 수 있기 때문이다.

<table>
<tr><th colspan="2">욕 구</th><th>내 용</th></tr>
<tr><td rowspan="4">안정의 욕구</td><td>물질적 안정</td><td>의 · 식 · 주</td></tr>
<tr><td>정서적 안정</td><td>건강의 보장, 사랑의 교환</td></tr>
<tr><td>사회적 안정</td><td>사회적 관계유지</td></tr>
<tr><td>지적 · 영적 안정</td><td></td></tr>
<tr><td>성장의 욕구</td><td colspan="2">자신이 발휘할 수 있는 최대한의 상태까지 물질적 · 정서적 · 사회적 · 지적 · 영적 상태를 발전시켜 보고자 하는 욕구</td></tr>
</table>

2) 사회복지사의 자세 구성요소

(1) 적극적 관심과 참여

적극적 관심과 참여는 클라이언트가 겪는 문제의 해결을 도우려는 의지와 관심이 있고, 이를 위한 과정에 적극적으로 참여함을 의미한다. 사회복지사로서 클라이언트의 문제해결을 위한 원조과정을 즐길 수 있어야 함을 의미한다. 사회복지사는 클라이언트의 변화가능성에 대한 긍정적인 태도를 갖고 원조과정에 임해야 한다. 즉, 클라이언트의 잠재력과 변화가능성을 파악하고 이를 적극적으로 활용할 수 있는 노력이다.

(2) 수용

수용은 사회복지사의 자기인식이 자신의 생각, 감정, 과거 경험, 반응 등을 이해하고 이것이 원조과정에 미치는 영향을 분석하는 것을 포함한다. 어떠한 배경을 가진 클라이언트라 하여도 클라이언트의 독특성을 인정하고 있는 그대로 받아들이는 것이다. 사회복지사는 따뜻한 인간미를 소유하고 있어야 한다.

(3) 인간의 존엄성 및 클라이언트에 대한 존경

(4) 적절한 대인관계 기술

적절한 대인관계 기술에는 말하기 기술(목소리, 억양, 말의 속도, 얼굴표정, 자세 등), 듣기 기술(경청기술, 관찰기술, 격려기술, 기억기술 등), 사회복지사 자신의 경험을 노출하거나 한계를 설정하는 기술, 지지기술, 환기·공감기술 등이 있다.

(5) 비차별적 태도, 사고, 행동

클라이언트와 사회복지사 각자가 갖는 다양한 차이점과 공통점을 이해하며, 차이점으로 인해 클라이언트를 차별해서는 안 된다.

(6) 비심판적인 태도

클라이언트의 행동, 문제, 감정이 정상적인 범위를 일탈하였다고 해서 심판적인 태도로 클라이언트를 대하여서는 안 된다.

3) 사회복지사가 갖추어야 할 개인적 자세

(1) 자아존중감 및 자기 존경(self-respect)

전문가로서 자신의 영역을 구축하는 것으로서 제공한 서비스에 부과되는 상담료(합의된 경우) 납부를 요구하는 것과 자신의 안전을 위한 조치를 취하는 것 등이 포함된다.

(2) 인지능력 : 자료수집 능력 및 개념화 등이 포함된다.

(3) 모험심 : 새로운 것을 시도해 보려는 의욕이 포함된다.

(4) 자기주장(self-assertiveness)

사회복지사가 자신과 타인의 권리와 가치를 존중하며, 적절한 의견이나 생각, 감정을 직접적이면서 적극적으로 표현하는 능력을 의미한다.

(5) 자기관리

개인 및 전문가로서 자신의 신체적·정신적 건강을 유지·관리하는 것을 포함하며, 자신의 능력향상을 위한 세미나, 워크숍, 훈련과정, 재교육 등의 참석, 전문도서 구독 등을 포함한다.

(6) 자기통제

자신의 감정, 행동, 태도, 억양, 얼굴표정 등을 적절하게 통제할 수 있는 능력을 갖추는 것을 의미한다(Brems, 2000).

4) 사회복지사의 자기인식(self-awareness)

사회복지사의 자기인식은 사회복지실천의 교육 및 훈련과정에 중요한 부분을 차지한다. 이는 사회복지사의 선입견, 편견, 자신의 경험 등을 이해하고 클라이언트에게 서비스를 제공하는데 있어서 사회복지사 자신이 어떤 방해가 되는지 이해하는 것이다. 자기인식은 사회복지사의 업무능력을 향상시킬 뿐 아니라 필요 이상으로 클라이언트에게 개입하는 것을 예방하며, 전문적인 관계를 형성할 수 있다. 사회복지사의 주변상황 파악, 타인의 수용, 비차별적·비심판적 행동과 태도, 자기주장, 자기통제, 직관력, 자기 노출하기, 전문적인 경계선 유지하기 등은 사회복지사의 자기인식을 위한 점검요소이다. 코레이와 코레이(Corey & Corey, 1998)는 개인적 자기인식을 도모하기 위한 질문을 아래 <표 1-2>와 같이 제안하였다.

〈표 1-2〉 자기인식을 위한 질문

① 사회복지사가 가치상의 심판 없이 클라이언트와 솔직하게 상호작용하는 것이 가능한가?
② 사회복지사는 클라이언트가 사회복지사 자신의 신념과 가치를 받아들이기를 바라는가?
③ 사회복지사는 자신에게 스스로 진솔하면서도 동시에 클라이언트가 당신의 가치관과 현저히 다른 가치를 가질 수 있도록 하는 자유를 허용할 수 있는가?
④ 사회복지사는 자신과 클라이언트 사이에 일어난 가치갈등으로 인해 다른 전문가에게 의뢰해야 할지를 어떻게 결정지을 것인가?

⑤ 사회복지사가 자신의 솔직한 관점을 클라이언트에게 내보이는 것은 클라이언트가 사회복지사의 가치관을 수용하도록 교묘하게 안내하는 것과는 어떻게 다른가?
⑥ 사회복지사는 가치와 삶의 경험에 있어 클라이언트와 어느 정도의 유사성을 필요로 하는가?
⑦ 특정 사안(낙태, 아동학대 등과 같은 가치수반적 문제)과 관련된 사회복지사의 입장은 무엇인가?
⑧ 사회복지사로서의 관점은 어디에서 발전된 것인가?
⑨ 사회복지사로서의 가치는 수정의 여지가 있는 것인가?
⑩ 사회복지사 자신의 가치를 강요하지 않고 클라이언트에게 어떤 식으로 의사전달을 할 것인가?
⑪ 사회복지사의 가치와 신념체계가 클라이언트와 활동함에 있어 어떠한 방식으로 영향을 미치고 있는가?

(1) 사회복지사 주변 상황파악

가족은 개인의 믿음, 가치, 행동에 가장 직접적인 영향을 미친다. 생태도(eco-map)는 개인의 주변 생활환경이 어떠한가를 파악할 수 있는 도구이다. 생태도 작성을 통해서 자신을 파악해 볼 수 있는 것은 ① 현재 자신의 생각, 가치관, 행동 등에 영향을 준 주변 환경체계는 무엇이었으며, 그들 체계는 어떤 방식으로 자신의 현재모습에 영향을 주었는가?, ② 주변환경 중에서 사회복지사가 되고자 하는 생각에 영향을 준 요인은 무엇인가?, 어떤 경험이 자신으로 하여금 사회복지사가 되는 데 영향을 주었는가?, ③ 주변 체계와의 상호작용 양상은 어떠했는가?, 상호작용의 밀도 면에서 활발했는가 아니면 소원했는가?, 상호관계의 내용 면에서 자신에게 도움이 되는 것이었는가 아니면 갈등, 충돌, 투쟁적이었는가?, ④ 자신의 삶을 힘겹게 만든 주변 환경체계는 무엇이었는가? 자신의 삶을 수월하게 만든 주변 환경체계는 무엇이었는가?, ⑤ 주변 환경체계와의 경험에서 고마웠던 부분, 원망스러웠던 부분, 바뀌었으면 하고 바랐던 부분은 무엇이었는가?, ⑥ 주변 환경체계 중 자신의 도움, 지지, 에너지를 필요로 했던 체계는 무엇이었나? 그러한 주변체계에 어떻게 도움을 제공했는가? 등이 있다.

(2) 타인의 수용

사회복지사는 특정 특성을 갖고 있는 클라이언트를 상대함에 있어 자신의 성격 속에 내재되어 있는 성향 중에서 장점이 될 만한 자신의 특성과 단점이 될 만한 자신의 특성을 살펴볼 필요가 있다. 사회복지사 자신의 경험이 어떻게 전이될 수 있을 것인가에 대해 생각해 보아야 한다. 즉, ① 상대하기 편한 클라이언트의 성격이나 행동양식은 무엇인지? 상대하기 거북한 클라이언트의 유형은 어떤 것인지 생각해 보고 그 이유를 살펴보자. ② 다양한 성격 및 행동양식을 가진 클라이언트에게 자신의 행동양식이 어떤 식으로 영향을 줄 수 있을지 생각해 보자. ③ 클라이언트와의 상호교류에 있어 선호하는 것이나 거북함으로부터 자유로워지기 위해 자신이 노력할 수 있는 부분을 생각해 보자.

(3) 비차별적 · 비심판적 행동과 태도

비차별적 · 비심판적 행동과 태도는 인간에 대한 기본적인 존엄성의 가치를 인정하고 인격체로서 클라이언트를 존중하는 것에서 시작된다. 평등한 한 인간 클라이언트를 대함으로써 클라이언트가 자신의 존재를 인정받고 수용된다는 느낌을 가질 때 사회복지사와 클라이언트 간에 문제해결을 위한 진정한 원조관계를 형성할 수 있다.

편견이란 근거 없이 어떤 현상에 대해 어느 한쪽으로 치우친 생각을 갖는 것이다. 차별은 개인이 어떤 특성에 근거해서 개인을 부당하게 취급하는 것을 의미한다. 우리 대부분은 편견과 차별의 희생자이자 가해자의 경험을 갖고 있을 것이다. 사회복지사 자신은 어느 정도의 편견을 갖고 있는가? 편견의 대상은 주로 무엇이었나? 와 같은 자문을 통해 어떤 특성을 갖고 있는 사람을 어떤 방법으로 차별하는지 세심히 살펴보고 이를 수정해야 한다.

사회복지사는 편견과 차별에 대한 자신의 태도나 행동에 대해 다음과 같은 내용을 검토해 볼 필요가 있다. ① 현재 자신이 갖고 있는 편견과 차별적 행동을 찾아본다. ② 자신의 성장배경과 사회화 과정을 뒤돌아 보면서 현재 자신이 가진 편견이나, 차별적 행동에 대한 뿌리를 찾아본다. ③ 차별적 행동과 편견이 극심하게 발동하는 상황이나 대상을 확인해 보고 그 이유를 생각해 본다. 이러한 차별행동과 편견이 자신이 받아들일 만한 수준인지 아닌지를 판단해 본다. ④ 자신이 가진 편견이나 차별이 자신의 일상생활에 어떻게 영향을 주고 있는지 생각해 본다. 또한 확인된 편견이나 차별적 태도가 사회복지사로서 일하게 될 때 자신의 일에 어떻게 영향을 줄 수 있을지를 생각해 본다. ⑤ 누군가에 의해 자신이 진정으로 온전히 받아들여진 적이 있는가? 있다면, 그 때의 느낌은 어떠했는가? 또한 받아들여져 본 적이 한 번도 없다면 현재의 느낌은 어떠하며, 그 이유는 무엇이라고 생각하는가? 온전히 받아들여진 경험 또는 받아들여져 본 적이 전혀 없는 경험 등이 자신의 행동에 어떤 영향을 주고 있다고 생각하는가? 등에 대해 생각해 본다. ⑥ 누군가를 조건 없이 온전히 받아들인 적이 있는가? 어떻게 그렇게 할 수 있었는가? 그런 적이 없다면 그 이유는 무엇인가? 등에 대해 생각해 본다. ⑦ 타인에게 참을성이 없는 사람을 보면 당신은 어떤 느낌이 들며 그 사람에 대해 어떻게 행동하는가? 등에 대해 생각해 본다.

(4) 자기주장

사회복지사는 클라이언트의 복지를 위협하는 사회제도나 규범 등에 대해 클라이언트를 대신하여 옹호, 원조, 지도, 격려 등을 수행하기 위해 분명하고 단호하게 자신의 주장을 펼 수 있어야 한다. 자기주장은 사회복지사 자신이 갖고 있는 지식, 의견, 감정 등을 자신의 권리와 타인의 권리를 모두 존중하면서 표현하는 것을 말한다. 타인의 권리를 침해하지 않으면서 자신의 권리를 당당히 직접적으로 주장할 수 있는 훈련은 사회복지사에게 있어 중요한 자질이다. 자기주장훈련의 요체는 남과 다를 수 있는 권리, 상대방과 다른 생각 및 관점을 표현하고 방어할 수 있는 권리, 자신의 이야기가 경청될 권리 등에 관한 인식이다.

(5) 자기통제

자기통제는 자신의 말, 행동, 감정 등을 적절하게 조절하는 것을 의미하며, 적절한 언어선택, 목소리 유지, 행동, 제스처, 표정 등을 신중하게 선택할 필요가 있다. 자기통제는 사람을 대상으로 일하는 전문인이 갖추어야 할 가장 중요한 자질 중 하나다. 자기통제와 관련된 질문은 ① 화가 날 경우 보통 어떤 식으로 대응하는가? 화를 즉각적으로 폭발하는 편인가 아니면 화를 가라앉히고 달래려고 노력하는 편인가? 논쟁 중에 자신이 사용하는 어휘, 목소리의 크기, 높이, 떨림 등을 관찰해 보자. ② 자기통제를 비교적 잘하는 경우와 그렇지 못한 경우를 생각하여 확인해 보자. 잘 못하는 경우 무엇이 자기통제를 방해하는지 방해요인을 확인해 보자. ③ 과거 자기통제에 실패했던 경험을 돌이켜 봄으로써, 평소 자신을 통제할 수 없게 만드는 자신만의 특성, 기질, 습관 등이 있는지 살펴보자. 이러한 특성, 자질, 습관 등이 사회복지사로서 활동하는 데 어떤 방식으로 영향을 줄 것인지에 대해서도 생각해 보자. ④ 위에서 확인된 자신의 특성과 견주어 사회복지실천에 있어 자기통제를 가장 절실히 필요로 하는 부분은 무엇인지 생각해 보자. ⑤ 자신이 충동적이거나 자신을 제어하지 못하는 잘못된 습관을 갖고 있다면 이러한 것을 어떻게 조절하거나 고쳐나갈지 생각해 보자 등이 있다.

(6) 직관력

직관력은 사회복지사의 자기인식과 깊이 관련되어 있으며, 의사소통과정에 있어서 비언어적 표현을 정확하게 파악하는 것과 관련된다. 직관력은 사회복지사가 생각, 본능적인 반응이나 느낌, 인상, 통찰력, 충동 혹은 추측으로부터 오는 여러 가지 막연한 의사소통의 형태를 이해하는 것이다.

(7) 자기노출 하기

자기노출은 사회복지사 자신에 대한 고찰과 경험, 역사를 활용하여 특정 상황에 효과적인 행동을 취하고자 할 때 활용하는 기술이다. 클라이언트와 친밀한 대화를 촉진하면서 대화를 방해하는 장애물을 제거하기 위한 방법으로 활용된다. '자신의 전문적 활용(professional use of self)'은 사회복지사 자신의 현재와 과거에 대한 개인적인 정보를 노출시키는 것이다. 사회복지사가 자신의 개인적인 생각과 감정을 노출할 때는 클라이언트로 하여금 사회복지사를 '평범한 사람'뿐만 아니라 전문가로도 인식할 수 있게 해야 한다. 따라서 자기노출은 매우 조심해서 사용해야 하는 기술이다.

(8) 전문적인 경계선 유지하기

전문적인 경계선을 유지하는 것은 특정 역할과 과업을 수행하는데 있어 책임있는 활동을 하는 것과 그렇지 않은 것을 구분하는 것이다. 경계선은 전문역할과 그렇지 않은 것을 구분하는 것이지만 한계선을 긋는 것은 수용할 수 있는 것과 그렇지 못한 것을 구분하는 것이다.

분명한 경계선을 긋는 데는 몇 가지 유용한 점이 있다. 첫째, 경계선을 분명히 함으로써 사회복지사는 자신의 역할, 업무, 책임을 분명하게 규정하게 되어 그 이외의 영역에 관여하지 않게 된다. 둘째, 경계선을 분명히 함으로써 사회복지사는 시간과 자원을 효율적으로 활용할 수 있게 된다. 셋째, 실질적인 배려를 공식화함으로써 업무의 목적과 계약을 분명히 할 수 있다.

5) 가계도를 활용한 사회복지사의 가족관계이해

개인이 속했던 원가족의 속성은 개인의 심리적·행동적·사회적 특성에 강력한 영향을 미친다. 보웬(Bowen, 1976)은 어떤 개인의 심각한 정도의 역기능 상태는 몇 세대에 걸친 가족 정서체계 작용의 결과라고 하는 다세대 전이과정(multigenerational transmission process)의 개념을 제시하였다. 사회복지사는 클라이언트를 만나는 과정 동안 자신도 모르게 가족 내에서 굳어진 자신의 역할 또는 행동패턴을 표출시킬 가능성이 있다. 가계도(family genogram)의 작성은 몇 세대에 걸친 가족의 역사, 가족의 특성, 가족 내에 존재하는 독특한 역할 등에 대해 추적해 볼 수 있는 좋은 도구이다.

(1) 총체적 가족 상호관계 양상

사람지향적(people oriented), 과정지향적(process oriented) : 가족원끼리의 상호작용이 비교적 활발하고 많은 감정의 표현, 공유, 공감 등이 활발하다. 가족원끼리 함께하는 시간과 놀이가 비교적 많으며 가족원이 갖고 있는 문제나 어려움 등을 서로 나누며 걱정해 주고 위로해 주는 경우가 많다. 충돌하는 경우 또한 많다.

과제중심적(task oriented), 목적중심적(goal oriented) : 일을 중심으로 가족원의 교류가 이루어지는 경향이 있어 가족 상호 간 감정의 교류 및 공유가 비교적 적다. 상대방의 정서적 아픔에 대해 비교적 냉담한 편이다. 대화의 양도 적다. 현재보다는 미래에 희망을 두고 열심히 노력하며, 서로를 격려하고 채찍질할 수 있다. 대화의 내용도 감정의 표현이나 공유보다는 공부, 일, 진로, 성적, 미래계획 등에 대한 것이 많다.

〈표 1-3〉 사회복지사가 원가족(origin family)에서 점검해 볼 사항

① 자신의 원가족에서 기쁨, 슬픔, 분노, 두려움, 속상함 등의 감정표현이 얼마나 자유로웠는가?
② 이들 감정이 차분하고 조용하고 안전한 분위기에서 표현되었는가 아니면 불안정한 상태에서 격한 상태로 폭발적으로 표현되었는가?
③ 한 가족원이 감정을 표출했을 때 다른 가족원은 이를 진지하게 공감하고 받아주는 편이었는가, 아니면 무시하고 비난하는 편이었는가?
④ 가정 밖의 사회에서 경험한 어려운 감정들이 집안에서 어떤 식으로 처리되거나 해결되었는가?
⑤ 가정에서 발생한 특정 사건을 중심으로 특정 사건이 어떻게 해서 가정에서 발생했으며, 그 사건 발생 후 파생된 어려움, 감정 등이 누구에 의해 어떤 방식으로 처리되었는가?

(2) 가족원 간 관계양상 파악

특별히 친밀한 관계, 특별한 갈등관계, 무관심할 만큼 먼 관계, 한때는 매우 가까웠지만 단절된 관계 또는 반대로 단절되어 있다가 절친해진 관계, 매우 가깝지만 항상 충돌하는 관계 등의 존재를 확인하고, 그 관계양상이 나타나게 된 배경이나 사건을 관찰하고 확인한다. 이러한 관계양상 및 사건이 현재 가족 내에서 생활하고 있는 사회복지사 본인의 행동, 생각, 감정 등에는 어떻게 영향을 주고 있는가 탐색해 본다.

(3) 가족 내 역할규명

가족원은 각자 어떤 공식적·비공식적 역할을 수행했거나 하고 있는지를 살펴본다. 공식적 역할은 소득창출, 가사분담 등의 문제와 같이 가족원 모두가 공감하고 인정하는 역할을 분담하는 것이다. 비공식적 역할은 생활 속에서 자연스럽게 갖게 된 역할이

다. 가족원의 역할을 보면, ① 화해자(갈등이 벌어졌을 경우 항상 화해를 주선하거나 도모하는 사람), ② 위기관리자(위기에 처한 경우 맨 먼저 달려들어 그 위기가 일단 무마될 수 있도록 조치를 취하는 사람), ③ 아이역할(성인이나 어린이에 관계없이 가정 내에서 '아이'와 같이 응석받이 역할을 하는 사람), ④ 집안의 통솔자, 문제해결사(위기관리자의 역할과 비슷하나, 위기 때뿐만 아니라 장기적인 가정의 문제해결에도 책임을 지고 힘을 쏟는 사람), ⑤ 문제를 일으키는 사람(집안에 항상 문제를 일으키거나 문제를 가져오는 사람), ⑥ 남의 걱정거리를 도맡아 들어주고 위로해 주는 사람(어려운 일이나 속상한 일이 있을 때 가족원은 항상 이 사람을 찾아가 상담하게 된다) 등이 있다.

(4) 가정 내 자녀 훈육방식

일반적으로 어떤 식으로 훈육되었는지를 살펴본다. 가정의 훈육방식이 사회복지사 자신의 행동과 사고방식에 어떠한 영향을 주었는지를 살펴본다.

(5) 가족의 강점 및 약점 탐색

사회복지사 자신의 가족이 가진 강점과 약점을 파악해 보고, 자신의 행동에 어떤 식으로 영향을 주고 있는지 확인한다. 강점과 약점이 어떻게 형성되고 발전되어왔는가를 살펴보고, 구체적인 사건이나 계기를 탐색한다.

(6) 사회복지사의 자질에 영향을 주는 가족의 특성분석

가족으로부터 배운 행동양식 중 버리고 싶은 것은 무엇이며, 새로 갖고 싶은 것은 무엇인가를 살펴보고, 사회복지사로서 활동하는 데 어떤 영향을 미칠 것인가를 확인한다.

(7) 가족 비밀의 탐색

가족의 비밀이 형성된 계기를 탐색하고, 자신은 이러한 비밀에 대해 어떠한 생각을 가지며, 이로 인해 자신의 행동, 생각이 어떻게 제약을 받고 있는지를 살펴본다.

2. 사회복지사의 스타일과 능력 갖추기

1) 선 호

사회복지사는 역전이에 의거하여 어떤 종류의 클라이언트를 싫어하는 경향을 가지고 있다. 때로는 선입견에 기초한 것이어서 클라이언트의 개별성 무시를 암시하기도 하고 때로는 좀 더 주관적인 사고에 기초한 것일 수도 있다. 사회복지사는 자신이 면접에서 좋아하는 사람에 대한 명확한 관념을 가지고 있다. 이상적인 클라이언트는 대체로 사회복지사의 일을 수월하게 하고, 인내심이 있고, 지적이고, 똑똑히 말을 하고, 비방어적이고 정신적으로 개방되어 있으며, 사려깊은 자기반성을 하고, 비난을 받아들이려 한다. 클라이언트에 대한 좋은 감정이란 사회복지사의 인생을 좀 더 쉽게 만들고 그의 자존심을 위협하지 않는 클라이언트의 성격에 대한 극히 주관적인 견해를 기초로 한 것이다. 사회복지사가 선호하는 클라이언트는 YAVIS : Y(젊고), A(매력적이며), V(표현적이고), I(지적이며), S(성공적이다)로 불리어진다.

2) 사회복지사의 행동에 영향을 주는 문제요인

(1) 자기의심과 망설임

사회복지사가 자신의 능력을 의심한다면 자기가 부여받은 권리에 대한 확신을 잃게 되어 원조해야 하는 자신의 능력을 의심하는 것이다. 결과적으로 그로 하여금 클라이언트의 개인적인 생활에 침범해 들어가기를 주저하도록 만들 것이다.

(2) 가정 일에 대한 지나친 접근

사회복지사 자신의 생활에서 부딪히는 문제와 직업상 다루게 되는 문제 간에는 상당한 상호침투가 있게 마련인데, 만일 어떤 문제에 대해 불안을 느낀다면 비록 클라이언트가 논의를 시도한 때일지라도 그것에 응하기를 꺼려할 것이다.

(3) 개인적인 편견

사회복지사의 갈등은 자신의 개인적 편견을 환기시키는 것 이상의 어떤 것과 관련이 있다. 사회복지사는 논쟁거리가 될 부분을 피하기 위해 머뭇거릴 것이고, 근심스럽고 논쟁의 소지가 있는 질문을 하지 않으려 들 것이다.

(4) 적대감에 대한 두려움

어떤 것에 대한 이야기 시도가 사회복지사에게 적대감을 불러일으킬지도 모른다는 두려움이 있기 때문에 여전히 해결되지 않은 질문과 탐색되지 않은 특정한 내용이 남아있게 된다.

(5) 거짓말

거짓말에 이의를 제기하지 않는다는 것은, 곧 불성실하게 성립된 비효율적인 관계를 유지시킨다는 의미와 같다. 따라서 거짓말이라고 의심이 될 때는 진실을 말하도록 하여 그 관계를 위험에서 벗어나게 해야 한다. 사회복지사는 거짓말을 하도록 유도하는 처벌을 하지 말아야 하며, 정직성과 책임감을 요구할 수 있는 자신의 능력에 확신을 가져야 한다. 사회복지사의 과업은 가능한 한 클라이언트를 도울 수 있도록 정확한 정보를 얻는 것에 있다. 클라이언트의 거짓말에 반응함으로써 그의 도덕성과 윤리성을 개선하는 것은 사회복지사의 책임영역은 아니다.

(6) 권태

노련한 사회복지사는 클라이언트의 이야기 모두를 전에 다 들었다는 착각의 감정을 가지고 있어서 각각의 클라이언트를 뚜렷한 개별성을 가진 객체로 분리시키는 데 어려움을 겪는다.

3) 사회복지사의 스타일

(1) 면접통제

면접의 기술상 좋은 통제는 억압하지 않으면서 지시하는 것이고, 편견이나 압력 없이 자극을 주며 지도하는 것이다. 통제는 사회복지사와 클라이언트 간의 평등적 관계에 대한 반대적 의미를 내포하고 있는데 실제로 모든 전문적 관계는 불평등한 것이다. 이것은 인간적으로 평등하지 않다는 것이 아니라 단지 그들이 함께 가지고 오는 특수지식의 측면에서 얘기되는 것이다. 사회복지사는 클라이언트의 욕구를 충족시키려는 목적하에 통제를 해야 한다.

(2) 면접의 구조화

구조화의 정도는 사회복지사가 각각의 참여자에게 기대하고 있는 것이 무엇인지를 얼마만큼 뚜렷하게 설명하는가 하는 것을 의미한다. 통제와 구조는 면접상황에 대한 클라이언트의 모호한 감정을 감소시키는 데 사회복지사의 확실한 지도와 기초 규율에 대한 확실한 감각이 클라이언트의 불안을 감소시키는 것이다.

(3) 적극성과 소극성의 차원

통제와 구조는 제3의 중요한 변수, 즉 사회복지사의 적극성과 소극성 간의 상대적인 균형과도 관련되어 있다. 낮은 통제와 제한된 구조화를 선호하는 사회복지사는 적극성의 정도도 낮다고 할 수 있다. 사회복지사의 낮은 적극성은 클라이언트에게 불확실성과 불안을 일으키는 모호성을 증가시킨다. 통제, 구조, 적극성의 수준에서 최적의 강조점을 선택하는 것은 면접의 내용과 면접의 어떤 시점에 있는 클라이언트의 욕구에 의해 결정되어야 한다. 클라이언트는 다소의 통제, 구조, 적극성을 필요로 한다. 따라서 사회복지사는 클라이언트의 욕구와 면접의 필요조건적 측면을 고려하여 차원을 조절하는 상당한 융통성, 의욕, 능력 등을 갖추어야 한다.

(4) 관료주의와 서비스주의

관료주의 사회복지사는 절차에 관심을 기울이고 사회복지기관의 규율을 엄격하게 해석하며 작업의 초점을 날카롭게 지키고 있다. 반대로 서비스주의 사회복지사는 클라이언트에게 우선권을 부여해서 자유로운 규율을 구사하고 면접에 대한 클라이언트의 통제가 많이 허용된다.

4) 능력을 갖추고 일하기

자각은 사회복지사 스스로가 어떤 영역에서 유능한지, 어떤 영역에서 다른 전문가에게 의뢰하는 것이 좋을지에 대해 중요한 의사결정을 할 수 있게 한다. 전미사회사업가협회(NASW) 강령은 능력을 갖추고 일하는 것에 대해 다음과 같은 분명한 지침을 제공한다. 첫째, 사회복지사는 자신의 현재 능력 또는 필요한 능력을 취득하려는 계획에 기반을 두고 책임 혹은 일을 받아들여야 한다. 둘째, 사회복지사는 전문적인 활동과 전문기능의 수행에 능숙해지고 이를 유지하기 위해 노력해야 한다. 사회복지사는 사회복지에 연관된 새로운 지식을 비판적으로 검토하고 이를 자신의 것으로 만들어야 한다. 사회복지사는 전문적인 문헌을 일상적으로 살펴보아야 하며, 사회복지 업무와 사회복지 윤리에 관련된 교육에 지속적으로 참여해야 한다. 셋째, 사회복지사는 경험적인 지식을 포함하여 사회복지 업무와 사회복지 윤리에 관해 자신이 알고 있는 지식에 기반을 두고 일을 해야 한다.

면접은 클라이언트에게 영향을 끼치거나 클라이언트를 변화시키고자 하는 어떤 기대 없이 정보를 수집하는 과정이다. 면접을 잘하기 위해서는 클라이언트의 태도, 감정, 관점을 탐색하고 이해하는 능력이 필요하다. 이런 능력을 위한 토대는 비심판적인 태도와 적극적 경청기술, 침묵사용, 환언, 요약, 질문 등을 적절히 적용하는 것이다. 비록 면접의 주요 목적이 정보를 수집하는 것이지만, 면접의 과정에서 예기치 않게 클라이언트를 고통스럽거나 잊혀져 있던 감정에서 해방시키는 쪽으로 이끌 수도 있다. 따라서 면접에 숙달된 사람은 면접에서 발생되는 예기치 않은 반응을 다룰 수 있으며, 혹은 적절한 대안적 자원으로 클라이언트를 의뢰할 수 있는 능력이 있다. 게다가 그들은 효과적으로 조사하는 시기와 방법에 대해 잘 알고 있다.

(1) 자각의 중요성

사회복지사는 자신의 개인적인 문제와 자신의 취약한 영역을 포함하여 자신의 욕구, 감정, 생각, 행동에 대한 자각을 발전시켜야만 비로소 클라이언트에 대해 객관성을 가지고 반응할 수 있다. 자각이 부족하고 그것을 추구하기 위한 동기가 부족한 사회복지사는 그들이 클라이언트에게 영향을 미치는 방식에 대해 알아차리지 못한다. 그들은 특정한 화제를 피할지도 모르며, 불안정을 감추기 위해 혹은 무의식적으로 그들의 개인적인 요구를 충족시키기 위해 특정한 방식으로 행동할 수 있다.

(2) 자각 증진

자각을 발전시키기에 열심인 사회복지사는 자신의 장점과 제한점을 탐구하는 위험을 감수할 만큼 충분히 안정적이다. 자신을 솔직하게 바라보고, 타인과 관계맺는 방식을 솔직하게 바라볼 수 있다. 따라서 방어적으로 되는 자연적인 경향 모두를 극복해야만 한다. 타인에게 피드백을 요청함으로써 이렇게 할 수 있다. 동료, 슈퍼바이저, 클라이언트는 정보의 원천으로서 매우 유용하지만, 그러한 피드백은 그냥 얻어지는 것이 아니다. 많은 전략을 통해서만 타인에게서 정보를 모을 수 있다.

첫 번째 전략은 안전한 분위기를 만드는 것이다. 사람은 피드백이 어떻게 받아들여질지 두려워하기 때문에 타인에게 피드백 주기를 망설인다. 따라서 사회복지사가 피드백에 대해 방어적이지 않게 반응할 준비가 되어 있으며, 그럴 의지와 능력이 있다는 것을 보여주는 것이 중요하다. 두 번째 전략은 적극적 경청기술을 사용하여 피드백이 구체적이거나 명확하다는 것을 보증하는 것이다.

(3) 나는 누구인가

자각의 핵심은 '나는 누구인가'라는 질문에 대한 대답이다. 이 질문은 다양한 다른 차원, 즉 감정, 생각, 행동, 개인적인 욕구, 클라이언트에 대한 영향, 능력의 한계, 개인적·문화적 가치, 취약한 영역 등에 대한 이해 면에서 탐구될 필요가 있다.

(4) 감정, 생각, 행동

사회복지사는 스트레스에서 그들 자신을 보호하기 위한 방어기제를 포함하여 그들의 감정, 생각, 행동에 대해 알고 이해할 필요가 있다. 클라이언트의 정서를 이해하기 위해서 사회복지사는 자신의 정서적인 반응을 조율해야 한다.

① 자기패배적 사고

사회복지사는 그들 자신의 내적인 대화, 즉 그들의 행동을 평가하는 내적 목소리를 인식할 필요가 있다. 사회복지사는 프로그램 개발에 있어 부정적인 자기대화를 인식할 필요가 있다. 그 후 사고중지와 같은 체계적인 기법을 사용하여 경시하는 방식의 자기대화를 확언이나 긍정적인 진술로 대체할 수 있다.

② 방어기제

방어기제(defense mechanism)는 바람직하지 않은 혹은 허용될 수 없는 사고, 감정 또는 결론에서 자신을 보호하는 정신적인 과정 혹은 반응으로서, 이러한 사고, 감정, 결론이 허용된다면, 불안이나 자아존중감의 손상을 가져오게 될 것이다. 사회복지사가 주로 사용하는 방어기제는 다음과 같다. '부정'은 감정 혹은 문제점의 존재를 인정하려 하지 않는다. 사회복지사가 부정을 사용하는 경우, 그들의 행동이 클라이언트의 부적절한 행동의 이유일 수도 있다는 것을 생각하지 못한다. '치환'은 타인을 향해 표현해야 하는 감정을 연계시킨다(예 클라이언트에게 공격적으로 행동함으로써 자신의 업무 스트레스를 처리하는 사회복지사). '합리화'는 자아상을 지키기 위한 변명 혹은 설명을 개발한다(예 오직 긍정적인 의견을 제공하는 것이 최선이라고 단정함으로써 클라이언트를 직면시키지 못하는 것을 정당화하는 사회복지사). '억제'는 스트레스를 주는 생각을 하지 않음으로써 이를 피한다(예 개인적인 편견이 그들의 결정에 영향을 끼칠 수 있다는 것을 생각하려 하지 않는 사회복지사). '역행'은 삶의 이전 단계의 행동으로 돌아감으로써 갈등 혹은 스트레스를 다룬다(예 지나치게 유순하게 되거나 만족시키고자 애씀으로써 공격적인 클라이언트를 다루는 사회복지사).

(5) 개인적 욕구

사회복지사도 다른 사람과 마찬가지로 사랑과 존경을 받고, 높이 평가받으려는 기본적인 욕구를 가진다. 이는 자연스러운 일이지만, 그들은 자신의 개인적인 욕구가 상담결과에 어떻게 좋지 않은 영향을 끼칠 수 있는지 이해해야 한다. 개인적인 욕구에 대한 자각이 부족하면 무의식적으로 클라이언트의 욕구 대신에 그들 자신의 욕구를 충족시키기 위한 활동을 구성하도록 상담회기를 이끌 수 있다. 클라이언트의 긍정적인 피드백조차도 신중하게 해석되어야 한다. 클라이언트는 사회복지사를 위로하고자 할 수도 있고 혹은 조종하기 위해 환심을 사는 작전을 사용할 수도 있으며, 때로는 권위를 대하는 그들의 방식일 수도 있다.

① 호감을 얻으려는 욕구

클라이언트가 사회복지사를 좋아할 때 좀 더 쉬워질 것이지만, 사회복지사는 클라이언트의 호감을 사는 것이 상담의 우선적인 목적이 아니라는 것을 기억해야 한다. 상담의 목적은 클라이언트가 변화하도록 지원하거나 문제를 관리하는 것이다. 이것은 사회복지사가 클라이언트에게 긴장과 불안을 번갈아 불러일으킬 수도 있는, 그러나 이유가 있는 욕구를 하는 모험을 할 만큼 충분히 단호해야 한다는 것을 의미한다.

② 지위 혹은 명성에 대한 욕구

타인에게 깊은 인상을 주고자 하는 욕구를 지나치게 가지고 있는 사회복지사는 클라이언트 중심이 아니라 방법중심적으로 될 수도 있다. 우선순위의 이러한 전환으로 인해 사회복지사가 클라이언트나 타인에게 깊은 인상을 주기 위해 행동할 때, 클라이언트의 욕구는 간과될 수 있다. 상담에 있어 우선적인 것은 클라이언트의 자아존중감을 지지하는 것이다.

③ 통제에 대한 욕구

자기결정원칙은 클라이언트가 독립적인 결정을 내릴 권리를 지지하는 기본적인 가치다. 사회복지사가 클라이언트의 문제점을 떠맡고 그들의 해결책을 조정하고자 할 때 이 권리를 손상시키게 된다.

④ 완벽주의

완벽주의, 즉 탁월함에 대한 비현실적인 추구는 상담에 부정적인 영향을 끼칠 수 있다. 완벽주의적 사회복지사라면, 자신의 일은 현실적으로 평가하지 못할 수도 있으며, 클라이언트의 실패에 대해 자신을 책망하는 경향을 가질 수도 있다. 완벽주의적인 사회복지사는 때때로 비현실적인 목표를 향해 클라이언트를 압박하거나 지나치게 빠른 변화를 요구하기도 한다.

⑤ 충족되지 않은 사회적 욕구

충족되지 않은 사회적 욕구를 가진 사회복지사는 클라이언트와 지나치게 밀접한 관계를 맺는 위험을 감수한다. 만일 그들이 자신의 삶 속에서 사회적인 상호작용을 위한 배출구를 가지고 있지 않다면, 그 목적을 위해 원조관계를 오용할 수도 있다.

〈표 1-4〉 상담에서 개인적 욕구의 관리

개인적 욕구	경고 신호와 위험
호감을 얻으려는 욕구	• 잠재적으로는 유용하지만 비판적인 피드백을 보류하는 것 • 논쟁 혹은 갈등을 부적절하게 회피하는 것 • 환심을 사기 위해 애쓰는 것 • 구원하는 행동을 하는 것 • 클라이언트에게서 듣기 좋은 말을 기대하거나 그것을 얻으려고 애쓰는 것
지위, 명성에 대한 욕구	• 색다른 기술로 혹은 멋진 설명으로 깊은 인상을 주려 애쓰는 것 • 성공의 공로를 인정받으려는 것 • 전문어를 연발하는 것 • 성공을 자랑하는 것
통제에 대한 욕구	• 충고를 하는 것 • 클라이언트의 자기결정을 방해하는 것 • 개인적인 가치를 강요하는 것 • 클라이언트를 부족하고 부적절한 사람으로 정형화하는 것
완벽주의	• 실수에 초점을 맞추는 것 • 비현실적인 목표를 향해 클라이언트를 압박하는 것 • 실수에 대해 자기비하로 반응하는 것
충족되지 않은 사회적 욕구	• 클라이언트와 지나치게 밀접해지는 것 • 무차별적인 자기개방

(6) 클라이언트에 대한 영향

사회복지사는 클라이언트가 어떻게 반응하고 있는지 알 시간을 가질 필요가 있다. 개인적인 욕구와 방어기제는 원조관계에서의 문제가 클라이언트의 무능 혹은 실패에서 기인한다고 잘못 가정하도록 이끌 수 있다. 자각을 하는 사회복지사는 그들이 가진 기술의 강점과 제한점을 안다. 자각은 강점을 지니고 있다는 이유만으로 특정한 기술의 남용을 의식적으로 피할 수 있게 해주며, 언제 클라이언트를 다른 사회복지사에게 의뢰하는 것이 적절한지 알 수 있도록 돕는다. 그것은 또한 직업적인 기술발전의 목표를 세우는 것을 돕는다. 자기능력의 한계를 아는 것은 능력의 척도다.

(7) 개인적 가치와 문화적 가치

개인적인 가치와 선호에 대한 사회복지사의 자각은 효과적인 상담에 없어서는 안 된다. 가치는 클라이언트를 이해하고 평가하기 위한, 의사결정과 선택을 위한 참조체제를 구성한다. 개인적인 가치에 대한 자각은 사회복지사가 클라이언트의 행동을 클라이언트의 관점 혹은 문화가 아니라 사회복지사 자신의 관점 혹은 문화로 해석함으로써 발생하는 편견을 관리하는 첫 번째 단계다.

문화적인 자각은 관습, 전통, 역할기대, 문화적 원류의 가치에 대한 지식을 설명하는 것으로, 사회복지사에게 다른 문화의 다양성을 인정하고 존중하도록 준비시킨다. 그러한 인식은 자신의 민족집단이 많은 민족집단 중의 하나일 뿐이며 다른 고유한 신념과 행동도 있다는 믿음을 수반해야 한다. 사회복지사의 가치체계는 상담의 방법과 결과에 영향을 미치는 중요한 변수다. 일반적으로 사회복지사의 가치가 사람에 대해 낙관적이고 비판단적인 관점을 반영할 때 가장 효과적이다.

3. 효과적인 사회복지사의 특징

이 절에서는 사회복지사가 피해야 하는 점을 논의한 후 긍정적인 클라이언트 결과와 관련이 있는 8가지 인격특성에 대해서 소개할 것이다. 만약 여기서 말하는 대부분의 자질로서 당신을 설명할 수 없다는 것을 발견했다면, 대부분의 사람처럼, 당신은 아마도 이러한 자질을 당신 것으로 하기 위해 열심히 노력해야 할 것이다. 그러나 만약 당신이 이러한 특징이 중요하다고 믿는다면, 시간이 지나면서 이러한 특징은 당신의 것이 될 것이고, 유능한 사회복지사가 되기 위한 당신의 여행이 시작될 것이다.

1) 사회복지사가 피해야 할 점

유능한 사회복지사는 부정적인 관계를 조장하는 태도나 행동을 피해야 한다. 예를 들어, 계속적으로 감정이입의 실패를 겪는 사회복지사는 클라이언트의 이야기를 들을 수 없다. 거짓되고 독단적인 사회복지사 때문에 클라이언트는 방어(defensiveness)벽을 만들게 된다. 도움을 주지 못하고 해를 끼치는 사회복지사의 미완성된 서비스는 클라이언트의 성장을 방해한다. 협력관계를 만들지 못하는 사회복지사는 클라이언트가 실수하도록 하고 사회복지사의 적절한 지식과 기술이 부족하게 된다.

원조관계에 해를 끼칠 수 있는 사회복지사가 보여줄 수 있는 많은 행위와 태도가 있다. 비판적인 것, 비난하는 것, 의심하는 것, 클라이언트를 꾸짖는 것, 위협하는 것, 무시하는 것, 비웃는 것, 혼내는 것, 성 차별하는 것, 편견을 드러내는 것, 부인/거절하는 것(Benjamin, 1987) 등이다. 이런 모든 것은 원조관계에서 피해야 할 것들이다.

2) 효과적인 사회복지사의 8가지 특징

사회복지사가 적극적으로 가져야 할 많은 특징이 있다. 수년 동안 여러 연구들은 성공적인 원조관계를 갖는 데 중요한 여러 특징을 보여주었다. 경험적 또는 이론적으로 유능한 사회복지사가 되는 데 관련있는 특질은 ① 감정이입 하기(being empathic), ② 개방하기(being open), ③ 진실하기(being real), ④ 높은 내면성을 갖기(having high internality), ⑤ 삶의 경험자 되기(being an experiencer of life), ⑥ 좋은 정서적 건강을 갖기(having good emotional health), ⑦ 협력관계를 잘 맺는 사람이 되기(being an alliance builder), ⑧ 유능해 지기(being competent) 등 8가지가 있다.

(1) 감정이입 하기(being empathic)

감정이입하는 사람은 타인의 관점을 잘 이해한다. 로저스(Carl Rogers, 1957)는 감정이입하는 사람은 "만약에(as if)"라는 느낌(feeling) 없이, 마치 자기 자신의 일처럼 클라이언트의 개인적 세계를 감정이입할 수 있다고 했다. 원조관계에서 감정이입은 라포(rapport)를 형성하고 정보를 알아내며, 클라이언트가 용인됨을 느끼도록 도와주는 기술이다(Carkhuff, 2000 ; Egan, 2001). 감정이입하는 것은 조작되어질 수 있다. 측정될 수 있는 방식으로 기술될 수 있다. 현재 당신이 얼마나 감정이입적인지 다음 <연습 1－1>을 수행해 보자.

연습 1-1 당신은 감정이입적인가?

교실에서 3명이 한 조가 되도록 나눈다. 한 사람을 "번호 ①", 두 번째 사람을 "번호 ②", 마지막 사람을 "번호 ③"이라고 한다. 번호 ①은 자신이 경험한 격분했던 상황에 대해 번호 ②와 이야기한다. 번호 ②가 감정이입하려고 최대한 노력하는 동안, 번호 ①은 그 상황과 관련하여 가능하면 실제처럼 행동한다. 번호 ③은 녹음기나 비디오를 이용하여 그 세션을 녹음 또는 녹화할 것이다. 10분 후에, 녹음/녹화된 테이프를 듣고 아래의 체크항목을 사용하여 그 상황에 대해 이야기하라. 번호 ①과 번호 ②가 끝낸 후, 번호 ②는 번호 ③과 짝이 되고, 번호 ②가 상황을 기술하고 번호 ③은 감정이입하려고 시도하라(번호 ①은 녹음/녹화한다). 마지막으로 이들이 끝냈을 때, 번호 ③과 번호 ①이 짝이 되고 번호 ③은 상황을 기술하고 번호 ①이 감정이입하며, 번호 ②가 그 세션을 녹음/녹화한다.

이 연습을 마친 후, 3명은 함께 각 테이프를 듣게 된다. 아래의 척도를 사용하여 3명은 각 테이프에 대해 각각의 조항을 논의해 보고 결정한다. 3명이 이것을 다 한 후에, 6개 항목에 대해 평균을 낸다.

1	2	3	4	5
전혀 감정이입하지 않음		중간 정도 감정이입함		전적으로 감정이입함

(1) 적게 말할 것 : 감정이입적인 사람은 상황을 기술하는 사람보다 훨씬 더 적게 말할 것이다.
(2) 질문을 적게 할 것 : 감정이입적인 사람은 단지 몇 가지의 질문만을 한다.
(3) 충고하지 말 것 : 감정이입적인 사람은 거의 충고하지 않는다.
(4) 판단하지 말 것 : 감정이입적인 사람은 말하는 사람에 대해 판단하지 않는다.
(5) 해석하지 말 것 : 감정이입적인 사람은 타인의 상황에 대해 분석하거나 해석하지 않는다.
(6) 중단하지 말 것 : 감정이입적인 사람은 타인의 말을 중단하지 않고 말하는 사람 스스로 말을 끝내도록 고려한다.

대답에 점수를 체크한 후, 3.0 이상의 점수를 받았다면, 매우 잘한 것이다. 그러나 만약 평균이 3점보다 낮다면, 많이 배워야 할 것이다. 4장에서 더 깊이 감정이입하는 방법을 배우고 이러한 중요한 반응을 훌륭히 조율(fine-tune)하는 기회를 가지게 될 것이다.

(2) 개방하기(being open)

타인에게 개방적인 사람은 타인을 수용하고 타인이 자신의 관점을 표현할 수 있도록 해준다. 이런 사람은 타인의 관점을 자신의 관점으로 바꾸려 하지 않는다. 이런 비독단적(nondogmatic)인 사람은 비판(비난)에 개방적(open)이고 변화에 개방적이며, 자신의 가치와 신념을 반영하는 타인의 관점을 잘 들어주고 이해해 준다. 타인에게 개방적인 사람은 비교적 편견으로부터 자유롭고 다른 문화적 유산, 가치, 신념체계에 관계없이 차이점을 수용할 수 있다.

비록 대부분의 사람이 어떤 문제에 대해 확실한 신념을 가지고 있지만, 우리는 대개 타인이 우리의 관점으로 변하도록 납득시키려 하지 않는다. 우리가 타인을 변화시키기 위해 많은 에너지를 쓰지 않는다면, 우리가 타인의 생각을 고려하지 않고 우리 스스로를 타인으로부터 닫아놓는다는 말이다. 이러한 개방성(openness)의 부족은 효과적으로 경청하는 것을 방해한다. 만약 나는 타인이 나의 신념을 받아들이도록 애쓴다면, 어떻게 상대방에게 경청할 수 있겠는가? 사실상 몇몇 조사는 비독단적이거나 타인에게 개방적인 것과 좋은 경청자가 되는 것 사이의 연관성을 보여준다(Neukrug & McAuliffe, 1993).

원조관계에서 타인의 경험에 개방적인 사람은 무조건적으로 도움이 필요한 사람을 수용할 수 있다. 로저스(1957)는 이것을 무조건적 긍정적 고려(unconditional positive regard)라고 말했다. 레오 부스카글리아(Leo Buscaglia)는 이것을 책임질 수 있는 사랑(responsible love)이라고 불렀다.

> 책임질 수 있는 사랑은 수용하고 이해한다 … 사랑은 타인이 그렇게 행동할 수밖에 없었던 사실을 수용하도록 도와준다(1972 : 119).

다음 <연습 1-2>는 여러분이 얼마나 개방적인지를 알 수 있도록 도와준다.

연습 1-2 당신은 얼마나 개방적인가?

교실에서, 3명이 한 조가 되도록 나눈다. 아래 리스트에서 한 사람이 "찬성론자(pro)"가 되고, 다른 한 사람은 "반대론자(con)"가 되도록 상황을 만든다. 만약 나열된 상황에서 모두가 "찬성론자(pro)"나 "반대론자(con)"가 된다면, 당신이 찬성론자가 되고 한 사람이 반대론자가 될 수 있는 상황을 만들어라. 당신의 임무는 찬성론자가 되는 것이고, 반대론자인 사람은 그 상황을 논의한다. 세 번째 사람은 기록하고 나중에 각자가 자신의 역할극(role-play)을 얼마나 잘 수행했는지 피드백을 주는 "중재자(moderator)"가 된다. 상황을 논의하는 동안, 다른 사람의 관점을 듣는 데 최선을 다하라. 당신이 끝마쳤을 때, 아래 나열된 사항에 대해 논의하라. 그리고 그 상황을 되풀이하라. 또는 다른 상황을 연출해 보라. 그러나 이번엔 중재자가 찬성론자나 반대론자가 되고, 다른 사람 중 한 사람이 중재자가 된다.

상황(situations)
① 낙태(abortion), ② 증세(增稅 : increased taxes), ③ 소수민족과 여성의 교육기회와 고용에 있어서 차별철폐조처(affirmative action), ④ 동네 부근에 성인용(X-rated, 외설적인) 서점을 개업하는 것, ⑤ 사형, 극형(capital punishment), ⑥ 국민건강보험, ⑦ 수업료 인상

당신이 끝마쳤을 때, 아래의 질문에 답해보라.

생각해 볼 점

① 당신은 한 상황에 대해 매우 감정적이게 되어서, 상대방의 말을 들을 수 없었나요?(상대방에 대해 폐쇄적임)
② 당신은 다른 사람이 "틀렸다"고 생각했나요?
③ 상황을 논의하는 동안 긴장했나요?
④ 당신이 상황을 논의한 후, 상대방은 당신이 타인의 관점에 개방적이라고 생각합니까, 아니면 폐쇄적이라고 생각합니까?
⑤ 중재자는 당신이 개방적, 아니면 폐쇄적이라고 생각합니까?
⑥ 당신은 자신이 개방적이라고 생각합니까, 아니면 폐쇄적이라고 생각합니까?
⑦ 당신은 다른 사람이 말하는 중간에 끊는 경향이 있진 않나요?
⑧ 당신은 다른 사람이 말하는 것에 반박하기 위해 어떤 반응을 보이려고 열중하진 않았나요?
⑨ 당신은 다른 사람의 견해를 이해했나요?
⑩ 당신은 당신이 들은 것으로 인해 당신의 견해를 바꾸려고 했나요?

만약 1번에서 8번까지의 항목에서 당신이 "예"라고 대답했고, 9번에서 10번까지 항목에 "아니요"라고 응답했다면, 아마도 당신은 다소 폐쇄적이고 비수용적일 것이다. 비록 당신이 사회복지사의 역할을 다르게 행할지라도, 이 연습은 당신에게 당신이 얼마나 개방적인가에 관한 몇 가지 인식을 제공해 줄 것이다.

(3) 진실하기(being real)

일반적으로 어떤 사람이 진실할 때 말할 수 있게 된다. 진실한 사람은 자신의 감정을 잘 알고, 적당한 때에 자신의 말과 행동을 통해 생각과 감정을 표출한다. 반면 거짓된 사람은 감정을 표현하지 않고, 그들이 느끼는 것을 말이나 행동으로 드러내지 않는다. 이들은 교활한 속임수를 가지고 삶을 살며, 종종 스스로를 속이기도 한다. 만약 사람이 거짓된 삶의 방식을 완벽하게 따르지 않으면, 일반적으로 그들은 부적절한 삶의 방식으로 행동하게 된다. 즉, 그들의 감정, 생각, 행동은 일관성이 없게 된다.

로저스(1961, 1980)는 진실성(genuineness)이 원조관계와 모든 삶의 관계에서 매우 중요한 요소라고 했다. 그래서 원조자는 진실성을 만들어야 한다는 견해를 가졌다. 로저스는 진실한 사람은 솔직하다고 주장했다. 그들은 기꺼이 상대방에게 자신의 감정을 나타낸다(Greenberg, 1994 ; Jourard, 1971 ; Rogers, 1957). 이러한 자질의 중요성을 인식하면서, 겔소와 카터(Gelso & Carter, 1994)는 모든 원조관계가 이 중요한 핵심에 집중해야 한다고 생각했다. 예를 들어, 원조관계 동안 자신을 나타내지 못하는 사회복지사는 자신이 만든 장벽에 대해 클라이언트가 어떻게 반응할지에 대해 논의해야 한다.

펙(Peck, 1998)은 클라이언트를 위해 진실의 중요성에 대해 이야기했는데, "작은 선의의 거짓말"이 눈덩어리가 되고 거짓된 삶의 방식이 되며, 마침내 악(惡)이 된다고 말했다. 심지어 그는 이러한 거짓된 삶의 방식이 자신의 삶을 지배할 수 있다고 생각했다. 대부분의 사람은 거짓된 방식으로 사는 것이 건강하지 못하다고 생각한다. 펙은 진실한 사회복지사는 클라이언트가 진실성을 가지도록 도와준다고 했다. 그는 원조관계를 작은 고백(mini-confessional)으로 보았다. 이를 통해, 사람은 자신의 불일치를 스스로 정화할 수 있다. 다음 <연습 1-3>은 당신의 진실성을 살펴보는 데 도움을 준다.

연습 1-3 비밀을 유지하기(keeping secrets)

비밀을 유지하는 것은 우리가 타인에게 진실하게 되는 것을 방해한다. 주어진 공간에서 당신의 삶 속에서 중요한 사람에게 비밀을 만들고 리스트를 만들어 보라. 그리고 주어진 질문에 대답해 보자. 특히 어떤 비밀에 대해서는 부득이한 말 이외의 것은 하지 않는다. 당신이 이것을 끝마쳤을 때, 소그룹 내에서 당신이 당신의 비밀에 대해 무엇을 발견했는지 이야기해 보자.

당신이 끝마쳤을 때, 아래의 질문에 답해보라.

① ______________________
② ______________________
③ ______________________
④ ______________________
⑤ ______________________
⑥ ______________________
⑦ ______________________
⑧ ______________________
⑨ ______________________
⑩ ______________________

질 문
① 10개의 비밀을 기억하는 것이 비교적 쉬운가? ② 왜 당신은 이러한 비밀을 가져왔는가? ③ 당신은 비밀을 가지게 된 사람과 대면하는 것보다 비밀을 갖고 있는 게 더 쉽다고 생각하는가? ④ 이런 비밀을 가짐으로 당신은 어떤 유익을 얻는가? ⑤ 비밀을 가지면 어떤 단점이 있는가? ⑥ 이런 비밀에 대한 당신 최선의 행동방침은 무엇인가? ⑦ 만약 비밀이 탄로난다면, 어떤 일이 발생할 것인가?

(4) 높은 내면성을 갖기(having high internality)

당신이 더 많이 배우기 전에, <연습 1-4>를 해보자. 만약 <연습 1-4>에서 당신의 선이 사분면 I에 있다면, 당신은 높은 내면성을 가지고 있다. 이것은 높은 통제력과 높은 책임감의 조합이다. 높은 수준의 내면성을 소유한 사람은 자신 내면의 생각과 신념에 중요도를 두고 타인에 의해 잘 설득당하지 않는다. 하지만 그들이 의사결정을 하는 데 있어서는 타인의 견해를 고려할지도 모른다. 어떤 조사는 높은 내면성을 가진 사람은 타인을 납득시킬 필요가 없다는 것을 보여주었다(Neukrug & McAuliffe, 1993). 그러나 지나친 내면성은 해로울 수도 있다. 소스트럼(Shostrum, 1974)은 건강한 사람은 3 : 1의 비율로 내면규제와 다른 규제를 가진다고 언급했다. 이것은 사람이 대부분 자신의 의사결정에 의지하고 자신에게 귀기울이는 것을 자랑스럽게 여기며, 스스로에 대해 책임을 갖는 반면 타인의 입장도 생각한다는 것을 의미한다.

전문가의 세계에서 내면성은 아주 중요하다. 휴먼서비스 전문가는 더 수준 높은 내면성을 가질수록 더 좋다. 그리고 대부분의 클라이언트가 높은 수준의 책임성과 통제력을 가질수록 좋다. 그러나 내면성이 특별히 서양의 가치라는 것과, 서양 외의 다른 환경체계에서 클라이언트는 포함되지 않을 수도 있음을 명심할 필요가 있다(Pedersen, 2000 ; Sue, 1978 ; Yutrzenka, 1995). 예를 들어, 윗사람의 충고를 귀담아 듣는 가족을 가진 사람은 다른 사분면으로 떨어질 수 있다.

단지 한 양식에 너무 집착하여 부정적인 결과를 얻을 때만, 다른 사분면에 떨어지는 것이 문제가 있게 된다. 덧붙여 비록 미국인이 I 사분면을 반영하는 양식을 선호하는 경향이 있지만, 다른 영역에 떨어지는 것이 반드시 나쁜 것은 아니다. 미국인처럼, 우리도 I 사분면의 행동을 중요시하는 경향이 있고, 많은 클라이언트가 내면성을 키우려 할 것이다. 하지만 궁극적으로 될 바람직한 방향과 이런 행동을 구분해야 한다.

연습 1-4 통제와 책임의 소재

(1) 당신 스스로 당신이 얼마나 책임성 있다고 생각하는지 평가해 보라.

①	②	③	④	⑤
매우 책임감 있음		보통		전혀 책임감 없음

(2) 의사결정 시, 당신은 자신을 믿는지 아니면, 타인에게 좀 더 의존하는지 평가해 보라.

①	②	③	④	⑤
자신을 전적으로 믿는다.		반반이다.		타인에게 전적으로 의존한다.

점수를 매기고, 다음 그림에 속하는 숫자에 동그라미하시오. 1번에 대한 점수는 x축에 표시하고 2번에 대한 점수는 y축에 표시하시오. 그리고 두 숫자를 잇는 선을 그리시오.

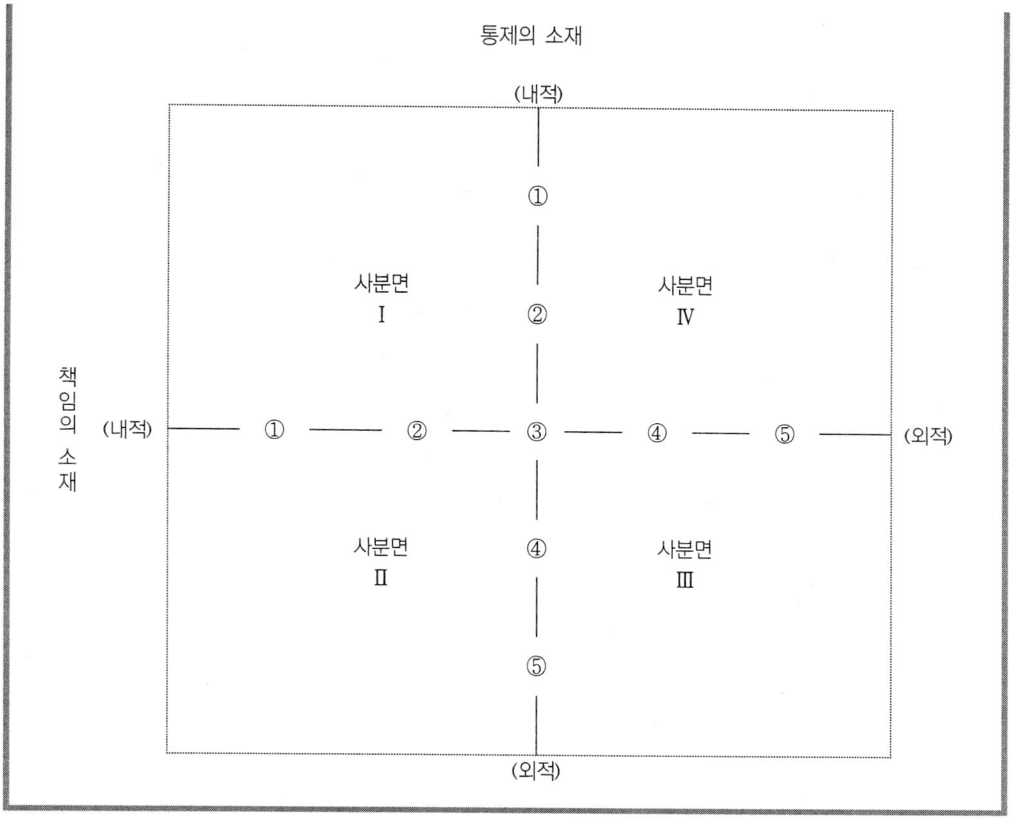

(5) 삶의 경험자 되기(being an experiencer of life)

삶의 경험자 되기 위해 다음 <연습 1−5>를 해보자.

연습 1−5 경험에 자신을 맡겨보기

집단에서 한 사람과 짝을 지어라. 한 사람이 자신의 삶에서 문제상황을 생각해 보고 그 상황에 대한 이름을 준다. 예를 들어, 만약 내가 직장동료와 업무상 관계에 대해 염려한다면, 나는 그것을 "손광훈과의 문제"라고 부를 것이다. 다음으로 1분 동안 상대방에게 당신의 상황에 대해 말해주어라. 지도하는 사람은 시간을 재야 한다. 그리고 같은 상황을 연습하는데, 이번에는 그 상황을 이야기하는 데 5~10분을 준다. 만약 시간이 허락되면, 이번에는 둘 중에 다른 상대방이 위에서 했던 것처럼 자신의 문제상황에 대해서 이야기한다. 끝낸 다음, 아래 사항에 대해서 살펴보자 :

(1) 5분과 비교해서 10분 뒤에 문제에 대한 당신의 이해도가 얼마만큼 차이가 있는가?
(2) 문제에 "층(層 : layers)"이 있나? 예를 들어, 손광훈과 관련된 문제가 내가 남자동료들과의 관계에서 발생하는 문제와 더 연관성 있지 않나? 그리고 이런 문제는 나와 아버지와의 관계에서 발생하는 문제와 더 관련있는 것은 아닌가?

> (3) 문제에 대해 이야기하는 시간이 길어질수록, 더 깊이 있는 감정을 느끼는가?
>
> 이 3가지 질문에 대해 생각해 본 후, 지도자는 그들이 무엇을 발견했는지 질문해야 한다. 각 사람은 위의 질문에 대한 자신의 답을 자진하여 서로 나눌 수 있다.

돌격! 앞으로~(rush, rush, rush). 우리가 사는 이 세상은 스트레스가 많고 아주 분주한 곳이다. 스테레오판이 돌아가듯, 우리는 종종 장미의 향을 맡을 시간도 갖지 못하고 산다. 천천히 살라. 시간을 들여 삶을 경험하라. 즐길 시간을 가져라. 당신이 가지고 있는 것을 즐기고, 당신이 원하는 것을 위해 목표를 가져라.

> 어느 날 아침, 나는 나무껍질 안에 나비가 되려고 하는 한 개의 (누에)고치를 발견했다. 나는 잠시 기다렸다. 하지만 그것이 나오는 데는 너무 긴 시간이 걸렸다. 나는 기다릴 수 없었다. 나는 몸을 앞으로 수그리고 그것을 따뜻하게 해주기 위해 입김을 불어넣어 주었다. 나는 내가 할 수 있는 한 빠르게 그 고치를 따뜻하게 데워주었다. 드디어 기적이 일어났다. 껍질이 벗겨지고, 나비가 천천히 기어나오기 시작했다. 나비가 어떻게 날개를 뒤로 접고 펴는지 보는 순간, 나는 아주 끔찍한 것을 보아야 했다. 비참한 나비는 날개를 펴기 위해 자신의 온몸을 떨었다. 나는 몸을 구부려, 나비가 날개를 펼 수 있도록 입김을 불어주었다. 그러나 소용없었다. 부화되는 데는 시간이 필요했고 날개를 펴기 위해서는 태양을 통한 점진적인 순서가 있어야 했다. 하지만 깨달았을 때는 이미 늦었다. 내 입김은 나비가 날개를 펴지 못하게 만들어버렸다. 나비는 필사적으로 몸부림쳤지만 몇 초 뒤에, 내 손바닥 위에서 죽어버렸다. 나는 위대한 자연의 법칙을 깨뜨리는 치명적인 죄를 지었다는 것을 깨달았다. 우리는 서두르지 말아야 한다. 우리는 기다려야 한다. 우리는 영원한 조화(㉥ 자연의 법칙)에 승복해야 한다(Kazantzakis, 1952 : 120-121).

삶을 경험하고자 하는 사람은 삶을 자연스럽게 내려놓아야 한다. 이런 사람은 순간의 자신의 감정과 생각을 이해할 수 있다. 이런 사회복지사는 삶을 꽃을 피우는 과정으로 본다. 삶을 경험하고자 하는 사회복지사는 자신과 클라이언트의 관계를 천천히 여는 것이 중요하다는 것을 안다. 반면 서두르게 된다면, 원조관계는 망가지고 말 것이다. 클라이언트와 함께 일하는 것은 지루할 수 있다. 종종 변화가 매우 더디게 발생할 수 있다. 이러한 순간에, 클라이언트를 너무 다급하게 내몰지 않는 것이 중요하다. 너무 급하게 클라이언트의 변화를 추구하면, 당신과의 원조관계가 끝나버릴 지도 모른다.

(6) 좋은 정서적 건강을 갖기(having good emotional health)

당신이 도움이 필요한데, 타인을 도울 수 있겠는가? 이것은 모든 사회복지사가 자신에게 물어봐야 할 중요한 질문이다. 다른 사람과 마찬가지로, 사회복지사도 삶의 문제로 인해 번뇌한다. 사회복지사가 유능하기 위해 최상의 지점에 있어야 할 필요는 없다. 그러나 심하게 약화·손상된 사회복지사는 클라이언트를 돕는 데 어려움이 있다. 몇몇 연구는 사회복지사의 건강한 정서가 긍정적 클라이언트 결과와 연관성이 있음을 보여준다(Lambert & Bergin, 1983). 어떤 연구는 사회복지사가 자신의 개인적인 상담을 하는 경우, 긍정적 클라이언트 결과가 일어날 수 있음을 보여준다(Greenberg & Staller, 1981). 자신의 문제로 개인상담을 하는 66%에서 84%의 다양한 원조전문가는 자신의 문제와 관련하여 일하기 원한다.

자신의 상담에 참가하는 사람은 사회복지사를 성장시키는 데 많은 유익을 가진다. 첫째, 자신의 개인적인 어려움을 해결하는 데 사회복지사를 도울 수 있다. 자신의 중요한 문제를 해결하지 않은 채로, 타인에게 사회복지사로서 자신을 내세우는 사회복지사는 바보스럽게 보일지도 모른다(Wheeler, 1991 : 199). 둘째, 사회복지사는 가장 유익하게 생각되는 기술을 직접 경험해 볼 수 있다. 셋째, 상담받는 것은 사회복지사가 클라이언트의 위치에서 감정이입을 할 수 있도록 도와주고 클라이언트 입장이 될 수 있도록 돕는다. 넷째, 개인적인 상담은 자신에게 중요한 통찰력을 갖게 해준다. 이러한 통찰력은 원조관계에 긍정적인 효과를 미친다. 끝으로 개인적인 상담경험은 역전이(逆轉移 : countertransference) 현상을 예방할 수 있다. 역전이는 어떤 상황에서, 전문가가 지나치게 클라이언트와 자신을 동일시하고 지나칠 정도로 자신을 클라이언트 입장에 놓고 사회복지사 자신의 필요를 클라이언트를 통해 충족시키려 하는 것(Corey, 2001)을 말한다. 사실상 겔소와 카터(1994)는 사회복지사가 적극적으로 역전이에 참여하든 안 하든 간에 역전이가 원조관계의 발전과 건강에 중요한 역할을 한다고 언급했다.

사회복지사를 위한 개인적 상담은 정서적 건강을 다루는 활동이며, 더 효과적인 원조관계를 만들어 줄 수 있고, 클라이언트와 함께 치료상 도움이 되는 강한 협력관계를 만들게 해준다. 위의 <연습 1-6>은 당신이 당신의 정서적 건강을 위해 많은 시간을 할애하는지 아닌지를 알 수 있도록 도와줄 것이다.

연습 1-6 정서적 건강을 유지하고 성취하는 방법

당신의 정서적 건강을 유지하기 위해 당신 자신을 돌보는 방법을 나열해 보시오. 사회복지실천기술론 수업에 있는 소집단과 당신이 쓴 목록을 나누어 보시오.

①
②
③
④
⑤
⑥
⑦
⑧
⑨
⑩

(7) 협력관계를 잘 맺는 사람이 되기(being an alliance builder)

당신은 클라이언트와 연관되어 있는가? 만약 아니라면, 당신이 누군가를 도와줄 수 있는 유능한 사회복지사가 아닐지도 모른다(Sexton & Whiston, 1991 ; Whiston & Coker, 2000). 클라이언트와 연관있다는 것이 무엇을 의미하나? 다음의 간단한 <연습 1-7>을 수행해 보자.

클라이언트와 협력자가 되는 것은 감정적 유대관계를 개발하고 목적을 달성하고자 노력하는 클라이언트와 사회복지사의 능력과 밀접한 관계가 있다(Bordin, 1979). 사회복지사와 클라이언트가 협력하며 나아가야 하는 것을 깨닫지 못할 지라도, 협력하며 나아가는 것은 원조관계 전반에 필요하다(Gelso & Carter, 1994). 미누친(S. Minuchin, 1974)은 협력의 중요성에 대해 다른 사회복지사와 약간 다른 입장을 취한다. 연합(joining)이라는 용어를 사용하여, 사회복지사는 클라이언트와 관계맺는 데 전도성 있는(conductive) 자세를 취함으로써 궁극적으로 변화과정에 영향을 줄 수 있다. 모든 사회복지사는 클라이언트와 강한 협력관계를 구축하기 위한 정서적 인내를 가져야 한다. 또한 사회복지사는 이론적 틀 안에서 클라이언트와의 유대관계를 어떻게 형성할 것인지를 알아야 한다. 이러한 유대관계가 클라이언트와 함께 이루어지는 그들의 일에 얼마나 효과적으로 작용하는지 이해할 수 있어야 한다.

연습 1-7 타인과 협력관계 수립하기

당신에 관한 질문에 답변하는 데 믿을 만한 사람 3~5명을 정한다(당신은 이 연습을 하기 위해 교실에서 함께 해왔던 몇 명의 사람을 택할 지도 모른다. 하지만 가족이나 친구도 가능하다). 당신이 선택한 사람 중 3~5명에게 같은 항목을 질문할 것이라고 말하고, 각 사람의 답변은 익명성을 보장하겠다고 언급해라(예 각 사람의 답변에 이름을 기입하지 말고, 답변을 완성할 때까지 기다리라). 각 사람에게 아래의 항목에 답변하도록 부탁하라.

(1) 내가 평가하고 있는 그 사람은 대개 ________________.

① 가까이 하기 쉽다. ② 어느 정도 가까이 하기 쉽다. ③ 약간 가까이 할 수 있다.
④ 가까이 하기 어렵다. ⑤ 절대로 가까이 할 수 없다.

(2) 내가 평가하고 있는 그 사람과 이야기한 결과, 그 사람은 ________것 같다.

①	②	③	④	⑤
나에게 관심이 있는		나에게 보통의 관심이 있는		나에게 전혀 관심이 없는

(3) 나는 내가 평가하고 있는 그 사람이 일반적으로 ________를 원한다고 말할 수 있다.

①	②	③	④	⑤
나와 접촉하기		때때로 접촉하지만 때때로 접촉하지 않기		나와 접촉하지 않기

(4) 다음은 내가 평가하고 있는 그 사람이 나와 접촉을 시도하기 위해 보이는 방법들이다.

① ____
② ____
③ ____
④ ____

1번부터 3번까지의 평균값을 내라. 그리고 4번에 대한 모든 사항을 리스트로 만들어라. 1번부터 3번에서, 당신이 1에 가까울수록 좋고, 이것은 당신이 협력관계를 쉽게 만든다는 의미를 가진다. 4번에서, 한 사람 이상 같은 답을 했다면, 이런 방법으로 당신이 타인과 "관계(connect)"를 가진다고 할 수 있다. 지도자는 소집단이나 학급에서 타인과 당신의 결과를 이야기하도록 요구할지도 모른다.

(8) 유능해지기(being competent)

진정으로 유능한 사회복지사는 지식을 갈망하고 지식과 전문가로서의 능력이 밀접한 관계가 있다고 생각한다. 이런 사람은 개인적 연구를 통해 지식에 대한 그들의 탐구를 제시하고 전문가협회에 참여하고자 하는 갈망과 전문잡지를 읽고자 한다. 유능한 사회복지사는 어떤 클라이언트에게 어떤 기술들이 더 효과적이라는 것을 알고 있으며,

이런 전문가는 어떤 사람에게 어떤 것이 가장 좋을지 알기를 갈망한다(Kanfer & Goldstein, 1991 ; Whiston & Coker, 2000).

유능한 전문가는 교육을 평생의 과정이라고 생각하고, 사회복지사는 유능해야 할 윤리적이고 합법적인 책임이 있다고 믿는다(Corey, Corey, & Callanan, 1998). 사회복지사의 윤리적 기준(부록1 참조)은 사회복지사가 계속적으로 지식을 탐구하는 것과 다양한 방법으로 능력을 구축해가는 것이 중요하다고 말한다. 예를 들어, 사회복지사가 ① 자신의 능력범위와 한계를 아는 것, ② 필요할 때, 적절한 자문을 구할 것, ③ 진행 중인 전문가의 발전활동에 참여할 것, ④ 지속적으로 새롭고 더 나은 치료기법을 찾아볼 것 등이 있다. "만약 사회복지사가 평균적인 동료보다 확실히 무능하다면, 전문적 부정행위를 저지르는 것이다. 소송의 기능은 유능한 치료를 장려하는 데 있다"라고 언급하며, 합법적인 체계가 이러한 윤리적 지침을 효과적이게 해준다(Swenson, 1997 : 166). 당신은 지식획득과 유능하게 되는 것에 얼마나 가치를 두고 있는가? 다음 <연습 1-8>에 있는 질문에 답해보라. 그리하여 당신의 능력을 측정해 보자.

연습 1-8 능력(Competence)

다음 보기와 같이 '자신과 가장 가깝다고 생각되는 것'을 골라 다음 항목 옆에 적당한 숫자를 기입하시오.

①	②	③	④	⑤
전적으로 동의 못한다. (0%)	동의 못한다. (25%)	반반이다. (50%)	동의한다. (75%)	전적으로 동의한다. (100%)

_____ ① 나는 학교에서 일어나는 것을 배우기 좋아한다.

_____ ② 나는 종종 내가 배우고자 하는 과목과 관련된 책, 저널, 글을 본다.

_____ ③ 나는 수업을 듣지 않고 그냥 누군가가 대학졸업장을 주기를 바란다.*

_____ ④ 나는 배움을 평생과정이라고 생각한다.

_____ ⑤ 나는 수업 중에 빈정대거나 냉소적인 경향이 있다.*

_____ ⑥ 나는 전문가협회에 참여해왔다.

_____ ⑦ 내가 사회복지사 자격증을 땄을 때, 내가 사회복지사협회의 한 구성원이 될 것을 믿는다.

_____ ⑧ 개인적으로 연구는 클라이언트에 대한 나의 지식을 거의 더해주지 못할 것이다.*

_____ ⑨ 내가 조사연구서를 작성할 때, 나는 문헌에 대해 철저히 조사한다.

_____ ⑩ 나는 다른 전문가들에게 상담하는 것이 시간낭비라고 생각한다.*

목록의 점수를 매겨라 : 1, 2, 4, 6, 7, 9번에는 당신이 쓴 점수를 준다. 3, 5, 8, 10번은 역문항으로 만약 당신이 1을 썼다면 5점을 주고, …… 5라고 썼다면 1점을 준다. 당신이 50점에 가까울수록, 당신은 유능한 자질을 많이 가지고 있는 것이다.

3) 종합하기

이 장에서는 특히 유능한 사회복지사와 관련있는 경험적이거나 이론적인 8가지 특성을 살펴보았다. 이러한 특성은 사회복지사가 발전시켜야 하는 개인적 특성을 나타낸다. 각각의 특성은 우리의 삶에서 자신만의 길로 여행할 때, 이정표와 같다. 결국 우리가 전보다 좀 더 많은 지식을 가지게 될 때, 더 큰 안도감, 편안함을 느낄 수 있다. 다음의 <연습 1-9>는 여러분에게 이 장에서 배웠던 모든 특성을 복습해 볼 수 있는 기회를 제공한다.

연습 1-9 나의 특성 평가하기(rating my characteristics)

아래의 평가도구를 사용하라. 당신이 생각하는 중요도를 각 특성 옆에 기입하라. 이러한 특성 중에 몇 가지는 내가 생각하는 것만큼 당신에게 중요하지 않을 수도 있다. 같은 측정도구를 사용해서 각각의 특성에 대해 당신 스스로를 평가하라. 마친 후, 당신을 잘 안다고 생각되는 사람 2~3명을 정하고 당신을 평가해달라고 요청한다. 여백에 언제 당신이 그 특성을 나타내 보였는지를 쓴다. 그리고 당신이 그런 특성을 강화하기 위해 무엇을 할 수 있는지 쓴다. 이런 일을 하는 것은 당신이 8가지 특성을 얼마나 잘 발휘하고 있는지 살펴볼 수 있도록 해준다. 평가할 때, 아래 측정도구를 사용하라. 높은 점수(9에 가까울수록 높음)는 당신이 그런 특성을 가지고 있음을 나타내고, 또 당신이 그런 특성을 중요하게 생각한다는 것이다.

① 최고 낮은 평가	(10% 미만)	⑥ 약간 높은 평가	(60~70% 미만)
② 매우 낮은 평가	(10~20% 미만)	⑦ 다소 높은 평가	(70~80% 미만)
③ 어느 정도 낮은 평가	(20~30% 미만)	⑧ 매우 높은 평가	(80~90% 미만)
④ 약간 낮은 평가	(30~40% 미만)	⑨ 최고 높은 평가	(90% 이상)
⑤ 높지도 낮지도 않은 평가	(40~60% 미만)		

자기-인벤토리(self-inventory)

	중요도	자기평정	타인평정	오늘 수행 정도	점수를 향상시키기 위해 당신은 무엇을 할 수 있는가?
감정이입 하기					
개방하기					
진실하기					
높은 내면성 갖기					
삶의 경험자가 되기					
좋은 정서적 건강을 갖기					
협력관계를 잘 맺는 사람이 되기					
유능해지기					

Chapter 02 사회복지사의 가치와 윤리

사회복지사에게 있어 원조한다는 것은 때로는 이로울 수도 있고 해로울 수도 있는 인간관계를 형성하는 과정이다. 사회복지사가 유능한 전문직의 실천을 하기 위해서는 특별한 개인적 · 전문적 통합성이 요구된다. 사회복지사는 철저한 자기이해와 훈련 및 자기통제를 필요로 하며, 선의나 개인적 자질 및 열정 이상을 필요로 한다. 사회복지사의 말과 행동은 전문적 지식에 근거해야 하고, 비판적 사고에 대해 알고 있어야 하며, 사회복지의 가치와 윤리 및 의무에 따라 행동해야 한다.

사회복지사가 스스로에 대하여 잘 모르거나 자신도 모르게 편견, 강박, 고정관념, 차별의식 등에 젖어있을 경우 클라이언트를 비롯한 상대에게 자신의 문제를 투사할 가능성이 있다. 이는 긍정적 원조관계를 손상할 뿐 아니라 클라이언트에게 오히려 해로울 수 있다. 따라서 사회복지사는 개인으로서 또한 전문가로서 자신의 가치관이나 태도를 면밀히 검토할 필요가 있다.

사회복지사는 자신이 처한 전문적 상황의 법적 · 윤리적 · 도덕적 함의를 잘 고려하여, 그 책임에 걸맞은 윤리적 결정에 도달해야 한다. 사회복지사는 서비스 제공의 여러 국면에서 윤리적 딜레마에 직면한다. 사회복지사로서 이러한 복잡한 문제를 진척시키기 위해 사회복지사는 윤리적 원칙 각각의 의미와 함의를 철저히 파악해야 하며, 윤리강령에 대해 어떤 상황에 어떤 원칙이 적용되는지 확인할 수 있어야 한다. 또한 사회복지사는 서로 갈등적인 책임이 제기되는 상황에서 다른 것에 우선하는 윤리적 원칙 혹은 법적 의무가 무엇인지 결정할 수 있어야 한다(Barry Cournoyer, 2002 : 21-35).

1. 전문적 능력과 책임성

사회복지사는 사회적·제도적 관계의 복합적인 망에 관련되어 있으며 다양한 책임을 포함한다. 즉, 클라이언트나 광범위한 지역사회뿐만 아니라 지방자치단체, 사회복지서비스를 제공하는 고용주, 동료, 전문적 가치 등에 대한 책임이 있다(Adams, 1998 : 269).

1) 보호와 통제의 제공

클라이언트와 관련된 보호와 통제의 개념이 중요한 이유는 이들 개념이 클라이언트와 사회복지사, 개인과 국가의 관계를 설정하는 틀을 정의해 주기 때문이다. 보이지 않는 선을 넘어서서 '위험한' 행동영역으로 들어가게 될 경우 '안전장치'가 가동된다. 중요한 초점은 어떤 보호와 통제가 필요한지를 누가 결정하며, 이러한 의사결정과정에서 클라이언트가 어떤 역할을 담당하느냐 하는 것이다. '보호(care)'라는 용어가 가장 일반적으로 사용되는 것은 착취, 유기 및 학대에 대한 위험과 취약성의 개념과 관련되어 사용된다. 보호의 개념은 역시 학습장애나 정서적 문제를 가진 사람, 노인과 같은 취약한 집단에게 확대·적용된다. '취약성'을 '다양한 이유로 자신을 돌볼 수 없거나 타인으로부터 자신을 보호할 수 없는 사람'을 지칭하는 것으로 정의하고 있다(Johns and Sedgwick, 1999 : 2). 여기서 취약성(vulnerability)과 무능력(incapacity)을 구분하고 있는 데 후자는 특정 문제에 대해 정보를 이해할 수 없는 사람들을 지칭한다.

2) 전문적 경계의 관리

경계는 특정 역할이나 업무상의 책임을 나타내는 방법이며, 사회복지실천의 다른 활동이나 측면과 구별시켜 주기 때문에 중요하다. 경계의 개념은 개인, 집단, 가족, 지역사회 및 조직과 일하는 것을 포함할 수 있다. 명확한 경계 내에서 계획을 세우고 일하는 것은 다음과 같은 다양한 이점이 있다.

첫째, 경계는 시간과 자원을 경제적으로 사용하도록 해준다. 예를 들면, 면접실이 한 시간 동안 예약되어 있었는데 세션이 지정된 시간을 넘어선 경우 이는 다른 사회복지사를 방해하고 좌절시킬 수 있다. 둘째, 현실적인 준비가 공식화될 수 있고 면접이 전문적 기반을 가질 수 있게 한다.

사회복지실천에서 가장 문제가 되는 경계상의 문제는 비밀보장이다. 비밀보장은 신뢰의 분위기를 만들어내고 클라이언트의 권리를 보호하는 데 필수적이다. 여기서 일반적 원칙은 어떤 정보도 클라이언트의 동의 없이는 누설될 수 없다는 것이다. 물론 '전문가의 윤리원칙으로는 확실하게 클라이언트가 허용하지 않는 경우에는 절대로 클라이언트와의 의사소통 내용을 누설해서는 안 되지만(Clark, 2000 : 184)' 어떤 상황에서는 이것이 불가능하다. 클라크(Clark, 2000 : 191-192)가 제시한 두 가지 제안이 비밀보장과 관련해서 우리의 전문적 경계를 명확히 하는 데 도움을 줄 수 있을 것이다. 첫째, 기관은 각 기관의 사례기록에 관한 정책을 포함하여 서면형태로 비밀보장의 원칙이 실천가와 클라이언트를 위한 지침서로 활용될 수 있도록 한다. 둘째, 비밀보장의 정책은 각 클라이언트에게 이해되고 개별화되어야 하며 협상되어야 한다. 그래서 '클라이언트의 이해, 능력 및 정서적 능력에 맞도록' 만든다(Clark, 2000 : 192).

3) 기록유지기술

사례기록은 사회복지실천에서 필수적인 기술이며 그 자체로도 개입이 될 수 있다. 사례기록의 1차적 목적인 효과성, 책임성 및 비밀보장과 관련해 서비스 전달을 증진하는 것 외에 의사결정이나 가설형성 및 협력적 작업방법을 발전시키는 것과 관련해서 분석적 반성과 평가의 기회를 제공하기 때문에 중요한 학습의 도구이기도 하다. 사례기록의 가장 어려운 요소는 많은 정보를 기록하고, 정확하면서도 객관적으로 비판적이며, 충분히 자세하면서도 간결하도록 기록하느냐는 것이다. 사회복지실천에서 사용되는 ① 과정기록(때로 축어록이라 불림), ② 진단적 기록(치료에서 종종 사용됨), ③ 문제중심기록(때로 과제중심기록으로도 불림), ④ 프로포르마(proforma : 종종 컴퓨터화된) 기록 등 네 가지 기록방법이 있다.

그러나 정보를 구조화하는 것 그 자체가 훌륭한 실천이나 효과성을 보장해 주지는 않는다. 이것은 오히려 클라이언트가 자신의 기록에 자유롭게 접근할 수 있고, 사회복지 실천의 통합적인 부분으로서의 기록과정에 적극적인 역할을 담당할 때 더 성취될 수 있다. 이러한 참여적인 노력을 나타낼 수 있는 한 가지 방법은 클라이언트가 자신의 기록에 확인사인을 하는 것이다(Neville and Beak, 1990).

4) 반성적이고 효과적인 실천

반성적 실천은 '최상의 증거'에 바탕을 둔 결정을 내리도록 할 뿐 아니라 이론과 실천 간의 필수적 연계를 제공한다. 이는 특히 합의된 과제와 목적이 갈등적인 가치와 목적 때문에 이론이나 '기술적 합의성'에 따라 효과적으로 수행하기 어려운 복잡한 상황에서 더욱 중요하다. 반성은 이해하려고 하는 상황을 우리가 경험하고 있으며, 그 상황이 우리가 관여한 개입의 일부라는 점을 인정하게 해준다. 이것은 과제와 과정 간의 핵심적인 연계를 만들어 주고 우리 자신과 타인을 전체적인 윤곽 속에서 파악하기 위해 '우리에게 제시된 관계와 사건의 내부를 들여다 보는 것'이 얼마나 중요한지를 알게 해준다(Payne, 1998 : 122). 반성적 실천은 또한 융통성 있고 창조적인 사고능력을 개발하는 것을 포함한다. 이것은 우리나 타인의 행동의 방향과 내용에 영향을 주는 요인을 항상 다시 살펴보고, 세심하게 관찰하기 위해 사고 그 자체 및 그에 따른 행동을 비판적으로 검토하는 과정에 관여함을 의미한다.

5) 슈퍼비전을 창의적으로 활용

슈퍼비전의 목적은 우리가 하는 일을 효과적이고, 효율적이며, 책임성 있고, 클라이언트의 욕구를 민감하게 다루는 방식으로 이루어지도록 하기 위해 사회복지사의 전문적 발달을 촉진시키는 것이다(Pritchard, 1995). 이러한 이유 때문에 규칙적인 슈퍼비전은 사회복지실천에서 핵심적인 특징으로 인식되고 있다. 슈퍼비전은 관리 혹은 책무성(accountability) 요소, 교육적 요소, 지지적 요소 등 세 가지 주요 요소로 구성된다(Hawkins and Shohet, 1989 : 41-44).

슈퍼비전의 일부를 구성할 수 있는 이슈는 ① 특정 세션의 내용이나 면접의 세부에 대한 반성할 기회를 제공한다. ② 채택된 서로 다른 실천선택에 대해 분석한다. 즉, 실천지향(개인, 가족, 집단 및 지역사회와의 실천), 이론, 실천적 접근, 관점, 개입 및 기술, 성취된 결과나 바라는 결과의 측면에서 이들의 영향 및 전반적인 효과 등을 분석하는 것이다. ③ 클라이언트-사회복지사 간의 관계 및 이의 강점과 약점을 탐색한다. 사회복지사나 타인이 가질 수 있는 감정이 어떤 식으로 일을 증진시키거나 혹은 감소시키는지를 탐색한다. ④ 슈퍼비전 세션을 보고 지금 여기에서 무슨 일이 일어나고 있는지, 특히 클라이언트와 관련된 이슈가 슈퍼비전 세션에도 재연되고 있는지를 주의깊게 본다

(Mattinson, 1975). ⑤ 수련의 기회와 같은 실천가의 전문적 발전과 우리의 지식, 가치기반 및 실천기술을 어떻게 증진할지에 주목하는 것(Lishman, 1998 : 89-103) 등 범위도 다양하다.

모든 관련자에 의해 미리 세심하게 계획된 슈퍼비전 세션은 더 지지적이며 정보를 제공할 수 있고 또한 창의적이다. 공동학습과 탐색에 근거한 라포형성에 대한 책임은 양측 모두에 있으며, 슈퍼비전을 창의적으로 활용할 수 있는 능력이야말로 진짜 기술이라 할 것이다(Brearley, 1995 : 92-98).

2. 사회복지사의 가치와 윤리

1) 사회복지사의 가치

사회복지실천에서 가치는 종종 윤리나 규범, 혹은 도덕 등과 혼용되지만 가치와 윤리는 서로 구별되는 특징이 있다. 고든(W. E. Gordon)은 어떤 것을 가치있게 보는 것은 그것을 선호한다는 것이라고 하였다. 선호의 측정은 '선호되는 것을 얻기 위해 어떤 값을 치르고, 얼마나 노력을 하며, 어떤 희생을 하였는가?'로 측정되며, 가치를 '선호하다'라는 의미와 동일시하여 정의했다(이효선, 2004 : 22).

가치는 또한 감정적으로 무엇을 바랄 것인가에 대한 개념으로 역사 속에서 경험적으로 얻어져 대중이나 집단에 의하여 구성되는 행동패턴의 조직화와 구조화에 대한 의미를 제공하기도 한다. 따라서 가치(value)는 다수의 사회구성원에 의해서 좋거나 바람직하다고 여겨지는 것 혹은 개인의 선호도를 나타내는 것으로 사회복지사가 가져야 하는 믿음이나 신념을 의미한다(이영분 외, 2001 : 26).

사회복지실천의 본질적 3대 요소에는 사회복지전문직의 가치, 전문적 활동에 필요한 지식, 가치와 지식을 현장에 옮기는 과정에서 필요한 기술 또는 기법 등이 있다. 또한 사회복지전문직의 가치, 클라이언트의 가치, 사회복지사의 가치 등이 조화를 이루어야 한다. 사회복지실천과정을 위한 훈련 중에서 가장 먼저 점검해 보아야 할 것이 사회복지사 개인의 가치이다.

(1) 전반적인 가치

① 자립/의존에 대한 가치

스스로 자립할 수 있는 능력을 갖추어야 하고 그것을 위해 노력해야 한다고 생각하는가? 아니면 사회구성원 모두는 생존을 위해 사회에 의존할 권리를 갖고 있다고 생각하는가?, 보편적 사회복지정책을 추구하는 사회주의적 복지제도를 선호하는가? 잔여적 사회복지제도를 선호하는가?

② 책임/권리에 대한 가치

권리를 주장하기 위해서는 책임이나 의무를 다해야 한다고 생각하는가?, 책임 · 의무를 수행하지 못하는 사람이라도 누려야 할 권리는 다 누려야 한다고 생각하는가?

③ 도움을 주고받는 것에 대한 가치

클라이언트 중에 도움을 받을 만한 가치가 있는 사람과 도움을 받을 만한 가치가 없는 사람이 있다고 보는가?, 도움을 받을 만한 가치가 있는 사람은 누구이며, 도움을 받을 만한 가치가 없는 사람은 누구인가?

④ 융통성과 준법성에 대한 가치

사회구성원 모두의 생존을 위해 사회의 법과 윤리를 유연하게 적용하는 것이 바람직하다고 생각하는가?, 사회가 정한 법규나 윤리적 규범, 약속은 철저히 지켜야 한다고 생각하는가?

⑤ 님비즘(nimbyism)에 대한 가치

님비즘은 정당한 요구인가?, 님비즘은 집단이기주의의 한 형태인가?

- 님비 현상 : 님비(NIMBY : Not In My Back Yard)는 공익을 위해 반드시 필요한 시설이라고 하더라도 내가 사는 인근에 오는 것은 반대하는 것을 말하며, 님비의 대상은 쓰레기매립장, 분뇨처리장, 하수처리장, 화장장, 교도소, 장애시설 등이 있다.
- 바나나 현상 : 바나나(BANANA : Build Absolutely Nothing Anywhere Near Anybody)는 환경오염시설 등은 어디에든 아무 것도 짓지 말라는 것으로, 바나나의 대상은 원자력발전소, 댐 등이 있다.
- 핌피 현상 : 핌피(PIMFY : Please In My Front Yard)는 유익한 시설은 자기지역에 적극 유치하려는 움직임으로 핌피의 대상은 도서관, 공연장, 경기장, 공원 등이 있다.

(2) 사회복지사의 전문적 가치

전문가로서 사회복지사가 클라이언트를 원조함에 있어서 어떠한 생각을 갖는 것이 바람직하며, 문제를 해결함에 있어 어떻게 처리하는 것이 바람직한 것인가라는 판단을 하는 것은 매우 중요하다. 이러한 판단은 여러 가지 가치관을 전제로 하기 때문에 사회복지사는 판단을 하기에 앞서 다양한 가치체계에 대한 이해가 필요하고, 이를 토대로 바람직한 가치를 선택할 수 있어야 한다. 또한 이들이 개인의 가치체계와 얼마나 조화를 이루는지를 확인하며, 두 가지 체계 사이에 큰 차이가 나타날 경우 개인의 가치체계 변화를 위해 노력해야 한다.

사회복지실천에 있어 전문직의 가치는 다양한 형태로 설명되고 있다. 이 중 가장 많이 거론되는 가치는 ① 개인의 가치와 존엄성, ② 개인에 대한 존경, ③ 개인의 변화가능성에 대한 가치, ④ 클라이언트의 자기결정권, ⑤ 비밀보장과 사생활 보장, ⑥ 적절한 자원과 서비스 제공, ⑦ 클라이언트에게 권한부여, ⑧ 동등한 기회의 보장, ⑨ 비차별성, ⑩ 다양성의 존중 등(양옥경 외, 2002 : 38)이며, 이를 다음과 같이 네 가지로 정리(엄명용 외, 2005 : 57-59)하여 제시하기도 한다.

① 개인의 존엄성과 독특성에 대한 존중

인간은 어떤 조건과 위치에서 태어났든지 상관없이 인간 그 자체로서 존엄한 존재이다. 어떤 독특한 특성을 갖고 있고, 독특한 행동을 하더라도 타인이나 전체 사회에 해를 끼치지 않는다면, 있는 그대로 인정하고 받아들여져야 한다. 사회복지사는 개인과 개인이 처한 환경의 폭넓은 다양성을 인정하면서, 인간적이고 개인적이며 개성적인 클라이언트의 삶의 방식을 수용, 격려, 고무해야 한다.

② 자기결정의 원리

클라이언트는 자신과 관계된 일에 대해 자신이 스스로 결정할 권리가 있다.

③ 사회적 평등성의 원리

모든 개인은 자신의 신분, 지위, 계층, 배경에 관계없이 개인의 잠재력을 최대한 실현하기 위해 필요하다고 생각되는 모든 기회와 자원에 접근할 수 있는 기회를 동등하게 가질 수 있어야 한다. 사회복지사는 개인의 잠재력을 최대한 실현하기 위해 필요한 자원과 기회에 동등한 접근을 보장해야 한다.

④ 개인의 복지에 대한 사회와 개인 공동의 책임

각 개인은 전체 사회의 욕구와 개인의 욕구와의 균형 속에서 자신의 복지향상을 위해 최대한 노력할 책임을 갖고 있다. 그러나 개인이 아무리 노력을 하더라도 사회구조의 문제 때문에 어쩔 수 없는 경우에 대한 복지는 사회가 책임져야 하지만, 이 경우라도 개인은 자신의 이익과 복지향상을 위해 적극적으로 행동하도록 요구된다는 것이다.

(3) 사회복지전문직의 가치범위

레비(Levy)는 가치란 사람을 다루는 적절한 방법에 대해 전문직이 갖고 있는 신념이라 했다. 가치는 인간의 본질에 관하여 전문직이 갖고 있는 증명되지 않는 신념으로 이러한 신념은 실무자의 일상적 활동에 반영되어 전문직의 실천방향을 제시해 주게 된다. 레비는 실천가치에 우선하는 사회복지전문직 가치를 세 가지로 구분하여 설명하고 있다(양옥경 외, 2002 : 38-39).

① '사람 우선 가치'

클라이언트를 하나의 개별화된 인간으로 보고, 능력을 인정해 주며, 그에 따라 권한을 인정해 주는 가치관이다. 이는 사회복지실천의 기본 철학과 같은 것이다.

② '결과 우선 가치'

서비스를 제공했을 때 초래하는 결과에 대한 가치관이다. 이는 사회가 개인의 발전을 위해 사회참여에 대한 기회를 동등하게 제공해야 한다는 사회적 책임에 대한 믿음이다. 뿐만 아니라 빈곤, 질병, 차별대우, 부적절한 주거환경 및 불공평한 교육기회 등에 대한 문제를 해결하거나 미연에 방지해야 할 사회적 책임에 대한 가치이며, 이와 동시에 이같은 욕구를 충족시킬 수 있는 자원을 제공해야 하는 사회적 책임에 대한 믿음이다.

③ '수단 우선 가치'

서비스를 수행하는 방법 및 수단과 도구에 대한 가치관이다. 사람은 존경과 존엄으로 다루어져야 하며, 자기결정의 권리를 가져야 하고, 사회변화에 참여하도록 북돋워져야 하며, 독특한 개인으로 인정되어야 한다는 믿음과 같은 것이다. 인간의 자율성으로 요약될 수 있는 수단 우선 가치는 사회복지실천과정에서 매우 중요한 가치체계이다.

(4) 사회복지실천에서의 가치갈등 문제

사회복지실천가는 사회복지현장에서 클라이언트의 문제해결 및 삶의 질을 향상시키는데 있어서 다양한 가치갈등을 겪게 된다. 이와 같은 가치갈등이나 모순에서 벗어나기 위하여 사회복지실천가는 자기훈련과 자기경험을 쌓아나가야 한다. 또한 사회적 기능수행에 있어서 바람직한 가치는 무엇이며 자신의 개인적 가치는 무엇인지에 대한 이해가 있어야 한다. 이를 위해 사회복지사는 다양한 가치관과 개인으로서 또한 전문직으로서 자기 자신의 가치관을 명료하게 인식하고, 자신의 가치관이 형성된 배경, 자신의 가치관에서 비롯된 행동과 결정, 자신의 가치관이 타인에게 미치는 영향 등을 지속적으로 검토하고 확인해야 한다.

2) 사회복지사의 윤리

가치가 믿음이라면 윤리는 판단이다. 윤리란 어떤 행동의 옳고 그름에 대한 판단이다. 인간을 대상으로 하는 전문직은 인간의 존엄성이라는 가치를 실현할 수 있는 어떤 원칙과 기준이 있어야 되므로 모든 전문직은 윤리강령을 발달시켜왔다. 특히 사회복지실천은 사회적으로 취약한 사람을 대상으로 하는 전문직이므로 클라이언트의 인격과 인권을 존중하는 윤리성이 강하게 요청된다. 따라서 사회복지실천의 모든 측면, 즉 모든 선별, 진단, 사정, 개입, 평가 안에서 사회복지사로서 행하는 행동은 사회복지사의 전문적 윤리와 의무라는 시각에서 제고되어야 한다(임은희, 2005 : 35-36).

또한 사회복지사는 책임과 의무를 수행하는 과정에서 계속해서 복잡한 윤리적 이슈에 직면하게 되므로 전문적 책임을 다하기 위해 사회복지사가 취하는 행동과 관련된 윤리적 이슈들을 다루고 분석하며 해결하는 수단을 필요로 하게 된다. 이를 위해 사회복지사협회에서는 사회복지사 윤리강령을 채택함으로써 사회복지사의 윤리적 판단의 기준을 마련하였다. 따라서 전문사회복지사가 지녀야 하는 윤리적 결정의 출발은 사회복지실천을 규정하는 윤리강령과 법을 숙지하고 준수하는 것에서부터 시작된다.

(1) 사회복지실천에서의 윤리적 문제

윤리적 난국을 만났을 때 초보 사회복지사는 전문적이고 윤리적 방식으로 어떻게 대응해야 할 지 모르는 경우가 종종 있다. 여기서는 윤리적 딜레마를 다루어 이 문제를 해결하기 위한 책임있는 결정을 내리도록 돕고자 한다.

① 윤리의 개관

- 윤리적이라는 것은 무엇을 의미하는가? : 윤리라는 것은 전문가가 질적인 서비스를 제공하고 함께 작업하는 사람의 권리를 존중하는 규범이다. 또 윤리적 방식으로 행동한다는 것은 직업을 다스리는 법과 규칙에 따름을 포함한다.
- 행동의 윤리적 규준 : 규준은 전문가가 도전적이고 혼란스럽고 새로운 종류의 상황에서 취해야 할 가장 좋은 행동에 관하여 도움을 제공한다. 이러한 규준은 그 구성원에게 책임감 있는 방식으로 행동하고 클라이언트를 배려하도록 하며 그들의 활동을 통하여 사회에 공헌하도록 하는 소망의 성명으로 시작한다.

② 일반적인 윤리적 원칙

- 자율성 : 자율성은 타인에게 불리한 영향을 미치지 않는 선택을 하고 행동을 취하는 권리를 말한다.
- 선행 : 선행은 타인을 돕고 성장을 촉진함으로써 좋은 일을 의도하는 것이다. 많은 사회복지사는 타인을 돕고 타인의 삶에 긍정적인 변화를 주기 위해 이 직업에 들어선다.
- 무해성 : 무해성은 무엇보다도 해를 끼치지 말자는 표현으로 설명할 수 있다. 전문가는 자신의 개입과 행동이 클라이언트에게 부주의하게 해를 끼치지 않도록 확실히 할 것을 요구한다.
- 공정성 : 공정성은 모든 사람을 위한 기호와 수단의 균등함에 대한 보장이나 공평으로 정의될 수 있다. 어떤 사람은 이를 서비스에 대한 대가나 혜택을 받지 않고, 타인을 도와주기 위하여 자신의 시간 일부분을 할애하는 윤리적 책임감이라고 해석하기도 한다.
- 엄수 : 엄수는 약속을 지키는 것과 타인과의 관계에서 신뢰할 만하다는 것을 의미한다. 상담과정에서 동의한 것을 신뢰할 만한 사회복지사의 신용이 없다면 아주 극소의 진전만이 이루어질 수 있다.
- 정직 : 정직은 진실을 말하는 것을 의미한다. 상담과 연구상황 모두에서 마주칠 수 있는 딜레마에서 강력하고 필요한 원칙이다.

③ 윤리적 행동의 핵심기준

윤리는 가치에서 유래한다. 가치는 개인과 집단이 중요하게 혹은 가치있게 생각하는 원리 혹은 특성이다. 직업적인 가치(행위에 대한 윤리강령에 반영된 것으로서)와 개인적인 가치는 사회복지사의 활동을 구체화하는 데 있어서 주요한 영향력을 가진다.

- 사람의 존엄과 가치에 대한 믿음 : 사람의 존엄과 가치에 대한 믿음은 사회복지와 상담의 핵심가치다. 이 가치의 중심에 있는 것은 클라이언트가 그들의 권리를 존중받으며 대해질 것임을 보증하는 약속이다. 이 가치는 사회복지사에게 개인에 대한 수용을 보여주고 비밀을 유지할 의무를 가지게 한다. 클라이언트의 존엄을 존중하는 사회복지사는 다양성을 인정한다. 그들은 정형화하기, 분류하여 규정하기, 그 밖의 비인간화하는 활동을 거부한다. 이것은 클라이언트에 대한 자신의 개인적인 감정과 상관없이 클라이언트를 공정하게 대해야 한다는 것을 의미한다.
- 이중관계를 피하는 것의 중요성 : 원조관계의 본질적인 목적은 클라이언트의 개성과 권리를 존중하면서 클라이언트의 욕구를 충족시키는 것이다. 이러한 목표는 윤리적인 실제 활동에 많은 함의를 가진다. 사회복지사는 개인적인 이익을 위해 직업적인 관계를 오용해서는 안 된다. 이중(혹은 다중)관계는 직업적인 관계와 또 다른 유형의 관계(예 친구관계, 성적인 관계, 사업관계, 지도관계) 양자 모두에 관련되는 것이다. 이중관계는 사회복지사의 객관성을 감소시키고 주제를 혼란스럽게 하며, 종종 클라이언트가 소극적인 동의를 하게 만들기 때문에 문제가 된다(Cormier & Cormier, 1985 : 19).
- 클라이언트의 자기결정 증진의 필요 : 클라이언트의 자기결정원리는 클라이언트가 자율과 선택의 자유를 가질 권리를 증진한다. 이는 사회복지사에게 클라이언트를 통제하고 조종하는 행동을 피하고, 대신에 클라이언트에게 권한을 부여하는 전략을 채택하도록 강요하게 된다. 사회복지사가 자기결정의 원리를 이해할 때, 그들은 충고를 피하고 클라이언트가 선택사항을 확인하며, 탐색하도록 돕고 클라이언트 스스로 결정을 하도록 격려한다. 이것은 클라이언트가 의사결정과 문제해결에서 주된 위치에 서는 것을 분명하게 한다. 사회복지사는 그 과정을 조정하는 것에서 주요한 역할을 담당하게 된다.
- 전문적인 발전을 위한 요구 : 전문적인 사회복지사는 핵심지식기반을 필요로 한다. 이 지식기반은 인가를 받은 상담기관 혹은 사회적인 서비스 상황에서 슈퍼바이저의 지도를 받은 임상경험을 포함하여, 일반적으로 2년 혹은 그 이상의 학문적 훈련을 필요로 한다. 자신의 지식기반을 학문발전에 맞게 유지함으로써

사회복지사는 클라이언트가 직면한 이슈와 감정을 더 잘 인식하고 감정이입할 수 있다.

- 비밀유지 : 비밀유지에 관한 규칙은 모든 윤리강령에 포함된다. 윤리적 지침은 클라이언트의 비밀을 반드시 보호해야 할 것을 강조한다. 비밀의 종류는 절대적인 비밀로 클라이언트의 이야기가 어느 누구와도 공유되지 않는 것과 상대적인 비밀로 정보가 그 기관 내에서는 슈퍼바이저나 동료와 기관 밖에서는 클라이언트의 허락하에 정보가 공유되며, 또는 법적인 요구로 인해 법정에서 정보가 공유되는 것으로 구분될 수 있다. 일반적으로 클라이언트는 상대적인 비밀만을 보장받을 수 있다. 클라이언트는 사회복지사에게 정보를 공유하도록 요구하는 모든 법적·윤리적 책임을 포함하여 비밀의 제한범위에 관해 충분히 정보를 제공받을 권리를 가진다. 비밀에 관한 논의를 통해, 사회복지사는 컴퓨터와 파일기록이 무차별적으로 공유되지 않는다는 것을 클라이언트에게 다시 확인시킬 수 있다.

(2) 사회복지사 윤리강령

사회복지사 윤리강령은 약 40년의 역사를 갖고 있다. 첫 번째 윤리강령은 1960년 미국사회복지사협회(National Association of Social Workers : NASW)가 마련한 것으로 사회복지사 자신의 이익보다 클라이언트의 이익을 우선시하고, 클라이언트의 사생활을 보장하며, 공공의 응급 시에는 봉사할 것이며, 지식과 기술을 후배에게 이양한다는 사회복지사의 의무에 대해 나열하고 있다(양옥경 외, 2002 : 44). 이는 1990년대에 여러 차례의 수정을 거쳐 윤리강령의 목적을 구체화시켜 밝히고 서비스, 사회정의, 인간존엄성 및 가치, 인간관계의 중요성, 성실성, 능력의 6대 핵심가치를 중심으로 윤리의 원칙과 기준을 나눈 현재의 형태를 이루고 있다.[1)]

1992년 한국사회복지사협회가 제정, 공포하여 현재까지 활용하고 있는 우리나라의 사회복지사 윤리강령은 사회복지의 이념, 철학, 사회복지사의 사명에 대한 선언문과 10개의 조항으로 이루어져 있다. 특정 사례와 관련하여 윤리적·법적 책임 간에 갈등이 없을 경우 사회복지사는 이 윤리강령에 명시된 적절한 윤리적 의무를 따라야 한다.

1) <부록 1> 참조

그러나 다양한 문제상황에서 다양한 클라이언트를 대하다 보면, 적용해야 할 사회복지 실천의 윤리원칙이 배타적인 경우가 발생하는데, 이때는 사회복지의 가치 자체와 다양한 윤리적 측면을 고려하여 사회복지사 개인이 가장 적합한 결정을 내려야 한다.

(3) 사회복지사의 법적 의무

사회복지사는 전문적 원조직이다. 따라서 사회복지사는 법적으로 결정된 일련의 의무를 적용받는다. 이들 의무가 사회복지의 가치 및 윤리강령에서 제시한 책임과 일치하지 않는 경우도 있으므로 사회복지사는 모든 전문적 원조자에게 적용될 수 있는 법적 의무와 사회복지사에게만 적용될 수 있는 윤리적 의무 모두를 이해해야 한다.

① 보호의 의무

전문 사회복지사는 사회복지서비스를 전달하는 데 있어 법적으로 합당한 보호기준을 제공할 의무가 있으며, 클라이언트는 사회복지사가 전문적 책임을 이행할 충분한 능력을 가지고 있기를 기대할 권리가 있다. 클라이언트에게 제공되는 서비스는 적절한 보호기준, 즉 사회복지전문직에서 결정된 보호기준과 기타 원조전문직에서 공통으로 기대하는 보호기준을 충족시켜야 한다. NASW가 제시하는 사회복지사가 준수해야 할 일반적 보호의무는 다음과 같다. ㉠ 사회복지사가 선택하는 사정, 진단, 치료, 개입은 이론적 · 경험적으로 지지되는 것이어야 한다. ㉡ 전문 사회복지사로서 클라이언트에게 유용한 존재가 되어야 한다. ㉢ 타인에게 해를 끼칠 위험이 있거나, 자해할 위험이 있거나, 최소한의 자기보호조차 할 수 없을 정도로 장애가 심한 클라이언트를 신체적으로 보호할 수 있는 조치를 취해야 한다. ㉣ 전문적 서비스의 본질, 규모, 비용, 진행, 결과를 완벽하고 정확하며 적시적으로 기록하여야 한다.

② 사생활 존중의 의무

전문사회복지사로서 실천이 이루어지는 과정 동안, 클라이언트의 사생활을 침해해서는 안 된다. 사생활은 개인의 물리적 공간뿐만 아니라 상징적 영역을 구성하는 개인생활의 제반 측면을 포함한다. 물리적 · 상징적 차원에서 클라이언트의 사생활에 관여하는 경우에는 이에 대한 건전하고 전문적인 이유가 있어야 한다.

③ 비밀보장유지의 의무

전문사회복지사는 클라이언트가 말한 것에 대해 비밀을 보장할 의무가 있다. 비밀보장이란 '클라이언트에 의해 공유된 정보 혹은 클라이언트에 관한 정보는 제3자와 공유해서는 안 된다'는 전문가의 규범을 말하며, 법에서 클라이언트와의 의사소통이 특권임을 명시할 때, 사회복지사는 아무리 높은 기준의 비밀보장이라 하더라도 이를 지켜야 한다. 또한 법적·윤리적으로 타인 혹은 다른 조직과 정보를 공유하기 전에 클라이언트에게 동의를 구해야 한다. 최근 컴퓨터와 통신기술의 발달로 클라이언트의 정보에 접근하고 이를 활용하거나 공유하기가 용이해짐에 반해 클라이언트와 관련된 정보를 보호하는 것은 점점 더 어려워지고 있다. 그러나 이러한 어려움에도 불구하고 기본적인 의무는 그대로 남는다.

④ 공지의 의무

전문사회복지사는 현재의 클라이언트를 비롯한 잠재적 클라이언트에게 자신과 기관이 제공하는 서비스의 내용과 정도(서비스에 드는 비용, 서비스 제공기간, 성공의 가능성, 위험, 적절한 대안적 서비스, 관련정책과 법에 관한 정보 등)에 대해 알려줄 의무가 있다. 또한 사회복지사는 클라이언트가 그의 생활에서 위험에 처한 경우, 그것이 비밀보장의 의무를 위반한다고 할지라도 그를 보호하기 위한 조치를 취할 것임을 클라이언트에게 알려야 한다. 아울러 본인의 자격과 전문분야를 공지해야 하며, 서비스를 중단하기 전이나 다른 원조 전문가에게 의뢰하기 전에도 미리 이를 알려야 한다.

⑤ 보고의 의무

전문사회복지사는 '인권을 침해하는 징후'에 대해서 해당 정부 기관에 이를 보고할 법적 의무가 있다. 인권을 침해하는 징후에는 아동이나 노인, 신체적 또는 정신적으로 거부당하거나 혹은 발달상 장애가 있는 사람을 학대하고, 방임하고, 희롱하고, 착취하는 행위가 포함된다.

⑥ 경고의 의무

전문사회복지사는 클라이언트에 의해서 해를 당할지도 모르는 사람에게 경고할 책임이 있다. 그러나 이러한 조치는 클라이언트의 비밀보장과 사생활에 대한 권리를 침해하는 측면이 있기 때문에 반드시 이러한 조치를 하게 된 이유를 기록해 두어야 한다. 기록을 할 때는 클라이언트가 타인을 해칠 가능성이 있다는 결론을 지지해 줄 수 있는 말, 몸짓, 관련 증거 틀을 인용하는 것이 유용하다(Cournoyer, 2002 : 91-99).

〈표 2-1〉 사회복지사의 실천을 위한 원리

(1) 사회복지사는 사회복지를 실천해야 한다.
(2) 사회복지사는 자기 자신을 의식적으로 활용해야 한다.
(3) 사회복지사는 전문적 객관성을 유지해야 한다.
(4) 사회복지사는 인간의 다양성을 존중해야 한다.
(5) 사회복지사는 개인적·전문적 성장을 추구해야 한다.
(6) 사회복지사는 해를 끼치지 말아야 한다.
(7) 사회복지사는 의식적으로 지식이 안내하는 실천을 해야 한다.
(8) 사회복지사는 의식적으로 가치가 안내하는 윤리적인 실천을 해야 한다.
(9) 사회복지사는 전체로서의 인간에 관심을 가져야 한다.
(10) 사회복지사는 클라이언트를 존중해야 한다.
(11) 사회복지사는 클라이언트를 개별화해야 한다.
(12) 사회복지사는 클라이언트에게 비전을 제시해야 한다.
(13) 사회복지사는 클라이언트의 강점에 기초해야 한다.
(14) 사회복지사는 클라이언트의 참여를 최대화해야 한다.
(15) 사회복지사는 클라이언트의 자기결정을 최대화해야 한다.
(16) 사회복지사는 클라이언트가 자기지시적인 문제해결기술을 학습하도록 도와야 한다.
(17) 사회복지사는 클라이언트의 능력고취를 극대화해야 한다.
(18) 사회복지사는 클라이언트의 비밀보장을 보호해야 한다.
(19) 사회복지사는 정상화의 철학을 고수해야 한다.
(20) 사회복지사는 지속적으로 변화과정의 진전을 평가해야 한다.
(21) 사회복지사는 클라이언트, 기관, 지역사회, 사회복지전문직에 책임을 져야 한다.

(4) 원조관계에서의 6가지 윤리적 지침

① 비밀보장

도움을 필요로 하는 사람은 자신의 개인적인 사항을 이야기하면서 사회복지사에게 모든 비밀을 털어놓는다. 그들은 이러한 정보를 믿고 말할 수 있으며, 신뢰할 수 있는 사회복지사를 필요로 한다. 사회복지사는 클라이언트를 돕는 데 있어서 이러한 사적인 면을 항상 존중해야 하고, 모든 정보에 대한 비밀을 지켜야 한다. 그러나 사회복지기관이나 다른 조직에서 클라이언트에게 도움을 줄 경우, 다른 사람과 비밀을 공유하는 것이 적절할 수도 있다. 예를 들어, 어떻게 하면 더 적절한 도움을 줄 수 있는가를 궁리해야 하거나, 다른 조언이 필요하다고 느낀다면, 슈퍼바이저, 다른 사회복지사나 팀리더와 정보를 나눌 필요가 있다. 비밀보장을 유지하는 원칙에 대해 몇 가지 예외가 있다. 아동학대, 노인학대, 살인이나 자살이 발생할 것 같은 위기상황의 경우와 같은 상황에서 사회복지사는 법률에 의거하여 비밀을 공유할 것을 요구받는다. 공공의 위험이 발생한다면 개인의 보호특권은 끝나게 된다.

② 다양성에 대한 존중

성별, 인종, 능력 등 사회경제적인 지위에 따라 개인 간의 차이가 발생하기 마련이다. 또한 성장배경, 가치, 신념 등에 따라 개인 간의 차이가 발생한다. 그러므로 사회복지사는 클라이언트가 우리와 다른 결정을 하거나 법을 어겼다 해도, 그들은 가치있는 인간이기에 클라이언트를 존중해야 한다.

③ 자기인식

자신의 강점과 한계를 알아가는 것은 훌륭한 사회복지사가 되어가는데 있어 매우 중요하다. 개인의 성숙한 부분과 부족한 부분을 깨닫고 있으면, 클라이언트에 대한 접근이 더욱 효과적이 된다. 또한 자신의 감정을 인식하고 자신의 욕구충족을 위해 노력하며 자신을 돌보는 것도 중요하다. 사회복지사가 설교하기, 가르치기, 처방하기, 구해주기, 충고하기와 같은 방식으로 클라이언트를 다루고 있다면, 이는 원조관계에 방해가 된다. 이와 같은 방법으로 클라이언트에게 반응한다면, 개인적인 갈등이 야기될 수 있다. 예를 들어, 사회복지사 자신의 가치가 어떤 상황에서든지 낙태에 대해서 반대의 입장에 있을 때 겪게 되는 갈등을 들 수 있다. 사회복지사는 자신의 가치관이나 과거의 경험, 관심사 등을 잘 인식하여, 자신의 이러한 특성이 클라이언트의 잠재력을 방해하지 않도록 해야 하고 성공적인 원조관계를 유지할 수 있도록 해야 한다.

④ 이해상충

사회복지사가 클라이언트와 일하면서 어떠한 형태로든 이익을 취한다면 이는 비윤리적이다. 사회복지사의 이익이 도움을 찾는 사람의 이익과 상충될 때 이를 '이해상충'이라고 한다. 위기 혹은 문제가 있는 사람을 이용하는 것은 취약한 사람을 부당하게 착취하는 것이고 신뢰를 버리는 것이다. 이해상충의 예로는 클라이언트와 애정관계로 발전하는 것과 기관에서 정한 비용 이외의 돈을 요구하거나 대가를 받는 것 등을 들 수 있다.

⑤ 경계를 유지하기

'경계를 유지하기'란 공과 사를 구별해야 한다는 것을 말한다. 사회복지사가 문제해결을 위해 객관적인 입장에 서지 못할 정도로 개인의 사적인 상황에 깊게 관여하는 것은 유용하지도 적절하지도 않다. 사회복지사가 클라이언트와 적절한 경계를 유지하기 위해서는 자기인식이 필요하다.

⑥ 객관성

객관성은 편견이나 왜곡 없이 상황과 사람을 이해하는 능력으로 정의된다. 사회복지사가 객관적일 때, 그들은 자신의 개인적인 가치, 신념, 그들의 이해력을 오염시키는 편견 없이 클라이언트의 감정, 생각, 행동을 이해한다. 그들이 객관적일 때, 자신의 우선적인 해석을 클라이언트에게 직접적으로 또는 치밀하게 강요하려 애쓰지 않는다. 사회복지사가 객관적으로 되지 못하는 경우를 보면, 첫째, 가정을 하는 것으로, 가정은 단순한 추론, 불충분한 정보, 또는 편견에 기초하여 왜곡되거나 잘못된 결론을 내리는 것을 말한다. 둘째, 클라이언트와 지나치게 동일시하는 것이다. 셋째, 클라이언트와 지나치게 연관되었을 경우이다.

(5) 초보 사회복지사를 위한 윤리적 지침

① 당신의 한계를 인식하라

사회복지사는 훈련을 쌓아서 능력이 되는 분야 내에서만 실행하는 것이 중요하다. 우리는 사회복지사가 자신의 자질에 대하여 정직하도록 격려한다. 상담상황에서 자신을 사회복지사로 설명하거나 자신을 드러내기 위하여 훈련받지 않았던 심리학적 개입을 제공하는 사회복지사는 윤리적 행동을 위반하는 것이다.

② 클라이언트의 욕구에 초점 맞추기

무엇보다 먼저 클라이언트는 상담관계의 성질을 이해할 권리가 있다. 사회복지사는 상담과정에 대하여 클라이언트를 교육할 윤리적 책임을 가진다. 또 미리 알고 동의하는 것이 상담활동에서 일어나야 한다. 클라이언트는 어떤 과정이 진행될 것인지, 어떤 결과가 기대되는지 이해할 권리가 있다. 상담과정이 진전됨에 따라 사회복지사는 자신이 도시를 떠나 부재 중이라면, 클라이언트가 치료목표를 이루거나 상담과정으로부터 더 이상의 이득이 없어 상담을 종료한다면, 그동안의 심리적 서비스를 보상할 책임이 있다. 또 윤리적 방식으로 행동하는 것은 클라이언트의 사생활과 비밀에 대한 권리를 지키는 것도 포함한다.

③ 문화의 역할 이해하기

초보 사회복지사는 상담기술이 문화와 개인을 초월하여 전해질 것이라고 가정하지 않는 것이 중요하다. 또 다른 문화에서 온 클라이언트와 함께 일하는 사회복지사는 개입을 제공할 때, 클라이언트의 문화를 무시하거나 너무 특별하게 생각한다. 전통적 방식으로 상담이 이러한 클라이언트에게 충분하다는 것을 사회복지사가 인식하는 것이 중요하다. 또 클라이언트 목표의 대부분이 문화에 동화하려는 것이라고 가정하지 말아야 한다. 윤리적 행동은 개인의 문화적 차이를 자각하는 것 이상으로 자신의 일에 있어서 편견과 차별을 제거하기 위한 의무를 포함하기도 한다.

④ 당신의 가치관 자각하기

사회복지사는 클라이언트와 상호작용에서 자신의 가치관과 신념의 영향을 자각해야 한다. 상담에서 가치관의 영향은 미묘하다. 사회복지사는 자신이 자각하지 못하는 비언어적 행동을 통하여 상담의 방향과 클라이언트의 결정행동에 영향을 끼칠 수 있다.

⑤ 해로운 이중관계 피하기

사회복지사는 문제가 일어날 여지가 있는지 파악하기 위하여 클라이언트와의 이중관계를 관찰할 필요가 있다. 사회복지사는 친구나 가족원에게 상담과정을 제공해서는 안 된다. 친구나 가족의 문제를 들을 때 객관적이 되는 것은 어렵다. 사회복지사의 역할은 강력한 역할인데, 이러한 관계가 힘의 역동을 방해할 수 있다. 아마 둘의 관계에 가장 해로운 예는 클라이언트와 성적 관계를 가지는 것이다.

⑥ 현명한 방식으로 행동하기

윤리적 행동에 관심을 가지는 전문가는 윤리적 방식으로 행동하는 것으로부터 현명한 방식으로 행동하는 것으로 초점을 이동하고 있다. 현명함은 긍정적, 윤리적 특성을 가지는 사람이 되려고 노력하는 것으로 법이나 규칙과 관련이 없다는 점에서 윤리와 다르다. 이 변화는 윤리적 규준이 행동을 위한 정확한 구체성을 제공하지 못한다는 현실에서부터 발생하였다. 사회복지사가 배려있고 존경할 만한 방식으로 반응하도록 격려하는 것이 현명한 윤리적 행동을 하는 것이다.

⑦ 당신이 남을 돌볼 수 있음을 보장하기 위하여 자신을 돌보아라

질 높은 서비스 제공을 보장하기 위하여 사회복지사는 자신의 건강과 에너지를 확인할 필요가 있다. 우리는 사회복지사가 보람있는 일과 지지적인 관계, 정기적인 운동, 건강한 식습관을 통합함으로써 삶의 조화를 이루도록 노력하라고 제안한다. 물론 우리는 사회복지사로 하여금 자신이 지지를 받아야 하거나 도움이 필요할 때 자신을 위한 상담을 받도록 강력하게 격려한다.

3. 사회복지사의 윤리적 의사결정실천

윤리적 의사결정은 다양한 차원을 포함한다. 여러 개의 상충적인 의무가 적용될 때, 사회복지사는 어떤 것을 우선할 것인지를 결정할 수 있어야 한다. 특정 사례와 관련된 윤리원칙과 법적 의무가 무엇인지 확인하는 것은 윤리적 의사결정과정의 첫 단계이다. 그러나 여러 개의 윤리원칙과 법적 의무가 적용될 수 있고 때로는 갈등을 일으킨다는 것을 확인하는 것만으로는 불충분하다. 이처럼 윤리적 의무가 서로 갈등적인 상황에서 사회복지사는 어떤 원칙이나 법적 의무를 우선해야 되는지를 스스로 결정하여야 한다.

1) 대표적인 가치갈등

매티슨(Mattison)은 그의 윤리적 의사결정 준거 틀에서 가치갈등에 대한 확인을 세 번째 단계로 제시하고 있다. 서로 상충되는 책임 가운데 어느 것을 선택해야 하는 경우에는 의사결정자가 무엇에 우선권을 두어야 하는지를 결정해야 된다. 사회복지사가 직면할 수 있는 대표적인 가치갈등으로는 ① 자기결정권과 전문가 온정주의, ② 비밀보장과 전문가의 의무상 이유로 인한 비밀누설, ③ 법적 의무와 이성적으로 판단되는 더 큰 선행, ④ 기관정책에 대한 책임과 자유재량에 의한 판단, ⑤ 클라이언트의 자기결정권과 사회복지사의 개인적 가치에 의해 이루어진 판단, ⑥ 개인의 권리와 가족체계의 복지 등 6가지를 들 수 있다(임은희, 2005 : 35).

2) 로웬버그와 돌고프의 윤리원칙 스크린

윤리적 의무가 서로 갈등적인 상황에서 어떤 원칙이나 법적 의무를 우선해야 되는지의 결정을 돕기 위해 로웬버그와 돌고프(Loewenberg & Dolgoff, 1996)는 그들의 윤리원칙 스크린(Ethical Principles Screen)에서 전문적 사회복지실천의 기본적인 윤리원칙을 위계서열 형태로 7가지를 제시하고 있다. 어떤 실천상황에서든지 사회복지사는 관련되는 윤리원칙과 적용되는 법적 의무를 먼저 확인해야 한다. 그런 다음 만일 갈등이 생기면 '윤리원칙 스크린'에서 제시된 범주에 따라 그들을 분류한다. 최종적으로 상위원칙에 우선권을 부여하고 그에 따라 행동하면 된다(Cournoyer, 2002 : 107).

(1) 윤리원칙 1(생명보호의 원칙)

인간의 생명에 대한 보호(그 대상이 클라이언트이든지 아니면 다른 사람이든지간에)가 모든 다른 것에 우선하는 최고의 의무임을 말해준다. 그러므로 클라이언트가 과거의 애인을 살해하려는 사실을 안 사회복지사는 다른 윤리적 · 법적 의무를 수행하지 못하더라도 잠재적 희생자를 보호하는 조치를 취해야 한다.

(2) 윤리원칙 2(평등과 불평등의 원칙)

능력이나 권력이 같은 사람은 '똑같이 취급받을 권리가 있고', 능력이나 권력이 다른 사람은 '다르게 취급받을 권리가 있음'을 나타낸다. 예를 들어, 능력이 같은 성인은 서로 합의하에 성관계를 가질 권리가 있다. 그러나 아동의 분명한 동의가 있었다 해도 어른이 아동과 성관계를 가질 권리는 없다. 이는 어른과 아동은 능력이나 권력이 서로 다르기 때문이다. 마찬가지로 전문적 지위와 기능이 다르기 때문에 사회복지사는 성인 클라이언트와 성관계를 가져서는 안 되며, 심지어 클라이언트가 성관계를 먼저 요구할 경우에도 관계를 가져서는 안 된다.

(3) 윤리원칙 3(자율성과 자유의 원칙)

사회복지사로 하여금 그 자신의 자율성, 독립성, 자유를 촉진하는 결정을 내리도록 안내한다. 물론 독립적으로 행동하려는 클라이언트의 권리가 무제한적인 것은 아니다. 어느 누구도 자신이나 타인을 살해하는 것, 아동을 학대하거나 착취하는 것, 사람 많은 극장에서 "불이야"하고 소리 지를 권리는 없다.

(4) 윤리원칙 4[해(害)의 최소화 원칙]

사회복지사는 항상 해(害)를 가장 최소화할 수 있고 가장 쉽게 역전시킬 수 있는 것을 선택해야 함을 지적해 준다.

(5) 윤리원칙 5(삶의 질의 원칙)

사회복지사는 지역사회는 물론이고 개인과 모든 사람의 삶의 질을 보다 증진시킬 수 있는 것을 선택해야 함을 지지한다.

(6) 윤리원칙 6(사생활과 비밀보장의 원칙)

사회복지사는 실천과정에서 모든 사람이 사생활을 보호받을 권리가 있음을 강조하는 결정을 해야 함을 지적하고 있다. 그러므로 사회복지사는 클라이언트에게 서비스를 제공하는 과정에서 비밀을 지켜야 한다.

(7) 윤리원칙 7(진실성과 완전개방의 원칙)

사회복지사는 클라이언트를 비롯한 다른 사람에게 정직하고 진실하며 모든 관련정보를 온전히 개방해야 함을 말해준다.

3) 윤리적 의사결정의 단계적 실천

셰퍼와 호레이시는 윤리적 이슈를 명확히 하고 사회복지실천의 윤리원칙 및 전문적 가치와 일치하는 실천을 선택하기 위해 실천대안의 윤리적 차원을 비교하는 도구로 다음과 같은 윤리강령 워크시트를 제시하고 있다. 이 윤리강령 워크시트를 사용하기 위해 사회복지사는, 첫째, 선택가능한 각각의 실천(각각의 가능한 행동 혹은 결정)을 나열해야 한다. 둘째, 사회복지사는 각각의 선택에서 발생할 수 있는 이슈나 관심사를 윤리강령 워크시트에 직접 기록해야 한다. 이 워크시트는 NASW 강령의 6가지 윤리적 고려영역에 기반하여 마련된 것이다. 이 6가지 영역은 사회복지사의 윤리적 책임 중에서 ① 클라이언트, ② 동료, ③ 실천세팅, ④ 전문가, ⑤ 사회복지전문직, ⑥ 일반 사회에 대한 윤리적 책임을 의미한다. 셋째, 일단 잠재적 이슈가 규명되면 사회복지사는 명확화와 더 이상의 관련된 이슈가 없게끔 각 윤리강령의 구체적 문구를 면밀히 검토해야 한다. 마지막으로 각 실천의 선택에서 사회복지사는 그 선택이 선정되었을 때 타협하게 되는 윤리강령 항목의 요약을 준비해야 한다(B. Sheafer · C. Horejsi, 2005 : 228-229).

4) 윤리적 딜레마 처리하기

윤리강령은 윤리적인 결정을 내리는데 있어서 지침을 제공하지만, 일반적으로 사회복지사에게 발생하는 특정한 상황에 대한 해답을 제공하지는 않는다. 윤리적 딜레마는 경쟁하는 가치 사이에서 어떤 선택이 이루어져야 할 때 존재한다. 코토네와 타비다스(Cottone & Tarvydas, 1998 : 135)는 윤리적인 딜레마를 해결하는 데 도움이 될 수 있는 5가지의 윤리적 규칙 혹은 원칙을 확인하였다. 첫째, 자율성(개인의 결정에 대한 권리를 존중하는 것), 둘째, 선행(타인에게 선하게 행동하는 것), 셋째, 피해가 없음(타인에게 해를 끼치지 않는 것),

넷째, 정의(공정한 것, 타인에게 공평하게 대하는 것), 다섯째, 성실(충실, 정직하고 약속을 지키는 것)이 있다.

윤리적인 의사결정은 주어진 상황 속에서 다섯 가지 원칙 중 어떤 것이 우선권을 가져야 하는지를 확인하고 그 비중을 따지는 것과 관련된다. 또한 윤리적인 딜레마를 해결하기 위한 전문적인 판단은 법률과 윤리강령을 참고하고 슈퍼바이저나 동료와 상의함으로써 제고될 수 있다. 캐나다 상담협회(CCA)는 윤리적 의사결정의 다양한 모델을 윤리강령에 통합하고자 시도하였으며, 윤리적 의사결정과 윤리적 딜레마 해결을 위한 6단계 절차를 제시하였다.

〈표 2-2〉 **윤리적 딜레마 해결질문**

1단계	이 상황에서 핵심적인 윤리적 이슈는 무엇인가?
2단계	어떤 윤리적인 지침이 이 상황과 관련되는가?
3단계	어떤 윤리적인 원칙이 이 상황에서 더욱 중요한가?
4단계	무엇이 가장 중요한 원칙이며, 이러한 원칙이 적용될 때 어떤 위험요소와 이점이 있는가?
5단계	만일 내가 이 상황에 대해 조금 더 오래 생각해도 똑같이 느낄 것인가?
6단계	이 상황에서 어떤 행동계획이 가장 도움이 될 것인가?

윤리적인 의사결정을 위한 CCA의 모델(혹은 어떤 다른 모델)을 적용한다고 해서 윤리적인 딜레마의 해결이 쉬워지는 것은 아니다. 가치와 윤리가 대립할 때, 어느 것이 우선권을 가져야 하는가에 대한 결정은 고통스러울 정도로 어려울 수 있다. 헵워스, 루니, 라센(Hepworth, Rooney, Larsen, 1997)은 지침으로 다음과 같은 네 가지 원칙을 제안하였다. 첫째, 삶, 건강, 행복, 삶에 필요한 것에 대한 권리는 비밀의 권리보다 우선한다. 둘째, 행복에 대한 개인의 기본적인 권리는 타인의 사생활, 자유, 자기결정에 대한 권리보다 우선한다. 셋째, 자기결정에 대한 권리는 기본적인 행복에 대한 그들의 권리보다 우선한다. 넷째, 행복에 대한 개인의 권리는 법률, 정책, 기관의 합의사항보다 우위에 설 수도 있다. 또한 윤리적 결정을 위한 A-B-C-D-E 전략은 사회복지사가 윤리적 딜레마에 부딪쳤을 때 따를 수 있는 틀이다.

〈표 2-3〉 윤리적 딜레마 해결단계

단 계	명 칭	내 용
1단계	평가	사회복지사는 상황과 클라이언트의 상태와 자원, 사회복지사의 가치, 감정, 상황에 대한 반응을 파악한다. 또 우리는 사회복지사가 어떤 법이나 규율이 적용될 수 있는지 고려하도록 충고한다.
2단계	도움이 되기	사회복지사는 클라이언트와의 상담단계, 특정 다른 인물에게 도움이 되는 것이 무엇인지 생각한다.
3단계	결과와 자문	사회복지사는 윤리적, 법적, 감정적, 치료적 결과를 고려한다. 또 주요한 윤리적 문제를 정의하고 처리하도록 도움을 제공하는 슈퍼바이저에게 자문을 구한다.
4단계	의무	사회복지사는 누구에게 의무가 있는지 고려해야 한다. 때로는 사회복지사가 클라이언트 아닌 타인을 보호해야 할 의무를 가진다.
5단계	교육	사회복지사는 유사한 윤리적 딜레마를 다룰 때 취하는 적절한 행동에 대하여 그가 배운 것에서 선택하도록 자신의 교육을 재검토한다.

윤리적 딜레마는 클라이언트의 복지가 위태로워질 위험이 있을 수 있다. 그러나 한편으로 사회복지사가 그들이 배운 것과 가치롭게 여기는 것을 반영하고 그들의 직업과 개인적 가치에 대해 더 많은 것을 구성하는 방식으로 행동할 기회를 제공한다. 윤리적 딜레마는 사회복지사가 중요한 질문에 직면하여 해결하도록 하고 최선을 다하여 클라이언트의 욕구가 수행되도록 보장하는 독특한 도전을 제공한다.

사회복지의 가치, 윤리, 법적 의무는 사회복지사의 모든 전문적 실천의 길잡이다. 그러므로 사회복지사는 이론적 지식이나 연구결과, 기관의 정책, 사회복지사의 개인적 가치보다 전문적 가치를, 나아가 개인적 견해보다 윤리원칙을 더 중요한 것으로 여겨야 한다. 윤리적 결정의 기술은 전문 사회복지실천에 근본적인 것이다. 그러한 기술 없이는 사회복지사의 전문적 지위를 정당하게 주장할 수 없다. 윤리원칙을 고려하지 않고 사회복지서비스를 제공하는 것은 문자 그대로 불합리한 것이 될 것이기 때문이다.

사회복지실천에서 건전한 가치를 바탕으로 한 윤리적 결정을 하기 위해서 사회복지사는 실천에 영향을 미치는 사회복지전문직의 가치와 윤리강령, 법적 의무를 이해하고 알아야 한다. 또한 특정 상황에 적용될 수 있는 윤리원칙과 법적 의무를 확인할 수 있어야 한다. 아울러 여러 의무와 원칙이 서로 상충될 경우 어떤 것이 다른 것에 우선하는지 결정할 수 있는 준거 틀을 숙지하여야 하며 이를 위해 꾸준히 노력하여야 한다.

Chapter

03 사회복지실천기술의 기초

클라이언트는 자신에게 다가온 어려움이나 도전을 해결하기 위해 사회복지사를 찾게 된다. 따라서 사회복지사는 클라이언트에게 정서적이고 실질적인 도움을 주기 위하여 훈련을 받아야 한다. 사회복지사의 최대목적은 도움이 필요한 사람에게 인간에 대한 존경과 신뢰를 가지고 비판적이며 친절하게 도움을 주는 것이다. 사회복지사는 "마음으로부터의 언어"를 말하는 기술이 있어야만 한다(Borkman, 1990).

사회복지실천은 현장에서 사회복지사와 클라이언트가 만나 나누는 대화, 즉 면접(interview)으로 시작된다. 면접은 욕구나 문제파악을 위한 정보수집과 해결을 위한 과업수행을 목적으로 하는 시간제한적 대화이다. 사회복지실천과정은 전문적 원조관계가 확고하게 형성된 후에야 실천의 전 과정에서 사회복지사의 전문적 지식과 가치를 잘 투입할 수 있다. 따라서 사회복지사는 개인, 집단, 가족, 지역사회 등과 일할 때, 각 상황에 필요한 기술을 준비하고 있어야 한다.

1. 사회복지실천기술(social work skill)의 개념

기술(skill)이란 용어는 매우 다양하게 사용되는 말로서 사회복지실천의 영역 안에서도 하나로 규정할 수 없는 여러 의미로 통용되고 있다. 기계처럼 모든 클라이언트, 모든 문제, 모든 상황에 똑같은 방식으로 적용되는 기법(technic)과는 구별하여 사회복지사가 각각의 실천현장의 특성에 적합한 기술을 선택하고 조합하며, 적용하는 기술적 유연성을 강조하기도 한다. 실상 사회복지사가 일할 수 있는 현장의 범위와 기능은 광대하고 천차만별이며, 또 새로운 욕구에 부응하는 기술이 장차 지속적으로 발생하기에 이 모두를 만족하게 하는 만능의 실천기술의 지식체계란 불가능하다. 하지만 모든 실천현장, 모든 인구집단, 모든 사회심리적 문제에 공통적인 사회복지실천기술은 가능하며, 이것이 사회복지전문직에 통일성을 가져다 주고 다른 전문직 원조활동과 비교하여 독특한 고유성을 부여한다. 예를 들면, '인간과 상황(PAS)' 혹은 '환경 속의 인간(PIE)'이라는 기본 관점에서 시작하여 사회적 기능의 강화를 목적으로 활동함은 사회복지실천의 가장 중요한 특성이자 사회복지실천기술의 목적이다.

1) 기술(skill)의 정의

기술에 대하여 존슨(Johnson)은 기술이 관심과 욕구에 맞춰 지식과 가치를 행동으로 전환하는 사회복지실천의 구성요소이며, 특정의 목표나 활동을 향한 복잡한 행위체제로 정의했고, 스말리(Smalley)는 기술이란 사회복지사가 특정 프로그램이나 서비스의 목적을 달성하기 위한 과정을 진척하기 위해 이에 필요한 방법을 사용할 수 있는 능력이라 하였으며, 미들맨과 골드버그(Middleman & Goldberg)는 적용을 위해 고안된 구체적 조건에서 사회복지사가 창출하는 특정의 행위, 헨리(Henry)는 특정 시간에 특정 목적을 위해 특정 방식으로 사회복지사가 사용하는 일련의 행동 혹은 과업, 모랄레스와 셰퍼(Morales & Shaefer)는 지식과 개입기법을 효과적으로 사용할 수 있는 능력이라고 하였다.

2) 사회복지실천기술(social work skill)의 정의

사회복지실천기술이란 다음의 네 가지 특성을 가진 일련의 인지적이고 행동적인 행위를 말한다. 첫째, 사회복지실천의 지식, 가치, 윤리, 의무로부터 나와야 한다. 둘째, 사회복지사에 필요한 핵심적 자질과 일치해야 한다. 셋째, 전문적 통합성의 특징을 반영해야 한다. 넷째, 실천의 단계와 과정의 맥락을 고려할 때 사회복지실천 목적과 일치하는 것(김인숙 · 김용석, 2002 : 22)이어야 한다.

3) 기초 기술

기초 기술은 사회복지실천의 상황에 따라 각각 별도로 활용되기도 하지만 통합적으로 혼합되어 사용되는 경우가 많다. 사회복지실천을 통해 긍정적인 결과를 얻어내기 위해서 사회복지사는 실천에 필요한 모든 기술을 익히고 이 기술은 먼저 긍정적인 원조관계형성이라는 1차적인 목표를 위해 사용해야 한다. 특히 원조관계형성은 전체적인 실천과정의 기초를 다진다는 점에서 초기 단계의 중요한 과정임을 명심해야 한다. 사회복지실천의 기초 기술은 개략적으로 다음과 같이 나눠질 수 있다(엄명용 · 노충래 · 김용석, 2005 : 16).

〈표 3-1〉 사회복지실천의 기초 기술의 구분

구분	내용
면접기술	의사소통 및 관여기술
사정기술	① 개인과 환경의 상호작용 맥락에서 문제나 어려움을 발견하는 기술이다. ② 전 단계에서 알아낸 클라이언트의 문제와 관련된 정보를 의미있게 만들도록 노력해야 한다. ③ 사람과 상황이 문제에 어떻게 영향을 미치는지 또 그 역의 관계에 대해 이해해야 한다. ④ 사람과 환경 내의 강점과 자원을 이용하여 클라이언트의 문제가 어떻게 다루어질 수 있는지도 고려해야 한다(김인숙 · 김용석, 2002 : 235).
개입기술	① 문제나 어려움의 해결기술이다. ② 사회복지사가 클라이언트에게 영향력을 행사하며 의도적인 변화를 일으키도록 하는 기술이다. ③ 클라이언트가 직면한 자신의 문제를 해결하도록 하는 기술이다. ④ 클라이언트의 능력과 잠재력을 개발하도록 하는 기술이다(김기태 외, 2004 : 239).
팀워크 기술	문제해결을 위한 다른 전문직과 협력하는 기술
지지망 구축기술	개입효과의 지속으로 클라이언트 자립유도
협상기술	클라이언트의 복지와 관련된 주변체계와의 협상기술
평가 및 종결기술	클라이언트와 사회복지사와의 협력적 노력결과를 평가하고 클라이언트의 자립생활을 위해 종결하는 기술

〈표 3-2〉 NASW에서 제시하는 사회복지실천을 위한 10가지 필수기술

① 이해와 목적을 가지고 다른 사람을 경청하는 기술
② 정보를 끌어내고, 사회력(social history), 사정 및 보고서를 준비하기 위한 적절한 사실을 모으는 기술
③ 언어적 · 비언어적 행동을 관찰하고 해석하며, 성격이론과 진단적 방법에 관한 지식을 활용하는 기술
④ 클라이언트가 자신의 문제를 해결하는 노력과 신뢰를 얻도록 하는 기술
⑤ 비위협적인 지지적 방식(manner)으로 민감한 정서적 주제를 토의하는 기술
⑥ 치료적 관계의 종결과 어떻게 종결할 것인가를 결정하는 기술
⑦ 조사연구의 결과와 전문적 문헌을 해석하는 기술
⑧ 갈등부분을 화해시키거나 협상하는 기술
⑨ 조직 간의 연락서비스를 제공하는 기술
⑩ 후원자, 시민, 법률가에게 사회적 욕구를 해석하고 전달하는 기술

슐만(Shulman, 1984)은 사회복지사가 갖춘 실천기술이 종합적으로 잘 활용될 때 긍정적인 원조관계가 형성되고, 긍정적인 원조관계는 사회복지실천의 결과에 영향을 준다고 하였고, 셰퍼(Shaefer, 1997)는 사회복지사가 가진 기술은 클라이언트와 사회복지사 간의 관계에 영향을 주며, 협력적 작업관계가 실천의 성과에 긍정적인 영향을 준다고 보았다. 슐만(Shulman, 1984)과 셰퍼(Shaefer, 1997)는 모두 협력적 작업관계에서 실천기술의 종합적 활용이 실천에 긍정적인 영향을 준다고 하였다. 결국 실천기술 자체가 직접적인 성과에 영향을 준다기보다는 협력적 작업관계 또는 원조관계형성에 직접적인 영향을 주어 간접적으로 성과에 영향을 주게 된다. 또한 셰퍼는 기본적으로 필요한 실천기술을 의사소통기술, 효과적인 원조관계 형성기술, 기초 원조기술로 나누어 설명하고 있다.

사회복지사의 기술 정도 ⇒ 클라이언트와의 관계에 영향 ⇒ 실천성과를 규정

2. 사회복지실천 용어의 정의

사회복지실천 내에 존재하는 이론과 실천 간의 쟁점은 이론, 가설, 방법, 모델, 실천 접근, 관점, 개입, 기술과 같은 용어를 학자마다 다르게 사용하는 경향에 있다. 여기서 각 용어의 정의를 간략하게 설명한다(Trevithick, 2000 : 15-21).

(1) 이론(theory)

이론은 사실과 관찰에 기반을 두어 설명하는 가설, 구성물의 집합체를 말한다(Barker, 1995 : 336). 세계 혹은 특정 사건에 대하여 의미를 찾으려고 하는 모든 시도가 이론을 구성한다. 이론은 단순히 현상을 기술하는 차원을 넘어서 어떤 일이 왜 일어났는지에 대한 설명을 제공한다. 이론과 이론화 작업은 누구나 할 수 있는 일로 의도적이든 아니든간에 우리 모두가 행하는 어떤 것으로 생각할 수 있다. 이론을 구성하는 내용은 ① 잠재적 논박 가능성(잠재적 논박의 위험을 무릅쓰고 일어나서는 안 되는 것을 분명하게 진술하는), ② 예측성, ③ 검증 가능성, ④ 논리적 일관성, ⑤ 표현의 명료성, ⑥ 적용 가능성, ⑦ 단순성, ⑧ 아직 알려지지 않은 중요한 것, 혹은 어떤 확실한 설명도 가능하지 않은 상황을 다루려고 시도하는 잠재력 등이 있다. 이론은 사회의 모든 것을 설명하려는 시도인 거대이론(예 막시즘, 정신분석)과 제한된 범위의 현상만을 설명하려는 중범위이론(미

시수준)으로 범주화하며, 실천지식은 어떤 이론이 특정 실천상황에 어떻게 적용되고 채택되는지를 확인시켜주며, 나아가 새로운 가설개발과 이론구축의 기반으로서 실천의 결과를 이용할 수 있게 한다. 따라서 이론은 현상을 설명하려고 시도하는 공식, 비공식, 거대 및 중범위 개념을 모두 포괄하는 것으로 사용된다.

(2) 가설(hypotheses)

가설의 사전적 정의는 더 입증되어야 할 기반으로서 수용되든, 참일 것으로 수용되든 간에 사실이나 현상에 대한 제안적 설명으로 아직 입증되지 않은 이론을 말한다(Hanks, 1979). 이 정의에서는 가설이 합의된 행동과정에 도달할 목적으로 특정 사건을 정의, 설명, 예측하려는 시도라는 측면을 강조한다. 핀커(Pinker, 1990 : 24)는 가설을 검증되어야 할 비공식이론의 형태로 정의했다. 따라서 가설은 숀(Schön, 1991 : 146)의 행동 중의 반영이란 개념을 구성하는 중요한 부분으로 가설을 입증하기 위해서는 각각의 가설에서 나온 조건이 관철되지 않았음을 보여줌으로써 각각의 가설을 확증 혹은 반박하는 반대증거를 검증해야 한다.

(3) 방법 혹은 실천 오리엔테이션(method or practice orientation)

방법 혹은 실천 오리엔테이션에 대해 미국에서는 다음과 같은 네 가지 일반적인 실천형태를 의미한다(Haynes & Holmes, 1994). ① 개인중심 활동(때론 상담을 포함한다), ② 집단중심 활동(때론 사회적 그룹워크라고 불린다), ③ 가족중심 활동(가족상담과 가족치료를 포함한다), ④ 지역사회중심 활동(때로 지역사회조직 혹은 지역사회개발로 불린다)을 의미한다. 핀커(Pinker, 1990 : 24)는 과업중심적, 문제해결적 방법을 포함하고 위기개입, 행동수정 개입과 같은 실천적 접근기술로 행동하는 방식이자 체계적 방법으로 사실과 개념을 갖고 일하는 방식으로 정의한다. 위에서 언급한 일반적인 네 가지 실천유형에 대해서는 방법이라는 용어 대신에 실천지향이란 용어를 사용하고, 실천방법이란 용어는 특정 실천접근의 일부인 구체적 실천개입의 적용을 기술할 때 사용하기도 한다.

(4) 모델(model)

모델은 현상에 대한 설명이라기보다는 기술이며, 현상에 대한 완벽한 제시라기보다는 관찰된 현상이나 현상 간의 관계유형을 조명하여 정보를 순서짓거나 단순화시키려는 초보적인 시도로 본다(Howe, 1987 : 10). 모델은 보인 것을 설명하지는 않으며, 뒤죽박

축된 정보들에 대한 낮은 수준의 순서를 부과하기 시작한다. 모델은 이론을 구축하는 데 사용되는 벽돌과 같다(Howe, 1987 : 10). 모델이라는 단어를 소위 실천접근 혹은 관점을 기술하기 위해 사용하기도 하며, 사회적 장애모델처럼 이론과 관점을 모두 기술하기 위해 사용하기도 한다.

(5) 실천접근(practice approach)

실천접근이란 용어는 때로 이론적 접근으로 불리기도 하며, 일반적으로 실천에 대한 체계적 접근을 의미한다. 실천접근은 하나의 분명한 이론에 기반하며, 그 자체의 특정 실천용어와 개입을 갖는다. 사회복지실천에서 활용되는 중요한 실천접근은 ① 클라이언트 중심접근, ② 인지행동적 접근, 과제중심적 활동(분명한 이론적 기반을 갖지 않기 때문에 중요하기는 하지만 실천접근에 포함되지 않는다), ③ 위기개입, ④ 심리역동적 혹은 심리사회적 접근, ⑤ 체계적 가족치료 등이 있다.

(6) 절충주의적 접근(an eclectic approach)

절충주의는 문제의 복잡성과 다양성에 대한 반응의 결과이다. 절충주의의 장점으로는, 첫째, 유사한 제안을 하는 사회복지실천이론을 병합시킬 수 있다. 둘째, 복잡한 상황을 더 잘 다룰 수 있게 하고, 특정 이론이 갖는 부적절성을 보완할 수 있게 한다. 절충주의는 현실적으로 수많은 실천접근을 깊이있게 알 수 있을 정도의 전문성을 갖춘 실천가가 거의 없기 때문에 실천에 관련된 것을 명확하게 해주기보다는 오히려 혼란만을 더 가중시키는 경향도 있다.

(7) 관점(perspective)

관점은 사회복지실천 교과서에 잘 정의되지는 않지만 종종 사용되어진다. 트레비틱(Trevithick, 2000)의 저서에서는 현상 및 그 현상이 전체로서의 사회와 어떻게 관계맺고 있는지에 대한 중요한 생각, 관찰, 순서짓는 방식을 의미하는 것으로 사용되고 있다. 사회복지실천에 관련된 대표적인 관점은 ① 반차별적 관점(anti-discriminatory perspective), ② 반억압적 관점(anti-oppressive perspective), ③ 반인종차별적 관점(anti-racist perspective), ④ 페미니스트 관점(feminist perspective), ⑤ 이용자 관점(user's perspective), ⑥ 급진주의적 사회복지실천 관점(radical social work perspective) 등이 있다.

(8) 개입(intervention)

사회복지 안에서 개입(혹은 중재)은 의사가 사용하는 치료(treatment)라는 용어에 비교되는데(Baker, 1995 : 195), 사건 혹은 사건의 결과를 수정하거나 정하기 위해 결정적인 역할을 취하는 것이다(Hanks, 1979). 개입은 상황 및 제시된 문제에 대한 이해에 기반을 두어 이루어지는 직접적 활동 혹은 특정 사회복지실천 투입으로 클라이언트 편에서 사회환경 내의 힘의 균형을 변화시키기 위해 조직 등 사회환경에서의 변화를 초래하는 노력과 직접적 서비스를 제공하는 것을 포함한다.

(9) 기술(skills)

기술의 사전적 정의를 보면, 기술은 능력, 명료성, 전문성 등 어떤 것에 대한 이해나 지식과 결합된 실천적 지식을 말한다(O'Hagan, 1996 : 13). 기술이 개입, 능력, 실천, 기법 등 다른 용어와 상호교환적으로 사용되기 때문에 사회복지실천기술을 정의내리기란 매우 어렵다. 여기서 사용되는 기술이란 용어는 주어진 상황 내에서 행동이나 개입과정에서 작용하는 지식, 전문적 능력, 판단, 경험의 정도를 의미한다. 기술은 일의 강도, 걸리는 기간 등에 대해서 판단을 잘 내릴 수 있도록 한다.

3. 사회복지실천기술의 위치

사회복지실천기술의 학문적 위치에 대하여, 하우(Howe)는 크게 사회복지이론과 사회복지를 위한 이론으로 구분하며, 사회복지실천기술을 사회복지를 위한 이론에 속한 것으로 분류하였다(B. Sheafer & C. Horejsi, 2005 : 83-86). 그들은 클라이언트와 원조활동에 초점을 두는 사회복지를 위한 이론을 다시 지향이론과 실천 준거 틀로 구분하고, 실천 준거 틀을 실천관점, 실천이론, 실천모델로 분류한다.

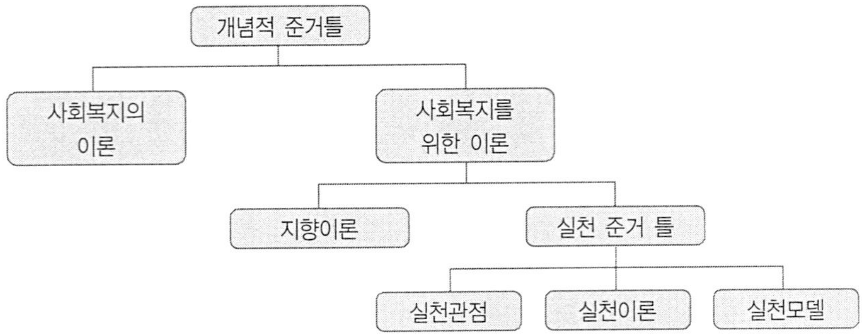

▌그림 3-1▌**사회복지의 개념적 준거 틀의 유형**

셰퍼와 호레이시는 또 다른 시각인 통합적 관점 안에서의 사회복지실천기술의 위치에 대한 정리를 제공한다(B. Sheafer · C. Horejsi, 2005 : 37-41).

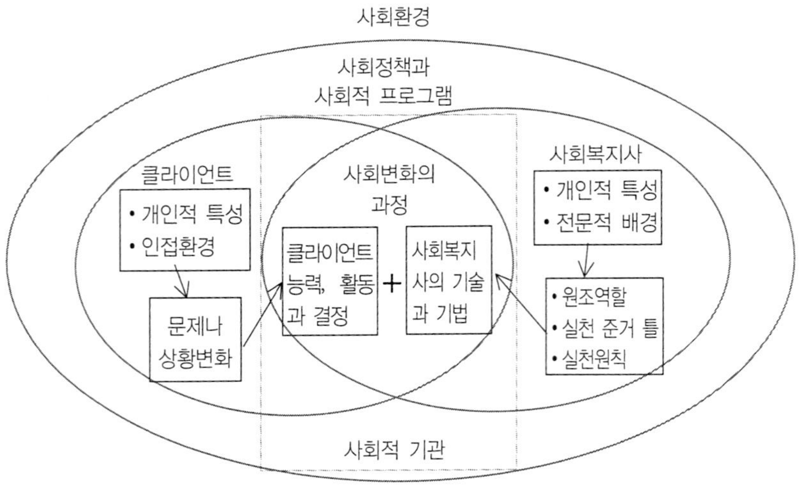

▌그림 3-2▌**사회복지실천에 대한 통합적 관점**

4. 사회복지를 위한 실천 준거 틀

좋은 이론만큼 실용적인 것은 없다. 실천 준거 틀은 어떤 조건에서 어떻게 사람이 변화하고 바람직한 변화를 촉진시키기 위해 사회복지사가 할 수 있는 일은 무엇인가에 대한 일련의 신념과 가정으로 구성되어 있다. 모든 실천 준거 틀은 변화를 성취하기 위한 것이다(B. W. Sheafor · C. R. Horejsi, 2006 : 81-117).

1) 실천 준거 틀의 조건

실천 준거 틀에 적합한 기준을 보면, ① 실천 준거 틀이 전문직의 목적, 가치, 윤리와 일치해야 한다. ② 타인과 의사소통이 가능해야 한다(개념, 원칙, 가설이 명확하게 설명, 정의되어야 한다). ③ 일반인이 이해할 수 있어야 한다(대부분의 클라이언트와 자원봉사자가 자신의 관심, 인생경험과 준거 틀과의 관련성을 이해할 수 있어야 한다). ④ 매우 복잡하고 혼란스러운 상황을 분석하고 이해하는 데 사회복지사에게 도움을 줄 수 있어야 한다. ⑤ 변화과정의 다양한 국면에 지침과 방향을 제시해야 한다. ⑥ 경험적 기반에 의존해야 한다(사실과 관찰에 의존해야 한다).

2) 실천 준거 틀 선택을 위한 지침

어떤 실천 준거 틀을 선택하느냐에 따라 사회복지사의 시야와 선택의 폭이 좌우된다. 하나의 실천 준거 틀에 한정되거나 그것이 보편적으로 적용될 것이라고 가정하는 것을 경계해야 하고 무비판적으로 실천 준거 틀을 사용하는 습관에 빠지는 것도 주의해야 한다. 또한 실천기반이 전혀 없거나 너무 모호해서 검증이나 실험을 할 수조차 없는 사고를 '이론'이라고 부르는 경우도 있다. 사회복지사는 실천가의 스타일과 진정한 개념적 실천 준거 틀을 구분할 수 있어야 한다. 클라이언트의 유형, 문제의 종류, 상황과 관련해 특정한 개념적 준거 틀이 지침을 제공해 줄 수 있지만 이것이 특정 클라이언트의 독특성을 다룰 수 있는가를 항상 자문해야 한다. 실천 준거 틀을 선택할 때 고려해야 할 몇 가지 요소는 첫째, 사회복지사의 목적과 일치해야 하며, 둘째, 사회복지사의 윤리강령과 대치되는 행동을 결코 요구해서는 안 되며, 실천 준거 틀을 활용할 때, 사회복지사의 능력 내에서 이루어져야 한다.[1)]

---

1) 사회복지를 위한 실천적 준거 틀은 B. 셰퍼 · C. 호레이시 저, 남기철 외 공역(2005). 사회복지실천기법과 지침. 경기 : 나남, pp. 125~167 참조.

5. 사회복지실천 사정

사정을 위한 활동범위는 사회복지사와 클라이언트가 과정의 한 부분으로 참여하여 묘사·설명·예측·평가·처방하는 것을 포함한다. 사정에 있어서 주요 논쟁거리는 의사결정과정에서 클라이언트가 어느 정도까지 중심적 역할을 할 수 있으며, 해야 하느냐 하는 것이다. 두 번째 문제는 우리가 효과적으로 변화를 가져오도록 돕기 위해서 어느 정도까지 특정 문제(특히 그 원인)를 이해해야 하는가와 관련되어 있다. 이 결정은 문제가 복잡하고 다차원적이며, 심각하게 오래 지속되었을 경우에는 더욱 어려워진다.

1) 사회복지실천 사정의 기본 개념

(1) 사정의 목적

사회복지사의 도움을 요청하는 대부분의 사람은 자기 자신이나 타인, 혹은 현재 상황이나 보다 넓은 사회와 관련하여 ① 현재 누리고 있는 생활의 질을 유지하고 악화를 막기 위해 개인을 돕고 지지해 주기, ② 제한적인 변화를 가져오기 위해 개인을 돕고 지지해 주기(첫째 단계의 변화로 체계 자체는 변화하지 않은 채 유지된다), ③ 보다 급진적인 변화를 가져오기 위해 개인을 돕고 지지해 주기(둘째 단계의 변화로 체계 자체가 변화한다) 등의 세 가지 주된 이유를 갖고 있다.

사회복지실천에선 항상 사정의 중요성을 인정해왔다. 그러나 그 중요성에 새로운 의미가 부여된 것은 사회적 서비스를 받고 있던 어린이의 죽음에 관한 몇몇 조사가 행해진 1980년대와 1990년대부터였다. 특히 위기상황과 관련되었을 때의 사정의 중요성에 대한 새로운 관심은 1990년대의 세 가지 주요 입법으로 구체화되기도 하였다. 사정은 사회복지실천교육 및 훈련 중앙협의회가 서문을 쓴 사회복지실천자격을 위한 새로운 지침서와 그 후의 발행서에서 중요한 요점이 되었다.

이와 같이 정부가 사정의 개선을 위해 일반원칙을 개발하는 데 열심이었지만, 아직까지도 어떻게 사정에 접근해야 하는가에 대한 하나의 포괄적인 틀은 없다. 사회복지실천이 포함하는 사정과업의 광범위함과 경직된 틀에 얽매일 때 제목을 달아 분류할 수는 없지만 매우 중요한 정보를 간과할 수 있다는 점을 생각하면, 하나의 포괄적인 틀을 만들기를 꺼려하는 이유를 이해할 수 있을 것이다. 그러나 하나의 표준적 틀이 있다면 보다 통일된 형식을 얻을 수 있고 다양한 경우를 망라하는 명확한 표준을 획득할 수 있다.

사정이 여러 가지 다른 목적을 위해 행해진다는 사실은 사정이 다양한 사회복지실천의 접근법이나 관점을 포괄할 수 있으며, 특정 요소나 문제를 다른 문제보다 더 중요시 할 수 있고, 그 결과 서로 다른 해결책을 제시할 수 있음을 의미한다. 사정에 대한 가장 명료하고도 일반적인 정의의 하나는 쿨쉐드와 옴의 정의이다.

> "사정은 진행 중인 과정으로서 그 과정에는 클라이언트가 참여하고 그 목적은 인간을 그의 환경과 관련해서 이해하는 것이다 ; 사정은 사람이나 환경, 혹은 양자를 유지, 개선, 변화하기 위해서 무엇을 해야 하는가를 계획하기 위한 기초이다."

이 정의는 사회복지사와 클라이언트 사이의 협력적 관계와 사정과정에 사회적 · 환경적 요인을 편입시켜야 한다는 일반적 원칙을 강조하고 있다. 이밖에 다른 정의는 특정 실천접근법에 근거하고 있는데 모든 접근법과 관점은 각기 다른 방식으로, 클라이언트를 대할 때, 사회복지사의 따뜻하고 진실하며, 존중하는 태도의 중요성을 강조하고 있다. 어떤 사람은 사정을 일회적인 사건으로 여기는 반면, 다른 사람은 계속적인 과정으로 생각한다. 이런 차이에도 불구하고 대부분은 새로운 상호 전개와 정보에 대한 지속적인 감시와 반응의 중요성은 인정한다. 사정과정에서는 클라이언트와 협력하여 작업하는 것이 중요하다. 그러나 '비자발적인 클라이언트'나 참여의 혜택을 깨닫지 못하는 사람과 일하는 경우에는 이것이 항상 가능한 것은 아니다.

(2) 사정의 특징

① 사정은 지속적 과정이다. 이는 사정이 원조과정의 전반에 걸쳐 이루어짐을 의미한다. 물론 초기 단계에서 사정은 핵심적 사안이라고 할 수 있지만, 단계가 진행되면서 새로운 정보를 접하게 되며 이로 인해 새로운 이해 또한 가능하게 된다. 이러한 점에서 지속적 사정이 필요하며, 이는 원조과정에서의 클라이언트와 사회복지사 간의 협력이 사람과 상황에 대한 더 풍부한 이해로 이끌도록 돕는다.

② 사정은 상황 속의 클라이언트를 이해하는 동시에 개입계획과 행동을 위한 기초를 제공하는 이중적 초점을 지닌다. 이를 위해 클라이언트는 물론이고 관련체계의 욕구, 욕구충족을 방해하는 것, 문제, 한계, 변화에 대한 동기 및 저항 등에 대한 정보들이 수집되어야 한다.

③ 사정은 클라이언트와 사회복지사 양자가 참여하는 상호과정이다. 사정에서 다루어져야 할 내용의 핵심적 부분들은 면접 등에서의 사회복지사와 클라이언트 간의 상호작용으로부터 나온다. 클라이언트의 직접적 구두보고뿐만 아니라 과정 자체에 대한 클라이언트 자신의 반응 등도 사회복지사에게는 중요한 사정자료가 된다. 사정을 통한 상호이해와 신뢰는 클라이언트로 하여금 문제 및 상황에 대한 이해, 개입 가능성, 한계와의 관계에 대한 인식을 갖게 도와준다.

④ 사정의 과정 내에도 일련의 단계들이 있다. 클라이언트가 자신의 관점을 통해 얻은 상황에 대한 관찰내용을 사회복지사에게 설명하면, 사회복지사는 여기에 부가적 관찰을 추가하게 된다. 그리고나서 사회복지사와 클라이언트는 상황에 영향을 미치는 여러 중요한 부분을 함께 확인하면서 상황전체를 이해하기 위해 더 필요한 정보 또한 파악한다. 상황의 제 부분에 대한 단절된 이해는 결코 상황 자체에 대한 전체적 이해를 가져올 수 없다. 그러므로 각 부분 간의 상호작용과 관계들을 살피는 것이 필수적이다.

⑤ 횡적 및 종적 탐구 모두 중요하다. 사정의 초기 단계들에서는 대체로 횡적으로 상황에 접근하는 것이 도움이 된다. 이렇게 해서 문제의 해결에 중요하다고 확인된 부분에 대해서는 종적으로 있는 검토가 이루어진다. 그런데 사정에서의 정보 수집과정은 클라이언트와 사회복지사가 욕구, 문제, 상황을 탐색하면서 종적 및 횡적 접근 사이를 몇 번이고 왔다갔다하면서 이루어질 수 있다.

⑥ 사정에서의 이해를 도모하기 위해서는 지식기반이 활용된다. 개인에 대한 이해를 위해 인간발달 및 다양성에 대한 요인이 고려되어야 하며, 가족구조와 과정에 대한 지식은 가족을 이해하는 데 도움을 준다. 지역사회의 기능에 대한 이해는 경제학 및 정치학에 대한 지식을 요구하기도 한다. 그리고 때에 따라 사회복지사는 필요한 정보를 수집하기 위해 조사기법을 동원하기도 한다.

⑦ 사정은 클라이언트 생활상황에서의 욕구를 파악하고 이들의 의미와 유형을 설명해 준다. 즉, 사정은 욕구가 무엇이며 욕구충족에 방해가 되는 것이 무엇인가를 구체화시킴으로써 문제해결과정을 원활하게 만든다.

⑧ 개입하는 동안 클라이언트의 강점이 구축되도록 하기 위해 사정은 클라이언트 및 생태체계의 강점을 확인한다. 개인의 성장은 그의 한계점이 아닌 강점으로부터 출발한다. 그러므로 목표 및 과업을 클라이언트와 함께 설정함에 있어 신체

적 · 정신적 · 정서적 · 행동적 강점에 대한 면밀한 사정이 우선되어야 할 것이다.

⑨ 사정은 개별적으로 다루어진다. 사람의 상황이란 똑같은 것이 있을 수 없으므로 사정 또한 각기 상이하며 각 클라이언트의 차별화된 상황을 다루게 된다.

⑩ 판단은 사정에서 중요한 측면을 이룬다. 어떤 부분을 고려해야 하는가, 클라이언트의 욕구와 선호는 무엇인가, 어떠한 지식 혹은 지식의 어느 부분을 응용할 것인가, 클라이언트를 어떻게 관여시킬 것인가, 문제를 어떻게 규정지을 것인가 등에 대한 수많은 결정이 매번의 사정에서 이루어져야 한다.

⑪ 이해상황에는 한계가 있다. 어떠한 사정도 완벽할 수는 없다. 특정 상황에 대한 완전한 이해를 얻는다는 것은 불가능할 뿐만 아니라 그다지 바람직하지도 않다. 이해의 도모는 시간을 필요로 한다. 욕구를 가진 클라이언트가 도움을 구하는 상황에서 종종 원조는 즉각적으로 주어져야 한다. 이러한 때 사회복지사는 그러한 원조를 주는 데 필요로 하는 이해의 정도 및 종류를 결정해야 하고, 그러한 도움을 계속 심화시키는 새로운 이해와 정보에 대해서도 민감해야 한다.

폭스(Fox, 1993 : 93)는 원조과정에서의 사정의 중요성을 강조하면서 사회복지사가 경계해야 할 잘못된 사정형태를 보면, ① 사정은 병리 혹은 문제의 단순한 나열이나 이들 문제에 라벨을 붙이는 과정이어서는 곤란하다. 그보다는 인간의 복잡성, 개체성, 존엄성 등을 모두 고려하는 사려깊은 전체적인 시각이 사정에서 요구된다. ② 사정은 전문가 한 사람에 의한 일방적이면서도 추상적인 의견의 나열이 아니다. 클라이언트가 사회복지사와의 피드백 과정에 적극적으로 참여하면서 발생하는 상호협력이 사정의 필수요건이라고 할 수 있다. ③ 사정은 문제의 분석만을 위한 한정적 활동이라고는 할 수 없다. 사정활동은 궁극적으로 클라이언트가 성장하고 변화해나감에 따라 변화하는 유동적이면서도 역동적인 과정이다. ④ 사정은 '오래 전에 무슨 일이 일어났는가?'를 단순히 회고하는 것뿐만 아니라 '앞으로 성취하고자 하는 바가 무엇인가?'라는 미래지향적 관점을 병행한다. 이는 클라이언트를 과거에 귀속시키기보다는 그의 삶의 지속성에 대한 존중을 내포하고 있다 등으로 서술하고 있다.

(3) 사정의 구성요소

사정의 구성요소는 사정을 위한 자료의 분류화와 관련이 있다. 브라운(Brown)은 사정과정에서 사회복지사가 고려하여야 할 질문내용을 10가지로 유형화하고 있는데, 이는 사정의 구성요소로서 ① 클라이언트 상황의 본질은 무엇이며, 그 자체는 어떻게 나타나는가?, ② 문제에 대한 클라이언트의 태도는 어떠한가?, ③ 클라이언트는 동기가 있으며 문제해결능력이 있는가?, ④ 현재 문제가 실제적인 문제인가? : 클라이언트는 자신이 의식하지 못하거나 또는 이 시점에서 직면하기를 싫어하는 어떤 문제가 있을 수 있다. 그리고 클라이언트는 실제적인 문제의 한 증상으로서 어떤 다른 문제를 표출할 수 있다. 따라서 현재 제시되는 문제가 실제적인 문제가 아닐 수도 있다. ⑤ 클라이언트는 왜 이 시점에서 도움을 구하는가? : 클라이언트는 사회복지사에게 도움을 요청하기 전에 다양한 형태로 해결하려고 노력을 하게 되는데, 그러한 구도에서 볼 때 왜 지금의 시점에서 사회복지사에게 도움을 요청하게 되었는가를 파악하여야 한다. ⑥ 문제의 지속기간은 어느 정도인가?, ⑦ 클라이언트의 강점과 약점은 무엇인가?, ⑧ 클라이언트가 과거에 효과적으로 적용한 문제해결의 기제는 무엇인가?, ⑨ 클라이언트의 목표와 기관에 대한 기대는 현실적인가? : 클라이언트가 가지고 있는 구체적인 목표는 무엇이며, 기관과 사회복지사에 대하여 어떠한 기대를 가지고 있는가? 그리고 그러한 기대는 얼마만큼 현실적인가를 알아야 한다. ⑩ 개입에 누구의 관여가 필요한가? : 사회복지사가 클라이언트 문제에 개입함에 있어서 도움을 받아야 하거나 함께 활동하여야 할 사람이 있는가를 알아내는 것 등으로 요약할 수 있다.

(4) 문제사정의 성문화

성문화한다는 것은 많은 이점이 있는데 사회복지사가 문제에 대해 아는 것과 모르는 것을 명확하게 해주고 그가 세운 가정을 식별할 수 있게 해주며, 계약을 교섭하고 수립하는 도구가 되며, 문제해결의 진전을 재어보는 척도가 되며, 타인과 그 상황에 대한 의사소통을 촉진시켜 준다. 문제사정의 서술은 매우 구체적이고 상세해야 유용하게 쓰일 수 있다. 즉, 취급되고 있는 상황을 명확히 구별하고 개별화시켜야 한다. 카두신(Alfred Kadushin)은 “사회복지사가 상대하고 있는 클라이언트의 다수에 적용되는 보편적으로 타당한 서술은 무익하다. 왜냐하면 그것은 그가 클라이언트를 만나기 이전부터 알고 있었던 것에 지나지 않기 때문이다”라고 말한다. 예를 들면, ‘클라이언트는 긴장된 상황을 견뎌내기 위해 지지자가 필요하다’, ‘그 지역의 집단 사이에는 의사소통의 증진이 있어야 한다’ 등이다. 서술은 특정한 문제에 초점을 두어야 하고, 명확하게 기록되어야 한다. 즉, 행동과 사건에 대한 상세한 설명이 포함되어야 하고, 오해를 일으키기 쉬운 평가적 표현과 결말은 피해야 한다(문인숙 · 조성경 · 김선심, 1998 : 138-139).

2) 진단과 사정의 용어 혼란

진단과 사정의 개념의 혼동을 가져오게 된 근원은 존슨(Louise C. Johnson, 1995 : 275)의 저서 『Social work practice : A generalist approach, 5th Ed.』에서 사회사업과정파트 중 제11장 사정(assessment) 첫 문장 "The first step in the generalist social work process is assessment, sometimes referred to as diagnosis"에서 기인되었다고 판단하고 있다. 존슨은 기존의 사정 전에 수행하는 사례발견, 접수면접, 스크리닝, 진단을 생략하고, 사회사업과정을 사정, 계획, 직접실천행동, 간접실천행동, 평가로 설정하여 교과서를 기술하면서 진단과 사정을 같은 범주로 설명하였고, 진단과 사정을 혼용하고자 하는 다양한 교과서에서 인용함으로써 혼란을 가중시켰다.

김만두는 "진단은 병리학적 접근이나 역기능에 대한 선입견을 가지고 있는 경우가 많다. 이러한 관점에서는 장애인을 병리와 결점을 가진 문제가 있는 자로 봄으로써 장애인이 할 수 없는 것은 무엇인지, 문제를 유발시키는 결함은 무엇인가 하는 데 있는 진단적 접근(diagnostic approach)이라고 할 수 있다. 이에 비해 사정은 장애인의 발전과 성장을 가져올 수 있는 상황의 강점을 알아내려고 노력하고, 이러한 가운데 장애인의 제한점도 함께 인식하는 적극적인 개념으로 강점중심 접근(strength-based approach)에 기인한다고 할 수 있다(김만두, 1993 : 77)"라는 견해를 들어 진단과 사정의 개념을 설명하고 있다.

진단과 사정에 대해서는 위의 관점과 다른 관점에서 보아야 한다고 생각한다. 진단과 사정은 별개의 개념으로 독립적으로 사용해야 한다. 진단과 사정을 진단적(병리학적) 접근과 강점중심(임파워먼트) 접근을 대비시켜 진단과 사정의 개념을 설명하는 것은 매우 비논리적인 비약에 불과하다. 즉, 진단도 강점중심이나 해결중심의 진단을 수행할 수 있으며, 사정도 병리학적, 역기능적, 문제해결중심의 사정을 할 수 있기 때문에 진단이란 용어는 진단으로 사용하고, 사정은 사정으로 구분하여 서비스 과정상의 단계로 보고 개념을 정리할 필요가 있다.

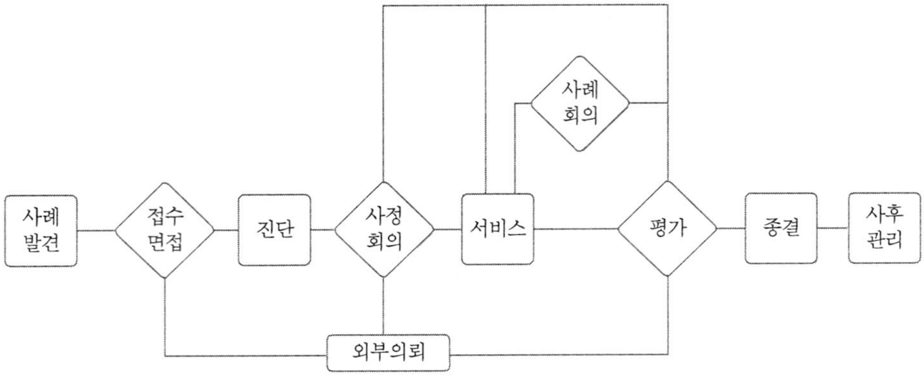

▌그림 3-3▐ **사회복지실천의 과정**

〈표 3-3〉 **사회복지실천 과정과 내용**

서비스 과정		내 용	제공해야 할 자료
(1) 케이스 발견(case finding)		자발적 방문, 가정방문, 의뢰	
(2) 접수면접 / 스크리닝(선별) (intake / screening)		서비스 적격 여부 확인	• 운영지침(선정기준) • 부적격에 대한 서면화된 통보서
(3) 진단(diagnosis)		자료수집, 진단 및 사정도구	
(4) 사정 (assessment)	① 사정회의	수집된 자료를 통한 재활방향 결정	• 운영지침 • 서면화된 의뢰서
	② 초기사정	서비스 시작 전에 수행	• 운영지침 • 초기사정보고서
	③ 진전사정	초기, 중간, 종결평가 시 수행	• 진전사정보고서
(5) 서비스 (services)	① 계획	개별화계획(IEP) 수립	• 초기사정보고서에 근거한 서면화된 개별화계획
	② 개입	다양한 서비스	• 운영지침
(6) 평가 (evaluation)	① 초기평가	진전사정	• 진전사정보고서
	② 중간평가	진전사정	• 진전사정보고서
	③ 종결평가	진전사정	• 진전사정보고서
	④ 사례회의 (case conference)	진전사정	• 사례보고서
(7) 종결		종결평가	• 종결보고서
(8) 사후관리(follow-up)		종결평가에 근거한 사후관리	
(9) 의뢰(referral services)			• 서면화된 의뢰서

따라서 진단, 사정, 평가의 용어 혼선을 피하기 위해서는 전체 사회복지서비스 과정을 정확하게 구분할 필요가 있다. 사정은 전체 사회복지서비스 과정의 초기 단계에 해당한다. 즉, 사정은 케이스 발견(1)에서 사정(4)의 초기 사정까지의 과정을 말한다.

〈표 3-4〉 **변화과정에 대한 개요**[2)]

접수면접과 관여	자료수집과 사정	계획과 계약	개입과 점검	최종평가와 종결
• 클라이언트의 문제, 어려운 상황, 관심사를 분명히 하고, 정의한다.	• 문제나 상황을 조사하고 자료를 수집한다(진단). • 문제나 상황을 사정한다.	• 변화의 목적과 목표를 설정한다. • 진행방법에 대한 계획을 세운다.	• 계획에 기초하여 조처를 취한다(개입). • 개입이 바람직한 목적과 목표를 달성하고 있는지를 결정하고, 과정을 점검하며, 필요하다면 계획을 수정하고 다시 시도한다.	• 목적과 목표를 달성했다면, 개입을 종결하고, 앞으로의 실천활동에 도움이 될 수 있도록 과정을 평가한다.
• 관계를 시작한다. • 클라이언트의 관심·문제를 확인하고 정의한다. • 서비스의 자격요건을 결정한다.	• 정보를 수집하고, 문제나 상황을 조사한다. • 변해야 하는 것, 변할 수 있는 것, 변화될 수 있는 방법을 결정한다.	• 목표를 설정한다. • 가능한 전략을 평가한다. • 개입계획에 동의한다. • 누가 무엇을 하고 언제까지 할 것인가를 결정한다.	• 계획을 수행한다. • 진행사항을 점검한다. • 만약 결과를 달성하지 않으면 계획을 수정한다.	• 전반적인 과정을 평가한다. • 관계를 종결한다. • 기관에 결과를 다시 피드백한다.

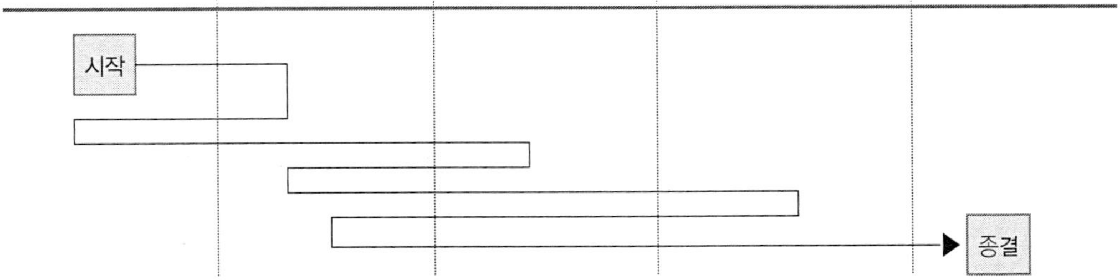

3) 측정, 사정, 평가의 이해

어떤 장애를 확인하고, 결정하려면 클라이언트에 관한 정보를 모으고 그 정보를 분석하여 장애의 원인과 발달수준을 밝혀야만 하는데, 이러한 일련의 과정을 사정 또는 평가라고 부른다. 평가라는 개념을 이해하기 위해서는 측정(measurement), 사정(assessment),

2) B. 셰퍼·C. 호레이시 저, 남기철 외 공역(2005). 사회복지실천 기법과 지침. 경기 : 나남, pp. 177-178.

평가(evaluation)라는 용어를 구분할 필요가 있다. 이 세 가지 용어는 모두 과학적이고 객관적인 검사도구를 사용한다는 점에서 공통점이 있지만, 그 의미와 범위에서는 차이가 있다.

먼저 측정이란 단순히 양적인 혹은 수적인 특성을 재는 것을 의미하고, 사정이란 양적인 특성뿐만 아니라 질적인 특성을 파악하는 것을 의미하며, 평가란 양적 및 질적인 특성을 파악한 후 가치판단(value judgement)을 통하여 미래방향을 설정해 주는 것을 의미한다. 따라서 '평가'라는 용어가 다른 두 용어보다 더 포괄적인 개념이라 할 수 있다.

최근에 편찬한 『Rehab Brief(미국국립재활연구소, 1992)』에는 측정, 사정, 평가의 목적을 "소비자(consumers)에게 적절한 서비스를 결정하기 위하여 그들의 욕구를 파악하고 현 기능의 수준과 잠재능력을 확인하는 데 있다"고 설명하고 있다. 이는 소비자 중심(consumer-focused)의 평가의 중요성을 강조하고 있는 것이라 볼 수 있다.

어떤 접근을 제공하기 전에 제일 먼저 선행해야 할 과제는 클라이언트의 현재 기능, 상태, 문제 등을 평가하는 일이다. 그 이유는 클라이언트에게 가장 적절하고 유용한 서비스를 제공하는 기초 자료를 얻기 위함이다. 따라서 평가는 정확하고 객관적이어야 하며, 어떤 서비스가 가장 효과적이고 효율적인지를 결정해야 한다. 즉, 클라이언트의 문제영역, 심리·정서상태 등을 과학적인 방법으로 평가하여 접근방안을 강구하는 일이 필수적인 요소라고 할 수 있다.

평가는 주로 과학적이고 객관적인 표준화된 여러 검사를 토대로 이루어진다. 검사는 측정내용에 따라 능력을 측정하려고 하는 지능, 적성, 학습, 적응, 지각 등과 같은 검사와, 경향성을 측정하려고 하는 성격, 적응, 흥미, 동기, 자아개념, 태도, 가치관, 가정환경 등의 검사로 구분된다. 개인의 문제는 복합성을 가지고 있기 때문에 한 가지 검사만으로 이해할 수 없다.

평가방법에는 객관적이고 양적으로 평가하는 과학적 방법과 보다 깊은 심리적 현상을 임상가의 경험과 직관, 통찰에 의한 임상적 경험을 들 수 있는데, 이런 객관적이고 과학적인 방법과 임상적 경험을 토대로 평가하여야 한다. 또 평가유형에는 전문성 정도에 따라 아주 다양하지만, 흔히 방법과 절차를 토대로 형식적 평가와 비형식적 평가로 구분할 수 있다. 형식적 평가는 실시요령, 채점, 해석 절차가 분명한 표준화된 규준검사를 이용하지만, 비형식적 평가는 표준화된 검사와는 다른 덜 구조화된 검사를 이용한다는 점에서 차이가 있다.

평가과정에서 여러 평가유형과 방법을 통해 가장 신뢰성 있고 타당한 자료를 수집하여 면밀한 분석을 해야만 한다. 또 클라이언트의 복잡한 특성과 능력을 평가하기 위해서는 포괄적인 학문적 접근이 필요하다. 즉, 발달과정을 비롯하여 클라이언트의 가정환경(가족의 태도, 병력 등)을 이해해야 하고, 생리적-신경학적 발달과 심리학적 특성 등을 고려하여야 한다.

한 클라이언트가 지역사회에서 성공적으로 적응하도록 돕기 위해서는 초학문적인(transdisciplinary) 평가를 통해 현재 능력과 특수 욕구를 파악하여 구체적인 프로그램을 계획하고 적절한 중재 서비스를 제공해야 한다. 이처럼 클라이언트에 대한 평가는 여러 가지 기능적 측면을 포함하기 때문에 상당한 기술과 민감성이 요구된다.

따라서 사회복지사는 문제에 관한 전문적인 지식을 습득해야 하며, 클라이언트의 여러 기능을 측정하기 위해 여러 절차와 검사도구에 대한 선택, 실시, 채점 및 해석 등에 대해 세심한 주의를 기울여야 한다. 더욱 중요한 것은 이런 평가과정을 통해 클라이언트를 정확히 이해하고 그들의 미래행동을 예견·통제하며, 그 문제의 해결방안을 찾고 어떻게 도와줄 것인가를 제시해 주어야 한다.

4) 사정 · 평가과정에 대한 모델

검사(tests)는 정보를 제공해 주고, 치료계획과 임상적 판단을 하는 지침이 된다.

(1) 필요한(원하는) 정보를 결정하라

① 개인의 가족, 교육, 직업, 부업, 심리적 및 의료적 배경에 대해 알고 있는가?, ② 누가 이런 정보를 가장 잘 제공할 수 있는가?, ③ 이런 정보를 얻는 데 어떤 전문가가 적임인가?, ④ 개인을 가장 잘 돕기 위해서 현재 무엇을 찾아내야 하는가?

(2) 측정할 영역을 명시하라

① 필요한/원하는 정보를 얻었다면, 어떤 평가를 할 것인가?, ② 원하는 정보가 특수한 것인가 혹은 보편적인 것인가?, ③ 원하는 정보를 정확하게 측정할 수 있는가?, ④ 측정이 임상적 판단보다 더 훌륭한 정보를 제공할 것인가?

(3) 필요한 정보에 대해 체계적으로 수집할 방법을 확인하라

① 필요한/원하는 정보를 얻기 위하여 어떤 검사도구가 가장 좋은가?, ② 개인 및 생

활장면에서 어떤 평가가 가장 적용가능한가?, ③ 전체 검사가 적절한가 혹은 하위검사가 적절한가?, ④ 검사에 대한 비용, 실시 및 채점 시간, 컴퓨터 이용 등에 관해 알고 있는가?

(4) 누구를 개입시켜야 할지를 결정하라

① 필요한/원하는 정보를 누가 가장 잘 제공할 수 있는가?, ② 도움을 줄 다른 보고자가 필요한가?, ③ 조력자가 정확한 자료를 수집하는 데 지장을 줄 것인가?

(5) 도구를 선정하고 동의를 얻어라

① 이 도구는 설명, 선별, 예언 혹은 평가하는 것인가?, ② 이 도구는 어느 집단에 적용가능한가?, ③ 표준화된 검사인가?, ④ 개인과 생활장면에 대한 유용한 정보를 줄 것인가?, ⑤ 제한점은 무엇인가?, ⑥ 채점하고 프로파일을 작성하는 수단과 방법이 시간과 비용 면에서 가치가 있는가?, ⑦ 개인에게 이로운가 혹은 해로운가?

(6) 검사를 실시하라

검사 및 검사상황은 개인에게 맞도록 수정될 필요가 있다. 주의력, 기억의 제한, 다른 인지기능은 물론 연필을 쥐는 능력, 자판(키보드)을 사용하는 능력, 검사지를 보는 능력 등을 고려하여 평가할 준비를 하여야 한다. 제시되는 질문에는 ① 검사문항의 단어나 문장을 개인이 완전히 이해할 수 있는가?, ② 정확하고 오차가 없으며 의미있는 결과를 얻기 위해 검사나 평가과정을 수정할 필요가 있는가?, ③ 검사개발자나 임상가가 의도한 대로 문항들을 해석할 것인가? 등이 있다.

(7) 채점하라

① 검사도구를 적절하게 채점하는 방법이 있는가?, ② 누가 그 결과를 산출할 것인가?, ③ 그 결과를 제시할 최선의 방법이 있는가?

(8) 결과를 분석하고 해석하라

① 결과에 영향을 주는 부적절한 요인이 있는가?, ② 정상집단의 규준이 적절하고 관련이 있는가?, ③ 결과가 당신의 임상적 판단과 일치하는가?

(9) 처치(중재)를 선택하고 보고서를 작성하라

① 훌륭한 임상적 판단과 해석을 토대로 평가하였는가?, ② 적절한 의사결정을 하기 위하여 전문가 팀에게 그 자료를 제공하였는가?

(10) 치료결과를 평가하라

성과평가(outcome assessment)란 제공한 중재 서비스가 얼마나 성취되었는지를 확인하고 측정하는 것으로 프로그램 이행 후 서비스를 받은 사람이 성취한 결과에 대한 효과성, 효율성, 만족도를 결정하는 체계적인 절차라고 정의할 수 있다. 제기되는 질문은 ① 성과성취에 대한 정보를 알고자 하는 사람은 누구인가?, ② 성과성취의 증거로써 기대하고 수용할 수 있는 것은 무엇인가?

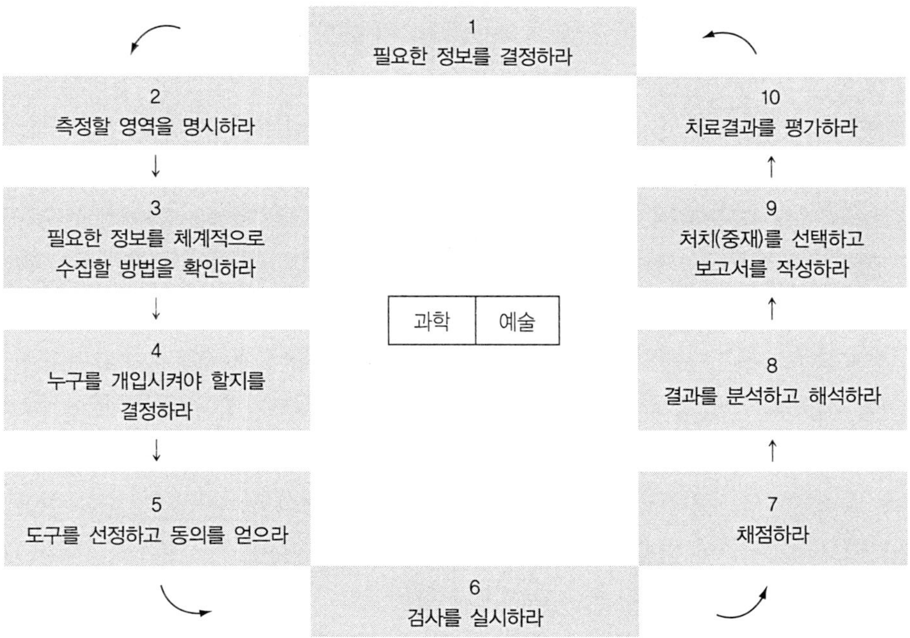

▌그림 3-4▌ 사정 · 평가 과정에 대한 모델

6. 사회복지 개입방법

사회복지 개입의 목적은 클라이언트의 사회적 좌절상태를 예방하고 클라이언트의 능력을 유지시키며, 사회적 기능을 회복시키고 생활경험을 만족하고 풍부하게 하며, 성장·발달을 위한 기회를 창조하고 자기지향과 사회적 여건을 위한 능력을 배양하는 것이다. 사회복지 개입은 자조(self-help), 기능유지, 변화를 목표로 한다.

1) 개별적 방법

일대일의 방법(one to one method)이라 하며, 클라이언트의 대인관계에서 갈등과 적응에 의한 정신문제에 중점을 두는 방법으로 개입수준은 직접적(집중적), 보조적일 수도 있으며, 치료기간은 단기, 장기, 순차적인 기간으로 치료한다. 이 방법의 목적은 한 개인의 대인관계와 정신 내부의 어려움을 극복시키고, 이 문제를 수정하고, 감소 및 해소시켜 주는 데 목적이 있다.

집중적(직접적) 방법을 사용할 때, 클라이언트가 이 방법의 도움을 필요로 하는가 하는 여부, 클라이언트의 동의 여부, 클라이언트 자신이 관찰할 수 있는가의 여부 파악이 중요하다. 즉, 집중적 수준은 클라이언트가 필요성에 대한 것을 파악하고, 클라이언트의 동의가 필요하며, 클라이언트 자신이 관찰할 수 있는 능력 여부를 파악한다. 역동적 치료를 할 수 있는 사회복지사의 능력 여부와 감정이입 등을 자각하면서 융통성 있는 태도와 자신이 가진 지식을 응용하는 능력에 의하여 결정할 수 있어야 한다.

개별적 치료에는 긍정적 측면과 부정적 측면이 있다. 긍정적 측면을 보면, 첫째, 클라이언트의 자아개념이 낮음으로써 발생하는 현실과 대인관계에서 문제를 해결할 수 있도록 보조해 주고 선택케 하는 방법이며, 둘째, 본인중심의 욕구가 강하고 다른 치료방법이 너무 벅차면 이 방법을 사용한다. 부정적 측면은 첫째, 문제핵심이 가정이나 가정의 균형을 바로잡는 데 있다면, 가족치료나 합동치료가 유용하며, 둘째, 이 방법에 효과가 없어서 다른 방법, 즉 집단요법 같은 것이 더 효과적이라고 생각될 때를 들 수 있다.

2) 단기치료

단기치료는 자아강화과정이며, 전화면접을 포함해서 20회 미만의 치료이며, 긴급, 심리, 보조적 혹은 환경적 치료가 모두 포함된다. 직접치료는 클라이언트와의 면접을 들 수 있고, 간접치료는 클라이언트와 관계되는 인물의 관계조정과 주위환경조정으로서 물질적 지원, 긴급문제나 해결을 위해서 단순한 개업이나 지원으로 클라이언트의 미래 실생활에서 일상적인 사회경험을 유지하게 한다.

이 치료에서는 제한된 시간사용과 목표설정이 중요하며 장기치료나 순차적 치료의 첫 단계로 생각한다. 계획된 횟수의 면접이나 목적이 클라이언트와 사회복지사 간의 관계결정에 중요하며, 결정된 사항은 융통성 있게 운영될 수 있어야 한다. 과정, 즉 절차와 과제는 클라이언트와 사회복지사의 상의하에 이루어져야 한다. 단기치료에는 긍정적 측면과 부정적 측면이 있다. 긍정적 측면을 보면, 첫째, 목적에 대해 빠른 적응, 현실변화의 필요성, 자아를 강화하고 의존성을 약화시킨다. 필요한 행동강화와 고착화된 성격을 바로잡는다. 둘째, 클라이언트 자신의 장기치료에 참가할 수 없을 때, 셋째, 실제 문제에 대해서 목표가 제한되어야 될 필요성이 있을 때, 넷째, 심각한 변화와 사태, 다섯째, 동일시의 위기가 있을 때 긍정적이다. 부정적 측면은 첫째, 개인이나 가족이 충분한 능력, 자원을 갖고 장기치료를 원할 때, 둘째, 단기치료로서 쉽게 목적을 달성할 수 없다고 판정했을 때를 들 수 있다.

3) 장기치료

클라이언트와 사회복지사가 서로 동의했을 때 행하는 치료(20회 이상)이다. 이 치료는 클라이언트의 필요성에 따라 집중적이거나 보조적일 수 있다. 이 치료에서는 기간 중에 치료의 목적이 이탈되었나를 알기 위해 때때로 평가해 보는 것이 중요하다. 장기치료의 긍정적 측면은 첫째, 장기치료만으로 클라이언트를 도울 수 있을 때, 둘째, 클라이언트의 사회기능이 향상되었다고 판단되었을 때, 셋째, 개인이나 가족이 원하고, 그것이 분명하게 표현되었을 때, 넷째, 장기치료가 필요함을 뒷받침하는 진찰적인 해석이 중요할 때 치료에 긍정적이다. 부정적 측면은 첫째, 목적달성을 위해서 위기개입이 더 적절한 방법일 때, 둘째, 대처기능이 약할 때 부정적이다.

4) 간접치료(indirect services)

간접치료기법은 클라이언트의 사회관계적 측면을 다시 찾거나 증대시키기 위한 노력이다. 여기에는 클라이언트를 정서적 문제뿐만 아니라 생활상의 문제를 지닌 총체적인 인간으로 보는 데 있다. 사회복지사가 클라이언트의 영향에 대한 기반은 전문적 위치, 합법적 기간의 직원으로서 영향력을 발휘해야 한다. 영향력에는 철학적 배경(신념)이 작용하고 사회적 자원을 알며, 기관과 연결되어 있으므로 사회사업기관과 계속적인 접촉과 긍정적인 접촉으로 자원을 형성해나가야 할 것이다.

5) 직접치료(direct services)

직접치료는 본인 당사자를 치료하는 것이다. 이 치료는 정서적 균형을 유지하게 하고, 건설적인 결정을 내리게 하며, 성장과 변화를 이행하게 한다. 치료기법은 지지법, 지시법, 통찰 등을 사용한다. 직접치료에는 구체적 서비스와 환경조정이 있으며, 구체적 서비스에는 경제부조, 주택, 법률부조, 의료, 캠프활동 등이 있고 환경조정에는 '중요한 타인(significant other's)'을 대상으로 한다.

6) 협동법

클라이언트를 여러 사회복지사가 치료하는 방법으로 사회복지사 사이의 의사소통이 중요한 역할을 한다. 이 방법은 부모와 자식을 각각 개별적으로 취급할 필요가 있을 때 사용한다. 협동치료의 성공 여부는 사회복지사 각자가 치료자로서 능력과 성숙한 자아의식을 가질 때, 상대방 사회복지사를 존중할 때 효과가 있다. 이 방법은 사회복지사의 협동에 많은 시간을 빼앗기고, 에너지를 소비하기 때문에 값비싼 방법이라 생각되며, 전이와 역전이를 취급하는 데 문제가 있다.

이 협동법은 사회복지사 사이가 긍정적일 때, 클라이언트에게 학습을 증대시키고, 스스로 발전하는 데 가장 빠른 효과적인 방법이다. 이 방법의 치료효과는 이 방법의 유효성과 함정을 인식하고, 사회복지사가 평가함에 크게 좌우한다.

협동법의 긍정적 측면은 첫째, 한 사회복지사가 클라이언트의 일부를 치료해야 할 충분한 이유가 있을 때, 둘째, 성(性)이 다르거나 치료모델이 다른 사회복지사가 이 방법을 추천할 때, 셋째, 충분한 이유를 갖고서 클라이언트가 같은 사회복지사에게 치료를 거부할 때 긍정적이다. 부정적 측면은 첫째, 클라이언트 사이에 균형을 유지하는데 치료자의 개입이 필요할 때, 둘째, 협동치료를 같이 할 만한 마땅한 동료가 없을 때는 부정적이다.

7) 병행법

병행법은 2명이나 그 이상의 가족원이나 클라이언트를 한 사회복지사가 따로 일정 기간 치료한다. 이 방법에서는 전이와 역전이를 구별하는 것이 중요하다. 이 방법의 효과 여부는 참여하는 구성원을 따로 취급하는데서 오는 효과를 정확하게 인식하느냐 하는 데에 달려있다. 이 방법을 다루는 기술은 지원, 명확화, 설명 등이 있다. 특히 클라이언트가 서로 정보와 기회를 나누어 쓰도록 격려하여야 한다. 그러나 사회복지사는 어떤 정보가 유익하고, 나쁜 것인지 구별하는 데 어려운 문제점을 가지고 있다. 사회복지사 스스로가 정보를 제공하는 데 취사선택을 하여야 한다.

병행법의 긍정적 측면은 첫째, 내적 정신문제를 취급하여야 할 때, 둘째, 가족관계에 영향을 줄 만한 각자의 비밀, 개인감정을 다른 성원에게 털어놓을 수 없을 사정이 있을 때, 셋째, 어떤 성원이 완고한 방어기제를 사용했을 때 그것이 무너지면 그 개인이나 전체체제가 심각한 위험을 야기할 때 긍정적이다. 부정적 측면은 첫째, 문제가 가정을 중심으로 존재하여 가정의 균형을 회복시키기 위해 공동치료나 가족치료가 바람직할 때, 둘째, 클라이언트가 이 치료에 진전이 없을 때, 셋째, 두 사람의 클라이언트가 서로 심각한 대립관계에 있을 때, 이 방법이 불가능할 때는 부정적이다.

8) 공동법

공동법은 치료과정을 통해서 두 성인을 공동으로 면접하는 과정이다. 이 방법의 목적은 본인이나 상대에 의한 개념을 달리해서 느낌, 표현, 행동을 수정하도록 하는 것이며, '지금−여기'에서의 상호작용상의 문제에 초점을 둔다. 한 사람의 문제를 같이 처리하고, 상대로부터 치료자를 공유한다는 점에서 공동법을 택한다. 여기의 모든 당사자는 자각과 자신의 반응을 이해하고 상대의 독특성, 성질 등에 관대해지며, 자아의 개인적 관점에서 상호영향에 관심을 둔다.

이 방법에서 사회복지사는 클라이언트의 목적, 기대, 행동, 태도, 느낌을 직접적 경험을 통해서 알 수 있는 기회가 주어진다. 이 방법의 노력은 의사소통의 성질을 수정하는 데 있으며, 치료자는 다음과 같은 데서 기술을 발휘한다. ① 전위, 투사, 부정과 같은 방어기제를 반격하고, ② 숨겨진 대인관계의 문제를 행동으로 표면화시키며, ③ 관계에 영향을 미치는 정신 내적 측면을 찾고, 상호관계의 영역으로 끌어낸다.

공동법의 긍정적 측면은 첫째, 가족원이 새로운 과업을 찾아야 할 필요성이 있을 때, 둘째, 결혼상대가 새로운 역할을 찾으려 할 때, 셋째, 강한 쪽의 부부가 약한 쪽의 부부를 도와야 할 때, 넷째, 부부 사이가 나쁠 때 긍정적이다. 부정적 측면은 첫째, 한 사람이 정신적, 내적 문제를 우선 치료받아야 할 필요가 있을 때, 둘째, 결혼관계가 너무 병적이라서 상대욕구에 관여하려고 하지 않을 때는 부정적이다.

9) 순차적 치료

한 치료 후 다른 치료기간에 뒤따르는 것, 즉 위기개입 후 집단치료를 하고, 다음에 상담을 하는 것과 같다. 위기개입 후 장기적 치료가 뒤따를 수도 있다.

10) 위기개입

단기치료의 일종이며, 위기는 일상적 사회기능이 전도됨으로써 현 문제에 봉착되어 정상적인 사회생활이 없게 된 상태이다. 특히 전도된 이유는 ① 외세가 바뀌거나, ② 역할이 바뀌거나, ③ 의미있는 관계를 상실했기 때문에 곤경에 빠지는 경우가 있다.

이런 위기 때 사회복지사가 할 일은 클라이언트의 현 문제에 중점을 두고 현 문제를 타개할 대처방법을 습득하게 하는 것이 중요하며, 치료기간은 5~6회의 면접으로 문제에 대한 파악이 이뤄질 수 있으므로 12회까지 필요치 않다. 긴급상황에 가장 필요한 것은 즉각적인 원조이며, 치료기간 중 사회복지사를 교체하지 않는 것이 바람직하다.

위기개입을 하는 방법의 기준은 첫째, 최근에 발생된 것으로 오래된 사실이 최근에 와서 도움을 요청할 입장에 놓이게 되었을 때, 둘째, 문제의 긴급성에 따라 ① 클라이언트의 자아약화, ② 클라이언트의 동기약화, ③ 환경문제의 파생, ④ 성취되어야 할 목적의 변화(exchange of achievement goal), ⑤ 위기적 사건의 발생, ⑥ 사회복지사가 단기치료의 효과를 볼 자신이 있을 때 이 방법을 사용한다.

02

사회복지실천 모델과 개입기술

Chapter

사회복지실천기술론

04 이론과 관련된 인간 본성에 대한 관점

인간 본성에 대한 개인의 관점은 인간이 그들의 행동에 동기가 될 만한 이유를 이해하는 방법을 설명한다. 어떤 사람은 유전자에 의해 우리의 행동이 결정된다고 믿고 있으며, 또 다른 사람은 우리의 환경에 따라 행동이 결정된다고 믿는다. 아직까지 대부분의 사람은 자신의 자유의지에 따라 행동이 결정되지는 않는다고 믿는다.

사회복지사의 인간 본성에 대한 관점은 자신이 중요하게 생각하는 원조기술의 선택에 영향을 미친다. 사회복지사의 인간 본성에 대한 관점이 사람은 본래부터 사악하다고 생각한다면, 그 클라이언트가 "모든 것을 그들이 할 수 있도록" 이끄는 기술의 사용을 원치 않을 것이다. 대신 사회복지사는 아마도 개인이 그들의 명확한 행동을 억제할 수 있는 방법을 익히도록 하는 기술을 사용한다. 어떤 사회복지사는 클라이언트가 그들의 행동을 통제하는 방법을 모색하도록 원조하고 그들의 사악함이 사회에 해를 입히지 않도록 한다.

반면에 만약 사회복지사가 인간은 선천적으로 선하다고 믿는다면, 그는 클라이언트가 사회 안에서 그들의 선을 표현하도록 고무시키는 기술의 사용을 원한다. 이 사회복지사는 클라이언트가 '선'과 접촉하도록 원하고 그러한 발달을 허용한다.

연습 4-1 인간 본성의 관점과 기술 간의 관계

아래의 열거된 인간 본성에 대한 관점 중 귀하가 유용하다고 생각하는 기술을 찾는다. 세 가지 관점을 다 읽어본 후 4~5개의 집단을 만들어 당신이 생각한 것을 논의해 본다. 집단이 작을 경우는 수업 중에 그들의 생각을 논의해 보는 것도 좋다.

(1) 귀하는 사람이 사악하게 태어나고 그들의 사악한 의지를 제어할 필요가 있다고 믿는다.
(2) 귀하는 사람이 선천적으로 선하며, 선에 "접촉하는" 방법을 배울 필요가 있다고 믿는다.
(3) 귀하는 모든 행동이 생화학적(biochemical)이며, 단지 우리의 생화학적 변화를 통하여 제어할 수 있다고 믿는다.

인간 본성의 관점에 대해 검토할 때 고려할 만한 세부항목이 있고, 당신이 가진 인간 본성의 관점은 아마도 원조기술에서 좀 더 편안함을 느끼게 할 것이다. 당신이 강하게 믿고 있는 사실을 검토하기 위하여 <연습 4-2>를 실행해 보라.

연습 4-2 인간 본성에 대한 귀하의 관점을 이해하기

다음 네 가지의 진술은 인간에 대한 귀하의 관점을 최상으로 설명한 세부항목이다. 귀하가 모든 세부항목을 읽은 후 지침으로써 사용하고, 제시한 인간 본성에 대한 관점을 단락별로 발전시켜 본다(주 : 각 진술은 인간 본성의 관점에 대하여 특별한 시각을 설명한 것이다). 4~5개의 소집단을 만들고 귀하의 생각을 말해보고 논의해 본다.

(1) 선천적으로 : 나는 사람이 (　　)을(를) 갖고 태어난다고 믿는다.

① 선함
② 악함
③ 중립적임
④ 원죄
⑤ 유전자에 의해 결정됨
⑥ 삶에서 변화를 허용하는 성장력(growth force)
⑦ 자신이 원하는 것은 어떤 것이든지 될 수 있는 능력
⑧ 삶에 의식적, 무의식적으로 영향을 미치는 성적 욕동(sexual drives)
⑨ 삶에 의식적, 무의식적으로 영향을 미치는 공격적 욕동(aggressive drives)
⑩ 삶에 의식적, 무의식적으로 영향을 미치는 사회적 욕동(social drives)
⑪ 다른 특성

(2) 발달하는 사람 : 성격발달은 (　　)에 의해 가장 영향을 받는다.

① 유전
② 학습
③ 초기 아동양육의 유형
④ 우리가 가르치는 가치
⑤ 환경
⑥ 타인과의 관계
⑦ 생물학
⑧ 의식적인 결정
⑨ 무의식
⑩ 본능
⑪ 타인의 행동을 모방하기
⑫ 우리가 형성하는 관계(relationships we form)
⑬ 발달적 이슈(예 사춘기)
⑭ 기타

(3) 변화의 과정 : 인간이 지속적으로 성장하는 것으로서, 나는 사람이 (　　)고 믿는다.

① 성격 안에서 많이 변화할 수 있다.
② 성격 안에서 중간 정도 변화할 수 있다.
③ 성격 안에서 적게 변화할 수 있다.
④ 성격 안에서 변화가 불가능하다.
⑤ 초기의 어린 시절 경험에 의해 결정된다.

⑥ 유전자에 의해 결정된다.
⑦ 어떻게 조건화되고 강화되느냐에 의해 결정된다.
⑧ 무의식적인 동기에 의해 결정된다.
⑨ 초기의 어린 시절 경험을 능가하거나 넘어설 수 있다.

(4) 변화가 일어나는 방법 : 변화는 (　　)에 초점을 맞추어 대부분 촉진되는 경향이 있다.

① 의식적인 마음	⑧ 과거
② 무의식적인 마음	⑨ 현재
③ 사고	⑩ 미래
④ 행동	⑪ 생물학(예 약물의 사용)
⑤ 감정	⑫ 마무리되지 않은 사업과 억압된 기억
⑥ 초기의 경험	⑬ "진실한" 자기와 접촉하기
⑦ 생물학	⑭ 기타

인간 본성에 대한 명확한 관점은 그들 자신에게 원조관계의 분명한 이론적 접근을 이끈다. 아래는 5개의 유용한 이론적 접근으로 인간 본성의 관점을 매우 간단히 요약한 것이다. 당신이 그것을 공유하든지간에 그 각각의 것은 관점을 고찰하고 반영한다.

1) 인간 본성에 대한 5가지 상담이론의 관점

(1) 정신역동적 접근(the psychodynamics approach)

정신역동적 관점을 고수하는 사람이 많은 부분에서 상당히 다르다고 할지라도 그들은 인간 본성의 관점과 관련한 기본적 신념을 공유한다. 예를 들면, 정신역동적 접근은 욕동(drive)이 행동에게 동기를 준다는 것과 이러한 욕동이 적어도 어느 정도 무의식에 있다는 핵심적 믿음을 갖고 있다. 정신역동적 접근을 개발한 프로이트는 이러한 욕동이 성과 공격성의 본능적 욕동이라고 생각(Appignanesi, 1990 ; Freud, 1947)한 데 반하여, 아들러(Adler, 1964)와 에릭슨(Erikson, 1998)은 사람이 사회적 욕동에 의해 더 동기화된다고 믿었다. 그 밖에 코헛(Kohut, 1984)과 같은 이론가는 성(sex), 공격성, 사회적 욕동의 영향을 경시한 반면, 사람이 중요한 "타인"으로부터 애착과 분리하는 방법을 강조하였다. 융(Jung, 1968, 1976)은 사람이 그들 자신과 타인에 대한 그들의 관계를 이해하기 위해 그들을 몰고가는 적극적인 무의식적 힘에 의해 동기화된다고 믿었다. 즉, 정신역동적 지향의 사람은 어린 시절의 지각뿐만 아니라 어린 시절 동안에 일어나는 실제적 사건, 욕동과 결합하여 사람의 정신에 강하게 영향을 미치고, 그 결과로서 후기 성인발달에 영향을 미친다고 믿는다. 그러므로 정신역동적 치료의 목적은 개인에게 초기 어린 시절 경험을 이해하도록 돕는 데 있고, 개인의 욕동과 결합된 그러한 경험이 오늘날 그 사람에게 어떻게 동기를 주는지에 대한 이해를 돕는 데 있다.

(2) 행동적 접근(the behavioral approach)

행동주의자는 모든 행동은 학습되어지고 사람은 그들의 환경 안에서 강화인에 의해 조건화된다는 것을 믿는다. 이 관점은 무의식을 강조하지 않으며, 초기 어린 시절 경험에서 얻을 수 있는 통찰을 강조하지 않는다. 대신에 개인이 그들의 현재 행동을 학습해왔으며, 행동주의의 원리를 적용함으로써 새로운 행동을 배울 수 있다고 가정한다. 따라서 과거는 행동주의 접근법에서 특별히 중요한 것이 아니다(Corey, 2001).

이 접근법이 행동을 변화하고 확인하는 데 초점을 두기 때문에 파블로프(Pavlov)의 고전적 조건화, 스키너(Skinner)의 조작적 조건화 접근을 사용하거나 반두라(Bandura)의 사회학습 혹은 모델링 접근을 사용하든간에 사회복지사는 간단한 이론, 기술, 방법을 응용할 수 있다는 것에 모두 동의한다(Corey, 2001 ; Neukrug, 1999a). 초기의 행동주의 접근은 클라이언트의 상황을 시험하고 진단하는데 있어서 클라이언트와 함께 작업하기 위한 직접적인 접근으로 보였으며, 행동변화를 위한 전략을 확인하였다. 그러나 특별한 행동변화를 제시하기에 앞서, 감정이입과 모델링의 사용과 같은 비지시적인 접근을 통해 관계를 설정하는 것은 요사이 보다 중요하게 부각되고 있다(Spiegler & Gaeuremont, 1998).

(3) 인본주의적 접근(the humanistic approach)

정신역동적 이론과 행동주의 이론의 반작용에 대한 인본주의적 접근은 실존철학과 현상학에 기원을 두고 있다(Corey, 2001 ; Neukrug, 1999a). 인본주의적 접근의 지지자는 사람은 선택권을 가지며, 세상에서 존재하는 방법이나 자신의 실존을 구체화하는 것을 끊임없이 선택한다는 것을 믿는다. 예컨대 로저스 학파(Rogerian) 상담이나 게슈탈트 치료(gestalt therapy)를 적용하는 인본주의적 접근은 객관적인 현실과 같은 것은 아니라고 주장한다. 대신에 그들은 개인의 주관적인 현실을 강조한다. 개인이 자신의 현실을 어떻게 구성하는가를 이해하려고 노력하는 것과 세상의 경험을 이해하기 위해 개인을 돕는 것이 이 접근법의 중요한 목적이다. 게다가 인본주의 이론가들은 사람이 성장력이나 실현경향성의 어떤 유형을 갖고 태어난다는 것에 일반적으로 동의한다. 이것은 개인이 보다 더 실현하고 조화로운 실존을 향해 움직일 수 있는 능력과 현재의 실존을 초월할 수 있는 능력을 갖고 있다는 것을 의미한다. 그러므로 인본주의자들은 과거가 어떤 사람이 현재 어떻게 행동하는가에 중요한 영향을 미치고 있다할지라도 원조관계는 어떤 사람의 변화와 성장을 돕기 위해 과거에 초점을 맞추지 않는다는 것을 믿는다.

(4) 인지적 접근(the cognitive approach)

엘리스(Albert Ellis)와 벡(Aaron Beck)과 같은 인지지향적 이론가들은 개인의 사고가 초기 어린 시절에 시작하여 조건화되고, 인간의 사고방식은 일생을 통하여 강화되며, 어떤 사람이 어떻게 사고하느냐는 어떻게 행동하고 느끼느냐에 직접적으로 관련된다는 것을 믿는다(Corey, 2001 ; Neukrug, 1999a). 그들은 사람이 합리적이거나 비합리적인 존재로서, 우울함, 행복감, 분노, 만족감을 가지며, 선이나 악을 갖고 태어나지 않았다는 것을 믿는다.

대신에 그들은 사람이 중립적 입장을 갖고 태어난다고 믿는다. 인지적 접근 지지자는 사고가 역조건화(counterconditioning)를 통해 변화할 수 있다고 제안한다. 즉, 사람의 사고는 새롭고, 건강한 방법을 강화할 수 있다. 그러므로 그들이 어린 시절에 학습해왔던 것은 재학습될 수 있다. 인지이론가들은 왜 사람이 행동하는가를 이해하는 것은 그들이 사고하고 행동하는 방법 안에서 변화를 만드는 데 아마도 덜 중요하고 결정적이지 않다고 믿는다. 인지이론가들에 따르면, 사고 안에서 그러한 변화는 클라이언트에게 일상적인 삶을 극복하는 것을 도울 수 있고, 역기능적 행동패턴을 바꿀 수 있다.

(5) 단기 접근(brief approaches)

사회복지사는 일반적으로 심층치료(in-depth therapy)를 실천하지 않으며, 그들은 매우 초점화된 문제를 갖고 일하는 경향이 있다. 이런 이유로 최근에 매우 인기를 얻고 있는 단기치료 접근은 더 일반적이 되어가고 있다. 원조관계에 단기접근을 실천하는 사람이 어떠한 이론적 배경으로부터 도출할 수 있고, 그러므로 인간 본성의 얼마간의 다른 관점을 갖고 있다고 할지라도 이것은 단기접근을 사용하는 개인을 위한 일반적인 실천이다. 예를 들면, 가필드(Garfield, 1989)는 그들이 문제를 완화하기 위한 실천적이고 실용적인 방법을 구하고 삶의 본질적인 부분으로 문제를 보며, 사람의 강점을 강조하고 나타난 문제에 초점을 맞추고 강조하며, 변화가 치료를 종결한 후에 일어난다고 믿고 장기간의 상담이 변화를 일으키는 데 불필요하다고 믿는 경향이 있다고 말한다.

이론적 관점에 대한 고찰은 상담이론의 심층검토가 이 책의 1차적인 목적이 아니기 때문에 이론적 관점에 대한 개관은 매우 간단히 고찰하였다. 그러나 이러한 5가지 접근의 기초가 되는 본질적 신념의 아이디어를 당신에게 주어야만 한다. 5가지 이론 가운데 당신의 관점이 어디에 속하는지 알아보기 위해 다음 <연습 4-3>을 수행해 보자.

연습 4-3 **인간 본성과 이론적 접근에 대한 당신의 관점**

아래에 제시된 각각의 진술문 왼쪽에 적합한 숫자를 기입하고, 끝마친 후 검사점수에 대한 지침을 따르시오.

0 = 이것이 진실이라고 믿지 않는다.
1 = 이것이 진실이라고 약하게 믿는다.
2 = 이것이 진실이라고 강하게 믿는다.
3 = 이것이 진실이라고 매우 강하게 믿는다.

1		사람은 초기 어린 시절의 경험을 능가할 수 있고, 그들의 삶에서 주요한 성격변화를 일으킬 수 있다.
2		상담은 비교적 짧은 시간에 일어날 수 있다.
3		사람은 자기실현 경향을 가지고 태어나지만 '선'과 접촉하지 못하는 경험을 하게 된다. 그러나 중립적인 환경에 처하게 되면 그들의 선은 일반적으로 다시 나타난다.
4		환경에서의 강화는 우리가 어떻게 행동하는가에 큰 영향을 미친다.
5		우리는 삶의 방식에 강하게 영향을 미치는 욕동을 갖고 태어난다. 흔히 이러한 욕동은 우리의 의식 밖에 있다. 즉, 우리가 욕동을 얻기 위한 방법 안에서 행동하는 것은 왜 우리가 행하고 있고, 무엇을 행하고 있는지에 대한 이유에 기초하고 있다는 것을 아직 알지 못하고 있다.
6		나의 성적 충동은 신비하고 알 수 없는 방법으로 나의 행동에 강한 영향을 미친다.
7		나의 사고는 감정에 영향을 미친다.
8		나의 행동은 감정에 영향을 미친다.
9		나는 신비하고 알려진 방법으로 나의 행동에 영향을 미칠 수 있는 얼마간의 본능을 갖고 있다.
10		약간의 변화가 가능할지라도 내 삶의 많은 것은 초기 어린 시절 경험에 기인하도록 운명되어진다.
11		만약에 내가 세상을 지각하는 방법과 생각하는 방법을 변화시킬 수 있다면, 나는 잘 적응된 삶을 살 수 있을 것이라는 것을 안다.
12		비판적이고 객관적인 관점으로부터 클라이언트 성격구조를 이해한다는 것은 클라이언트에게 자신의 문제를 관리하도록 원조하는 데 있어서 가장 중요한 요인이 된다.
13		장기간의 상담은 같은 종류의 변화가 적은 양의 시간을 사용해서 일어날 수 있기 때문에 상대적으로 시간과 돈을 낭비한다.
14		나의 초기 어린 시절은 나에게 강한 영향을 미쳤을지 모르지만 나의 오늘날의 행동을 결정짓지는 못한다.
15		나의 초기 어린 시절은 나에게 강하게 영향을 미쳤고, 내가 살아가는 방법에 계속해서 영향을 미친다. 내가 삶을 변화해야만 하는데 단지 통제의 제한된 양만 있다.
16		무조건적인 긍정적 관심(배려)은 상담관계의 핵심적 요소이다.
17		우리는 어떤 사람을 위해 환경을 통제할 능력이 있고, 어떤 사람에 관해 좋게 느끼도록 그 사람에게 허용한다.
18		나에게 나쁜 감정을 야기하는 사건은 없다. 그 사건에 대하여 내가 그렇게 믿는 것이다.

19		최종 결과는 외부의 사물에 의해 내 인생이 크게 통제된다. 나는 외부의 무서운 사건에 대하여 느낌을 변화시킬 수 있는 능력을 조금 가지고 있다.
20		변화과정은 미래에 초점을 둬야 하며, 현재의 문제에 두지 않는다.
21		내가 행동하는 것은 정신적 건강에 의해 만들어진 주요한 힘 때문이다.
22		내가 느끼는 것은 정신적 건강에 의해 만들어진 주요한 힘 때문이다.
23		나의 행동은 사고(thinking)에 영향을 받는다.
24		효과적인 원조를 위한 결정적인 관점은 사회복지사와 클라이언트의 관계에 있다고 믿는다.
25		나는 행동에 대한 대부분에 통제력이 있다.
26		나의 무의식은 행동의 대부분을 통제한다.
27		초기 아동기 시절은 나의 사고에 영향을 미치지만, 사고는 변화시킬 수 있고 건강한 삶을 살 수 있다.
28		인생에 대하여 긍정적인 태도와 사람을 변화시킬 수 있는 능력에 대한 신념은 클라이언트의 문제를 돕는 작업에서 결정적인 관점이 된다.
29		복잡한 세계에서 의미를 만드는 방법은 그 이야기를 말하는 클라이언트를 통해서 가장 잘 이해될 수 있다.
30		영구적인 변화는 내 능력이 "붙잡는" 것에 의해 영향을 받을 것이고, 나의 "자동적인" 사고는 변화한다.
31		세계에 합리적으로 대처하기 위한 특별한 방어를 유지하는 것은 중요하다.
32		상담관계의 결정적인 관점은 클라이언트와 함께 감정이입하는 능력이라고 믿는다.
33		나의 이론적 방향은 클라이언트를 돕는 데 있어 미래와 변화과정에 초점을 맞추는 것만큼은 중요하지 않다.
34		나의 감정은 행동과 상황에 영향을 준다.
35		내가 중립적인 환경에 처해 있다면, 나는 '진실'과 접촉하는 것이 가능할 것이다.
36		예측할 수 있는 아동발달의 단계를 통하여 나타난 양육방식을 이해할 수 있다면, 우리는 개인의 삶에 직면하게 될 문제들을 이해할 수 있다.

점수 기록표 : 열거된 기록표의 세부항목에 당신이 각 항목에 대하여 기록한 숫자를 기입하시오. 예를 들면, "5"번 항목에 "3번"을 적었으면, "정신역동" 항목 아래 첫 번째 부분에 적어야 한다. 주의할 점은 약간의 항목이 한 접근법보다 많은 부분에서 사용되었다(예를 들면, "1"번 항목은 인본주의, 행동학적, 인지적, 단기 접근법에서 사용한다). 주어진 공간에 적합한 숫자를 모두 적고 점수를 더하라. "단기/해결중심 상담의 항목은 다른 것에 비해 적기 때문에 그 결과에 수정요인인 1.4를 곱해야 한다." 이 결과는 당신이 의지하는 이론적 방향의 근사값을 제공할 것이다.

정신역동	인본주의	행동주의	인지적	단기/해결중심
5 ___ = ___	1 ___ = ___	1 ___ = ___	1 ___ = ___	1 ___ = ___
6 ___ = ___	2 ___ = ___	2 ___ = ___	2 ___ = ___	2 ___ = ___
9 ___ = ___	3 ___ = ___	4 ___ = ___	7 ___ = ___	13 ___ = ___
10 ___ = ___	14 ___ = ___	8 ___ = ___	11 ___ = ___	14 ___ = ___
12 ___ = ___	16 ___ = ___	13 ___ = ___	13 ___ = ___	20 ___ = ___
15 ___ = ___	22 ___ = ___	14 ___ = ___	14 ___ = ___	28 ___ = ___
19 ___ = ___	24 ___ = ___	17 ___ = ___	18 ___ = ___	33 ___ = ___
26 ___ = ___	32 ___ = ___	21 ___ = ___	27 ___ = ___	종합 =
31 ___ = ___	34 ___ = ___	23 ___ = ___	29 ___ = ___	종합×1.4 =
36 ___ = ___	35 ___ = ___	25 ___ = ___	30 ___ = ___	
종합 =	종합 =	종합 =	종합 =	

2) 다양한 이론과 관련된 기술(skills associated with varying theories)

각 이론은 인간 본성의 관점에서 각기 독특하기 때문에 그 기술도 다를 것이다. 지금부터 인간 본성의 관점을 포함한 당신의 이론적 방향을 모색해 보고, 더 나아가 원조관계에서 영향을 미칠 수 있는 것까지 고찰할 수 있을 것이다. 당신은 <연습 4-4>를 통해 알아볼 수 있다.

연습 4-4 각 이론적 접근과 관련된 기술

다음의 요점은 인간 본성의 관점과 관련하여 우리가 논의한 5가지 접근의 중요한 쟁점이다. 각 이론적 접근의 목록을 검토하고 접근의 적용에 필요한 기술의 목록을 만든다. 당신의 인간 본성에 대한 관점과 관련한 5가지 두드러진 쟁점을 주어진 공간에 기입하고, 그 후에 당신이 사용할 만한 중요한 기술을 적어본다. 이 본문을 읽은 당신은 인간 본성의 관점과 관련한 중요한 쟁점과 연관되는 기술확인을 위하여 특별한 주의를 기울이게 될 것이다.

정신역동적 접근	인본주의적 접근	행동적 접근
① 초기 유년시절의 경험 ② 선천적 역동 ③ 무의식 ④ 본능 ⑤ 성/공격성, 사회적 역동	① 사람의 선 ② 현재에 초점 ③ 실현화의 성향 ④ 성장력 ⑤ 긍정적 접근	① 행동에 초점 ② 현재에 초점 ③ 조건화된 행동 ④ 강화 ⑤ 환경
인지적 접근	**단기접근**	**당신의 접근**
① 조건화의 중요성 ② 사고는 행동에 영향 ③ 인간의 중립적 탄생 ④ 익힌 것을 재학습할 수 있다. ⑤ 과거는 중요하지 않다.	① 실용적이고 실천적 ② 문제는 인생의 자연스런 부분 ③ 인간의 강점을 강조하기 ④ 당면한 문제에 중요성을 부여 ⑤ 상담은 긴 시간을 필요로 하지 않고 상담 후에 변화가 유지된다.	① ② ③ ④ ⑤

Chapter

05 정신분석치료 모델

1. 정신분석치료의 역사적 기원과 발달

정신분석학에서는 1896년을 그 시작의 해로 보고, 그 전의 1886~96년까지 10년간을 전(前) 정신분석기로 칭한다. 프로이트(S. Freud)는 신경학에 대한 관심을 통하여 정신분석학을 구축하게 되었다. 그는 신경생리학과 신경병리학에도 크게 이바지하였는데, 중추신경계의 진화, 실어증, 뇌성마비 등에 대한 연구, 코카인에 관한 연구, 뉴런이론 정립에 기여하기도 하였다. 정신분석치료는 무엇보다도 19세기에 수수께끼처럼 유행하던 히스테리를 치료하고 그 원인을 규명하려는 노력과정에서 발전되었다. 정신분석치료의 근본적인 발견의 시기인 1896~1910년은 꿈의 해석(1900), 성(sex)이론에 대한 3가지 논의(1905), 사례 도라(1905), 어린 한스(1909), 쥐 사나이(1909) 등 중요한 저술작업이 진행되었다. 프로이트는 여기서 무의식의 존재와 의미를 밝히고 자유연상기법을 구축하였으며, 아동에 있어서의 성의 의미를 논의했다.

확립기인 1910~1919년 시기에 무의식의 역동적, 지형학적, 경제적, 발생기원적, 구조적, 심리학적(적응적) 측면을 다룬 상위 심리학에 대한 연구결과가 발표되었으며, 이것은 치료기법과 긴밀하게 연결되어 있다. 프로이트는 이외에도 정신분석에서의 꿈의 해석을 다루는 법(1911), 전이의 역동에 대하여(1912), 정신분석적으로 치료하는 의사를 위한 충고(1912), 치료입문(1913), 기억, 반복, 훈습(1913), 전이애(轉移愛)에 대한 고찰(1915) 등 귀중한 연구결과를 발표했다.

또한 욕동이론의 수정과 구조이론의 발전에 기여한 시기인 1919~1926년 시기에는 쾌(快)의 원리를 넘어서(1920), 분석에서의 구성(1937), 유한한・무한한 분석(1937) 등 주요한 저술에서 자아의 기능과 장치에 대해서, 정신분석치료의 목표에 대해서 기술하고 있다.

정신분석치료의 프로이트 이후의 발전에는 다음 3가지 연구영역에 큰 기여를 했다고 볼 수 있다. 첫째, 1940년에는 심리적인 장애를 가진 아동의 발달과정뿐만 아니라 정상적인 신생아의 발달에 관심을 기울이게 되었다. 무엇보다도 말러 등의 오랜 기간에 걸친 방대한 연구는 아동의 분리와 개별화 과정을 이해하는 데 지대한 공헌을 하였다. 둘째, 1950년대부터 정신분석지향 가족치료전문가들이 가족 상호 간의 관계를 직접 관찰하면서 치료하고 연구하게 되었다. 셋째, 정신분석치료에 대한 실제적인 연구가 지난 30~40년 동안 엄청난 변화를 보이고 있다. 1930년대 이후 핵전쟁과 산업화·기계화의 영향은 물론, 각종 통신매체와 교통수단의 급격한 발달로 인하여 사회와 가족구조가 변화되었다. 성에 대한 지식이 늘어나고 여성해방운동이 일어나면서 불필요하게 성을 억압하는 일이 줄어들고 고전적인 히스테리도 감소되었다. 오이디푸스 갈등은 원래 이론처럼 같은 성의 부모와 동일시하는 과정에서 초자아가 구성되기보다는 오히려 그 갈등을 극복하지 못하고 머무르는 경우가 많은 것으로 추정되고 있다.

2. 정신분석치료의 주요 개념과 목표

1) 정신분석치료의 주요 개념

(1) 무의식의 발견

프로이트의 학문적 업적을 한 마디로 말하라고 한다면, 그것은 무의식에 대한 인식일 것이다. 프로이트는 초기에 무의식을 '억압된 것'과 동일한 것으로 보았다. 의식이 받아들이기 어려운 추동적인 자극과 흥분, 상상, 혹은 적개심, 여러 가지 수치스러운 체험 같은 것이 무의식으로 추방되었다고 본 것이다. 그는 이제까지 의식, 전의식, 무의식으로 심리장치를 설명하던 것을 1920년대부터 구조이론을 더하여 확장됐다. 원초아뿐만 아니라 자아와 초자아도 무의식적인 면을 가졌다는 것이다. 그는 여기서 자아의 기능인 저항이나 방어, 초자아에서 나온 죄의식이나 비현실적인 이상 등도 무의식적이라는 것을 밝혔다. 또한 개인이 경험하거나 학습하지 않는 내용으로서 융의 집단무의식과 유사한 종족발생적 무의식도 있다고 인정하였다.

프로이트는 무의식을 한 체계로 정의하려 했는데 그 특성은 다음과 같다. 무의식은 1차과정적으로 에너지 점유가 유동적이며, 에너지의 흐름이 자유롭다. 단순한 논리 차원이 아니다. 모순되는 것이 공존할 수 있다. 쾌, 불쾌의 원칙에 의해 조절된다. 시간과 공간 관념이 없다. 프로이트가 무의식을 가리킬 때 "지하", "아래", "깊이" 등의 공간적 은유를 사용하지만 무의식은 심리적인 존재방식이고 동기과정이며, 인지활동의 잠재적 측면이다.

프로이트는 『꿈의 해석(1990)』에서 꿈을 "무의식으로의 왕도"라고 하였는데, 꿈은 사실 그 당시 무의식을 연구하는 왕도였다. 프로이트에 의하면, 꿈은 전날 생활의 잔재, 신체적 자극, 잠재적 사고에 의해 생긴다. 잠재된 생각과 소망은 자아의 무의식적인 방어와 초자아의 무의식적인 검열을 통해 응축되고 전위되며 상징화된다(1차적 꿈작업). 그는 신경증적인 증상이 그렇듯이 꿈도 잠재적 소망과 무의식적 방어 간의 타협의 소산으로 본다. 이러한 타협이 잘 안 되면 꿈은 "수면의 수호자" 역할을 잘할 수가 없게 된다. 예를 들어, 악몽 같은 꿈의 내용은 기억되고, 타인에게 언어로 전달되는 과정에서 또다시 2차적인 작업을 거치게 된다. 그러므로 그 밀도와 복합성에는 큰 차이가 있겠으나 기억된 꿈에는 인류의 역사가 깃들여 있고, 한 인간의 원초적인 소망과 갈등, 해소방안, 자기와의 관계, 세계와 이웃의 관계 등이 어우러져 있다. 갈등이 만성적이고 그것을 해소할 수 있는 길이 어려울수록 꿈은 복잡하고 이해하기 어렵다.

오늘날도 꿈을 해석하는 것은 분석 실제에서 클라이언트가 자신을 만나는 데 큰 도움이 되고 있다. 그러나 정신분석가에 따라 꿈을 중요하게 여기는 데에는 차이가 있고 대체로 꿈이 없으면 분석이 되지 않는다든가 할 정도로 꿈에 매달리지는 않는다. 정신분석적 꿈의 해석은 상징사전을 활용하는 해몽과는 다르다. 정신분석가는 꿈 꾼 사람의 연상, 저항, 그의 현재의 생활과 생활사, 꿈 꾼 사람이 정신분석가에게 보이는 전이적 관계, 정신분석가의 역전이 등 현재-여기의 복합적인 관계의 장을 고려하여 클라이언트의 전반적 삶의 의미 종합에 이르기 때문이다. 잠잘 때와 같이 논리적 규칙과 사회적 규범의 제재가 느슨해진 의식수준의 상태에서는 시각적 표상이 더 활발하게 활용되고 좀 더 창의적인 정보처리작업과 갈등해소작업이 가능하다. 그러므로 해석을 하지 않더라도 꿈을 꾸는 그 자체가 건강하다. 특히 하루종일 그림자처럼 따라다니는 꿈같은 것은 우리가 미처 깨닫지 못한 우리 속마음을 귀띔해 준다. 이런 꿈은 잘 분석되어 의식적으로 검토되고 현실생활에 통합됨으로써 심리 내적 변화와 전환을 일으키는 데에 기여할 수 있다.

(2) 자유연상기법을 통한 최면-암시 요법의 극복

1892년부터 프로이트는 최면술 외에도 깬 상태에서 이마에 손을 얹고 기억하도록 종용하고 암시하여 상세히 탐색하는 방법을 사용하기 시작하였다. 1892년 말경에 엘리자베스라는 여자환자를 치료하면서 프로이트는 처음으로 최면술을 포기하고 이마에 손을 얹는 암시요법을 사용하며 점차 자유연상을 발전시켰다. 그녀는 프로이트가 무엇이든 기억해내라고 재촉하는 것이 자기의 생각을 이어가는 데 방해가 된다고 강하게 반발하였다. 프로이트는 이러한 저항에 부딪히면서 다른 방법을 찾아야 했던 것이다.

프로이트는 자유연상의 기법을 여러 길을 통하여 점진적으로 발전시켰다. 라플랑슈와 퐁탈리스(1967)는 이 기법이 1892년과 1898년 사이에 발전된 것으로 본다. 프로이트는 무엇보다도 자기분석에서, 특히 자기 꿈을 해석할 때 이 기법을 사용했다. 그는 또한 취리히 학파의 연상실험을 관심을 가지고 지켜보았고, 젊은 시절에 읽은 루드비히 뵈르네의 글을 통해 자극을 받기도 하였다.

'사례 도라'에서 프로이트는 근본적인 혁신을 하게 된다. 즉, 신경증의 원인은 복합적이어서 최면-정화요법 등에서 실시한 것처럼 일회적인 작업으로서는 치료효과를 낼 수 없다는 것이다. 증상과 원인을 기계적이고 결정론적으로 번역하듯 밝혀나가는 방법은 복합적인 구조를 가진 신경증을 치료하는 데는 적합하지 않다는 것을 깨닫게 된 것이다. 분석을 받는 사람은 장의자에 누워 그때그때 심중에 떠오르는 것이 무엇이든지, 그것이 엉뚱하든 수치스럽든, 기괴하고 하찮은 것이든 말로 전하는 것이다. 이 언어화는 지대한 의미를 가지는데, 생활감정, 정서, 충동 등을 행동화하지 않고 우선 말로 전하는 것은 더 깊은 탐색과 통찰, 통합을 가능하게 하며, 1차적 충동 등을 지연시킬 수 있어 자아기능을 강화하기도 한다. 비언어적인 표현은 이러한 언어화된 내용을 더 완벽하게 보완할 수 있다.

(3) 저항

라플랑슈와 퐁탈리스(1967)에 의하면, 저항은 정신분석치료과정에서 무의식을 의식화하는 것을 방해하는 클라이언트의 모든 태도, 행동 및 언어를 총칭한다. 프로이트는 저항을 다루지 않고 분석을 한다면 설사 효과를 거둔다 해도 단지 일시적인 것에 불과한 것이라고 하였다. 치료장면에서 저항은 억압과 관련되어 있고 여기에 투자되는 에너지는 동일하다. 즉, 치료에 대한 저항은 신경증적인 장애를 일으키는 갈등이 의식화되는 것을 방해하는 힘과 같다. 병의 원인이 된 사연을 절대로 들추고 싶지 않거나 들출 수 없게 하는 힘, 그것이 그 기억을 억압하는 힘과 동일하다는 것이다. 이러한 저항의 동기를 프로이트는 수치심이나 자책감, 상처받을까봐 두려운 마음 등에서 찾을 수 있었다. 프로이트는 억제, 증상, 불안(1926)에서 심리구조적으로 구분한 5가지 저항을 들고 있다. ① 초자아 저항은 무의식적 죄의식이나 처벌받아야 된다고 생각하는 것을 드러내고 싶지 않기 때문에 일어난다. ② 무의식에 억압한 것을 들추지 않으려는 억압저항, ③ 전이현상과 관련된 전이저항, ④ 2차적인 질병이득에 기인한 자아저항이 있다. ⑤ 원초아 저항이 있는데 이는 욕동과 연결된 저항으로서 강박적인 반복경향을 나타낸다.

저항분석의 첫 단계는 정신분석가가 저항현상이 일어나고 있다는 그 자체를 알아차리는 것이다. 그 다음에 클라이언트가 왜 저항을 하는지, 무엇에 저항을 하는지, 어떻게 저항을 하는지 등을 심리역동적으로 이해해야 한다. 그 다음으로 저항해석에 들어가야 하는데 그 시기가 중요하다. 즉, ① 클라이언트가 지금 당면하고 있는 자신의 저항을 직면할 수 있는 능력을 가지고 있을 때, ② 그 수치심이나 죄책감, 불안의 정도가 완화되었을 때, ③ 클라이언트에게 자기분석적이고 자기비판적인 능력이 있을 때, ④ 클라이언트가 어느 정도 정신분석가의 기능과 자신의 기능을 동일시하고 정신분석가의 기능을 내재화할 수 있을 때에 저항해석을 효과적으로 할 수 있다.

(4) 전이와 역전이

① 전이

전이라는 개념은 '히스테리에 관한 연구(1895)'에서 프로이트가 '잘못된 연결'로 기술한 현상으로서 처음에는 정신분석의 가장 큰 방해물로 간주되었다. 프로이트는 '사례 도라(1905)'에서 처음으로 전이현상이 치료과정에서 결정적인 역할을 한다는 것을 인정하면서 이러한 현상이 일어날 때마다 그 의미를 클라이언트에게 전해줄 수 있을 때 강력한 도움이 된다고 하였다. 전이란 과거의 의미있는 대상자와의 관계에서 일어났던 무의식적 소망과 기대 혹은 좌절 등이 현재 여기의 대상(예컨대 정신분석가)과의 관계에서 활성화되면서 반복되는 현상을 말한다. 어린 시절에 중요한 대상과의 관계에서 체험한 감정, 환상, 방어, 관계표상 등은 그대로 있는 것이 아니라 사는 동안 여러 사람과 만나면서 계속 수정되고 작업될 수 있다. 그러므로 현재의 정신분석가와의 관계에서 나타나는 전이현상에는 과거와 현재가 시간적으로 밀집되어 있고, 여러 사건이 응축되어 있을 수 있다. 전이의 개념은 지난 20여 년간 정신분석학 내의 활발한 연구 결과에 의해 더욱 복합적이 되었다. 첫째, 초기 장애, 예를 들면, 나르시스적인 성격장애나 경계선적 증후군에 관한 연구결과로 아주 다른 형태의 전이현상을 발견하게 되었다. 대상항상성이 결핍된 클라이언트나 환자들에 있어서 고전적인 전이개념이 활용될 수 있는지에 대한 의문도 제기되었다. 둘째, 전이현상이 순전히 과거의 반복이라는 정의에 대한 회의가 날로 커지고 있다. 신(新)정신분석학파에 속하는 설리반, 호나이 등은 전이현상보다 상호주관적인 실제 대인관계를 중요하게 여긴다. 이에 대한 반동으로 전이의 '단순반복'적 의미를 강조하는 극단적으로 보수적인 입장이 나타나기도 하였다.

② 역전이

역전이의 고전적인 정의는 클라이언트의 전이에 대한 정신분석가의 무의식적 반응을 말한다. 뮐러는 클라이언트에 대한 정신분석가의 태도를 네 가지로 나누고 있다. ㉠ 신경증적이지만 일반적인 것, 예를 들면, 강박적인 치료자가 히스테리 환자를 선호하는 것, ㉡ 정상적이면서 일반적인 것, 예를 들어, 감정표현을 잘하는 클라이언트를 선호하는 것, ㉢ 신경증적이면서 반동적인 것, 예컨대 절대로 떼어놓지 않으려는 어머니를 가진 정신분석가가 클라이언트의 애착욕구에 불안을 느끼는 것, ㉣ 정상적이면서 반동적인 것, 예를 들어, 클라이언트가 깐죽거릴 때 화가 나는 것 등이다. ㉠과 ㉡의 역전이는 정신분석가의 전이로서, 이 부분은 정신분석가가 자기성찰을 통해서, 무엇보다 훈련분석을 통해 충분히 의식화해서 분석할 정신분석가 자신의 신경증적 측면이다. ㉢과 ㉣은 고전적 역전이인데, 고전적 역전이에서는 정신분석가의 신경증적 반응뿐만 아니라 현실적으로 충분히 느낄 수 있는 반응까지도 정신분석가의 전이로 일축하였다. 이러한 정의는 정신분석가의 감정적 반응을 치료에 활용하기가 어렵고 조심스러웠던 초기 정신분석의 미숙한 상태를 잘 드러내 주고 있다. 뮐러는 ㉠~㉣을 통틀어서 정신분석가의 전체적 행위 혹은 정신분석가의 전체적 역전이라고 하였다. 역전이 현상은 의식적, 전의식적, 무의식적인 모든 차원에서 일어날 수 있다.

(5) 자아심리학(ego psychology)

자아심리학적인 측면은 프로이트 당시부터 점차적으로 발전해왔다. 페렌치는 아직 삼원구조이론이 설정되기 전에 '현실감각의 발달단계(1913)'라는 최초의 자아심리학적인 논문을 발표하였다. 프로이트는 환자의 저항이 의식적이라기보다는 오히려 많은 부분이 무의식적이라는 것을 알게 되면서, 1923년에 자아, 초자아, 원초아의 개념을 도입하여 원초아뿐만 아니라 자아와 초자아도 많은 부분이 무의식적이라는 것을 공식화하였다. 프로이트는 자아를 불안과 갈등의 소재지로 보았다. 한편으로는 현실, 다른 한편으로는 욕동요구와 타협하며 적응하는 자아는 기억, 사고, 운동기능 등 제반의 의식기능을 포함하고 방어기제를 활용한다.

현재의 자아심리학은 1939년 하인츠 하르트만이 '자아심리학과 적응문제(1939)'를 발표하면서 시작되었다고 볼 수 있다. 하르트만은 자아의 갈등과 무관한 차원이 있음을 밝히고, 이것이 2차적으로 갈등화될 수 있다고 보았다. 그는 생득적·생물학적 자아-자율성을 주장함으로써 정신분석학 내에서 심리성적 발달이론을 능가하는 새로운 발달이론의 발전에 박차를 가하였다. 이러한 자아심리학의 발전은 이미 1940년대에 활발해진 아이와 어머니의 상호관계 관찰연구에 커다란 영향을 주었다.

크리스, 뢰벤스타인, 그린에이커, 블랭크와 블랭크 등을 중심으로 하는 자아심리학자들의 업적은 ① 자아발달을 정확하게 인식함으로써 발달장애에 대한 더욱 정확한 진단과 개입을 가능하게 한 것이다. 예를 들어, 오이디푸스 단계로부터 퇴행인지 혹은 초기장애인지 하는 문제가 좀 더 확실히 부각되고, 이에 걸맞은 치료기법을 강구하게 되었다. ② 심리성적 발달과 각각의 자아기능이 꼭 같은 발달단계 수준으로 발달되지 않을 수 있다는 것이 확실해졌다. 예를 들어, 경계선적 성격장애를 가진 클라이언트 중에는 탁월한 자아기능을 발휘하여 중요한 사회계층에서 일하고 있는 이들이 많다. ③ 자아심리학을 지향하는 정신분석가는 클라이언트의 자율성을 강화하는 데 특별한 관심을 갖는 것을 선호한다. ④ 심한 초기 발달장애를 가진 클라이언트에게는 그가 도달한 최고의 자아발달단계를 강화하는 기법을 사용하여야 하며, 경우에 따라서는 방어기제까지도 보강하여야 한다는 것이다.

① 현실검증

현실검증은 우리 마음 안에서 일어나는 자극이나 상상, 환상, 생각 등을 우리 밖에서 오는 자극이나 사건과 구별하는 것이다. 부인이나 투사 같은 방어기제가 많이 쓰이면 쓰일수록 왜곡이 많아진다. 다시 말하면, 심리 내적인 현실이 우리의 지각에 커다란 영향을 미친다는 것이다. 우리 안의 갈등이 있으면, 우리 바깥세계와의 관계를 왜곡하게 되는 것이다. 현실검증기능이란 전이현상이 일어났을 때, 이것을 전이현상으로 받아들일 수 있고 그 의미를 이해하며 훈습할 수 있는 능력을 의미한다.

② 판단

판단은 우리 행동이 어떤 결과를 가져올지 미리 예상할 수 있는 능력이며, 논리적으로 원인과 결과를 헤아리고 종합적으로 결론을 내릴 수 있는 기능이다.

③ 현실감

현실감은 비현실감이나 이인감 같은 해리현상이 없이 바깥사건들이나 자신의 신체가 현실감 있게 체험된다. 또한 자기 자신과 타인이 항상성과 응집성을 가진 존재로 체험되며, 자기표상과 대상표상이 구분되어 있다.

④ 욕동충동 및 정동의 조절과 통제

욕동이나 정동의 표현을 완곡하게 할 수 있고, 좌절을 참아낼 수 있으며, 추동이나 소망을 현실상황에 따라 어느 정도 포기하고 무리 없이 실현할 수 있는 능력이다.

⑤ 대상관계

대상관계는 우리가 타인에게 얼마나 관심이 있고 어떻게 관계를 맺는지, 또 우리가 타인에게 얼마나 항상성을 가지고 관계를 맺는지 그 정도와 모습을 말한다.

⑥ 사고

사고는 명쾌하게 사고할 수 있는 능력, 자기 생각을 남에게 전할 수 있는 개념을 활용하고 언어를 구사하는 능력, 기억력, 집중력 등을 말한다. 이러한 기능은 자유연상을 하여 1차적 과정과 2차적 과정을 오가며 동참할 수 있는 필수적 능력이 된다.

⑦ 적응적 퇴행

적응적 퇴행은 앞으로 나아가기 위한 퇴행이다. 즉, 도약을 위한 후퇴다. 인지적인 통제력을 완화하여 창의적인 퇴행을 할 수 있는 분석과정에서 큰 의미를 가진다.

⑧ 방어

방어는 불안이나 우울과 같이 무겁고 위협적인 정동을 어느 정도 방어하는지, 방어과정이 상상과 행동에 어느 정도 영향을 미치는지에 따라 지지치료나 통찰치료를 선택하게 된다. 적당한 고통압박과 불안은 심리치료와 변화에 대한 동기를 강화한다. 너무나 완고한 방어는 치료동기 자체를 방해한다. 그러나 심한 정동을 전혀 방어하지 못할 때는 지지치료가 필수적이다.

⑨ 자극차단 기제

자극차단 기제는 심리 내적인 자극과 외부의 자극에 대하여 얼마나 민감하게 반응하는지, 혹은 어떤 것을 격리시켜야 할지를 선택적으로 조절하는 기능이다.

⑩ 자율기능

하르트만은 자율적인 자아기능을 1차적인 것과 2차적인 것으로 구분했다. 1차적인 자율기능은 지각, 주의력, 지능, 의도, 기억, 언어, 감각, 동작 표현 등이다. 1차적인 자율기능이 갈등에 휘말리다가 승화를 통하여 다시 자율적으로 된 기능을 2차적 자율기능이라고 하였다.

⑪ 종합적·통합적 기능

종합적·통합적 기능은 전이현상과 같은 체험을 지탱하고 극복하기 위해서는 모순되는 상상, 사고, 체험 같은 것을 포괄적으로 받아들일 수 있는 능력이 필요하다. 그렇지 않다면 성숙과 치유, 전진을 위한 일시적이며 양성적인 퇴행이 되기보다는 해리현상을 일으킨다든가 하여 악성적으로 퇴행해 정신병에 빠질 수 있기 때문이다.

⑫ 과제성취 및 문제의 극복역량

과제성취 및 문제의 극복역량은 현실적인 기대와 실제적인 계획을 통하여 성실한 성취경험을 쌓아가는 능력으로 통찰치료를 효과적으로 진행시킬 수 있는 조건이며, 동시에 통찰치료에서나 지지치료에서 추구하여야 할 과제이기도 하다. 그러나 통찰치료와 지지치료를 양분하여 두 가지 아주 다른 치료방법으로 간주하는 것에 대하여 정신분석가는 경고하고 있다.

(6) 자기심리학(self psychology)

하르트만은 '정신분석학과 발달심리학(1950)'이라는 글에서 처음으로 "자아(ego)"와 "자기(self)"를 구분하였다. 그에 의하면, 자아는 초자아, 원초아와 함께 자기의 부분구조 혹은 심리학적 부분체계이다. 자아가 아니라 '자기'가 리비도에 의해 점유되고, 자기점유는 대상점유와 마주해 있다. 하르트만은 3가지 체계, 즉 자아, 초자아, 원초아 모두에게 나르시시즘을 발견할 수 있다고 하였다. 나르시시즘 개념은 프로이트 저술에서만도 여러 가지 정의되었고, 그 후 다른 연구가들에 의해서도 일관성 있게 정리되지는 못하고 있다. 프로이트는 나르시시즘을 부정적으로 보는 경향이 있었고, 원초적 또는 1차적인 나르시시즘과 2차적인 나르시시즘으로 구분했다. 1차적인 나르시시즘은 정상적인 발달과정에서 일어나는 것으로서 갓난아이가 자기 자신과 대상을 구분할 수 없는 미분화된 상태를 말한다. 프로이트는 정신질환자가 이 발달수준으로 퇴행한다고 보았다. 그는 정신병을 나르시시즘적 신경증이라고 일컬었는데, 이는 리비도가 사랑하는 대상에 점유되었다가 자아에게로 되돌아온 것이라고 설명하였다. 이렇게 리비도가 대상에 점유되었다가 자기 자신에게로 되돌아온 것을 2차적인 나르시시즘이라고 하였다.

(7) 대상관계이론

정신분석적 개념으로의 대상관계는 실제적 관계와는 구별된다. 각 개인은 자신의 성격 특성을 가지고 태어나며, 그의 환경은 주요 관계대상이라고 할 수 있다. 이 대상과의 관계를 통해 심리 내적인 구조가 형성되기까지는 내재화와 외재화의 과정이 일어난다. 주체는 자신의 특성과 체험을 외재화하는 외부의 정보와 자극을 내재화하면서 주관적인 체험의 현실적, 상상적 내용을 심리 내적인 표상으로 변화시킨다. 즉, 자기표상과 대상표상이 형성되고 이 둘 간에는 어떤 관계가 형성된다는 것이다. 이 표상은 심리 내적인 조절작용을 하게 되고, 발달과정에서 수정되거나 부분적으로 억압되어 무의식적인 소망으로 머물게 된다. 이것은 전이현상을 일으키는 주요한 요인이 된다.

대상관계이론은 현재 정신분석학에서 필수적인 연구분야이다. 왜냐하면 이 이론은 ① 사람이(혹은 주체가) 자기소망에 따라서만 상대방을 일방적으로 지각하고 판단, 이해하면서 한 객체를 구성한다는 이론적 왜곡을 극복하게 하고, ② 모성적 특성, 즉 받쳐주고 안아주며, 쓰다듬어 주고 얼러주며, 진정시켜 주는 등의 개입으로 구조이론, 오이디푸스 콤플렉스 및 가부장적 이론체계를 보완하기 때문이다. 현재 정신분석이론과 치료기법에 큰 영향을 끼치고 있는 대상관계이론은 추동의 역할, 환경의 영향, 내적 대상의 환상적·상상적 특성 중 어디에 더 연구의 비중을 두느냐에 따라 각기 차이를 보이고 있다.

대상관계이론을 잘못 이해하면, 개인과 환경, 주체와 대상 간의 현실적 관계에만 몰두하고, 주체의 관계환상이나 상상이 현실파악과 행동을 변화시킬 수 있다는 사실을 멀리할 수 있는 위험을 가질 수 있다. 초기 장애 클라이언트를 치료할 때도 치료자가 클라이언트의 어머니가 될 수 없다. 치료자는 자기에게 어떤 역할이 부과되고 있는지를 의식하고 이를 감정이입적으로 해석하여야 한다. 어떤 역할에든 맹목적으로 완전히 휘말려들게 되면, 치료는 막다른 골목에 이르고 침체상태에 들어가게 된다. 클라이언트가 유아적 소망을 점차적으로 포기하고, 감정이입적인 치료자 곁에서 현실에 맞는 발달과 성숙을 실현하도록 하는 것이 치료의 목적이다.

2) 정신분석치료의 목표

프로이트는 정신분석치료에 대해 열광적이지 않았고 그 치료효과에 대해서도 언제나 비판적이었다. 프로이트는 정신분석가의 역할을 산파에 비교하여 이야기했다. 산파가 아이를 낳거나 아이가 무엇이 될 것인지 결정하지 못하는 것처럼 정신분석가도 한 영혼을 잉태하거나 변화시킬 수는 없다. 변화하고자 하고 실제로 변화하는 사람은 클라이언트 자신이다. 분석은 자아기능에 가장 유익한 심리학적 조건을 가능하게 함으로써 그 임무를 끝낸다. 프로이트는 '정신분석입문 새 강의(1933)' 중 31번째 강의에서 정신분석의 치료적 목표에 대하여 다음과 같이 밝혔다. 자아가 원초아의 어떤 부분을 새롭게 의식화하기 위하여, ① 자아를 강하게 하고, ② 자아를 초자아에 덜 의존적이게 하며, ③ 자아의 지각의 장을 확대하고, ④ 자아의 조직을 복구하고 증축한다. 프로이트는 이것을 짧게 "원초아가 자아가 되어야 한다"고 했다.

메르텐스는 정신분석치료의 목표는 동일선상에 있으나 분석과정에서 전이현상을 얼마나 중점적으로 다루고 작업하느냐에 차이가 있다고 설명하고 있다. 정신분석의 목표는 ① 부적응적 행동에 변화가 오게 하고, ② 증상이 없어지게 하며, ③ 심리장애로 인해 그동안 중단되었던 발달과정을 정상궤도로 진입하게 하고, ④ 자기분석능력을 키우며, ⑤ 전이신경증을 유발시켜 훈습하고 극복하는 데 있다. 정신분석치료는 ①, ②, ③을 만족하고 ④에 도달하게 된다. 정신분석은 ③, ④, ⑤를 목표로 하여 ①, ②를 함께 다룬다.

(1) 성장의 촉진

한 사람의 성장과정이 정상궤도에 들도록 하고 성장을 촉진시키기 위해서는 ① 무엇보다도 인간의 기본적인 신뢰감과 안정감을 회복시켜야 한다. ② 대상관계발달에서는 분리와 개별화가 이루어져 자기동일성을 구축하도록 해야 한다. ③ 초자아로부터 어느 정도 자유로워지고 자기화된 건전한 양심을 형성해야 한다. ④ 자신의 공격성에 대한 불안을 극복하고 공격성을 건설적으로 활용할 수 있는 능력을 기른다. ⑤ 성(性)에 대한 미숙한 환상이나 도착적 습관을 극복하고 성숙한 사랑을 할 수 있는 통합된 인격체가 되어야 한다.

(2) 자기체계의 성숙

여기에는 자기책임감, 자기동일성, 자기가치 감정 등이 포함된다. 이를 차례로 살펴보면, ① 자기행동, 느낌, 결과 등에 대해서 스스로 책임을 지고자 하는 사람은 실수나 실패를 그렇게 두려워하지 않는다. 외부의 피해에 대한 걱정과 불안에서 어느 정도 자유로우며 자기반성의 비중이 커지게 된다. ② 시간과 공간을 넘어 "이것이 나"라는 아주 자연스러운 자기감정, 즉 자기를 자기로 체험하게 하는 굳은 심지가 느껴지고, 갈등 · 변화 · 좌절 · 고난 속에서도 탄력있는 자기동일성을 유지하게 된다. ③ 건강한 자기가치 감정은 자기와 타인을 있는 그대로 받아들이고 존경할 수 있는 기본적인 조건이다. 스스로 "이만하면 괜찮다"라고 자기를 의식적 · 무의식적으로 평가하게 되면, 타인의 긍정적 반응이나 인정에 덜 의존하게 된다. 자신이나 타인을 비현실적으로 이상화하지 않아도 된다.

(3) 인간관계의 성숙

내적 분리와 개별화가 가능해진 상태이므로 맹목적으로 부모와의 관계에 매달리는 (실제 생활에서든 전이관계를 통해서든간에) 현상은 훨씬 완화된다. 이와 더불어 동료관계가 원만해지며, 집단의 한 구성원으로서 어느 정도 만족스런 집단생활이 가능해진다.

(4) 현실수용

현실수용을 하면, ① 감사하는 마음이 생긴다. 자신이 "전지전능해야 한다"는 의식적 · 무의식적 환상이나 그와 비슷한 상상이나 신념, 혹은 "나만은 예외적이다", "꼭 사랑받기만 해야 한다", "타인을 일일이 통제해야 한다"와 같은 비현실적인 남근기적 거대환상을 포기한다. 자신이 포함되지 않은 다른 사람들끼리의 관계를 인정한다. ② 떠나보낼 수 있고 슬퍼할 수 있으며, 동경할 수 있는 능력이 키워진다. ③ 추동을 통제하는 힘과 좌절을 이겨내는 능력이 키워진다. ④ 편안하게 마음을 놓을 수 있는 여유가 생긴다. ⑤ 정확한 현실검증능력이 생긴다.

(5) 성숙한 대처방안

일상생활에서 어떤 문제가 일어나기만 하면, 분열, 투사적 동일시, 패쇄적으로 돌아서는 것, 수동적 공격성 등과 같이 발달단계적으로 미숙한 방어를 경직되게 사용하는 것을 극복하게 된다. 방어는 심리 내적으로 혹은 사회적으로 어려운 상황에 적응하기 위하여 임시로 활용되는 것이 이상적이다. 그렇지 않고 방어가 성격의 한 부분으로 굳어지면 문제해결능력이 저하된다.

(6) 체험의 충만감과 생동성

에너지 관리를 잘하고 기쁨과 슬픔, 편안함 등과 같은 근본적인 생활감정을 정확하게 느끼고, 어떤 감정인지 알며, 명명할 수 있는 능력이 생긴다. 이것은 동시에 삶을 채워주고 생활을 생동감 있게 해준다.

(7) 통합적 수용력

통합적 수용력을 갖게 되면, ① 양가감정을 참아낼 수 있게 된다. ② 인지능력을 경제적으로 관리하게 된다. ③ 과도기적 현상을 수용하게 된다. 합리적인 것과 비합리적인 것 사이의 긴장을 견디어 낼 수 있다.

(8) 자기분석능력

자기분석능력을 갖게 되면, ① 자기통찰능력을 키우게 된다. ② 통찰한 것을 행동으로 옮기는 능력을 키우게 된다. ③ 전이신경증을 극복하게 된다.

3. 정신분석 사회복지실천의 과정과 주요 기술

1) 정신분석 사회복지실천의 과정

정신분석적 사회복지실천의 목표는 클라이언트로 하여금 자신의 행동동기를 각성·통찰할 수 있게 하여 의식수준에서 행동할 수 있게 도우려는 것이다.

(1) 시작단계

클라이언트와의 만남으로 문제를 파악하고, 정신분석의 여부를 결정한다.

(2) 발달 및 전이 단계

클라이언트와 사회복지사 간의 친숙한 관계를 형성한다. 클라이언트는 자신의 무의식적인 갈등의 문제를 표출하게 된다. 갈등과 관련있는 중요한 인물에 대한 클라이언트의 정서적 반응이 사회복지사를 향하여 나타나게 되는데, 사회복지사는 이러한 '전이'를 분석하여 클라이언트가 겪고 있는 갈등의 본질에 대한 통찰을 할 수 있다.

(3) 작업단계

꾸준한 만남 속에서 전이분석이 지속적으로 이루어지고, 클라이언트의 문제에 대한 통찰을 심화한다.

(4) 해결단계

전이의 분석이 종결되는 단계로서 사회복지사에 대한 클라이언트의 무의식적이고 신경증적 애착을 해결하게 된다.

2) 정신분석 사회복지실천에서 사용되는 주요 기술

(1) 자유연상

클라이언트로 하여금 마음 속에 떠오르는 것이면 무엇이든지 이야기하도록 하는 방법이다. 아무리 사소한 것이라 하여도 의식에 떠오르는 것이면 가감 없이 모든 것을 이야기하도록 하는 것이다.

(2) 해석

사회복지사는 꿈이나 자유연상의 내용, 저항, 상담관계 자체의 의미를 지적 또는 설명하고 가르친다. 해석기술을 사용할 때 유의할 규칙은 첫째, 클라이언트가 저항 혹은 방어적 태도를 취할 때, 원인을 해석하기 전에 클라이언트의 저항 혹은 방어적 행동 자체를 지적, 설명해 주어야 한다. 둘째, 사회복지사는 클라이언트가 표현한 감정의 대상적인 이면을 이해할 수 있어야 한다. 예를 들어, 클라이언트가 표현한 열등감은 그의 아버지에 관한 부정적인 감정이라는 사실이 뒤에 밝혀질 때도 있기 때문이다.

(3) 꿈의 분석과 해석

꿈의 내용이 갖는 상징을 탐구하여 숨겨진 의미를 파악하는 것이다. 이 꿈은 두 가지 수준의 내용을 갖고 있다. 그 중 '잠재적 내용'은 너무나 고통스럽고 위협적인 것으로서 가장되어 있으며 숨겨져 있고 상징적이다. 또한 무의식적인 동기로 구성되어 있다. '현시적 내용'은 바로 꿈 속에 나타나는 구체적인 꿈의 내용을 말한다.

(4) 저항의 분석과 해석

'저항'이란 불안으로부터 자신을 방어하려는 경향을 말한다. 저항분석의 목적은 클라이언트가 그 저항을 처리할 수 있도록 하기 위해서 저항의 이유를 각성할 수 있도록 도우려는 것이다.

(5) 전이의 분석과 해석

'전이'란 클라이언트가 어릴 때, 어떤 중요한 인물에 대하여 가졌던 사랑이나 증오의 감정을 사회복지사에게 전위시킬 때 나타나는 현상이다. 프로이트에 의하면, 클라이언트가 사회복지사와 전이관계의 참된 의미를 점차 각성하게 됨에 따라 클라이언트는 그들의 문제와 밀접하게 관련되어 있는 과거의 경험과 갈등에 대한 통찰을 갖게 되며, 이는 정화를 통해 치료·개선이 시작되는 증거다.

(6) 감정이입

감정이입이라는 것은 다차원적이고 다각적인 경청을 통해서 가능해진다. 클라이언트가 의식적으로 체험하는 것을 같이 느끼는 감정이입이 있고, 그와 반대로 무의식에 숨겨진 것과 동일시하여 표면과는 다르게 감정이입이 일어날 수도 있다. 흔히 겉으로 드러나는 말에만 반응해서 '감정이입'하려는 것은 언어의 표층구조만을 두드리는 것에 불과하다. 따라서 전체적인 의미와 맥락 속에서 종합적으로 이해될 때 사회복지사는 심층적 감정이입을 하는 것이다.

(7) 버텨주기

분석과정 안에서 클라이언트가 지금 체험하고 있거나 혹은 뭔가 막연하게 느끼기는 하지만 감히 직면할 수 없는 끝없이 깊고깊은 불안과 두려움을 사회복지사가 잘 알고 있다는 것을 적절한 순간에 적합한 방법으로 전해주면, 클라이언트에게 큰 힘으로 의지가 되어주고 따뜻한 배려로 마음을 녹여주는 것을 의미한다.

(8) 간직하기

사회복지사는 클라이언트가 두려워하는 모든 정동, 충동과 체험 등을 간직하여 완화시켜 주는 역할을 한다. 사회복지사는 클라이언트의 그런 감정이 즉시 개선될 것으로 반응하지 않고, 마음에 간직하여 뜸들이고 길들여서 위험하지 않도록 변화시킨다.

〈표 5-1〉 정신분석이론의 주요 기술

치료기술	설 명
자유연상	(1) 클라이언트의 마음에 떠오르는 감정, 생각, 기억, 환상, 꿈 등을 자유롭게 말하도록 한다. (2) 자유연상과정에서 사회복지사의 업무는 무의식에 은닉되었던 억압된 욕구나 행동을 확인하는 것이다. 연상에서 클라이언트를 방해하거나 혼란시키는 것들은 불안 야기의 요소가 무엇인가에 대한 단서를 제공해 준다. 사회복지사는 클라이언트에게 그 요소를 해석해 주고 그가 자각하지 못했던 저변의 역동성을 차츰 통찰할 수 있도록 인도해 준다(한기태, 1996 : 52).
꿈의 분석	(1) 꿈을 통해 나타나는 무의식적 소망, 욕구, 두려움을 해석함으로써 무의식적으로 억압했던 자료를 풀어내고 새로운 통찰력을 갖게 한다. (2) 사회복지사는 꿈과 해결되지 못한 갈등 간의 관계에 대해 분석·해석하게 된다. (3) 사회복지사는 꿈의 잠재적 의미를 밝히기 위해 클라이언트가 꿈의 표명된 내용의 어떤 면에 관련되어 자유연상을 하도록 요구하기도 한다.
명료화	(1) 클라이언트가 직면한 심리적 현상에 대해 예리하게 초점을 맞추거나 혹은 현상의 원인이 되는 중요한 과거력을 파헤쳐나간다. (2) 클라이언트의 생각, 감정, 환상의 심리역동적 의미를 해석함으로써 클라이언트의 통찰력(자기이해)을 향상시키도록 돕는다.
직 면	(1) 클라이언트에게 나타나는 저항이나 부적응적 행동, 특정 현상에 주의를 기울이도록 유도하고, 이제까지는 회피해왔지만 앞으로는 이해해야 할 문제로 인지하도록 돕는다. (2) 이건(G. Egan)은 직면을 클라이언트가 건설적인 행동변화와 자기이해로부터 도피하는 데 사용하는 모순, 왜곡, 게임, 가림막 등에 대한 책임성 있는 폭로라고 설명한다. 직면을 사용할 때 지침은 다음과 같다(김혜란 감수, 1998 : 561-563). ① 당신이 화가 났을 때에는 도전하지 않는다. ② 당신이 깊이 관여할 수 없거나 관여하지 않으려고 한다면, 클라이언트에게 도전하거나 직면시키지 않는다.

직 면	③ 클라이언트가 긍정적인 감정을 갖지 않은 사람으로부터 도전을 받으면 그것이 무엇이든 유익한 영향을 미치지 못한다. ④ 클라이언트에 관한 긍정적인 관찰과 함께 도전적인 메시지를 제공한다. ⑤ 당신의 메시지가 기술적이고 비심판적인지를 확인한다. ⑥ 당신의 추론이 근거하고 있는 자료와 관찰을 제시한다. ⑦ 도전하는 동안 나-전달법(I-message)을 사용한다. (3) 직면은 정서적 부담이 크므로 사회복지사는 상황을 정확히 평가하여 클라이언트에게 거부되지 않으리라는 확신이 있을 때 이를 사용해야 한다(김혜란 · 홍선미 · 공계순, 2001 : 224).
경 청	(1) 자유연상을 통해 클라이언트가 자유롭게 말하는 내용을 중립적이고 공감하는 태도로 주의깊게 듣는 것이다. (2) 사회복지사는 질문을 통해 주제가 보다 상세하게 표현될 수 있도록 돕는 것이다. (3) 경청의 20가지 기본적 기술(우국희 · 최경원 · 황숙연, 2002 : 92-93) ① 가능한 한 개방적이고 직관력이 풍부하며 감정이입을 하고 자각하고 있을 것 ② 시선을 잘 맞출 것 ③ 개방적이고 집중하는 자세를 취할 것 ④ 비언어적인 의사소통유형과 그 의미에 주의를 기울일 것 ⑤ 의사소통의 한 형태로 침묵을 용납하고 활용할 것 ⑥ 적절한 물리적 간격을 유지할 것 ⑦ 단서를 포착하고 따라갈 것 ⑧ 주제를 벗어나는 자신의 산만한 버릇이나 행동을 알고 있을 것 ⑨ 모호하고 불분명하거나 양면성을 갖는 발언을 피할 것 ⑩ 상대방이 충분히 시간을 갖고 원하는 때에 자신의 언어로 말하도록 배려할 것 ⑪ 면접장소의 물리적 환경의 중요성을 기억할 것 ⑫ 끼어들거나 주제에서 벗어나지 않도록 노력할 것 ⑬ 의사소통되지 않는 것을 포함해서 면접의 전반적인 분위기에 민감할 것 ⑭ 면접의 정서적 내용을 경청하고 질문들을 적당하게 변용시킬 것 ⑮ 가능하고 필요할 때는 언제나 환류를 이끌어내고 검토할 것 ⑯ 강한 감정이 수반되는 경우에, 특히 적절한 시기포착의 중요성을 숙지할 것 ⑰ 예민하고 고통스러운 문제를 다룰 때, 특히 어조의 중요성을 기억할 것 ⑱ 선입견, 고정관념, 낙인의 위험을 피하고 섣부른 판단이나 평가를 내리지 말 것 ⑲ 이론에 대해 언급하는 것이 상대방의 이해증진에 도움이 될 때는 상대가 이해할 수 있는 용어로 설명해 줄 것 ⑳ 가능한 한 자연스럽고 유연한 태도를 취할 것
훈 습	(1) 클라이언트가 저항이나 전이에 대해 이해한 것을 반복, 심화, 확장함으로써 통합적으로 이해하도록 한다. (2) 전이의 분석과 동시에 일어나며 전이의 분석을 지속시킨다. 클라이언트가 전이를 통하여 자신의 문제에 대해 통찰하는 것은 반복, 정교화, 확대로 구성된 과정인 훈습(working-through)에 의해 깊어지고 공고해진다(김정희, 2004 : 65).

저항의 분석과 해석	(1) 저항은 치료향상을 저지하고 클라이언트가 무의식적 욕구를 발산하는 것을 방해한다. 사회복지사는 저항을 지적해야 하며 클라이언트는 저항과 대결해야 한다. (2) 사회복지사가 저항을 해석하는 목적은 클라이언트가 저항에 대한 원인을 자각하고 그것을 처리할 수 있도록 하려는 것이다. (3) 저항은 극복되어야 하는 것이 아니다. 일상생활에서 클라이언트가 불안에 대항하여 방어하는, 그러나 클라이언트가 더 만족스러운 생활을 경험하는 것을 방해하는 도구로써 인식되어야 한다(한기태, 1996 : 53-54).
감정전이의 분석과 해석	(1) 감정전이는 치료과정에서 클라이언트가 과거에 영향력 있었던 사람과의 미결사항으로 자신의 현재 상황을 왜곡시키고 그가 자기부모에게 보였던 반응을 사회복지사에게 나타내는 지점에서 명백히 표출된다. (2) 감정전이의 분석과 해석은 클라이언트가 자신의 고착성과 결핍증을 통찰할 수 있도록 해주며, 현재 기능과 관계되는 과거의 영향을 이해하게 한다(한기태, 1996 : 54-55).
해 석	(1) 클라이언트가 자신에 대한 통찰을 갖도록 클라이언트의 사고, 감정, 환상의 정신역동적 의미에 대해 해석을 한다. 클라이언트의 꿈, 자유연상, 저항, 치료관계 자체에서 나타나는 행동의 의미를 클라이언트에게 지적하고, 설명하고 가르치는 것, 즉 정신분석적 심리치료에서 해석은 통찰의 습득을 통한 통합을 용이하게 하기 위해, 무의식적 갈등과 동기를 의식의 수준으로 끌어내는 데 사용된다(우국희 · 최경원 · 황숙연, 2002 : 208). ① 발견적 해석 : 감추어진 소망들이 의식으로 드러나는 것을 의미한다. ② 연결적 해석 : 클라이언트의 현재 상황이 과거와 어떻게 연결되어 왜곡되어 있는지 파악하는 것이다. ③ 통합적 해석 : 다양한 자원으로부터 협력하는 것을 포함한다. (2) 언제, 어떻게 해석을 제공할 것인지를 결정하게 하는 가정을 다시 질문하고 분석하며, 특정 안을 지지하는 데 사용되는 증거를 비판적으로 검토하는 것이 중요하다. 아직 준비가 되어있지 않은 사람에게 해석할 때는 우리의 인식과 이해를 잠정적인 가설로 삼고, 클라이언트가 그 당시 어떻게 느끼느냐에 따라 자유롭게 선택할 수 있도록 부담스럽지 않게 이 가설을 제시하는 방법이 있다(우국희 · 최경원 · 황숙연, 2002 : 209-210). (3) 해석의 세 가지 일반원칙(한기태, 1996 : 53) ① 해석되는 현상이 클라이언트의 의식적 자각수준에 가까운 지점에서 제시되어야 한다. ② 해석이 항상 표면으로부터 시작해서 클라이언트가 감정적으로 상황을 경험하는 동안에 도달할 수 있는 깊이까지 가는 것이 필요하다. ③ 저항이나 방어의 저변에 있는 감정이나 갈등을 해석하기 전에 저항이나 방어를 지적해 주는 것이 좋다.

4. 정신분석 사회복지실천의 장점과 한계점

1) 장 점

무의식, 전이, 역전이, 애착, 정서적 발달과 같은 개념은 인간의 행동을 이해하는 데 매우 도움이 되는 중요한 개념이며 복잡하거나 어려운 행동을 포함한 모든 인간의 행동과, 개인이 그 사건에 어떤 의미를 부여하는지를 설명할 수 있는 이론이다. 이 이론은 다른 많은 이론과 실천, 교류분석, 위기개입, 자아심리학에 기반을 둔 접근의 발달을 자극했다.

2) 한계점

사회복지실천에 있어 의료적 모델(사회적 원인, 문화적 영향과 같은 외적 요인의 중요성 간과)을 탈피하고자 하는 노력으로 인해 정신분석적 치료기법은 점차 통합적 방법에 흡수되어 그 본래의 자취를 찾아보기 힘들다. 단기간에 궁극적인 해답을 원하는 클라이언트에게는 정신분석을 권장하기 어렵다. 또한 접근비용이 비싸고 시간경계가 분명하지 않다. 또한 비자발적이고 문제해결의 의지가 약한 클라이언트에게 저항감과 전이의 섣부른 해석이나 직면을 적용하는 것은 클라이언트의 반감을 가져올 수 있다(우국희 · 최경원 · 황숙연, 2002 : 295).

Chapter 06 행동치료 모델

행동치료 모델은 30여 년의 역사를 가지고 있고, 사회복지실천에 널리 사용되고 있는 이론이며 기법이다. 행동주의학습이론의 실험연구에 바탕을 두며, 근본적으로 치료의 대상을 행동에 둔다. 행동치료의 근거는 "모든 행동은 그 행동의 '앞' 또는 '뒤'에 일어나는 사건의 영향을 받아 동기유발 된다"는 것이다. 즉, 선행조건(앞, antecedents) → 행동(behavior) → 후속결과(뒤, consequences)이다. 행동치료는 행동을 직접 변화시키기보다는 그 행동의 선행하는 조건 또는 후속하는 조건을 변화시킴으로써 행동의 맥락을 변화시키고자 하는 것이다.

1. 행동주의의 기본 가정

(1) 인간의 행동은 환경적 자극에 의하여 동기화되고 그것에 따르는 강화에 의하여 행동의 빈도와 강도가 결정된다.
(2) 인간은 자신의 행동을 통제할 수 있는 힘이 없다.
(3) 외적인 강화 없이는 어떠한 행동의 학습이나 수정이 없다. 인간은 어떻게 행동하도록 강화되었느냐에 따라서 행동하며, 인간행동의 차이는 강화역사의 차이이다.
(4) 인간의 행동은 환경적 자극에 의해서 동기화되고, 개인의 인지적 요인과 내적 사건에 의하여 중재되어 최종적으로 표현되는 행동이 결정된다.
(5) 인간은 자기효능감을 성취하는 방향으로 행동을 규제할 수가 있다.
(6) 새로운 행동의 학습은 외적인 강화 없이도 이루어질 수 있다. 모델을 관찰하거나 대리강화를 통해서도 새로운 행동의 학습뿐 아니라 혁신적인 행동을 창조할 수 있다.

행동치료나 행동수정에서는 이러한 인간행동에 대한 기본 가정에 입각하여 행동을 이해하고 치료를 실시하는데, 행동주의적 치료에 공통적으로 적용되는 기본 가정과 특성은 다음과 같다.

(1) 과거의 행동결정요인보다는 현재 개인의 행동에 영향을 미치는 결정요인에 초점을 둔다.
(2) 개인의 겉으로 드러난 관찰가능한 행동에 초점을 둔다.
(3) 행동을 구체적으로 기술하고, 객관적인 용어로 치료목표를 설정한다.
(4) 구체적 행동을 변화시키는 데 치료목표를 두며, 치료과정에 대해 객관적 평가를 실시한다.
(5) 심리학적 실험에서 도출된 행동변화의 원리와 기법을 실제 임상장면에 적용한다.

2. 행동치료의 원칙과 특징

1) 결과조절의 원칙

(1) 강화의 경험성

강화자극은 그것이 행동에 어떤 영향을 미치고 있느냐 하는 실제적 관점에서 규정되어야 한다. 한 가지로는 어떤 영향을 미치는지 알 수 없으므로 클라이언트의 특정 반응을 증가시키거나 약화시킨다는 확신이 서기 전에는 추측으로 강화냐, 벌이냐를 결정할 수 없다.

(2) 강화의 즉각성

증강시키고자 하는 행동이 발생하면, 강화는 즉각적으로 주어져야 한다. 이것은 강화냐, 벌이냐 간에 다 같이 적용되는 원리이다. 가장 이상적인 강화방법은 강화가 거의 자동적으로 제공되는 것이다.

(3) 강화의 적합성

강화는 바람직한 목표행동에 직접 관련하여 주어져야 한다. 어떤 목표행동이 설정되었다면, 그 목표행동이 무엇인지 정확히 규정하고 다른 행동(글씨쓰기에 보낸 시간의 양 등)에 대해서 강화를 주지 말고 설정된 목표행동에 강화를 제공하여야 한다.

(4) 강화의 일관성

특정한 목표행동을 형성하기 원한다면 클라이언트에 대하여 일관성 있게 강화해야 한다. 클라이언트의 행동치료에 일관성이 있어야 한다는 것은 오래 전부터 강조된 것이다. 클라이언트를 대하는 사람이 일관적이고 예측할 수 있는 대로 반응할 때, 클라이언트는 자기가 어떻게 행동해야 할지에 대해서 자신을 가지게 되고 덜 불안해하기 때문이다. 그러므로 클라이언트의 행동에 대해 일관성 있는 강화를 주거나 중단하면 그 행동을 원하는 방향으로 변하게 할 수 있다.

(5) 강화의 충분성

강화의 양은 행동변화를 위해서 필요한 만큼 충분하게 주어져야 한다. 일반적으로 어떤 새로운 행동을 형성하거나 증강시키고자 할 때, 강화를 자주 주는 것이 효과적이다.

(6) 강화의 점진성

변화시키고자 하는 행동을 계획된 단계에 따라 점진적으로 접근해가야 하며, 클라이언트가 한 단계에서 다음 단계로 쉽게 옮겨갈 수 있어야 하고, 매 단계마다 강화가 주어져야 한다. 어떤 강화를 주건, 어떤 상황에서 주건, 누가 강화를 주건 관계없이 위에 언급한 6가지는 행동의 증가를 위해서나 행동의 약화 내지 제거의 경우 반드시 지켜져야 한다.

2) 행동치료의 특징

(1) 겉으로 드러난 구체적인 행동을 변화시킨다.
(2) 과거나 미래보다 현재의 구체적인 행동을 강조한다.
(3) 개개인에게 가장 적절한 기술을 사용한다. 부적응 행동의 성격에 따라 거기에 맞는 치료기법을 선택하고 구체적 치료절차를 정한다. 즉, 모든 내담자는 모두 다른 기술의 적용을 받는다.
(4) 실험에 의해 상담기술을 개발한다. 즉, 누구나 그 절차에 의해 실험하면 똑같은 결과가 나올 수 있는 기술개발을 강조한다.
(5) 행동주의 관점에서의 행동변화, 즉 어떤 행동을 계속 유지하느냐 그만두느냐 하는 것은 그 행동이 강화를 받고 있느냐, 받고 있지 않느냐, 얼마나 자주 강화자극을 받을 수 있느냐에 따라 결정된다.

(6) 과학적인 방법을 사용한다. 상담기술의 개발뿐만 아니라 객관적인 목표의 설정, 그 결과에 대한 객관적인 평가를 강조한다.
(7) 행동주의 관점에서의 인간관은, 인간은 좋지도 나쁘지도 않은 상태로 이 세상에 태어났으며 인간과 환경은 서로 영향을 주기도 하고 받기도 한다고 본다. 또한 인간은 자기지도의 능력이 있다고 본다. 초기의 기계론적이고 결정론적인 관점에서 점차 인본주의적인 인간관으로 변모해가고 있다.
(8) 행동주의적 접근은 많은 다른 이론과는 달리 한 학자에 의해 체계화되지 않았기 때문에 접근하는 방법에 따라서 아주 다양한 접근을 할 수 있다.

3. 행동치료의 기본 개념과 절차

1) 행동치료의 기본 개념

(1) 고전적 학습(반응적 조건화)

이는 파블로프(Ivan Pavlov)식 조건형성에 의한 학습이다. 음식을 보면 침을 흘리는 개의 반사반응은 무조건 반응(Unconditioned Response : UR)이며, 이때 음식물은 무조건 자극(Unconditioned Stimulus : US)이다. 이 과정에 음식물과 종소리(중성적 자극)를 함께 반복하여 제시하면, 나중에 종소리(조건자극)만 울려도 침이 나오는 새로운 연합(조건반응)을 관찰할 수 있다. 이 과정을 조건화라고 한다. 이때 종소리는 조건자극(Conditioned Stimulus : CS)이고, 이에 반응해서 침을 흘리는 것은 조건반응(Conditioned Response : CR)이다.

(2) 조작적 학습(조작적 조건화)

제2의 학습유형으로, 왓슨의 행동주의에 영향을 받은 스키너가 학습원리로 발전시켰다(양옥경 외, 2001 : 340). 선행사건에 반응하는 행동에 의해 어떤 결과가 발생하고, 그 결과 특성에 따라 유기체가 미래에 그 행위를 반복하거나 멈추는 경향이 있다. 즉, 칭찬과 인정 등 보상이 따르면 행동은 반복하는 경향이 있고(강화), 결과가 불리하거나 비강화적이면 그 행동을 반복할 가능성은 희박해진다(소거). 이처럼 적응적이고 긍정적인 행동은 강화로 향상시키고, 부정적이고 파괴적인 행동은 처벌 또는 무시로 소거할 수 있다고 보기 때문에 이를 조작적 학습이라고 한다.

(3) 사회학습(관찰학습)

타인의 행동을 관찰하고 모방해서 행동을 습득하는 학습유형이다. 사회학습이론은 행동의 환경적 또는 상황적 결정요인을 중시한다. 행동을 개인적 변인과 환경적 변인이 계속 상호작용하는 것으로 보기 때문에 인간의 인지적 기능을 강조한다. 행동은 직접경험과 관찰을 통해 학습된다.

(4) 표적행동

표적행동이란 개입의 초점이 되는 측정가능하고 조작적으로 정의된 행동을 뜻하며, 표적행동의 세기는 빈도, 강도, 지속 기간으로 설명된다.

(5) 강화

반응을 증진시키는 결과로서 정적 강화와 부적 강화가 있다. 첫째, 정적 강화는 어떤 행동 후에 강화를 곧바로 제공하는데 음식, 돈, 칭찬과 같은 긍정적인 것이다. 예를 들면, 자기 방을 깨끗하게 청소한 아들에게 아버지가 칭찬을 해주는 것이다. 둘째, 부적 강화는 불쾌한 자극을 제거하여 바람직한 행동을 증가시키는 것이다. 이 두 가지 강화는 행동반응을 증가시킨다.

(6) 강화계획

다양한 강화방식을 적절히 활용해 행동의 형성, 변화유지의 정도가 달라진다는 점을 보여주기 위한 것이다. 강화에는 연속적 강화와 간헐적 강화가 있으며, 연속적 강화는 반응의 횟수나 시간에 상관없이 유기체가 반응할 때마다 매번 강화를 주는 것이고, 간헐적 강화는 시간이나 강도를 다양하게 조절하면서 강화하는 것이다. 강화계획에는 고정간격 강화계획, 변동간격 강화계획, 고정비율 강화계획, 변동비율 강화계획이 있다.

(7) 일차적 강화물과 이차적 강화물

일차적 강화물은 음식, 물, 따뜻함 등과 같이 무조건적인 자극으로서, 이는 학습이 필요치 않은 것이다. 이차적 강화물은 조건적인 역사를 통하여 학습되고 개발되는 것으로 돈, 관심, 칭찬, 애정과 같은 것이다. 이는 인간행동을 형성하는 데 매우 중요하다.

(8) 벌

반응을 감소시키는 결과로서 불쾌한 자극을 제공하는 것(예 말을 듣지 않는 아이의 엉덩이를 찰싹 때린다거나 심하게 야단을 치는 경우)과 긍정적 강화를 철회하는 것이 있다. 벌은 부정적 행동을 감소시키기 위한 것이 목적이지만, 부작용을 유발하기도 한다. 벌은 부모와 자녀관계를 악화시키거나 학습된 무기력을 가져오는 것으로 알려져 있다.

(9) 소거

소거는 어떤 반응을 일으키는 사건, 즉 조건화된 자극을 반복적으로 제거해 문제적인 정서적 반응을 소멸시키는 것이다. 강화물이 중단되면 행동이 일시적으로 강화될 수는 있으나(소거발작) 이어서 줄어들 것이며, 궁극적으로는 완전히 소멸된다(양옥경 외, 2001 : 348).

(10) 자극 일반화와 자극 변별화

자극 일반화는 강화된 행동이 다양한 관련상황으로 확장되는 것을 말하며, 자극 변별화는 다양한 자극에 적절하게 구별된 반응을 하는 것이다.

(11) 변별자극

특정한 반응이 보상되거나 보상되지 않을 것이라는 단서 또는 신호로 작용하게 되는 자극을 말한다. 즉, 어떤 행동이나 반응을 보여야 바람직한 결과를 얻을 수 있을 것인지를 알려주는 신호이다. 예를 들면, 동물에게 두 가지 소리를 들려주지만, 첫 번째 소리가 날 때만 강화를 반복해서 주면 동물은 두 가지 소리를 변별하는 것을 학습하게 되고 결국은 첫 번째 소리에 대해서만 조건반응을 나타낸다.

(12) 관찰학습

인간은 단순히 환경적 자극에 대한 반응을 통하여 행동을 학습하는 것이 아니라 타인의 행동을 관찰함으로써 학습한다는 것이다. 관찰학습에는 첫째, 주의집중단계 : 사람은 모델링을 하는 과정에서 관련된 자극에 주의를 기울이고 관찰된 행동을 배우는데 중요하지 않은 것은 걸러낸다. 예를 들면, 아동은 부모나 형제, 교사, 친구 등 주변 사람을 통해서 노출된 모델을 주의깊게 관찰하고 그 행동 중 어떤 것을 선택하기로 결정한다. 둘째, 파지단계 : 주위의 모델로부터 받은 내용과 인상을 자신의 내면에 오랫

동안 기억하는 것을 말한다. 반두라는 상징적인 대상물을 저장하고 회상하는 능력에 있어서 언어발달이 중요함을 인식했다. 셋째, 운동재생단계 : 심상에 저장되어 있거나 상징적으로 부호화된 기억을 행동으로 전환하는 것이다. 새로운 행동을 수행할 수 있는 신체적 능력이 전제조건이 된다. 마지막으로 동기화단계 : 동기가 없다면 주의, 파지, 운동재생과정이 적절히 수행되지 않지만, 동기와 이런 과정이 결합되면 복잡한 사회적 행동의 습득 및 수행이 촉진될 수 있다. 동기화는 주로 강화에 의해 이루어지는데, 동기화를 촉진시키는 요인으로는 외적 강화, 대리적 강화, 자아강화가 포함된다.

(13) 자아강화

각 개인이 수행 또는 성취의 기준을 설정하고 자신의 기대를 달성하거나 초과하거나 또는 그 수준에 못 미치는 경우에 자신에게 보상 또는 벌을 내린다는 개념이다. 자신이 통제할 수 있는 보상을 자기 스스로에게 준다. 자기강화의 기준이 자아개념형성에 주된 역할을 한다. 내적 표준과 실제 개인의 행동 간의 비교에 의해 자아존중감이 결정된다. 적절한 내적 표준과 이에 부합하는 개인의 행동이 연결될 때 긍정적 자기강화가 가능하며, 자존감이 형성된다. 그렇지 않으면 자신에게 부정적 평가가 강화되며 자존감이 낮아진다.

(14) 자아효능감

자신이 바라는 목적을 이루기 위해 어떤 특정 행동을 성공적으로 수행할 수 있다는 신념이다. 이는 행동을 결정짓는 데 중요한 요소로서, 특히 자기에 대하여 확신을 가지느냐 또는 자기불신이 있느냐 하는 것이 중요하다. 자아효능감은 내적 표준과 자기강화에 의해 형성된다. 개인적으로 자신의 행동을 책임질 수 있고, 통제할 수 있으며, 긍정적 결과를 도출할 수 있다는 믿음을 가지며, 사람은 자기효율성에 근거하여 그 결과를 추정한 것에 근거하여 자신의 행동을 결정한다. 고도의 자아효능감을 가진 사람은 성공각본을 상상하고 문제해결을 인지적으로 학습한다. 자아효능감이 낮은 사람은 실패각본을 상상하고 사태악화를 과도하게 염려하여 실패의 가능성이 높다.

2) 행동수정의 절차

행동수정은 한 인간의 행동에 영구한 변화를 일으키고자 하는 활동이기 때문에 사회복지사는 실제 개입에 앞서 세밀한 사전계획을 세워야 한다. 한 클라이언트의 행동을 변화시킨다는 것은 그 클라이언트에 있어서는 앞으로의 삶에 결정적인 전환의 계기가 될 수 있는 것이며, 가정과 지역사회에 중대한 영향을 미칠 수 있는 것이다. 행동수정은 다음의 단계에 따라 계획되어야 한다.

(1) 계획단계

① 행동의 선정과 정의

행동을 효과적으로 수정하기 위해서는 먼저 그 행동을 정확하게 파악하고 서술적 용어로 정의해야 한다. 이와 같은 행동의 선정과 정의는 관찰한 최종행동을 기술하는 것에서 끝내는 것이 좋으며, 정의된 내용만 보고도 두 명 이상의 독립된 관찰자에 의해서 동일한 하나의 행동으로 관찰기록될 수 있어야 한다.

② 목표행동의 세분화

바람직한 행동(적응행동)과 바람직하지 않은 행동(부적응 행동)이 무엇인지를 결정하고, 이들 행동을 미리 정밀하게 세분화하고 그 행동을 어떻게 측정할 것인가를 미리 결정한다. 어떠한 영역의 학습에 있어서는 우선 어떠한 행동이 얼마만큼 증가하느냐, 감소하느냐를 미리 결정하고, 그 목표달성 여부를 어떻게 평가할 것인가를 미리 고려해야 한다. 목표 또는 도달점 행동을 세분화하는 일은 쉬운 일이 아니므로 세심한 계획을 세워야 한다.

③ 기초선 수준의 결정

목표행동의 세분화가 행동수정의 방향과 목표를 지시해 주는 것이라면, 기초선 수준의 결정은 행동수정의 시발점을 가리켜 주는 것이다. 모든 행동수정에 있어서 대상자의 현재 수준을 파악하여 그 수준에서부터 출발되어야 한다. 이 단계에서는 특히 다음의 두 가지를 결정해야 하는데, 그 하나가 표적행동의 결정이다. 표적행동이란 기르고자 하는 궁극적 행동이 아니라, 그 궁극적 행동에 가까운 행동으로서 사회복지사가 강화해야 할 행동을 의미한다. 즉, 사회복지사는 이 클라이언트가 현재 수행할 수 있는 행동이 무엇인가를 결정해야 한다. 다른 하나는 기초선 수준에서 행동의 빈도를 측정하는 일이다. 행동형태의 결정과 행동빈도의 측정은 경우에 따라서는 따로, 또는 함께 해야 할 것이다. 기초선 수준을 타당하게 결정하기 위해서는 문제시되고 있는 행동이 일어나게 되는 식별자극이 있는 상황을 마련해야 한다.

④ 행동학습을 돕는 상황의 체계화

학습을 돕는 상황이란 희망하는 행동은 잘 일어나게 하고, 희망하지 않는 행동은 일어나지 못하게 하는 환경적 상황이다. 학습을 돕는 상황이 학습행동 이외의 다른 행동을 완전히 제거해야 한다는 것은 아니다. 서로 양립하지 않는 행동이 아닌 한(글을 읽으면서 친구와 이야기를 하는 것), 두 행동이 동시에 학습될 수 있기 때문이다. 어떤 행동을 수행함에 있어서의 주변상황은 흔히 그 행동수행을 촉진할 수도 있고 지연시킬 수도 있으므로 환경적 상황은 클라이언트의 연령수준이나 학습내용 등 상황에 따라 충분히 고려되어 설정되어야 한다. 행동수정 시 클라이언트의 행동의 선행자극(A), 행동(B), 그 행동으로 인하여 나타난 결과(C), 즉 A－B－C를 분석한다. 문제행동의 선행자극(A)과 그 행동 뒤에 일어나는 결과(C)를 알아내기 위해서 다음의 사항을 고려하는 것이 좋다.

선행자극을 알아내기 위한 고려사항

① 언제 : 그 행동이 일어났을 때의 요일, 시간, 날씨, 어떤 클라이언트 프로그램인가 등
② 어디서 : 활동실, 놀이터, 복도 등
③ 그때의 상황 : 주어진 과제나 활동의 난이도, 어떤 주제 또는 활동, 누구와 있었는가? 등
④ 클라이언트의 상태 : 부적응 행동의 유형 및 발생 빈도, 클라이언트의 심리상태, 사회적 기술 등과 같은 제반 능력 정도 등

후속자극(결과)을 알아내기 위한 고려사항

① 그 행동에 대한 주변 클라이언트의 반응은 어떠하였는가?
② 그 행동에 대한 사회복지사의 반응은 어떠하였는가?
③ 그 행동에 대한 본인의 반응은 어떠하였는가?
④ 그 행동으로 인해서 클라이언트 자신에게는 어떤 이득과 손실이 생겼는가? 등

(2) 적용단계

① 동기유발

행동은 강화에 의해서 변화되기 때문에 강화요인을 찾아 확인해 두어야 하며, 강화를 능률적으로 사용하기 위해서는 바람직한 행동이 일어난 뒤 즉각적으로 제공해야 한다. 아무리 강력한 강화라 하더라도 강화제공이 시간적으로 지연되면 그 반응에 대한 강화력은 급속히 줄어들게 되므로 강화는 즉각적으로 제공되어야 한다. 또한 강화는 포화감이 일어나지 않는 것으로 계속해서 주어질 수 있는 것이 좋다.

② 순응과정의 확인

행동수정을 성공적으로 수행해나가기 위해서는 클라이언트에게 행동수정의 상황에

순응할 충분한 시간을 주어야 한다. 환경상황에 순응한다는 것은 다른 말로 하면 그 환경에 존재하는 여러 종류의 식별자극에 따라 행동한다는 말과 통한다. 행동발달상의 과정에서 제한된 환경에서 성장한 아동이라면, 클라이언트는 식별자극의 통제를 덜 받을 것이며, 그만큼 클라이언트의 행동도 제한되고 어색할 것이다.

③ 적응행동의 증가 및 부적응 행동의 감소

행동수정의 기법을 적응하여야 한다. 물론 계획된 행동수정계획에 따라 행동을 증가 또는 감소 내지 제거시켜나가면 된다.

④ 행동형성

행동형성과정은 사회복지사가 현재 시행하고 있는 행동 중에서 목표행동에 가장 가까운 행동을 수정표적행동으로 선택하여 강화하는 것으로부터 시작한다. 그러므로 표적행동 이외의 다른 행동은 강화하지 않기 때문에, 이러한 강화를 차별강화라고 말할 수 있다. 선정된 표적행동이 차별강화를 통하여 점점 강하게 일어나면 최종 희망하는 행동으로 진일보했다고 말할 수 있다. 그리하여 차별강화 도중에 점진적으로 강화준거를 올려 도달점 행동에 점진적으로 접근해서 목표에 도달하게 하는 것이다.

⑤ 행동수정 효과의 검증

습득시켜야 할 최종행동을 정의하고 세분화하여 그 행동의 변화과정을 객관적으로 평가할 수 있도록 하였기 때문에 행동수정은 행동변화가 확인되면 끝내게 된다. 아울러 수정의 효과를 검증해 봄으로써 행동변화가 강화조작 때문에 나타난 것인지, 아니면 단순한 시간경과로 일어난 것인지를 확인할 수 있다.

⑥ 간헐강화

행동이 일단 학습되면, 그 행동은 계속적인 강화 없이도 유지된다. 간헐강화의 실행은 행동을 계속적으로 유지하는, 다시 말하자면 강화를 경제적으로 사용하는 방도일 뿐 아니라 소멸에 대한 저항이 강한 행동으로 학습시킬 수 있는 아주 실용적인 방법이다. 행동을 가장 빨리 학습시키는 방법은 적절한 반응이 일어날 때마다 강화를 하는 것이지만 행동이 일단 형성되고 나면 그 행동은 대개 간헐적으로 강화되는 것이 보통이다. 강화계획 또는 강화스케줄은 강화를 하는 조건을 특징짓는 시간표라고 할 수 있다. 여기에는 특정한 반응의 횟수에 따라 고정비율계획, 변동비율계획이 있으며, 반응의 횟수에는 관계없이 특정 시간의 경과에 따라 고정간격계획과 변동간격계획으로 구분할 수 있다. 행동수정의 초기 단계에서는 연속적 강화가 가장 효과적이며, 목표행동을 학습시킨 뒤에도 연속적 강화에서 간헐적 강화로의 전환은 서서히 하는 것이 안전하며 효과적이다.

⑦ 행동의 일반화

만일 습득한 행동이 일반화되지 않는다는 증거가 있으면 필요에 따라 클라이언트의 생활환경 내에서 강화조작을 재생시켜야 한다. 적응행동의 일반화를 위해서는 행동수정을 끝내기 전에 습득된 행동을 고착시킬 필요가 있다. 이를 달성하기 위해 적응행동의 강화횟수를 점점 줄여나가면 된다.

행동수정의 기법을 사용하기 위해 준수해야 할 것

① 행동수정의 표적은 행동 그 자체다. 즉, 행동을 고치면 마음도 고친다는 입장이다.
② 행동수정은 긍정적 접근이라는 것을 명심해야 한다. 즉, 잘못된 행동을 없애는 것이 아니라, 바람직한 행동을 형성시킨다는 입장이다.
③ 행동을 객관적으로 관찰하고 측정한다. 즉, 빈도, 강도, 지속시간을 눈으로 보고 기록하고 그래프로 그린다.
④ 행동은 서두르지 말고 점진적으로 수정해나간다. 열 계단을 한 걸음으로 뛰어오를 수 없다.
⑤ 행동이 사람 속에 있는 어떤 동기 때문이라고 생각하지 않는다. 행동에 후속되는 그 무엇(환경)이 동기이다.
⑥ 행동수정은 개인적응적이다. 즉, 자신의 수정기법이 효과가 없을 때 환자에 맞는 대안을 찾는다.

4. 행동주의 사회복지실천의 과정과 주요 기술

1) 행동주의 사회복지실천의 과정

(1) 행동주의 사회복지실천의 목적

행동주의 사회복지실천에서는 상담목표가 가장 중요한 위치를 차지한다. 행동주의 사회복지실천의 일반적인 목표는 학습의 새로운 조건을 창출하는 것이다. 그 가정은 그런 학습경험이 문제행동을 개선시킬 수 있다는 데 근거한 것이다. 클라이언트가 변화목표를 선택하고 선택된 목표는 사회복지실천과정의 초기에 구체적으로 정의된다. 상담과 치료는 동시에 일어난다. 상담목표를 선택하고 정의하는 순서는, ① 사회복지사는 목표를 세우는 이유를 설명한다. ② 클라이언트는 상담의 결과로서 얻고 싶은 긍정적 변화를 구체화한다. ③ 클라이언트와 사회복지사는 진술된 목표가 클라이언트 '자신'의 변화인지를 판단한다. ④ 목표가 현실적인지에 대해 함께 탐색한다. ⑤ 목표가 성취되었을 때, 얻을 수 있는 이점을 토론한다. ⑥ 목표가 성취되었을 때, 있을 수 있는 불이익도 토론한다. ⑦ 클라이언트가 진술한 목표를 기초로 상담을 계속할 것인지, 클라이언트의 목표를 수정할 것인지, 혹은 다른 사회복지사를 찾을 것인지를 결정한다 등과 같다. 이 과정은 사회복지사와 클라이언트 간의 협력적인 관계를 통해 진행되어야 한다.

(2) 행동주의 사회복지사의 기능과 역할

행동주의 사회복지사들은 요약화, 반영, 명료화, 개방형 질문과 같은 기법을 사용한다. 그들은 구체적인 것에 초점을 두고, 체계적으로 문제행동이 일어난 상황, 문제행동, 문제의 결과에 대한 정보를 얻으려고 한다. 행동주의 상담에 있어 클라이언트는 대개 '어떤 행동'을 변화시킬지를 결정하고 사회복지사는 그 행동을 '어떻게' 변화시킬지를 결정한다.

① 행동주의 사회복지실천에서의 클라이언트의 경험

클라이언트는 상담목표의 선택이나 방법결정에 능동적으로 참여해야 하며, 변화하려는 동기를 가져야 한다. 상담과정 동안이나 실생활에서 상담활동의 수행에 협조할 의지가 있어야 한다. 클라이언트가 적극적으로 참여하지 않는다면 상담은 성공할 수 없기 때문이다. 그들은 모험도 할 수 있어야 한다. 새로운 행동을 수행하려는 시도에서 성공과 실패는 상담적 모험에 의해 좌우된다.

② 사회복지사와 클라이언트의 관계

행동주의 사회복지사는 클라이언트와 사회복지사의 관계변인을 그렇게 중요한 것으로 보지 않는다. 그들은 온정, 공감, 신뢰, 진실성, 수용성과 같은 요인들이 행동변화를 일으키기 위한 필요조건은 되지만 충분조건은 아니라고 본다. 관계 그 자체가 중요한 것이 아니며, 관계의 역할은 클라이언트가 원하는 방향으로 변화하도록 돕거나, 상담방법을 세우기 위해 자기노출을 촉진하는 것이라고 본다. 그러나 효과적인 클라이언트와 사회복지사 관계가 성립된 후에는 사회복지사는 임상적 기술이나 상담기법을 더 중요하게 활용해야 한다.

2) 행동주의 사회복지실천의 기법

(1) 고전적 조건화에 의한 기법

자기가 속한 문화나 환경에서 정상적인 감정이나 태도를 학습하지 못한 사람에게 그것을 재학습시키는 접근방법이다.

① 체계적 둔감법

공포, 긴장, 불안 반응에 유쾌감정을 넣어 이완시키는 자율훈련법이다. 상상과 실행의 반복을 강조한다. 동물공포증을 지닌 소년에게 동물을 보이면서 맛있는 식사를 제공하던 행동주의 임상실험과 같은 원리이다.

② 이완훈련

근육이 이완된 상태에서는 불안이 일어나지 않는다는 원리에 따라 주로 공포나 불안을 제거하기 위해서 사용되어진다.

③ 불안위계표 작성

공포나 불안을 일으키는 관련장면에 대해 주관적인 불안검사를 실시한 다음, 가장 불안한 상태를 100으로 하고 가장 이완된 상태를 0으로 하여 그 불안의 정도를 수치로 표시하여 순서대로 표를 만든다.

④ 집단둔감법

성격장애치료에서 제창한 것이다. 타인 앞에서 말을 못하는 8명에게 1회 15분씩 이 방법을 사용해 5명이 50명의 청중 앞에서 말을 잘하게 되었다.

⑤ 주장훈련법

자율훈련 대신에 자기주장을 쓰는 방법으로서 자기가 하고 싶은 대로 해보게 하는 훈련이다. '주장행동'이란 상대방의 권리를 침해하거나 상대방을 불쾌하게 하지 않는 범위에서 자신의 권리, 욕구, 의견, 생각, 느낌 등 자신이 나타내고자 하는 바를 있는 그대로 상대방에게 직접 표출하도록 장면에 따라 특별히 학습시키는 것이다.

⑥ 성적 반응법 : 성적 감정을 고양시켜 공포, 긴장, 불안을 극복하는 것이다.

⑦ 정서심상법

긍지, 장래의 꿈, 동일시, 닮아감, 상대방의 실패에 대한 상상과 이미지를 갖는 것으로 현재의 공포를 완화해 주는 것이다.

(2) 조작적 조건화에 의한 기법

강화를 기대하면서 행위가 형성된다는 원리이다.

① 강화법

어떤 특수자극을 제공함으로써 바라는 행동을 증가시키는 것을 말한다. 강화법의 원리는, 첫째, 단계적으로 하나씩 칭찬하는 것, 둘째, 행동 직후에 보상을 주는 것, 셋째, 불규칙적으로 보상하는 것이 좋다. 강화에 영향을 미치는 요인으로, 첫째, 증가행동의 선택은 구체적인 것이어야 한다. 둘째, 적절한 강화자극을 선정해야 한다. 셋째, 박탈과 심적 포화—강화자극이 효과가 있으려면 이 기술을 사용하기 이전 얼마 동안은 이 강화자극을 클라이언트에게 주지 말아야 한다. 클라이언트가 훈련기간 이전에 강화를 받지 못한 것을 '박탈'이라고 하는 반면, 더 이상 강화의 효과가 나타나지 않을 만큼 한 개인이 강화를 많이 받은 상태를 '심적 포화'라고 한다. 넷째, 최대의 강화효과를 얻기 위해서는 기대한 목표행동이 일어난 즉시 강화자극이 주어져야 한다. 다섯째, 반드시 그럴 필요는 없겠지만 클라이언트가 강화받는 이유를 이해한다면 행동변화가 더 빨리 올 수도 있다.

② 사고정지법

비건설적이며 대책도 없이 심적 에너지만 소비하는 불안이 생길 때 즐거웠던 기억을 재생하여 상쇄시키는 방법이다. 스스로 통제할 수 없는 지속적·강박적·비생산적인 생각에 빠져서 그 외의 다른 일에는 정신을 집중하기 어려운 클라이언트의 경우에 사용되어진다.

③ 혐오법 : 벌을 주어 행동을 소멸시키는 도피학습이다.

④ 소거법

먹이(유인요소)가 있으므로 행동이 발생한다는 것을 거꾸로 적용하면, 먹이가 없으면 행동도 소멸된다는 것이다. 꿀을 없애면 벌은 오지 않는다. 어떤 행동을 없애기 위해 그 행동을 한 효과를 없애버리는 것이다.

(3) 행동주의 카운슬링에 의한 기법

행동주의 카운슬링은 교육적(예방적 상황) 입장이며 이는 주로 조작적 조건화에 의해 진행한다.

① 구성강화법

문제를 발견하고 목표구성을 정한 다음 하위목표를 차례로 실천하고 일기와 같은 리포트를 만들어 사회복지사가 읽어보고 칭찬 등의 피드백을 한다.

② 역할연기강화법

일상생활 속에서 수행하지 못했거나 수행하기 곤란한 역할 때문에 이상행동을 보이고 있는 클라이언트에게 현실적 장면이나 연극적 장면을 통하여 역할행동을 시키고, 그것을 연습시킴으로써 이상행동을 적응행동으로 바꾸는 기술이다. 역할연기의 과정을 요약하면, 첫째, 분위기 조성으로, 개방적이며 부담이 없는 분위기를 조성한다. 둘째, 역할수행으로, 주어진 역할을 수행한다. 셋째, 피드백으로, 바라는 행동에 보다 가깝게 접근하도록 격려하고, 잘되지 않은 부분을 클라이언트에게 알려준다. 넷째, 일반화하기로, 클라이언트는 자신의 학습경험을 통합하여 비슷한 실제 생활장면에서 활용할 수 있게 한다.

③ 행동계약법

두 명 이상의 사람이 정해진 기간 내에 자기가 할 행동을 분명하게 정해놓은 후 그 내용을 서로가 지키기로 계약하는 것이다. 계약된 그대로 잘 지키면 어떤 정해진 강화가 주어져야 한다. 관계자 전원이 감정에 말려들지 않고 행동수정을 시도하며 각자의 자발성을 돕는다.

④ 강화법

강화대상을 설정하고 일정 기간은 거기에 초점을 맞추어 그 행위가 발견되면 즉시 칭찬한다. 그 행동목표가 달성되면 다음 목표를 설정하여 진행한다.

(4) 새로운 행동을 형성 · 발전시키는 기법

① 정적 강화

정적 강화(positive reinforcement)는 어떤 행동이 일어난 직후에 그가 좋아하는 것을 주어 그 행동의 빈도가 높아지도록 하는 방법이다. 어떤 사람에게 어떤 상황에서 정적 강화가 된다는 것을 알면 다른 상황에서 그 사람의 다른 행동도 증강시키는 데에 사용할 수 있다. 정적 강화는 다음의 5가지로 분류할 수 있다. 첫째, 소모강화로서 과자, 과일, 쥬스, 콜라 등을 먹을 수 있는 것이고, 둘째, 활동강화는 TV 보기, 그림책 보기, 탁구하기, 컴퓨터 게임하기 등이다. 셋째, 조작강화에는 장난감, 풍선, 인형, 퍼즐, 그림책 등이 포함되고, 넷째, 소유강화는 책, 옷, 시계, 장갑, 핸드폰 등이고, 끝으로 사회적 강화는 칭찬, 미소, 뽀뽀, 등 토닥이기 등 언어적 자극과 신체적 접촉 등이다. 한 사람에게 무엇이 정적 강화가 되는지를 확인하기까지는 상당한 시행착오를 거쳐야 할 때도 있고, 그 사람에게 직접 물어보는 방법도 있을 것이다. 또는 그 사람이 무엇을 좋아하는지를 관찰함으로써 효과있는 정적 강화를 알아낼 수 있다(이성진, 2007 : 62-63).

② 부적 강화

어떤 사람이 어떤 행동을 했을 때, 그가 싫어하는 것을 제거해 주는 방법이 있는데 이것을 부적 강화(negative reinforcement)라고 한다. 즉, 부적 강화는 어떤 자극이 조건부로 제거되었을 때, 즉 감해졌을 때 반응을 강화하는 모든 자극을 의미한다. 어떤 행동을 함으로써 혐오자극이 제거될 때 그 자극은 부적 강화이며, 그때의 행동을 도피라고 한다. 정적 강화나 부적 강화는 모두 어떤 행동의 발생빈도를 증가시킨다는 점에 유의해야 한다. 정적 강화와 부적 강화가 다른 점은 정적 강화는 바람직한 행동을 함으로써 어떤 바람직한 것을 얻게 되고, 부적 강화는 바람직한 행동을 함으로써 어떤 불쾌한 것을 피할 수 있다는 데에 있다(이성진, 2007 : 66-67).

③ 차별강화

여러 행동 가운데 어떤 특정한 한 가지 행동만을 선택적으로 강화하여 그 행동의 발생빈도를 증가시키는 방법을 차별강화(differential reinforcement)라고 한다. 차별강화는 바람직하지 않은 행동에 대해서는 무시하고 바람직한 행동을 할 때 즉각적으로 강화를 주어 바람직하지 않은 행동을 적게 하고 대신 바람직한 행동을 더 많이 하도록 환경을 조절하는 기법이다. 차별강화는 바람직하지 않은 행동을 벌을 사용하여 못하게 하는 것보다 바람직한 행동에 관심을 기울이고 거기에 강화를 제공하는 방법으로 벌의 단점을 극복할 수 있는 행동변화의 한 가지 방법이다. 따라서 바람직하지 못한 행동을 대치할 수 있는 바람직한 행동을 목표행동으로 결정하는 것이 차별강화과정에서 중요하다. 또한 빈도는 낮지만 현재 하고 있는 바람직한 행동에 관심을 기울이게 되므로 자신의 단점이나 부적응적인 면보다는 장점과 적응적인 면을 볼 수 있게 해준다는 점도 이 방법의 장점이다.

④ 행동형성

행동형성은 표적행동에 대한 연속적 근사치가 그 표적행동에 참여할 때까지 차별적으로 강화되는 과정이다. 행동형성은 현재 보이고 있지 않은 표적행동을 발달시키는 데 사용된다. 이때, 연속적 근사치는 점차 표적행동과 더 유사하게 되는 행동이다. 강화와 소거는 표적행동에 대한 연속적 근사치를 강화하고 이전의 근사치는 소거시킬 때 행동형성에 수반된다. 행동형성은 무심결에 문제행동을 발달시키는 데 사용될 수 있다. 약한 정도의 문제행동이 소거되면 소거발작 동안 문제가 더 심각해질 수 있는데, 이때 부모가 더 심각한 행동을 강화할 수 있다. 이런 과정이 몇 번 지속되면 문제행동은 점점 더 심각한 행동들(더 심한 강도, 더 자주, 더 긴 지속기간)에 대해 차별강화의 과정을 거치면서 점차 더 심각해질 수 있다.

다음 단계는 행동형성을 성공적으로 사용하는 데 포함되는 내용이다. 첫째, 표적행동을 정의하고 행동형성이 가장 적합한 절차인지를 결정한다. 둘째, 시작행동을 규명하고 행동형성단계를 선택하며, 행동형성과정에서 사용할 강화인을 선택하며, 셋째, 연속적 근사치를 차별하여 강화해 주고, 마지막으로 적절한 속도로 행동형성단계를 진행해 나가는 것이다(안병환 외, 2003 : 167).

⑤ 행동연쇄

자극-반응연쇄라고도 일컫는 행동연쇄는 둘 또는 그 이상의 자극-반응구성요소로 구성된 행동이다. 연쇄절차는 행동연쇄를 가르치는 데 사용된다. 이 절차에는 연쇄의 각 구성요소를 가르치기 위한 촉구와 용암법이 포함된다. 후진형 행동연쇄에서는 마지막 자극-반응요소를 가장 먼저 가르친다. 다음에는 그 전 단계, 다시 그 전 단계의 순서로 모든 구성요소를 가르치게 된다. 전진형 행동연쇄에서는 첫 번째 자극-반응구성요소를 가장 먼저 가르친다. 두 번째 구성요소는 두 번째로 가르치는 식으로 하여 모든 구성요소를 가르친다. 전체 과제제시법은 행동연쇄과정 전체를 매번 촉구해 주는 것이다. 여기서는 점진적 안내가 자주 사용된다.

⑥ 과제분석

행동연쇄를 자극-반응요소로 잘게 나누는 절차를 과제분석이라고 한다(안병환 외, 2003 : 189). 이 방법은 과제(목표행동)에 쉽게 도달하게 하기 위해서 과제를 여러 단계로 구분하는 과정을 의미한다. 기능수준이 낮은 중증 장애아동에게 신변처리 학습과제를 가르칠 때 주로 요구되는 기법이다. 과제분석의 단계는 아동의 능력수준에 따라 상대적으로 달라진다.

그 예로, '양말 벗기'의 목표행동을 과제분석할 경우 다음과 같이 5단계가 설정된다(양말을 손으로 잡을 수 있는 아동은 3단계로 설정하는 것이 적당하다). 먼저 손을 양말에 대고, 그 다음으로는 양말 끝을 손으로 잡고, 발목까지 내리고, 뒤꿈치까지 내리고, 마지막으로 발가락 끝까지 내리기 등이다(강경미, 2006 : 167-168). 성문 과제분석절차는 학습자가 문서식 촉구를 사용하는 것이고, 그림촉구절차는 행동을 촉구하기 위해 그림을 사용하는 것이다. 자기교수법은 학습자가 연쇄의 각 구성요소를 촉구하는 자기교수(언어촉구)를 사용하는 것이다(안병환 외, 2003 : 206).

⑦ 피드백(feedback)

클라이언트의 행동을 수정하는 데 없어서는 안 될 강화자극의 근원은 두 가지로 나누어 볼 수 있다. 첫째는 클라이언트가 공부나 주어진 활동을 열심히 하도록 성취동기를 높이는 것이고, 둘째는 클라이언트에게 적절한 피드백을 마련해 주는 것이다. 즉, 클라이언트가 올바른 일을 한다는 것을 알게 해주는 것이다. 사회복지사가 클라이언트에게 제공하는 피드백은 현재 진행 중인 활동이나 과제의 수행과정 중에 적절히 활용할 수가 있다. 피드백의 형태는 머리를 끄덕거려 주거나 미소 등의 비언어적 인정자극(stroke), 언어적인 방법, 적절한 내용의 통지서 또는 여러 사람이 볼 수 있는 도표나 그래프 같은 것 등을 들 수 있는데, 클라이언트의 특성과 활동 또는 학습내용에 따라 개인별, 집단별로 적절히 활용할 수가 있다.

사회복지사가 클라이언트에게 전달하는 피드백은 긍정적인 경우(긍정적인 피드백)와 부정적인 경우(부정적인 피드백)로 구분할 수 있는데, 사회복지사는 클라이언트를 지도할 때, 긍정적인 피드백에 초점을 두어야 한다. 그것은 특히 성장 중의 아동에 있어서 자기존중감과 긍정적인 자아개념을 형성하는 데 중요할 뿐만 아니라 긍정적인 성향의 심리상태에서 학습이 원활하게 이루어지게 한다. 부정적인 피드백을 주어야 할 경우에는 반드시 긍정적인 피드백을 먼저 한 후에 부정적인 피드백을 하는 것이 좋다.

⑧ 촉구

촉구는 목표행동을 학습시킬 때 필요하고, 용암법은 일단 학습된 환경이 일반환경에서 잘 유지되고 전이되도록 도와주는 과정에서 필요하다. 이 두 가지 방법은 병행해서 사용하는 경우가 많다. 촉구는 아동이 주어진 과제를 스스로 하는 데 어려움이 있거나 또는 주어진 과제를 수행하는 방법을 모를 때 상황에 따라 필요한 만큼의 도움을 제공하는 것이다. 이때 사용되는 도움은 말로 해주는 언어적인 도움, 시범을 보이는 시각적 도움, 직접 손을 잡고 가르쳐 주는 신체적 도움, 주어진 과제를 쉽게 수행할 수 있도록 주위환경을 조성해 주는 도움 등이 있다. 따라서 촉구사용에서는 '도와주어야 할 때'와 필요한 '도움의 양'을 적절히 조절하는 것이 매우 중요하다(강경미, 2006 : 170).

⑨ 용암법

용암법은 촉구와 함께 자주 쓰이는 행동수정방법이다. 용암법이란 변별력을 가르칠 때 자극을 점진적으로 조절하여 궁극적으로 일부 변화된 자극 또는 새로운 자극에 대해 반응할 수 있도록 하는 절차이다. 용암은 조명이 점차 어두워져서 사라져가는 과정을 뜻한다. 용암법은 행동을 통제하는 자극을 점점 약하게 하여 달라져나가는 자극의 통제를 받게하는 과정이다. 그런 의미에서 자극통제의 변화라고도 한다(이성진, 2007 : 103).

〈표 6-1〉 **촉구와 용암법 사용 시 주의할 점(강경미, 2006 : 171)**

① 행동을 자세히 관찰해서 목표행동 수행에 방해가 되는 요인을 모두 제거한다.
② 목표행동을 자세히 관찰한 후에 어느 정도의 도움이 필요한지를 결정한다. 이때, 충분히 보상받아서 성공할 수 있는 기회를 마련해야 한다.
③ 변별할 수 있도록 보조신호를 명확하게 하는 것이 중요하지만 보조가 지나치면 의존적이고 타성이 생기기 쉽다. 또한 일단 한 조건에 익숙해지면 다른 조건에서는 과제를 수행하지 않거나 못할 수 있기 때문에 도움을 점차 줄여나가는 일이 중요하다.
④ 현재의 도움으로 어느 정도 안정선에서 과제를 수행할 수 있게 되면 도움을 점진적으로 줄여나간다. 안정적인 과제의 기준은 보통 5회 연속수행에서 4회 이상 성공하거나 또는 10회 연속수행 중 8회 이상 성공할 경우로 한다.
⑤ 촉구를 적절히 줄이고 늘리는 과정에서, 보조 없이 혼자 독립적으로 수행할 수 있을 정도로 익숙할 때까지 강화를 계속해서 제공하고, 마지막 단계에서 강화의 양이나 빈도를 줄이는 것이 바람직하다.

⑩ 자기관리

기본적으로 어떤 사람이 미래에 다른 행동이 발생하는 것을 통제하기 위해 행동을 할 때 자기관리가 일어난다. 스키너에 따르면, 자기관리는 통제하는 행동과 통제된 행동으로 구성된다. 어떤 사람은 미래의 관리행동의 발생에 영향을 미치기 위해 통제행동을 한다. 통제행동은 표적행동이나 대체행동의 선행조건과 결과를 수정하는 자기관리 전략의 실시를 포함한다. 이러한 전략은 통제된 행동을 더 많이 일어나게 한다. 미래의 표적행동의 발생에 영향을 미치기 위해 통제행동으로 실시될 수 있는 자기관리 전략유형은 다음과 같다(안병환 외, 2003 : 367).

- 자기지시 방법 : 인지행동수정가는 바람직한 행동변화를 가져오는 데 있어서는 자기훈련, 즉 여러 상황에서 무엇을 할 것인가를 스스로에게 이야기하는 역할을 강조한다. 마이켄바움(Meichenbaum, 1974)은 클라이언트에게 부정적인 진술을 인식하게 하고 그와 반대되는 보다 현실적이고 긍정적인 말들을 가르친다. 일반적으로 그의 중심적인 접근방법은 불안이나 긴장을 야기하는 상황에 적당하게 '대처하는' 행동을 하기 위해 스스로에게 지시를 하도록 클라이언트에게 가르친다. 이것을 자기지시 방법이라고 말한다(이성진, 2007 : 277).
- 자기점검 : 자신의 부적절한 어떤 행동을 그때마다 기록해 두면 그 행동이 점차 줄어드는 경우가 있다. 예컨대 어떤 사람은 자기가 하루에 담배를 몇 개비나 피었는지 그 수를 확인하여 매일 기록하였더니 40개 이상 피우던 것이 점차 줄어 결국 담배를 끊게 되었다고 한다. 이러한 방법을 자기점검이라고 하는데 때로는 자기평가 또는 자기행동기록법이라고도 한다. 자기점검법은 정적 강화의 방법보다는 덜 효과적일지 모르지만, 관찰자가 필요 없고 별도의 강화자극 없이도 행동을 수정할 수 있다는 점에서 자율성의 훈련이라는 목표도 달성할 수 있는 이점이 있다. 자기점검이 항상 효과적인 것은 아니다. 또한 그것이 왜 효과가 있는지 이유가 명백하지 않을 때도 있다. 그러나 단독으로나 혹은 보상과 함께 한 자기평가는 중요한 자기통제방법의 구성요소가 된다(이성진, 2007 : 280).
- 자기교수 및 자기칭찬 : 적절한 때에 적절한 행동을 지시하는 자기교수를 암송함으로써 자신의 행동에 영향을 줄 수 있다. 본질적으로 자기교수는 특정한 표적행동을 요구하는 상황에서 스스로에게 무엇을 어떻게 해야 하는지를 이야기하는 것이다. 적절한 행동이 일어난 직후 당신은 자신의 행동에 대해서 긍정적인 평가를 제공하는 자기칭찬을 할 수 있다. 어떤 사람은 전형적으로 실제 문제상황을 본뜬 역할놀이상황에서 자기교수와 자기칭찬을 연습함으로써 학습한다. 자기관리 프로그램에서 자기교수와 자기칭찬을 사용하기 위해 진술문을 확인하고, 그것을 사용할 가장 적절한 시기와 장소를 결정하며, 역할놀이나 문제상황을 상상한 곳에서 그것을 연습하고, 학습이 잘 된 후에만 그것을 사용할 계획을 세워야 한다(안병환 외, 2003 : 372).
- 행동계약 : 자기통제 프로그램에서 친구나 배우자 등 다른 사람이 개입하면 프로그램의 단절성을 방지하는 데 도움이 된다. 이 같은 이유로 인해 치료자는

자기통제 프로그램에서 행동계약을 하는 경우가 많다. 행동계약이란 치료자와 클라이언트 간에 무엇을 어떻게 하겠다는 것을 문서로 약속하는 것이다(이성진, 2007 : 284). 행동계약에서는 변화되어야 할 표적행동을 확인하여 정하고, 자료 수집방법을 정하며, 계약기간 내에 달성되어야 할 표적행동의 기준을 정하고 유관성을 준비하며, 표적행동에 영향을 주기 위해 유관성을 실시한다. 이러한 것은 행동계약에 기초를 둔 자기관리전략에서 수행하는 통제행동이다(안병환 외, 2003 : 369).

〈표 6-2〉 행동계약의 네 가지 기능(이성진, 2007 : 284-285)

① 계약이란 관련자 전원이 목표와 절차에 동의하였으며, 치료기간 동안은 그 목표와 절차를 잊지 않는다는 점을 확실하게 하는 것이다.
② 목표가 행동용어로 구체화되었기 때문에, 계약은 치료를 통하여 모든 관계자가 목표도달을 위하여 밀접하게 관련되어 있음에 동의하였다는 사실을 확실하게 해준다.
③ 계약은 클라이언트로 하여금 프로그램 수행에 소요되는 시간, 노력, 경비 등을 현실적으로 추정할 수 있게 해준다.
④ 계약서에 서명(날인)을 한다는 것은 모든 관계자가 구체적인 과정을 따르겠다는 약속을 신뢰하게 해준다.

〈표 6-3〉 행동계약을 맺기 위한 지침(이성진, 2007 : 285-286)

① 약속된 대가는 즉시 지불되어야 한다. 이것은 계약이 시작된 초기 단계에서 더욱 중요하다. 처음부터 계약조건이 즉시 이행되지 않으면 계약을 믿지 못하게 되고, 클라이언트도 계약된 행동에 소홀해질 것이다.
② 행동계약 시에는 장시간 후에 큰 보상을 받으려고 하는 것보다 조금씩이나마 자주 보상을 받을 수 있도록 조건을 설정하는 것이 좋다. 많은 양의 행동을 한꺼번에 요구하고 그것이 다 달성된 때를 기다려 큰 보상을 한꺼번에 주는 것보다는 작은 단위의 행동을 작은 단위로 나누어 보상하는 것이 더 좋다.
③ 학생이 해야 할 행동과 그에 대하여 교사나 부모가 보상할 강화의 양은 그 무게가 비슷해야 한다.
④ 계약의 내용은 명확해야 한다.
⑤ 행동계약은 학급아동 전체를 대상으로 하는 집단계약보다는 한 학생을 대상으로 개별적으로 맺는 것이 좋다.
⑥ 학생이 해야 할 행동과 학습 목표량은 정해진 시간에 충분히 해낼 수 있을 만큼 조금씩 배정하는 것이 좋다. 해야 할 행동과 학습량이 너무 많아 제때에 다 해내지 못하면 강화를 받을 수 없어 학습의욕을 상실하기 쉽다.

⑪ 토큰경제

토큰경제는 치료 프로그램이나 교육 프로그램에 참가한 클라이언트의 바람직한 행동을 강화하기 위해 토큰이라 불리는 조건 강화인을 사용하는 행동수정절차이다. 토큰경제에서는 표적행동이 정해지며, 그 행동발생에 대한 유관으로 토큰을 지급한다. 토큰은 나중에 정해진 교환물로 토큰 강화물과 교환할 수 있다. 반응대가는 문제행동의 발생으로 토큰을 상실하는 것으로, 바람직하지 못한 행동을 감소시키려는 목적이 있을 때 토큰경제의 한 구성요소로서 실행한다.

토큰경제에서는 다양한 항목들을 토큰으로 사용할 수 있다. 토큰은 지니기 쉬워야 하고 사회복지사는 표적행동 직후 교환관리자가 될 수 있어야 하며, 클라이언트는 획득한 토큰을 모을 수 있어야 한다. 토큰경제의 장점은 토큰을 표적행동 직후 지급할 수 있고, 쉽게 분배·축적할 수 있으며, 수량화 할 수 있고, 토큰이 강화인으로서의 가치를 잃지 않는다는 점이다. 토큰경제는 고도로 구조화되어 있어서 반응대가 절차를 포함시킬 수 있으며, 수납자에게 계획기술을 교육할 수도 있다. 토큰경제의 단점은 시간, 노력, 비용을 요한다는 것이다(안병환 외, 2003 : 406-407).

〈표 6-4〉 **표적행동, 획득한 토큰, 반응정의의 예**

표적행동	토 큰	반응정의
(1) 개인위생		
① 세안	1	얼굴면적의 2/3 이상 물을 적심(그리고 수건으로 닦음)
② 머리 빗기		빗이나 솔로 머리카락을 한 번 이상 손질(머리모양이 단정해야 함)
③ 면도	1	① 목 근처의 얼굴에 한 번 이상 면도질(그리고 풍부한 면도용 크림으로 제거하고 수건으로 닦아 말끔하게 면도한 얼굴이 되어야 함) ② 전기면도기로 면도(말끔하게 면도한 얼굴이 되어야 함)
④ 양치	1	① 칫솔을 입 안에 넣어 칫솔질함(입을 헹구고 입 주위를 수건으로 닦아야 함) ② 의치를 수도꼭지에서 나오는 물로 씻음
(2) 수용실 작업		
① 재떨이 청소하는 사람	1	수용실을 보전하거나 유지하는 가사일 또는 교도원을 돕는 일을 2분 이상 실시함. 토큰 강화실행 후 시간, 장소, 도구, 필요로 하는 사람, 과업, 감독자를 명확히 하기 위해 25가지 이상의 작업종류가 사용되었음. 작업에 대한 대가는 토큰 1개에서 4개까지였음
② 담배 치우는 사람	2	
③ 속옷 접는 사람	4	
④ 숙소 청소하는 사람	2	

⑫ 관찰학습

관찰학습은 새로운 행동을 학습시키는 데 있어서 매우 경제적인 수단이라는 데에는 의문의 여지가 없다. 실제 가정에서나 학교 또는 회사나 병원 등에서 정적 강화와 관찰학습은 흔히 함께 작용한다. 사람은 모델이 행한 행동을 관찰한 뒤 그것을 모방하고 보상을 받는다. 이것을 모델링이라고 한다. 모델링을 통하여 일단 행동이 학습되면 그 행동은 외적 강화 없이도 유지될 수 있다. 인간은 자신의 행동에 대해서 그들 스스로 강화하는 것을 배우기 때문이다. 관찰에 의한 모방과 강화의 조합은 사회적인 반응패턴을 정하고, 제거하고, 유지시키는 가장 효과적인 방법이다(이성진, 2007 : 239-240).

(5) 문제행동을 감소 · 소거하는 방법

① 문제행동 규제기법

문제행동을 규제하는 행동수정방법으로는 소거, 타임아웃, 과잉정정, 포만, 권리박탈, 조건부 운동, 이완훈련, 체계적 둔감법, 홍수법, 처벌 다른 행동에 대한 차별강화 등이 있다.

- 소거 : 소거는 강화의 원리를 역이용해서 사람의 행동이 주위로부터 관심을 받지 않으면 저절로 도태된다는 원리로, 문제행동을 보여도 철저하게 관심을 보이지 않는 기법이다. 이 기법을 사용하면 처음에는 문제행동이 감소하다가 갑자기 그 행동이 폭발적으로 증가할 수 있다(강경미, 2006 : 177).

  소거는 문제행동을 감소시키기 위하여 문제행동을 강화시키는 강화인을 제거하는 절차이다. 소거를 사용하려면 먼저 기능평가를 하여 문제행동을 강화시키는 결과를 확인해야 한다. 소거를 사용하기 전에 다음과 같은 5가지 질문을 해보아야 한다. 문제행동에 대한 강화인을 확인하였는가?, 문제행동에 뒤따르는 강화인을 제거할 수 있는가?, 소거는 사용하기에 안전한가?, 소거발작(문제행동 증가)에 대비할 수 있는가?, 소거사용 시 일관성을 유지할 수 있는가?

  문제행동에 대한 강화계획을 고려해야 하는데, 그 이유는 소거 전에 간헐적 계획으로 강화될 때보다 연속적 계획으로 강화될 때 소거가 더 빨리 진행되기 때문이다. 소거절차를 사용할 때, 항상 문제행동을 대치할 대체행동을 강화하여야 한다. 대체행동이 문제행동 대신에 발생하면 문제행동은 앞으로 덜 발생하게 될 것이다. 다른 행동수정절차와 마찬가지로 소거절차로 일어난 행동변화를 일반화 및 유지시키도록 계획하여야 한다. 모든 변화주체는 일반화를 촉진하기 위해서 일관성 있게 소거를 실행하여야 한다. 문제행동이 발생하는 시간과 장소에 상관없이 일관성 있게 소거를 사용하여야 한다(안병환 외, 2003 : 263).

- 타임아웃(time-out) : 타임아웃은 부적절한 행동에 대한 벌칙으로 강화를 많이 받는 상황에서 강화가 적은 상황으로 변경하는 기법이다. 타임아웃은 여러 가지 점에서 실제적인 장점을 가지고 있다. 첫째로, 타임아웃을 사용함으로써 폭발적인 공격적 행동을 자제시킬 수 있다. 벌하는 사람이나 벌을 받는 사람이 타임아웃 동안 자기 스스로의 행동을 '반성'할 수 있고, 다른 방법을 강구할 수도 있고, 또는 그냥 진정될 수도 있다(이성진, 2007 : 194).

  타임아웃이 효과적이기 위해서 타임 내 환경이 강화적이어야 한다. 타임아웃은 도피나 감각자극에 의해 유지되는 문제행동을 다루는 데는 적절하지 않다. 타임아웃은 실제적이고 안전해야 하며, 보호자가 수용할 수 있어야 하고, 기간이 짧아야 한다. 타임아웃에서 도피와 타임아웃 동안 아동과의 상호작용은 방지되어야 한다. 타임아웃이 성공적이기 위해서 치료자는 제거되어야 하는 강화인을 통제해야 한다. 또한 강화인이 그 사람의 권리를 침해하거나 해를 미치는 결과를 초래한다면 제거되어야 한다. 치료자는 타임아웃절차 동안 제거해야 할 적절한 강화인을 선택해야 하고, 강화의 상실이 즉각적일 것인지 지연될 것인지를 결정해야 한다(안병환 외, 2003 : 326).

- 과잉정정 : 과잉정정은 특정 행동을 지나칠 정도로 반복연습시킴으로써 문제행동의 발생을 예방하는 기법이다. 이 기법을 사용할 경우 주의할 점은 특정 행동의 반복적인 연습 이외에 다른 언어적, 물리적 제재를 가해서는 안 된다는 것이다. 과잉정정의 방법에는 원상회복과 긍정적 연습의 두 가지 방법이 있다. 원상회복은 행동의 결과에 대한 책임을 지게 하는 것으로, 흘린 밥알을 강제로 모두 주워서 먹게하는 방법이 있다. 또한 긍정적 연습은 야뇨증이 있는 경우에 잠자리에서 화장실가는 동작을 20여 회 반복연습시킴으로써 문제행동의 발생을 소거하는 방법이다(강경미, 2006 : 178-179).
- 포만 : 문제행동을 싫증이 날 정도로 많이 시키거나 강제로 하게 함으로써 문제행동의 감소를 유도하는 기법이다. 그 예로, 책 찢는 습관이 있는 아동에게 상자에 종이를 가득 채워서 주고 싫증이 날 때까지 찢게 강요함으로써 문제행동이 감소되도록 한다. 그러나 이 방법은 자신이나 다른 이의 생명에 위협을 주지 않는 문제행동에 국한해서 적용한다(강경미, 2006 : 179).
- 권리박탈 : 권리박탈은 아동이 약속을 이행하면 권리행사를 인정해 주고 약속을 이행하지 않으면, 권리행사를 제한하는 기법이다. 즉, 즐길 수 있는 권리를 미리 준 후 약속을 어겼을 때 그 권리를 빼앗는 방식으로 문제행동을 소거하는 것이다.
- 조건부 운동 : 조건부 운동은 '유관운동'이라고도 하며 문제행동이 일어날 때마다 그 행동과 동작이 유사한 행동을 지칠 때까지 강제로 시키는 기법으로 문제행동의 발생을 직접적으로 벌하지 않으면서 문제행동을 감소, 소거할 수 있다. 예를 들면, 다리 떠는 행동을 수정하기 위해 다리를 떨 때마다 유관행동으로 무릎 굽혔다 펴기를 10회씩 시켜서 아동으로 하여금 유관행동을 회피하기 위해 문제행동을 중단하게 하는 것이다.

- 이완훈련 : 불안은 지적인 능력과 정서적인 적응 등 아동의 모든 기능에 영향을 미친다. 이러한 불안을 감소시키는 방법으로 이완훈련이 사용될 수 있다. 이완훈련은 크게 두 가지로 구분할 수 있다. 생리적으로 근육을 풀었다 경직시키는 것을 번갈아 하는 방식으로 신체적 이완을 통해 심리적 안정을 얻는 방법이다. 이완훈련은 전문가의 도움 없이 아동과 부모가 쉽게 활용할 수 있으며, 특히 고학년의 경우 여러 가지 불안상황에서 아동 스스로 이완훈련을 실시하여 불안을 감소시키고 동시에 일의 능력도 증대시킬 수 있다.
- 체계적 둔감법 : 울페(Wolpe)에 의하여 체계화된 체계적 둔감법은 아동이 불안이나 공포를 느끼는 상황을 조사하여 그 정도에 따라 불안유발상황의 순서를 정하고, 불안이 가장 약한 정도의 자극에서부터 시작하여 한 단계씩 불안을 제거해 나가는 방법이다. 이 방법은 근육의 긴장이완, 불안위계표 작성, 체계적 둔감법의 3가지 요소를 내포하고 있지만 여러 가지 변형이 가능하다. 체계적 둔감법을 시작하기 전에 치료자는 아동의 문제확인, 진단, 아동의 장점과 약점을 확인한 후에 그 방법을 적용해야 한다. 체계적 둔감법에는 크게 두 가지 방법이 있는데, 하나는 불안을 일으키는 대상의 불안 정도를 크기별로 순서를 정하여 불안을 일으키지 않을 정도의 제일 작은 불안대상이나 상황에서부터 시작하여 점점 불안 정도가 높은 대상이나 상황에 노출시킴으로써 불안을 느끼지 않고 불안대상을 직시할 수 있도록 유도하는 것이다. 다른 하나는 불안을 일으키는 자극과 편안함을 주는 자극을 동시에 제공함으로써 불안한 마음과 편안한 감정이 서로 상쇄되어 불안한 감정이 중성화되고, 그래서 불안을 느끼지 않도록 유도하는 방법이다.
- 홍수법 : 홍수법은 주로 불안이나 공포 등 정서적 문제행동을 소거시키기 위해서 조건자극에 계속적으로 노출시키는 기법으로 다른 불안제거기법과 다른 점은 아동이 공포를 경험할 때, 회피하려고 해도 거기에서 벗어날 수 없도록 통제하는 것이다(강경미, 2006 : 180-181).
- 처벌 : 혐오자극에 의한 행동수정은 그 나름대로의 이론적 정당성이 있고 효과가 있지만 그것이 개인에게 혐오스러운 자극을 준다고 했을 때, 혐오자극의 사용은 그 부작용에 대한 신중한 고려가 앞서야 할 것이다(이성진, 2007 : 156). 따라서 좋은 행동을 하도록 적극적으로 강화하기보다는 고통을 회피하기 위해 나쁜 행동을 하지 않도록 유도해야 한다. 처벌은 나쁜 행동을 감소시키는 데 매

우 효과가 높지만, 처벌에서 오는 부작용 때문에 효과적인 수정기법으로 인정받지 못하고 있다. 현재 사용되고 있는 처벌기법으로는 비난이나 잔소리 등의 언어적 징계가 신체적 처벌인 매나 전기쇼크 등의 혐오자극보다 많으며, 또한 처벌받아야 하는 이에게 원하지 않는 행동을 반복하게 하는 과잉-교정절차가 사용되기도 한다(강경미, 2006 : 181-182).

- 다른 행동에 대한 차별강화(DRO : Differential Reinforcement of Other Behavior) : DRO란 어떤 바람직하지 못한 행동을 제외한 다른 모든 행동을 강화하는 차별강화의 한 방법이다. 수업시간 중에 잘 떠들어대는 어떤 아동의 행동을 감소시키기 위하여 사용한다. 이 계획은 효과적이기는 하지만 수업 중에 보조자 없이 사회복지사 혼자서 실시하기에는 어려움이 있다. 또한 바람직하지 못한 행동을 강화할 우려도 있다.

② 목표행동 강화기법

문제행동을 제외한 다른 행동이나 적응행동을 집중적으로 강화해서 문제행동의 발생기회를 제한함으로써 감소, 소거하는 방법으로 차별강화, 상반행동강화, 무조건강화 등이 있다.

- 차별강화 : 문제행동수정 시에 동반되는 강화방법으로서 문제행동을 제외한 불특정 다수행동을 집중적으로 보상하는 기법이다. 차별강화의 목적은 특정 문제행동 이외에 다른 바람직한 행동에 대해서 칭찬, 간식, 토큰 등으로 보상해 줌으로써 문제행동이 발생되는 기회를 체계적으로 줄이면서 적응행동에 대한 기회를 확대하는 것이다. 차별강화는 주로 다른 치료방법의 보조수단으로 사용되며, 문제행동을 통제하거나 처벌을 사용할 때는 반드시 다른 수정기법과 병행해서 사용해야 한다.
- 상반행동강화 : 이 기법의 기본 전략은 특정 문제행동과 동시에 일어날 수 없는 상반되는 행동, 즉 문제행동과 반대되는 다른 바람직한 행동을 선정해서 집중적으로 강화하는 기법이다. 따라서 문제행동을 벌하지 않는 가운데 문제행동의 감소를 유도하는 간접적인 규제방법이다.
- 무조건강화 : 문제행동의 발생 여부와 상관없이 무조건 일정한 간격(짧게는 15초, 길게는 10분 내외)으로 보상을 해줌으로써 문제행동의 감소를 유도하는 방법으로 기존의 차별강화의 개념을 변형시킨 기법이다(강경미, 2006 : 183-184).

Chapter 07 클라이언트중심치료 모델

인본주의 심리학자들은 인간이 무엇으로 성장할 수 있느냐 하는 견지에서 현실뿐만 아니라 그 가능성을 본다. 또한 인간을 능동적이고 어느 한도까지는 능력이 있고 사물을 판단할 수 있으며, 선택할 수 있는 적극적인 유기체로 본다. 인간의 행동이 환경과 문화의 영향을 받는다는 것은 틀림없는 사실이지만, 인본주의 심리학자들은 환경과 문화의 궁극적 영향이 결국 각 개인이 가지는 외적 요인에 대한 독특한 견해와 태도에 따라 결정된다고 본다. '나'라는 인간은 내가 보고 또 내가 해석하는 그 세계에 의하여 영향을 받는 것이지, 타인이 보고 느끼는 세계, 소위 객관적 현실세계에 의하여 영향을 받는 것이 아니다. 인본주의 심리학의 특징은 어떤 통일된 전형이 없다는 것이다. 인본주의 심리학은 하나의 '학파'로서 존재하기보다는 하나의 '운동'으로서 존재하기 때문이다(최정훈, 1992 : 16-29).

1. 인본주의 접근의 인간관과 기본 가정

인본주의 심리학의 목적은 인간으로서 존재한다는 것이 어떤 의미인지 완전하게 기술하기 위해 준비하고 노력하는 것이다. 즉, 인간의 선천적인 능력인 감정, 사고, 행동의 가능성, 성장, 발전과 감퇴, 환경과의 다양한 상호작용, 그에게 가능한 다양한 범위의 경험을 완전하게 기술하는 것이다. 따라서 인본주의 심리학자들은 일상생활 속에서 아주 중요한 인간의 경험적인 측면에 관심을 기울이려 한다. 즉, 인간의 사랑, 고통, 소망, 공포, 희망 등 친숙한 경험들에 대한 우리의 이해를 넓혀가려고 하는 것이다. 인본주의 심리학은 인간의 경험을 기술할 뿐만 아니라 '얼마나 그 경험이 더 넓혀지고 풍부해지고 의미있게 될 수 있는가?', '무엇이 더 가능할 것인가?' 등의 질문을 던진다.

인본주의 심리학자들은 이러한 인간의 경험을 늘리고 풍부하게 하는 방법을 고안하려고 노력한다. 결국 인본주의 심리학은 각 개인의 잠재력 안에서 그들이 성숙하고 발전할 수 있도록 도와주는 작업을 한다.

1) 인본주의적 접근의 인간관

인본주의 심리학자들은 무엇보다도 인간을 감정과 이성과 의도를 지닌 의식적인 수행자로 강조하고 이러한 요인이 인간의 행동을 이해함에 있어 결정적인 역할을 한다고 믿는다. 인간관을 요약하면 다음의 세 가지로 나타낼 수 있다. 첫째, 인간은 복잡하고도 독특한 존재이다. 즉, 인간은 실험실 안에서 여러 요소로 나뉘어져 설명될 수 없고 동물에게서 찾아볼 수 없는 능력을 갖고 있다. 둘째, 인간은 사고하고 결정하고 느끼며, 환경에 대해 자동적으로 반응하는 것 이상으로 행동한다. 셋째, 인간은 성장과 충만함과 행복을 향한 능력을 갖고 있고, 자신에게 중요하다고 생각되는 여러 가치체계를 주장하고 목표를 추구한다.

2) 인본주의적 접근의 기본 가정

인본주의 심리학을 보는 의견이 학자마다 조금씩 다르지만, 인본주의적 사고의 명백한 공통점은 인간의 심리를 이해하기 위해 인간 자체를 모델로 한다는 점이다. 인간연구에 있어서 인본주의 심리학자는 성격의 특성이나 효능을 기술하기보다는 성격의 발달과 변화에 더 중점을 두고 자아개념을 그 중심적 요소로 본다.

불러(Buhler, 1971)는 인본주의 심리학의 기본적인 이론적 개념을 다음과 같이 제시했다. 첫째, 한 개인은 전체로서 연구된다. 둘째, 전체적인 인간에 대한 이해는 그의 전체 삶의 역사를 필요로 한다. 셋째, 실존의 개념이 중시되고 그에 따르는 의도(intentionality)의 개념도 중시된다. 넷째, 정신분석학파가 주장하는 삶의 목적인 '항상성(homeostasis)'을 비판하고 그 대신에 끊임없이 동기화되어 무언가를 성취하기 위해 나아가는 인간상을 내세운다. 다섯째, 인간은 자신 안에 있는 여러 자아들(selves)을 통합해야 하는 커다란 과제를 갖고 있다. 여섯째, 창의성의 역할을 강조한다(최정훈, 1992 : 30-31).

3) 클라이언트중심치료 모델

로저스(C. Rogers)는 기존의 심리치료방식에 불만을 느끼면서, 자신의 독특한 심리치료접근방식을 발달시키기 시작했다. 로저스가 1951년에 출판한 『클라이언트중심치료』에는 초기의 견해와 유희치료, 집단중심 심리치료, 집단중심의 지도력과 실시, 학생중심의 교수 등의 활동에 관하여 쓰여있으며, 성격과 행동의 이론도 포함되어 있다. 로저스는 "비지시적 상담"이란 이름을 "클라이언트 중심 상담"으로 변경하였다. 로저스의 인간관은 인간을 근본적으로는 합리적이고 사회적이며, 발전적이고 현실적인 존재로 본다. 이것은 치료상의 경험에서 발전한 관점이다.

2. 클라이언트중심치료 모델의 기본 가정과 주요 개념

1) 클라이언트중심치료 모델의 기본 가정

로저스는 모든 인간에게 있어서 객관적인 현실이란 존재하지 않으며, 주관적인 현실세계만 존재한다고 보고 있다. 그러므로 모든 인간행동은 개인이 세계를 지각하고 해석한 결과이다. 이러한 인간행동을 정확하게 이해하기 위해서는 각 개인의 내적 준거체계를 이해해야 한다. 즉, 그가 객관적인 현실을 어떻게 지각하고 해석하는지를 알아야 한다는 의미이다. 인간의 행동은 궁극적으로 자신의 능력을 증대시키고 자신을 실현하려는 목적을 가지고 있기 때문에 내적 평형상태를 유지하기보다는 내적인 긴장감이 다소 있더라도 성장과 발달을 추구하려는 욕구가 더욱 강하다. 인간의 자아실현경향과 미래 지향성은 인간행동에 있어서 가장 기본적인 동기라고 할 수가 있다.

로저스의 인간이해는 네 가지로 요약할 수 있는데, 첫째, 인간은 개인 특유의 의식적 경험의 소유자이며, 둘째, 인간은 현상학적 존재라는 것, 셋째, 인간은 자기실현의 잠재력을 지닌 존재이며, 넷째, 인간은 자율적이고 자유로운 존재라는 것이다. 또한 자신의 개념과 생각을 검증가능한 가설로 진술하고 연구하려고 노력하였고, 이러한 임상경험을 토대로 발견한 인간의 기본적인 성향에 대해 밝힌다. 이러한 로저스의 인간이해를 구성하는 기본 개념에는 유기체, 현상학적 장, 자기와 자기개념, 부조화 및 불일치, 실현경향 등을 들 수 있다. 이 부분에서는 인간중심상담의 기본적 전제가 되는 그의 인간이해에 대해 살펴보고자 한다(한기태, 1996 : 283). 로저스는 인간의 본성과 행동에 관한 기본 가정을 근거로 하여 클라이언트와의 치료적 관계를 촉진시키는 지침을 제시하였는데, 클라이언트중심의 접근방법이 지니고 있는 기본 가정은 다음과 같다(Greene & Ephross, 1991 ; 손광훈, 2008 : 184-185).

(1) 인간은 믿을 수 있고, 능력이 있으며, 자기이해와 자기실현을 위한 잠재력을 지니고 있다.
(2) 자아실현은 일생을 통하여 이루어지는 과정이다.
(3) 만약 신뢰하고 존경하는 분위기가 형성된다면 인간은 긍정적으로 발달하고 성장한다. 개인적 성장은 치료적인 관계나 다른 형태의 관계를 통해서 발전한다.
(4) 진실성, 수용성, 감정이입적인 관심 등을 포함하는 원조자의 긍정적 태도는 효과적인 원조관계를 위한 필수조건이다.
(5) 클라이언트의 주관적인 경험을 존경하고, 자유와 개인적인 책임감, 자율성을 고양하고 선택권을 부여하는 것은 클라이언트의 성장을 촉진시킨다.
(6) 원조자는 권위적인 인물이 아니다. 원조자는 존경과 긍정적인 관심을 통하여 긍정적인 성장을 증진시키는 사람이다.
(7) 클라이언트는 자기인식(self-awareness)을 할 수 있는 능력이 있고, 더욱 적절한 행동을 할 수 있는 능력을 지니고 있다. 클라이언트는 모든 사람들과 마찬가지로 부적응적인 상태에서 벗어나서 심리적으로 건강한 상태로 옮겨갈 수 있는 성향을 가지고 있다.
(8) 사회복지실천가는 원조관계에서 나타나는 '지금－여기'의 행동에 초점을 두어야 한다. 원조관계에서는 클라이언트가 자신의 세계에서 어떻게 행동할 것인가에 초점을 두어야 한다.
(9) 진정한 자아에 대하여 아는 것이 원조관계의 중요한 목적이다.
(10) 원조관계의 목적은 클라이언트가 더욱 독립적이고 통합된 상태로 변화하게 하는 것이다.

매슬로우(A. Maslow)가 인간에 대해서 가지고 있는 기본 가정은 다음과 같다(Gatchel & Mears, 1982 : 427).

(1) 인간의 본성은 원래 선하다.

(2) 인간은 자율적이며, 인간행동은 내면으로부터 나오지만 무의식적 동기의 산물이 아니다.
(3) 동물에 관한 연구는 복합적인 인간경험의 본질을 설명해 주지 못한다.
(4) 인간행동을 연구하고 이해하기 위해서는 인간의 병리적인 측면보다는 건강한 사람의 행동과 지각에 대해서 탐구해야 한다. 즉, 정신병리를 이해하기 위해서는 정신건강에 대하여 먼저 이해해야 한다.
(5) 사람은 능력있는 존재이며 기본적인 욕구가 충족되면, 인간성을 성취하고 결국은 자아실현자가 된다.

2) 클라이언트 중심 치료의 주요 개념

(1) 주요 개념

① 실현화 경향

유기체를 유지하거나 고양시키는 방법으로서 모든 유기체의 잠재능력을 발전시키는 유기체의 생득적인 경향이다. 욕구감소, 긴장감소, 욕동감소와 같은 개념도 실현화 경향이라는 개념에 포함된다. 또한 쾌락적인 긴장추구, 창의적이고자 하는 경향, 걷는 것을 학습하려는 경향 및 자기실현화 경향 등이 포함된다.

② 자기실현화 경향

자기실현화 경향이란 자신을 상징하는 유기체의 경험에서 자기실현을 하는 일반적 경향의 표현을 말한다.

③ 경험

특정한 시간에 유기체 내에서 일어나고 있는 모든 것을 말한다. 여기에는 의식에 있는 모든 현상뿐 아니라, 개인이 자각하지 않은 사건도 포함된다.

④ 감정경험

정서적 경험을 개인적 의미로 착색한 경험을 말한다. 감정이라는 용어는 클라이언트 중심 치료와 이론에 관한 저서에서 매우 많이 사용되고 있다. 이는 개인적 의미를 가지고 있으며, 정서적인 색조를 띤 경험을 의미한다.

⑤ 자각 · 상징화 · 의식

경험의 어느 부분을 나타내는 것으로 이 세 가지 용어는 동의어로 정의된다. 따라서 자각은 우리 경험의 일부에 대한 상징적인 표상으로 간주된다.

⑥ 자기 · 자기개념 · 자기구조

자기, 자기개념, 자기구조란 '내가' 또는 '나를'에 따른 특징을 지각한 것과 '내가' 또는 '나를'이라는 말이 생활의 여러 면과 관계되고 있는 것을 지각하는 것, 이런 지각에 밀착되어 있는 가치를 포함하여 전체로 구성하는 것을 말한다.

⑦ 자아발달

자아는 개인의 전체적인 현상학적 장, 혹은 지각적인 장으로부터 분화된 부분이다. 즉, 아동은 생활과정에서 타인과 상호작용을 통하여, 자신의 전체적인 경험의 장으로부터 "나" 혹은 "나를" 또는 "나에게로"로 한정시키는 하나의 심상을 형성하게 된다. 다시 말해서, 자아는 개인 자신의 존재의 각성 또는 기능화의 각성을 의미한다. 이와 같은 자아발달을 통해서 개인은 자기에게 속한 것 혹은 자기 일부와 자신이 지각하는 다른 모든 대상 사이를 구별할 수 있게 되는 것이다.

⑧ 자기와 경험의 불일치

긴장, 내적 혼란, 행동을 실현하려는 경향과 자기실현을 하려는 경향 사이의 갈등에서 초래하여, 조화가 안 되었거나 이해할 수 없는 행동을 동반하는 지각된 자아와 실제 경험의 모순을 말한다.

⑨ 적응과 부적응

적응이란 자아와 유기체의 경험 간의 일치를 말하며, 경험에 개방적인 특성을 지니고 있으며 충분히 기능을 발휘할 수 있는 상태라고 할 수 있다. 부적응이란 자아와 유기체의 경험 간의 불일치를 말하는 것이며 방어적인 특성을 가지고 있다고 할 수 있다.

⑩ 방어(방어성)

경험과 자기구조 간의 불일치를 감소시키기 위하여 경험을 지각적으로 왜곡하거나 혹은 어떤 경험의 자각을 부인하여 그 결과 자기에 대한 어떤 위협이라도 방어하는 것이다.

⑪ 지금-여기(here & now)

사람의 행동을 결정하는 것에 대해 정신분석에서는 과거의 경험이 현재의 행동을 결정하는 것으로 간주하지만, 인간중심이론에서는 그렇게 여기지 않는다. 로저스에 따르면 지금-여기에서 사람이 어떻게 생각하고 느끼느냐가 행동을 결정하는 유일한 요소이다. 과거는 과거일 뿐 현재와는 다르다. 여기에서 중요한 것은 사람이 항상 같으리란 법은 없다는 점이다. 바로 어제까지 세상에 관한 온갖 비관적인 생각으로 가득차 있었다 하더라도, 오늘은 세상이 희망차게 보일 수도 있다. 어제는 어제이고, 오늘은 오늘이다. 오늘의 나, 즉 현재의 나를 결정짓는 것은 어제 가졌었던 비관적인 생각이 아니라 바로 지금 가지고 있는 나와 세상에 대한 희망이다.

⑫ 일치성(자기와 경험의 일치)

자아의 경험이 자아개념으로 정확하게 상징화된 경험이다. 이것은 치료적 경험으로부터 유래한 기본 개념으로서, 치료적 경험에서 개인은 자기개념이 정확하게 상징화되어 자신의 경험과 일치되도록 변화한다.

⑬ 경험의 개방성

경험에 완전히 개방되어 있는 가설적인 개인에게는 자기라는 개념은 그의 경험과 완전히 일치하도록 자각 내에 상징화될 것이다.

⑭ 성숙(성숙성)

적합성이 있는 사람이 나타내는 행동이다.

⑮ 조건부 가치

경험이 유기체를 고양시키는지와 무관하게, 오직 타인에게서 부여받은 가치 때문에, 자기 자신에게 긍정적이든 부정적이든간에 개인이 경험한 것에 가치를 두는 것이다.

⑯ 유기체적인 가치화 과정

단기적·장기적 관점 모두에서 유기체는 자극이나 행동이 유기체와 자기를 유지하거나 고양시킬 때 만족을 경험한다. 따라서 실현화 경향의 준거가 된다.

⑰ 충분히 기능하는 인간

인간은 타인으로부터 긍정적 관심을 얻고자 하는 욕구와 자기 관심의 욕구를 갖고 있고 이런 욕구가 충족될 때, 개인은 충분히 기능하는 인간이 될 수 있는 것이다. 충분히 기능하는 인간이 되어가는 과정의 특징은 다음과 같다. ① 경험의 개방성이 증가되어가는 과정 : 자신의 감정을 있는 그대로 자유롭게 각성할 수 있음과 동시에 그들에 대하여 자유롭게 대처해갈 수 있는 사람, 즉 심리적으로 자유로운 사람이 이에 속한다.

② 삶의 순간에서 보다 충실하게 살고자 하는 경향 : 실존적 삶의 태도가 증가되는 것이다. 충분히 기능하는 사람은 자아구조가 그때의 새로운 경험에 끊임없이 개방되어 있으므로 충분히 기능할 수 있는 능력이 자아방어 때문에 방해 받지 않아 잘 적응할 수 있게 되는 것이다. ③ 자신의 유기체에 대한 신뢰를 증대해가는 과정 : 자신의 유기체 전체를 통해서 어떤 한 상황의 여러 측면을 고려할 수 있고, 그 결과로 상황의 모든 측면을 가장 만족스럽게 할 수 있는 결정을 할 수 있게 되는 것이다. 그러므로 경험에의 개방증대, 실존적 삶의 태도증대, 자기 유기체에 대한 신뢰증대로 사람은 보다 자유롭고 창조적이며, 인간성을 신뢰하고, 보다 풍요로운 삶을 살 수 있다.

(2) 성격변화의 과정

인간이 현재 나타내는 성격 특성의 원인보다는 성격변화의 과정에 관해서 관심을 가지고 있다. 클라이언트중심 이론은 주로 변화를 가져오는 조건에 관한 이론이다.

① 유아의 특징

유아는 자기를 실현하려는 선천적 경향을 부여 받았다. 유아의 행동은 자신이 지각한 현실과의 상호관계에서 실현하고 싶어하는 욕구를 만족시켜 주는 방향으로 지향하게 된다. 이런 상호작용에서 유아는 조직된 전체로서 행동한다.

② 자기개념의 발달

자신의 존재와 기능에 대한 자각이 발달함에 따라 개인은 환경 내에서 자기 자신의 존재 및 기능에 대한 경험으로 이루어지는 자기감을 획득하게 된다. 이것이 바로 발달하는 자기개념이다.

③ 긍정적 존중을 받으려는 욕구

자신을 자각하기 시작하면서 타인으로부터 긍정적 존중을 받으려는 욕구가 발달한다. 개인의 긍정적 존중은 자신이 타인의 욕구를 만족시킨다고 지각할 때 이루어지는 것이다.

④ 자기존중의 욕구발달

긍정적인 존중에 대한 욕구가 만족되거나 좌절되는 경험으로부터 인간은 자기존중감을 발달시키는데, 이는 타인으로부터 받은 존중에 대한 자신의 지각에 근거한 학습된 자기감이다.

⑤ 조건부 가치의 발달

아동은 자기경험이 긍정적인 존중을 받았던 경험과 일치할 때 긍정적인 자기존중을 경험한다. 자기경험이 긍정적인 존중을 받을 수 없는 경험일 때에는 부정적인 자기존중을 경험한다.

⑥ 자아와 경험 간의 모순성 발달

자기를 존중하려는 욕구는 경험을 선택적으로 지각하게 하여, 조건부 가치와 일치하는 경험을 정확하게 지각하여 상징화하지만, 조건부 가치와 반대되는 경험은 선택적으로 어느 일부분만 왜곡시켜 지각하거나 자각하지 못하게 한다.

⑦ 위협의 경험과 방어과정

자아구조와 모순되는 경험은 위협으로 지각된다. 방어과정은 이것을 예방한다. 방어는 편협하게 지각하는 것이고, 현실을 착각하고 의도적으로 지각하는 결과를 낳는다.

⑧ 재조정의 과정

한 개인이 진실해질수록 조건부 가치가 감소되고, 무조건적 자기존중이 증가된다는 것은 틀림없다. 중요한 타인을 무조건 긍정적으로 존중하고 의사소통하는 것은 이런 조건을 만족시키는 방법이다.

(3) 클라이언트중심적 사회복지사의 태도

앞서 사회복지사가 클라이언트에게 성장을 촉진하는 양육조건을 제공하면, 클라이언트는 이제까지 자신을 구속했던 가치조건에서 벗어나 자신의 경험에 새로운 의미를 부여해나가게 된다고 설명했다. 이러한 점에서 사회복지사가 제공하는 양육조건은 클라이언트중심적 상담의 핵심이라 할 수 있으며, 그것은 클라이언트를 대하는 사회복지사의 태도, 즉 상담관계를 통해 발현된다. 사회복지사가 어떠한 태도로 클라이언트와 관계를 맺어나가느냐 하는 것이 클라이언트가 문제를 해결하고 심리적 성장을 이루는 데 핵심적 관건이 된다.

로저스는 긍정적 성격변화를 이루는 필요충분조건으로 진솔성, 무조건적 긍정적 존중, 감정이입적 이해와 같은 세 가지의 사회복지사 태도를 강조했다. 여기에서 필요충분조건이란 어떤 결과가 일어나기 위해서는 어떤 조건들이 반드시 필요하며, 그러한 조건이 충족이 된다면, 기대하는 결과가 충분히 일어난다는 것을 의미한다. 로저스는 클라이언트의 심리적 문제의 해결과 인간적 성장을 위해서는 사회복지사의 이러한 세 가지 태도가 필요하며, 사회복지사가 클라이언트와의 관계에서 이러한 세 가지 태도를 일관적으로 유지해나갈 때 클라이언트의 긍정적인 성격변화는 반드시 일어난다고 본 것이다.

① 진솔성

진솔성이란 사회복지사가 클라이언트를 대함에 있어서 가식이나 왜곡, 겉치레가 없는 것을 말한다. 즉, 진실하고 솔직하다는 뜻이다. 진솔성에는 다음의 두 가지 측면이 있다. 첫째, 클라이언트를 대함에 있어 사회복지사에게 무엇이 경험되는가이다. 그것은 다양할 수 있다. 매력, 관심, 짜증, 귀찮음, 애처로움, 흥분, 지루함 등이 몇 가지 예이다. 내용이 어떤 것이든간에 사회복지사는 클라이언트를 대하면서 드는 생각이나 느낌에 솔직하고 충실해야 한다. 그것을 더하거나 빼지 않고 있는 그대로 느끼고 경험하는 것이 중요하다. 둘째, 클라이언트에게 무엇을 표현하는가이다. 이는 클라이언트와의 관계에서 느껴진 것을 표현하는 문제로서, 이때 진솔성은 클라이언트에 대해 진솔하게 느껴진 것을 관계에서 있는 그대로 표현하는 것을 포함한다. 예를 들어, 클라이언트에 대해 느껴지는 것들 중 긍정적인 내용만 표현하고 부정적인 내용은 숨겨버리는 것은 진솔한 태도가 아니다.

사회복지사가 클라이언트에게 어떻게 부정적인 것까지 표현할 수 있는가라고 의구심을 가질 수도 있다. 물론 부정적 감정의 표현이 클라이언트의 문제해결과 성장은 커녕 클라이언트와의 관계를 단절시키고 아픔과 상처만 가중시키는 것으로 작용해서는 곤란하다. 그렇다고 해서 긍정적인 내용만 표현하게 되면 그것은 또 진솔한 태도가 못된다. 진솔성의 양면성이 바로 여기에 있다. 진솔성의 의미를 올바르게 이해하지 못하면 진솔성은 자칫 상담관계를 위태롭게 하는 것으로 결말이 날 수도 있다.

진솔성의 중요성은 자기와 경험 간의 불일치를 줄여나가는 데 밑거름이 된다는 점에 있다. 앞서 설명한 대로 심리적 문제의 발생과 인간적 성장의 지연에는 모두 자기개념과 들어맞지 않은 감정이나 경험을 있는 그대로 수용하지 않고 부인하거나 왜곡하는 심리적 과정이 개입되어 있다. 즉, 경험과의 진솔한 접촉이 차단되어 있는 것이다. 따라서 사회복지사가 클라이언트를 진실하고 솔직하게 대하는 태도를 일관되게 유지하게 되면, 클라이언트 또한 그것을 거울삼아 자신의 경험에 대해서도 진솔한 접촉을 해나갈 수 있게 된다. 따라서 사회복지사의 진솔성은 클라이언트의 진솔성을 촉진시키기 위한 기폭제 역할을 한다. 사회복지사의 진솔성은 클라이언트 자신의 경험의 개방과 접촉을 촉진하는 것으로 작용한다.

클라이언트에 대한 사회복지사의 부정적 감정의 표현이 클라이언트의 성장에 기여하지 못한다면 의미가 없다. 사회복지사 자신의 경험이 왜곡되어 있거나 자신의 심리적 문제가 미해결된 상태에서 부정적인 감정을 충동적으로 마구 쏟아낸다면, 그것은 사회복지사의 미숙함을 나타내는 것에 불과하다. 결국 사회복지사의 진솔성은 어느 정도 사회복지사의 인격적 성숙을 전제로 한다. 사회복지사 자신이 왜곡되고 비뚤어진 인격적 미성숙 상태로부터 자유로워지게 되면 클라이언트에 대해 무엇이 느껴지건, 무엇을 표현하건, 그것은 모두 클라이언트의 진실한 경험의 접촉을 촉진할 수 있게 된다. 만약 그렇지 못하다면, 사회복지사의 긍정적 진솔성(긍정적인 내용을 관계에서 표현하는 것)은 겉치레에 불과하고, 부정적 진솔성(부정적 내용을 관계에서 표현하는 것)은 클라이언트에게 상처만 줄 뿐이다.

② 무조건적 긍정적 존중

사람은 누구나 다 자신을 긍정적인 존재로 여기고 싶어한다. 즉, 자신이 좋은 사람, 괜찮은 사람, 멋있는 사람으로 받아들여지길 원하며, 나쁜 사람, 형편없는 사람, 멋없는 사람으로 여겨지길 원하는 사람은 없다. 이에 대한 인간의 욕구는 매우 강하다. 그런데 자신을 긍정적인 존재로 여길 수 있기 위해서는 타인으로부터 긍정적인 인정, 사랑, 수용, 존중을 받는 것이 필요하다는 데서 문제가 복잡해진다.

타인으로부터는 형편없는 사람취급을 받는데도 스스로만 자신을 좋은 사람이라고 여기는 것은 일종의 망상에 불과하다. 인간은 성장하는 과정에서 어른이 부여한 가치조건에 자신을 짜맞추어 나갈 수밖에 없다. 이런 의미에서 가치조건은 사람의 심리적 생존을 위해 불가피한 측면도 있다. 그런데 문제는 그러한 가치조건이 경험의 개방적 접촉, 진실한 자기발견, 건전한 성장과 발달을 저해하는 쪽으로 작용하기가 쉽다는 것이다. 사람은 대개 타인으로부터 인정이나 수용을 받기 위해 자신을 숨기거나 왜곡한다. 왜냐하면 자신을 있는 그대로 느끼고 표현하는 것은 기존의 가치조건에 위배되기 쉬우며, 따라서 타인(예를 들어, 부모를 비롯한 중요한 타인들)으로부터 거부와 불인정을 받기 쉽기 때문이다.

사회복지사로서는 클라이언트가 심리적 생존을 위해 따를 수밖에 없었던, 그러나 자기를 성장시키는 데 걸림돌로 작용했었던 가치조건으로부터 벗어날 수 있도록 도와야 한다. 가치조건의 해제에 핵심적인 것은 무조건적 긍정적 존중이다. 여기에서 긍정적 존중이란 클라이언트를 한 인간으로서 긍정적인 존재로 대한다는 것을 의미한다. 또한 무조건적이란 말은 클라이언트를 긍정적인 존재로 존중하되, 그것에 아무런 전제나 조건도 달지 않는다는 것을 뜻한다. 따라서 무조건적 긍정적 존중이란 "나는 당신이 ~할 때에만 괜찮은 사람으로 인정하겠소"가 아니라 "나는 당신의 모습을 있는 그대로 수용하겠소"라는 태도와 같다. 즉, 클라이언트를 사회복지사의 가치조건에 비추어 판단하거나 평가하지 않고, 그가 무엇을 말하고 느끼든, 또한 그가 어떠한 행동을 하든 클라이언트라는 인간은 가치있고 존중받을 만하다는 태도를 일관한다는 것이다.

클라이언트를 무조건적으로 존중한다고 해서 클라이언트가 하는 일거수일투족 모두에 대해 사회복지사가 동의를 하거나 승인을 해야 하는 것은 아니다. 예를 들어, 누가 봐도 바람직하지 못한 행동을 클라이언트가 하고 있다면, 사회복지사로서는 그 행동을 승인하거나 옹호하지 않아도 된다. 여기에서 중요한 것은 행동, 감정, 생각 그 자체가 아니라, 그런 행동을 하고, 그런 감정을 느끼며, 그런 생각을 하는 클라이언트의 인간으로서의 가치이다.

"행동은 미워하되 그 사람은 미워하지 말라"는 격언처럼, 인간중심적 상담이론에서 강조하는 무조건적 긍정적 존중이란 클라이언트라는 인간에 대한 끊임없는 관심, 조건을 달지 않는 긍정적 수용을 뜻한다. 사회복지사가 이런 태도를 일관되게 유지할 때, 클라이언트 또한 기존의 가치조건으로부터 벗어나게 되며, 따라서 자신을 있는 그대로 느끼고 표현할 수 있는 자유로운 존재가 될 수 있다. 이렇게 되면 심리적 문제의 해결은 물론이고, 이제까지 숨겨지고 왜곡되어왔던 가능성과 잠재력이 발현되게 되어 클라이언트는 그야말로 참된 성장과 성숙의 길로 접어들게 되는 것이다.

③ 감정이입적 이해

진솔성과 무조건적 긍정적 존중이 클라이언트를 대하는데 있어서 사회복지사가 유지해야 할 기본적 자세나 태도와 관련된 것이라면, 감정이입적 이해는 그것을 실제로 구현하는 것과 관련된다. 즉, 인간중심적 사회복지사는 진솔성과 무조건적 긍정적 존중의 태도를 유지하되, 거기에만 머물지 않고 감정이입적 이해를 통해 클라이언트와 소통한다는 것이다. 이런 의미에서 감정이입적 이해는 클라이언트중심적 상담의 꽃이라고 해도 과언이 아니다.

감정이입적 이해는 지금-여기에서 나타나는 클라이언트의 감정과 경험을 사회복지사가 민감하고 정확하게 이해하는 것을 뜻한다. 즉, 클라이언트의 현재의 내면적 감정을 그것이 마치 사회복지사 자신의 감정인 것처럼 느끼는 것이다. 몸은 둘이지만 느끼는 감정은 하나인 것과 같다. 비록 자신의 감정이지만 그 의미가 제대로 이해되지 않았던 클라이언트의 감정은 사회복지사의 감정이입적 이해를 통해 비로소 진정한 의미를 갖게 된다. 이런 점에서 감정이입적 이해는 클라이언트가 자신에 대해 진정한 경험과 접촉을 확대시켜나가도록 하는 데 도움이 된다. 이제까지 부정되고 왜곡되어 왔던 자신의 모습을 있는 그대로 보고, 느끼고, 수용하도록 하는 데 감정이입적 이해가 큰 도움이 되는 것이다.

감정이입적 이해를 잘 하기 위해서는 사회복지사가 클라이언트의 입장에 서보는 것이 중요하다. 클라이언트의 입장에 서보지 않으면 그가 무엇을 느끼고 생각하는지 이해할 수 없다. 설령 이해한다하더라도 그것은 클라이언트라는 인간과 유리되어 먼발치에서 하게 되는 지적인 이해에 불과하다. 그것도 아니라면 클라이언트에 대한 사회복지사의 사적인 의견에 불과할 수 있다. 따라서 사회복지사에게는 심정적으로, 인간적으로 자신과 클라이언트를 동일한 입장에 설 수 있도록 하는 풍부한 정서적 상상력이 필요하다. 그러한 상상력을 동원해서 클라이언트의 마음의 세계를 있는 그대로 관찰하고 경험하는 것이 감정이입적 이해의 첫 걸음인 셈이다.

이 과정에서 사회복지사 자신의 감정이나 생각이 개입되면, 감정이입적 이해가 힘들어진다. 그것은 마치 클라이언트의 마음의 물컵에 사회복지사의 감정의 물감을 풀어버림으로써 클라이언트의 주관적 세계를 사회복지사의 감정으로 오염시키는 것과 같다. 그것은 감정이입적 이해보다는 사회복지사의 일방적인 의견전달에 불과하다. 역으로 클라이언트의 주관적 경험세계에 동참한다고 해서 사회복지사로서의 주체성이나 본연의 자세를 잊어버리는 것 또한 감정이입적 이해와는 거리가 멀다. 그렇게 되면 클라이언트와 같은 감정은 느낄 수 있을지 몰라도 클라이언트를 변화시킬 수는 없다.

사회복지사로서 자신의 처지와 입장은 그대로 유지한 채로 클라이언트의 입장이 되어, 거기에서 보고 느낀 것의 의미를 사회복지사로서 클라이언트에게 전달해 주어야 한다. 이런 의미에서 사회복지사의 진정한 감정이입적 이해는 클라이언트의 주관적 감정세계를 경험하되 자신의 사사로운 의견이나 감정을 덧붙이지 않고, 클라이언트의 감정에 동참하되 거기에 함몰되지 않는 것을 의미한다. 거기에서 나아가 감정이입적 이해는 클라이언트가 자신의 경험에 대한 접촉과 이해를 넓혀나감으로써 진정한 자기를 있는 그대로 발견할 수 있도록 성장지향적 방향성을 유지해야 한다. 이러한 감정이입적 이해를 통해 클라이언트는 자유로운 자기탐색과 이해, 자기수용과 성장의 길로 나아갈 수 있게 된다.

3. 클라이언트중심치료의 과정과 주요 기술

클라이언트중심 사회복지실천의 목표는 개인으로 하여금 방어적 행동을 일으키는 가치조건의 해체를 도와서 유기체적 경험의 개방성을 증대시킬 수 있도록 한다. 그 결과로 자아 혹은 자아개념과 유기체의 경험 간의 일치도를 높일 수 있도록 돕는 데 있다. 이 이론에서 사회복지사는 특수문제의 해결이나 특수행동의 변화를 상담목적으로 삼지 않는다.

1) 치료목표

클라이언트중심치료의 목표는 한 개인의 실현경향을 방해하는 장애를 제거함으로써 클라이언트가 보다 성숙해지고 자기실현을 향해 나아갈 수 있도록 돕는 것이다. 클라이언트중심 접근법의 치료목표는 전통적인 접근법의 치료목표와 다르다. 클라이언트중심 접근법에서는 개인의 보다 큰 독립성과 통합성의 정도에 치료목표를 둔다. 초점은 인간의 현재의 문제가 아니라 인간 그 자체에게 주어진다. 로저스(1977)의 관점에서 보면, 치료목표는 단순히 문제를 해결하는 것이 아니라 클라이언트의 성장과정을 도움으로써 그들이 현재 직면하고 있는, 또는 미래에 직면하게 될 문제에 대해 보다 잘 대처할 수 있게 돕는 것이다.

로저스(1961)는 심리치료를 받으러 오는 사람의 대부분은 '진실로 내 자신을 어떻게 발견할 수 있을까?', '내가 진실로 바라고 있는 바대로 될 수 있을까?', '어떻게 나의 겉모습의 배후로 들어가 진정한 내 자신으로 될 수 있을까?'와 같은 의문을 갖고 있다고 한다.

치료의 기본 목표는 개인이 완전한 기능을 발휘하는 사람이 되도록 도울 수 있는 환경을 제공하는 것이다. 그러나 이런 목표를 향한 작업을 하기 전에 우선 쓰고 있는 가면을 꿰뚫어 보아야 한다. 이러한 가면은 클라이언트가 사회화 과정을 통해 발달시킨 것이다. 클라이언트는 이런 가면을 씀으로써 자신과 접촉할 기회를 잃었다는 것을 인식하게 된다. 치료기간 중의 안전한 분위기에서 그들은 다른 가능성들도 인식하게 된다.

치료과정을 통해 가면이 벗겨져나가면, 그 가면 뒤에서는 어떤 종류의 사람이 나타날까? 로저스(1961)는 ① 경험에 대해 보다 개방적이고, ② 자신을 신뢰하며, ③ 내적 기준에서 평가할 수 있고, ④ 성장을 기꺼이 계속하려는 자기실현을 이루려는 사람이 나타난다고 기술하고 있다. 이런 특성을 격려하는 것이 클라이언트중심적 치료의 기본 목표이다. 다음의 네 가지 특성은 치료의 방향을 이해하는 데 필요한 일반적 구조를 제공해 준다.

(1) 경험에 대한 개방

경험에 대한 개방은 선입관을 가진 자아구조에 맞추어 현실을 왜곡하지 않고 현실을 있는 그대로 보는 것이다. 방어의 반대인 경험에 대한 개방은 자아가 외계에 존재하는 실체에 대하여 좀 더 잘 자각하게 되는 것을 뜻한다. 이것은 또한 사람의 신념은 고정된 것이 아니라 좀 더 나은 지식과 성장에 대해 자기를 개방할 수 있으며 모호성을 수용할 수 있다는 것을 뜻한다. 사람은 현재의 상황에서 자신을 인식할 수 있으며, 새로운 방법으로 자신을 경험할 수 있는 능력을 갖고 있다.

(2) 자기신뢰

치료목표 중의 하나는 클라이언트가 자기신뢰감을 갖도록 돕는 것이다. 치료의 초기 단계에서 종종 클라이언트는 자신과 자신의 결정을 잘 믿지 않는다. 클라이언트가 자신의 경험에 대해 보다 개방적으로 됨에 따라 자기신뢰감이 나타나게 된다.

(3) 내적 근거에 의한 평가

자기신뢰감과 관련되어 내적 근거에 의한 평가는 실존의 문제에 대한 해답을 발견하기 위하여 좀 더 자신을 살펴보는 것을 의미한다. 자신의 인격상을 파악하기 위하여 밖을 살피는 대신에 점점 더 자신의 중심으로 눈을 돌리게 된다. 자신의 행동기준을 결정하고 삶의 결정과 선택을 자신 속에서 찾는다.

(4) 성장을 계속하려는 자발성

자기(self)를 성장의 산물로 보지 않고 성장의 과정으로 보는 것이 중요하다. 비록 클라이언트를 성공적이고 행복한 상태(마지막 산물)로 만들기 위해 어떤 기법을 사용해서 치료를 시작한다하더라도, 클라이언트는 성장이란 하나의 계속적인 과정이라는 것을 깨닫게 된다. 클라이언트는 고정된 실체라기보다는 자기 지각과 신념에 도전하는 유동적 과정에 있는 존재이며 새로운 경험과 전환에 대해 자신을 개방하는 존재이다.

사회복지사는 클라이언트를 위해 특수한 목표를 선택하지 않는다. 클라이언트중심 치료이론의 초석은 원조자인 사회복지사와 관계를 가지는 클라이언트는 자신의 목표를 정의하고 명료화하는 능력을 갖고 있다는 관점이다. 그러나 많은 사회복지사가 클라이언트 스스로가 그의 특수한 목표를 결정하도록 하는 것이 어렵다는 것을 경험하게 될 것이다. 클라이언트가 자신의 방향을 발견할 수 있다는 개념에 대해 말하는 것은 쉽지만 클라이언트가 자신에게 경청하고 자신의 지시에 따르도록 격려하는 데에는 —특히 사회복지사가 원하지 않는 것을 클라이언트가 선택했을 때에는—클라이언트에 대한 사회복지사의 존경심과 용기가 대단히 필요하다.

2) 치료과정

클라이언트 중심 치료에서 If-then(만일 ~이라면, ~이다) 공식은 어떤 조건이 존재한다면, 어떤 과정이 진행되어 개인의 성격과 행동에 변화가 일어날 것이라는 가설이다. 치료과정의 조건을 보면, 먼저 두 사람이 접촉한다. 상담과 심리치료의 첫 번째 조건으로 두 사람의 만남을 선행적으로 들 수 있다. 두 사람 간의 심리적인 상호작용을 위한 토대를 상담초기에 설정한다. 그 다음 조건으로, 사회복지사는 클라이언트에 대한 무조건적 긍정적 존중을 경험해야 한다. 또 다른 조건은 공감이다. 끝으로 클라이언트는 최소한 사회복지사의 무조건적 긍정적 존중과 감정이입적 이해를 지각해야 한다.

클라이언트 중심 사회복지실천의 조건을 보면, 클라이언트는 불일치 상태에 있고 이를 불안하게 여긴다. 사회복지사는 클라이언트와의 관계에서 진실하며, 클라이언트에 대한 무조건적 긍정적 존중을 경험하고, 비평가적이어야 한다. 클라이언트가 상담과정을 어떻게 지각하느냐 하는 것은 중요하다. 상담적 변화는 클라이언트가 경험을 어떻게 지각하는가와 사회복지사의 성격, 태도, 기술 등에 달려있기 때문이다. 상담과정에서 클라이언트가 상담을 경험하는 내용을 살펴보면 다음과 같다.

(1) 책임감의 경험

클라이언트는 자기가 상담관계에서 책임감이 있다는 것을 발견하며, 이것은 고독감, 괴로움, 분노, 책임감이 증가되고 이를 수용하는 등의 여러 가지 감정이 되기도 한다.

(2) 탐색의 경험

치료가 진전됨에 따라서 클라이언트는 자기의 태도와 감정을 탐색한다. 그는 모순성이 자기 자신에게서 발견될 때 불안한 마음이 일어나는 동시에, 긍정적 관심이 생기기도 한다.

(3) 부정적 태도의 발견

탐색한 결과, 경험은 했으나 지각되는 것을 거부하는 태도가 발견된다.

(4) 자기를 재조직하는 경험

부정된 경험을 지각하게 하는 데는 자아를 재조직하는 것이 필요하다. 자아의 재조직은 자신에 관한 지각과 태도의 변화로 시작된다. 클라이언트는 자신을 더욱 긍정적으로 보고 자신을 점차 더 많이 수용한다. 자신을 재조직하는 과정은 가면 뒤에서 얻어지는 것이다. 상담관계의 자유스런 분위기에서 클라이언트는 자기의 거짓된 역할, 가면 등을 없애기 시작하여, 거짓 없이 스스로 자기를 발견하려고 시도한다. 과정의 최종점은 자아경험의 다양성과 모순성을 직면할 수 있도록 하는 것과, 경험 가운데서 자기 자신을 클라이언트가 찾을 수 있게 하는 것이다.

(5) 진전의 경험

논쟁점에 직면하여 해결하고, 성격의 요소를 재구성하는 것은 진전을 나타내며, 탐색이 계속 곤란해져도 클라이언트가 자신을 계속 탐색하는 데 자신감을 가지게 한다.

(6) 종결 경험

클라이언트는 언제 상담을 마치는지를 결정한다.

〈표 7-1〉 심리치료의 단계

치료단계	내 용
Ⅰ단계	이 단계에서는 '자기'와 의사소통하는 것을 싫어한다.
Ⅱ단계	외적인 것처럼 보이고 클라이언트는 개인적 책임을 받아들이려고 하지 않는다.
Ⅲ단계	자기에 관해, 대상으로서 자기에 관련된 경험에 대해, 타인에 주로 존재하는 반영된 대상물로서 자아에 관해 자유롭게 표현함으로써 마음이 풀린다.
Ⅳ단계	수용, 이해, 공감은 클라이언트를 다음 단계로 가게 하며, 혐오감, 두려움, 증오감과 같은 현재의 느낌이나 경험과 함께 보다 강한 감정이 표현된다.
Ⅴ단계	현재의 감정이 자유롭게 표현은 되지만 놀라움과 공포가 있다.
Ⅵ단계	이 단계는 뚜렷하고 극적인 경향이 있다. 감정은 즉시 경험된다.
Ⅶ단계	클라이언트는 자기 자신을 계속 탐색한다.

3) 상담의 결과

① 클라이언트의 불일치 경험이 감소하고, 자신의 경험에 개방적이며, 방어도 덜 하게 된다.
② 클라이언트는 현실적이고, 객관적이며, 자기지각을 형성하는 데 외부중심적으로 변한다.
③ 클라이언트는 문제해결에 있어서 보다 능률적이 된다.
④ 심리적 적응에 있어서 이전보다 훨씬 적절한 반응을 보이게 되며 최선의 상태를 지향한다.
⑤ 불일치 상태가 제거됨에 따라 클라이언트의 위협이나 취약성이 현저하게 감소된다.
⑥ 클라이언트가 매우 현실적이 되었기 때문에 이상적 자아개념이 좀 더 현실적인 것이 되고, 따라서 상담목표의 성취가능성이 농후해진다.
⑦ 클라이언트가 심리적 적응을 잘하게 되고 위협이 감소되었기 때문에 자아는 그의 이상적 자아와 좀 더 일치감이 더해질 수 있다.
⑧ 이상적 자아에 근접함과 더불어 위협의 제거로 모든 종류의 긴장이 감소될 수 있다.
⑨ 클라이언트는 근본적 자아지각의 정도가 높아진다.
⑩ 클라이언트는 이 모든 절차의 결과로 상담 중 행해지는 평가의 핵심이 무엇인지를 파악하게 되고, 자기 스스로를 관리하는 데 보다 자신감이 생기고, 가치체계도 전체적인 면에서 검토하는 태도로 변화한다.
⑪ 클라이언트가 불일치를 극복하고, 보다 더 현실적으로 되기 때문에 타인을 좀 더 현실적으로 보게 되며, 정확하게 파악할 수 있게 된다.
⑫ 타인을 좀 더 잘 수용할 수 있게 된다.
⑬ 타인도 클라이언트의 행동이 이전보다 훨씬 사회성이 높아지고, 성숙했다고 보게 된다.
⑭ 이런 과정을 통하여 클라이언트의 행동은 이전보다 창조적이며, 독특하게 적응하며, 자신의 목적과 가치를 유지하면서도 자기주장을 평탄하게 펴나갈 수 있게 된다.

4) 사회복지사와 클라이언트의 관계

로저스에 의하면, 다음 6가지 조건이 클라이언트의 성격변화를 가져오는 사회복지사와 클라이언트 간의 관계에 있어 필요충분조건이라고 한다. ① 두 사람이 심리적인 관계를 갖는다. ② 우리가 클라이언트라고 부르는 첫 번째 사람은 불일치의 상태에 있고, 상처받기 쉬우며, 불안한 상태에 있다. ③ 우리가 사회복지사라고 부르는 두 번째 사람은 두 사람의 관계에서 일치성이 있고 통합되어 있다. ④ 사회복지사는 클라이언트에 대해 무조건적 긍정적 관심을 갖는다. ⑤ 사회복지사는 클라이언트의 내적 근거에 대하여 감정이입적 이해를 가지며, 이것을 클라이언트에게 전달하려고 노력한다. ⑥ 사회복지사는 감정이입적 이해와 무조건적인 관심을 클라이언트에게 전달한다.

로저스는 이외의 어떤 다른 조건도 필요하지 않다고 주장하였다. 만약 이 6가지 조건이 치료기간에 존재한다면, 클라이언트의 건설적인 성격변화가 일어날 것이다. 이 조건은 클라이언트의 유형에 따라 변하는 것이 아니며, 나아가 이런 조건은 다른 접근법에도 적용할 수 있으며, 심리치료뿐만 아니라 개인적 관계에도 적용할 수 있다. 사회복지사는 많은 전문지식을 가질 필요가 없다. 정확한 심리진단은 필요하지 않으며 오히려 그것이 효율적인 치료를 방해하는 경우가 더 많다. 로저스는 그의 이론이 충격적이며 급진적이라는 것을 안다. 로저스는 다른 사회복지사가 효율적인 심리치료의 방법으로 간주하는 많은 조건이 필수적인 것이 아니라고 주장했으며, 그의 이론은 상당한 논쟁을 일으켰다.

(1) 사회복지사의 기능과 역할

인간중심적 사회복지사의 역할은 클라이언트를 위해 계획된 기법보다는 그들의 존재방식과 태도에 뿌리를 두고 있다. 사회복지사의 이론이나 기법보다는 사회복지사의 태도가 클라이언트의 성격변화를 촉진시킨다. 근본적으로 사회복지사는 자기 자신을 변화의 도구로 사용한다. 그들이 인간 대 인간의 수준으로 클라이언트를 대면할 때, 그들의 역할은 역할 없이 존재하는 것이다. 그들의 기능은 과정이 계속됨에 따라 클라이언트가 성장하도록 도울 수 있는 상담분위기를 형성하는 것이다. 그래서 클라이언트가 지금까지 거부하거나 왜곡한 그들의 생활영역을 탐색하는 데 필요한 자유를 경험하게 하는 원조관계를 창출하게 되는 것이다.

클라이언트 중심적 사회복지사의 역할을 보면, 첫째, 수용 : 사회복지사는 클라이언트를 갈등, 부조화, 좋은 점과 나쁜 점을 모두 갖춘 있는 그대로의 개인으로 수용한다. 이러한 태도는 중립적으로 수용하는 것 이상을 말하는데, 클라이언트를 가치있는 인간으로 긍정적인 존중을 표시하는 것까지를 가리킨다. 둘째, 일치성 : 이상적인 사회복지사는 상담관계에서 일치성을 갖추고 있다. 셋째, 이해 : 이해는 사회복지사가 클라이언트의 내면세계를 정확하게, 감정이입적으로 이해하는 것을 뜻한다. 넷째, 이러한 특징의 전달 : 태도나 특징을 갖춘 사회복지사는 여러 가지 방법으로 이것을 자연스럽게 언어적, 비언어적으로 표현할 것이다. 사회복지사의 이러한 태도는 순수하게 자발적으로 표현되는 것이다. 다섯째, 결과적 관계 : 이러한 특징을 전달하면, 클라이언트는 위협으로부터 해방되어 안정감을 느낀다. 사회복지사는 의지할 수 있고 신뢰할 수 있으며, 건실한 사람으로 지각된다.

(2) 클라이언트의 경험

치료적 변화는 클라이언트 자신의 치료에서의 경험과 사회복지사의 기본적 태도에 대한 클라이언트의 지각에 의해 좌우된다. 사회복지사가 자기탐색에 대하여 도움이 되는 분위기를 창출하면, 클라이언트는 많은 감정을 경험하고 탐색하게 된다. 클라이언트가 치료하기를 원하는 이유 중의 하나는 기본적인 무력감, 의사결정을 하거나 그들 자신의 삶을 효과적으로 지향하려는 데 대한 무능력감 때문이다. 그들은 사회복지사에게 배워서 "그 길"을 발견하기를 원한다.

치료가 진행됨에 따라 클라이언트는 자신의 감정을 더 잘 탐색할 수 있게 된다. 점차적으로 그들은 부정적이든 긍정적이든, 자신의 경험에 더 개방적으로 되며, 자신을 이전보다 더 이해하게 되고, 더 융통성 있고, 더 창조적으로 행동하게 된다. 이러한 변화를 경험한 클라이언트는 외부에서 답을 구하지 않고, 자기 스스로 힘을 가지고 자기 삶을 결정하게 된다. 또한 그들은 심리적으로 더 성숙되고 또한 자기실현되어간다. 즉, 클라이언트가 치료과정을 어떻게 지각하느냐 하는 것은 중요하다. 치료적 변화는 클라이언트가 경험을 어떻게 지각하는가와 사회복지사의 성격, 태도, 기술 등에 달려 있기 때문이다.

5) 주요 상담기법

심리치료의 과정이 클라이언트의 입장(클라이언트의 지각과 그에게서 생기는 변화)에서 고찰되는 반면에, 치료의 기법 또는 실시의 양상은 상담의 관점, 즉 치료관계에서의 사회복지사의 행동과 참여하는 관점으로부터 고찰되는 치료과정이다. 치료과정은 클라이언트의 개인적인 성숙을 촉진시키는 것으로, 또는 도와주는 관계의 특성으로 나타난다.

(1) 진솔성(일치성)

사회복지사가 클라이언트와의 상담관계에서 매순간 경험하는 자신의 감정이나 태도를 있는 그대로 솔직하게 인정하고, 경우에 따라서는 솔직하게 표현하는 태도를 지녀야 한다. 사회복지사의 진실한 태도는 클라이언트와 더불어 순수한 인간적 만남을 가능하게 하고, 클라이언트의 개방적인 자기탐색을 촉진, 격려하게 된다.

(2) 무조건적 긍정적 관심

사회복지사가 클라이언트를 평가·판단하지 않고 클라이언트가 나타내는 어떤 감정이나 그 밖의 행동 특성도 그대로 수용하며 그를 소중히 여기고 존중하는 태도이다. 클라이언트 중심 접근에서 사회복지사는 실현 경향성을 가진 유기체에 대한 신뢰에 근거하여 충고, 지시, 해석 등과 같은 방법 대신에 비판단적인 이해와 진실한 반응으로, 가끔은 무조건적 긍정적 관심을 클라이언트에게 전달하려 한다.

(3) 정확한 감정이입적 이해

사회복지사와 클라이언트가 상호작용하는 동안에 발생하는 클라이언트의 경험과 감정, 그러한 경험과 감정이 상담의 과정 매 순간에 클라이언트에게 갖는 의미를 민감하고 정확하게 이해하려는 노력을 말한다.

클라이언트중심적 상담에서는 특별한 상담기법을 따로 열거하거나 강조하지 않는다. 대신 클라이언트의 문제를 해결하고 성격을 변화시키는 데에는 앞에서 설명한 대로 클라이언트와의 관계에서 사회복지사가 유지하는 세 가지 태도가 핵심적이라고 본다. 클라이언트중심적 관점에서 보면 클라이언트를 변화하도록 하는 것은 특수한 상담기법이 아닌 셈이다. 기법이 아닌 태도, 문제가 아닌 인간에 대한 강조가 클라이언트중심적 상담의 핵심을 이룬다. 사회복지사의 세 가지 태도 외에 클라이언트중심적 상담에서 사용하는 상담기법을 굳이 들자면, 경청, 반영, 명료화 등을 들 수 있다.

4. 클라이언트중심치료의 평가

1) 클라이언트중심치료의 공헌

(1) 중요한 기법 중 '감정이입적 이해', '무조건적 긍정적 존중'의 기본 조건은 누구나 이해할 수 있고, 사용할 수 있는 것이기 때문에 고도로 훈련된 전문가가 독점하고 있던 상담과정을 모든 사람이 이해할 수 있는 방향으로 발전시키는 데 많은 공헌을 하였다.

(2) 성격변화를 촉진하는 것은 상담에서 이루어지는 관계이며, 상담에서 요구되는 사회복지사와 클라이언트의 관계의 특징을 분명하게 밝히도록 하였다.

(3) 상담과정에서 클라이언트를 중요한 결정을 하는 사람으로 인정하였다. 인간행동에서 정서, 감정의 역할을 적절하게 강조하였다.

(4) 사회복지사의 무비판적 수용적 태도를 중시하였다.

2) 클라이언트중심치료의 비판

(1) 사회복지사가 상담치료의 기본 철학을 철저히 이해하고 생활할 수 있어야 한다는 점이다. 따라서 어떤 상담치료보다도 사회복지사의 인격과 소양이 중요시된다.

(2) 로저스이론에서는 클라이언트에 대한 진단을 하지 않는다.

(3) 지적, 인지적 요인을 무시하는 경향이 있다.

(4) 상담과정에서 사회복지사는 전적으로 가치중립적이어야 한다고 주장하고 있지만, 대인관계에서 전적으로 가치를 배제한다는 것이 가능한가의 의문이 제기되고 있다.

(5) 상담의 목표가 지나치게 일반적이고 포괄적이라는 비난이 있다.

(6) 클라이언트중심 상담치료가 적용될 수 있는 대상이 제한되어 있다.

(7) 이론은 모든 클라이언트에게 광범위하고 일반적이며 동시에 동일한 상담의 목표를 설정하고 있다.

(8) 현상학에서는 객관적 환경이 그대로라도 수용방법이 변하면 행동이 변한다고 본다. 그러나 이런 생각은 환경의 작용을 경시할 위험이 있다.

Chapter

08 인지행동치료 모델

클라이언트의 다양한 문제에 모두 적용될 수 있는 통합이론의 마련이 쟁점으로 떠올랐고, 인지적 접근과 행동주의적 접근은 각각의 한계를 인식하게 되었다. 이는 결과적으로 정신내적 시각과 환경적 시각 모두를 옹호하는 인지행동적 접근의 발달을 촉진하는 계기가 되었다. 기존의 무이론적 경향을 비판하고 사회사업의 이중적 관심을 모두 포괄하는 새로운 대안적 관점의 하나가 바로 인지행동적 관점이다. 아직까지 인지행동적 관점이 하나의 공식적인 패러다임으로 발달하지는 않았지만 인지심리학, 사회학습이론, 심리역동이론, 임상경험에서 추론한 이론 등 다양한 이론을 종합하고 있다. 인지행동이론 중 사회복지사가 가장 보편적으로 적용할 수 있는 합리정서행동치료, 인지치료에 대해 살펴보고자 한다.

1. 인지행동이론의 기본 가정

인지행동이론의 기본적인 전제는 인간의 사회적 · 행동적 역기능이 사건이나 상황에 대한 클라이언트의 잘못된 생각으로 인해 발생한 것으로 인지 및 행동의 수정을 통해 역기능이 해소될 수 있다고 본다. 인지행동이론에서는 문제를 일으키는 잘못된 가정과 사고의 유형을 확인 · 점검하고 재평가하여 수정하도록 격려하고 원조한다.

인지행동이론에서는 행동이 보상과 처벌에 의해 자동적으로 형성된다고 가정하기보다는, 환경이 제공해 주는 정보와 개인의 인지적 과정이 상호작용한 결과로 본다. 특히 인지적 중재과정은 대체로 초기 경험을 통해 학습되어진다. 인지적 개입과정이 역기능적일 때 모델링, 연습, 강화, 점진적인 과제할당과 같은 행동수정절차를 다양하게 결합하여 이용함으로써 수정될 수 있다고 전제한다(장인협 감역, 1989 : 347-349).

인지행동이론은 '행동이론에 근거한 인지적 개입기술(cognitive intervention based on behavioral approach)'로 불리기도 한다. 이와 관련하여, 갬브릴(E. D. Gambrill, 1995)은 '행동주의 실천의 지표'에서 행동주의가 인지행동적 접근을 이끌어냈음을 강조한다(장인협 감역, 1989 : 284). 인지치료 기법을 통해 사회복지사는 클라이언트가 상황을 왜곡하여 해석하는 방식과 정서를 변화시킬 수 있도록 도우면서 동시에 새로운 행동기술을 습득하고 실제 상황에 적용할 수 있도록 강화를 통해 행동의 변화를 유지시키도록 한다. 인지행동이론의 기본 가정은 ① 인지활동은 행동에 영향을 미친다. ② 인지활동은 모니터되고 변경될 수 있다. ③ 바람직한 행동변화는 인지변화를 통해 영향을 받는다 등이 있다.

2. 엘리스(A. Ellis)의 합리정서행동치료(REBT)

합리정서행동치료는 인지적, 행동적, 행위적이며 사고, 판단, 분석, 행동, 재결정을 중시한다. 또한 이 치료는 교훈적이고 직접적이며, 여기에서 치료는 재교육의 과정이다.

1) 기본 가정

사회복지사는 논박과 도전을 통해, 부정적이고 자기패배적인 사고와 감정을 가진 클라이언트의 비합리적 지각과 사고를 논리적이고 합리적인 사고와 감정으로 변화하도록 도울 수 있다고 가정한다. 즉, ① 인간은 이성적인 동시에 비이성적이다. ② 정서적인 혹은 심리적인 장애, 신경증적 행동은 비합리적이고 비논리적인 사고의 결과이다. ③ 비합리적 사고는 생물학적 경향성을 띠고 있으며, 부모와 그 문화에서 특별하게 획득한 초기의 비논리적 학습에 기원한다. ④ 인간은 언어적 동물이며, 사고는 보통 기호나 언어의 사용을 통해 일어난다. ⑤ 자기언어화의 결과로서 계속되는 정서장애상태는 외부환경이나 사건에 의해서가 아니라 내재화된 문장으로 구체화되는 사건에 관한 지각과 태도에 의해 결정된다. ⑥ 부정적이고 자기패배적인 사고와 정서는 비논리적이고 비합리적인 것보다는 논리적, 이성적인 사고를 하도록 사고와 지각을 재구성하는 방법으로 해결해야 한다(양옥경 외, 2000 : 349-350).

2) 주요 개념과 원칙

(1) 비합리적 신념

인지행동이론의 선구자인 엘리스는 부정적인 감정과 증상은 비합리적 신념에서 비롯된다고 주장하였다. 비합리적 신념을 규명하고 도전함으로써 이를 재구조화하는 것이 치료의 목표가 된다. 비합리적 신념에는 '반드시', '절대로', '모든', '완전히', '전혀', '파멸적인', '해야만 한다' 등이 저변에 깔려 있다(김혜란 외, 2001 : 94-95). 엘리스가 제시한 비합리적 신념과 이를 반박하는 근거는 다음 <표 8−1>과 같다.

〈표 8−1〉 엘리스가 제시한 비합리적 신념과 이를 반박하는 근거

① **모든 주요 타인으로부터 사랑과 인정을 받는 것은 성인에게 절대적으로 필요하다.** 자신의 욕구를 포기한 채 주요 타인으로부터 사랑과 인정을 받기 위해 노력하는 것은 자기지향적이지 않고 이런 노력에도 주요 타인은 자신의 편견이나 선호에 의해 좋아하지 않거나 무관심할 수 있다.

② **가치있는 사람이 되기 위해서는 가능한 모든 면에서 완전히 능력이 있고 적절하며, 성취적이어야 한다.** 결과보다는 과정이 중요하다. 다른 사람을 이기기 위해서보다는 자신을 위해 노력하는 것이 바람직하다.

③ **어떤 사람은 사악하고 나쁘며, 이런 사람은 자신의 악행에 대해 심하게 비난받고 처벌받아야 한다.** 악행을 하는 사람은 반드시 악한 사람은 아니며, 악행을 처벌함으로써 악행이 줄어들기보다 오히려 악화되기도 한다.

④ **원하는 상황이 되지 않는다면 이는 끔찍하고 파멸적이다.** 현실을 도전으로 수용하고 자신을 유용하게 통합하는 방법을 배워야 한다.

⑤ **불행은 외부적인 요인에 기인하며, 사람은 자신의 슬픔과 근심을 조절할 능력이 거의 없거나 전혀 없다.** 자신의 부정적인 감정은 스스로가 슬픈 감정에 빠지도록 만들었기 때문이다.

⑥ **위험하거나 두려운 것에 대해서는 매우 염려해야 하며, 이것이 일어날 가능성을 늘 염두에 두어야 한다.** 사전에 대비하는 것은 필요하지만 지나치게 염려하고 두려워하면 대처능력이 떨어지고 그 일이 실제로 일어나는 데 기여할 수도 있다.

⑦ **인생의 어려움과 책임을 대면하는 것보다 회피하는 것이 쉽다.** 싫더라도 불필요한 고통을 최소화하기 위해 자신이 수행하며 이로부터 자신감을 얻는다.

⑧ **우리는 다른 사람에게 의존해야 하고 의존할 수 있는 강한 사람을 필요로 한다.** 의존하면 할수록 더 의존하게 되며, 결국 인생이 다른 사람의 처분에 의해 결정된다.

⑨ **과거는 현재 행동의 전적인 결정요인이며, 과거에 영향을 미친 것은 현재에도 비슷한 영향을 미친다.** 과잉일반화로 과거가 현재에 영향을 미치기는 하나 현재는 미래의 과거이므로 현재를 변화시켜 현재보다 나은 미래를 만들 수 있다.

⑩ **우리는 다른 사람의 문제에 대해 매우 근심해야 한다.** 관심을 가질 수는 있지만 변화시킬 수 있는 실제 능력이 부족한 상황에서 매우 근심해야만 하는 생각은 비합리적이다.

⑪ **인간문제에는 옳고 정확하며 완벽한 해결이 있으며 이런 해결책을 찾지 못한다면 이는 파멸이다.** 완벽하고 절대적인 진리는 없으며, 가장 현실적인 선택을 하는 것이 바람직하다(이준우 · 이화옥 · 임원선, 2004 : 391).

(2) A-B-C-D-E 이론

엘리스의 성격이론의 핵심이 되는 ABCDE 이론은 인간이 비합리적인 신념으로 인해서 부적응적인 정서와 행동에 고착되는 것을 잘 설명해 주고 있다. 첫째, 선행사건(Activating event)은 개인에게 정서적 혼란을 야기하는 어떤 사건을 말한다. 둘째, 신념체제(Belief system)는 어떤 사건이나 행위 등과 같은 환경적 자극에 대해서 개인이 갖게 되는 태도 또는 사고방식을 가리킨다. 셋째, 결과(Consequence)는 선행사건에 접했을 때 비합리적인 태도 내지 사고방식을 가지고 그 사건을 해석함으로써 느끼게 되는 정서적 결과를 말한다. 넷째, 논박(Dispute)은 자신이 가지고 있는 비합리적인 신념이나 사고에 대해서 도전해 보고 과연 그 사상이 사리에 맞는 것인지를 다시 한 번 검토해 보도록 사회복지사가 촉구하는 것을 말한다. 다섯째, 효과(Effect)는 클라이언트가 가진 비합리적인 신념을 철저하게 논박함으로써 합리적인 신념으로 대치한 다음에 느끼게 되는 자기수용적인 태도와 긍정적인 감정의 결과를 지칭한다.

〈표 8-2〉 A-B-C 성격이론

A는 어떤 사실, 어떤 사건, 혹은 한 개인의 행동 혹은 태도의 실재이다. C는 정서적 결과 혹은 개인의 반응이다. A는 C의 원인이 되지 못하고, A에 대한 개인의 신념인 B는 C의 원인이 된다. 이와 관련해 엘리스는 "당신은 생각하는 대로 느낀다(you feel the way you think)"라고 지적한다. 한편 A-B-C 뒤에는 D(Disputing)가 따른다. D는 클라이언트의 감정과 행동에 혼란을 일으키게 하는 비합리적인 신념에 도전하여 그들을 도울 수 있는 과학적 방법의 적용이다. 역기능적 정서적 반응을 변화시키는 방법은 A에서 부딪히는 자극에 관해 사람이 자신에게 무엇을 피력하고 있는지를 B에서 명백히 이해시키고, 또 비합리적 신념을 능동적으로 활발하게 논의(D)할 수 있는 방법을 학습시키는 것이다(한기태, 1996 : 220-221).

* 참고로 엘리스는 효과(E)를 추가해서 ABCDE 모델로 확대 설명하기도 한다. 이와 관련해서 양옥경 외(2001 : 364-366)의 내용 참조

3) 합리정서행동치료의 과정

(1) 치료목표

합리정서행동치료의 목표는 클라이언트가 보이는 문제행동의 제거에 두기보다는 문제행동의 배후에 있는 핵심적인 자기패배적 신념을 극소화시키고 삶에 대하여 보다 현실적이고 합리적인 가치관을 갖게 하는 데에 있다. 합리정서행동치료활용 사회복지사가 클라이언트와 함께 작업해야 할 구체적인 목표는 ① 자기관심, ② 사회적 관심, ③ 자기지향, ④ 관용, ⑤ 융통성, ⑥ 불확실성의 수용, ⑦ 창조적 일에 대한 실행, ⑧

과학적 사고, ⑨ 자기수용, ⑩ 모험실행, ⑪ 장기적 쾌락, ⑫ 반유토피아주의, ⑬ 정서 혼란에 대한 자기책임 등이 있다.

(2) 개입방법

사회복지사는 교육적 환경에서 비합리적인 신념을 합리적 신념으로 바꾸도록 원조한다. 비합리적 신념을 찾아내고, 소크라테스 산문법[소크라테스식 대화는 사회복지사가 제시한 질문에 근거하여 클라이언트가 논리적인 결론에 도달하는 것을 내포한다. 질문은 환자를 함정에 빠뜨리거나, 불가피한 결론으로 이끌거나, 그들을 공격하는 데 사용되지 않는다. 질문은 사회복지사가 클라이언트의 관점을 이해할 수 있게 해주고, 클라이언트가 그의 가정을 객관적이고도 방어적이지 않은 태도로 볼 수 있도록 민감성을 부여한다(김정희, 2004 : 381)]을 사용하여 비합리적 신념과 합리적 신념을 구분하도록 교육하고, 자신의 논리를 비판적으로 검토하도록 원조한다. 사회복지사는 고안된 양식을 작성하는 숙제를 부여한다. 이것이 바로 A-B-C 성격이론인데, 합리정서행동치료이론과 실제에 있어서 가장 중심이 되는 부분이다.

(3) 합리정서행동치료 활용 사회복지실천의 과정

합리정서행동치료 활용 사회복지실천의 과정은 비합리적인 것을 합리적인 것으로 변화시키는 과정으로 형성된다.

① 합리정서행동치료 활용 사회복지실천의 목표

사회복지사가 클라이언트와 함께 작업해야 할 구체적인 목표는 ㉠ 자기관심 : 정신적으로 건강한 사람은 자신에게 관심있고 진실하다. 자기 자신에게 완전히 몰입하지 않고 비교적 자유를 누리면서 자신에게 관심을 갖는다. ㉡ 사회적 관심 : 소외된 실존을 택하지 않고, 사회에서 타인과 효과적으로 어울려 사는 데에 관심을 갖는다. ㉢ 자기지향 : 타인의 행동이나 지지를 좋아할 수는 있으나 그런 지지를 매번 요구하지는 않는다. ㉣ 관용 : 성숙한 인간은 실수를 하며, 완전할 수 없다는 것을 알고 자신과 타인의 실수도 인정한다. ㉤ 융통성 : 건강한 사람은 사고가 유연하고 변화에 개방적이며, 무수히 다양한 사람의 사상과 사실을 인정하고 수용가능한 것으로 본다. ㉥ 불확실성의 수용 : 어떤 절대적인 확실성은 있지 않다는 것도 인정한다. ㉦ 창조적 일에 대한 실행을 한다. ㉧ 과학적 사고 : 성숙한 사람은 객관적이고 이성적으로 생각한다. ㉨ 자기수용 : 자기가 살아 있다는 것 자체를 기뻐하며 끊임없이 삶을 즐기고 행복과 기쁨을 창조할 수 있는 능력이 자신에게 있다고 믿는다. ㉩ 모험실행 : 자기가 인생에서 진정으로 원하는 것이 무엇인가를 곰곰이 생각해 보고 모험을 시도하며 인생을 개척한다. ㉪ 장기적 쾌락 : 순간적인 쾌락보다는 미래지향적인 장기적 쾌락을 추구한다. ㉫ 반유토피아주의 : 이 세상에서 자신이 얻고자 하는 모든 것을 다 얻을 수 없으며, 모든 고난을 완전히 회피할 수 없다는 사실을 인정한다. ㉬ 정서혼란에 대한 책임 : 다른 사람이나 사회를 비난함으로써 자신을 방어하기보다는 자기파멸적 혼란을 느끼는 자신에게 책임이 있다고 느낀다 등이 있다.

〈표 8-3〉 **합리정서행동치료의 상담과정**

개입 단계	내 용
1단계	사회복지사는 클라이언트에게 문제점을 질문한다.
2단계	문제점을 규명한다.
3단계	결과(C)를 알아본다.
4단계	선행사건(A)을 평가한다.
5단계	2차적 정서문제를 규명한다.
6단계	신념-결과(B-C)의 연관성을 가르쳐 준다.
7단계	신념(B)를 평가한다.
8단계	비합리적인 신념체제와 결과를 연관시킨다.
9단계	비합리적인 신념을 논박한다.
10단계	합리적 신념체제를 클라이언트가 심화하도록 한다.
11단계	새로 학습된 신념체제를 실천에 옮기도록 클라이언트를 격려한다.
12단계	숙제를 검토한다.
13단계	훈습의 과정을 촉진시킨다.

② 합리정서행동치료 활용 사회복지실천가의 기능과 역할

클라이언트를 비논리적인 관념으로부터 벗어나게 하고 그 자리를 논리적인 관념으로 대체시키는 것을 학습하도록 돕는 것이다. 엘리스(Ellis)는 합리정서행동치료자가 할 일은 ㉠ 클라이언트에게 많은 불안행동의 동기가 되는 몇몇의 비합리적인 신념을 인식시킨다. ㉡ 클라이언트가 그 신념을 확인하도록 격려한다. ㉢ 클라이언트에게 그들 사고의 비논리성을 설명한다. ㉣ 클라이언트의 비합리적인 신념을 극소화하기 위해 논리적 분석을 사용한다. ㉤ 이러한 신념이 얼마나 비효율적이며, 장차 어떻게 정서적·행동적으로 혼란을 일으킬 것인가에 대해 설명한다. ㉥ 클라이언트의 비합리성에 직면하기 위해 유머를 사용한다. ㉦ 이러한 신념을 경험에 근거한 합리적인 신념으로 대치할 수 있는 방법을 설명한다. ◎ 클라이언트의 사고과정에 과학적인 접근을 적용시키는 법을 가르침으로써 감정과 행동에 자아파괴적인 결과를 조성하는 비합리적인 사고와 비논리적인 추론을 극소화시키거나 교체시키는 등 구체적으로 묘사하고 있다.

〈표 8-4〉 합리정서행동치료 활용 사회복지사의 기능과 역할

단 계	내 용
1단계	클라이언트를 합리정서행동치료로 유도한다. 상담 초기에 사회복지사는 클라이언트가 상담에서 무엇을 기대하는가를 알아보도록 한다.
2단계	클라이언트의 문제점에 대하여 진단 내지 평가를 한다. 클라이언트의 주요 문제점인 부적절한 감정과 자해적 행동을 찾아내는 작업에 바로 들어간다. 이것은 A-B-C의 형태로 추적된다. 주요 문제점으로 부각되는 다양한 C 중에서 클라이언트에게 가장 심각한 자해적 정서에 먼저 초점을 맞추어서 상담계획이 공동으로 구축되어야 한다.
3단계	비합리적 신념체제를 밝힌다.
4단계	논박의 단계로 들어간다. 논박의 첫 번째 목표는 클라이언트가 지적 통찰을 얻도록 하는 것이며, 두 번째 목표는 클라이언트가 정서적 통찰을 획득하도록 인지적·정서적·행동적 기법을 다양하게 사용하는 것이다.

③ 합리정서행동치료에 있어서 클라이언트의 경험

합리정서행동치료 활용 사회복지실천에 있어서 클라이언트의 역할은 대체로 학생 혹은 학습자의 역할과 흡사하다. 클라이언트의 중요한 경험은 자신을 혼란시키는 정서적 통찰력을 습득하는 것이다. 엘리스는 정서적 통찰력을 '클라이언트가 문제의 근원을 알고 이해하는 것과 단호하고 강력하게 이 지식을 그 문제해결에 적용하도록 노력하는 것'으로 정의하였다. 합리정서행동치료활용의 사회복지실천과정은 클라이언트의 현재 경험에 초점을 맞춘다. 주로 '지금-여기'의 경험과 자신이 이미 획득했던 사고나 정서양식을 변화시킬 수 있는 현재의 능력을 강조한다.

④ 합리정서행동치료에 있어서 사회복지사와 클라이언트의 관계

엘리스의 합리정서행동치료는 적극적이고 지시적인 형태의 치료이므로 사회복지사는 일종의 권위적인 인물 내지 다정한 교사의 역할을 한다고 했다. 또 사회복지사가 클라이언트에게 지나친 따뜻함을 표현하지 않도록 절제하는 경향이 있다. 사회복지사는 클라이언트의 본보기로서 중요성이 강조된다. 상담을 진행하는 동안 사회복지사는 정서적으로 매우 안정되고 합리적으로 살아가는 본보기가 되어야 하며 클라이언트의 사랑과 인정을 잃게 되지 않을까 하는 염려 없이 클라이언트에게 그의 비합리적인 신

념체제를 바로 지적할 수 있는 용기를 보여야 한다. 합리정서행동치료 활용 사회복지실천은 클라이언트가 고도로 훈련된 합리적인 사회복지사로부터 도움을 받을 수 있다는 것을 강조한다. 게다가 클라이언트의 인성평가에 있어서도 클라이언트를 비난하는 대신에 적극적인 평가와 인내를 강조한다.

4) 합리정서행동치료에서 사용되어지는 주요 기술

〈표 8-5〉 합리정서행동치료의 주요 기술

치료기술		설 명
(1) 인지적 기법	① 비합리적 신념에 논박하기	합리정서행동치료 활용 사회복지실천에서 가장 많이 사용되는 인지적 방법은 사회복지사가 클라이언트의 비합리적 신념을 적극적으로 반박하는 것이다. 사회복지사는 클라이언트가 어떤 사건이나 상황 때문이 아니라 이 사건에 대한 자신의 지각과 자기진술의 성질 때문에 장애를 입고 있다는 것을 그들에게 알려준다. 클라이언트가 비합리적 신념을 버릴 때까지 또는 적어도 신념을 약화시킬 때까지 구체적인 '해야 한다', '당연히 해야 한다', '절대로 하지 않으면 안 된다'라는 당위를 반복적으로 반박한다.
	② 인지적 과제	합리정서행동치료 활용 사회복지실천에서 클라이언트는 자신의 문제목록표를 만들고, 그에 대한 절대론적 신념을 규명하고, 그 신념을 논박해야 한다. 합리정서행동치료 활용 사회복지실천에서는 내면화된 자기 말의 일부인 절대적 '해야만 한다', '하지 않으면 안 된다'라는 당위를 반복적으로 반박한다.
	③ 클라이언트의 언어를 변화시키기	부정확한 언어가 왜곡된 신념체계의 한 원인이라고 주장한다. 사회복지사는 사고는 언어를 조성하고, 언어는 사고를 조성한다고 보기 때문에 클라이언트의 언어패턴에 특별한 주의를 기울인다.
	④ 유추의 기법사용	항상 미루는 습관이 있다거나 지각하는 습관이 있는 사람은 그러한 행동이 자신의 어떤 행동 특성 때문에 나타나는지 추적해 보도록 클라이언트에게 촉구한다.
(2) 정서적 기법	① 합리적 정서상상	클라이언트는 그들이 원하는 방식으로 생각하고 느끼고 행동하는 자신을 상상한다. 그들에게 일어날 수 있는 가장 최악의 것들 중 하나를 상상하는 방식과, 이러한 상황에 대해 부적절한 혼란감을 느끼는 방식, 그리고 나서 경험을 적절한 감정으로 변화시키는 방법을 볼 수 있다. 일단 그들의 감정을 적절한 것으로 변화시킬 수 있게 되면, 그들은 그 상황에서 자신의 행동을 변화시킬 기회를 얻을 수 있게 된다.
	② 역할연기	역할연기에는 정서적 요소와 행동적 요소가 모두 포함되어 있다. 클라이언트는 어떤 상황에서 무엇을 느끼고 있는가를 알아보기 위해 그 행동을 시연해 볼 수 있다.
	③ 수치감-공격연습	엘리스는 어떤 행동에 대한 비합리적인 수치감을 제거하는 연습을 개발했다. 이러한 연습의 중요한 점은 타인이 '명백하게 클라이언트 자신을 승인하지 않을 때조차도' 수치감을 느끼지 않도록 연습한다는 것이다.
	④ 유머의 사용	클라이언트를 문제상황으로 이끄는 과장된 사고에 대항하는 수단으로 대단히 많은 유머를 사용한다. 합리정서행동치료 활용의 사회복지실천에서는 사람이 너무 진지하게 생각하거나 일상생활에 대해 이해나 유머감을 잃음으로써 정서적 혼란이 생긴다고 본다.

(3) 행동적 기법	행동적 기법은 클라이언트에게 어떤 행동을 하게 하여 그의 신념체제를 변화시키고, 이 변화된 신념체제를 통해 혼란된 정서를 벗어나게 하며, 역기능적인 증상에서 보다 생산적인 행동을 할 수 있도록 돕는 기법이다. 행동적 기법은 다음과 같다. ① 행동적 숙제를 부과한다. ② 클라이언트가 실생활에서 모험을 하고 새로운 경험을 함으로써 비능률적인 습관을 버리도록 한다. ③ 만성적인 불안감을 경험하는 상황에 그대로 처하게 한 다음 그 불안한 감정을 장시간 경험해 보도록 권장한다. ④ 일을 미루는 습관을 교정하기 위해서 당장 일을 착수하도록 유도한다. ⑤ 때로는 고정역할치료를 이용한다. 클라이언트가 이미 합리적인 인간이 되어버린 것처럼 연출하여 매사에 합리적으로 생각하고 행동하도록 시도해 보라고 지시하는 것이다.
(4) 합리정서행동치료에서 삼가야할 기법	① 클라이언트가 더 의존심을 갖게 하는 기법 ② 클라이언트가 더 쉽게 현혹되게 하는 기법(예 지나친 낙천주의 사고) ③ 장황하게 설명하는 비능률적인 기법 ④ 클라이언트가 단시일 내에 호전할 수 있도록 하는 기법 ⑤ 비합리적 사고에 집중하는 클라이언트의 관심을 다른 곳으로 도피시키는 기법 ⑥ 클라이언트의 욕구좌절 인내도를 은연 중에 강화해 줄 수 있는 기법(예 단계적 둔화) ⑦ 클라이언트에게 그들의 비합리적인 사고가 어떻게 변화되는가를 보여주지 않거나 보여주기 전에 선행사건을 변화시키고자 하는 기법 ⑧ 효과가 제대로 검증되지 않은 기법

5) 합리정서행동치료의 장단점

합리정서행동치료는 인간의 신념체제가 정서나 행동에 크게 영향을 미칠 수 있다는 가정에서 출발한다. 즉, 인간에 있어 어떤 사건(A)에 대한 정서적 결과(C)는 우리가 그 사건(A)에 대해 가지고 있는 신념(B)에 의하여 결정된다는 것이다. 합리정서행동치료의 공헌점은 첫째, 인간의 부적응에는 신념체제 내지는 사고방식이 깔려있다는 것을 체계화하였다. 둘째, 행동적 측면을 치료과정의 결정적인 부분이라고 간주하였다. 셋째, 사회복지사의 직접적인 중재전략 없이도 클라이언트 스스로가 능동적으로 변화하는 방법을 가르칠 수 있다는 점이다. 이 접근은 많은 사람으로부터 지지를 받을 만큼 상담의 효과가 크다는 점에서 상담이론에 크게 기여하고 있다.

(1) 합리정서행동치료의 장점

합리정서행동치료의 이론과 기법에 정통한 사회복지사라면 클라이언트의 비합리적 신념을 빨리 찾아낼 수 있으며, 당위성을 정확하게 지적할 경우 대부분의 클라이언트는 쉽게 동의한다. 이로써 대부분의 클라이언트들은 자신들의 비논리적 생각이나 신념을 스스로 발견하는 방법과 논박하는 방법을 쉽게 배울 수가 있다.

(2) 합리정서행동치료의 단점

클라이언트는 자기 생각이나 신념을 인식할 수 있으나 그것이 비합리적이라는 점을 수용하지 못한다. 자기파멸적인 신념임에도 불구하고 그것이 단지 자기를 혼란하게만 한다고 보거나 오히려 자기를 지탱해 주는 것이라고 믿기도 한다.

3. 벡(A. Beck)의 인지치료(cognitive therapy)

인지이론은 아들러(Alfred Adler)에서 시작되었다고 볼 수 있다. 아들러는 1911년 프로이트 노선에서 벗어나 '개인심리학(individual psychology)'을 발달시켰다. 인지이론에서는 성격을 하나의 통합된 전체로 보고 갈등은 성격 내부에서 일어나는 것이 아니라 그것을 둘러싸고 있는 세상과의 사이에서 일어나는 것으로 본다. 인간의 행동이 성공에 대한 생각과 그것을 성취하기 위해 설정한 목적에 의해 이루어진다는 주장을 하였다. 인지이론이 본격적인 관심을 받은 것은 1950년대이고, 이론체계의 한 부분으로 인식하게 된 것은 1970년대 후반에 들어서이다.

1) 기본 가정

인지이론은 인간의 감정, 동기, 행동 등이 의식적인 사고과정의 결과임을 전제로 하고 있다. 치료과정에서는 부적응적인 사고유형을 파악하고 이를 직면하여 변화할 수 있도록 돕는다. 인지이론에서 제시하는 기본 가정을 보면, ① 행동은 사고에 의해 결정된다. 부정확한 지각이 부적절한 행동을 초래한다고 본다. ② 인간의 중요한 사고 중의 하나는 단기적인 것이든 장기적인 것이든간에 그들의 목적과 관련된다. ③ 개인의 생활은 무의식적인 힘에 의해 통제되지 않는다. ④ 본능적 충동이 존재하기는 하지만 인간의 '공격성'은 여기에 포함되지 않는다. ⑤ 인간은 본능적 충동에 의해 지배당하지 않으며, 자신의 목적과 일치하지 않는 충동을 수정하거나 거부하는 경향이 있다. ⑥ 대부분의 행동을 성욕구가 표출된 것이거나 또는 승화된 것으로 파악해서는 안 된다. ⑦ 행동과 마찬가지로 인간의 감정 또한 사고과정의 산물이다. 따라서 무의식적 감정이란 존재하지 않으며 모든 감정은 의식적 판단과정을 요구한다. ⑧ 동기 또한 무의식적일 수 없다. ⑨ 치료는 클라이언트의 사고, 감정, 표현된 동기, 행동에 초점을 두어야 하며, 어떤 무의식적 내용도 가정하지 않아야 한다. ⑩ 인지이론은 사회지향적이다. ⑪ 모든 인간은 선천적으로 창조적이며, 능력과 성취감을 획득하려는 힘과 용기를 갖고 있다. ⑫ 변화는 현실에 보다 가깝게 인식하도록 개인의 의식을 확장 또는 수정함으로써 이루어진다 등을 제시한다.

한편 인지이론은 인간의 본질을 선천적으로 악하다든가 선한 것으로 보지 않고 어떤 방향으로든지 훈련될 수 있는 것으로 본다. 성적 충동은 1차적인 것이 아니라 우리가 갖고 있는 충동 중의 하나에 불과하다. 인지의 재조직은 결과적으로 성격의 변화를 초래한다(장인협, 1989 : 351-358).

2) 인지이론의 주요 개념과 원칙

인간은 자극에 대해 선별적으로 주의를 기울이면서 자극을 유형으로 결합하고 상황을 개념화한다. 특정 상황을 상대적으로 고정된 인지유형에 따라 해석하는 데 이를 도식(schema)이라고 한다. 인간은 특정 상황에 처하게 되면 상황과 연관된 도식을 활성화하고, 이 도식에 따라 정보를 조직화하고 처리한다(김혜란 외, 2001 : 100). 정서문제를 가지고 있는 사람은 논리적 오류가 있는 역기능적 도식에 따라 정보를 처리하게 되고 결과적으로 현실을 부정적으로 왜곡한다. 벡이 제시한 인지적 오류로는 앞서 설명한, 임의적 추론, 선택적 추상화, 과도한 일반화, 과대평가와 과소평가, 개인화, 이분법적 사고가 있다.

(1) 도식(스키마, schema)

스키마란 기본적인 신념과 가정을 포함하여 사건에 대한 한 개인의 지각과 반응을 형성하는 인지구조로 대개 이전의 경험에 의해 형성된다. 이전에 경험한 익숙한 상황에 대해서는 스키마를 통해 상황을 파악함으로써 빨리 대응할 수 있다는 점에서 적응적인 기능을 한다. 그러나 이전에 형성된 스키마를 새로운 상황에도 계속 적용하다 보면 부정적인 결과를 초래할 수 있다. 이러한 스키마는 유지된 기간과 믿음수준에 따라 핵심 믿음체계와 중간 믿음체계로 형성된다.

① 핵심 믿음체계(core belief system)

근원적으로 깊은 수준에서 형성된 믿음이 핵심 믿음체계이다. 핵심 믿음체계는 모든 영역에 영향을 미쳐서 경직되어 있고 지나치게 일반화되어 있다. 반면 자동적 사고는 특정한 상황과 관련하여 생기는 것이고, 인지의 가장 표면적인 수준이라고 간주된다.

② 중간 믿음체계(intermediate belief system)

핵심 믿음체계와 자동적 사고 사이에는 태도, 규칙, 가정들로 이루어진 중간 믿음체계가 있다. 어떤 상황을 보는 관점에 영향을 주지만 자신은 잘 인식하지 못한다.

(2) 자동적 사고(automatic thinking)

한 개인이 어떤 상황에 대해 내리는 즉각적이고 자발적인 평가를 의미한다. 자동적 사고를 인식하게 되면, 그 사고의 타당성을 평가할 수 있게 된다. 자신의 해석이 잘못됨을 알고 이를 교정할 수 있으며, 이것의 교정으로 기분이 나아지는 감정의 변화를 경험하게 된다.

(3) 추론과정에서의 체계적 오류

① 임의적 추론(arbitrary inference)

어떤 결론을 지지하는 증거가 없거나 그 증거가 결론에 위배되는 데도 그러한 결론을 내리는 것을 의미한다. 기대하는 어떤 것이 이루어지지 않을 때 그것을 파멸로 생각하는 것과 최악의 상황을 생각하는 것이 포함된다.

② 선택적 추상화(selective abstraction)

다른 중요한 요소들은 무시한 채 사소한 부분에 초점을 맞추고, 그 부분적인 것에 근거하여 전체 경험을 이해하는 것을 의미한다.

③ 과도한 일반화(over generalization)

한두 개의 고립된 사건에 근거해서 일반적인 결론을 내리고 그것을 서로 관계없는 상황에 적용하는 것을 의미한다.

④ 과대평가 · 과소평가(magnification · minimization)

어떤 사건, 한 개인이나 경험이 가진 특성의 한 측면을 그것이 실제로 가진 중요성과 무관하게 과소평가하거나 과대평가하는 경우이다.

⑤ 개인화(personalization)

자신과 관련시킬 근거가 없는 외부사건을 자신과 관련시키는 성향으로 실제로는 다른 것 때문에 생긴 일에 대해 자신이 원인이고 자신이 책임져야 할 것으로 받아들이는 경우다.

⑥ 절대적 사고, 이분법 또는 양극적 사고(absolutistic dichotomous thinking ; polarized thinking)

모든 경험을 한두 개의 범주로만 이해하고 '중간지대가 없이' 흑백논리로 현실을 파악하는 것이나 완벽주의 등이 포함된다.

⑦ 인지 재구조화

존재하는 인지(자동적 사고와 스키마)나 인지과정에 도전하고, 논의하고, 수정하고, 변화시키는 일련의 절차를 통틀어 사용하는 말이다.

(4) 인지행동이론 원칙(A. Beck, 1995)

① 클라이언트 및 클라이언트의 문제에 관해 인지행동적인 용어로 공식화하고 이를 근거로 전개한 계통적 설명에 기초를 두고 있다.
② 건전한 치료관계를 필요로 한다.
③ 사회복지사와 클라이언트의 적극적 참여로 이루어지는 협력을 바탕으로 한다.
④ 문제에 초점을 두며 목표지향적이고 문제중심적이다.
⑤ '지금-여기'(here & now)를 강조한다.
⑥ 교육적이며 클라이언트 자신이 스스로 치료자가 될 수 있도록 교육한다.
⑦ 가능하다면 시간에 제한을 두도록 한다.
⑧ 면접은 구조화되어 있다.
⑨ 사회복지사는 클라이언트가 역기능적 사고와 신념을 확인하고 평가하면서 효과적으로 대응할 수 있도록 돕는다.
⑩ 사고, 감정, 행동을 변화시키기 위해 다양한 치료기술을 사용한다.

3) 인지치료 방법

사회복지사의 활동으로 첫째, 인식의 변화는 감정, 동기, 행동을 변화시키고, 둘째, 목표의 변화는 행동변화에 특히 중요한 영향을 미치며, 셋째, 새로운 활동과 새로운 형태의 행동은 인식을 변화시킨다는 것에 전제를 두고 있다.

인지치료의 방법으로는 ① 클라이언트 문제의 무의식적 원인보다는 클라이언트의 행동, 진술된 생각, 감정, 목적에 기초하여 개입한다. 무의식의 개념은 인지이론에서 미미한 역할을 수행한다. ② 클라이언트 생각의 왜곡된 부분, 혹은 그 한계를 진단한다. ③ 클라이언트의 병리적인 면보다 강점을 찾아 그것을 이용한다. ④ 클라이언트가 부정확한 지각을 변경시킬 수 있는 경험을 갖도록 인도한다. ⑤ 클라이언트의 행동은 보편적인 생리적 충동이 아닌 개인적인 목적에 의해 형성됨을 인정한다. ⑥ 클라이언트 자신, 다른 사람, 그를 둘러싸고 있는 세상에 대한 의식을 확장시킴으로써 그가 원하는 변화를 달성하라고 말해준다. ⑦ 그의 행위의 궁극적인 책임자는 클라이언트 자신이며, 어떤 과거의 사건이나 무의식이 현재 행위를 변명해 줄 수 없음을 인식시킨다.

클라이언트의 학습경험을 강조한다. 자신의 부정적 자동적 사고를 모니터하기, 인지와 정서, 행동의 연관성을 인식하기, 자신의 왜곡된 자동적 사고를 뒷받침하거나 반박하는 근거를 점검하기, 왜곡된 인지를 보다 현실지향적 해석으로 대체하기, 왜곡된 인지유형으로 기울어지게 된 저변의 가정과 믿음을 규명하고 변경할 수 있도록 학습하기 등이 있다. 클라이언트의 의미체계가 서로 다르다는 것을 강조한다. 사회복지사는 치료자가 아닌 자문의 역할을 수행한다. 역기능적 사고(김혜란 외, 2001 : 103 참조)에 대한 일지는 클라이언트가 자신의 일상생활에서 불쾌한 감정을 경험할 때마다 상황과 감정, 감정에 선행한 자동적 사고, 자동적 사고에 대한 합리적 반응, 합리적 반응에 따르는 결과를 작성하도록 교육하기 위한 도구이다.

클라이언트와 사회복지사의 치료관계는 동반자적 관계를 중시한다. 즉, 사회복지사는 클라이언트가 신뢰하고 존중할 수 있는 친구가 되어야 한다. 치료관계는 의식적 수준에 기반해야 한다. 클라이언트의 무의식적 갈등, 힘, 문제를 조사할 필요는 없으며, 모든 클라이언트는 의식에 의해서만 이해될 수 있음을 전제로 해야 한다. 한편 베르너(H. D. Werner, 1970)와 안스바허(H. L. Ansbacher)는 인지이론의 치료방법과 기법에 대해 다음과 같이 기술하였다.

■ H. D. Werner, 1970

"클라이언트에게 자신의 문제와 목적을 정확하게 기술하도록 요청한다. 그리고 클라이언트가 선택한 변화를 달성하기 위해 함께 일한다. 클라이언트의 행위가 자신의 진술한 목적에 부합되지 않을 때 그에게 그것을 알려준다. 클라이언트가 사물을 실제 있는 그대로 보고 정확한 이해에 기초하여 행동하도록 원조한다. 초점은 현재에, 클라이언트 자신이 어려운 문제를 극복할 수 있는 것에 둔다."

> ■ H. L. Ansbacher, 1964
> "인간은 본능에 의해 조정당하는 것이 아니라 자신의 목표나 기대에 의해 인도된다. 심리치료는 원인을 밝히는 것에 관련되기보다는 개인의 목적과 해석, 그리고 그의 행동을 변화시키는 데 관련된다. … 성공적인 치료는 인지의 재조직에 기초하며, 그 평가기준은 행동의 변화이다."

4. 인지행동치료의 주요 기술

인지행동이론에서는 클라이언트의 역기능적인 인지왜곡이나 잘못된 사고, 감정, 행동을 파악하고 이에 대한 인지 및 행동의 변화를 유발할 기술을 활용하게 된다. 여기서 개입기술은 종전의 것과 비교해 별로 새로운 것은 없으며, 익히 알고 있는 다양한 절차를 결합한 것이다. 구체적 상술, 모델제공, 연습, 보강, 과제할당, 일상활동의 변경, 대안적 지지, 기본 신념과 그에 관련된 감정의 검토, 평가, 재구성, 옹호, 지지체계의 동원, 조직적 개입 등이 다양하게 결합되어 이용되는 것이다.

1) 개입전략

〈표 8-6〉 인지행동치료의 개입전략

(1) 인지적 전략	① 클라이언트의 의미체계를 이해한다. ② 처음에는 클라이언트 개인적 견해와 내적인 타당성을 수용하고, 환경적 반응, 개인적 행동, 정서적 반응이 그러한 견해를 유지시키는 방법을 이해한다. ③ 똑같은 사실이나 상황을 다른 개념이나 감정에 연결시킴으로써, 또는 다양한 반응, 감정, 견해를 우연히 제공해 줌으로써 클라이언트가 다른 가능한 의미를 고려할 수 있는 능력을 점차 신장시켜 준다. ④ 인지적 평가, 감정, 행동, 대인적 반응 사이의 관계와 자신의 평가가 부적절할 수도 있다는 가능성을 클라이언트가 인식하도록 한다. ⑤ 클라이언트 관심의 초점을 사건에 대한 자신의 기대와 해석에 둔다. 클라이언트의 자기조정은 자신의 인식을 증대시키는데, 자신의 생각이 절대적인 사실이라기보다는 하나의 자료에 불과하다는 인식을 증대시키는 데 유용하다. 부드럽게 질문하고, 문답식으로 대화하는 것 또한 클라이언트 자신의 결론을 이끌어내고, 자신의 의견에 대한 정면공격에 저항하지 않도록 하는 데 도움이 된다. ⑥ 클라이언트가 건설적인 대안, 즉 보다 적합한 의미와 기대를 갖도록 원조한다. 이 단계는 종종 행위의 기준을 개정하는 작업이 수반된다. ⑦ 변화된 클라이언트의 견해를 지지해 주는 새로운 경험을 제공한다. 이때 과업할당과 행동실험이 유용하게 이용될 수 있다.

(2) 행동적 전략	① 행동변화의 일반적 원칙을 설명해 준다. ② 클라이언트의 학습목표를 성취가능한 과업으로 조직한다. ③ 각 과업에 상응하는 행동규칙들을 구체적으로 설명한다. ④ 클라이언트의 행동연습을 가르치고 격려하며, 성공을 확신시켜 주고 실수를 교정하는 것에 대한 적절한 제안을 준다. ⑤ 일단 클라이언트가 사회복지사의 원조 아래 실천세팅에서 필요한 행동을 습득, 수행할 수 있게 되면, 사회복지사의 원조 없이 다른 상황에서 보다 힘들고 독립된 행동을 수행할 수 있는 기회를 준다. ⑥ 환경과 클라이언트의 신념체제에서 행동수행에 장애가 되는 것에 관심을 둔 클라이언트는 최소한 판단을 유보하고 일단 한번 시도해 보도록 격려받는다. 다른 사람의 협동이 필요할 때에는 외적 개입을 유도할 수도 있다. ⑦ 클라이언트는 자신의 실제 환경 속에서 새로이 획득한 기술을 시험해 볼 수 있다.
(3) 정서적 전략	① 클라이언트가 자신의 감정을 객관적으로 인식하기 위해서는 그러한 감정이 일어난 상황을 한번 떨어져서 관찰해 볼 필요가 있다. 분리된 인식(detached awareness)은 자신의 감정을 칭찬이나 비난 없이 관찰가능하게 하고, 그러한 감정에 몰두하는 것이 적응적 기능에 어떻게 방해가 되었는지를 깨닫게 한다. ② 클라이언트에게 숨을 깊이 들이쉬고 근육을 이완시키는 법을 가르치는 것이다. 불안과 관련된 문제에 대처하는 적극적인 전략으로서 이완되어질 수 있다.
(4) 사회환경적 전략	모든 문제를 개인의 대처 노력 결과·반응이라고 가정하는 것은 잘못이다. 사회복지사는 고립되어 존재하는 개인들을 함께 모아 고통의 공통된 출처를 발견하게 하고, 사회적 지지를 확대하며, 때에 따라서는 집단적 행동을 유도하는 것이다. 집단행동을 이끌어내는 것은 중요한 개입전략이다. 왜냐하면 문제를 초래한 사회적 원인에 대해 영향력을 행사하는 것이 필요하며, 집단행동이 개인적 능력을 가장 강력하게 전달해 줄 수 있기 때문이다. 억압적 상황을 변경시키려는 조직적·교육적·정치적 노력에 사회복지사가 관여할 필요성을 제시해 준다.

2) 인지행동치료의 주요 기술

〈표 8-7〉 인지행동치료의 주요 기술

치료기술	설 명
1. 내적 의사소통의 명료화 (clarifying internal communication)	클라이언트 스스로 자신에 대해 독백하고 사고하는 것으로 이에 대해 사회복지사가 피드백을 주어, 자신의 생각과 이야기 속에 숨겨진 인지적 오류와 비합리적 신념에 대한 통찰력을 발전시키고 이해할 수 있도록 도움을 주기 때문에 효과적이다.
2. 설명 (explanation)	클라이언트의 정서는 엘리스가 제시한 ABC모델(촉발사건·Activating → 신념·Belief → 정서적 결과·Consequences)에서 어떻게 작용하는가를 가르쳐 주는 일련의 치료기술이다.
3. 과제기록 (written homework)	① 과제는 클라이언트가 자신의 문제에 대한 인식을 향상시킬 뿐만 아니라 새로운 행동을 획득하거나 과거의 반응을 제거할 수 있도록 돕는다. ② 클라이언트로 하여금 정서에 대한 엘리스의 ABC모델을 활용하는 방법에 대해 읽고 기록할 수 있도록 양식을 제공한다.[1]

1) 이 기록양식의 내용은 A : 어떤 사건인가?, B : 그 사건에 대한 나의 잘못된 생각은 무엇인가?, C : 나의 느낌은 어떠한가?, D1 : A에 대한 나의 묘사

4. 경험적 학습 (experiential learning)	① 클라이언트에게 자신의 인지적 오류에 부합하지 않는 특정한 행동을 하도록 함으로써 클라이언트가 자신의 인지적 오류를 발견하고 수정하도록 한다. ② 인지불일치 원리(cognitive dissonance principle)로 설명되며, 자기주장훈련, 모델링, 역할극, 사회기술훈련, 심리극(psychodrama) 등을 활용할 수 있다.
5. 역설적 의도 (paradoxical intention)	① 특정 행동에 대한 클라이언트의 불안이 그 행동을 유발할 때, 클라이언트가 두려워하는 행동을 하도록 지시(이중구속적인 메시지 전달)함으로써 클라이언트의 인지적 오류에 도전하고 불안을 감소시킨다. ② 주의 : 자해 혹은 타해의 위험이 있는 클라이언트에게는 절대로 사용해서는 안 되며, 문제의 원인이 신체적인 것에 기인하고 있는 증상일 때도 이 기술은 사용할 수 없다. 클라이언트에게 치료기술에 대해 충분히 이해시킨 후 동의한 경우에만 사용한다.
6. 역동적·실존적 반영 (dynamic reflection)	객관적이고 물질적인 세계에 초점을 두고 실제적인 문제에 대한 답을 찾아가는 것에 강조를 두는 역동적 반영과, 삶에 대한 의미와 잠재적 의미에 대해 숙고하는 실존적 반영을 통해 인지 재구조화를 촉진시킨다.
7. 이완훈련	근육의 수축과 이완, 깊고 규칙적인 호흡, 즐거운 사고나 심상 등을 훈련함으로써 일상생활에서 유발되는 스트레스에 대처할 수 있도록 가르친다.
8. 생각중지 기법 (thought stopping techniques)	부적응적인 신념과 이에 동반하는 정서적·신체적 감각의 경험을 생각해 보게 하고, 이러한 생각을 긍정적인 생각의 틀이나 자기지시기법으로 대체하는 것을 의미한다.
9. 인지 재구조화	클라이언트의 역기능적 사고와 신념을 인식하고 이를 현실적인 사고와 신념으로 대치하고 순기능적일 수 있도록 돕는 것이다. 절차는 다음과 같다. ① 클라이언트는 생활사건에 대한 자신의 정서적 반응을 매개할 가정이나 신념을 갖고 있다. 따라서 사회복지사는 클라이언트가 이 점을 수용할 수 있도록 돕는다. ② 클라이언트가 문제에 내재해 있는 역기능적인 신념과 사고과정의 유형을 파악할 수 있도록 돕는다. ③ 클라이언트가 자신의 역기능적 인지를 유발한 상황을 파악할 수 있도록 돕는다. ④ 클라이언트가 자학적인 인식을 대치할 만한 긍정적이고 순기능적인 대안적인 자기진술(self statement)로 대체할 수 있도록 돕는다. ⑤ 클라이언트의 성공적인 대처 노력을 클라이언트 스스로 보상할 수 있도록 돕는다.
10. 모델링(modeling)	관찰학습과정을 통해 클라이언트가 시행착오학습을 거치지 않고 원하는 행동을 학습할 수 있도록 하게 하는 것으로 즉석 모델링(live modeling), 상징적 모델링(symbolic modeling), 복합 모델링(multiple modeling), 참여자 모델링(participant modeling)이 있다. 구성요소 : ① 변화를 필요로 하는 구체적인 행동을 파악한다. ② 모델을 제시한다. ③ 클라이언트가 모델링에 주의와 관심을 갖도록 한다. ④ 모델행동을 따라하도록 한다. ⑤ 따라한 행동을 강화한다.

는 정확한가?, D2 : B는 합리적인가? 그렇지 않다면 그에 도전하는 생각을 써보시오, E : D1, D2로부터 어떤 감정이 초래될 것인가? 등의 질문으로 구성되어 있다. 자세한 양식은 엄명용 외(2005 : 207)을 참조하기 바란다.

11. 시연(rehearsal)	발달시키고자 하는 행동을 반복적으로 연습함으로써 행동으로 숙달되도록 하는 것이다. 이 기술은 집단상담을 통해 여러 사람의 피드백을 동시에 받을 수 있다는 점에서 매우 효용가치가 높다. ① 숨겨진 시연 : 원하는 반응에 대해 속으로 상상해 보고 반영한다. ② 명백한 시연 : 원하는 행동을 역할극에서 실제로 말로 표현해 보고 행동으로 나타내는 것이다.
12. 침투적 생각의 외현화(externalizing intrusive thoughts)	부정적인 사고를 글로 쓰거나, 누군가에게 말하거나, 녹음하는 방법 등을 통해 외부적으로 표현하는 것을 의미한다.
13. 체계적 둔감화	클라이언트에게 가장 덜 위협적인 상황에서 가장 위협적인 상황까지의 상황을 순서대로 제시하면서, 불안자극과 불안반응 간의 연결이 없어질 때까지 불안을 일으키는 자극들을 반복적으로 이완상태와 짝짓는 것이다. 이를 통해 실제 위협적인 상황에서는 불안을 경험하지 않는다.
14. 자기지시기술(self instruction skill)	목표선택, 목적행동형성, 자기탐지, 계획의 실천 등의 과정을 통해 자신이 통제하거나 변화시키기를 원하는 구체적인 행동에 대한 지침과 계획을 세우는 것으로 자기 언어화(self verbalization)를 활용한다. 이 기술의 5단계는 ① 사회복지사는 과제에 대한 수행방법을 모델로 제시하면서 큰 소리로 자기 자신에게 말한다(인지적 모델링). ② 클라이언트는 사회복지사로부터 언어적 도움(verbal guidance)을 받으면서 똑같은 과제를 수행한다(명백한, 외부적인 도움). ③ 클라이언트는 과제를 수행하면서 자기 자신에게 큰 소리로 지시한다(명백한, 자기도움). ④ 클라이언트는 지시를 속삭이듯이 말하면서 과제를 수행한다(감소한, 명백한, 자기도움). ⑤ 클라이언트는 자기 자신에게 속으로 말하면서 과제를 수행한다(숨겨진 자기지시).
15. 코칭(coaching)	클라이언트가 그날 일과 중 가장 힘든 일을 미루면서 부정적인 생각이 증가하도록 두기보다는 이러한 일을 가장 먼저 하는 것을 의미한다.
16. 자기대화(self-talk) 관리훈련의 과정과 기법	자기대화란 스스로에게 주는 메시지를 말하며, 자기대화의 왜곡을 수정하도록 도움으로써 습관적인 사고방식을 변화시켜, 문제가 되는 감정이나 행동을 좀 더 효과적으로 통제할 수 있다고 본다. 자기대화의 5단계는 ① 지금 바로 자신의 생각과 느낌이 무엇인지 명확히 한다. ② 스스로 자기대화를 되뇌어 본다. ③ 자신의 상황을 객관적인 현실로 살펴본다. ④ 당신이 사실을 직시하고 부적절한 단어의 사용을 피할 때, 당신은 다르게 느끼게 될 것이고, 상황이 전처럼 나쁘지 않다는 것을 알게 되는 것이다. ⑤ 상황에 대한 사실을 명심하고, 당신이 할 수 있는 것이 무엇인가를 고려한다.
17. 이미지 안내(guided imagery)	① 자신의 잠재의식과 긴밀하게 관계할 수 있도록 돕고, 어떻게 새로운 신념, 기대, 습관을 잘 형성해나갈 수 있을 것인가를 가르쳐 준다. ② 방법 : 최면유도, 명상, 머리부터 발끝까지 하는 근육체계의 점진적 이완, 조용하고, 유쾌하며, 편안한 상황을 상상하는 것, 호흡에 집중하거나 다른 생각을 떨쳐버리고 "나는 편안하다"라는 말에 집중하는 것, 근사한 휴양지 혹은 지난 기억을 회상하는 것 등이다.
18. 대처카드(coping out)의 활용과 기법	① 가로와 세로가 3×5인치 정도 되는 카드로 클라이언트의 손이 쉽게 닿는 곳에 붙이거나 보관하며, 이를 규칙적으로 읽을 뿐 아니라 필요할 때마다 읽게 한다. ② 특정 행동을 도와주는 자기지시 등의 내용을 기록하여 늘 참고함으로써 괴로움을 주는 사고를 평가하고 대처할 수 있게 도와준다.

5. 인지행동치료의 장점과 한계점

1) 장 점

인지행동치료 모델은 행동주의자가 주장하는 환경결정주의, 프로이트주의자의 정신내적 결정주의의 양 극단을 피하고, 통합시켰다는 점이 새로운 시도다. 즉, 인간의 문제는 사회적 상황 내에서 존재하며, 사회적 · 생물학적 · 심리적 요인에 영향을 주고받는 것으로 보는 동 시대의 사회사업관점과 그 맥을 같이한다. 즉, 인지이론과 행동주의 이론이라는 두 가지 중요한 접근을 결합시킴으로써 각각의 접근이 갖는 장점으로 서로의 약점을 보완할 수 있다(장인협 감역, 2002 : 286).

인지행동적 접근은 인간과 환경 간의 호혜적인 상호교류를 충분히 설명해 준다. 전제는 경험적으로 지지되거나 분석 · 검증되어질 수 있다. 사회복지의 직접적 실천에 쉽게 적용될 수 있는 개입전략과 그 지침을 내포하고 있다. 특히 잘 구조화되어 있어 비교적 학습하기 쉽고 효과적이다(장인협 감역, 2002 : 286). 지금까지의 증거가 인지-행동적 접근의 유효성을 지지하고 있다. 특히 초점이 기술을 가르치는 것 혹은 결함을 수정하는 것에 있을 때 행동수행이 매우 성공적임이 입증되어왔다(장인협 감역, 2002 : 286). 인지행동적 관점은 인간은 모두 본래적으로 가치있고, 스스로의 생활에 대해 결정할 수 있는 권리가 있다는 사회사업의 가치에서 벗어나지 않는다. 그리고 이 접근은 클라이언트를 수동적인 동반자가 아닌 적극적인 참여자로 간주한다. 개인의 기대, 해석, 실제 생활문제 사이의 상호작용에 대한 조사결과의 부재는 사회복지에 하나의 도전으로 작용하며, 이는 결과적으로 인간의 기능에 대한 포괄적인 이해를 낳을 것이다. 인지행동이론가는 인간의 적응이라는 개념에 생화학적 · 사회문화적 요인을 포함시킬 필요성을 인식한다. 이 모델은 아직 고정되어 있지 않다.

2) 한계점

일정한 교육수준 혹은 지적능력을 가진 클라이언트에게 적용이 가능하다. 지적능력이 떨어지는 클라이언트일 경우 그 효과성에는 많은 제약이 따른다. 또한 일반적으로 4~14회 정도의 치료기간이 소요되므로, 즉각적인 개입을 필요로 하는 클라이언트에게는 적용하기 어렵다. 사회복지사는 개입 · 치료과정에 적극적이어야 하며, 클라이언트는 새로운 시도를 해보려는 의지를 갖고 있어야 한다. 특정 개입기술을 적용할 때 윤리적 문제가 발생할 수 있다. 그러므로 사회복지사는 클라이언트에게 충분히 고지된 동의와 이해를 파악한 상황에서 이들 기술을 적용할 필요가 있다. 또한 환경적 개입을 구체적으로 제시하고 있지 못하다는 한계를 보여준다. 사회적 개입에 대해 이론적으로 언급되어 있다 할지라도, 치료적 접근은 주로 심리지향적이다. 즉, 환경적 개입의 결핍은 이론적인 것이라기보다는 다소 기술적인 차원에서의 한계라고 할 수 있다. 이러한 사회적 개입의 부재는 개인의 문제를 단지 왜곡된 사고의 기능으로 보는 관점을 촉진한다.

Chapter

09 해결중심치료 모델

해결중심이론(Solution Focused Theory)은 단기치료의 대표적인 개입방법을 제시해 주고 있다. 특히 클라이언트 지향적 접근방법으로, 클라이언트를 문제를 가장 잘 아는 전문가로 인정함과 동시에 문제해결의 주체로서 전문적 관계의 동반자로 인정한다. 1960년대와 70년대 전반적인 가족치료이론이 발전함과 동시에 해결중심치료도 발전하게 되었으며, 한국에는 1987년 인수 버그(Insoo Berg)와 드 세이저(de Shazer)에 의해 처음 소개되었다(송성자, 1995 : 363-364).

1. 해결중심치료 모델의 기본 가정과 원칙

1) 해결중심치료 모델의 기본 가정

메트칼프(Metcalf, 1998), 오코넬과 팔머(O'Connell & Palmer, 2003), 펠러와 월터(Peller & Walter, 1998)는 해결중심이론의 문제해결과정에 있어 다음과 같은 몇 가지 기본 가정을 제시하고 있다(엄명용 · 노충래 · 김용석, 2005 : 215-216).

(1) 클라이언트는 자신이 무엇을 원하고 삶에서 어떤 변화가 일어나기 바라는지를 가장 잘 알고 있는 전문가(expert)다. 클라이언트의 문제해결능력을 인정하고, 이를 중요시할 필요가 있다. 치료의 목적은 클라이언트가 원하는 것이어야 한다.

(2) 해결중심이론을 활용하는 사회복지사는 클라이언트를 변화시키는 전문가가 아니라 클라이언트의 변화에 도움을 주는 자문가(consultant)의 역할을 한다. 클라이언트와 함께 문제의 해결 가능성 및 기회를 파악하고, 탐색하며, 이를 공동의 노력으로 해결하도록 한다.

(3) 해결중심이론을 기반으로 한 개입과정에서는 문제내용 자체보다는 문제해결방

안과 새로운 행동유형을 시작하는 데 초점을 둔다. 즉, 문제의 원인과 문제의 발전과정에 관심을 두기보다는 해결방안구축과정에 초점을 둔다. 클라이언트가 문제원인에 대한 통찰력을 가질 필요가 없다.

(4) 해결중심이론은 클라이언트의 잠재적인 변화욕구를 인정하고 중요시한다. 특히 이 이론에서는 클라이언트가 변화과정에서 저항을 보일 것이라고 간주하지 않는다. 클라이언트의 저항은 사회복지사의 해석이나 개입이 클라이언트에게 적합하지 않다고 생각하기 때문이다.

(5) 사회복지사의 역할은 클라이언트가 문제해결을 위한 열쇠를 사용하도록 돕는 데 있다. 자신이 이미 알고 있는 문제해결방안을 생각해내도록 돕는 역할을 한다.

(6) 사회복지사와 클라이언트 관계는 협력적인 동료관계이다.

해결중심이론의 기본 가정은 임파워먼트(empowerment)[1]의 개념을 많이 내포하고 있으면서 강점에 초점을 두고 있다. 클라이언트의 자기결정권을 존중하며, 클라이언트의 잠재력 향상과 독특성을 인정한다. 이는 이전의 병리적 모델을 탈피하는 것이다.

2) 주요 원칙

드 세이저와 인수 버그는 이론중심적이며 이론에 얽매이는 것은 거부하지만 해결중심적인 접근을 위한 8개의 원칙을 중요시한다(송성자, 1995 : 370-372).

(1) 병리적인 것 대신에 건강한 것에 초점을 둔다. 클라이언트의 성공경험에 초점을 두며, 치료에 활용한다. 문제가 있다 하여도 해결가능성이 있는 관점에서 재진술하도록 한다(엄명용 외, 2005 : 217).

(2) 클라이언트의 강점, 자원, 건강한 특성을 발견하여 치료에 활용한다.

(3) 탈이론적이고 비규범적이며 클라이언트의 견해를 존중한다. 클라이언트가 표현하는 모든 불평방법을 수용하고, 개별성을 최대한 존중한다.

(4) 단순하고 가장 솔직한 의미를 추구한다. 해결중심이론은 치료방법의 경제성을

---

1) 임파워먼트(empowerment)는 글자 그대로 강력해지는 것(becoming powerful), 힘을 갖는 것을 의미한다. 여기서 말하는 힘이란 다음과 같은 세 가지로 정의한다. 첫째, 자신이 필요로 하는 것을 획득할 수 있는 능력, 둘째, 다른 사람의 생각·감정·행동·신념에 영향을 미칠 수 있는 능력, 셋째, 가족, 조직, 지역사회, 나아가 전체 사회 내에서의 자원배분에 영향을 미칠 수 있는 능력이다(출처 : M. Larraine, K. DeLois and L. GlenMaye(1995). "Understanding Empowerment Practice : Building on Practitioner-based Knowledge." Families in Society, Vol. 76, p. 535. 장인협·우국희 공저(2001). 케어·케이스 매니지먼트. 서울대학교출판부, pp. 106-107 재인용).

추구하는데, 이는 단순한 것에서부터 복잡한 것으로 치료를 함으로써 성취한다. 복잡한 것은 필요할 때에만 다룬다.

(5) 변화는 불가피하다. 해결중심이론은 예외적인 상황을 탐색하고, 문제상황과의 차이점을 발견함으로써 문제가 발생하지 않는 상황을 증가시킨다.

(6) 현재와 미래를 지향한다. 클라이언트를 과거와 문제로부터 멀리하고, 미래와 해결방안을 구축하는 데 관심을 집중하도록 한다. 과거에 대한 이해는 현재의 문제를 이해하는 데 도움이 될 경우에 매우 제한적으로 시도한다(엄명용 외, 2005 : 217).

(7) 클라이언트의 자율적인 협력을 중요시한다. 사회복지사와 클라이언트가 함께 해결방안을 발견하고 구축하는 과정에서의 협력을 중요시한다. 비자발적인 클라이언트에게 협력을 요청하는 것이 어려운 과제로 떠오르게 된다(엄명용 외, 2005 : 218).

(8) 해결중심치료는 ① 어떤 것이 기능을 하면, 그것은 고치지 않는다. ② 일단 효과가 있는 것을 알면, 그것을 좀 더 한다. ③ 효과가 없다면, 다시는 같은 방법을 사용하지 않고 다른 방법을 사용한다 등의 철학을 중요시한다.

2. 클라이언트의 문제해결의 두 가지 방법

(1) 전통적인 해결방법

증상이나 문제를 해결하려면 원인이 발견되어야 한다. 그 원인이 밝혀지고 이해됨으로써만 문제가 해결될 수 있다. 문제를 해결하기 위하여 문제를 발견하고 그 패턴을 깨뜨리는 방법을 사용한다. 현재의 증상이나 문제를 계속하게 하는 것이 무엇인가를 자세히 조사한다. 정신분석학, 인본주의 심리학자 및 대부분 이론의 주장이다.

(2) 해결중심 단기치료의 주장

현재의 문제가 무엇이며 현재의 문제를 지속시키는 것이 무엇인가를 분명하게 밝힘으로써 현재의 문제나 증상을 제거할 수 있다고 본다. 전통적인 해결방법은 문제의 원인이 무엇인가를 밝히기 위해 너무 많은 시간을 소요하거나 문제의 원인이 밝혀졌어도 문제는 해결되지 않고 그대로 남는 경우가 많다. 드 세이저(Steve de Shazer)는 "클라이언트가 원하는 해결이 무엇인가"에 초점을 두어 클라이언트를 돕는 치료방법을 개발하였다. 클라이언트가 갖고 온 불평이 무엇인가를 듣고 클라이언트가 치료를 통해 얻기를 원하는 것이 무엇인가를 구체적으로 질문해야 한다는 것으로 치료를 통하여 클라이언트가 바라는 또는 기대하는 미래가 어떤 것인가를 분명히 하는 것이 우선이다. 문제가 일어날 때와 일어나지 않을 때가 어떻게 차이가 나는가?, 문제가 일어나지 않을 때는 언제인가?, 왜 일어나지 않는가?라는 데 강조를 두어 예외를 증가시킴으로써 문제를 해결하려고 한다.

3. 해결중심 단기치료와 주요 기술

1) 해결중심 단기치료

(1) 해결중심 단기치료이론의 발달

미국 밀워키의 드 세이저(Steve de Shazer) 팀에 의해 개발된 이론으로서 문제보다는 해결에 초점을 두어 면접을 이끌어나가고 개입방법을 계획하는 치료기법을 강조한다.

(2) 해결중심 단기치료이론의 특징

① 철학적 특징

잘못된 점을 수정하는 것보다는 바라는 것이 이루어지도록 노력하는 쪽에 초점을 두어 문제를 해결한다. 클라이언트가 바라는 해결점과 문제는 원인을 찾지 않아도 성취가 가능하다고 보는 것이다.

② 해결에 초점을 두어 진행하는 것

클라이언트가 바라는 목표와 더 경험하기를 바라는 행동에 초점을 둔다. 문제행동에 관한 예외적 행동을 인식하게 하고 해결에 대한 기대감을 갖게 한다.

③ 칭찬을 활용한다는 것

클라이언트에게 바람직하고 효과적인 것은 어떤 것(말, 행동, 생각 등)이든지 칭찬해 준다. 칭찬은 전통적인 치료방법에서는 잘 사용하지 않는다. 칭찬은 클라이언트 자신을 긍정적으로 보도록 돕는다. 치료자와 쉽게 협조관계를 맺게 한다.

④ 과제를 수행한다는 것

클라이언트가 기존에 사용하던 행동, 감정, 생각 등을 중심으로 과제를 구성한다. 과제수행이 훨씬 효과적이다.

⑤ 치료가 과학적이다

7가지의 독특한 패턴의 과제를 제시할 수 있으며, 공식화된 절차와 방법이 있다. 공식화된 과제의 형태가 있다.

⑥ 치료기간이 짧고 효과적이다

상담횟수는 평균 6회이며, 치료 성공률은 약 78%로 보고 있다.

⑦ 가족치료이지만 모든 가족이 필요하지 않다

상담에 직접 참여하는 가족은 한 사람만으로도 가능하다. 가족 중 어느 한 사람의 변화는 다른 가족원에게 영향을 줄 수 있다고 가정한다.

(3) 해결중심 단기치료의 가정들

① 치료의 초점을 긍정적이고 해결중심적이며 미래에 초점을 맞출 때 긍정적인 변화를 촉진시킨다

긍정적인 측면에 초점을 둔다. 과거의 잘못이나 실패를 고치려고 노력하는 것보다는 과거의 성공이나 장점을 찾아내고 그것을 키워주는 것이 더 수월하다. 문제중심의 대화보다 해결중심의 대화가 이루어진다. 증상이나 문제를 일으키는 잘못된 패턴을 찾아내어 교정하기보다는 바람직하고 더 많이 나타나기를 원하는 행동의 패턴을 찾아내어 그런 행동이 더 자주 일어나도록 하는 것이 중요하다.

② 모든 문제를 일으키는 패턴에도 항상 예외가 있다

많은 사람이 예외를 보지 않고, 문제에만 집착하여 희망이 없다고 생각한다. 예외상황은 해결점을 제시하며, 해결을 발견하게 하는 출발점이 된다. 문제행동에 대한 예외적인 행동을 발견하는 것이 클라이언트가 자신을 보는 관점을 새롭게 해주는 방법이 된다.

③ 변화는 항상 일어나고 있다

살아있는 모든 생태계에서 변화는 계속해서 필연적으로 일어나며 변화는 삶의 일부이기 때문에 막을 수 없다. 치료자는 자연발생적인 변화를 발견하고 그 변화를 해결방법으로 활용한다. 어떠한 문제라도 문제가 발생할 때와 발생하지 않을 때가 있는데, 클라이언트는 문제에만 관심을 두기 때문에 많은 예외적인 것(문제가 발생하지 않는 상황)을 무시한다. 해결중심치료는 예외적인 상황을 탐색하고, 문제상황의 차이점을 발견함

으로써 문제가 발생하지 않는 상황을 증가시키며, 치료자의 역할은 긍정적인 변화가 일어나도록 조장하는 것이다.

④ 작은 변화는 큰 변화로 이끈다

체계의 모든 부분은 서로 연결되어 있으므로 체계의 한 부분의 변화는 전체 체계에 변화를 가져온다. 가족 중 한 사람의 변화를 통하여 가족 전체의 변화를 가져올 수 있다.

⑤ 클라이언트는 항상 협력적이다

목표성취를 위해 추진하는 것에 협력하는 것을 중요시한다. 치료자와 클라이언트가 함께 해결방안을 발견하고 구축하는 과정에서의 협력을 중요시한다. 클라이언트는 변화가 어떻게 일어나는지에 대해 자신이 생각하는 바를 보여주는데 치료자가 이러한 것을 이해하고 적절히 반응한다면 클라이언트와의 협력작업이 가능하다.

⑥ 사람은 문제를 해결할 자원과 능력을 지니고 있다

치료자는 클라이언트의 강점, 자원, 건강한 특성을 발견하여 치료에 활용한다. 치료는 클라이언트를 전문가로 모시고 해결점이나 목표지향으로 나가는 하나의 노력이다. 클라이언트의 능력에 대해 유연성 있게 맞추어나갈 책임은 치료자에게 있다.

⑦ 현재와 미래를 지향한다

현재와 미래에 적응하는 것을 돕는 데 관심을 둔다. 클라이언트를 과거와 문제로부터 멀리하도록 하고 미래와 해결방안을 구축하는 데 관심을 집중하도록 한다.

⑧ 의미와 체험은 상호작용 속에 제공된다.

⑨ 행동과 묘사는 순환적이다.

⑩ 의미는 반응 속에 있다.

(4) 치료자와 클라이언트의 관계

① 전통적인 치료의 클라이언트 분류

- 자발적인 클라이언트 : 문제가 있음을 인식한 후 문제를 해결하려는 동기를 갖고 자발적으로 치료자를 찾아오는 클라이언트를 말한다.
- 비자발적 클라이언트 : 주위의 다른 사람의 요청에 의하여 또는 강권에 의해서 치료자에게 오게 된 클라이언트. 비협조적 태도와 저항을 어떻게 다루느냐 하는

것이 중요한 관심사이다.

② 해결중심 단기치료의 클라이언트의 분류

- 방문형 : 누군가 그에게 치료자를 만나도록 요구하였거나 누군가에 이끌려온 사람이다. 이들은 자기가 치료자에게 와야 할 이유가 없다고 생각한다. 치료자에게 보내는 사람들은 선생님, 보호관찰사, 법원, 부모, 배우자 등이 있다. 치료자는 이런 방문객의 문제가 분명하므로 이들을 상대로 문제를 해결하려고 서두르는 경향이 있지만 이 경우 클라이언트의 협조를 받을 수 없다. 드 세이저(De Shazer)는 이러한 방문자에 대해 치료자를 찾아온 방문객을 만났다고 생각하고 클라이언트를 방문객으로 대하기를 권한다. 친절한 태도, 기분 좋게 해주며, 항상 현재 면접을 하고 있는 그 방문객의 편에 서야 한다는 것이다. 드 세이저는 방문객에게 문제해결을 위해 어떠한 것을 하도록 요구해서는 절대로 안 되며, 방문객에게 많은 칭찬을 해주는 것이 클라이언트와 함께 계속 일하도록 하는 데 도움이 된다고 한다.
- 불평형 : 문제가 있음을 인식하고 있으며, 그들의 불평이나 불만을 치료자에게 이야기함으로써 치료자로부터 어떤 해답을 얻기 원하는 사람이다. 자신이 해결의 실마리를 쥐고 있다고 보지 않으며, 실제로는 해결책은 자기가 아닌 누군가가 변화함으로써만 얻을 수 있다고 믿는다. 클라이언트가 자신을 위해서가 아니고 타인을 변화시키기 위한 목표를 가지고 상담에 임했을 때 발생하는 유형이다. 문제를 해결하거나 불만을 줄이기 위하여 치료자가 제안하는 것은 무엇이든지 다하겠다는 동기는 없다. 보통 이들은 불평이나 치료목표를 아주 자세하게 기술하는 것이 상례이다. 이들은 문제로 인하여 고통을 받고 있지만 해결방법에 대해서는 수동적인 상태에 머물고 있다. 치료목표나 불평은 찾아내지만 해결책을 찾는 데 필요한 어떤 것도 구체적으로 발견하지 못한다. 방문형과 같이 많은 칭찬을 해주어야 하며, 방문형과는 달리 클라이언트가 쉽게 할 수 있는 간단한 관찰의 과제를 내어주는 것이 도움이 된다. 치료자는 불평이나 목표를 클라이언트와 함께 탐구하기로 협의하고, 그렇게 하기 위해서 의도적으로 해결책을 가져올 수 있는 새로운 관점을 찾아보도록 유도한다.
- 고객형 : 클라이언트 중에 불평거리나 문제가 있음을 인정할 뿐만 아니라 그 문제나 불평거리를 해결하기 위해 어떠한 일이든지 하고자 하는 사람을 말한다.

이들은 어떠한 과제를 줄지라도 문제가 해결될 수만 있다면 기꺼이 수행하겠다는 의지가 있다. 클라이언트가 자기 자신과 관련되어 있는 치료목표를 표현하고, 자신의 행동을 변화하기 위한 많은 방법을 제시한다. 고객형 클라이언트의 비율은 상대적으로 낮으며, 고객형 클라이언트가 되는 데에는 단계적인 과정이 필요하다.

- 잠재적 고객형 : 상담에서 제기된 문제에 대해서는 관심이 없고, 자신이 필요하다고 생각하는 것에만 관심이 있다. 예를 들어, 부부문제는 관심이 없고(방문형), 아이를 위해서는 협의한다(고객형).

③ 유형에 따른 치료자의 역할과 접근

치료자는 클라이언트가 이 세 가지 유형 중에 어디에 속하는가를 평가하는 것이 중요하다. 클라이언트는 이러한 세 가지 유형 중의 하나에 고정되어 있지 않으며, 면접과정에서 방문객에서 고객으로, 불평자로부터 고객으로 바뀔 수 있다.

(5) 치료목표의 설정 : 바람직한 목표설정을 위한 7가지 원칙

① 클라이언트에게 중요한 것을 목표로 하기

목표의 성취는 직접관찰이 가능한 것이어야 한다. 치료목표가 클라이언트에게 중요할 때 목표를 성취하기 위해 더 노력하게 된다. 클라이언트의 목표를 수용하면서 진행하는 것이 보다 많은 도움이 된다. 클라이언트에게 중요한 것과 치료에서 성취하기를 원하는 것을 분명히 하는 것은 치료자에게 목표설정을 명확히 하는 데 도움이 된다.

② 작은 것을 목표로 하기

자존감(self-esteem)이 낮기 때문에 성공했던 경험을 가지고 하는 것이 중요하며, 클라이언트가 성취할 수 있어야 한다. 치료목표가 작을 때 클라이언트는 쉽게 성공한다. 작은 목표를 구체적으로 설명하면 목표가 성취된 것을 확인하기가 용이하다. 정확하고 측정할 수 있는 용어로서 설명한 치료목표는 잘 형성된 목표이다. 목표를 성취하는 것은 클라이언트에게 성공하고 있다는 감정을 주고 희망을 가지게 하며, 변화하고자 하는 동기를 증가시킨다.

③ 구체적이고 명확하며, 행동적인 것을 목표로 하기

목표를 정확하게 설정했을 때 이 점은 치료자와 클라이언트가 진행하고 있는 것을 쉽게 평가할 수 있다. 애매모호한 목표설정의 문제는 치료과정이 이루어졌는지를 파악

하기가 불가능하다는 것이다. 애매모호한 목표설정의 예로는 "정상적인 생활을 하는 것", "행복하게 되는 것" 등이다. 목표를 분명한 단어로 설정했을 때 클라이언트의 성공을 즉각적으로 인정할 수 있는 기회가 증가한다. 분명하게 설정된 목표는 클라이언트가 목표를 성취하기 위하여 좀 더 필요한 것을 파악하는 데 도움이 된다.

④ 없는 것보다는 있는 것에 관심을 두기

클라이언트는 문제가 제거되거나 문제로부터 해방되기를 원한다. 그러나 문제시되는 것을 없애는 것보다는 있는 것에 관심을 두어야 한다. 목표는 클라이언트가 하지 말아야 하는 것 대신에 해야 하는 것에 관하여 긍정적이고 보호적으로 설정되어야 한다. 긍정적인 단어로 치료목표를 설정해야 하는 이유는 ㉠ 긍정적인 목표가 성취되었을 때, 치료자와 클라이언트가 목표의 성취를 확인하는 것이 훨씬 쉬워진다. ㉡ 긍정적으로 설정한 목표는 어떤 행위를 하지 않는다는 것이 불가능하다는 것을 관찰한 결과로써 만들어진 것이다. ㉢ 우리가 자신에 대하여 "어떠한 것을 하지 말라"고 말할 때 그 결과는 역설적으로 나타나는 경향이 있다.

⑤ 목표를 중시하기보다는 시작으로 간주하기

목표는 클라이언트가 성취하고자 하는 처음의 작은 시작단계를 설명하여야 한다. 클라이언트는 처음 치료를 받으러 올 때 자신이 성취하고자 희망하는 최종의 결과를 목표로 이야기한다. 이러한 것은 클라이언트가 한 단계씩 목표를 향해 나아가도록 도움을 받지 않는 한 클라이언트의 목표는 희망일 뿐 아무런 도움이 되지 않는다는 것이다. 치료자는 클라이언트의 목표를 수용하면서 원하는 결과를 성취하기 위하여 처음 단계에서 필요한 것을 명확하고 구체적으로 설명해야 한다.

⑥ 클라이언트의 생활에서 현실적이고 성취가능한 것을 목표로 하기

치료자가 클라이언트의 생활환경에서 어떠한 것이 현실적이고 비현실적인지 혹은 성취가 가능한지 아닌지에 대해 목표를 설정하는 것은 어렵지만 대부분의 클라이언트 자신이 가장 중요한 자원이 된다. 대부분의 클라이언트는 치료를 위해 자신의 목표가 성취 불가능한 것을 이미 알고 있거나 재조정하고, 좀 더 현실적인 것으로 바꾸기 위해 협상하기도 한다.

⑦ 목표수행은 힘든 일이라고 인식시키기

목표수행은 "힘든 일"이라고 인식시켜야 한다. 변화를 위해 노력하는 것은 힘든 일

이라는 것을 생각하게 한다. 클라이언트가 변화하는 것이 힘들다는 것을 아는 것은 매우 중요한 기능을 한다. ㉠ 클라이언트의 자기 가치와 존엄성의 감정을 보호하고 증진시키는 것이다. ㉡ 목표를 성취하는 것이 어렵다는 말은 클라이언트가 성취할 수 없는 상황에서 클라이언트의 존엄성을 보호해 주는 것이다. 즉, 클라이언트의 자존감은 과거의 실패는 문제가 힘들었기 때문이라고 생각함으로써 보호받을 수 있다. ㉢ 치료목표를 협상할 때 "힘든 일"을 강조하는 것은 클라이언트와 치료자가 성공적인 상황에 있도록 하는 것이다. ㉣ 클라이언트가 천천히, 안정감 있게 규칙적으로 진행한다면 이것은 정상적인 것으로 인정해야 하고 클라이언트가 열심히 한 것에 대하여 칭찬을 해주어야 한다.

(6) 면접의 방법

① 치료이론별 면접의 목적

- 정신역동적 치료의 면접목적 : 클라이언트 자신의 역기능적인 행동에 대한 통찰을 증가시키는 것이다.
- 현상학적 치료의 면접목적 : 클라이언트가 면접 중 상황에 대한 자신의 감정이나 느낌을 경험해 보도록 하는 것이다.
- 체계이론에 기초한 가족치료의 면접목적 : 구조적 가족치료모델의 면접목적은 가족관계에 관한 정보를 수집하거나 가족의 행동 중 잘못된 것을 수정하는 경험을 제공하는 것이다. 전략적 가족치료모델의 면접목적은 행동의 패턴을 조사함으로써 문제를 유지시키는 행동패턴을 중단시키거나 변화시키는 데 필요한 정보를 조사하는 것이다.
- 해결중심 단기치료의 면접목적 : 클라이언트로 하여금 불평거리에 대한 예외적 행동이나 해결방법에 가능한 빨리 초점을 맞춤으로써 불평에 대한 클라이언트의 개념을 재조정하는 것과 클라이언트가 이야기한 상황에 관하여 문제가 되는 것과 전체 상황을 재구성해 주는 것이다.

② 면접의 과정(단계)

- 1단계 : 치료자는 클라이언트가 바라는 해결점이나 목표가 있는가를 조사한다.
- 2단계 : 해결을 바라는 불평이나 불만이 없는 예외적인 행동이 일어나는 경우가 없는지를 조사한다. 예외적인 상황을 발견하는 경우나 발견치 못하는 경우에는 과제

를 다르게 준다. 기적에 관한 질문을 통하여 가능한 예외나 목표를 설정한다.

- 3단계 : 예외가 일어나는 법칙과 문제가 일어날 때의 법칙 사이에 어떤 차이가 있는지 조사한다. 법칙을 알 때와 모를 때 과제를 다르게 준다.

(7) 관계유형

드 세이저와 인수 버그(De Shazer & Insoo Berg)는 치료자-클라이언트 관계가 전체적으로 3개의 범주로 대별할 수 있음을 발견하였다. 방문형, 불평형, 고객형으로 이를 분류하고 설명한다.

① 방문형과의 관계

방문형의 특징은 일반적으로 법원, 직업훈련, 보호관찰관, 학교, 가족, 고용주 등의 명령, 즉 타의에 의해 치료자에게 온 상황에서 볼 수 있다. 문제에 대한 책임감이 없거나, 자신의 문제를 인정하지 않는 경향이 있다. 문제해결 동기가 약하고, 가능한 한 치료자와의 관계를 끝내려고 한다. 유용한 접근법은 ㉠ 가능한 한 겸손하게 하고, 성실하고 진실한 태도를 취한다. ㉡ 클라이언트가 항상 상담을 받은 사람들을 볼 수 있도록 한다. ㉢ 효과가 없는 것보다는 효과가 있는 것을 찾도록 한다. ㉣ 클라이언트의 의사결정을 존중하고, 자신에게 중요한 것에 관하여 판단할 수 있는 능력을 믿어준다. ㉤ 타의지만 치료소에 온 것은 치료를 의뢰한 사람과 잘 지내기 위한 노력이며, 갈등을 최소화하려는 긍정적인 노력인 것은 인정하고 칭찬한다. 칭찬할 수 있는 것을 찾는다. ㉥ 자신에게 좋아지려고 노력하는 일들을 모두 부각시켜 주고 인정해 준다.

② 불평형과의 관계

불평형의 특징은 클라이언트가 자신을 위해서가 아니고 다른 사람을 위한 목표를 가지고 있을 때 발생한다. 부모, 배우자, 자녀, 고용주가 문제가 있는 것을 불평하는 것이다. 자신은 희생자라고 생각하고, 자신의 위치와 역할이 변화해야 하는 단계에 있다는 것을 알지 못한다. 문제가 있음을 인식하고 있으나 문제해결의지는 약하고 사회복지사에게 해답을 얻기 원하는 수동적인 클라이언트다. 유용한 접근법은 사회복지사는 이런 클라이언트를 치료를 받아야 할 대상으로 생각하기보다는 치료를 위한 자원으로서 투자해야 할 대상으로 생각해야 한다. 클라이언트에게 과거와는 다른 방법으로 할 것을 격려한다.

③ 고객형과의 관계

고객형의 클라이언트는 문제를 해결하기 위하여 어떠한 것이든 시도하려는 동기가 있는 상태를 의미한다. 문제를 시인하고, 문제해결을 위해 도움을 요청하며, 변화를 위해 무엇인가를 할 준비가 된 것을 언어적 혹은 비언어적으로 표현을 한다. 매우 긍정적이고 협력적인 치료관계로 쉽게 발전할 수 있다. 문제는 실제로 고객형의 클라이언트의 비율은 상대적으로 낮다는 것이다. 고객형의 클라이언트가 된다는 것은 단계적인 과정이 필요하다.

(8) 해결중심단기치료의 질문

① 보고식 질문

보고식 질문은 문제가 무엇인가를 밝히기 위한 질문이며, 치료자로 하여금 클라이언트의 현재 상황에 관한 이해를 돕도록 하는 질문이다. 질문의 초점은 과거와 현재에 있다.

- 개별적 질문 : 개별적 질문은 클라이언트 개인의 현재와 과거에 대한 생각을 질문하는 것으로 예를 들어, 언제부터 문제라고 생각했습니까?, 문제가 무엇이라고 생각합니까?, 왜 오늘 상담을 받아야겠다고 결심하였습니까?, 얼마나 문제가 오랫동안 계속되었습니까? 등이다.
- 체계적 질문 : 체계적 질문은 클라이언트와 관계된 다른 사람은 문제에 대하여 어떻게 생각하는가를 알아보기 위해 질문하는 것이다. 이러한 질문을 통하여 불평의 패턴과 반복되는 행동에 관한 이해를 할 수 있다. 예를 보면, ○○이가 그런 행동을 하면 가족 중에서 누가 제일 흥분합니까?, 아버지가 ○○이를 때리면 어머니는 어떻게 하십니까?, 남편이 이 자리에 있으면 남편은 무엇이 문제라고 하겠습니까?, ○○이의 선생님이 여기에 있다면 ○○이의 문제는 무엇이라고 하겠습니까? 등이다.

② 구조적 질문

구조적 질문은 해결에 초점을 둔 질문이고 목표와 해결에 초점을 둔 미래지향적인 질문이며, 클라이언트로 하여금 긍정적인 변화에 대한 기대감을 갖게 한다. 지금까지 자신이 해왔던 방법 외에 다른 해결방법을 생각해 보도록 격려하는 질문이다.

- 구조적 질문에 있어서 개별적 질문의 예 : 상황이 좋아지면, 더 좋아진 것을 어떻게 알 수 있겠습니까?, 남편에게 더 이상 화를 안 낸다면, 무엇이 달라질까요?, 상황이 조금이라도 나아지게 하려면, 무엇이 달라져야 한다고 생각하십니까?, 당신은 문제가 해결된 것을 무엇으로 알 수 있겠습니까? 등이다.
- 구조적 질문에 있어서 체계적 질문의 예 : 당신이 ○○을 덜 한다면, 누가 제일 좋아할까요?, 싸움을 줄이려면 어떻게 하여야 된다고 당신의 아이들은 생각합니까?, 당신이 말하지 않아도 당신의 남편은 무엇을 보고 당신의 문제가 해결됐는지 알겠습니까? 등이다.
- 예외를 발견하기 위한 질문 : 해결중심단기치료는 어떠한 문제에도 예외적인 행동이나 상황이 있다는 것을 믿으며, 그 예외를 발견하여 그 예외가 더 많이 일어나도록 도움을 주는 것이 필요하다고 본다. 클라이언트와 면접 중에 약간이라도 예외가 발견되면 그 예외를 구체화시키고 조명할 필요가 있다. 예외를 발견하기 위한 질문의 예를 보면, 언제 그런 문제가 일어나지 않습니까?, 당신은 문제가 일어날 때와 일어나지 않을 때, 당신 자신이 다르게 행동한다고 생각합니까?, 문제가 없을 때는 어떻게 다르게 행동합니까?, 당신의 남편이나 아이는 어떻게 다르게 행동한다고 생각합니까?, 더 이상 치료받으러 여기에 올 필요가 없다는 것을 무엇을 보고 알 수 있겠습니까?, 당신의 가족은 어떻게 알까요?, 그런 것이 더 자주 일어나게 하기 위해 무엇을 해야 하겠습니까?, 당신과 당신 가족은 무엇을 해야 할까요?, 당신이 전화로 우리와 약속을 한 뒤에 그날부터 지금까지 약간이라도 바람직한 변화가 있었습니까? 만약에 "예"라고 하면, 어떻게 하면 그 변화를 계속하게 할 수 있을까요? 또는 더 많게 할 수 있을까요? 등이다.
- 척도질문 : 문제가 무엇인지 불분명하고 클라이언트가 바라는 목표가 무엇인지 막연할 때 사용하는 질문이다. 클라이언트가 목표를 달성하려고 하는 의지가 얼마나 되는지를 조사할 때 사용하는 질문이다. 클라이언트와 관계된 다른 체계는 목표달성에 대하여 얼마나 희망적으로 생각하는지를 조사할 때 사용하는 질문이다. 척도질문의 예를 보면, 1점부터 10점까지 있다고 하자. 10점은 술을 끊어야겠다는 결심의 최고점수이고, 1점은 술을 전혀 끊고 싶은 생각이 없는 것을 나타낸다고 하면, 당신의 욕구는 오늘 어디에 속합니까?, 싸움을 많이 하

는 것을 1점이라 하고 싸움을 하지 않는 것을 10점이라고 한다면, 당신 부부는 현재 어디에 속합니까?, 싸움을 덜 하는 것을 5점에서 8점으로 상승시키려면 당신은 어떻게 해야 한다고 생각합니까? 또한 당신의 남편은 어떻게 해야 한다고 생각하십니까? 등이다.

- 기적에 관한 질문 : 치료자가 예외를 발견할 수 없을 때나 클라이언트의 목표가 불분명할 때 사용하는 질문이다. 클라이언트가 원하는 것이 무엇인가 하는 가정적인 해결을 발견하기 위해서 사용하는 질문이다. 기적에 관한 질문의 예를 보면, 만약 당신이 잠자는 밤 사이에 기적이 일어나서 당신의 문제가 해결됐다면, 당신의 무엇을 보고 밤 사이에 기적이 일어났구나 하는 것을 알 수 있겠습니까?, 당신 외에 누가 기적이 일어났다는 것을 알 수 있겠습니까?, 그 사람은 어떻게 무엇을 보고 기적이 일어났다고 하겠습니까?, 그런 기적이 일어나도록 하려면 당신은 무엇을 해야 되겠습니까?, 기적이 일어났던 것처럼 행동하려면 어떻게 해야 하겠습니까? 등이다.
- 적응적 질문 : 적응적 질문은 클라이언트가 아무런 예외적인 상황을 발견할 수 없다고 하며 부정적인 말만 계속하는 경우에 사용하는 질문이다. 부정적인 사람과 연합하여 부정적인 입장에 함께 참여할 때 사용하는 질문이다. 적응적 질문의 예를 보면, 문제가 매우 심각한 것 같은데 어떻게 상황이 더 나빠지지 않았습니까?, 상황이 더 심각해지는 것을 막기 위해 무엇을 하셨나요?, 무엇이 도움이 되었습니까?, 당신 남편이나 아이들도 그 의견에 동의할까요?, 문제가 더욱 심각해지면 당신은 무엇을 하겠습니까?, 문제가 조금 나아지면 무엇을 하겠습니까?, 그렇게 되게 하려면 무슨 일이 일어나야 할까요?, 당신 생각에 당신은 무엇을 해야 한다고 생각합니까? 등이다.

③ 치료자의 기능

기술적인 질문을 통하여 클라이언트가 그들의 자원을 발견하고 사용하도록 도와주는 것이다.

(9) 개입방법

해결중심단기치료의 치료팀은 2명으로 한다. 치료팀의 1인은 주 치료자이고, 나머지 1인은 보조치료자이면서 관찰자가 된다. 일방경(one-way mirror)을 통하여 치료와 관찰을 동시에 병행한다. 치료자는 일방경에 치료자가 한 명 더 있다는 것을 반드시 알려야 한다. 치료시간은 30~40분이 소요되고 약 10분간은 일방경에 있는 팀원에게 자문을 받는다. 숙련된 치료자는 혼자서 약 40분간 치료하고 10분 정도는 치료시간에 나왔던 이야기의 내용을 정리한다.

① 칭찬

- 칭찬의 내용 : 불평이나 문제의 해결과 관련된 것으로만 한정하여 칭찬할 필요는 없다. 자신이나 타인에게 도움이 되거나 효과적이고 바람직한 것이면 그 내용이 어떤 것이든 관계없이 칭찬한다.
- 칭찬의 목적 : 클라이언트에게 칭찬을 해줌으로써 그들 자신에 대한 개념을 바꾸어 주는 역할을 한다. 즉, 자신을 정상적인 문제를 가지고 있는 정상인으로 보게 한다. 클라이언트로 하여금 치료자의 말에 따르도록 한다. 따라서 치료자의 의견에 쉽게 동의하게 한다. 밀톤 에릭슨(M. H. Erikson)은 "치료자는 클라이언트로부터 늘 '아니요'가 아닌 '예'만 나오도록 면접을 이끌어야 한다"고 주장했다.

② 과제

- 목표와 과제의 관계 : 목표는 클라이언트와 치료자가 함께 힘을 합해 맞추어야 할 과녁이다. 과제는 화살과 같다. 화살은 과녁을 맞추기 위하여 도안된 것이라면, 과제는 목표를 성취하기 위해 계획된 것이다.
- 치료개입의 패턴 : 케이스 분석으로 적당한 치료개입의 패턴을 발견했다(D. Ohnalon & S. de Shazer). 치료개입의 패턴은 과제의 패턴을 발견할 수 있다. 치료패턴에 따른 치료적 과제제시가 가능하다.

2) 주요 개입기술

치료횟수에 제한을 두지는 않았으나 가능한 한 단기로 하는 것이 좋다. 단기치료는 일반적으로 치료횟수를 6회에서 15회로 제한하며, 치료간격은 1주에서 6주의 간격을 둔다. 해결중심치료에서는 일방경, 인터폰 시스템을 사용하며, 치료시간은 전체 60분으로, 먼저 40분 정도 상담하고 10분 정도 중단한 후 동료팀과 함께 치료적 메시지를 작성한다. 펠러와 월터(Peller & Walter, 1998)는 해결중심이론에서 제시하는 주요 기술을 크게 일반적인 상담기술, 해결중심적인 기술, 목표설정, 메시지 작성 및 전달로 구분하여 논의하였다.

〈표 9-1〉 해결중심이론의 주요 기술

치료기술		설 명
상담기술	1. 경청과 인정 (listening & acknowledging)	① 사회복지사와 클라이언트 간의 신뢰형성의 기초가 된다. ② 클라이언트의 강점과 능력에 대해 경청하고 이러한 강점을 인정해 줌으로써 클라이언트가 사회복지사로부터 존중받고 있다는 느낌을 갖도록 한다.
	2. 호기심 갖기 (being curious)	클라이언트를 진단하거나 특정한 어떤 것을 하도록 강요하는 것이 아니라(병리적 관점보다는 문제해결에 초점) 클라이언트가 원하는 것, 그것을 성취하기 위해 어떻게 해야 하는가를 명확히 하도록 질문하고 그에 대한 반응에 호기심을 갖는 것이다.
	3. 초대하기 (invite)	클라이언트가 상담으로부터 기대하는 바가 무엇인지, 클라이언트의 목적이 성취되고 문제가 해결되는 것 또는 발전을 나타내는 징조가 무엇인가에 대해 대화하도록 초대한다.
	4. 격려하기 (encouraging)	사회복지사가 클라이언트가 효과적인 것을 하도록 용기를 북돋아 주는 것을 중요하게 여긴다.
해결중심적 기술	5. 첫 면접 이전의 변화에 관한 질문	클라이언트가 처음 전화를 걸거나 약속시간을 정한 후부터 처음 면접에 왔을 때까지 변화된 것이 있는지를 묻는 것이다. 긍정적인 변화가 일어났다면, 그렇게 될 수 있었던 방안이 무엇인지를 파악하여 이를 강화하려는 의도가 있다.[2]
	6. 예외질문 (exception question)	① 성공했던 경험과 현재 잘하고 있는 것을 발견하는 질문 ② 문제해결을 위해 성공적으로 잘하고 있으면서도 의식하지 못하고 있거나 가치를 두고 있지 못하는 것을 발견하고, 사회복지사가 의식적이고 의도적으로 성공하였던 클라이언트의 행동을 강화시키는 기술 ③ 언제 문제가 발생하지 않는가?, 문제가 발생하지 않았다는 것을 어떻게 아는가?, 어떻게 하면 문제가 발생하지 않을 것 같은가? 등의 질문을 할 수 있다(송성자, 1995 : 383).
	7. 척도질문 (scaling question)	① 수치로 정도표현 ② 문제의 심각한 정도를 사정하고, 치료목표 성취 정도를 측정하고, 결과를 구체적으로 평가하는 데 있어 구체적인 수치를 사용하여 그 정도를 표현할 수 있도록 하는 질문 ③ 주의 : 시간을 제한해 주어야 클라이언트가 혼돈하지 않음. 그리고 과거에 초점을 두지 않는다. ④ 문제해결에 관한 전망에 관련된 척도질문, 동기에 관련된 척도질문, 자기존중감에 관련된 질문, 진전상태를 평가하는 척도질문, 관계를 평가하는 척도질문이 있음[문제해결에 관한 전망에 관련된 척도질문 "1부터 10까지 있는 척도에서 10은 문제가 해결되었다고 확신하는 것을 말하고, 1은 문제가 가장 심각할 때를 말한다. 오늘은 몇 점에 해당하는가?" 이와 관련해서 자세한 내용은 송성자(1995 : 385-387)를 참조하기 바람].

2) 과거에 치료자는 클라이언트가 처음 왔을 때, "치료를 신청할 때와 비교해서 최근에는 그런 대로 문제가 좀 나아져서 더 올 필요가 없는 것 같다"라고 표현하는 것을 저항이나 치료에 대한 거부로 해석하기도 하였다(송성자, 1995 : 382). 그러나 해결중심적 접근에서는 치료약속은 매우 적극적이고 긍정적인 방법을 모색하는 것이라고 본다. 치료약속을 잡는 것만으로도 클라이언트의 상태는 어느 정도 해결된다. 그래서 첫 면접 이전의 변화에 관한 질문을 한다.

해결중심적 기술	8. 대처질문 (coping question)	① 만성적인 어려움과 위기에 관련된 것으로 자신의 미래를 절망적으로 보아 희망이 없다고 하는 클라이언트에게 사용하는 기술이다. ② 클라이언트가 절망적인 상황에서도 잘 견디어내어 더 나빠지지 않은 것을 강조하고, 위기에서 살아남기 위해 대처해온 방법을 파악하고, 그것을 인식, 강화, 확대하기 위해 활용하는 기술이다. ③ 질문의 예 : 전혀 희망이 없을 때 어떻게 아침에 일어나서 하루를 보내는가?, 어떻게 모든 것을 포기하지 않고 지탱해왔는가? 지금까지 해온 것을 유지하기 위해 무엇을 해야 하는가? 등의 질문이 있다.
	9. 기적질문 (miracle question)	① 현실변화의 구축 가능성에 대한 자기상을 형성 ② 문제가 해결된 미래에 대해 상상해 보고, 해결하기 원하는 것들을 구체화하고 명료화하여, 클라이언트가 안도감, 희망, 용기를 갖도록 하는 것이다. ③ 문제를 제거시키거나 감소시키지 않고, 문제와 분리하여 해결을 상상하게 하는 것이다. 이는 치료를 통하여 변화하기 원하는 것을 설명하게 하며, 문제에 대한 집착으로부터 벗어나게 한다. 예를 들어, "밤에 잠자는 동안에 기적이 일어나 지금 치료목표로 하는 문제가 해결되었다고 상상합시다. 그러나 잠자는 동안에 기적이 발생하여 무슨 일이 생겼는지 아무도 모르지요. 아침에 눈을 떴을 때 무엇을 보고 지난 밤 동안에 기적이 발생했는지 알겠습니까?" 여기서 주의할 것은 기적이 "일어났을 때"를 가정하고 질문해야 하며, "일어난다면"으로 가상해서 질문하지 않아야 한다.
메시지 작성과 과제부여	메시지 작성과 전달	40분 정도 상담한 후, 5분 내지 10분 동안 치료실을 떠나 팀과 자문하는 시간을 갖고 클라이언트에게 제시할 메시지와 과제를 만든다. 치료팀이 없는 경우에도 잠시 중단하고 치료과정을 검토한 후 적절한 메시지와 과제를 준비하는 것이 효과적이다. 수행방법 : ① 클라이언트가 이미 실시하고 있는 것이 클라이언트에게 도움이 되고 좋은 것임을 알게 한다. 칭찬을 한다. ② 가능한 한 클라이언트가 사용한 단어를 사용하는 것이 클라이언트의 협조 가능성을 증가시킨다. ③ 사회복지사는 클라이언트의 목표에 동의하고 긍정적인 방법으로 말해야 한다. ④ 적절한 시기에 도움을 받으러 왔으며 목표가 성취되는 것은 매우 힘든 것이라고 강조한다. ⑤ 칭찬은 관계성을 가지고 해야 한다. ⑥ 적절한 문장으로 시작을 해야 한다. ⑦ 과제를 주기 전에 목표를 명확하게 한다.
	과제부여	사회복지사는 클라이언트에게 생각, 관찰, 확인, 작은 것 행동하기 등과 같은 과제를 내 줄 수 있다. 예 : 기적이 일어나고 문제가 해결된다면, 무엇이 달라질 것인지 생각해 오기, 현재 당면한 문제를 극복한다면 무엇을 할 것인지 생각해 오기, 지속하고 싶은 것이 무엇인지 생각해 오기 등이다.
목표설정	잘 정의된 목표는 긍정적이고 과정의 형태로 이루어지며, 지금-여기(here & now)에 초점을 맞추고, 가능한 상세하게 서술한다. 사회복지사는 ① 클라이언트가 상담을 통하여 원하는 것이 무엇이라고 말하는가? ② 클라이언트가 원하는 것이 그들에게 어떻게 변화를 줄 수 있는가? ③ 클라이언트가 자신이 원하는 것을 위해 노력하고 있다는 것을 어떻게 알 수 있는가? ④ 클라이언트는 그들이 지금 원하는 것을 얼마나 경험하고 있는가? 등을 다룬다. 치료목표 설정의 7가지 원칙 : ① 클라이언트에게 중요한 것을 목표로 하기, ② 작은 것을 목표로 하기, ③ 구체적이고 행동적인 것을 목표로 하기, ④ 없는 것보다는 있는 것에 관심 두기, ⑤ 목표를 종시하기보다 시작으로 간주하기, ⑥ 클라이언트의 생활에서 현실적이고 성취가능한 것을 목표로 하기, ⑦ 목표수행은 힘든 것이라고 인식하기가 있다.	

4. 해결중심치료 모델의 장점과 한계점

1) 장 점

단기치료접근방법이면서도 장기치료와 비슷한 치료효과가 있다. 클라이언트 중심의 관계 및 협조를 활용하고 클라이언트의 장점을 파악한다. 기법과 개입에 있어 단순하고 분명하여 학습이 용이하고, 효율성이 높은 것이 실무자와 조사연구자에 의해 입증되었다. 사회복지사가 느끼는 책임감과 부담감이 상대적으로 적고, 클라이언트가 후퇴하거나 악화되어도 노력부족으로 생각하고 좀 더 노력하거나 다른 방법을 시도하도록 돕기 때문에 사회복지사와 클라이언트가 다시 노력할 가능성이 많다(송성자, 1995 : 363, 398).

2) 한계점

해결중심이론에 근거한 접근방법을 클라이언트와 대화를 나누는 철학적인 접근방법으로 보기보다는 여러 기법의 배합 혹은 절충주의적 접근으로 보려는 경향이 있다. 일부 사회복지사는 해결중심이론이 문제의 원인을 해결하기보다는 임시대응적인 응급책으로 여긴다. 이론활용 시, 비용효과성에 대하여 비현실적인 기대를 갖고 있다. 실제로 사회복지사는 이 이론을 적용하는 데 많은 시간과 노력이 필요하다. 과거에 대한 이해를 중요시하지는 않지만 사회복지사는 여전히 클라이언트에 대하여 사정하고 진단할 필요가 있다. 병리적인 것에 초점을 두는 모델과는 다른 용어를 사용하므로 다른 전문가와 협력하는 것이 쉽지 않다. 클라이언트가 추후 상담과 종결을 결정하기 때문에 사회복지사의 업무일정을 계획하고 실행하는 데 어려움을 경험할 수 있다.

이상 사회복지실천에서 중요한 위치에 있는 정신분석이론, 행동이론, 클라이언트중심이론, 인지행동이론, 해결중심이론에서 도출할 수 있는 실천의 구체적인 방법과 기술을 살펴보았다. 각 이론의 내용은 너무도 방대한 양의 지식이기 때문에, 실천에서의 개입기술로 도출함에 있어서, 한 장마다 담아내는 데는 한계점이 많았다.

본 장에서 제시한 내용과 개입기술은 기초적인 부분이다. 이 내용을 숙지한다면 실천현장에서 매우 유용한 지식이 될 것이라 믿는다. 중요한 것은 이들 이론 중 어느 한 이론만 고집해서 사용해서는 안 된다는 것이다. 클라이언트의 문제를 특정 이론에서 나오는 개입기술에 맞추는 것이 아니라, 클라이언트의 문제해결에 가장 적절하고 효과적인 개입기술을 선택하여 활용할 수 있어야 하겠다. 즉, 전문적인 원조를 적절히 제공하기 위해서는 사회복지사는 모든 실천모델을 잘 알고 있어야 하며 통합·적용할 수 있어야 한다.

03

대상별 사회복지실천기술

제10장 개인중심 사회복지실천기술

제11장 집단중심 사회복지실천기술

제12장 가족중심 사회복지실천기술

Chapter

10 개인중심 사회복지실천기술

Ⅰ. 기본적인 원조기술

이 장에서 소개되는 기술은 클라이언트와 관계를 형성하고 신뢰를 쌓는 데 필수적인 것이기 때문에, 어떠한 원조관계에 있어서도 기본적으로 고려되어지는 것이다. 원조관계 전반에 걸쳐 중요한 것이기는 하지만, 일반적으로 관계의 초기에 가장 중요하다. 기술에는 효과적으로 침묵을 사용하는 것, 좋은 경청기술, 클라이언트에게 적절한 감정이입을 보여주는 것이 포함된다.

1. 면접기술

1) 면접준비 갖추기

사회복지사의 원조활동은 클라이언트와의 첫 번째 대면접촉 이전부터 이루어진다. 만나기 전에 사회복지사는 클라이언트가 기관을 방문해서 낯선 사람과 개인적인 문제를 논의하면서 무엇을 생각하고 느낄지를 상상해야 한다. 클라이언트가 어떻게 느낄지를 예측하려고 노력하는 것을 통해 사회복지사는 감정이입을 개발하고 클라이언트의 초기의 감정(두려움, 분노, 혼란 등)에 준비할 수 있다.

클라이언트가 처음 기관에 들어섰을 때, 문을 여는 데 허용적인지, 주저하게 하는지 하는 기관의 분위기와 직면하게 된다. 클라이언트가 초기에 접촉하는 동안 기관을 경험하는 방법, 사회복지사의 사무실 분위기에 의해 클라이언트가 영향을 받는 방법, 사회복지사의 복장, 시선접촉, 자세, 얼굴표정, 거리, 접촉, 목소리의 높낮이와 크기 등을 포함한 비언어적 의사소통이 클라이언트에게 미치는 영향을 볼 것이다. 이 장에서는 비언어적인 행동이 고려되어 질 때 다른 문화 간의 인식의 중요성에 대해 짧은 토론을 포함할 것이다.

2) 기관과 클라이언트의 초기 접촉

일반적으로 클라이언트는 전화를 하거나 직접 방문하여 기관과 접촉한다. 클라이언트에 대한 기관의 초기 반응은 즉각적으로 클라이언트가 치료되어질 것이라고 믿는 뼈대를 만든다. 따라서 기관은 초기 면접 동안에 클라이언트를 도울 수 있는지에 대한 상세한 인지가 필요하다.

(1) 전화접촉

클라이언트가 처음 기관에 전화하였을 때, 클라이언트가 쉽게 느끼도록 돕는 몇 가지 일반적인 규칙을 보면, ① 전화를 받는 직원은 공손하여야 한다. ② 기관의 직원은 클라이언트가 바라는 것이 무엇이고, 그들이 누구와 이야기를 했는지를 기꺼이 알아야만 한다. ③ 사회복지사를 만나기 위한 과정이 잠재적 클라이언트에게 설명되어져야만 한다. ④ 아주 빈번하게 일어나는 것으로 나쁜 기관이라고 오해하여 알고 있는 클라이언트에게 이용할 수 있는 기관소개를 공손하게 제공해야만 한다. ⑤ 위기상담전화를 다루는 기관이 아니라면, 클라이언트가 전화로 면담하지 않으려고 한다면, 그가 기관을 찾아왔을 때 사회복지사는 함께 이야기할 기회를 보장해 주어야만 한다. ⑥ 예약은 클라이언트를 위해 만들어져야만 한다. 만약 기관의 스케줄이 꽉 차서 약속을 며칠이나 몇 주 후에 잡아야 한다면, 클라이언트가 그 기간 동안 안전할 수 있는지 확실하게 사정되어야만 한다. 만약에 즉각적인 개입이 필요한 경우(예 클라이언트가 자살을 시도할 경우), 클라이언트의 욕구에 부합되는 과정이 있어야만 한다. ⑦ 클라이언트의 전화번호나 주소는 클라이언트가 찾아오는 데 실패했을 때, 예약이나 접촉을 유지하기 위해 확보되어져야만 한다 등을 따라야 한다. 다음 <연습 10－Ⅰ－1>에서는 클라이언트의 초기 전화를 받는 역할연기를 할 기회를 학생에게 제공할 것이다.

연습 10-Ⅰ-1 기관에 전화하기

다른 학생과 짝을 만들어라. 한 사람은 클라이언트 역할을 하고, 다른 한 사람은 클라이언트 전화를 받는 접수원의 역할을 한다. 클라이언트는 기관과 접촉하는 이유가 있어야 한다. 접수원은 7가지 주요 리스트를 사용하기 위한 반응을 준비하여야 한다. 끝났을 때 소집단 안에서 연습을 토론하라.

(2) 직접 기관방문

클라이언트가 기관에 걸어 들어오는 것을 상상해 보라. 그는 대기실에 들어와서 지저분하고 담배연기가 가득찬 방을 볼 것이다. 그곳은 불빛이 희미하고 나쁜 냄새가 난다. 그는 그에게 주의를 주지 않는 접수원에게 갈 것이다. 그가 "실례합니다"라고 말하며 접수원을 쳐다보면, 접수원은 다소 불쾌한 목소리로 "무엇 때문에 왔습니까?"라고 반응한 후, "당신 차례를 기다리세요"라고 말하며 의자에 앉으라고 할 것이다. 그는 낡은 소파에 앉으면서, 그의 팔이 팔걸이에 닿을 때 더러움을 특히 더 느낄 것이다.

이제, 다른 기관을 상상해 봐라. 클라이언트가 걸어 들어와서 깨끗한 냄새와 기분 좋게 보이는 기관을 보게 될 것이다. 접수원이 즉시 그에게 "죄송합니다. 잠시 바쁜 일이 있어서 … 그러나 되는 대로 이야기해 드리겠습니다. 당신만 괜찮으시다면 잠시만 앉아서 기다려 주시겠습니까?"라고 말할 것이다. 클라이언트는 "감사합니다"하고 자리에 앉을 것이다. 물론 의자는 새것은 아니지만, 깨끗하고 편안하게 느껴진다고 말할 것이다.

이 두 가지 예는 사실이다. 나는 확실히 기분 좋은 경험을 한 두 번째 기관뿐만 아니라, 첫 번째 사례에서 이야기했던 불쾌한 경험을 했던 기관이 있었다. 당신이 손님으로 첫 번째 기관에 들어갔다면 클라이언트로 영구적인 인상을 받기 전에 떠나려고 하고, 그 결과 사회복지사에 대해 만들어지는 클라이언트 반응이 부정적이거나 긍정적일 수 있다.

나는 사회복지사가 종종 기관의 분위기에 대해 전혀 책임을 느끼지 않는 것을 발견하였다. 나는 원조관계가 사회복지사의 사무실에서 시작되지 않는다고 믿지만, 전화를 하거나 직접 방문하든지간에 클라이언트의 초기 접촉은 기관과 하게 된다. 따라서 모든 휴먼서비스 전문가는 긍정적인 원조관계를 세울 수 있는 데 도움이 되는 기관의 환경을 만드는 것에 적극적인 역할을 해야 한다고 장려한다. 기관의 전체적인 분위기에 대한 책임을 말하는 것은 또한 우리의 윤리적인 책임이라고 생각한다.

많은 항목은 클라이언트를 위해 마음을 끄는 분위기를 만드는 것에 기여한다. 예를 들면, 부드러운 조명, 편안한 가구, 가구의 배치 등이 있다. 그리고 나는 당신 스스로가 몇 가지 목록을 찾아낼 수 있다고 확신한다. 다음 <연습 10－Ⅰ－2>를 작성하고, 교수는 기관의 환경조정에 대해 토론할 수 있도록 이끌 것이다. <연습 10－Ⅰ－2>를 완료했을 때, <연습 10－Ⅰ－3>을 수행하라.

연습10-1-2 클라이언트를 편안하게 할 수 있는 목록 작성하기

클라이언트가 기관에 직접 방문하였다면, 그 기관에 대해 좀 더 편안하게 느낄 수 있는 것을 찾아서 그것의 목록을 작성해라. 강의에서 교수는 당신에게 제공한 목록으로부터 더 큰 목록을 만들 것이다.

① ______
② ______
③ ______
④ ______
⑤ ______
⑥ ______
⑦ ______
⑧ ______
⑨ ______
⑩ ______

연습10-1-3 기관의 분위기 : 삽화

당신 스스로 다음 각본에 반응하고 그 이후에 소그룹이나 강의에서 당신의 반응에 대해서 토론하여라.

(1) 당신은 정신건강센터에서 정신건강을 원조해 주고 있다. 아침에 당신이 기관에 들어왔고, 접수원이 클라이언트에게 호되게 꾸짖는 것을 들었다. 어떻게 할 것인가?
(2) 당신은 지적 장애아동을 위한 그룹홈에서 상담가로 일한다. 집을 페인트칠하는 데 적은 돈을 사용하라는 당신의 끊임없는 충고에도 불구하고, 그들은 그것을 거절하고 새로운 가구를 샀다. 다른 전문가가 당신에게 조언을 듣기 위해서 집으로 들어왔을 때 당신은 당황하였다. 당신은 어떻게 할 것인가?
(3) 당신은 당신 기관의 대부분 스텝이 접수공간이 더럽고, 혼잡하여 보호하기에 적당하지 않다는 것을 알게 되었다. 어떻게 할 것인가?

3) 사무실 분위기(office atmosphere)

어떤 기관이든지간에 치료관계를 만드는 것은 기관과 클라이언트의 초기 접촉에서 시작된다. 따라서 조용하고 편안하며, 안전하고 친밀하게 제공된 공간은 확실히 중요할 수 있다. 종종 이것은 사회복지사의 사무실이다. 이것이 형식적인 사무실로 벗어나 일하지 않더라도 질적으로 제공된 공간을 발견하는 것은 여전히 중대한 것이다.

연습 10-1-4 당신의 사무실을 배치하기(arranging your office)

빈 종이를 꺼내서 당신 사무실을 그려라. 아래에 제안된 목록을 사용하고, 당신이 좋아하는 것뿐만 아니라 당신 사무실에 있는 많은 것을 배치하라. 당신 자신의 가구나 당신이 사용하지 않는 가구도 덧붙여 자유롭게 생각하라. 당신 사무실과 다른 학생의 사무실을 비교해라. 당신 사무실에서 다른 학생보다 긍정적인 원조관계에 더 지지적이거나 덜 지지적인 것은 무엇인가? 당신 사무실을 조정하는 근거는 당신의 면담 스타일에 기초한다.

책상	파일 캐비닛	긴 의자(couch)
의자	컴퓨터	화분
책장	커피 테이블	음향장비(라디오, CD 플레이어)
코너장(end tables)	프린터	그림
입식램프(큰 전등)	스탠드(작은 전등)	흔들의자(rocking chair)
책상의자	작은 바구니(wicker basket)	잡지꽂이

사회복지사의 사무실을 조정하는 것은 클라이언트를 긍정적인 태도로 이끌어내는데 중요할 수 있다. 대부분 사무실은 상대적으로 방음이 되어야 하고, 편안한 불빛이 있고 소란스럽지 않으며, 클라이언트의 기록파일이 있고 전화벨 소리나 문을 노크하는 것과 같은 주의산만한 것으로부터 자유로우며, 앉아있기 편안해야 한다는 것에 동의한다. 일반적으로 책상과 같은 큰 가구는 클라이언트와 사회복지사 사이에 두지 않는다. 비록 개인적으로 사회복지사 면담스타일의 기능과 특별한 상황(예를 들면, 내가 폭력적인 클라이언트와 함께 상담할 때, 나와 클라이언트 사이에 책상이 있는 것을 "현명"하게 느낄 수 있다)일 때 가능할 수도 있다. 사회복지사가 사무실을 "창조"할 때, 사회복지사의 취향을 반영하고 대부분의 클라이언트에게 매력적일 수 있는 것 사이에 균형을 찾도록 시도하여야 한다.

면접 중 클라이언트가 개방적인지의 여부는 사회복지사의 가구배치에만 영향을 받는 것은 아니다. 종종 사회복지사의 학문의 종류나 동기의 형태 또한 클라이언트가 기꺼이 개방적이도록 영향을 미칠 수 있다. 핵심은 <연습 10－Ⅰ－5>를 완료하고, 강의에서 사무실에 포함되어져야 할 목록을 작성하여 토론하여라.

연습10-Ⅰ-5 당신의 사무실에 둘 목록을 선택하기

아래의 목록을 보고, 당신이 사회복지사 사무실에 들어갔을 때 불쾌해질 수 있는 것이 어떤 것인지 결정하여라. 그리고 당신이 알고 있는 가장 개방적이고 가장 보수적인 사람에 대해 생각하며, 그가 아래의 것들에 느끼는 것을 상상해 보아라.

- 페미니스트 문헌
- 곰 무릎 덮개(모피 : a bear rug)
- 동성연애자 문헌
- 어지럽게 흩어져 있는 책상
- 낙태에 대한 정보
- 가죽으로 된 가구
- 북한 깃발(인공기)
- 종교의 원리주의자
- 강박적으로 깨끗한 책상
- 에이즈(후천성 면역 결핍증) 핀
- 사회복지사와 클라이언트 사이의 책상
- 여자와 남자의 성에 대한 정보
- 십자가
- 대한민국 깃발(태극기)

4) 면접시작 기술

(1) 첫 면접에 대한 불안

첫 면접은 사회복지사와 클라이언트 모두에게 다양한 감정과 반응을 불러일으킨다. 특히 누군가에게 도움을 요청한다는 측면에서 클라이언트는 도움요청에 대한 양가감정을 갖게 되며, 어디서부터 문제상황을 설명해야 할지 당황해하고 혼돈을 경험하게 된다. 또 첫 면접은 사회복지사와 클라이언트 모두 상대방에게 첫 인상을 심어준다는 측면에서 후속면접, 관계형성, 문제해결 및 서비스의 효과성에 많은 영향을 줄 수 있다(엄명용 · 노충래 · 김용석, 2005 : 81).

(2) 첫 면접기술

① **목적을 설명하기** : 사회복지사는 목적에 대해 단순하고 쉬운 말로 이야기한다. 첫 만남이 클라이언트에 의해 이루어졌을 때, 사회복지사는 클라이언트가 면접을 원한 이유를 설명하도록 격려한다. 첫 만남을 사회복지사가 주선한 경우, 사회복지사는 명확하고 요점있게 목적을 설명한다.

② **목적의 명확화** : 면접의 초기 단계는 면접과정기간 동안 관여할 참여자에게 목적을 명백히 해야 할 것이다. 목적은 취급하기 쉬운 정도로 조정할 필요가 있고, 그

것의 성취는 객관적이고 명확화할 수 있는 방법으로 기술되어져야 할 것이다. 목적의 명확화에 대한 예시는 다음과 같다. 첫째, 목적은 클라이언트로 하여금 자신의 시간과 금전에 대한 계획을 보다 적절하게 세울 수 있도록 돕는 데 있었다. 둘째, 클라이언트가 사회복지기관으로부터 어떤 서비스를 원하는지를 규정하는 것이다. 셋째, 목적은 위탁가정을 떠나는 것과 관련된 그의 감정을 돕는 것에 있었다. 넷째, 나의 목적은 직업보도에 대한 Y씨의 동기수준을 확립시키는 데 있었고, 만일 시간이 허용된다면 어떠한 종류의 직업이 그에게 적합하다고 그가 생각하고 있는가를 탐색해 보려는 것이다.

③ **면접 전의 쾌적함** : 면접은 대기실에서 면접실로 옮겨가는 도중에도 시작할 수 있을 것이다. 사회복지사는 자기에게 어떻게 인사하고, 어떤 옷을 입었는가를 관찰하기 위해 이때를 이용한다. 클라이언트를 사무실로 초대하는 사회복지사는 클라이언트로 하여금 편안함을 느낄 수 있도록 관심을 표현해 주는, 즉 옷을 벗어 걸어주는 것, 자리를 권하는 것과 같은 친밀감과 인간관계적 쾌적함을 제공해 주어야 하는 것이다. 사회복지사는 클라이언트에게 안심감을 가질 수 있는 기회로 마음을 가라앉히고, 첫 인상에 동화될 수 있고, 자신의 태도를 가다듬고, 숨을 돌릴 수 있는 것을 제공한다. 이와 같은 사회화는 시간을 낭비하는 것이 아니다. 그것은 친숙한 상호작용의 대화양식에서부터 클라이언트가 거의 경험하지 않은 반응을 요구하는 새롭고 익숙지 못한 역할로 클라이언트의 변화를 쉽게 하는 것이다.

④ **질문의 개시** : 적절한 면접의 시작과 대화의 종결을 나타내는 면접개시의 진술은 상호작용의 상호성을 발전시키는 데 도움이 되고, 클라이언트가 쉽게 응답할 수 있는 비위협적이고 일반적인 질문이어야 할 것이다. 질문의 개시는 응답을 보다 자세히 설명토록 하기 위한 것일 수도 있다. "무슨 문제로 사회복지사를 찾아 오셨는지 말해 줄 수 있을까요?"라는 질문은 그 사람이 무슨 문제를 갖고 왔느냐 하는 것과 사회복지사를 찾고 있는 이유가 무엇인가를 구체화하는 것이다.

⑤ **클라이언트의 피드백을 격려하기** : 사회복지사의 설명에 클라이언트가 반응하도록 격려한다. 이것은 클라이언트에게 질문할 기회와 혹은 반대하는 말을 할 기회를 준다.

⑥ **사회복지사의 역할과 기법을 묘사하기** : 사회복지사가 어떻게 원조하며, 어떤 접근과 기법을 사용하는지에 대해 초기의 아이디어를 클라이언트에게 설명하는 언급이다.

⑦ 회합 간의 자료에 도달 : 계약을 시작할 때 필요하다. 사회복지사에게 논의할 주제를 명확화하도록 클라이언트에게 요구하는 것으로 '클라이언트가 있는 곳에서 출발하라'는 원칙을 지키려는 시도라고 할 수 있다.

초기 단계 동안 사회복지사의 권한은 개인적인 관계의 권한보다 더욱 중요한 것이다. 왜냐하면 초기 단계에 있어서 클라이언트의 반신반의, 생소함과 혼돈은 더욱 심화되기 쉽고, 사회복지사는 이러한 점에서 보다 명백한 방향과 구조를 제공해야만 하기 때문이다.

"시작이 반"이라는 속담은 진실이다. 좋은 시작은 긍정적인 방향에서 나선형의 상호작용으로 출발한다. 그것은 나쁜 인상을 뒤집는 것보다 좋은 첫 인상을 확립하는 것이 더욱 용이하다는 것이다. 첫 인상은 강하고 지속적인 것이다. 그 후의 인식은 첫 인상과 쉽게 융합되고 일치되는 경향이 있다.

접촉에 있어서 초기 면접은 클라이언트의 상황에 대한 보다 큰 탐구의 구성요소, 면접에 있어서의 그의 역할에 대해 클라이언트를 사회화하는 것과 관련된 더 많은 의사소통, 사회복지사와 클라이언트 관계의 발전을 최대화하기 위한 보다 많은 기술의 활용 등을 갖기 쉬운 것이다. 따라서 사회복지사는 더욱 지시적이고 능동적이 되기 쉬운 것이다.

5) 면접의 시작

이 단계에서 사회복지사는 자기소개, 클라이언트에게 클라이언트 자신 및 동행인에 대한 소개를 요청하기, 첫 면접의 목적설명, 클라이언트의 역할 설명하기, 기관의 정책 및 윤리적 요건에 대해 설명하기, 피드백 요청하기 등과 같은 과업을 수행하게 된다.

① 사회복지사가 자신을 소개하기

첫 면접을 시작할 때 사회복지사는 자신의 이름, 소속기관, 부서에 대해 말해주어야 한다. 예를 들어, 기관에서 처음 만나는 사회복지사의 경우, "안녕하세요. ○○씨 부부시죠? 저는 ○○○입니다. 이곳 가족복지관의 사회복지사입니다. 저의 전문영역은 가족문제를 가진 사람들을 돕는 것입니다"라고 말한다.

② 클라이언트에게 소개 권유하기

자신의 소개가 끝나면 클라이언트에게 클라이언트 자신 및 함께 온 동행인에 대해 소개해 줄 것을 요청한다. 문화적 특성상 대체로 연령을 고려하여 연장자의 순으로 인사를 나누는 것이 상례이다. 경우에 따라서는 클라이언트와 동행인을 어떻게 부를 것인지를 확인하는 것도 필요하다.

③ 첫 만남의 목적을 설명하기

면접의 목적설명을 통해 사회복지사는 클라이언트로 하여금 적절한 기대를 갖게 하고 불필요한 혼동과 막연한 불안을 해소할 수 있다. 목적의 설명은 가급적 직접적이고 분명하면서도 부드럽게 진행되어야 한다. 클라이언트가 기관을 처음 방문하여 첫 면접을 할 때는 불안감이나 불확실한 느낌을 갖게 되므로, 이를 위해 사회복지사는 첫 면접을 구조화시키는 방법을 고려해 볼 수 있다. 즉, 첫 면접은 어떻게 진행될 것이고, 몇 분간 진행될 것이며, 첫 면접에서 행할 과업이 어떤 것이 있다는 점을 설명해 준 후에 본격적인 면접을 시작하는 것이다.

④ 클라이언트의 역할 설명하기

클라이언트의 역할에 대해 설명해야 할 내용은 면접을 위해 시간약속을 꼭 해줄 것과 이를 꼭 지킬 것, 시간약속을 취소할 경우에는 반드시 24시간 이전에 사전통보해 줄 것, (해당되는 경우) 합의된 상담료를 납부해 줄 것, 클라이언트의 상황변화를 사회복지사에게 알려줄 것, 특히 문제상황에 진전이 있거나 해결의 가능성이 있을 때 이를 함께 논의해 줄 것 등이 있다.

⑤ 기관의 정책 및 윤리적 요건에 대해 설명하기

법적, 정책적, 윤리적 차원의 요인에 대해 논의하는 것은 시작단계에 적용할 수 있는 매우 중요한 기술이다. 행동의 원칙을 이해하는 것이야말로 진실하고 정직하며 신뢰성 있는 관계를 발전시키는 데 매우 중요하다. 클라이언트는 그에게 적용될 수 있는 정책과 윤리원칙을 알 권리가 있다. 많은 기관이 클라이언트에게 정책과 관련한 소책자나 출판물을 제공한다.

⑥ 피드백 요청하기

초기의 목적과 역할을 설명하고 기관의 정책과 윤리적 요인을 논의한 것에 대한 피드백을 요청함으로써, 사회복지사는 클라이언트에게 분명하지 않은 영역을 확인하고,

그들에게 일어난 것을 정교화하고, 사회복지사가 한 코멘트에 동의하지 않는 점을 표현하게 해야 한다. 피드백을 구함으로써 사회복지사와 클라이언트는 상호적 과정을 통해 효과적으로 메시지를 주고받을 수 있다.

6) 면접에서 비언어적 행동(nonverbal behavior)

인간이 의사소통을 할 때, 메시지 의미의 80%가 비언어적인 것에서 나온다. 암시는 방해(disturbing)를 계속한다. 의사소통과 관련되어있는 한 인간은 잘못된 것을 학습을 하는 데 대부분의 시간을 소비하고 있다(Thompson, 1973 : 1).

비언어적인 행동이 원조관계의 전체에 영향을 미친다하더라도 그것은 클라이언트가 초기에 사회복지사를 경험하는 것에 즉각적인 영향을 갖게 될 것이다. 클라이언트와 사회복지사의 비언어적 상호작용의 중요성은 매우 낮게 평가되어진다. 사실 비언어적 행동이 사람의 의식적인 통제로부터 주로 나오는 것처럼 보이는 것은 검색하기가 어렵고, 언어적인 행동과 비교하는 것은 사회복지사와 클라이언트가 어떻게 느끼는가를 좀 더 명확하게 설명한다(Mehrabian, 1972). “아직 준비가 되지 않았다”라고 말하는 옷차림, 시선접촉, 자세, 목소리의 톤과 같은 것은 “네가 말하는 것을 들을 준비가 되어있다”라고 언어적으로 말하는 것과 매우 다르게 클라이언트에게 분명하게 영향을 미치게 될 것이다.

(1) 옷차림(attire)

사회복지사의 옷 입는 방법은 사회복지사에 대한 클라이언트의 초기 인식에 있어 중요하고 클라이언트의 마음을 끌게 하거나 돌아가게 할 수도 있다. 일을 할 때 청바지를 입는가? 비싼 옷은 무엇인가? 사회복지사의 옷이 노출이 심한가? 장식류(보석류)나 머리스타일이 사회복지사에게 무엇을 말하는가? 구두가 세련되었는가 아니면 낡았는가? 운동화를 신어도 괜찮은가? 옷을 단정하게 입었는가 아니면 단정하지 못한가? 코, 눈썹, 혀 등에 구멍을 뚫어도 괜찮은가?

사회복지사는 업무를 위해 옷입는 방식에 영향을 주어야만 하는 두 가지 요인을 의식해야만 한다. 첫째 요인은 사회복지사의 외모가 클라이언트에게 영향을 줄 수 있다는 것이다. 사회복지사는 클라이언트가 사회복지사를 어떻게 지각하는가가 자신이 만들려고 하는 원조적 환경의 부분이라는 것을 기억하여 자신의 외모에 대한 클라이언트의 반응을 의식적으로 고려하여 학습해야만 한다.

연습10-1-6 첫 인상(initial impressions)

교실에서 전혀 모르거나 적어도 잘 알지 못하는 3명의 학생과 함께 작업을 한다. 그런 다음 이름을 알리지 않고, 빈 종이의 나누어진 칸에 집단에서 그들이 입고 있는 것을 기본으로 하여 각각의 학생에 대해 첫 인상을 적어라. 정직하도록 노력해라. 끝나고 난 후, 집단에서 각 사람은 자기에 대한 반응을 적은 종이를 모으고, 집단에서 큰 소리로 읽어라. 반응을 읽는 동안, 집단성원이 썼던 것에 대해 당신의 반응을 표현해 줄 것이다. 그것은 당신 스스로가 알고 있는 것으로 명확하게 나타났는가? 그렇지 않다면 왜 그런가?

둘째 요인은 기관의 의복규정이다. 만약 기관이 서면화된 의복규정을 갖고 있다면 사회복지사는 확실히 규정된 의복을 입어야만 한다. 때때로 성문화된 규칙은 아니지만 기관의 직원들은 같은 모양의 옷차림을 해야 하는 사실상의 규정이 설정되어 있다. 만약 기관의 대부분 사람이 양복(재킷), 넥타이, 정장을 입고 있는데, 한 사회복지사가 청바지를 입고 나타난다면, 그 장소에서 벗어나 보이고, 이런 차이를 클라이언트가 알아차리게 될 것이다. 사회복지사가 알아야 하는 중요한 것은 사회복지사가 자신의 옷 입는 방식이 클라이언트에게 보내는 메시지가 무엇인지 알아야 하고 그들이 원하는 의미가 되도록 결정하는 것이다. 사회복지사가 원조를 위해 첫 인상의 중요성을 학습해야 하고 클라이언트가 외모에 의해 어떻게 영향을 받게 되는지를 배워야 한다. 위의 <연습 10－Ⅰ－6>을 해보자.

(2) 접촉(touch)

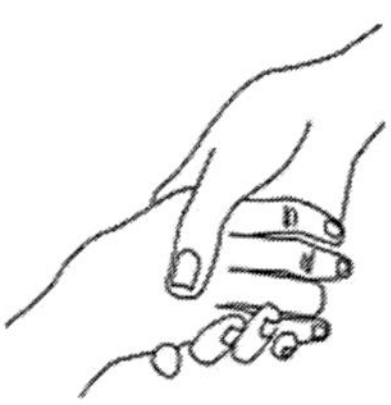

접촉은 원조관계를 도와주는 클라이언트의 경험에 중요한 비언어적인 행동의 다른 측면의 하나이다. 물론 중요한 순간의 접촉은 아주 자연스럽다. 예를 들면, 어떤 사람이 깊은 고통을 경험할 때 손을 잡거나, 훌쩍거리고 울 때 안아주는 것은 당연하다. 또는 사람이 면접에 올 때나 갈 때 자연스럽게 어깨에 손을 올리거나 포옹하는 것을 볼 수 있다. 그러나 오늘날 같이 소송하기 좋아하는 사회에서는 접촉은 민감한 주제가 되어간다. 이것은 클라이언트의 경계, 자신의 경계, 전문가 윤리가 제안하는 접촉의 한계에 대해서 모든 사회복지사에게 중요하다. 어떤 사람은 이러한 주제에 대해서 너무 "과민하게" 반응한다. 미국의 메사추세츠주의 한 치료자는 그의 클라이언트를 너무 포옹하는 것 때문에 "포옹하는 치료자"라는 오명을 쓰고 정신보건기관으로부터 해고당하였다. 브라머와 맥도날드(Brammer & MacDonald)는 클라이언트와 신체적인 접촉을 해야 하는 경우에는 ① 원조를 받는 사람에 대한 사회복지사의 사정, ② 사회복지사 스스로의 욕구에 대한 자각, ③ 원조관계 내에서 가장 도움이 되는 것, ④ 기관정책의 기능, 관습, 개인적인 윤리, 법에 포함되는 위험에 기초하여야 한다고 제안하였다.

(3) 자세와 표정(body positioning and facial expressions)

클라이언트가 처음에 관찰하는 비언어적인 행동 중에 가장 중요한 것 중 하나는 사회복지사가 원조관계 동안에 자신의 신체를 어떻게 두느냐 하는 것이다. 자세는 사회복지사가 클라이언트와 함께 일하기를 원하는지 원치 않는지를 클라이언트에게 넌지시 알릴 수 있다. 사회복지사가 다리를 꼬고 앉는가? 앞으로 몸을 기울이고 있는가? 팔짱을 끼고 있는가? 자세와 자세의 메시지를 연구하는 사람은 사회복지사가 클라이언트의 이야기를 들을 준비가 되어있다는 것을 나타내는 것으로 사회복지사는 그의 다리를 땅에 닿도록 하고, 차분하게 앞을 향해서 몸을 기울이고, 매너 있게 팔의 자세를 하는 것이 가장 좋다고 제안하였다.

덧붙여 사회복지사의 자세, 머리의 움직임, 표정은 또한 원조관계를 돕는 클라이언트의 경험에 매우 중요하다. 사회복지사의 머리 움직임은 클라이언트에게 "예, 나는 당신의 이야기를 듣고 있습니다. 이야기를 계속 하십시오"하고 이야기하거나, 클라이언트에게 사회복지사가 지겹거나 피곤하거나 또는 흥미가 없다는 것을 알린다. 사회복지사의 표정은 주의와 관심을 보여주거나 혹은 비웃고 앉아서 "나는 당신이 하는 말을 믿지 않는다"고 말할 수 있다. 일반적으로 표정과 같은 신체언어는 원조관계에 대한 핵심적인 의사소통의 부분이다. 신체언어의 중요한 방법을 보여줄 수 있는 <연습 10－Ⅰ－7>을 수행해 보자.

연습10-Ⅰ-7 자세를 연습하기

여기의 연습은 당신이 전에 경험했던 즐거운 연습이다. 짝과 등을 대고 앉아라. 한 사람은 모습(모양)(예를 들면, 차)에 대해서 설명하고, 타인은 그것을 그려라. 그러나 이것에 대한 어떤 단어(예 바퀴, 조정하는 핸들)도 사용해서는 안 된다. 예를 들면, "직사각형을 그려라. 그리고 그것의 아래에 4개의 원을 위치하게 하라. 두 개는 앞에, 그리고 두 개는 뒤에" 등등. 다른 물건을 사용하여 같은 연습을 하고 난 다음, 이번에는 다른 것을 본다(facing). 한 사람은 팔을 꼰 채 사물을 묘사한다. 그리고 마지막에는 그의 팔을 사용하여 설명한다. 이러한 활동은 당신이 신체를 사용할 수 있을 때 얼마나 설명하기 쉬운지를 반영한다.

(4) 사람 간 거리(personal space)

사회복지사와 클라이언트 간에 거리의 간격은 원조관계에 대한 클라이언트의 즉각적인 메시지이고, 이것은 원조관계에 긍정적이거나 부정적인 영향을 줄 수 있다. 사람 간 거리는 일반적으로 사람 간 거리가 편안한 수준에서 문화, 나이, 성, 개별적인 정도에 따라 조정된다. 따라서 사회복지사는 클라이언트가 편안하게 느낄 수 있도록 충분한 거리를 가져야 한다. 그렇지 않을 경우 클라이언트는 사회복지사에 대해서 거리감을 느낄 것이다. 또한 이것은 매우 민감한 방법으로 나타날 수 있다. 사회복지사가 클라이언트의 욕구에 주의할 수 있고, 원조관계를 도울 수 있는 최적의 적당한 거리를 만들 수 있도록 해야 한다. 다음 <연습 10－Ⅰ－8>은 당신이 사람 간 거리로 편안하게 여길 수 있는 정도를 결정할 수 있도록 도와줄 것이다.

연습10-Ⅰ-8 사람 간 거리

이것은 당신이 교실에서 즉석으로 할 수 있는 연습이다. 교실에서 각각의 학생들이 편안하게 느낄 수 있는 사람 간 거리의 정도를 실험하기 위해 교수는 교실에서 타인을 마주 보는 각 사람과 함께 당신은 두 번째 줄에 서게 할 것이다. 두 번째 줄은 5피트(약 152cm) 정도 떨어져 있다. 교수는 첫 번째 줄에 있는 모든 학생들에게 직접적으로 마주보는 다른 줄에 있는 학생들로부터 가깝게 또는 멀리 편안한 정도만큼 옮기도록 요구할 것이다. 사람 간 거리의 욕구는 어떤 학생은 타인보다 가깝게 옮기는 것에 기초한다. 15분 동안 서있은 후에 다른 줄에 있는 학생들은 그들과 다른 줄에 있는 학생 사이에, 거리감을 느낄 수 있는 정도의 편안한 것에 기초하여 앞으로 또는 뒤로 움직일 수 있도록 요구할 것이다. 당신의 줄에 서있은 후, 당신으로부터 가깝게 움직이거나 멀게 움직일 때 편안하게 느낄 수 있는 정도를 토론해라. 사람 간 거리의 편안함에 대해서 이것이 말하는 것은 무엇인가? 이것이 사람 간 거리에 있어 클라이언트가 편안하게 느끼는 정도로 적용하는 것을 어떻게 생각하는가?

(5) 시선접촉(eye contact)

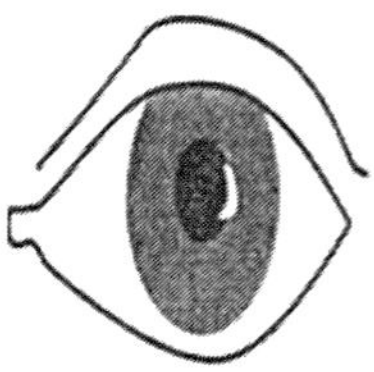

사회복지사가 클라이언트를 어떻게 바라보는가는 클라이언트 개인과 일하기 위해 열망하는 것이고 사회복지사의 자발성을 나타낸다. 유사하게 클라이언트가 사회복지사에게 주는 시선접촉의 유형은 사회복지사와 함께 일하려는 클라이언트의 자발성이나 클라이언트가 가지고 있을 수도 있는 관계에 대한 잠재적 공포를 나타낸다. 비록 노려보는 것과 같은 강렬한 시선접촉이 대부분의 클라이언트를 확실하게 싫어지게 할지라도 시선접촉을 유지하는 데 어려움을 가진 사회복지사는 클라이언트와 신뢰관계를 만들 수 없을 것이다. 그러므로 사회복지사가 클라이언트의 이야기를 들을 준비가 되었다고 말하는 적당한 정도의 시선접촉을 발견하는 것이 원조관계의 목표이다. 대부분의 사회복지사에게는 이것이 자연스럽지만 어떤 사회복지사는 개인과의 시선접촉을 유지하는 것에 어려움을 가진다. 시선접촉을 유지할 수 있는 능력을 탐색하길 원한다면, 다음 <연습 10－Ⅰ－9>를 수행해 보자. <연습 10－Ⅰ－9>는 몇 가지 비언어적 단서를 탐색할 수 있는데 그 중에 하나가 시선접촉이다.

연습10-I-9 비언어적 단서를 연습하기

교실 안에서 짝을 지어 한 사람은 자신이 선택한 상황을 토론하는 클라이언트 역할연기를 한다. 타인은 거의 시선을 접촉하지 않으면서 "클라이언트"의 이야기를 들으려고 시도해야 하는 사회복지사 역할을 한다. 그 다음에 반대로 아주 많은 시선접촉을 하면서 역할연기를 한다. 그리고나서 역할을 바꾸어 수행해 본다. 당신은 클라이언트와 접촉하면서 머리를 끄덕이거나 "음음"이라고 하는 것 같은 다른 비언어적 단서를 축소하거나 과장하기 위해 시도하는 이러한 연습 등을 계속하기 원할 수도 있다. 역할연기를 끝마친 후 강의실에서 당신이 표현하고 받아들였던 비언어적인 행동의 다양한 패턴에서 당신이 편안하게 느낀 정도를 토론해 보자.

(6) 목소리 높낮이와 크기(voice intonation and tone)

마지막 원조관계를 도와주는 비언어적인 측면으로 관찰되어질 수 있는 목소리의 높낮이와 크기 또한 사회복지사에 대한 클라이언트의 경험에 영향을 줄 수 있다. 사회복지사는 그들이 말하는 방법은 그들이 말하려고 하는 것과 항상 일치하지 않는다는 것을 깨달아야 한다. 예를 들면, "나는 당신을 좋아해요"라고 성난 목소리로 말하는 것은 기껏해야 메시지를 혼돈하게 하는 것이다. 따라서 사회복지사는 그들의 목소리 크기를 통해서 그들이 무엇을 의사소통하려는지 깨달아야 한다. 또한 모든 사회복지사는 회기 동안 클라이언트에게 연음 반응을 해야 한다. "음- 음"과 같은 그런 반응은 클라이언트가 주의집중받고 있다는 것으로, 말하는 동안 오랫동안 유지할 수 있도록 한다. 인간의 의사소통은 많은 복합적인 방법으로 말한다. 때때로 존중하는 방법과 반응에 대한 사회복지사의 매너는 표면적인 의미보다 더 많은 의미를 나타낼 수 있다.

연습10-I-10 비언어적인 행동 사정하기

강의에서, 5명의 학생으로 그룹을 나누어 만들어라. 각각의 학생은 한 번에 3~4분 동안 다른 학생과 사회복지사의 역할연기를 해라. 다른 세 명의 학생들은 역할연기를 보고, 아래 표를 사용하여 사회복지사의 역할을 연기한 후 학생의 비언어적인 행동에 대해서 충고를 적어라. 당신은 각각의 역할연기를 끝낸 후에 사회복지사에게 피드백을 한 종이를 주고 쓰인 것을 토론하여라.

	긍정적인 비언어 (Positive Nonverbals)	부정적인 비언어 (Negative Nonverbals)
옷차림		
시선접촉		
자세와 얼굴표정		
사람 간 거리		
접 촉		
목소리 높낮이와 크기		

2. 경청(listening)

듣는 것에는 단순히 귀를 기울여서 듣는 것(hearing with ear)과 마음으로 듣는 것(hearing with non-ear)이 있다. 마음으로 듣는 것은 그 안에 돌을 던졌을 때, 사라지는 작은 물결이 만들어지는 고요한 호수와 같은 상태이다. 통찰(insight)은 마음으로 듣는 것이며, 절대적으로 고요한 마음의 상태이다. 또한 반응은 마음 속에 의문이 생겼을 때 만들어지는 작은 물결이다. 당신은 어떻게 듣는가? <연습 10－Ⅰ－11>은 그것을 발견할 수 있도록 해줄 것이다.

연습 10-1-11 경청질문

질문을 읽기 전에 다음의 질문에 적절하게 ×와 ○를 기입하시오. 먼저 당신이 타인에게 경청의 대상이 되었을 때 당신의 일반적인 반응행동을 나타내는 것에 ×를 기입하고, 그 질문을 다시 한 번 읽으면서 이번에는 당신이 타인의 경청자가 되었을 때의 반응행동에 대한 당신의 생각을 나타내는 것에 ○를 기입하시오.

U = 항상 그렇다(100%)　　S = 가끔 그렇다(50%)　　R = 좀처럼 하지 않는다(25% 이하)

U	S	R	질 문
___	___	___	(1) 나는 면접 동안 이야기되어지는 것에 대해 결정하려고 한다.
___	___	___	(2) 경청할 때, 말하는 사람에게 내가 듣고 있다는 확신을 줄 수 있게끔 신체적인 자세를 준비한다.
___	___	___	(3) 나는 대화를 이끌어가야 하는 의무감을 가지고 있다.
			(4) 타인에게 귀를 기울여 경청할 때, 나는 항상 나의 마음을 간결하게 하고 비심판적인 태도를 가진다.
___	___	___	(5) 경청할 때, 나는 타인이 말한 것에 대한 나의 의견을 말해주고자 한다.
___	___	___	(6) 나는 타인이 말한 것의 가치를 그의 겉모습으로 결정하고자 한다.
___	___	___	(7) 더 깊은 설명이 필요하다면, 질문을 한다.
___	___	___	(8) 말해야 할 것을 알고 있는지 나는 개방형 진술로서 판단한다.
___	___	___	(9) 나는 감정에 귀를 기울여 경청한다.
___	___	___	(10) 나는 내용에 귀를 기울여 경청한다.
___	___	___	(11) 나는 타인이 말한 것에 관해 옳은 것은 무엇인지 말해주고자 한다.
___	___	___	(12) 나는 상황을 분석하고 해석해 주고자 한다.
___	___	___	(13) 나는 타인의 감정을 이해하기 위해 내 경험을 사용한다.
___	___	___	(14) 나는 상황을 올바르게 보는 방법을 타인에게 이해시키고자 한다.
___	___	___	(15) 나는 결론지으려고 노력한다.

수업시간이나 소집단에서 당신의 반응이 경청의 개념을 반영하고 있는지를 살펴보아라. 웹스터(Webster) 사전에서는 "경청(to listen)"의 의미를 ① 관심을 기울이는 것, ② 관심을 갖고 어떤 것을 듣는 것, ③ 예상되는 소리를 듣기 위해서 주의를 기울이는 것, ④ 듣기 위해서 깊은 관심을 가지는 것 등으로 정의한다.

경청을 정의하기는 쉬울지 몰라도 우리는 타인의 이야기에 경청하는 것을 배우지 못했기 때문에 경청은 우리에게 있어 가장 중요한 기술 중 하나이다. 사실 타인의 이야기를 경청하는 것을 배우지 못한 어른은 항상 타인의 이야기를 중단시키고 충고를 주려고 한다. 이러한 이유 때문에 효과적인 경청자가 되는 것은 중요하다. 씨존스(Scissons, 1993)는 경청은 클라이언트와의 신뢰관계를 형성할 수 있게 하고 클라이언트가 말하는 것을 격려할 수 있으며, 사회복지사가 올바른 방향으로 나아가고 있음을 알려준다고 설명한다. 또한 잠재적으로 부정적인 영향을 가질 수 있는 질문을 사용하지 않고서 정보를 수집할 수 있는 효과적인 방법이라고 강조한다.

1) 경청유형 척도

경청을 하는 태도에도 유형이 있다. 당신은 어떤 유형에 속하는가? 당신이 자신에 대해 어떻게 생각하는지를 <보기>에 따라 평가해 보시오.

1 전혀 그렇지 않다	2 거의 그렇지 않다	3 때때로 그렇다	4 자주 그렇다	5 항상 그렇다

NO	내 용					
1	상대방의 말을 들을 때 그 사람의 느낌에 주의를 기울인다.	1	2	3	4	5
2	상대방의 말을 들으면 기분이 좋은지 그렇지 않은지 금방 알아차린다.	1	2	3	4	5
3	상대방이 자기 문제를 털어놓을 때 그 사람의 말에 금방 몰두한다.	1	2	3	4	5
4	새로 알게 된 사람의 말을 들을 때 공통의 관심사를 찾으려고 노력한다.	1	2	3	4	5
5	타인이 말을 할 때 눈짓이나 고갯짓으로 흥미를 표현한다.	1	2	3	4	5
	제1영역 소계	______				
6	타인이 자기 생각을 조리있고 효과적으로 표현하지 못하면 갑갑해진다.	1	2	3	4	5
7	타인의 말을 들을 때 내용의 불일치나 모순점에 집중한다.	1	2	3	4	5
8	말하는 사람의 생각을 건너뛰거나 예측하여 단정한다.	1	2	3	4	5
9	대화 도중에 곁가지를 치며 다른 얘기를 꺼내는 사람이 정말 싫다.	1	2	3	4	5
10	말하는 사람이 더 빨리 요점에 도달할 수 있게 질문을 던진다.	1	2	3	4	5
	제2영역 소계	______				

11	모든 사실을 듣고 나서야 판단을 내리거나 의견을 내놓는다.	1	2	3	4	5
12	기술적인 정보를 선호하는 편이다.	1	2	3	4	5
13	의견이나 주장보다는 내가 직접 판단·평가해 볼 수 있는 사실이나 증거를 듣고 싶어 한다.	1	2	3	4	5
14	복잡한 정보를 듣는 게 즐겁고 좋다.	1	2	3	4	5
15	추가적인 정보를 캐내기 위해 질문을 던진다.	1	2	3	4	5
	제3영역 소계	______				
16	바쁠 때면 이야기를 들어줄 시간이 한정돼 있음을 상대방에게 말한다.	1	2	3	4	5
17	토론을 시작하기 전에 얼마나 오래 기다렸는지부터 말한다.	1	2	3	4	5
18	시간이 없다 싶으면 상대방이 말을 하는 도중에라도 끼어든다.	1	2	3	4	5
19	시간이 없다 싶으면 말을 하고 있어도 손목시계나 벽시계를 쳐다본다.	1	2	3	4	5
20	시간의 압박을 느낄 때면 타인의 말에 대한 집중력이 떨어진다.	1	2	3	4	5
	제4영역 소계	______				

점수 계산하기		
영 역	문 항	횟 수
제1영역(사람지향적 경청)	1~5번 문항에 4 또는 5를 표기한 횟수	
제2영역(행동지향적 경청)	6~10번 문항에 4 또는 5를 표기한 횟수	
제3영역(내용지향적 경청)	11~15번 문항에 4 또는 5를 표기한 횟수	
제4영역(시간지향적 경청)	16~20번 문항에 4 또는 5를 표기한 횟수	

당신은 어떤 항목에서 가장 높은 점수를 얻었는가? 각 항목들 사이의 점수편차는 당신의 듣기성향에 대한 정보를 담고 있다. 4~5점은 강한 성향, 3점은 보통 성향, 1~2점은 약한 성향이다. 만약 두 개 이상의 항목에서 4~5점을 얻었다면 당신은 복합적인 성향을 가진 사람이다. 반대로 모든 항목에서 1~2점을 얻었다면, 당신은 듣는 것 자체를 회피하고 있을 가능성이 크다.

2) 경청유형의 내용

유형	내 용	장 점	단 점
사람지향적 유형	당신은 타인의 말을 들으면서 그의 감정상태를 온전히 이해하고 별다른 선입견 없이 그 사람을 바라볼 것이다. 그래서 사람은 개인적인 문제나 위기에 봉착했을 때, 바로 당신을 찾게 된다. 그러나 거의 모든 유형의 사람에게 열려있다 보니, 당신은 타인과 너무 잘 얽히게 된다.	① 타인에게 관심이 많고 배려할 줄 안다. ② 선입견이나 편견을 갖지 않는다. ③ 대화할 때 반드시 유언, 무언의 피드백을 준다. ④ 타인의 감정상태를 잘 파악한다. ⑤ 타인의 분위기를 빨리 감지한다.	① 타인의 감정상태에 너무 쉽게 휘말린다. ② 타인의 잘못이나 약점을 잘 보지 못한다. ③ 타인의 감정을 내면화하거나 거기에 동화한다. ④ 타인의 일에 지나치게 간섭하기 쉽다. ⑤ 피드백을 줄 때 너무 오버할 수 있다. ⑥ 이 사람 저 사람 가리지 않고 친해질 우려가 있다.
행동지향적 유형	자신이 맡은 일에 집중한다. 개략적인 내용에 귀를 기울이고 두서없는 이야기를 듣는 것을 힘들어한다. 또 타인에게 주제에서 벗어나지 않도록 도움을 주고 논리적·구조적 방식으로 정보를 제공하기 때문에 대부분의 회의에서 환영받는다. 그러나 때때로 임무에 너무 집착하기 때문에 타인과 관계를 맺는 데 참을성을 발휘하지 못하고 관심이 없는 것으로 비쳐지기도 한다.	① 문제의 핵심에 재빨리 접근한다. ② 목표와 관련된 피드백을 재빨리 제공한다. ③ 당장 수행해야 할 임무를 이해하는 데 에너지를 집중한다. ④ 타인이 중요한 것에 초점을 맞추도록 돕는다. ⑤ 타인이 구조적이고 간결하게 말을 하도록 돕는다. ⑥ 내용 속에 담긴 모순을 잘 파악한다.	① 주의가 산만한 화자를 참지 못한다. ② 말이 끝나기 전에 넘겨짚고 재빨리 결론을 내린다. ③ 화자가 두서없이 이야기하면 쉽게 산만해진다. ④ 무례한 질문을 한다. ⑤ 지나치게 비판적으로 보인다. ⑥ 감정적인 문제를 과소평가한다.
내용지향적 유형	모든 내용을 신중하게 평가하는 경향이 있다. 자세히 듣고 이면에 숨겨진 내용까지 파헤치는 등 문제를 모든 관점에서 탐구한다. 또 문제의 모든 면을 파악하려 하고 난해하거나 복잡한 정보에 귀 기울이는 것을 좋아한다. 기술 분야의 종사자들이 범주에 속하는 경우가 많다.	① 기술적인 정보를 높이 평가한다. ② 정보가 얼마나 명료한지, 자신이 얼마나 이해했는지를 점검한다. ③ 타인이 자신의 생각에 대한 근거를 제시하도록 격려한다. ④ 복잡하고 어려운 정보를 환영한다. ⑤ 문제의 모든 측면에 관심을 가진다.	① 지나치게 세부적인 것에 집착한다. ② 신랄한 질문으로 타인을 위협한다. ③ 비 기술적인 정보를 과소평가한다. ④ 알려지지 않은 개인에게서 들은 정보는 높게 평가하지 않는다. ⑤ 결정하는 데 오랜 시간이 걸린다.

시간지향적 유형	시간을 중시하고 낭비하는 사람을 참지 못한다. 효율성과 시간관리를 중시하는 반면 시간에 대한 압박감 때문에 창조력을 발휘하지 못한다. 또 인간관계를 망치거나 경시하기 쉬우므로 주의해야 한다. 사업가나 샐러리맨 등에서 쉽게 찾아볼 수 있는 유형이다.	① 시간을 효과적으로 관리한다. ② 타인의 말을 들을 때 시간이 제한돼 있음을 알린다. ③ 만남이나 대화에서 시간을 어떻게 이용할 것인지 지침을 정한다. ④ 화자가 쓸데없는 말을 하며 시간을 낭비하지 못하도록 한다. ⑤ 시간이 낭비되고 있을 때 상대방에게 암시를 준다.	① 시간을 낭비하는 사람을 참지 못하는 경향이 있다. ② 인간관계에 긴장을 주면서 타인을 방해한다. ③ 시간을 의식하다 보면 집중력이 떨어질 수 있다. ④ 자주 시계를 들여다봐 화자를 조급하게 만든다. ⑤ 시간적인 압박을 주어 타인이 창조력을 발휘하지 못하게 한다.

3) 효과적인 경청의 장애물

우리가 경청의 방법을 단지 알기만 하는 것은 효과적으로 경청하는 것을 방해하는 요인 중의 하나가 될 수도 있다. <연습 10－Ⅰ－12>를 해보고 경청을 방해하는 요인을 찾아보자.

연습 10-Ⅰ-12 경청의 방해물

3인 1조를 구성하고, 집단구성원에게 ①, ②, ③의 번호를 준다. ①, ②에게 지도자는 아래 제시된 주제를 할당한다. 주제에 대해 ①은 찬성, ②는 반대의 입장을 취한다. 나머지 사람이 듣는 동안 한 사람이 먼저 주제에 대해 이야기한다. 첫 번째 사람이 이야기를 끝낸 후에 두 번째 사람은 그가 들은 것을 되풀이해서 말한다. 그리고나서 지도자가 '그만'이라고 이야기할 때까지 교대로 되풀이한다. ③은 필요할 때 피드백을 줄 수 있는 객관적인 사회복지사이다. 피드백에는 비언어적인 신체적 언어까지 고려해야 한다. 이 첫 번째 상황이 끝나면, ②, ③이 두 번째 상황을, ③, ①이 세 번째 상황을 진행한다. 모든 상황을 끝낸 후 지도자는 당신이 타인의 경청을 방해한 것에 관해 피드백을 제공해 줄 것이다. 아래에 이러한 방해요인이 제시되어 있다.

- 방해요인 : 선입견, 방어적인 태도, 정서적인 차단, 잘못된 행동 등
- 주제 : 낙태, 군 내부의 동성애자, 복지개혁, 동성애자 결혼 등

당신은 위의 <연습 10－Ⅰ－12>에서 경청의 잠재적 방해요인을 발견할 수 있을 것이며, 이들은 원조관계에 매우 부정적인 영향을 미칠 수 있다. 6가지 방해요인으로는 ① 선입견 : 클라이언트에 대해 선입견을 가지는 것, ② 미리 앞서가는 반응 : 클라이언트의 이야기를 실제로 듣지 않고, 클라이언트가 말할 것을 미리 예상하는 것, ③ 인지적인 잘못된 행동 : 당신이 말할 것에 대해 생각하느라 클라이언트의 이야기를 듣지 못하는 것, ④ 개인적인 이슈 : 경청능력을 방해하는 개인적인 이슈를 갖는 것, ⑤ 정서적인 반응 : 클라이언트의 이야기에 과도한 정서적 반응을 가지는 것(클라이언트의 이야기

를 정확하게 들을 수 없게 된다), ⑥ 주의산만 : 사무실의 온도, 소음 등과 같은 것으로 방해를 받는 것을 제시하고 있다. 이상에서 제시된 것 외에 경청을 방해하는 다른 요인은 무엇이 있을까. 경청을 방해하는 요소로서 말을 하는 도중 그만두고 싶을 때가 있지 않나, 상대방의 어떤 면이 열의에 찬 나의 의지를 꺾었는가, 혹시 나는 그렇게 하지 않았는가 등 다음 중 몇 가지나 해당되는지 체크해 보자.

□	타인이 말할 때 자꾸 끼어든다.
□	말하는 사람을 쳐다보지 않는다.
□	자꾸 재촉해서 말하는 상대방에게 시간을 빼앗고 있다는 죄책감이 들게 한다.
□	대화보다 다른 것에 흥미를 보인다.
□	미처 말을 끝내기도 전에 결론을 내린다.
□	상대 요구에 반응하지 않는다.
□	마치 마음을 정한 것처럼 "그래, 하지만…"하고 말한다.
□	"그 이야기를 들으니 생각나는데…" 또는 "별것 아니네, 내 이야기 좀 들어봐…"하는 말로 상대방의 말허리를 잘라버린다.
□	이전에 이야기한 것을 잊어버린다.
□	세부적인 것까지 너무 꼬치꼬치 캐묻는다.
□	TV 소리처럼 정신을 산만하게 하는 요소를 방치한다.
□	멀찍이 떨어져 있다.
□	중요한 이야기인데도 메모를 하지 않는다.
□	고개를 끄덕이는 등 비언어적 반응이 전혀 없다.

4) 좋은 경청

좋은 경청은 클라이언트의 성과와 밀접하게 관련되어 있다. 좋은 경청자는 ① 이야기를 최소화한다. ② 이야기에 집중한다. ③ 방해하지 않는다. ④ 충고를 하지 않는다. ⑤ 얻는 것을 기대하지 않고 준다. ⑥ 클라이언트의 이야기가 무엇인지 정확하게 이해해서 듣는다. ⑦ 클라이언트의 이야기에 담겨있는 감정을 정확하게 파악해서 듣는다. ⑧ 듣고 있다는 것을 클라이언트에게 알려줄 수 있는 반응을 보인다. ⑨ '그것에 관해 이해하지 못했어요. 다른 방식으로 설명해 줄 수 있나요?, 그러면 이해할 수 있을 것 같아요'와 같은 질문은 명확하게 한다. ⑩ 다른 질문을 하지 않는 것 등을 잘 수행한다.

〈박스 10-Ⅰ-1〉 내 말을 경청해 주세요.

내가 당신에게 '내 말을 경청해 주세요'라고 요청할 때, 당신이 나에게 충고를 한다면 당신은 내가 요청한 것을 하지 않은 것이다.
내가 당신에게 '내 말을 경청해 주세요'라고 요청할 때, 당신이 나에게 내가 왜 그렇게 느끼는지의 이유를 이야기하는 것은 당신이 나의 감정을 무시하는 것이다.
내가 당신에게 '내 말을 경청해 주세요'라고 요청할 때, 당신이 나의 문제를 해결하기 위한 어떤 일을 함으로써 당신은 나에 대한 원조에 실패할 수 있다.

• 경청 : 내가 당신에게 경청을 요청하는 것은 당신이 말을 하거나 어떤 일을 하지 말고, 단지 들어주기만 할 것을 요구하는 것이다.
  당신이 나를 위해 내가 할 수 있고, 스스로 해야 되는 일을 해준다면, 당신은 나의 두려움과 무능함을 증가시킬 뿐이다.
  그러나 당신이 내가 느끼는 것을 들어준다면, 나는 이러한 감정을 이해할 수 있는 능력을 가질 수 있을 것이다.
  그러므로 단지 경청해 주기만 하면 된다.
  그리고 만약 당신이 이야기하고자 한다면, 당신의 차례가 올 때까지 기다려라. 그러면 나 또한 당신의 이야기에 귀를 기울여 경청할 것이다.

5) 경청을 위해 자기 자신을 준비하기

여러분이 경청할 준비가 되었을 때, 다음의 실천적인 제안은 여러분의 효과적인 경청능력을 원조해 줄 수 있다.

(1) 평온한 마음을 가져라. 클라이언트를 만나기 전에 자신의 마음을 평온하게 하여라. 묵상, 기도, 라디오 끄기 등을 통해 네 내면 자아를 가라앉히라.

(2) 당신의 이야기를 멈추고 클라이언트의 이야기를 방해하지 마라. 당신이 이야기하고 있는 동안에는 당신은 들을 수 없다.

(3) 관심을 보여라. 당신의 목소리 톤이나 신체적 언어로써 당신이 클라이언트의 이야기에 관심을 가지고 있다는 것을 보여주어라.

(4) 성급하게 결론을 짓지 마라. 클라이언트의 이야기를 모두 들어라. 클라이언트가 자신을 이해하고 있는 것 이상으로 그를 이해하려고 추측해서는 안 된다.

(5) 적극적으로 경청해라. 많은 사람은 경청이 깊은 집중력을 요하는 적극적인 과정이라는 것을 알지 못한다. 만약 당신의 마음이 집중되어 있지 않다면, 당신은 들을 수 없다.

(6) 클라이언트의 감정에 집중해라. 클라이언트가 느끼는 감정에 귀를 기울이고 확인해라.

(7) 클라이언트가 이야기하는 내용에 집중해라. 클라이언트가 말하는 이야기에 귀를

기울이고 확인해라.

(8) 적절한 시선접촉을 유지해라. 당신이 듣고 있다는 것을 시선으로 보여주어라. 그러나 시선접촉은 문화에 따라 다르기 때문에 민감한 것임을 인식해야 한다.

(9) 개방적인 자세를 취해라. 얼굴을 마주하고, 신체적 언어로써 당신이 들을 준비가 되어있다는 것을 보여주어라. 그러나 이는 문화에 따라 다를 수 있다.

(10) 개인적인 공간에 민감해라. 들을 준비가 되어있다는 것을 보여 주기 위해 클라이언트와 가까운 공간을 유지해라. 그러나 그 공간은 클라이언트가 편안하게 느낄 수 있는 정도이어야 한다.

(11) 질문을 하지 마라. 질문은 종종 당신이 경청하고 있지 않다는 것을 표현하는 표시일 수 있다. 질문은 피하도록 노력해라.

연습 10-Ⅰ-13 경청기술 연습하기

경청기술을 연습하기 위해서 두 사람이 짝을 지어라. 한 사람이 경청하는 동안 다른 한 사람은 클라이언트가 되어 역할연기 하라. 세 번째 사람은 경청자가 클라이언트의 이야기를 어떻게 듣는지 피드백을 줄 것이다. 경청자는 먼저 위에 제시한 것처럼 경청을 준비해야 한다. 그리고나서 가능한 한 방해요인을 없애도록 해야 한다. 그 다음 클라이언트가 이야기하는 것을 적극적으로 경청하고자 노력해라. 첫 번째 역할연기가 끝난 후 역할을 바꾸어 모두가 경청자, 클라이언트, 관찰자의 역할을 해볼 수 있도록 하여라.

3. 침묵과 정지시간(silence and pause time)

언제 침묵이 발생하는가? 그리고 언제 그것이 좀 더 많아지게 되는가? 침묵은 원조관계에서 클라이언트의 성장을 위해 유용하게 사용되어질 수 있는 도구이다. 침묵은 클라이언트가 말하는 것을 반영하고 사회복지사가 클라이언트의 다음 반응을 유형화하고 과정을 진행할 수 있게 해준다. 침묵은 말없이 이루어지는 의사소통이며, 의사소통은 항상 언어로써 이루어져야만 하는 것이 아니다. 침묵은 때때로 클라이언트가 자신의 감정을 전환시키기 위해서 단어를 어떻게 사용하고 있는가를 볼 수 있는 기회를 클라이언트에게 제공해 준다. 침묵은 힘을 가지며, 침묵으로 인해 클라이언트 내부의 불안이 표출될 수 있다. 불안은 특정한 주제에 관해 클라이언트가 좀 더 깊이 있게 이야기할 수 있게 하기도 하지만, 다른 한편 클라이언트가 치료에서 낙오될 수 있게끔 만들기도 한다. 간략히 말하자면, 항상 침묵의 공간을 채우기 위해 이야기하고자 한다면, 들을 수 없게 된다. 그러므로 효과적인 경청자가 되기 위해서는 원조관계에서 어느 정도 적절한 침묵을 유지할 수 있어야 한다.

연습 10-I-14 침 묵

두 학생이 짝을 지어 한 학생은 클라이언트를, 다른 학생은 사회복지사를 상담상황에서 역할연기하여라. 교수가 '그만'이라고 할 때까지 클라이언트 역할을 하는 학생은 약 1분 동안 계속 이야기하여라. 그리고나서 사회복지사는 교수가 '시작'이라고 말할 때까지 기다리다가 교수의 지시가 있을 때 클라이언트에게 반응을 표현하여라. 교수는 '시작'이라고 이야기하기까지 30초를 기다릴 것이다. 그러므로 사회복지사는 30초를 기다린 후에 반응을 표현해야 한다. 사회복지사가 반응을 표현한 후에 그 짧은 시간의 기다림을 어떻게 느꼈는지 논의한다. 정지의 시간을 다르게 하여 몇 번 더 해볼 수 있으며, 각각의 학생은 사회복지사의 역할을 해볼 수 있다.

위의 <연습 10－Ⅰ－14>를 끝내고 나면, 반응을 표현하기 전에 30초를 기다리는 것이 매우 오랜 시간이라는 사실에 동의할 것이라고 확신한다. 그리고 반응하기 전의 기다림이 당신의 반응을 유형화하기 위한 것일 뿐 아니라 다음 말할 것에 대한 고려는 물론 클라이언트가 말한 것에 관해 생각할 기회를 타인에게 제공하는 것이라고 알게 될 것이다. <연습 10－Ⅰ－14>를 끝낸 후에 원조관계를 촉진시키고 반응할 때 당신이 편안하게 느낄 수 있도록 하는 침묵의 시간을 찾기 위해서 역할극을 할 수도 있다.

사회복지사 또는 클라이언트의 침묵은 어느 정도 문화적으로 결정되어질 수 있다. 예를 들어, 일부 연구에서는 정지시간이 상이한 문화에서 다양화되어 있다는 것을 밝히고 있다. 사실 타포야(Tafoya, 1996)는 미국 원주민들이 때때로 다른 문화적인 집단보다 오래 정지를 사용할 때는 치료나 이야기를 거부하는 표시라고 설명한다. 따라서 사람이 타인에게 어떻게 반응하는가는 문화의 기능에 따라 다양할 것이다. 사회복지사는 문화적 유산으로서 다양화될 수 있는 클라이언트의 정지시간을 인식하는 동시에 자신의 편안한 침묵수준을 확인하기 위해서 자신의 정지시간을 생각해 볼 수 있다.

4. 감정이입적 이해

제1장에서 중요한 사회복지사의 자질 중의 하나로서 제시된 것이 감정이입이나, 감정이입은 또한 원조관계에 있어서도 중요한 기술이다. 감정이입은 중요한 원조관계기술로서 오랫동안 언급되어왔지만(Gompertz, 1960), 20세기에 들어서기 전에는 원조관계에 공식적으로 편입되어 있지 않았다. 감정이입의 현대적 이해와 사용에 있어 커다란 영향력을 인식한 사람은 로저스(Carl Rogers)였다.

감정이입의 상태, 또는 감정이입을 하는 것은 한 사람이 속해있는 상황에 '마치~처럼'과 같은 고려를 잃지 않으면서 정확성과 정서적인 구성요소와 의미를 가지고 타인의 이야기에 관한 내부구조를 인식하는 것이다(Rogers, 1959 : 210-211).

감정이입은 클라이언트에게 듣고 있다는 것을 보여주는 행동이다. 이것은 경청기술의 사용을 포함하여 많은 방법으로 이루어질 수 있으며, 클라이언트가 말한 것의 의미를 정확하게 진술하는 것도 포함할 수 있다. 하지만 좋은 감정이입적 반응은 적극적이거나 반영적인 경청 이상의 것이다. 클라이언트의 이야기를 정확하게 듣고 있으며, 이해하고 있다는 것을 클라이언트에게 알려주기 위해서, 사실 많은 치료자는 반영적 경청반응을 은유, 유추, 자기노출 등으로 매우 혼합해서 사용하게 된다(Neukrug, 1997).

20세기 동안 로저스의 감정이입 사용은 유행이 되었고 결국, 감정이입을 측정할 수 있는 척도가 발달되게 되었다(Gazda, Asbury, Balzer, Childers, & Phelp, 1999 ; Egan, 2001 ; Ivey & Ivey, 1998). 카크허프 척도(Carkhuff scale)는 사회복지사를 훈련하는데 있어 폭넓게 사용되어질 수 있으며, 수많은 연구가 좋은 감정이입 능력은 원조관계의 향상과 관련되어진다고 지적하고 있다(Carkhuff & Berenson, 1977 ; Truax & Mitchell, 1971 ; Neukrug, 1980).

카크허프 척도는 최저 1.0에서 최고 5.0의 범위에서 0.5씩의 증가량을 가진다. 3.0 이상의 반응은 증가적 혹은 감정이입적인 것으로 고려되어지고, 3.0 미만의 반응은 마이너스적 혹은 비감정적인 반응으로 고려되어진다(그림 10－Ⅰ－1 참조). 카크허프 척도는 <표 10－Ⅰ－1>에 제시되어 있다.

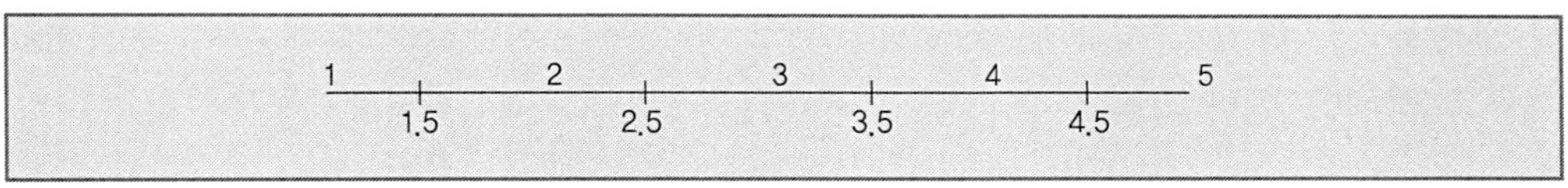

▌그림 10－Ⅰ－1▐ 카크허프 척도

다음의 <표 10－Ⅰ－1>에서 보면, 카크허프 척도는 1단계와 2단계 반응을 클라이언트가 말하는 것에 주의를 기울이지 않는 것으로 정의한다(예를 들어, 충고를 하거나 정확하게 감정을 반영하지 않는 것). 2단계는 1단계보다 조금 정도가 가볍다. 예를 들어, 클라이언트가 '나는 타인과 어울릴 수 없어요. 직장에서나 가정에서나 사람이 나를 피하는 것 같아요. 인생이 정말 고통스러워요'라고 말한다면, 1단계의 반응은 '왜 당신의 인생을 좀 더 나아지게 하려는 노력을 하지 않나요? 사람과 함께 어울리도록 좀 더 노력을 해보세요'라고 하는 것이다. 2단계의 반응에서는 '당신은 지금 현재 고통스러운 시간을 가지고 있을 뿐이에요'라고 하는 것으로 이것은 감정을 충분히 반영하지 못하고, 내용이 충분하지 않다. 반면에 3단계의 반응은 정확하게 클라이언트가 말한 의미를 반영한다. 위의 예에 대한 3단계 반응은 '직장에서 사람이 당신을 피하는 것뿐 아니라 가정에서도 비난을 받고 있군요. 그것이 지금 현재 당신의 삶을 고통스럽게 하는군요'라고 하는 것이다.

4단계와 5단계는 클라이언트가 외부적으로 표현한 것의 의미뿐 아니라 그 이상의 의미와 감정을 반영한다. 예를 들면, 위의 예에 대한 4단계의 반응은 '당신은 직장이나 가정에서 모두 고립되어 있다고 느끼는군요. 그리고 많이 우울해하고 있어요'라고 하는 것으로, 이 단계에서는 클라이언트가 표현하지 않은 고립이라는 새로운 단어를 표현한다. 5단계 반응은 보통 원조전문가와 클라이언트가 장기간의 치료관계에 있을 때 이루어진다. 원조전문가들은 상황의 복잡성에 대한 인식뿐 아니라 클라이언트의 정서를 깊게 이해하고 표현한다(예를 들면, 클라이언트의 심한 고통이나 즐거움).

사회복지사를 훈련하는 데 있어서는 3단계 반응을 할 것을 권하는데, 그러한 반응이 상대적으로 단기간에 습득될 수 있고, 클라이언트에게도 유익할 수 있다는 많은 증거가 제시되고 있기 때문이다. 효과적인 감정이입 반응은 감정과 이야기의 내용을 이해하는 데 중요할 뿐 아니라 클라이언트가 사회복지사의 반영을 받아들일 때의 감정을 반영하기 위한 것이기도 하다. 예를 들면, 클라이언트에게서 깊은 슬픔이나 분노를 볼 수 있고 클라이언트에게 이를 되돌려 반영할 수 있다. 하지만 만약 클라이언트가 이러한 감정을 받아들일 준비가 되어 있지 않다면 시간을 중지하고, 반응의 단계를 낮추는 것을 고려해야 한다.

〈표 10-Ⅰ-1〉 카크허프의 정확한 감정이입 척도

1단계	의사소통을 하는데 있어 사회복지사의 언어적, 행동적 표현이 모두 클라이언트의 언어적, 행동적 표현으로부터 주의가 다른 곳으로 향해 있거나, 주의집중되지 못한다.
2단계	사회복지사가 클라이언트의 표현된 감정에 반응함에 있어 클라이언트의 의사소통으로부터 중요한 영향을 빼고 반응한다.
3단계	클라이언트의 표현된 감정에 반응함에 있어 사회복지사의 표현이 본질적으로 클라이언트가 표현한 영향과 의미와 상호작용한다.
4단계	클라이언트가 스스로 표현한 것보다 더 깊은 단계에서 감정을 표현함으로써 사회복지사의 반응이 클라이언트의 표현에 보다 두드러지게 증가된다.
5단계	사회복지사의 감정이 스스로 표현할 수 있는 것보다 아래 단계의 감정을 표현하거나 깊은 자아고찰의 사건에서 클라이언트가 표현한 감정과 의미에 상당히 증가되어진다.

1) 정식(공식적)반응(formula responses)

사회복지사가 감정이입적 반응연습을 처음 시작할 때, 그들은 공식적 반응을 하고자 한다. 이러한 유형의 반응은 일반적으로 표준적인 내용으로 감정을 반영하는 것이다. 이를 '감정의 반영' 또는 '표준적 반응'이라고 부른다. 다음의 예는 당신이 클라이언트가 표현하고 있는 감정을 "당신은 ~하게 느끼는군요"라고, 클라이언트가 이야기하는 내용을 "~ 때문에"라는 단어로써 기록하게 한다.

- 클라이언트 : 남자친구가 나를 떠났어요. 나는 단지 울 수밖에 없어요. 매우 우울해요.
- 사회복지사 : 당신은 남자친구가 떠났기 때문에 우울함을 느끼는군요.

2) 자연스러운 반응(natural responses)

사회복지사가 공식화된 반응에 좀 더 편안해지게 되면, 사회복지사는 좀 더 자연스러운 좌담식의 말투를 사용하여 감정이입적 반응을 하기 시작할 수 있다. 예를 들면, 클라이언트에 맞춘 "자연스러운" 반응을 볼 수 있는 예는 다음과 같다.

- 클라이언트 : 우울해요. 인생을 변화시키기 위해서 노력해왔지만, 아무것도 이루어지지 않았어요. 우울증 치료제를 복용하고 있지만, 그것도 도움이 되지 않아요.
- 사회복지사 : 당신은 인생을 변화시키려고 노력하고 있군요. 그러나 아무런 도움이 되지 않아서 당신은 여전히 우울해하고 있어요.

3) 고도의 진전된 감정이입

때때로 사회복지사는 클라이언트가 상황에 대하여 자신이 느끼고 이해하는 것을 외견상 표현한 것 이상으로 더 들어가 반응을 할 수 있다. 사회복지사가 실제적으로 더 깊은 감정을 지각하거나 또는 클라이언트의 진술에 기반을 두어 반영을 했을 때, 사회복지사는 클라이언트가 어떻게 상황을 인식하고 있는가를 재구성할 수 있을 뿐만 아니라 고도의 진전된 감정이입적 반응을 수행할 수 있다. 예를 들면, 앞에서 사용한 내용을 사용하여 다음과 같은 반응을 발견할 수 있다.

- 클라이언트 : 우울해요. 인생을 변화시키기 위해서 노력해왔지만, 아무것도 이루어지지 않았어요. 우울증 치료제를 복용하고 있지만, 그것도 도움이 되지 않아요.
- 사회복지사 : 당신의 좌절감이 느껴지는군요. 당신은 아직 이루지는 못했지만 매우 많은 노력을 했어요. 나는 당신의 눈에 가득한 슬픔과 좌절을 볼 수 있어요.

위의 예에서 보면, 사회복지사는 클라이언트에 의해서 표현되지 않은 "좌절"이라는 감정을 반영하고 있음을 볼 수 있다. 여기에 주목해 보면, 사회복지사는 클라이언트가 느끼고 있는 것을 추측하여 '좌절'을 반영한 것이 아니라 사회복지사가 클라이언트의 잠재적인 감정을 실제로 느껴야 한다. 다른 한편, 사회복지사는 클라이언트에게 좀 더 깊은 의미를 주기 위해서 유추, 은유, 또는 시각적 이미지를 사용해야 한다. 예를 들면, 위와 같은 상황에 대하여 사회복지사는 다음과 같이 말할 수 있다.

- 사회복지사 : 당신은 아무 소용도 없는 짓을 하는 것 같군요.
  혹은
- 사회복지사 : 당신이 경험하고 있는 것을 나에게 말했을 때, 나는 내 아랫배가 뒤틀리는 것과 같은 아픔을 느꼈어요.

일반적으로 신입 사회복지사는 공식적이거나 자연스러운 반응을 충실히 수행할 수 있도록 노력할 것을 권고한다. 고도의 진전된 반응을 수행하는 단계는 경험이 많고 노련한 전문가가 되면 으레 따르는 기술이다.

연습10-Ⅰ-15 감정이입적 충격

감정이입적 반응을 연습할 수 있는 재미있는 연습과제이다. 교수는 교실의 중앙에 앉을 것이다. 교수를 둘러싼 두 개의 원을 만들어라. 첫 번째 원은 사회복지사의 역할을 하며, 그동안에 교사는 클라이언트가 된다. 두 번째 원은 관찰자가 되며, 이들은 종이와 펜을 준비해서 사회복지사의 반응을 평가할 것이다. 교사는 상황을 역할연기할 것이고, 첫 번째 원의 사람은 감정이입적 반응만으로 반응할 수 있다. 교수는 반응하고 있는 사회복지사를 향해 집중할 것이며, 그러는 사이에 관찰자는 반응을 기록하고, 그것을 카크허프(Carkhuff) 척도로서 평가할 것이다. 몇 분 동안 이 연습과제를 수행한 후에, 관찰자는 다양한 반응의 평가를 공유할 수 있으며, 그리고나서 관찰자와 사회복지사의 역할을 전환하여 역할연기할 수 있다.

감정이입은 사회복지사에게 가장 중요한 원조기술이다. 관계형성에 가장 중요한 작용을 하는 기술로서, 클라이언트와의 결속을 유지시키고, 클라이언트가 자신을 좀 더 깊이 있게 이해할 수 있도록 돕는 데 있어 중요하다. 감정이입은 우리가 사용을 지속함으로써 좀 더 나아지게 할 수 있다.

Ⅱ. 전문적 원조관계

1. 전문적 원조관계 형성의 중요성

전문적 원조관계 형성은 사회복지사와 클라이언트 사이의 의사소통으로 시작된다. 전문인으로서 사회복지사는 클라이언트의 다양하고 독특한 삶의 경험을 자신의 신념이나 가치를 통해 이해하는 것이 아니라 철저하게 클라이언트 입장에서 이해하도록 요구받고 있다. 하지만 사회복지사가 비심판적인 태도로 클라이언트의 모든 상황을 있는 그대로 받아들이기란 결코 쉬운 일이 아니다. 따라서 클라이언트와 사회복지사 간의 신뢰를 바탕으로 한 전문적 원조관계의 형성은 문제해결에 있어서 상호합의된 바를 성취하려는 노력이 가장 필수적이고 우선적인 요소이다.

클라이언트와 사회복지사 간에 형성되는 원조관계가 반드시 유쾌한 경험만 있는 것은 아니다. 진정으로 클라이언트 문제해결에 도움이 되는 원조관계는 클라이언트나 사회복지사에게 모두 힘든 경험일 경우가 대부분이다. 성공적인 원조관계의 장점(Miller, 1976)을 보면, ① 문제해결과정에 생기와 활력을 준다. ② 임파워먼트된 능력이 있다는 느낌을 준다. ③ 자신 및 타인에 대한 이해의 폭이 넓어진다. ④ 자신의 가치를 높이 평가하여 능력의 향상을 가져온다. ⑤ 관계형성의 욕구가 강해진다 등이 있다.

〈표 10-Ⅱ-1〉 전문적 원조관계

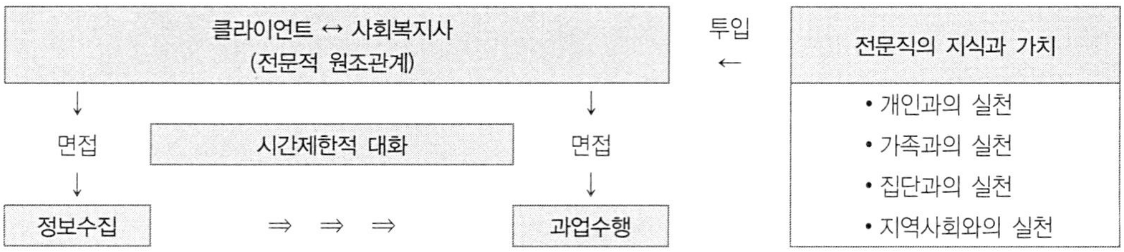

2. 전문적 원조관계 형성의 요소

1) 원조관계 형성의 필수요소

(1) 감정이입적 의사소통

사회복지사가 클라이언트와 공유하는 감정과 지각(감수성 차원)을 클라이언트에게 적절히 전달(의사소통의 차원)하는 것이다. 클라이언트와 동일한 감정상태와 상황에 몰입되어 문제해결능력을 상실하는 동정(sympathy)과 달리 클라이언트와 동일한 경험을 공유하면서도 객관적 시각을 유지하는 감정이입(empathy)에 바탕을 둔다.

(2) 무조건적 긍정적 존중

클라이언트가 현재 가진 모든 것을 긍정적인 시각으로 보면서 존중하는 것이다. 물론 비협조적이고 위협적인 클라이언트는 구별되어야 한다. 사회복지사는 클라이언트를 처음 만나 대화하는 순간부터 클라이언트의 인생, 생각, 가치, 상황 등에 대해 배우려는 자세를 갖고, 대화를 이끌어가야 원만한 원조관계가 형성된다.

(3) 온화함

사회복지사는 클라이언트를 대할 때, 정다운 웃음, 부드러운 말씨, 상냥한 태도, 자연스러운 몸짓 등이 조화를 이룰 수 있도록 노력해야 한다. 예를 들어, 최초 접촉이 전화인 경우, 사회복지사는 억양, 빠르기, 부드러운 용어의 선택에 주의를 기울여야 한다.

(4) 진솔성

가식이나 방어, 계산 없이 마음으로부터 있는 그대로를 클라이언트에게 보여주는 것이다. 사회복지사가 클라이언트와 진솔한 교류를 나누고 있을 때, 사회복지사의 언어적・비언어적 표현은 자신의 느낌이나 생각과 일치한다. 헵워스와 라슨(Hepworth & Larson, 1993)은 진솔성과 관련해 다음 두 가지를 조심해야 한다고 했다. 첫째, 진정한 느낌을 표현하더라도 마찰은 피해야 한다. 둘째, 자신의 욕구 충족(자신의 경험에 도취)에 열중하지 말아야 한다. 진솔성 실천을 위한 자기노출은 두 가지로 분류한다. 먼저 자신의 생각과 느낌을 가급적 중립적으로 표현하는 것과 다른 하나는 자신의 상황에 대한 주관적 진술이다. 사회복지사의 자기상황노출은 클라이언트가 경험한 상황과 비슷한 사회복지사의 상황을 설명하면서 공감적 이해를 도모하는 것이므로 이 경우 클라이언트가 의구심(사회복지사가 스스로의 문제도 해결하지 못한 사례)을 갖지 않도록 주의해야 한다.

(5) 강점 및 긍정적인 측면의 발견

장기간 어떤 문제로 인해 고통받고 있는 클라이언트는 자신의 가능성, 강점, 좋은 점에 대해 들어본 적이 없는 경우가 많다. 사실에 근거한 강점이나 긍정적인 측면의 발견은 변화를 위한 촉진제로 작용한다.

2) 효과적인 원조의 원칙

(1) 감정의 파악

원조관계에서 중요한 것은 클라이언트가 처한 상황에서 클라이언트는 어떤 감정을 갖고 있을까를 이해하면서 클라이언트를 원조할 수 있는 사회복지사의 능력이다. 클라이언트가 사회복지사에게 도움을 요청할 때, 그 문제가 자원의 부족이나 혹은 경제적 손실에 관련된 것일지라도 감정적인 어려움을 가지고 있는 경우가 많다. 클라이언트가 사회복지기관을 찾아오는 경우는 위기상황에 처한 경우가 많기 때문에 그의 감정을 잘 알아차려야 한다.

(2) 감정적 표현어구 개발하기

사회복지사가 효과적으로 감정을 파악하기 위해서는 클라이언트의 감정을 묘사하는 용어를 충분히 익혀두어야 한다. 사회복지사는 감정을 표현할 수 있는 다양한 용어를 정확히 인식하고 사용하는 기술이 요구된다.

(3) 감정이입

클라이언트의 감정을 파악한 후에 사회복지사는 그 감정을 이해했음을 전달해야 한다. 이를 우리는 "감정이입적 반응"이라고 한다. 감정이입적 이해를 하게 된다는 것은 사회복지사가 클라이언트와 "감정을 함께 공유"한다는 것이다. 감정이입은 타인의 내면 깊숙한 감정을 민감하고도 정확히 인지하고 그 감정을 이해하고 있음을 전달하는 능력이다. 즉, 감정이입은 클라이언트의 느낌과 감정을 명확하게 인식하고 의식하는 것이다. 이는 이성적 이해를 넘어 마음으로의 이해인 것이다. 감정이입을 위해서는 클라이언트의 입장에 자신을 놓으려는 적극적 노력이 필요하다.

감정이입은 여러분 자신의 기준이 아닌 클라이언트들의 기준에서 그들을 이해하는 능력이라고 말할 수 있다. 감정이입을 수행하기 위해서는 먼저, 클라이언트와 유사한 상황에 있다면, 나는 어떤 감정을 느낄 것인가에 대해 상상하는 것이 좋다. 자신에게 한번 질문해 보라. "내가 이와 같은 상황에 처해본 적이 있는가?", "그때 어떤 느낌이었나?" 이러한 상상방법은 감정이입적 능력을 고양시키는 데 유용하다.

(4) 진실성

관계형성에서 진실하다는 의미는 서로에게 정직하고 위선되지 않았다는 것을 의미한다. 진실성은 신실하게 말하고 행동하는 것을 뜻한다. 또한 일관되고, 예측가능하며, 신뢰할 수 있어야 함을 뜻한다. 이 진실성이라는 자질은 흔히 "일치성"이라고도 불린다. 이는 바로 그 자신의 내면과 외면이 일치함을 일컫는 것이다. 자기 자신에게 진실하기 위해서는 반드시 자기성찰적이고 자기인식적이며, 갈등, 불확실성, 다양성을 기꺼이 감내할 수 있어야 한다.

(5) 어디에서 시작하여야 하나?

사회복지사에게는 매우 유명한 명언이 있다. "클라이언트 입장에서 시작하라." 이 말이 의미하는 것은 도움을 요청하는 클라이언트의 관심사를 최우선시 해야 한다는 것이다. 만일 클라이언트가 자신에게 가장 중요한 관심사가 무엇인지를 결정하지 못한다면 사회복지사의 도움은 반감될 수 있다. 클라이언트에게 가장 최우선시 되는 것이 무엇인지를 결정하기 위해서는 사회복지사가 그들이 말하는 것을 주의깊게 경청하고 질문해 보아야 한다. 클라이언트가 문제를 어떻게 규명하는지, 그 해결책이 무엇이라 생각하는지에 근거하여 클라이언트와 함께 계획을 수립하고 추진해나가야 한다.

"클라이언트 입장에서 시작하라"는 말의 또 다른 의미는 인간은 자신이 변화하려는 준비가 되어있지 않을 때는 절대 변화하지 않는다는 것이다. 모든 클라이언트들이 그렇게 빨리 동기화되지는 않는다는 것을 이해하는 것이 중요하다. 마치 십대 아들과 딸을 둔 부모가 자신의 실수를 되풀이하지 않기를 바라는 마음에서 자녀에게 충고하는 것이 잘 받아들여지지 않는 것과 마찬가지다. 클라이언트는 사회복지사가 시간을 갖고 자신을 이해해 주길 바란다. 사회복지사는 클라이언트가 변화할 준비가 되었는지를 고려하여 서비스를 제공하여야 한다.

(6) 존중하기와 비심판적 태도

어느 누구도 자기 나름대로의 편견이나 신념이 없을 수는 없다. 그러나 효과적인 사회복지사가 되기 위해서는 개인적인 판단을 하지 말아야 한다. 자신의 입장이 타인의 관심사를 방해하지 않도록 하는 것이 중요하다. 사회복지사는 클라이언트의 독특한 개인적 문화, 배경, 개성을 존중해 주어야 하며, 나아가 그들이 선택할 자기결정의 권리를 존중해 주어야 한다.

(7) 집중하기

효과적으로 경청하기 위해서는 반드시 초점을 맞추고 마음 속에서 다른 문제는 지워버리고 클라이언트가 말하고 행동하는 것에 주의를 기울여야 한다. 비록 다양한 기술, 가치, 지식이 중요하지만 클라이언트에게 집중해서 들어주지 못한다면, 그게 다 무슨 소용인가? 때때로 사회복지사가 아무 말도 하지 않더라도 집중하여 들어주는 것이 가장 커다란 선물일 수도 있다.

(8) 인정하기 · 정당화하기

잘 경청하는 데 있어서 중요한 구성요소는 바로 클라이언트의 느낌을 비롯한 여러 생각을 정당화시켜 주는 것이다. 클라이언트의 느낌과 생각이 고통스럽거나 황당하고 슬프거나 비논리적일지라도 그렇게 하는 것이 필요하다. 정당화란 그 사람의 실제 상황과 감정을 인정한다는 것이다. 언어와 비언어적 반응을 잘 구사하여 클라이언트로 하여금 사회복지사가 정말 자신의 이야기를 들어주고 있음을 알게 해야 한다. 클라이언트의 감정이 비록 지켜보기 어려운 것일지라도 클라이언트의 감정을 부정하는 것은 도움이 되지 않는다. 클라이언트의 감정이 잘못된 것이라거나 적절치 못하다거나 바보 같다거나 하면서 클라이언트를 설득하려는 것은 도움이 되지 않는다. 자신의 감정이 존중되고 인정될 때 클라이언트는 자신의 감정을 더 쉽게 극복하고 새로운 현실감을 갖게 되는 것이다.

(9) 관심의 표명

로저스(C. Rogers)는 효과적인 도움을 주기 위해서는 사회복지사가 "무조건적인 긍정적인 관심"을 전달해야 한다고 언급한 바 있다. 이 긍정적인 관심이란 클라이언트를 비난하지 않고 이해하려는 비심판적 태도이다. 긍정적인 관심을 전달한다는 것은 한 인간의 가치와 존엄에 대한 신념을 전달하는 것이고 개인적 차이를 수용하며, 개인의 안녕에 대한 관심을 전달하는 것이다. 열심히 듣고 클라이언트의 견해를 이해하려고 노력하며, 클라이언트가 하고 있는 생각을 명확히 하기 위한 질문을 하는 것 등은 모두 긍정적인 관심과 존중을 전달하는 방법이다.

좋은 관계형성을 위해서는 사회복지사가 클라이언트의 인격을 존중하고 가치를 부여해야 하며, 이러한 점을 클라이언트에게도 전달해야 한다. 클라이언트가 어떤 문제를 제시하든지, 어떤 실수를 했든지간에 우리는 그가 고귀한 가치를 지닌 인간임을 잊지 말아야 한다. 그는 인간이기에 태어나면서부터 가치와 존엄을 가지고 있는 것이다. 사회복지사는 클라이언트를 수용하고 있다는 것과 관심이 있음을 전달하여 클라이언트의 신뢰를 얻어야 할 것이다.

(10) 행위와 사람을 구분하기

사람은 후회스러운 행위, 잘못된 행위, 불법적인 행위를 할 수 있다. 개인의 행위만을 보지 말고 행위와 '인간으로서의 개인의 가치'를 구분한다면, 개인의 감정과 관심사를 파악하는 것이 용이하고 상호존중감을 개발할 수 있다. 유능한 사회복지사는 개인으로 하여금 후회스럽고 잘못되었으며, 불법적인 행위나 결정에 대한 책임을 받아들이고 헤쳐나갈 수 있도록 돕는 데 전력을 기울인다. 이는 개인을 사람으로서 존중하는 관계 속에서 가장 잘 성취될 수 있다. 행위와 사람을 구분짓는 한 표현의 예를 들어보자. 어린 아이에게 다음처럼 말한 경우이다. "넌 멋진 아이야, 하지만 네가 한 일은 옳지 못한 것이야."

(11) 행위와 감정을 구분하기

사람의 말은 생각과 감정을 표현하지만 굳이 행동으로 옮겨지지 않는 경우가 많다. 또한 느끼고 생각하는 것이 반드시 현실을 정확하게 반영하지 않을 수도 있다. 사회복지사는 감정이나 생각이 항상 행위와 일치하는 것은 아니라는 사실을 인식하고 클라이언트로 하여금 감정이나 신념과 행위를 구분하도록 도와주어야 한다.

(12) 정보제공

상담을 의뢰하는 사람이나 클라이언트는 특정한 교육용 자료, 지역사회자원에 관한 자료, 특정한 질병이나 문제에 대한 정보를 요구하는 경우가 흔히 있다. 사회복지사는 이러한 요구를 자주 접하게 되므로 공식적, 비공식적인 지원체계와 가용한 서비스들을 잘 파악해 두어야 한다. 이러한 정보를 찾는 데 많은 시간을 보내는 가족에게 이러한 도움은 매우 유용한 일이다.

(13) 옹호

사회복지사는 자주 힘없는 클라이언트를 위해 협상을 해야만 하는 경우가 있다. 복잡한 관료주의 체제, 사회복지서비스 현장, 의료체계 내에서 약자인 개인이나 집단 또는 가족의 편에서 협상을 벌일 경우, 이를 "옹호"라고 부른다.

(14) 비언어적 또는 비음성적 의사소통 이해하기

자신의 생각을 글로 쓰거나 말로 표현하는 것만이 인간의 의사소통의 전부는 아니다. 이는 단지 일부분에 지나지 않는다. 사실 비언어적 행위가 말로 표현하는 것보다 우리의 생각과 느낌을 더 잘 표현해 주는지도 모른다. 한 연구조사에 의하면, 우리의 메시지의 약 80%는 말 이외의 수단으로 전달된다고 한다. 사회복지사는 이러한 클라이언트의 비언어적인 행동에 주의깊게 관심을 기울여야 한다.

(15) 적극적 경청

듣기는 클라이언트와의 관계형성에서 있어서 가장 기본이 되는 것이다. 단순히 듣는 것은 너무 단순하기에 기술이 아니라고 생각할 수도 있다. 그러나 잘 듣는다는 것은 매우 적극적인 과정이며, 정복해야 할 중요한 능력이기도 하다. 돕는다는 것은 적극적 경청을 요구하며 이는 매우 힘든 일이다. 철저한 훈련이 필요하다. 적극적 경청은 우리가 주위에서 들려오는 소리에 아무런 관심 없이 수동적인 자세로 듣는 것과는 근본적으로 다른 것이다. 적극적 경청을 위해서 사회복지사는 다른 것은 전혀 신경 쓰지 말고 클라이언트에게만 집중해야 한다.

3. 원조관계의 단계

원조관계 안에서 클라이언트 문제의 개념, 원조관계의 단계, 원조관계의 본질과 같은 이론적 지향(orientation) 속의 복잡한 관계를 이해하도록 돕기 위한 설명을 한다. 이 절에서는 관계의 이해를 도울 모델에 대한 설명부터 시작된다. 마지막으로 원조관계의 단계를 설명하고 각 단계마다 적용할 수 있는 태도와 기술들을 확인할 기회를 가진다. 이 절의 목적은 사회복지사의 이론적 방향과 밀접하게 관련된 기술과 원조관계의 단계에 대한 지식을 어떻게 적용시킬 것인가에 대한 이해를 도우며, 이어서 논의될 기술의 준거 틀로써 제공된다.

1) 원조관계를 이해하기 위한 단계 모델

원조관계는 일련의 리듬이 있다. 만약 사회복지사에 의해 알맞게 수행되어진다면, 관계는 논리적이고 유익한 종결로 나아갈 수 있지만 종종 그 과정은 험난한 길이 될 수 있다. 원조관계 안에서 그들이 원조관계를 알고 모르고를 불문하고 모든 사회복지사는 일련의 이론적 가정을 갖고 일한다. 바꾸어 말하면, 모든 사회복지사는 이론을 알고 있지만 이론은 완벽한 것이 아니며, 그들은 항상 관계가 나아갈 바를 예상할 수 없다.

원조관계에는 단계가 있다. 이 단계는 예견되는 규칙임에도 불구하고 그 속도는 극적으로 바뀌어져 이동할 수 있고, 빠르게 수행되므로 그들이 항상 예견할 수 있는 것은 아니다. 또한 일련의 기술은 명확한 단계에서 사용되어지는 것보다 더 효과적일 수 있다. 효과적인 원조전문가는 원조관계의 단계와 클라이언트를 성장시킬 수 있는 최상의 기회를 제공할 수 있는 이론을 알아야 한다. 다음의 6가지 원리는 이러한 관계를 요약한다.

(1) 사회복지사가 어떤 클라이언트를 바라보는 프리즘(prism)은 사회복지사가 갖고 있는 상담이론에 기초를 두고 있으며, 클라이언트에 대한 사회복지사의 이해에 영향을 미친다.

(2) 사회복지사가 클라이언트를 어떻게 이해하는가는 사회복지사가 클라이언트의 문제를 어떻게 개념화하는가에 더 영향을 미치게 될 것이다(사례 개념화).
(3) 이 "사례 개념화(case conceptualization)"는 사회복지사와 클라이언트가 결정해야 하는 특정한 목적에 영향을 미치게 될 것이다.
(4) 사회복지사가 클라이언트를 어떻게 개념화하는가는 사회복지사가 원조관계의 단계들을 횡단해 가는 것으로 변화시킬 것이다.
(5) 사용하는 기술은 첫째, 클라이언트 문제를 개념화하는 방법, 둘째, 원조관계의 단계에 따라 변화할 수 있다.
(6) 이론을 효과적으로 발휘하여 다른 종류의 기술을 적용하고 원조관계의 단계를 통한 과정에서 변화하는 클라이언트에게 반응을 나타내어야 한다.

이러한 6가지 원리는 사회복지사가 사용하는 기술, 원조관계의 단계, 클라이언트의 문제를 어떻게 개념화하는지 등, 사회복지사의 이론적 지향 가운데 상호호혜적인 관계라는 것을 보여준다(그림 10－Ⅱ－1 참조).

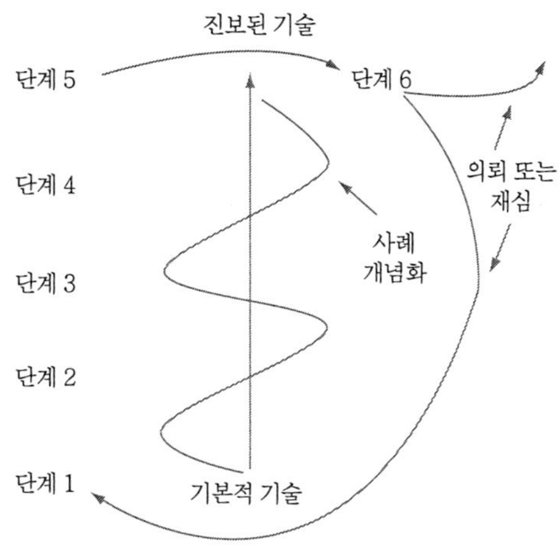

▌그림 10－Ⅱ－1▐ **사례 개념화, 이론, 단계와 기술 간의 관계**

모든 기술을 통합하는 방법을 익힌 효과적인 휴먼서비스 전문가는 이 책 안에서 클라이언트의 성장을 촉진하는 방법을 배우게 될 것이다. 비록 기술이 사회복지사의 이론적 방향의 기능에 따라 변경될지라도 명확한 기술은 원조관계의 초기 단계와 후에 다른 단계 속에서 찾을 수 있을 것이다.

2) 원조관계의 단계

휴먼서비스 전문가의 역할과 기능은 꽤 다양하기 때문에 면접(interview)에서도 많은 차이가 나는 유형이 생긴다. 예를 들면, 일련의 휴먼서비스 전문가는 정보수집에 치중할 것이고, 타인은 지지적 업무에 치중한다든지, 또 타인은 대부분 상담에 치중할 수 있다. 어떤 전문가는 클라이언트를 만나는 데 15분 정도가 소요된다면, 다른 전문가는 2시간 정도가 소요될 수 있다. 또 어떤 사회복지사는 클라이언트를 한 번 보게 되지만, 다른 사회복지사는 장기간에 걸쳐 볼 수 있다.

그러나 사회복지사가 면접을 하는 유형과는 상관없이 모든 클라이언트와 사회복지사가 거쳐야 하는 원조관계에는 단계가 있다. 이 단계는 한 활동의 짧은 시간일 수도 있지만 원조관계의 전체에 걸쳐 계속될 수도 있다. 어느 경우에나 효과적인 원조전문가는 각 단계에 적합한 태도, 기술을 포함하여 각 단계를 인지하여야 한다. 이론의 기능적 측면과 같은 기술이 변화하는 것처럼 원조관계 단계의 기능도 변화하기 때문이다.

(1) 사전 면접과정(pre-interview process)

실제적인 면접 이전에 하게 되는 사전 면접과정은 임명된 사회복지사와 실질적 업무를 보기 이전에 클라이언트에게 일어난 모든 것을 포함한다. 예를 들면, 오늘날 훌륭한 기관은 클라이언트가 문을 열고 들어오자마자 과다한 양의 문서업무(paperwork)를 주지 않는다. 이 과업의 완성을 위하여 클라이언트를 원조하는 것과는 관계없이 사람에게 친절하고, 예의바르며, 사려깊은 것이 중요하다. 심지어 클라이언트가 없는 경우에도 마찬가지이다.

더불어 클라이언트가 기관에 들어오면 처음의 문서업무인 접수면접이라 불리는 것을 요청받게 될 것이다. 이 접수면접은 실제적으로 클라이언트를 원조하는 사람보다는 다른 사회복지사에 의해 자주 치러진다. 그러므로 구조화된 면접을 하는 것은 사회복지사와 함께하는 첫 번째 만남이며, 원조관계의 특징을 결정하므로 클라이언트에게 긍정적인 경험을 하게 하는 것은 결정적이다. 사전 면접과정의 경험을 위하여 <연습 10-Ⅱ-1>을 수행해 보자.

연습 10-Ⅱ-1 사전 면접과정(the pre-interview process)

이 연습은 모든 수업 또는 소집단에서 수행할 수 있다. 교수와 학생은 기관에서 근무할 때에 클라이언트가 처음 기관에 들어서서 하게 되는 문서업무의 표본이 만들어지기를 원할 것이다. 교수는 기관의 대합실과 같은 느낌을 얻기 위하여 교실의 재배열을 원할 수도 있다. 그 다음 교수는 클라이언트가 방문하는 가상의 "기관"을 확인한다. 그리고 학생은 클라이언트의 역할과 사회복지사의 역할을 지원할 것이다. 또한 역할극에는 비서(secretary)도 있어야 한다. 비서는 교사와 함께 클라이언트가 그 기관에서 들어가는 과정을 논의해야 한다. 사무관은 후에 이 과정을 클라이언트에게 설명할 것이다.

클라이언트는 기관으로 들어가고 비서와 첫 대면을 하게 된다. 비서는 클라이언트에게 기관에 들어가는 과정을 설명할 것이고, 완성해야 하는 문서업무를 주게 된다. 문서업무를 완성한 후 비서는 다른 부가적 문서업무를 위하여 클라이언트를 사회복지사에게 보낼 것이다. 이 연습을 수행할 때 아래의 질문에 대답해 본다.

① 이 기관에서 클라이언트는 안정감을 느끼는가?
② 클라이언트는 인도적인 방식으로 대우받고 있는가?
③ 클라이언트로부터 기초 지식을 얻는 과정은 효과적인가?
④ 클라이언트는 자신에게 일어날 일에 대하여 감지하고 있는가?
⑤ 더 나은 과정을 만들기 위한 다른 제안이 있는가?

〈표 10-Ⅱ-2〉 **현실 대 이상(reality vs. ideal)**

나는 기관에서 일하였고, 충분히 방문하였기 때문에 사회복지사가 클라이언트와의 관계형성을 위한 많은 시간 동안에 항상 만족하지는 않는다는 것을 알고 있다. 종종 사회복지사의 직무는 신속한 정보수집과 클라이언트의 미래에 대한 다소 빠른 의사결정과 같은 문서업무를 하게 된다. 그러나 사회복지사는 인간 존재의 다른 문제에 대하여 주의를 기울일 때 관계형성의 중요함을 기억해야 한다. 우리는 문서업무를 끝내는 것과 마찬가지로 우리의 목적을 고려해야 한다.

(2) 단계 1 : 라포와 신뢰형성(rapport and trust building)

필요한 형식과 구조화된 접수면접 이후에 클라이언트는 같이 작업해야 할 사회복지사와 함께 원조에 들어가게 될 것이다. 클라이언트는 중요한 의사결정을 하게 될 사회복지사에게 온다. "내가 논의하길 원하는 것을 이야기하며 충분히 나의 사회복지사를 신뢰할 수 있을까?" 반면에 사회복지사는 효과적인 관계의 발전을 위하여 다수의 기술적 문제를 다루는 결정을 한다. 예를 들면, 사회복지사는 안정감이 느껴지는 물질적 환경과 전문가적 진술을 언급하고(진술은 원조관계의 자연스런 설명), 고지(告知)에 입각한 동의를 얻는(제공된 특별한 종류의 기술에 대한 동의) 책임성과 관련을 맺는다(Brammer & Macdonald, 1998 ; Scissons, 1993).

기술적 문제를 다룬 이후, 사회복지사는 안정감, 신뢰, 촉진적인 관계의 발전과 같은 첫 번째 단계의 기본적 목표에 주의를 기울인다. 이 초기 활동을 하는 동안, 사회복지사는 클라이언트와 동료의식을 성취하려는 노력의 일환으로 일상적인 주제 또는 보통의 관심사를 종종 논의할 것이다. 그러나 사회복지사가 활동에서 너무 "수다스러운 것"을 원하는 것이 아니며 클라이언트와 친근감을 형성하라는 것이지 클라이언트의 친구는 아니라는 것을 기억해야 한다. 또한 사회복지사는 부가적인 신뢰형성의 마음을 유지하여, 이 단계의 중요한 목적인 클라이언트가 자기당면 문제를 털어놓는 것을 촉진해야 한다. 이것은 사회복지사가 클라이언트를 이해하는 원조기술의 사용을 통하여 성취될 수 있다. 이 이해를 통하여 클라이언트는 안정감을 느끼고, 충분히 개방된 신뢰를 형성하게 된다.

이 단계의 유지는 사회복지사가 클라이언트에 의해 표면화된 문제를 확인하기 시작하고 결과적으로 윤곽을 잡기 시작하는 것에 있다. 이 단계 동안 사회복지사가 주목해야 할 것은 클라이언트에 의해 제기된 문제에 대하여 클라이언트와 함께 재확인하고 정확성을 평가하거나 그 문제의 정확성을 클라이언트에게 직접적으로 요청해야 한다. 또한 이 시간 동안 사회복지사는 클라이언트의 예비적인 진단적 사정을 해야 한다. 이것은 직업상의 사정, 의학적 진단, 정신 건강진단을 포함한다. 제2단계로 넘어가기 전에 <연습 10－Ⅱ－2>를 수행해 보자.

연습10-Ⅱ-2 제1단계의 기술과 태도(stage 1 : skills and attitude)

소집단에서는 라포와 신뢰형성 단계를 위한 기술 또는 태도와 같은 종류를 엄밀히 고찰해야 한다. 그것의 목록을 만들고 수업에서 논의해 보라. 교수는 칠판에 그것을 적고, 학생은 이 단계에서 특별히 중요하다고 생각되는 기술이나 태도를 3개에서 6개 선택해야 한다. 마지막으로, 이 절의 끝에 있는 <박스 10－Ⅱ－1>에 3개에서 6개의 기술이나 태도를 기입한다.

(3) 단계 2 : 문제확인(problem identification)

신뢰관계를 형성하고 난 후 클라이언트의 문제를 사정하기 위한 활동으로 사회복지사와 클라이언트는 원조관계의 두 번째 단계로 이동을 한다. 이 단계의 중요한 목적은 사회복지사와 클라이언트가 초기 문제를 확인하는 데 있다. 왜냐하면 초기 문제는 다른 문제를 야기할 수 있고 이 다른 문제가 클라이언트의 생각과 감정을 명확하게 하며, 그 문제에 대하여 깊이있는 이해를 하게끔 사회복지사가 도와주는 것을 발생시킬 수도 있기 때문에 이 확인작업은 중요한 것이다. 그러므로 이 단계 동안 사회복지사는 자신의 본질적 문제의 사정과 진단, 적합한 변화를 하게끔 하는 것이 필요하다. 다음 단계로 넘어가기 전에 <연습 10－Ⅱ－3>을 수행해 보자.

연습 10-Ⅱ-3 제2단계의 기술과 태도(stage 2 : skills and attitude)

소집단에서 문제확인 단계를 위한 기술 또는 태도와 같은 종류를 엄밀히 고찰해 보아야 한다. 그것의 목록을 만들고, 수업에서 논의해 보라. 교수는 칠판에 그것을 적고, 학생은 이 단계에서 특별히 중요하다고 생각되는 기술 또는 태도를 3개에서 6개 선택해야 한다. 마지막으로 3개에서 6개의 기술 또는 태도를 <박스 10－Ⅱ－1>에 기입한다.

(4) 단계 3 : 목표설정(goal setting)

정보수집과 클라이언트의 문제를 명확하게 한 후, 사회복지사는 클라이언트와의 작업에 필요한 일반적이고 분명한 목표를 설정할 수 있다. 이 목표는 폭넓은 면접과 협력적인 과정에서 얻어진 정보를 기초로 해야만 한다. 즉, 사회복지사 혼자 클라이언트를 위한 목표설정을 해서는 안 된다. 그 대신, 클라이언트의 욕구에 최상으로 근접하는 목표를 사회복지사와 클라이언트가 결정하는 노력의 협력이 필요하다. 클라이언트와 목표를 선택함에 있어서 사회복지사는 이전 단계에서 얻어진 정보에서 파생한 목표를 만들어야 하고, 그것을 성취해야 한다.

(5) 단계 4 : 실행(work)

이 단계 동안, 클라이언트는 제2단계에서 확인한 문제와 제3단계에서 사회복지사와 클라이언트 사이에서 동의한 목표를 실행하기 시작한다. 만약 제4단계에서 사용한 기술이 현명하다면, 사회복지사는 클라이언트가 목표실행을 함에 있어 촉진적 과정으로 더욱 더 이끌 수 있다. 물론 이 과정에서 이전의 목표에 새로운 문제가 드러나고 불거진다면, 사회복지사와 클라이언트는 과거의 목적을 재평가하길 원할 것이고 새로운 목표를 설정할 수 있다. 마침내 클라이언트가 목표를 실행하면, 사회복지사가 클라이언트의 과정을 확인하고 고무시켜 주는 것은 중요하다.

(6) 단계 5 : 종결(closure)

첫 면접의 종결이든 원조관계의 종결이든지간에 종결은 클라이언트(혹은 사회복지사)가 감정을 완료해야 하기 때문에 어렵다. 종결은 성취한 것, 목표가 충족되어졌는가에 대한 결정, 면접 또는 원조관계의 종결에 대한 클라이언트의 감정을 논의하는 방법을 포함한다. 이 단계 동안 사회복지사는 종결로 치닫게 된 활동과 원조관계에 대한 그 또는 그녀의 감정을 논의하길 원할 것이다. 예를 들면, 사회복지사가 “당신이 오늘 논의한 것에 대하여 나는 정말 기쁩니다.” 또는 “당신이 중요한 문제를 수행하는 데 몇 주를 보냈고, 그런 당신이 자랑스럽습니다"라고 말하는 것은 이상한 것이 아니다.

(7) 단계 6 : 사후관리(follow-up)

우리는 클라이언트의 욕구가 재발할 수 있다고 생각한다(Budman & Gurman, 1998 : 20). 원조관계의 종결은 완전한 종결이 아니다. 클라이언트는 새로운 문제로 돌아올 수 있고, 과거의 문제로 재방문을 원한다든지, 그들 자신을 더 깊이 탐구하길 원할 수도 있다. 사실 클라이언트가 같은 사회복지사에게 되돌아오거나 약간의 다른 문제로 다른 사회복지사를 찾는 것은 이상한 일이 아니다(Neukrug & Williams, 1993 ; Neukrug, 2001). 이 같은 클라이언트의 경우 그들이 성취한 것에 클라이언트의 만족을 보장하는 것은 어려운 일이다. 또한 클라이언트가 부가적인 원조를 필요로 하여 되돌아오고 싶어하는지를 체크하거나, 다른 사회복지사에게 의뢰를 할 수 있다. 또 사후관리(follow-up)로 사회복지사는 클라이언트가 변화를 유지하고 있는지의 여부를 사정해야 한다.

사후관리는 일반적으로 원조관계의 종결 이후 몇 주에서 6개월 정도에 끝마쳐진다. 이 과정에서 사회복지사는 기술이 가장 성공적이었는지를 결정하고, 변화를 위한 강화의 기회를 제공했는지, 또 사회복지사가 서비스의 평가를 가능하게 한다(Hutchins & Cole, 1992 ; Kleinke, 1994 ; Neukrug, 1999a, 2000). 일련의 사회복지사는 전화를 하거나 편지를 보내거나 클라이언트 설문지를 만드는 등의 활동을 하기도 한다.

Ⅲ. 사회복지실천의 기초 기술

1. 상담기술

1) 상담의 공통적 기술

(1) 수용(acceptance)

클라이언트의 이야기에 주의를 집중하고 있고, 수용하고 있다는 것을 보여주는 기법이다. 클라이언트가 자신의 문제를 진술할 때 주로 많이 나타난다. "음", "네" 등의 긍정적인 언어표현과 함께 표정, 몸짓 등의 비언어적 요소도 포함된다.

(2) 명료화(clarification)

진술의 내용을 반영하는 특별한 방법으로써 클라이언트가 이야기한 것의 실체를 요약하는 기법이다. 클라이언트의 감정을 밀어붙이지 않고 그의 방황이나 흩어진 반응 등을 단순화시켜 줌으로써 통찰의 발달을 촉진하는 기법이다. 명료화는 클라이언트의 문제를 거울에 비춰보듯이 분명하게 하는 작업을 말한다. 클라이언트의 입장에 서서 문제를 경청하고 그러면서도 객관적인 입장을 유지하는 것이 명료화의 전제라고 할 것이다. 명료화는 클라이언트의 문제갈등을 분명하게 하는 것뿐만 아니라 문제갈등에 연관된 내부적 진실을 분명히 한다.

(3) 경청(listening)

말을 하지 않으면서 상담에 적극적으로 참여하는 기법이다. 침묵의 효과적인 처리로서 클라이언트로 하여금 적극적으로 상담과정에 참여하게 하고 자신의 이야기에 대해 생각할 여유를 제공하며, 통찰의 기회를 제공한다. 경청은 관심을 집중하라는 것이며, 마음을 읽으려고 하는 자세로써 듣는 것이다. 그러나 너무 집중하면, 클라이언트에게 불안감을 줄 수 있기 때문에 상대방의 마음을 편하게 해주면서 따라주어야 자연스럽게 경청할 수 있다. 또한 시선을 말하는 사람에게 집중시키지 말아야 한다. 자연스럽게 상대방에게 관심을 갖고 있다고 하는 표현 정도로 시선과 자세를 보이는 것이다. 그리고 침묵은 중요한 것을 이야기하려는 준비상태이므로 침묵을 적당히 지켜야 한다.

(4) 탐색(probing)

클라이언트에게 필요한 정보를 얻거나, 클라이언트의 사고를 미리 지시하거나 클라이언트가 선택한 주제를 정교화(elaboration)하는 의미를 갖는다.

(5) 안심(reassurance)

넓은 의미에서 지지를 보장해 주는 기법이다. 클라이언트의 현재 신념체계에 상담을 맞추어 주고, 클라이언트의 의견에 동조해 줌으로써 불안을 감소시키는 기법이다. 클라이언트의 언어화에 대하여 시인해 주고, 숙지해 주는 방법과 상담장면 이외에서의 활동을 예견하거나 추후 기술하는 방법이 있다.

(6) 반영(reflection)

클라이언트에 의해서 표현된 요소를 클라이언트의 말을 그대로 되풀이하거나 그 내용을 반영하는 것이 아니라 그 밑바탕에 흐르고 있는 감정을 파악하는 것이 중요하다.

(7) 공감적 반응

공감은 클라이언트가 경험한 정서를 같이 경험함을 의미하며 동감이나 동정과는 다르다. 사회복지사는 클라이언트의 감정을 그의 입장에서 이해하고 느낄 뿐 아니라 이해하고 느낀 감정을 클라이언트에게 말로 표현해서 전달해 주어야 한다.

(8) 구성(structuring)

클라이언트 편에서 상담진행의 성질, 조건, 제한점, 목적 등을 제시하는 기법이다. 예를 들면, 시간, 행동, 역할 등의 제한범위를 분명히 함으로써 효과적인 상담을 수행하는 방법이다.

(9) 연결요약적 반응

한 주제를 끝내거나 면담이 끝날 때 사용되는 것으로 이미 언급된 사항을 함께 묶어 요약해 주거나 다음에 만날 약속을 정하는 것 등이 포함된다.

(10) 직면

클라이언트가 의식할 수 있고 살필 수 있는 것을 지적하고 그것이 클라이언트 자신의 문제와 어떻게 관련되는지를 생각해 보도록 하는 작업이다. 자기표현훈련이나 역할연습도 직면의 한 방편이라고 할 수 있다. 진정한 직면은 근본적으로 내담자의 긍정적인 행동이나 태도의 변화를 가로막는 자아의 다음의 차원을 고려해 보게 한다. 첫째, 클라이언트가 말하는 것과 행동하는 것 사이의 불일치 사항에 대해 직면하는 것, 둘째, 저항과 도피를 지적하는 것, 셋째, 클라이언트가 자신의 소질과 자질을 인식하려고 하지 않는 버릇을 지적하는 것 등을 고려한다.

(11) 해석(interpretation)

클라이언트가 겉으로 나타내는 문제가 내부적 정신작용에 관련되어있는 데도 이를 의식하지 못하거나 깨닫지 못할 때 그 관련성을 설명해서 이해시키는 방식이다. 해석은 클라이언트가 자신의 문제와 갈등의 근원과 적용의 문제성은 부분적으로 이해하고 있고 자신의 참모습을 직면할 만큼 준비가 되어있을 때라야 효과적으로 받아들여지고 통찰과 이해를 증진시킨다. 한 번에 여러 가지를 해석해서도 별 효과를 못 보게 된다.

(12) 종결(termination)

한 주제를 끝내거나 상담을 끝낼 때 사용하는 기법이다. 이미 언급된 사항을 한데 묶어 요약하고, 다음에 만날 약속을 정하며, 그에 적절한 태도를 표명하는 것 등이 포함된다.

(13) 기타 기법

시작기법(opening), 저항(resistance), 지지(support), 인지(awareness) 등의 기법이 있다.

2) 상담면접평정양식(CIRF) 안의 상담기술

(1) 미시적 상담기술(microcounseling skill)용어

〈표 10-Ⅲ-1〉 CIRF 기술용어

도입/라포 형성기술		
기술명	정 의	의 도
인 사	클라이언트에게 간단하게 인사하는 것	라포형성
역할 정의/기대	사회복지사의 역할과 상담의 의도, 비밀보장, 한계정의	구조화
행정적 과제	상담에 필요한 절차, 즉 클라이언트의 권리, 상담비, 상담약속 정하기, 접수양식 등	절차의 명료화
시작하기	클라이언트에게 면접이 시작될 것임을 알려주는 개방질문. "오늘 무엇을 하고 싶으세요?"	면접을 시작하는 개방적인 방법 시도
탐색단계/문제정의 미시적 상담기술		
기술명	정 의	의 도
감정이입/라포	이해와 적극적 경청을 나타내는 행동과 태도	클라이언트에게 계속하도록 격려하기
존 중	클라이언트의 관심사를 진심으로 인정해 주기	라포형성
비언어적 일치	몸짓과 자세로 클라이언트를 거울처럼 비춰주는 것	라포형성과 수용
가벼운 격려	클라이언트에게 계속하도록 격려하는 말. 고개 끄덕임 또는 "음, 음"	클라이언트에게 계속하도록 격려하기
바꾸어 말하기	클라이언트의 말을 사회복지사 자신의 말과 견해로 적극적으로 재진술하는 것. "당신 어머니가 최근에 돌아가셔서 그립군요."	클라이언트의 말을 이해하였음을 보여주기

따라가기/이끌기	클라이언트가 면접의 흐름을 주도하도록 사회복지사의 말과 억양을 일치시킴. 면접의 흐름을 바꿀 필요가 있을 때, 사회복지사가 주도하는 것	편안한 분위기를 만들고 저항을 줄이기
언어 따라가기	클라이언트 말의 방향과 주제를 계속 따라가는 것	클라이언트가 말하는 내용을 지속시키기
감정반영	클라이언트의 감정을 바꾸어 말하는 것. "얼마나 슬펐을까"	클라이언트의 감정을 더 잘 이해하기
의미반영	클라이언트 경험을 더 깊은 수준으로 바꾸어 말하는 것. "죽음은 마지막이면서 시작일 수도 있지요."	조망을 넓혀주기
탐색단계/문제정의 미시적 상담기술		
기술명	정 의	의 도
명료화	클라이언트의 말을 더 분명하게 이해함으로써 용어의 혼란을 없애는 것	말의 혼란을 없애기
개방질문	최대한 많은 정보를 얻기 위해 포괄적으로 질문하는 것. "어머니의 무엇이 가장 그립습니까?"	최대한 많은 정보를 얻기
요 약	면접하는 동안 어떤 주제나 화제를 바꾸어 말하여 변화를 주거나 마무리하는 것	이동하고 마무리하기
행동묘사	클라이언트에게 사회복지사가 관찰한 행동이나 태도를 알려주는 것. "여동생과 엄마의 관계에 대해 말하기 시작했을 때, 당신은 눈물이 나고 의자를 뒤로 물러 앉았어요."	행동에 대해 가정하지 않고 클라이언트가 자각하도록 돕기
적절한 폐쇄질문	한정된 양의 정보를 얻기 위한 의도적 질문. "어머니가 돌아가셨을 때, 당신은 몇 살이었습니까?"	한정된 양의 정보를 얻기
지각확인	클라이언트의 관심사에 대한 사회복지사의 지각 또는 생각이 정확한지를 클라이언트에게 주기적으로 묻는 것	사회복지사의 지각과 정확성을 점검하기
침 묵	면접하는 동안 의미있는 조용한 성찰을 허용하는 것	면접하는 동안 의미있는 조용한 성찰을 허용하기
초점 맞추기	회기의 주제, 구성, 방향을 일관성 있게 의도적으로 선택하는 것	회기의 방향성에 도움주기
피드백	태도와 행동에 관해 클라이언트에게 정보를 주는 것. "지난 주 당신은 구겨진 옷을 입고 왔는데, 오늘은 머리도 감고 옷도 빨아 입고 왔네요."	행동, 사고, 감정에 대해 자각하게 하기
문제해결기술/정의기술		
기술명	정 의	의 도
목표정의	클라이언트를 위한 방향, 성과, 목표를 규정하는 말	상담의 방향을 규정하기
관심사 탐색/이해	관심사의 본질을 찾기 위해 필요한 미시적 기술을 사용하는 것	클라이언트의 관심사에 대한 필수 정보를 수집하기
대안의 개발과 평가	클라이언트가 문제해결에 필요한 대안을 창안하도록 돕고 각 대안의 잠재력과 가능성을 평가하는 것	각 대안의 잠재력과 가능성을 평가하기

대안수행	대안을 구현하는 데 필요한 단계를 적극적으로 계획하고 조작하는 것	아이디어를 행동으로 옮기도록 돕기
특수한 기법	클라이언트가 관심사에 대해 더 깊이 이해하도록 돕는 심상, 빈의자 기법 등의 상담기법들	각 클라이언트의 요구에 맞춰 제공하기
과정상담	클라이언트가 상실과 두려움 같은 문제와 관련된 특별한 주제와 역동을 이해하도록 돕는 것	클라이언트의 문제를 더 깊이 이해하게 하기
행동단계/모순 직면하기		
기술명	정 의	의 도
즉시성	클라이언트 또는 사회복지사와 클라이언트 간의 역동이나 관찰된 것에 대해 면접을 중단하고 즉각적으로 명료화하는 것. "아버지가 언급된 후에 당신은 말을 멈췄어요. 지금 무슨 일이 일어난 거죠?"	회기를 '지금-여기'에 유지시키기
자기개방	클라이언트를 도울 목적으로 사회복지사에 대한 적절하고 도움이 되는 정보를 주는 것. "아버지가 돌아가셨을 때, 저는 21살이었어요. 나침반이 사라졌고 저는 길을 잃었어요."	클라이언트에게 삶의 보편성을 알게 하기
직 면	클라이언트의 말, 행동, 생각 간의 모순을 지적하는 것	클라이언트가 생각과 행동을 자각하도록 돕기
지 시	클라이언트가 취할 행동이나 생각을 상세히 알려주는 영향을 끼치는 말. "다음에 어머니의 무덤에 갈 때, 당신의 두려움과 외로움을 표현하는 시를 써보는 게 어떨까요?"	클라이언트의 다양한 발달적 욕구에 필요한 구조를 제공·수용하기
논리적 결과	클라이언트 행동과 해결책의 결과·결말을 탐색하는 것. 결과는 당연하거나 논리적이다.	클라이언트 결정의 결말을 지적하기
해 석	다양한 이론에 근거해 클라이언트의 관심사에 관한 새로운 참조틀을 제시하는 것. "어머니의 죽음으로 당신은 혼자 남겨져 두려워하고 있군요."	클라이언트의 관심사에 대해 새로운 참조틀을 제시하기
마무리/일반화		
기술명	정 의	의 도
내용·감정의 요약	당면과제를 포함한 주제와 감정을 함께 묶어주면서 회기를 마무리하는 것	상담의 주제를 묶어주기
계획검토	원하는 성과를 계획하고 클라이언트와 함께 검토하는 것	클라이언트에게 이전에 논의된 아이디어를 일깨워 주기
상담약속 정하기	필요하면 다음 회기를 약속하기	더 상담할 기회를 제공하기
회기종결	목표가 성취되었을 때 상담으로부터 클라이언트의 외부세계로 적절하게 일반화시켜 주는 것	상담의 성과를 현실세계로 갖고 가기
회기평가	클라이언트에게 각 면접의 요점을 성찰해 보게 하는 것. "오늘 상담의 어떤 점이 다음 상담할 때까지 당신에게 도움이 될 것 같습니까?"	클라이언트와 사회복지사에게 확실한 상담성과를 제공하기
사후지도	이전 회기, 주제, 과제에 대해 클라이언트와 연결하는 것	상담회기들 간의 지속성을 유지하기

전문성		
기술명	정 의	의 도
발달수준 일치시키기	클라이언트의 발달수준을 평가하고 이에 맞는 상담개입을 선택하는 것	클라이언트의 요구에 일치하는 의도적인 반응을 하기
윤 리	전문가 조직이 제공하는 윤리지침을 따르는 것. 적절한 윤리적 결정을 하는 것	의사결정과정에서 신중함을 유지하도록 돕기
전문성	조직의 불문적·성문적(unwritten & written) 관행과 지침에 따라 적절한 전문적 결정을 내리는 것	사회복지사와 클라이언트를 존중하기

(2) 미시적 상담기술의 위계

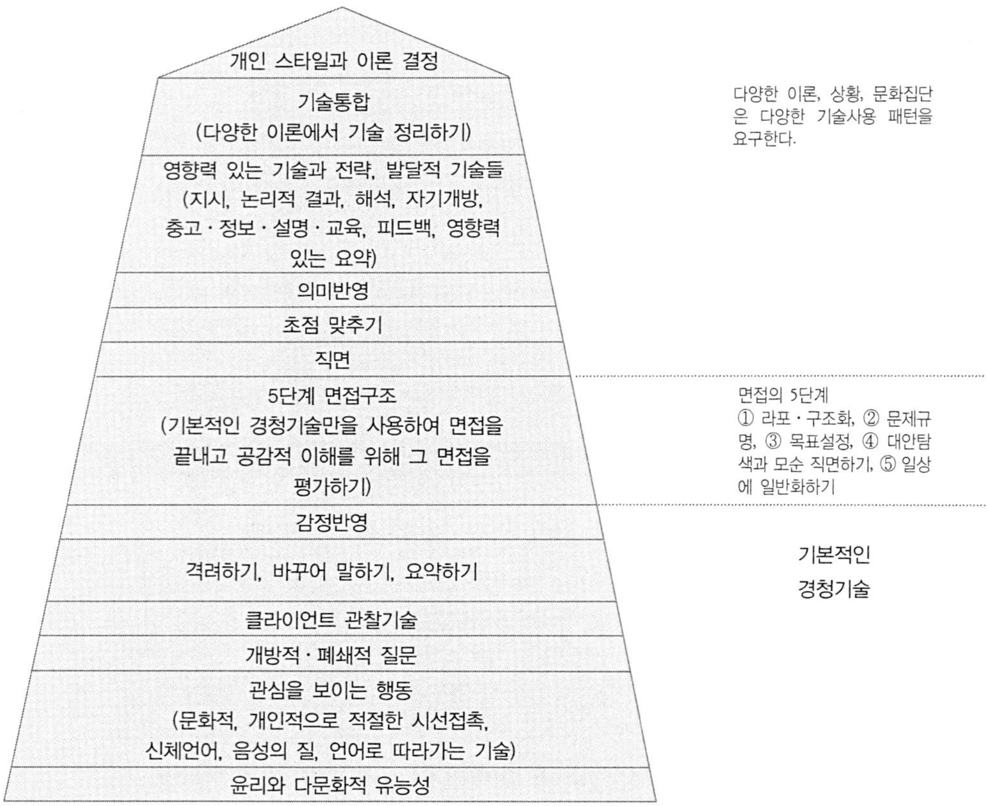

▮그림 10-Ⅲ-1▮ 미시적 상담기술의 위계표

(3) 다양한 미시적 상담기술

〈표 10-Ⅲ-2〉 다양한 이론에서 사용되는 미시적 상담기술

미시적 상담기술 \ 상담이론		의사결정	인간중심	행동주의	해결중심	정신역동	게슈탈트	인지정서행동	여성주의치료	비즈니스문제해결	의학진단면접	전통적인교수	학생중심교수	절충/초이론
기본경청기술	개방질문	●	○	◒	●	◒	●	◒	◒	◒	◒	◒	●	◒
	폐쇄질문	◒	○	●	◒	○	◒	◒	◒	◒	◒	●	◒	◒
	가벼운 격려	●	◒	◒	◒	◒	◒	◒	◒	◒	◒	○	◒	◒
	바꾸어 말하기	●	●	◒	●	◒	○	◒	◒	◒	◒	○	●	◒
	감정반영	●	●	◒	◒	◒	○	◒	◒	◒	◒	○	●	◒
	요약	◒	◒	◒	●	◒	○	◒	◒	◒	◒	○	●	◒
고급기술	의미반영	◒	●	○	○	◒	○	◒	●	○	○	○	◒	◒
	해석·재해석	◒	○	○	○	●	●	●	◒	◒	◒	○	◒	◒
	논리적 결과	◒	○	◒	○	○	○	●	◒	●	◒	●	◒	◒
	자기개방	◒	●	○	○	○	○	○	◒	◒	○	○	◒	◒
	피드백	◒	●	◒	◒	○	◒	●	◒	◒	○	○	●	◒
	충고·정보 등	◒	○	◒	○	○	○	●	●	●	◒	●	●	◒
	지시	◒	○	●	○	○	●	●	◒	●	●	●	◒	◒
	직면(연합기술)	◒	◒	◒	◒	◒	●	●	●	◒	◒	◒	◒	◒
초점	클라이언트	●	●	●	●	●	●	●	○	◒	◒	◒	●	◒
	주요 주제·문제	●	○	◒	●	◒	○	◒	◒	●	●	●	●	◒
	타인	◒	○	◒	◒	◒	◒	○	◒	○	○	○	◒	◒
	가족	◒	○	◒	◒	◒	○	○	◒	○	○	○	○	◒
	상호	○	◒	○	◒	○	○	○	◒	○	○	○	◒	◒
	사회복지사	○	◒	○	○	○	○	◒	◒	○	○	○	◒	◒
	문화·환경 맥락	◒	○	◒	◒	○	○	○	●	◒	○	○	◒	◒
	의미(주의하고 강조되어야 할 화제, 주제어)	문제해결	관계	행동문제해결	문제해결	무의식적 동기	지금현재행동	비합리적사고/논리	여성문제로서의 문제	문제해결	질환진단	정보/사실	학생아이디어/정보/사실	다양
	사회복지사가 말하는 시간의 양	중간	적음	많음	중간	적음	많음	많음	중간	많음	많음	많음	중간	다양

범례 ● 자주 사용하는 기술 ◒ 보통으로 사용하는 기술 ○ 가끔 사용하는 기술

(4) 축어록 분석 : 상담면접평정양식

상담 테이프를 듣고 사례를 분석하는 것은 원조전문가 교육 프로그램의 중요한 교수전략이며, 상담테이프 듣기와 사례발표 분석은 현장경험에서 가장 중요한 두 가지 학습전략이다. 축어록 분석에서는 이론적 접근, 상담면접에서 사용되는 기본적인 면접기술, 미시적 상담기술의 용어에 대한 지침, 지속적으로 개인의 상담스타일을 검토하는 틀을 제공하는 미시적 상담슈퍼비전모델(MSM : Microcounseling Supervision Model)과 이 모델에 필수적인 부분으로서 상담면접에 대한 질적, 양적 피드백을 받는 데 사용되는 상담면접평정양식(CIRF : Counseling Interview Rating Form)을 갖고서 수행한다. 특히 CIRF를 사용하여 여러분의 면접기술을 검토하고 연습할 수 있을 것이다(상담면접평정의 예는 <부록 III> 참조).

상담면접평정양식

사회복지사		일 시	
관찰자 ①		테이프 번호	
관찰자 ②		오디오 또는 비디오(동그라미를 치시오)	
슈퍼바이저		회기번호	

다음 구체적인 기준에 맞는 기술이 나타날 때마다 빈도를 표시한다. 다음은 아래 평정척도를 사용하여 기술숙련도 점수를 준다. 각 기술의 적극적 숙련수준은 2점이다. X표된 기술은 모든 테이프에서 항상 나타나야 한다. 관찰, 사회복지사 반응, 강점과 약점 난에 기록한다. 실제 사회복지사의 반응은 피드백할 때 도움이 된다.

숙련수준		
3	클라이언트에게 그 기술을 가르친다.	교수 숙련수준
2	기술을 사용하여 클라이언트에게 특수한 영향을 미친다.	적극적 숙련
1	상담기술을 사용한다. 또는 안다.	기본적 숙련

A	58~52	B	51~46	C	45~41

구체적인 기준	빈 도	사회복지사의 반응	기술 숙련도
A. 도입·라포 형성			
① 인사 X			
② 역할 정의/기대			
③ 행정적 과제			
④ 시작하기 X			
B. 탐색단계·문제정의 미시적 기술			
① 감정이입/라포			
② 존중(respect)			
③ 비언어적 일치 X			
④ 가벼운 격려 X			
⑤ 바꾸어 말하기 X			
⑥ 따라가기/이끌기 X			
⑦ 언어 따라가기 X			
⑧ 감정반영 X			
⑨ 의미반영 X			
⑩ 명료화			
⑪ 개방질문			
⑫ 요약 X			
⑬ 행동묘사 X			
⑭ 적절한 폐쇄질문 X			
⑮ 지각확인 X			
⑯ 침묵 X			
⑰ 초점 맞추기 X			
⑱ 피드백 X			
C. 문제해결기술·정의기술			
① 목표정의 X			
② 관심사 탐색/이해 X			
③ 대안의 개발과 평가 X			
④ 대안수행			
⑤ 특수한 기법			
⑥ 과정상담			

구체적인 기준	빈 도	사회복지사의 반응	기술 숙련도
D. 행동단계 · 모순 직면하기			
① 즉시성			
② 자기개방			
③ 직면			
④ 지시			
⑤ 논리적 결과			
⑥ 해석			
E. 마무리 · 일반화			
① 내용 · 감정의 요약 X			
② 계획검토 X			
③ 상담약속 정하기			
④ 회기종결			
⑤ 회기평가 X			
⑥ 사후지도 X			
F. 전문성			
① 발달수준 일치시키기			
② 윤리			
③ 전문성			

G. 강점 :

H. 개선할 영역 :

3) 말하고 들은 것을 확인하는 기술

종종 '추적하기(tracking)'라고도 불리는 이 기술은 클라이언트가 순간순간 탐색하는 내용을 반영해 주고 요약하면서 열심히 감정을 이입하며 경청하는 기술이다. 이것은 창조적인 경청과 말한 내용에 대한 반응, 반영을 결합시킨 것이다. 여기에는 바꾸어 말하기, 명확화, 요약하기, 피드백 주고받기 등이 포함된다. 각각의 방법은 나름의 방식으로 우리가 의사소통한 내용을 이해했음을 확인해 주며, 이러한 이해를 말로 표현할 기회를 제공한다. 또한 잘못된 정보를 바로잡아 주고 지식과 전문가적 의견을 관련된 사람에게 전달해 준다.

(1) 바꾸어 말하기(paraphrasing)

바꾸어 말하기는 상대방에게 모욕감을 주는 모방이나 따라하기와는 다른 것이다. 비록 완전히 똑같지는 않지만 말한 내용의 핵심을 반복해서 말해준다. 즉, 원래 말한 사람이 사용한 것과 거의 비슷한 단어를 사용하여 주요 내용을 선택적으로 다시 말하는 것이다. 그 주된 목적은 우리가 의사소통하는 내용과 의미를 잘 파악하고 있음을 확실하게 해주는 것이다. 클라이언트에게 경청하고 있음을 표시하고 들은 것을 이해한다는 것을 보여주고, 원래의 클라이언트의 언급과 조금 다른 말로 바꾸어 말하기를 시도하여 클라이언트가 이를 들음으로써 새로운 관점에서 생각해 볼 수 있게 해준다.

〈표 10-Ⅲ-3〉 **바꾸어 말하기의 예**

사 례	상대가 말한 내용을 자신의 말로 표현하기
사회복지사	내가 잘 이해했는지 확인하기 위해서 당신이 한 말을 내가 다시 말해보겠습니다. 조금이라도 잘못이 있으면 얘기해 주세요. 당신은 영민이가 적절히 행동만 한다면 같이 사는 걸 원합니다. 그 애가 게으르고 늦게 들어오고 시끄러운 음악을 듣는 건 참을 준비가 되어 있지만, 담배 피우는 것과 학교에 무단결석하는 것은 용납하지 않겠다는 거지요?
클라이언트	(말을 중단시키며) 그 애가 담배 피는 건 싫지만 끊게 할 수가 없어요. 내가 안 된다는 건 영민이가 집 안에서 다른 아이들 앞에서 담배를 피우는 거죠. 이건 좀 달라요.
사회복지사	그렇군요. 그럼 당신이 요구하는 것은 영민이가 집에서 살려면 집 안에선 담배를 피우지 말고 학교에 가야 한다는 거군요. 맞습니까?
클라이언트	예.

모방이나 따라하기는 클라이언트가 어린이라든가 다른 이유로 지적으로 '떨어지는' 특별한 경우를 제외하고는 일반적으로는 부적절한 방법이다. 그렇기 때문에 바꾸어 말하기에는 몇 가지 위험성이 있다. 말하는 방법이나 단어선택 때문에 조롱을 받은 경험이 있는 사람이나, 특히 소수민족이나 젊은이에게 바꾸어 말하기는 적대적이고 자신을 비웃는 것이라 여겨질 수 있다. 이런 경우에는 클라이언트가 갖고 있는 의사소통능력의 열등감을 극복하려는 목적이 아니라면 바꾸어 말하기는 사용해서는 안 되고 또한 바꾸어 말하는 과정에서 의도적으로 상대가 말한 내용과 다르게 변질시킬 수 있다는 위험성이 있다. 그럼에도 불구하고 타인의 말을 정확하게 연결하고 다시 말할 수 있는

능력은 중요한 기술이며 보고서 작성을 위한 기본이 된다. 앞의 <표 10－Ⅲ－3>은 바꾸어 말하기의 예를 제시한 것이다.

(2) 명확화(clarifying)

명확화는 1차적으로 혼동을 방지하고 듣는 사람이 전달된 내용을 정확히 파악했음을 확인하기 위해서 사용된다. 또한 생각이나 느낌을 원래 의미의 왜곡이나 변경 없이 쉽고도 명료한 언어로 표현하는 작업이다. 명확화를 통해서 현재 자신을 괴롭히고 있는 문제를 규명하고 확인하며 평가하는 작업을 도와줄 수 있다. 이것은 특히 많은 문제가 있어서 그 중 가장 영향력이 큰 문제에 초점을 맞추어야 할 때 유용한 방법이다. 다른 많은 기술과 마찬가지로 명확화도 기술 그 자체를 넘어서는 장점을 갖고 있다. 명확화를 통해서 우리가 주의깊게 듣고 있으며, 말하는 내용을 중요하게 여기고 있음을 보여줄 수 있다. 이것은 자신의 생각이나 말이 이런 식의 대접을 받아본 적이 없는 사람에게는 특별히 중요한 경험이 될 것이다. 그러나 바꾸어 말하기와 마찬가지로 명확화도 면접의 흐름에 방해가 될 수 있으며, 사람에 따라서는 이것을 일종의 비판이나 자신의 의사전달이 형편없다는 암시로 받아들여 불편함을 느낄 수도 있다. 다음 <표 10－Ⅲ－4>는 명확화 기법의 예를 제시한 것이다.

〈표 10－Ⅲ－4〉 **명확화 기법의 예**

사 례 ①	사건의 규명과 확인
사회복지사	내가 제대로 이해했는가 좀 봅시다. 조금이라도 틀린 점이 있으면 말해주십시오. 당신은 2008년 5월에 아이들과 함께 여성의 피난처로 들어와서 6개월간 머물렀습니다. 그곳으로 당신의 남편이 추적해오자 전남 광주에 있는 언니 집으로 가서 다시 남편이 쫓아올 때까지 3개월을 지냈습니다. 그 후 다시 피난처로 돌아왔고 그곳의 사회복지사가 법원으로부터 접근금지명령을 얻어내는 것을 도와주었습니다. 맞습니까?
클라이언트	예.

사 례 ②	문제/위기에 순위 매기기
사회복지사	지금까지 많은 문제들을 살펴보았습니다. 그런데 당신의 얘기를 들어 보고 만일 내가 틀렸으면 이야기해 주세요. 그 중에서도 제일 걱정스러운 문제는 지금 돈이 한 푼도 없고 갚을 수 없는 빚이 많다는 사실 같습니다. 맞습니까?
클라이언트	예. 빚에 너무 쪼들려서 더 이상 견딜 수가 없어요. (울기 시작한다) 내가 아는 모든 곳에서 돈을 빌렸어요. 이웃에서, 동네가게에서… 이웃사람들과 마주칠까봐 바깥에도 못 나가요. 집으로 오는 모든 청구서를 의자 밑에 쑤셔 넣어두고 있어요. 정신 나간 것처럼 들리겠지만 정말이지 그걸 볼 수가 없어요.

사회복지사	이해할 수는 있지만 정말 어려운 상황이군요. 제가 무엇을 도와드릴 수 있을까요?
클라이언트	나도 모르겠어요. 아무 방법이 없는 것 같아요.
사회복지사	(즉각적인 도움 없이 클라이언트 혼자 힘으로는 상황이 나아질 수 없음이 분명하고, 현재 아무런 특별한 도움을 연결시켜 줄 수가 없으므로) 다음 주에 다시 와서 그동안 쌓인 청구서들을 제가 모두 검토해 보면 어떨까요? 얼마나 빚이 있는지 계산하고 어떤 것이 가장 부담을 주는지, 그리고 어떻게 하면 좋을지 같이 앉아서 얘기해 봅시다. 어때요?
클라이언트	누군가 아무에게라도 그 일을 대신 맡길 수 있다면 위안이 되겠어요.
사회복지사	좋습니다. 그러면 당분간은 아무 걱정도 하지 말도록 해보세요. 나가서 이웃들에게 당신 사정을 얘기하고 당신이 돈을 갚으려고 애쓰고 있다는 것을 알려 주세요. 예전에는 자주 만나지 않았어요?
클라이언트	예, 잘 지냈었죠.
사회복지사	지금 상황으로는 그 사람들은 두 가지를 잃은 겁니다. 돈과 당신을, 아마 당신을 보고 싶어 할 겁니다. 차라도 한 잔 하자고 집으로 초대해 보세요.

위의 사례와 관련해서 몇 가지 기억해 둘 사항이 있다. 첫째로 이런 종류의 재정적 문제는 행정관서 같은 곳으로 의뢰하는 것이 보다 적절하다. 둘째로 이 경우와 같이 빚쟁이들을 피하려는 등의 이유로 문을 열어주지 않는 사람에게는 다음에 방문할 날짜와 시간을 미리 말해주고 이것을 반드시 지켜야 한다.

(3) 요약하기(summarizing)

요약은 여러 가지로 유용하다. 첫째, 새로운 회합의 첫 부분에 지난 시간에 다뤘던 주요 내용을 요약하면서 시작할 수 있다. 둘째, 요약은 지금까지 다뤄온 내용의 정확하고 간결한 명세를 제공해 준다. 셋째, 토론이 방향을 잃고 표류할 때 간결하고도 정확한 요약이 시기적절하게 제공되면 특히 도움이 된다. 넷째, 하나의 문제에 대한 조사를 마무리해서 새로운 문제를 시작할 수 있게 해준다. 끝으로 요약은 회합을 만족스럽게 끝내는 데 이용된다. 지금까지 다룬 문제를 요약하는 일은 동시에 아직 탐구되지 않은 문제를 조명해 주고 따라서 앞으로의 일정을 계획할 기회를 제공한다. 다음 <표 10－Ⅲ－5>는 요약하기의 예를 제시한 것이다.

〈표 10-Ⅲ-5〉 요약하기의 예

사 례 ①	최초의 면접에서 다루어진 주요 내용을 마지막으로 요약하기
사회복지사	오늘은 여기까지만 다루겠습니다. 우리는 오늘 당신의 어린 시절, 병원에 입원하고 퇴원한 이야기, 현재의 생활상황과 어떻게 대처하고 있는지 살펴보았습니다. 다음 주에 다시 만나서 좀더 이야기 합시다. 괜찮습니까?
클라이언트	예, 좋습니다.

사 례 ②	독립적인 생활을 준비하는 젊은이와 관련하여 앞으로 다룰 문제를 요약하기
사회복지사	지금까지 논의한 것을 한번 봅시다. 당신은 보호시설에서의 경험, 위탁부모와 학교생활에 대해서 얘기했습니다. 내가 빠뜨린 것이 있나요?
클라이언트	(머리를 흔든다)
사회복지사	앞으로 남은 시간 동안 우리가 살펴보아야 할 사항은 보호시설을 떠나면 어디서 살 것인가 하는 문제입니다. 맞습니까?
클라이언트	(고개를 끄덕인다)
사회복지사	자, 어디부터 시작할까요? 어떤 계획을 갖고 있나요?

(4) 피드백 주고받기(giving and receiving feedback)

피드백은 클라이언트로 하여금 자기 자신에 대해서 보다 많은 것을 알게 해주는데, 이것은 어떠한 노력이 성공하기 위해서는 매우 중요한 것이다. 예를 들어, 어떤 사람이 패배감과 비관에 빠진 채 과업을 수행하고 있다면, 그 노력이 헛되지 않기 위해서는 이러한 인상을 피드백을 통해서 알려주어야 한다. 우선 명확하고 정직한 피드백은 합의된 목적을 이루기 위해서 일련의 행동이 제대로 취해지고 있는지 확인하는 방법으로 사용될 수 있다. 그리고 피드백은 의사소통의 감정적 내용에 주목하는 방법으로 사용될 수 있다. 감정을 반영한다는 것은 단순히 클라이언트의 말에만 반응하는 것이 아니라 그의 음성에도 반응하는 것을 포함한다. 긍정적이든 부정적이든 피드백을 주고받는 일은 사회복지사와 클라이언트 모두에게 이점이 있다.

피드백의 목적은 클라이언트에 대한 심판을 내리는 것이 아니라 안내, 지지, 도전의식을 제공하는 것임을 강조하는 것이 도움이 된다. 이건은 피드백의 목적을 세 가지 ① 클라이언트가 목표를 향해 프로그램의 단계를 성공적으로 밟아가고 있을 때 그것을 알려주는 확인(confirmatory), ② 클라이언트가 궤도를 벗어났을 때 제자리로 돌아가는데 필요한 정보를 제공하는 교정(corrective), ③ 적절한 프로그램실행의 결과와 부적절한 실행의 결과를 지적하고 과업수행을 개선할 것을 제안하는 동기화(motivating)로 설명하고 있다.

긍정적인 피드백도 문제를 일으킬 수 있는데, 특히 친절과 칭찬으로 유혹 당해서 고통스럽고 모욕적인 경험을 한 사람인 경우에 그러하다. 예를 들어, 성적으로 학대받은 경험이 있는 젊은 여성의 경우 모든 종류의 칭찬과 감사의 말을 공격과 연관시켜 받아들였다. 그녀의 남편이 성적으로 공격하기 전에 항상 추켜 세우는 말로 달랬기 때문이었다. 친절에 대한 그녀의 자동적인 반응은 '무엇을 원하나요?', '대가가 뭔가요?' 같은 질문이었다.

분명하고 솔직한 피드백은 합의된 목표를 성취하는 데 있어 일련의 행동이 제대로 수행되고 있음을 확인하는 한 방법이 되며, 의사소통에 있어 말뿐만 아니라 감정적인 내용을 짚고 넘어갈 수 있도록 돕는다. 효과적인 피드백을 위한 지침을 보면 다음과 같다.

① 클라이언트의 요청이 있을 때 피드백을 제공하는 것이 가장 효과적이며 클라이언트가 사용할 수 있는 만큼만 제공하는 것이 좋다.
② 피드백을 제공할 때 클라이언트의 장점에 초점을 두는 것이 좋다. 클라이언트는 장점으로부터 성장하는 것이지 단점으로부터 성장하는 것이 아니다.
③ 피드백은 구체적이어야 한다. 특정 행동에 대해서 구체적인 피드백을 제공함으로써 피드백과 그 행동에 대한 자신의 관점을 비교할 수 있는 기회를 제공한다.
④ 한 번에 한 가지 정도의 변화를 이루는 것이 일반적이기 때문에 클라이언트는 그 정도만 들으려고 한다. 따라서 클라이언트에게 지나치게 많은 피드백을 동시에 제공하는 것은 효과적이지 못하다. 한 번에 한두 가지 정도의 피드백을 제공하는 것이 적당하다.
⑤ 가장 의미있는 피드백의 유형은 피드백을 제공하는 사람과 제공받는 사람 간의 관계를 직접적으로 다루는 피드백이다.
⑥ 클라이언트가 사회복지사의 피드백을 이해했는지, 어떻게 받아들였는지를 확인하도록 한다.

지금까지는 사회복지사가 클라이언트에게 피드백을 주는 것에 초점을 맞춰서 설명했는 데 많은 부분은 클라이언트로부터 피드백을 받는 경우에도 똑같이 해당된다. 우리 사회복지사들도 부정적이거나 비판적인 피드백을 대하면 걱정을 하고 방어적으로 행동하기 쉽다. 서비스의 질(quality)과 관련해서 클라이언트의 피드백이 점점 더 중요해지고 있으며, 기대치가 상승함에 따라 불만이나 불만 처리과정(complaints procedures)도 중요시될 전망이다. 피드백을 구하는 형식을 보면 다음과 같다.

- "어떻게 생각하십니까? 지금까지 우리가 얘기한 것에 대해 어떻게 생각하십니까? 질문이나 코멘트 없습니까?"
- "우리가 행동원칙에 대해 얘기했는데, 어떤 생각이 드십니까?"

(5) 언어의 재구성

언어의 재구성 기술은 클라이언트가 한 말을 다른 말로 다시 표현하여 반응하는 것을 말한다. 언어의 재구성 가운데 클라이언트의 말 속에 포함되어 있는 감정을 파악한 후 표현하는 감정에 대한 반응이 있는데, 이는 감정이입적 반응과 기본적으로 같은 개념이지만, 클라이언트의 말을 잘 듣고 잘 이해하고 있다는 것을 표현하는 목적에서 조금 다르다. 재진술의 사용은 클라이언트로 하여금 자신의 문제를 깊이 탐색할 수 있도록 하는 의도(intentions)를 갖고 있다. 특히 재진술은 클라이언트가 불명확할 때 명백하게 해주고 두서가 없거나 애매할 때 초점을 맞추도록 도와준다. 또한 내담자를 지지하고, 더 말할 수 있게 하며, 카타르시스를 경험하도록 도와준다(주은선 역, 2001 : 174).

(6) 부연설명기술

부연설명기술(paraphrasing)은 클라이언트가 한 말 가운데 핵심적인 말을 반복하여 말하는 것으로 반드시 똑같아야 하는 것은 아니다. 이 기술은 사회복지사가 클라이언트에게서 들은 내용과 의미를 확인하기 위한 것으로, 사회복지사는 이를 자신의 말과 생각으로 정리하는 기회가 된다.

4) 요점에 집중하고 깊이 파헤치기 기술

면접의 목적과 요점에서 벗어나지 않고 집중할 수 있는 기술은 사정을 위한 정보를 획득한다거나 앞으로 논의될 문제를 탐색하는 등 특정 목적을 달성하기 위하여 필요한 것이다. 목적 없는 면접은 일종의 이야기 형태가 될 수 있는데 이때조차도 그 '이야기'는 어떤 방향을 갖고 있어야 한다. 종종 명확한 구조도, 내용이나 목적도 없는 면접이 클라이언트의 자기결정이나 클라이언트 중심접근법, 반(anti)차별주의적 관점과 부합한다는 이유로 정당화되기도 한다. 이들 중 어떤 이유도 면접이 목적 없이 표류하는 것을 정당화시켜 주지는 못하지만 한 가지 중요한 질문을 제기해 준다. 즉, 면접이 동의된 목적을 추구해 나아가도록 확인할 책임은 누구에게 있는가 하는 문제다. 대답은 특정 과업을 달성하고 효과적인 개입 보장을 위해 고용된 사람, 즉 사회복지사에게 있다는 것이다.

(1) 요점과 면접의 목적에 집중하기

면접의 속도나 방향을 변화시키거나 보다 깊이 파헤치는 질문을 할 수 있는 능력은 중요한 기술이다. 특히 말수가 적고 걱정이 많거나 자신이 원하는 것을 잘 표현하지 못하는 사람을 면접할 때는 더욱 그러하다. 사람이 어떤 특정 주제에 대해서는 말문을 열기 어려워하는 경우가 있는데, 이럴 때 우리는 이런 주제도 명확한 경계설정하에 다룰 수 있음을 확신시켜야 한다. 그러나 이러한 노력도 우리 자신이 어려운 주제를 공략할 능력을 갖추지 못했다면 공허한 것이 되어버린다. 이것이 바로 자기인식이 중요한 이유이다. 우리는 민감한 문제로 가득한 상황에서도 서비스의 질을 저하시키거나 클라이언트와의 라포를 해치지 않으면서 전문가적인 방식으로 이를 다룰 수 있어야 한다. 주제와 상관없는 이야기로부터 사람의 관심을 되돌려 면접의 목적에 집중시키려는 우리의 시도는 받아들이는 사람이나 우리의 기술에 따라서 긍정적으로 인정되기도 하고 때로는 강압적인 것으로 받아들여지기도 한다.

여기에서 필요한 기술은 클라이언트와의 사이에 수립된 라포나 신뢰관계를 손상시키지 않으면서 목적으로 돌아가는 것이다. 이런 기술이 요구되는 몇 가지 경우는 ① 한 가지 문제에 지나치게 집중해서 다른 문제를 다루지 못할 때, ② 내용이 고갈되고 반복되는 의사소통형태가 나타날 때, ③ 논의가 주변적이고 중요하지 않은 문제로 옮겨갔을 때, ④ 다루기 어려운 주제를 피해갔는데, 이를 다시 돌려놓을 필요가 있을 때, ⑤ 논쟁이 감정적으로 격앙되어서 진정하고 균형감을 되찾아야 할 때 등이 있다. 다음 <표 10-Ⅲ-6>은 면접의 방향을 조정하기의 예를 제시한 것이다.

〈표 10-Ⅲ-6〉 **면접의 방향을 조정하기의 예**

사 례	당황하게 하는 문제를 피해 면접의 방향을 조종하기
사회복지사	딸과 헤어지게 되어서 얼마나 심란하실지 잘 알겠습니다. 그 기간이 길어지지 않기를 바랍니다. 이 문제는 당신에게 너무 힘든 문제이니 당장은 딸아이의 위탁가정 이야기는 그만하고 당신이 모든 걸 납득하고 마음을 진정시킬 시간을 가져야겠습니다. 이렇게 심란할 때 보통 어떻게 마음을 가라앉히십니까?

클라이언트	보통 차를 한 잔 마시고 담배를 피우지요. 그게 도움이 돼요.
사회복지사	그러면 제가 차를 한 잔 타다 드리지요. 담배를 피우시려면 밖으로 나가셔야 되지만 그것도 좋습니다. 제가 차를 밖으로 가져다 드릴게요. 어떻게 하시겠습니까? 밖으로 나가서 잠깐 쉬고나서 다시 이야기를 하도록 할까요?

(2) 촉구하기(prompting)

촉구는 피면접자가 말을 시작하고 계속하도록 용기를 북돋워 주는 것이다. 촉구는 직접적인 제안으로 얘기를 계속하도록 청한다든지, 말과 말을 연결해 주어서 더 진전된 대화를 이끌어낸다든지, 또는 끝맺지 않은 문장이나 이야기로 되돌아가도록 도와주는 등 여러 가지 형태를 취한다.

촉구할 때 주의할 점은 타인의 말을 끝손질해 주려는 유혹에 빠지기 쉬운데 이것은 절대로 피해야 한다. 사람은 누구나 자기 자신의 말로 자신의 생각이나 느낌을 표현하고 싶어하기 때문이다. 바꾸어 말하기나 기타 앞에서 언급한 기술과 마찬가지로 촉구도 용기를 북돋는 것으로 인식될 수 있는 반면에 강압적인 것으로 받아들여질 수도 있다. 이를 피하기 위해서는 적절한 타이밍과 민감성, 친절한 어조 등이 중요하다. 다음 <표 10－Ⅲ－7>은 촉구하기의 예를 제시한 것이다.

〈표 10－Ⅲ－7〉 **촉구하기의 예**

사 례 ①	좀 더 이야기하기를 청하기
사회복지사	저번에 당신은 감옥이 '지옥이다'라고 말하다가 다른 말로 넘어갔었는데 감옥이 어떤 곳인지 어떻게 알았습니까?

사 례 ②	끝맺지 못한 이야기
사회복지사	당신은 두 번씩이나 돈이 한 푼도 없다는 이야기를 꺼냈다가 중단을 했습니다. 돈 이야기는 항상 하기가 어렵죠. 특히 돈이 부족할 때는 더욱 그렇지요. 하지만 그 이야기가 무슨 뜻이었는지 말해 주시겠습니까?
클라이언트	나를 오해하지 마세요. 돈이 없다는 게 아닙니다. 아이들은 항상 배불리 먹이고 있습니다. 다만, 새 신발이나 수학여행, 뭐 그런 종류의 것들 없이 지내야 한다는 거지요.

사 례 ③	연결하기
사회복지사	저번에 당신이 말했던 것이 생각나는데, 당신은 영석이가 당신의 새 동거인과 잘 지내지 못한다고 했었지요? 그 후에 또 영석이가 자기 아버지와 살고 싶어 한다고도 말했어요. 이 두 가지 사실이 서로 관계가 있습니까?
클라이언트	(침묵) 무슨 말인지 모르겠군요. 뭘 원하는 거예요?

사회복지사	나는 영석이가 당신 동거인이 싫어서 집을 떠나려는 것은 아닌지 알아보려는 거예요. 아마도 내 쫓긴다고 생각할지도 몰라요. 당신과 영석이는 오랫동안 둘이서만 살았잖아요. 그렇지요?
클라이언트	아마 그럴 거예요. 하지만 그래서 어쨌다는 거죠? 내가 뭘 어떻게 할 수 있어요?
사회복지사	글쎄요, 그건 당신 생각에 달렸죠. 당신이 뭘 할 수 있는지, 그리고 영석이가 진정으로 원하는 게 무엇인지….

(3) 탐색(probing)

탐색은 질문, 진술 혹은 말참견(interjection) 등의 형태를 취하며, 사람의 경험을 이해하고 전체적 상황을 보다 잘 조망할 수 있는 정보를 제공하는데 있어서 탁월한 가치를 지닌 기술이다. 이건은 탐색을 지금까지 일어난 일을 이해할 수 있도록 도와주는 '정보의 마술조각'이라고 묘사했다. '촉구와 탐색은 원조과정의 의사소통에 있어서 소금과 후추이다.' 또한 탐색은 보다 자세하고 명확한 정보를 이끌어내기 위하여 사용되며, 특히 오해하기 쉬운 의사소통양식을 가진 사람으로부터 정보를 얻어내고자 할 때에 유용한 개입방법이다. 다음 <표 10－Ⅲ－8>은 탐색의 예를 제시한 것이다.

〈표 10－Ⅲ－8〉 **탐색의 예**

사 례	보다 심도 있는 질문하기－Ⅰ
사회복지사	당신은 이 사무실 주변의 길을 아는 것 같군요. 전에 여기 와보신 적이 있나요?
클라이언트	왜 그렇게 생각하지요?

사 례	보다 심도 있는 질문하기－Ⅱ
사회복지사	내가 안내해 주지 않아도 면접실이 어딘지 아는 것 같아서요. 여기 왔던 적이 있지요?
클라이언트	예.
사회복지사	언제였나요?
클라이언트	3년쯤 전에요.
사회복지사	그때는 왜 왔었지요?
클라이언트	작은 오해 때문이었어요. (주제를 바꿔서) 내 딸 수혜 문제를 도와줄 거예요, 말거예요?
사회복지사	예. 잠시 후에요. 그 오해라는 게 뭐였나요?
클라이언트	내 딸이 다쳤었어요.
사회복지사	어떻게 다쳤는데요?
클라이언트	미끄러져서 계단에서 굴렀죠.
사회복지사	그런데 왜 이 사무실까지 와야 했나요?
클라이언트	잘 기억이 안나요. 너무 오래 전 일이고 전부 다 오해였어요. 수혜 문제 얘기나 하면 안 될까요?
사회복지사	수혜 어머니, 처음부터 시작합시다. 맨 처음부터 무슨 일이 있었는지 얘기해 주셔야 수혜 문제도 검토할 수 있어요. 어디서부터 얘기할까요?

(4) 침묵을 허용하고 활용하기

침묵에 대한 몇 가지 가정을 살펴보고 침묵을 어떻게 하면 최선으로 이용할 수 있는지 알아보고자 한다. 침묵에 대한 일반적인 가정은 말하는 것이 않는 것보다 좋으며 침묵 중에는 아무 것도 의사소통되지 않는다는 것이다. 이것은 사실과 다르다. 왜냐하면 말은 진정한 대화를 창조할 수도 있지만 파괴할 수도 있으며, 사실을 드러내기보다는 오히려 은폐하기 위해서 사용되는 경우가 많기 때문이다. 또 다른 가정은 침묵은 항상 깨어져야 한다는 견해이다. 즉, 침묵기간이 많은 면접은 실패한 것이며 침묵이 편안하게 느껴진다면 주로 경험이 부족한 사회복지사이고, 침묵은 의사소통기술의 부족을 의미하며 피면접자에게 관여하는 데 실패했다는 표시라는 것이다. 하지만 이러한 가정이 잘 들어맞을 때도 있으나 항상 정확하다고는 할 수 없다.

소위 '창조적인 침묵(creative silences)'이라는 것은 말 없는 중에 사람이나 그가 처한 상황에 대한 의미있고 중요한 정보를 의사소통하는 기간을 말한다. 창조적인 침묵의 개념은 사람이 기꺼이 자기 자신의 생각이나 감정에 몰두한다는 사실을 지적해 준다. 반대로 '불편한 침묵(troubled silences)'이 있는데 이는 피면접자의 걱정이나 당황, 혼란에 의한 혹은 체벌적인 성격의 침묵을 말한다. 불편한 침묵은 또한 그 사람이 너무 압도당하거나 자기 자신이나 타인을 보호해야 한다고 느껴서 당황하거나 두려워하고 있다는 걸 보여준다.

침묵에 관한 몇 가지 강조해야 할 점이 있다. 첫째, 침묵이 형성되려면 양측이 있어야 한다는 것이다. 즉, 클라이언트와 사회복지사가 모두 침묵하여야 침묵이 이루어진다. 따라서 만일 클라이언트가 말을 하지 않을 때, 일부러 침묵을 의도하는 경우가 아니라면 우리가 침묵할 필요는 없다.

둘째, 침묵을 통해 무엇이 의사소통되는지 확실히 알지 못하는 경우가 많다. 그리고 이 침묵이 '생산적인 침묵'인지 그렇지 않은지 잘 알 수 없다. 이런 어려움을 극복하는 한 가지 방법은 침묵하는 당사자에게 침묵의 의미를 직접 물어보는 것인데, 이 경우 대답을 듣기는 물론 어렵다.

셋째, 가장 짧은 침묵이라도 겪는 사람에게는 매우 길게 느껴진다는 사실이다. 조용히 침묵을 지키며 가만히 있을 수 있는 능력은 모든 유능한 면접자가 습득해야 할 중요한 기술이다. 잠시 멈춰진 기간도 일종의 짧은 침묵으로 볼 수 있다. 즉, 생각과 느낌을 정리할 수 있는 시간을 허락해 주는 쉼터와 같은 것이다. 그러나 침묵과 마찬가지로 긴 멈춤은 견디기 힘든 것이다. 곧잘 침묵하는 경향을 가진 사람과 면담할 때에는 벽시계를 마주보고 앉는 것이 면접의 흐름을 방해하지 않으면서 시간을 살필 수 있어서 좋다. 위의 <표 10－Ⅲ－9>는 침묵 다루기의 예를 제시한 것이다.

〈표 10－Ⅲ－9〉 **침묵 다루기의 예**

사 례	말하지 않기로 결심한 아이의 침묵을 깨뜨리기
사회복지사	자, 그러면 너는 매우 말이 없는 12살짜리…….
클라이언트	난 12살이 아니라 13살이라니까요. 참!
사회복지사	미안, 내가 실수했군. 그러니까 12살이 아니라 13살이라고?
클라이언트	예. 내가 12살짜리로 보이나요?(경멸하듯 말한다)
사회복지사	아니, 그렇지 않다. 생일이 언제니, 제이크?
클라이언트	12월이요.

(5) 자기노출(self－disclosure)을 이용하기

자기노출은 특정 상황에서 어떠한 행동이 적합하고 효과적일지 판단하기 위해 자신의 지식과 경험을 이끌어내는 능력을 강조하는 기술이다. 그러나 이것은 단순한 자기인식이나 '자신의 전문적 활용(professional use of self)'에서 한 걸음 더 나아가, 우리 자신에 대한 현재나 과거의 개인적 정보를 드러내 보이는 것을 말한다. 자기노출의 일반적 규칙은 도움을 청하는 사람의 이익을 위한 것이 아니라면 자기노출을 해서는 안 된다는 것이다. 자기노출을 통해 생각과 감정을 나눔으로써 클라이언트는 우리를 전문사회복지사인 동시에 '보통의 인간'으로 보게 된다. 동시에 우리도 자기노출을 함으로써 보다 감정이입적이고 생생하게 이야기하고 느낄 수 있게 된다. 그러나 자기노출은 많은 위험요소도 갖고 있으므로 조심스럽게 다루어져야 한다.

자기노출을 위한 형식을 설명하면, 첫째, '나'라는 대명사를 사용하여 메시지를 개인화한다. 둘째, 다양한 수준의 감정을 공유한다. 셋째, 가치중립적이거나 묘사적인 표현을 사용하여 상황이나 표적행동을 묘사한다. 넷째, 문제상황이나 행동이 타인에게 미치는 특정한 효과를 확인한다. 이러한 형식을 사용할 때 항상 같은 패턴으로만 반응해서는 안 된다. 진실한 메시지를 만드는 다양한 방법을 배우고 결합할 필요가 있다. 이후에 자신의 자연스러운 대화 레퍼토리를 내재화하면, 더 이상 이러한 형식이 필요하지 않게 된다(허남순 외, 2004 : 80).

(1) 나는 …		~에 대해 ~한다.			왜냐하면~
		(3) 사건의 가치 중립적 묘사	(2) 특별한 감정·욕구		(4) 타인에게 미칠 영향
나는	당신과 이야기할 때	당신이 신문을 보고 있으면	화가 나요.	왜냐하면	당신이 나를 무시하는 것 같으니까요.
(1)		(3)	(2)		(4)

자기노출에 있어 중요한 점은 '난 그것이 어떤 것인지 안다'라든가 '당신이 겪을 일을 알고 있다'와 같은 표현은 삼가야 한다는 것이다. 물론 어느 정도 추측은 할 수 있지만, 모든 사람은 그 나름대로 상황이 특수하기 때문에 우리의 경험으로 미루어서 타인의 경험이 실제로 어떠한 것인가를 알 수는 없는 것이다. 따라서 우리의 의사표시는 최소한으로 하는 것이 차라리 더 나은 경우가 많다. 다음 <표 10－Ⅲ－10>은 자기노출의 예를 제시한 것이다.

〈표 10－Ⅲ－10〉 **자기노출의 예**

사 례	과거의 경험을 드러내기(무단결석)
사회복지사	나 역시 한 번도 학교 가기를 좋아한 적이 없었기 때문에 네가 좋아하지 않는 곳에 가야만 하는 게 어떤 기분인지 조금은 안다. 내 경우에는 정말로 내 속 이야기를 할 수 있는 선생님이 한 분 계셨기 때문에 이럭저럭 학교에 다닐 수 있었는데, 너는 좋아하는 선생님이나 친구가 없니?
클라이언트	그냥 보면 좋은 친구는 몇 명 있지만 정말로 이해하는 친구는 없어요.
사회복지사	그렇다면 그 사람을 이해하도록 하는 게 우리의 과업이 되겠구나. 어때?
클라이언트	잘 모르겠어요.

5) 직면(confrontation)[1]하기

직면하기란 클라이언트가 보이는 불일치를 알아차리고 주의집중기술을 활용하여 이에 대한 피드백을 클라이언트에게 제공하는 기술을 의미한다. 자기노출과 마찬가지로 건설적인 직면기술도 개입단계에서 필요한 핵심적인 사회복지실천기술이다. 직면을 사용하는 것은 예리한 시기와 기술이 필요하다. 사회복지사는 직면을 사용할 때,

1) 1994년, Egan은 그의 저서에서 지금은 '도전(challenge)'이라는 단어를 선호한다고 결론 내렸다. 그는 도전을 '자기패배적이고 남에게 해로운 내적(인지적) 혹은 외적 행동을 검토하고, 그러한 행동을 변화시키도록 초대'하는 것으로 규정했다. 그러나 본 내용에서는 용어사용의 혼란을 피하기 위해 '직면'으로 통일하기로 한다. 출처 : Bradford W. sheafor · Charles R. Horejsi · Gloria A. Horejsi. 김혜란 감수(2001). 서울대 사회복지실천연구회 역. 사회복지실천기법과 지침. 경기 : 나남출판, p. 562.

도움을 주려는 의도와 의지를 전하기 위해 특별한 노력을 기울여야 한다. 또한 목소리 톤 역시 따뜻하고 염려하는 목소리로 직면을 전달하면, 클라이언트가 공격당한다는 느낌을 훨씬 덜 받는다. 그렇지 않으면 직면은 적대감을 유발하거나 클라이언트를 공격하고 소외시킬 것이다(허남순 외, 2004 : 443-445).

(1) 직면사용을 위한 지침

① 법규위반이나 자신과 타인에게 긴박하게 위험을 초래할 경우 원조관계 단계에 관계없이 직면해야 한다.
② 가능하면 효과적인 원조관계로 발전할 때까지 직면을 피한다.
③ 직면기법을 함부로 사용하지 않는다.
④ 따뜻하고, 걱정하고, 보살피는 분위기에서 직면을 전달한다.
⑤ 가능할 때마다 자기직면[2)]을 장려한다.
⑥ 클라이언트가 극단적인 정서적 긴장상태를 경험할 때 직면을 사용하지 않는다.
⑦ 직면을 사용한 후 감정이입적 반응이 뒤따라야 한다.
⑧ 직면 후 즉각적인 변화를 기대하지 마라.

(2) 직면이 적절한 경우

① 법규위반이나 자신이나 타인의 복지와 안전에 긴박한 위협이 있을 때
② 불일치, 모순, 역기능적 행위(명시적이든 암시적이든)가 진전을 방해하거나 난관을 만들 때
③ 클라이언트가 자신의 행동을 인식하도록 하거나 변화를 시도하는 데 자기직면과 유도질문이 효과적이지 못할 때(김인숙 · 김용석, 2002 : 446-448)

(3) 직면 사용 시 고려해야 할 점

① 당신이 화가 났을 때에는 직면하지 않는다. 당신이 클라이언트에게 진실한 관심을 갖지 않은 경우, 직면은 좌절감의 표현이나 어려운 클라이언트를 처벌하려는 바람에 지나지 않는다.

---

2) 사회복지사가 주도하는 직면에 비해 클라이언트의 자기직면은 장점이 있다. 자신을 탐구하여 습득하는 것은 독립심을 낳고 클라이언트가 새롭게 얻은 자기인식을 위해 행동할 수 있는 가능성을 높인다. 자기직면을 촉진하는 반응에는, “잠시 멈추고 당신이 방금한 것을 살펴봅시다”, “당신이 방금 무엇을 했죠?” 등이 있다. 출처 : 상게서, p. 446.

② 당신이 깊이 관여할 수 없거나 관여하지 않으려고 한다면, 클라이언트에게 직면하지 않는다. 일단 직면을 하게 되면, 사회복지사는 클라이언트가 비방어적으로 메시지를 처리하고, 이해하며, 미래의 선택을 위해 메시지가 주는 의미를 고려하도록 도울 책임이 있다. 클라이언트가 정보를 활용하도록 도울 시간이 없다면, 이러한 기법을 사용하지 않는다.

③ 클라이언트가 긍정적인 감정을 갖지 않은 사람으로부터 직면을 받으면, 그것이 무엇이든 유익한 영향을 미치지 못한다. 직면은 클라이언트가 사회복지사로부터 관심과 보호를 받고 있다고 느끼고, 클라이언트가 사회복지사에 대하여 이와 비슷한 감정을 갖고 있을 때에만 효과적이 될 것이다. 만일 그러한 감정이 없다면, 정보는 가치가 없게 될 것이다.

④ 클라이언트에 관한 긍정적인 관찰과 함께 도전적인 메시지를 제공한다. 즉, 클라이언트의 강점을 인정하고, 지지하는 맥락 안에서 메시지를 제공한다.

⑤ 당신의 메시지가 기술적이고 비심판적인지를 확인한다. 클라이언트의 자기파괴적이거나 부정적인 행동에 대해 자세히 설명할 준비를 하고, 이러한 행동이 어떻게 문제를 초래하는지의 구체적인 예를 제시한다. 모호하고 일반적인 말은 오해를 일으킬 수 있다. 더욱이 판단적인 말은 분노를 폭발시키는 경향이 있지만, 반면에 기술적인 진술은 문제해결의 노력에 사용될 수 있는 정보를 제공한다.

⑥ 당신의 추론이 근거하고 있는 자료와 관찰을 제시한다. 예를 들면, 관찰은 직접적으로 언급되어야 한다. 즉, "내가 보기에 당신은 …하다" 혹은 "당신이 나에게 …라고 이야기했다"라고 하는 것이다. 추론은 당신의 관찰에 근거한 결론이다. 추론은 실제로 의견이기 때문에 임의적으로 언급되어야 한다. 즉, "내가 당신을 보아온 바에 의하면, 내게는 …한 것 같다" 혹은 "나는 …하다고 이해하고 있다"라고 하는 것이다. 예를 들면, 자기패배적인 행동에 초점을 두고 직면한다면, 행동이 어떻게 클라이언트에게 역효과를 내는지를 설명하기 전에 행동에 대해 기술하고, 클라이언트가 당신의 관찰과 추론 사이의 차이를 이해하였는지 확인한다.

(4) 직면에 대한 반응형식(예)

(원하기 때문에)
(믿기 때문에)
(애쓰기 때문에)
나는 당신이 ______________ 걱정이 된다.
(바라는 결과설명)
당신의 ______________________ 는(은),
(모순되는 행동형태 또는 행동의 부재)
______________를(을) 만들어낼 수 있기 때문이다.
(가능한 부정적 결과)

한편으로 당신은 ________ 라고 말하지만(느끼지만, 생각하지만 혹은 행동하지만) 그 반면에, 또 다른 한편으로는 당신은 _________ 라고 말합니다(느낍니다, 생각합니다 혹은 행동합니다)(김인숙·김용석, 2002 : 335).

6) 초점유지 및 탐색기술

(1) 초점 및 면접의 목적 유지기술

클라이언트는 항상 준비된 상태에서 사회복지사에게 면접을 요청하는 것이 아니며, 클라이언트가 자신의 어려운 문제를 쉽게 이야기할 수 있는 것도 아니므로 사회복지사는 클라이언트의 문제상황에 맞게 면접을 유도할 필요가 있다.

(2) 촉구기술

이 기술은 클라이언트가 말을 시작하거나 계속하도록 할 때 활용하는 것으로 추가로 설명할 것을 권하는 방법, 한 가지 진술내용과 다른 진술내용을 연결시킴으로써 계속해서 말을 할 수 있도록 하는 방법, 중단된 문장이나 말을 끝맺도록 하는 방법 등이 있다.

(3) 탐색기술

탐색(probing)기술은 보다 자세하고 구체적인 정보 혹은 특정 정보에 대해 자세하게 알고자 할 때 활용하며, 특히 의사소통과정에서 주제에서 벗어나는 말을 하는 클라이언트를 대상으로 정확한 정보를 수집할 때 활용할 수 있다.

(4) 카두신 부부(Kadushin & Kadushin, 1997)의 3가지 탐색기술

첫째, 명료화 탐색(clarity probe)은 보다 자세한 설명을 위한 탐색이고, 둘째, 완결을 위한 탐색(completion probe)은 빠뜨리거나 다루지 못한 혹은 지나쳐버린 내용을 탐색하며, 셋째, 반응적 탐색(reaction probe)은 클라이언트의 생각에 초점을 두면서, 클라이언트의 정서적 깊이를 향상시키기 위한 탐색으로 구분하여 설명하였다.

7) 해결부여 기술(solution-giving skills)

대안을 제시하고, 정보를 주고, 충고를 주는 원조자 중심의 기술은 문제에 대한 해결책을 발견하려는 클라이언트를 원조하기 위해 사회복지사에 의해서 종종 사용된다. 사회복지사는 그들이 클라이언트를 이끄는 경향을 가지고 있고 그리하여 의존성을 키워서 사회복지사에게 과잉의존하는 것을 북돋울 수 있으므로 이 기술을 조심해서 사용해야 한다고 경고를 받는다(Benjamin, 1987 ; Kleinke, 1994). 일부 연구가 이런 유형의 기술은 특별히 효과적이지 못하다는 점을 보여주는 것은 놀라운 일이 아니다(Kleinke, 1994 ; Orlinsky & Howard, 1986). 그렇다고 하더라도 종종 이 기술은 다음과 같은 경우에 도움이 된다. 클라이언트가 그들의 목표를 어떻게 달성할 수 있는가에 대한 구체적인 아이디어를 원할 때(예를 들어, 사회적 기술을 기르고자 하는 클라이언트는 사회복지사에 의해서 한 지역사회 집단에 참여하기를 요청받는다), 혹은 한 클라이언트가 위기상황이고 사려깊은 단기간의 해결책이 필요할 때이다(Kleinke, 1994).

(1) 대안 제시하기(offering alternatives)

살펴볼 해결부여 기술의 첫 번째 예는 대안 제시하기인데, 이 기술은 사회복지사가 클라이언트에게 목표를 성취할 수 있도록 현실적인 선택을 제공할 때 사용된다. 이런 유형의 반응은 클라이언트에게 다음과 같은 점을 제시한다. 문제에 직면하는 몇 가지 방법이 있으며 클라이언트가 선택할 수 있는 다양한 대안을 제공한다. 정보를 주고 충고를 주는 것과 비교하면, 대안을 제시하는 것은 문제에 대하여 하나의 해결책이 있다고 가정하지 않기 때문에 손해를 입을 잠재성이 가장 적다. 이 기술은 또한 어느 정도 클라이언트가 회기를 이끌어간다는 생각을 유지하는 가운데 클라이언트로 하여금 다양한 선택을 추구하게 함으로써 사회복지사가 마지막 전문가로서 설정되는 가능성이 가장 적다. 3가지 유형의 해결부여 반응들 중에서, 대안 제시하기가 가장 덜 심판적이다. 다음 <연습 10-Ⅲ-1>을 풀어봄으로써 대안 제시하기에 대하여 학습할 수 있다.

연습 10-Ⅲ-1 대안 제시하기의 연습

3명으로 된 집단을 만든다. 그 다음 각각의 집단은 원조자, 한 사람은 클라이언트, 그리고 필요하다면 원조자를 돕는 한 사람의 관찰자로 구성된다. 클라이언트는 실제 혹은 만들어진 문제에 대하여 몇 분 동안 이야기하고 원조자는 가능한 대안을 클라이언트에게 제공한다. 처음부터 제시되는 문제를 완전히 이해하기 위한 노력의 하나로써 당신의 기본적인 경청과 감정이입기술을 사용한다면 아마 가장 좋은 경우가 될 것이다. 그 다음 당신이 그 문제를 이해한 후에, 대안을 제시하라. 관찰자는 원조자가 대안을 생각하는 데 어려움을 가진다면 원조자에게 대안을 제시해 줄 수 있다. 시간이 허락한다면, 몇 분 후 역할을 바꾼다. 만약 시간이 더 많다면, 역할을 한 번 더 바꾼다. 끝난 다음에, 아래에서 제시하는 질문을 3인 집단에서 토론한다. 각각의 3인 집단 내에서 학생은 전체학급과 그들의 반응을 공유하기를 원할 수도 있다.

(1) 대안을 생각해내는 것이 원조자에게 쉬운 일이었는가?
(2) 클라이언트가 대안이 제시되리라고 이미 알고 있었는가?
(3) 제시된 대안은 도움이 되었는가?
(4) 대안 제시하기보다 다른 기법이 더욱 도움이 될 수 있었는가?
(5) 대안이 제시되는 것에 대해 클라이언트는 어떻게 반응하였는가?
(6) 원조관계(대안 혹은 또 다른 기술을 제시하면서)를 형성하는 것이 더욱 도움이 되지 않았는가에 대하여 당신은 어떻게 생각하는가?

(2) 정보주기(information giving)

해결부여 기술의 두 번째 유형인 정보주기는 클라이언트에게 중요한 "객관적" 정보를 제공한다. 클라이언트는 종종 사회복지사가 생각하는 것보다 더 많이 알기 때문에, 성공적으로 정보를 제공하는 핵심은 클라이언트가 정말 인식하지 못하는 정보를 제공하는 것이다. 그리하여 그 제공된 정보는 유용하다고 생각되며, 클라이언트에 의해서 사용되기가 쉽다. 정보주기의 반응에서 사회복지사는 클라이언트가 필요로 하는 가치있는 정보를 어느 정도 가지고 있다고 가정하기 때문에, 이러한 반응은 사회복지사를 전문가로 설정하여 클라이언트가 관계에 의존하게 되는 잠재성이 증가하는 경향이 있다. 다음 <연습 10-Ⅲ-2>는 정보주기의 단점을 알게 하는 데 도움을 줄 것이다.

연습 10-Ⅲ-2 불필요한 정보를 제공하기

두 사람으로 구성된 집단을 만들고 한 학생은 원조자이고 다른 학생은 클라이언트가 된다. 클라이언트는 그/그녀가 전문성이 있는 주제에 대하여 역할연기를 한다. 예를 들어, 클라이언트가 가족계획연맹(Planned Parenthood)에서 일하였다면, 출산조절이슈를 다루고 있는 클라이언트처럼 역할연기를 할 수 있다. 원조자는 클라이언트가 해결책을 발견하는 것을 돕기 위한 노력으로 그 주제에 대한 정보를 제공한다. 예를 들어, 현재 상황에서 원조자는 클라이언트가 사용하고 있는 출산조절의 다른 방법을 사용하라고 제안할 수 있다. 클라이언트는 그가 원하는 방식대로 반응할 수 있다. 예를 들어, 일부 클라이언트는 정중하게 반응할 수도 있지만 제시된 정보에 대하여 이미 알고 있다고 스스로 생각할 수도 있다. 다른 클라이언트들은 호전적으로 되어서, 원조자에게 말하기를 "나는 이미 그러한 점에 대해서 알고 있습니다. 당신은 나에게 도움이 안 돼요." 당신이 몇 분 동안 역할연기를 한 다음, 시간이 허락한다면 역할을 바꾼다. 몇 분 후, 이미 잘 알고 있는 주제에 대하여 제시된 대안이 어떻게 느껴졌는지에 대하여 소집단 토론을 해본다.

(3) 충고 제공하기(offering advice)

해결부여 기술의 세 번째 유형은 충고 제공하기이다. 원조자는 클라이언트가 제안에 따를 것이라는 희망으로 그의 전문적인 의견을 제공한다. 이런 유형의 반응은 클라이언트가 문제해결을 위하여 사회복지사에게 의존하는 것으로 진행됨에 따라서 의존관계를 발달시킬 잠재성을 가지고 있다. 이에 더하여, 충고 제공하기는 클라이언트의 원가족으로부터 유래하는 통제와 관련된 이슈를 흉내내는 것(예를 들면, 부모가 충고를 하는 것)일 수도 있으며 가치부하적(value-laden) 반응이기도 하다. 일부 전문가들은 충고하기는 피해야 할 반응이라고 생각한다(Benjamin, 1987). 그러나 이러한 반응은 클라이언트로 하여금 해결책을 빨리 찾도록 도울 수 있다. 그리고 충고 제공하기에는 여러 방법이 있다. 예를 들어, 사회복지사는 충고를 하는 동안 전제군주처럼 행동할 필요는 없다(연습문제 10－Ⅲ－3 보기).

연습 10-Ⅲ-3 충고하기의 수준

한 학생을 3개의 동심원의 중간에 앉게 한다. 가운데 앉은 학생은 클라이언트의 문제를 역할연기한다. 가장 안쪽 원 속의 학생들은 무뚝뚝하고 권위적인 방식으로 충고를 제공한다. 예를 들어, 이 원 속의 학생들은 다음과 같이 말한다. "당신은 ……해야만 한다!" 혹은 "당신은 ……하지 않으면 안 된다!" 가운데 원은 좀 더 부드러운 형식이지만 독단적인 어조로 충고를 제시한다. 그러한 원에 속한 학생들이 말하는 예는 다음을 포함한다. "당신은 왜 ……하지 않는가?" 혹은 "당신은 ……하기를 원할 수도 있다." 가장 바깥의 원은 권위주의적이지 않으면서 부드럽고 시험적인 방식으로 충고를 제시한다. 이 원에 속한 학생들은 다음과 같은 진술문으로서 반응을 시작한다. "……에 대하여 생각해 보았는지 알고 싶군요." 혹은 "……에 대하여 한번 생각해 보셨습니까."

몇 명의 학생들이 원의 중간에 교대로 앉아보도록 한다. 10분 혹은 15분 동안의 이러한 연습을 마친 다음, 가운데 앉았던 학생들은 각각의 원에서 경험한 것에 대하여 공유할 수 있다. 또한 원 속에 있었던 사람들은 그들이 이 연습을 어떻게 경험하였는지에 대하여 서로 공유할 수 있다.

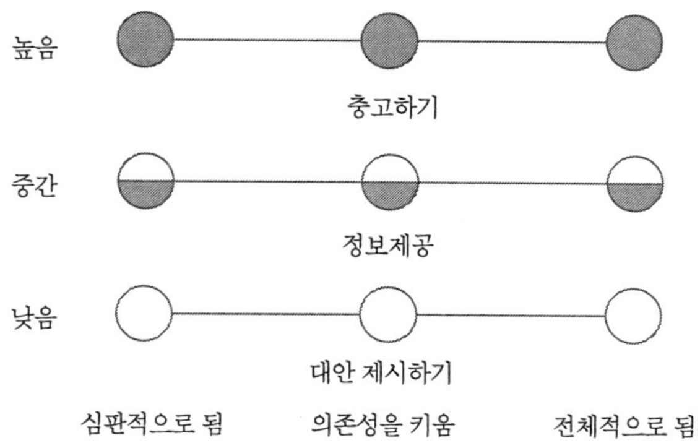

▎그림 10-Ⅲ-2▎대안 제시하기, 정보 제공하기, 충고 제공하기에 관한 파괴적 영향력의 잠재적 수준

(4) 해결부여 기술의 반응에 대한 궁극적인 생각

해결부여 기술의 대안 제시하기, 정보 제공하기, 충고 제공하기는 모두 회기의 초점을 클라이언트에서 사회복지사로 옮겨갔다는 점에서 공통점을 가짐에도 불구하고, 각각의 기술은 원조관계를 손상시키는 데 있어서 서로 다른 잠재력을 가지고 있다(그림 10-Ⅲ-2 보기). 세 가지 기술 중에서 확실히 '대안 제시하기'가 파괴적인 영향력이 가장 적은 것 같다. 그러나 사회복지사가 좀 더 충고 제공하기의 기술을 취한다면, 사회복지사의 반응양식이 좀 더 가치부하적이고 더욱 원조자 중심이 되며, 그리하여 더욱 잠재적으로 해로운 영향력을 나타낼 수 있다(Doyle, 1997).

원조관계에서 이러한 반응 중 어느 것이 사용되는가의 여부는 클라이언트의 욕구에 대한 신중한 이해에 기초해야 하며, 대체반응이 클라이언트를 위하여 효과적인가의 여부에 기초해야 한다. 마이켄바움(Meichenbaum, Kleinke, 1994 재인용)은 원조관계가 가장 이상적일 때는 이러한 반응에 대한 타이밍은 클라이언트가 해결책을 제시하는 것보다 "한 단계 앞서가는" 경우라는 사실에 주목한다(p. 87). 그리하여 클라이언트는 원조관계로부터 얻는 것이 너무 많아서 사회복지사가 제시하기 전에 해결책을 생각해낸다.

8) 계약기술

이 기술은 클라이언트와 사회복지사가 각자의 역할, 책임, 기대 및 수행할 업무의 목적을 공식화하고 구조화하는 것이다. 이를 위해 클라이언트와 사회복지사는 성취하고자 하는 목표에 대한 합의점을 모색해야 한다. 계약은 클라이언트의 욕구에 기반을 두기 때문에 말로써 혹은 문서로써 합의되며, 때로는 편지의 형식을 띠기도 한다. 합의사항은 가급적 문서로 보관하는 것이 좋다.

9) 관계해제와 종료기술

종결이 중요한 이유는 잘 이루어진 종결이 많은 중요한 일들을 할 기회를 제공해 주기 때문이다. 훌륭한 종결은 사람에게 남겨진다는 사실에 시간을 갖고 적응할 기회를 주며 그것이 수반하는 것을 경험할 기회를 제공한다. 즉, 훌륭한 종결은 작업에서 얻은 이해와 지식, 지혜를 검토하고 견고하게 하여서 미래에 활용할 수 있게 해준다.

그러나 과거에 배반당한 경험이 있는 사람은 종결을 받아들이기 어려워하는 경우가 있다. 어떠한 종류의 변화, 그 중에서도 특히 종결은 모든 것의 끝이고 무서운 것으로 여겨진다. 이러한 이유로 종결이 전혀 예기치 못한 감정을 불러일으킬 수 있다는 사실을 기억하는 것이 중요하다. 극감정에는 당황스러움, 무력감, 혼자라는 두려움, 불안감, 버려지고 거부당했다는 느낌 등이 포함된다. 이러한 반응은 우리 사회복지사들이 휴일이나 기타 다른 이유로 나오지 않았을 때에도 정도는 덜하지만 나타날 수 있다. 이런 감정이 밖으로 드러나지 않고 감춰져 있는 이유는 클라이언트가 자신이 얼마나 우리에게 의존하고 있는지 드러내기를 두려워하기 때문이다. 그러므로 우리는 우리 자신의 중요성이나 종결이 야기시킬 수 있는 영향력을 과소평가해서는 안 될 것이다.

(1) 면접을 끝내기(ending an interview)

시간제한에 대한 언급에도 불구하고 어떤 클라이언트는 면접을 끝내고 떠나기를 힘들어한다. 어떤 사람은 면접으로부터 가능한 한 많은 것을 얻어내려고 필사적으로 노력하고 이런 노력은 종결의 순간까지 계속된다. 그 결과 면접은 쉴 사이 없이 달려온 듯한 느낌으로 종결에 이르고 다루어진 내용을 검토하거나 종결로 유발된 감정을 처리할 충분한 시간도 없이 끝나게 된다.

시간을 제한해놓은 상황에서 잘 적응하지 못하고 어려움을 겪는 양상은 소위 '문고리 폭로(doorknob revelation)'라는 행동으로 나타난다. 이것은 우리가 막 떠나려고 하는 면접의 끝 단계에서 중요하고 고통스러운 정보가 드러나는 경우를 말한다. 이 문고리 폭로는 사회복지사인 우리를 이렇게도 저렇게도 할 수 없는 상황으로 몰아넣는다. 문제를 처리하느라 시간을 연장한다면 우리가 면접의 통제력을 상실했으며 동시에 다음

약속에 늦게 됨을 의미한다. 또한 완고하게 시간제한을 고수한다면 클라이언트를 더 잘 이해할 수 있는 기회를 잃어버리게 된다. 경우에 따라서는 현재 나타난 요구에 부응하여 융통성 있게 시간제한을 변경할 준비가 되어있음을 보여주는 것도 매우 중요하다. 다음 <표 10－Ⅲ－11>은 문고리 폭로의 예를 제시한 것이다.

〈표 10-Ⅲ-11〉 **문고리 폭로의 예**

사 례	어려운 면접의 종결('문고리 폭로')
사회복지사	지금 시각이 10시 20분이니까 이제 10분 남았군요. 남은 시간 동안 오늘 이야기 내용을 검토하고, 다음 주에 만나면 무엇을 할지 결정하는 게 어떨까요?
클라이언트	좋습니다. 그런데 끝나기 전에 드릴 말씀이 있어요. 아시다시피 우리 어머니는 내가 7살 때 암으로 죽었다고 말씀드렸잖아요? 그런데 그게 아니었어요. 작년에 이모가 엄마는 자살한 거라고 말해주었어요. 그래서 이모랑 살게 된 거라고요. 타인은 아무도 날 돌봐줄 사람이 없었어요(울기 시작한다).
사회복지사	그랬었군요. (사이를 두었다가) 어머님이 그렇게 돌아가셨는지 몰랐어요. 사실을 알고 무척 당황했겠군요. 이모가 작년에 말해줬다고 했는데 왜 그때 그 말을 하게 되었죠. 희진씨?(시기적절치 못한 이 질문은 무시된다)
클라이언트	(흐느끼기 시작한다)
사회복지사	괜찮아요…… 계속하지요. 그 말을 듣고 정말로 충격을 받았을 거예요. (잠시 멈췄다가) 어쨌든 그 이야기를 나에게 해주어서 기뻐요.
클라이언트	(여전히 깊이 흐느끼며)
사회복지사	(상당히 긴 시간이 지나고 희진의 흐느낌이 잦아들기 시작하자) 당신이 무척 슬퍼해서 내 마음도 아프지만, 난 다른 약속이 또 있어서 곧 떠나야 할 것 같군요.
클라이언트	(응답이 없다)
사회복지사	(잠시 있다가) 희진씨, 내가 지금 누구에게 연락해서 이리 와서 당신과 함께 있어 달라고 해볼까요?
클라이언트	(응답이 없다)
사회복지사	(잠시 멈췄다가) 희진씨, 이모님을 오시라고 하면 도움이 될까요? 어때요?
클라이언트	아니, 이모는 싫어요. 더 일찍 사실을 말해주지 않아서 이모에게 죽도록 화가 나 있어요.
사회복지사	좋아요. 이해합니다. 그럼 누구에게 부탁을 할까요?
클라이언트	희동, 내 남자친구요.
사회복지사	알았습니다. 그럼 희동의 전화번호를 알려주시겠어요? (희동에게 전화한 후에) 떠나기 전에 내 계획표를 보고, 다음 주에 만나기 전에 먼저 한 번 더 만날 약속을 정합시다.

(2) 사건을 종료하고 관계를 종결하기

이상적인 상황하에서라면 사건은 상호동의된 지점에서 종료되어야 한다. 즉, 목적이 달성되거나 할당된 시간이 다 지나고 클라이언트가 접촉을 끝낼 준비가 된 상황에서 종료가 이루어져야 한다. 잘 계획된 종결은 약속과 약속 사이의 기간을 점차 길게 하는 등의 방법으로 서비스의 강도를 점점 약하게 하면서 이루어진다. 동시에 지금까지 이루어진 진전을 처음에 합의된 목표와 목적에 비추어서 적절히 평가하는 작업도 수행된다. 종결과정에서는 지금까지 학습하고 성취한 것을 견고하게 하기 위해 사람을 적절한 기관에 의뢰하기도 하고 분리나 상실 같은 어려운 일을 스스로 해결하도록 기회를 제공하기도 한다. 그리고 클라이언트로 하여금 미래를 예견해 보고 필요하다면 다른 부가적 원조를 얻을 수 있는 곳을 찾거나 적절한 행동을 제안한다.

종결과 관련해서 가장 중요한 기술 중 하나는 클라이언트로 하여금 우리를 대신해서 보호와 관심, 인내와 지지를 제공해줄 타인을 그들의 생활 속으로 초대하도록 격려하는 것이다. 이와 같이 앞으로 더 이상 만날 계획을 하지 않고 한 사건을 적절히 종결하는 것은 가장 어려우면서도 반드시 습득해야 할 중요한 기술의 하나다. 다음 <표 10−Ⅲ−12>는 접촉과 관계를 종결하기 위한 종결의 예를 제시한 것이다.

〈표 10−Ⅲ−12〉 **접촉과 관계를 종결하기 위한 종결의 예**

사 례	접촉과 관계를 종결하기 위한 준비
사회복지사	수영씨, 우리가 6개월 동안 같이 일하기로 한 것 기억할 거예요. 그리고 시작한 지 3개월이 지났을 때, 즉 절반의 지점에서 우리가 이룬 것을 검토해 보기로 합의했었죠. 이제 8주가 남았으니 끝날 때까지 8번 더 만나겠군요. 만남을 끝내는 것은 힘든 일이지만 만남이 끝나면 어떻게 될까 예상해 보고 서로 이야기하면 훨씬 쉬워질 거예요. 8주 후면 우리 일이 끝날 거라고 말하니까 어떤 생각이 들었나요?
클라이언트	이제 8주밖에 안 남았는지는 깨닫지 못했어요. 난 두 달 남았고 두 달이면 꽤 긴 시간이라고 생각했었는데 8주라고 하니까 정말 얼마 안 남은 것 같군요. 벌써부터 당신 도움 없이는 살아가기가 어려울 것 같아요.
사회복지사	자기 느낌을 잘 알고 있는 건 좋은 거예요. 그걸 좀 더 얘기해 보죠. 나를 못 만나면 무엇이 가장 아쉬울 것 같나요?
클라이언트	누군가 이야기할 사람이요. 난 아는 사람은 많지만 얘기하기는 어려워요. 당신은 뭐든지 내가 생각하는 걸 말하도록 해줬고, 내가 틀렸다고 바보라고 하거나 닥치라고 한 적이 한 번도 없어요.
사회복지사	맞아요. 우리의 약속 중 하나가 당신이 자기 생각을 신뢰할 수 있도록 함께 도와주는 것이었지요. 당신은 자기가 원하는 것이 무언지 잘 알고 있어요. 지금 우리가 생각해야 할 문제는 우리 만남이 끝났을 때, 나 대신 누가 당신의 이야기를 들어줄 가장 적합한 사람인가 하는 것입니다.
클라이언트	아무도 없어요.
사회복지사	다시 한 번 생각해 봅시다. 새 친구나 새로운 관계를 찾기 전에 정말 아무도 없는지 확인해 봐야 합니다. 당신이 아는 사람 중에 누구에게 이야기하는 것이 제일 쉬운가요?
클라이언트	내 친구 수민이요.
사회복지사	좋아요. 수민의 어떤 점이 이야기하기 쉽게 해주나요?

클라이언트	나를 절대로 비난하지 않아요. 우리 부모님은 언제나 나를 비난하지만 수민은 그러지 않아요.
사회복지사	그러면 나와 수민의 공통점은 당신을 비난하거나 헐뜯지 않는다는 건가요?
클라이언트	예.
사회복지사	당신을 비난하지 않는 또 타인이 있나요?
클라이언트	없어요.
사회복지사	좀 다르게 얘기해 보죠. 비난받는 것을 싫어하는 사람은 누구죠?
클라이언트	내 동생이요. 야단맞는 걸 싫어하는 데 부모님은 매일 야단을 치죠.
사회복지사	좋습니다. 이제 당신은 우리 만남이 끝나고 나서 중요한 이야기를 할 만한 사람 두 명을 생각해냈어요. 수민과 당신 동생이죠. 그 이유는 이 사람들은 당신을 비난하거나 헐뜯지 않기 때문이라고 말했고요. 당신의 말은 정말 중요합니다. 앞으로 8주 동안 당신과 그 두 사람, 그 외에도 당신에게 소중하다고 생각되는 모든 사람과의 관계를 강화시키는 작업에 노력을 기울일 것을 제안합니다. 그러면 우리 일이 끝나고나서도 당신이 이야기할 사람이 있게 되니까요.

2. 의사소통기술

의사소통의 목적은 자신의 생각과 감정을 타인에게 정확히 전달하고 타인이 표현하는 생각과 감정을 정확히 받아들이는 것이다. 셰퍼(Scheafor, 1998)는 효과적인 의사소통을 위해 ① 모든 인간은 독특하고, 그 결과 누구나 독특한 방법으로 사건을 인식하고, 경험하고, 상호교환한다는 것을 이해한다. 그러므로 어느 정도의 오해는 예상해야 하고 이 문제를 줄여나가려는 자세가 필요하다. ② 타인이 이해하기 쉬운 방법으로 사고를 조직하고 메시지를 전달하려는 의지, ③ 타인이 말하는 것을 들을 수 있도록 자신의 방어를 줄이는 의지, ④ 말하고 있는 사람에게 주의를 기울여 듣고자 하는 의지, ⑤ 자기 자신의 사고와 감정, 행동에 책임을 지려는 의지, ⑥ 잘 이해하기 위해서 의사소통에 필요한 시간을 가지려는 의지 등과 같은 몇 가지 준비사항을 지적하고 있다. 또한 의사소통의 행위를 보다 구체적으로 메시지의 수취자와 전달자 입장으로 나누어 살펴보고자 한다.

(1) 메시지의 수취자 입장

메시지의 수취자는 말하는 것을 멈추어야 한다. 왜냐하면 말하는 동안에는 들을 수가 없기 때문이다. 메시지 전달자를 편안하게 해주고 전달자의 불안을 줄이기 위해 할 수 있는 노력을 기울인다. 말이나 행동으로 '당신이 듣고 싶어한다'는 것을 보아야 한다. 주의를 집중한다. 말하는 사람을 참을성 있게 대하고 말을 끊지 않는다. 당신이 더 잘 이해하기 위해서 혹은 전달자가 자신의 메시지를 명확히 하도록 돕기 위해서라면 질문을 한다. 감정을 통제한다. 더 이상의 의사소통에 장애를 일으킬 수 있으므로 비판하거나 논쟁하지 않는다.

(2) 메시지의 전달자 입장

메시지의 전달자는 명확하고 단순한 말을 사용한다. 분명하고 너무 빠르지 않게 말한다. 당신의 몸짓에 주의한다. 몸짓은 당신의 메시지 내용과 일치해야 한다. 적절한 눈의 접촉과 몸짓을 사용한다. 너무 많은 정보로 수신자를 압도하지 않는다. 길고 복잡한 메시지는 몇 개의 부분으로 나누어 보다 쉽게 이해되고 다루어질 수 있게 한다. 수신자가 잘 이해했는가를 알 수 있도록 질문이나 코멘트 등 피드백을 요구한다(남기철 외 공역, 2005 : 193-198).

1) 언어적 · 비언어적 의사소통

의사소통에 있어서 대체로 언어적 표현이 전체 의사소통의 1/3을 차지한다고 할 때, 비언어적 표현이 2/3를 차지하고 있어, 비언어적 의사소통의 중요성을 무시할 수 없다. 비언어적 의사소통은 특히 클라이언트의 언어적 표현이 제한되어 있을 때 매우 중요한 의사소통의 수단이 되며, 대개 음성의 고저, 얼굴표정, 침묵, 신체자세 및 움직임, 외모와 청결 정도, 신체에서 나는 소리, 신체적 접촉, 물리적 환경 등이 포함된다.

2) 라포(rapport)형성과 관계형성 기술

사회복지에서 라포는 '조화로운 상태, 친화성 및 감정이입을 의미하는 것'으로 클라이언트와 사회복지사의 상호 간의 이해와 전문적 관계를 형성할 수 있도록 해준다(Barker, 1995). 라포는 보다 자발적인 상호작용을 의미하되 상호 간의 이해를 근거로 하고 있으며, 특정 시점에서 특정한 상호작용의 질을 설명하는 것이다. 따라서 라포형성이 잘되면 클라이언트는 자신의 문제점이나 어려움, 장 · 단점을 표현할 수 있게 되어 구체적이고 실질적인 문제해결계획을 설정할 수 있게 된다.

카두신(Kadushin, 1990)은 라포와 관계형성을 위해 ① 클라이언트의 자기결정권 문제에 대해 관심을 보인다. ② 클라이언트의 문제에 관심을 보이고, 따뜻함을 전하며, 신뢰분위기를 조성한다. ③ 클라이언트의 개별성에 대해 존경심을 보인다. ④ 클라이언트 개인에 대한 수용의 태도를 보인다. ⑤ 감정이입적인 이해를 보인다. ⑥ 진실성과 믿음을 보인다. ⑦ 어떤 정보를 비밀로 보장할 것인지 그렇지 않은지에 대한 전문적인 판단능력을 보인다 등과 같은 기술을 제안하고 있다.

또한 존슨, 반하셀트, 허센(Johnson, Van Hasselt, & Hersen, 1997)은 라포형성을 위해 ① 사회복지사와 클라이언트가 편안한 환경을 조성하도록 한다. 특히 면담에 오는 클라이언트는 도움요청에 대해 두려움과 불안감을 갖고 있고, 무엇을 해야 할지 모르는 경우가 많으므로 사회복지사는 클라이언트가 편안한 상태가 될 수 있도록 도와야 할 필요가 있다. ② 클라이언트의 문제를 사정하고 감정이입적인 반응을 보인다. 클라이언트는 종종 문제해결에 대한 저항감을 가질 수 있으므로 클라이언트가 신뢰를 갖고 자신의 문제상황을 말할 수 있도록 돕는다. ③ 클라이언트의 통찰력 수준을 파악하고 동맹관계(alliance)를 형성하도록 한다. 클라이언트는 자신의 문제에 대한 통찰력이 없을 수 있는데, 사회복지사가 이를 정확하게 파악하고 있지 못하면 라포형성이 어렵거나 이전에 형성되었던 라포도 감소하게 된다. ④ 클라이언트의 역할을 이해할 수 있도록 돕는다. 이전에 사회복지서비스를 이용한 경험이 있는 클라이언트에게도 사회복지사가 일하고 있는 기관의 절차, 규정, 원조과정을 설명하고, 클라이언트가 갖고 있는 질문에 답함으로써 상호 간의 이해와 기대를 향상시킬 수 있다 등을 고려할 것을 제안하고 있다.

3) 나 전달(I-Message) 기법

상대방과 인간관계에 영향을 미치는 요인에는 외모, 성격, 의사소통 세 가지가 있다. 그 중 관계를 발전시키거나 변화시키기 위해 우리가 통제할 수 있는 요소는 바로 의사소통이다. 외모와 성격은 이미 정해져 있는 것으로 바꾸기가 쉽지 않으나 의사소통방법은 그 요령을 알고 열심히 연습하면, 변화할 수 있기 때문이다. 의사소통을 제대로 하는 방법은 무엇일까? 자신의 마음을 상대방에게 제대로 표현하는 것뿐만 아니라 상대방의 감정을 알아주는 것이다. 대화란 타인과 좋은 관계를 맺고자 하는 쌍방향 의사소통이므로 자신이 원하는 것에 대한 자기 이해가 선행되어야 할 뿐만 아니라 상대의 말과 행동에 숨어있는 의미를 읽을 줄 알아야 한다. 바로 이것이 기본적인 자기표현방식이다. 나 전달법(I-Message)과 너 전달법(You-Message)을 비교해 보면 다음과 같다.

(1) "너 전달법"의 특징과 유형

"너 전달법"은 잘 전달되더라도 듣는 쪽의 사람이 기분 상하게 하는 이유가 된다. "너 전달법"은 타인의 필요한 행동변화를 요구하는 것을 목적으로 한다. "너 전달법"은 대개 변화에 부가적인 저항으로 끝난다. "너 전달법"의 예를 보면, ① "너는 방을 꼭 치워야 해", ② "너는 네 스스로 더 솔직해야만 해", ③ "너는 나를 정말 미치게 만들고 있어" 등이 있다. 너 전달법의 유형은 다음 <표 10－Ⅲ－13>과 같다.

〈표 10－Ⅲ－13〉 **"너 전달법"의 유형**

유 형	예
지시나 명령	"그걸 하지 마."
비난이나 낙인식의 이름을 붙이는 것	"너는 마치 아이처럼 구는구나."
해결책을 주는 언급	"너는 그 생각을 버리고 내 충고를 받아들이는 게 좋겠다."
"만약 … 한다면"이라는 식의 위협	"네가 이걸 하지 않는다면, 난 널 그냥 두지 않겠다."

(2) "나 전달법"의 특징과 구성요소

"나 전달법"은 분명하고 직접적인 메시지를 보내고 의사소통의 효과성을 증진시킨다. "나 전달법"은 메시지를 받는 사람이 방어적이 되지 않도록 하는 방법이며, 전달자의 실망, 분노, 좌절을 표현할 수 있도록 해준다. "나 전달법"은 타인의 행동에 의해 당황한 사람이 비난적이지 않는 방법으로 그 행동의 영향을 표현할 수 있게 해준다. 상대방의 문제행동을 수정할 책임은 당사자에게 남겨둔 채로 행동의 영향을 표현하는 것이다. "나 전달법"은 비난하거나 책임을 묻는 대신에 "난 당신이 당신 행동에서 변화가 필요하다는 결심을 할 것으로 믿는다"는 것을 암묵적으로 전달한다. "나 전달법"은 "이것이 나의 관심사다. 이게 내가 느끼는 것이다. 그 일로 난 이렇게 당황하게 되었다"는 식으로 표현한다.

"나 전달법"의 구성요소를 보면, 첫째, 특정 행동에 대한 간결하지만 분명한 묘사, 둘째, 그 특정 행동으로 인해 경험된 감정, 셋째, 그 행동으로 인한 명확한 영향의 묘사로 구성된다. 예를 들어, 여러분이 모임에 늦게 오는 것에 대한 "나 전달법"은 ① 여러분이 우리의 예정된 약속에 나타나지 않았을 때(구체적 행동), ② 나는 놀라고 당황했습니다(감정). ③ 왜냐하면 저는 기다려야만 하는 것을 좋아하지도 않고 내 작업 스케줄을 어렵게 만들어 버렸거든요(명백한 영향).

(3) "나 전달법"의 응용

"나 전달법"을 사용하기 위해서는 상대방의 행동변화를 요구하거나 비난하지 않고 먼저 자신의 감정을 표현해야 한다. 예를 들어, 회식이 있는 날 선약이 있다며 빠져나가려는 신입직원에게 한 마디 해야 할 상황에서 상사가 "자네가 입사한 지도 얼마 안 되어서 겸사겸사 모이는 자리인데 빠지면 안 되지"라고 말하는 것은 '너 전달법'이다. 이런 상황이라면, 신입직원은 큰 부담을 느끼게 될 것이다. 다른 방법으로 상사가 "이번 기회를 통해 팀원으로 가까워지고 싶은데 내가 서운하네('나 전달법'). 선약을 무시하기도 어려운데 회식을 하자고 하니 자네도 좀 불편하겠구먼('반영적 경청')." 이렇게 한다면, 신입직원은 상사의 마음에 고마워하게 될 것이다.

〈표 10-Ⅲ-14〉 I-Message 기법

(1) 단계	내 생각과 느낌을 '나'를 주어로 표현한다.
(2) 단계	상대방의 문제가 되는 행동과 상황을 구체적으로 말한다.
(3) 단계	상대방의 행동이 나에게 미친 영향을 구체적으로 말한다.
(4) 단계	내 감정을 인정하고 솔직하게 말한다.
(5) 단계	내 마음을 전달한 후 상대방의 말을 경청한다.

〈표 10-Ⅲ-15〉 I-Message 기법 실전응용 Ⅰ

	상황 Ⅰ: 회사에서 사적인 내용의 통화를 너무 자주하는 선배에게 한 마디
(1) 나의 심리	옆에서 사적인 전화를 많이 하니 시끄럽고 신경이 쓰인다.
(2) 너 전달법	선배, 회사에서 사적인 전화를 많이 하면 안 되지 않을까요?
(3) 상사의 반응	'이런 시건방진 ……'
(4) 반영적 경청	선배, 오늘 바쁜 일이 많으신가 봐요.
(5) 나 전달법	게다가 통화내용을 저도 모르게 듣게 되니 일도 손에 안 잡히네요. 과장님께 눈치도 보이구요.

〈표 10-Ⅲ-16〉 I Message 기법 실전응용 Ⅱ

	상황 Ⅱ: 다른 직원들이 다 보는 앞에서 후배를 혼내는 상사에게 한 마디
(1) 나의 심리	후배도 안쓰럽고 선배인 나도 입장이 난처하다.
(2) 너 전달법	다른 직원들 앞에서 혼을 내시니 얼마나 민망했겠어요?
(3) 상사의 반응	'저 친구가 후배 편만 드는군.'
(4) 반영적 경청	부장님, 김 계장이 그렇게 일 처리하는 것 보고 마음에 안 드셨죠?
(5) 나 전달법	제가 직원관리를 잘못한 것 같아 몸 둘 바를 모르겠습니다.

4) 침묵의 활용

면접 도중의 침묵은 나름대로의 의미를 갖게 마련이므로 불안이나 위협이 아니라 오히려 상황에 따라 각기 다른 의미를 파악하려는 노력이 필요할 것이다. 경우에 따라 어느 정도의 침묵은 클라이언트가 조용히 생각할 수 있는 시간적 여유를 주게 되며, 무엇인가를 생각해 볼 수 있는 무언의 시간이 허용됨으로써 평소 생각해 보지 않았던 세세한 마음 속의 생각이나 감정을 헤아려 볼 수 있는 생산적인 시간이 될 수 있다. 침묵에는 창의적 침묵과 문제성 침묵이 있는데 창의적인 침묵(creative silence)은 개인과 그를 둘러싼 환경에 대해 의미있고 중요한 정보를 전달하는 비언어적인 기간으로 클라이언트가 자신의 생각과 감정에 '행복하게' 깊이 빠져있는 상태를 말하며, 문제성 침묵(troubled silence)은 클라이언트가 불안, 초조, 혼돈상태에 빠져있는 것을 의미하거나 중요한 정보를 알리지 않고 숨기려는 것일 수 있다.

3. 질문(questioning)기술 : 정보 얻기

질문의 목적은 정보 얻기, 클라이언트가 말하는 것을 돕기, 관계형성, 클라이언트의 대안점을 모색하도록 돕기 등의 다양한 목적으로 질문을 한다. 질문을 어떻게 하느냐에 따라서 답이 다르게 나오기 때문에 신뢰감을 주면서 성실하게 질문해야만 한다. 어조(tone)는 질문 그 자체보다 중요할 때가 있다. 질문은 말에 따라야 하며, 빈도가 문제가 된다. 상대방이 가진 비밀에 대한 질문이 관심을 일으키기 때문에 상대방으로부터 개인적인 것을 얻기 위해서는 자기의 개인적인 것도 이야기해야 효과적으로 수행할 수 있다. 만약에 강요하는 식으로 비밀을 요구하면, 불쾌하고 불성실한 대답이 나올 수 있다.

질문의 양은 너무 많거나 적으면 문제가 되므로, 따라서 적당한 양의 질문이 좋다. 질문의 성질에는 ① 질문의 성실성의 대·소, ② 클라이언트 스스로의 의도를 나타내는 질문인가 하는 것, ③ 의도적인 측면에서 파악(클라이언트 문제)해결에 의도를 두어야 한다는 것, ④ 질문하는 사회복지사의 관심과 흥분에 의해서 질문해서는 안 된다. ⑤ 같은 질문이라도 질문하는 것이 자기의 흥미에 의한 것인가, 클라이언트의 문제해결을 위한 것인가에 대한 문제 등이 있다.

사회복지사는 개방형 질문과 폐쇄형 질문을 가려서 한다. 즉, Yes－No의 대답이 나오는 질문은 피한다. 특히 사회복지사는 개방형 질문을 하는 것이 중요하다. 문제에 대해 자기가 결정할 것이 아닌데 확답을 하는 것은 피하는 것이 좋으며, 권한의 한계와 기관의 차원을 고려하여야 한다. 단계별(step by step)로 할 수 있도록 한다. 방법은 스스로 찾도록 한다. 성취하고 느끼는 희열은 큰 것이다. 이러한 것을 클라이언트도 느끼도록 하는 것이 사회복지사의 역할이다. 그러므로 본인이 스스로 알아보게끔 해준다.

클라이언트가 사적인 질문을 해올 때, 사회복지사의 반응(거절하기)은 "당신을 돕는 사람으로 임무를 수행하는 사람입니다." 문제의 본질을 상기(remind)시키고 일로써 당신을 만난다는 것을 암시하거나 이야기한다. 한계를 두고 하는 것이 숙련된 사회복지사가 될 수 있으며, 관심을 두고 치료하는 관계에서 클라이언트가 기대를 갖고 있어서 사회복지사가 이러한 기대를 없애려고 한다면 지금까지의 전문적 치료가 사라질 수 있다. 사회복지사는 클라이언트의 문제에 관심을 두고 있는 것이지 클라이언트와 애정의 문제를 갖고 있는 것이 아니라는 것을 인식시킨다. 클라이언트에게 업무수행으로 일하고 있다는 것을 인식시킨다(거부감 없이 이해되도록 함). 상황이 다 다르기 때문에 경험과 예지로써 극복해야만 한다.

(1) 개방형 질문

개방형 질문은 다양한 대답이 나올 수 있도록 열려진 형태의 질문을 말하며, 보다 포괄적인 답변을 요구한다. 클라이언트에게 보다 시야를 넓히도록 하며, 클라이언트의 관점, 의견, 사고, 감정까지를 끌어낸다. 따라서 바람직한 '상담관계'를 열어 놓는다.

(2) 폐쇄형 질문

폐쇄형 질문은 '예－아니요' 대답이 나오도록 하는 질문을 말한다. 폐쇄형 질문은 클라이언트에게 특정한 답변을 요구하지만 클라이언트의 시야를 넓혀주지 못한다. 오로지 명백한 사실만을 요구하기 때문에 바람직한 '상담관계'를 닫아 놓는 게 보통이다.

〈표 10－Ⅲ－17〉 **개방형 질문과 폐쇄형 질문의 예**

질문의 종류		예
예 ①	개방형 질문	"시험이 끝나고서 기분이 어떠했습니까?"
	폐쇄형 질문	"자네는 시험이 끝나고서 기분이 좋았지, 안 그래요?"
예 ②	개방형 질문	"지난 주에 무슨 일이 있었습니까?"
	폐쇄형 질문	"오늘은 지난 주와 다른 점이 있는 것 같은데, 혹시 기분 나쁜 일이 있었는지요?"

(3) 직접질문

직접질문은 알 필요가 있는 정보를 직선적으로 요구하는 질문법으로 '예 또는 아니요'의 대답을 구한다. 국회 청문회나 법정에서 판 · 검사가 자주 사용하는 질문법이다.

(4) 간접질문

간접질문은 클라이언트가 대답하길 꺼려할 것 같은 사항이나 대답하기 곤란할 것 같은 사항에 대해 정보가 필요한 경우 그 내용 자체를 직선적으로 묻는 것을 피하고 간접적으로 질문하는 방법으로 그 물음에 물음표가 없는 것이 보통이다. 간접질문의 장점으로는 첫째, 하나의 간접질문에 의해 몇 개의 정보를 동시에 끌어낼 수 있으며, 둘째, 간접질문을 받은 클라이언트는 사회복지사로부터 강요받은 질문인 것 같은 느낌을 받지 않는다. 셋째, 클라이언트와의 대화폭을 넓힐 수 있다. 넷째, 간접질문은 사회복지사의 관찰력을 기른다. 다섯째, 간접질문은 클라이언트의 관심과 참여를 유발하는 데 적합하다.

〈표 10-Ⅲ-18〉 **직접질문이 간접질문으로 바뀐 예**

질문의 종류	예
직접질문	"우리가 상담을 시작한 지 30분이 지났습니다. 지금까지 한 이야기 말고 하고 싶은 이야기가 더 있습니까?"
간접질문	"우리가 상담을 시작한 지가 30분이 지났군요. 그 밖에 다른 것에 관해 하고 싶은 이야기가 더 있을 것 같은데요."

(5) 이중질문

이중질문은 한 번에 두 가지 이상의 질문을 하는 것으로, 상담에서는 결코 도움이 되지 않는다. 이중질문은 기껏해야 클라이언트에게 양자택일을 하게 한다.

〈표 10-Ⅲ-19〉 **이중질문의 예**

예 ①	사회복지사	"너는 어젯밤 숙제를 끝내지 못하고 TV를 보았지? 그리고 어머니가 계속 공부하라고 야단쳤지?"
	클라이언트	"어머니는 어젯밤에 아버지와 외출했었습니다."
예 ②	사회복지사	"나와의 상담이 도움이 된다고 생각하니? 그리고 네 자신에 대해 더 많이 이해를 하게 되었다고 믿어?"
	클라이언트	"뭐라고 말씀드릴 수 없는데요."

(6) 조사형 질문

클라이언트로 하여금 자신의 관심사의 부분을 세밀하게 볼 수 있도록 도와주고 클라이언트의 장점, 단점, 결과를 좀 더 세밀하게 볼 수 있도록 도와주는 질문이다. 조사형 질문이 추궁의 형태로 사용되어서는 안 된다.

(7) '무엇' 질문하기

'무엇'의 질문은 광범위한 주제를 자유롭게 선택할 수 있는 기회를 제공하기 때문에 유용할 뿐만 아니라, 특히 과거문제를 지금까지 끌어온 요인이나 타인에 대한 과거를 탐색할 수 있기 때문에 유용하다. 예를 들면, "무슨 일이 일어나고 있나요?", "이 문제를 지속시키는 것은 무엇인가요?"

(8) 질문에서의 주의점

① 유도질문의 사용

일정 방향으로의 응답을 유도하기 위해 질문하는 것을 말한다. 유도질문은 주어진 상황하에서 클라이언트가 가졌던 감정이나 생각을 솔직히 드러내도록 돕기보다는 방어적인 입장에서 또는 사회복지사의 비위를 맞추기 위해 솔직하지 않은 답을 하도록 압박을 가할 수 있으므로 회피하여야 한다.

② '왜' 질문의 사용[3)]

'왜'라는 용어는 책임을 추궁하거나, 몰아세우는 인상을 주며, 모르는 상황에 대해서 답변을 강요할 수 있으므로 가급적 피해야 한다. '왜'라는 용어보다는 '어떻게', '무엇'과 같은 다른 부사를 사용하는 것이 클라이언트의 방어적 자세를 예방하고 심판받는 느낌을 감소시키며 보다 솔직하고 자연스러운 답변을 유도할 수 있다.

③ 이중 혹은 중첩질문의 사용

이중 혹은 중첩질문은 한 질문 문장 속에 여러 가지 내용의 질문이 섞여있는 것을 말하는데, 클라이언트는 사회복지사의 이러한 질문에 순서대로 조리있게 대답하기보다는 클라이언트가 대답하기 편한 질문에 우선적으로 대답하게 되므로 사회복지사가

---

3) 원래 '왜'라는 말은 정보를 구하거나 사건 또는 행동의 원인이나 이유를 탐색하는 데 국한되어 사용됨이 마땅하지만, 불쾌감이나 불찬성의 뜻까지 함축하여 사용되는 경우가 허다하다. 따라서 사회복지사가 클라이언트에게 '왜'라는 질문을 할 때 클라이언트는 자신이 '잘못'했거나 '나쁘게' 행동했다고 사회복지사가 자신을 비난하려고 하는 말로 받아들이기 쉽다. 그래서 대개의 클라이언트는 '왜'라는 말을 들을 때마다 자신을 방어하거나, 그 상황에서 회피하려 하거나, 혹은 공격적으로 될 가능성이 있다[출처 : 이장호 · 금명자(1992). 상담연습교본. 경기 : 법문사, pp. 145 – 146].

원하는 답 가운데 일부분만을 얻는 것이 된다. 그러므로 질문할 때, 한 가지씩 분리해서 하나하나 질문하는 것이 바람직하다.

④ 모호한 질문의 사용

모호한 질문은 대명사를 많이 사용하거나 혹은 상황에서 벗어난 질문을 할 때, 특히 대인관계가 복잡한 상황에서 누가 누구와 어떤 관계 속에서 문제가 발생하였는지 파악할 때 많이 발생한다. 따라서 이러한 문제를 피하기 위해서 질문은 구체적일수록 좋다.

〈표 10-Ⅲ-20〉 기타 질문

기타 질문	예
부담형 질문(loaded Q) : 이미 알고있는 것처럼 하는 질문	"언제 아내를 때렸죠?"
제안형 질문(suggestive Q)	"술을 끊어야 되지 않겠어요?"
'예-아니요' 형 질문(yes-no Q)	"어제 그 여자와 함께 있었죠?"
이것저것형 질문(either-or Q)	"당신과 그가 결혼을 하든지, 낙태를 하든지 하세요?"
무차별형 질문(bombarding Q)	"오늘 날씨 좋죠?, 몸은 어때요?, 이야기하는 것 괜찮죠?"
혼돈형 질문(garbled Q)	

4. 관찰의 기술

관찰은 도구를 사용하지 않는 측정이며, 만약 도구를 사용하더라도 그것은 측정하는 사람(measurer)에게 영향을 미치지, 측정받는 대상에게는 영향을 미치지 않는 것으로 정의한다. 관찰은 특정한 현상만이 눈에 띄게 되어, 얻는 자료가 틀에 박힐 염려가 있고 정말 중요한 자료는 빠뜨리고 관찰할 위험이 있으며, 우연적인 현상과 본질적으로 중요한 의미가 있는 현상을 구별하지 못하여 판단을 그르칠 위험이 있다.

관찰을 수행할 때 유의점을 보면, ① 계획성 있게 관찰한다. 관찰내용과 문제를 관찰하기 위해서 관찰계획과 방법을 사전에 계획한다. ② 객관적이고 즉시적인 태도로 관찰한다. 편견 없는 태도, 언제나 처음보는 듯한 태도, 객관적/즉시적인 태도로 관찰한다. ③ 환경조건을 충분히 기술해야 한다. 어떤 사태에서 그러한 행동이나 현상이 일어났는지를 기록한다. ④ 행동의 추이를 주의해서 관찰해야 한다. 단편적인 동작을 볼 것이 아니라 의미있는 행동의 일부로써 포착할 필요가 있다. ⑤ 적절한 기록의 방법, 정리의 방법을 고려한다.

1) 관찰의 방법

(1) 자연적 관찰법(observation in normal situation)

자연적 관찰법은 우연적 관찰이라고도 한다. 자연적 관찰법은 어떤 행동이나 현상이 자연적으로 발생한 그대로 관찰하는 방법이며, 미리 일정한 목표를 세워 거기에 필요한 자료를 모으기 위하여 관찰하는 경우를 말한다.

(2) 전기적 관찰법(biographical observation)

전기적 관찰법은 종단적 방법(cross-sectional study)이라고도 한다. 인간행동을 시간적으로 계속해서 관찰하는 방법으로 예를 들면, 루소의 『에밀』을 통해 볼 수 있다.

(3) 행동요약법(behavior summaries)

행동요약법은 조직적 관찰의 일종이며, 개인의 행동을 신체적·지적·정서적·사회적 각 영역의 어느 한 부분의 행동에 국한해서 오랫동안 조직적으로 관찰하고 그 기록자료를 작성한 결과에서 전체적인 개성상을 재구성하려는 것이 이 방법의 특징이다. 그러나 장시간이 소요되는 단점이 있다.

(4) 시간표집법(time sampling technique)

이 방법은 빈도기록법이라고도 한다. 시간표집법은 관찰장면을 제한하지 않고 특정한 행동이 비교적 짧은 일정한 기간 사이에 몇 번이나 나타나는가를 보는 방법이고 반복행동 특성을 연구하는 데 가장 적절한 방법이며, 관찰항목을 정한 기록용지를 사용하면 결과를 정리하는 데 용이하다. 관찰시간은 1~10분 정도가 대부분이다.

(5) 반복표집법(method of repeated samples)

한 클라이언트를 5분 관찰하고, 다음 다른 클라이언트를 5분 관찰하고 이렇게 몇 사람을 돌아가면서 며칠 동안 관찰하면 각각의 클라이언트 한 사람을 오랜 시간 관찰하는 것과 마찬가지 역할을 할 수 있다는 근거에서 나온 방법이다.

(6) 장면선택법(situational sampling technique)

관찰할 장면을 선택해서 계획적으로 하는 방법이다. 예를 들면, 성격파악은 위기적 장면을, 사회적 행동은 협동제작·집단유희 장면을, 리더십은 학급자치회에서의 활동 등의 장면을 선택하여 관찰하는 방법이다.

(7) 참여관찰법(participant observation)

관찰자가 피관찰자와 같은 행동상황 속에 뛰어 들어가서 피관찰자의 행동을 관찰하려는 방법이다.

(8) 실험적 관찰법(experimental observation)

관찰장면, 조건을 인위적으로 조작해서 같은 행동을 보다 정확하고 엄밀하게 관찰하려는 방법이다.

2) 관찰결과의 기록

(1) 일화기록법(anecdotal record)

한 인간의 성격, 적응양식 등을 이해하기 위해서 구체적인 행동사례를 될 수 있는 대로 상세하게 기록하는 방법이다. 일화기록법은 관찰자가 의미 있다고 생각하는 사건의 단순한 기록이라고 할 수 있다. 반면 평정척도는 상대적 비교, 표준화검사 등을 통해 수량적으로 기록하는 것으로 실험이나 특정 조건 밑에서 일어나는 행동에 국한해서 기록하는 방법을 말한다. 일화기록법은 클라이언트를 클라이언트의 독자적인 입장에서 구체적인 사태를 관찰함으로써 절대적, 개성적, 질적으로 기술하려는 것이 특징이다. 또한 사례연구와의 차이점은 과거의 기록, 발달사, 가족관계 등을 기록하지 않는 점이다. 일화기록에서 주의해야 할 점을 보면, ① 사건을 구체적으로 쓰지 않고 일반적 및 평가적인 측면에서 쓰는 착오가 있다. ② 클라이언트의 행동을 기록하지 않고, 클라이언트의 행동에 대한 관찰자의 반응을 적는 것이다. ③ 적절한 자료를 얻기 전에 해석을 해버리는 위험을 저지르지 않도록 한다. ④ 사실을 관찰하고 사실을 기록한다. ⑤ 만약 기록을 부가적으로 할 생각이면, 미리 계획한다.

〈표 10-Ⅲ-21〉 일화기록표

일화기록표(No.　　　)		
09 : 00	태도의 종류	○ 내용 : 사건 :
10 : 00	①	
11 : 00	②	
12 : 00	③	
13 : 00	④	
14 : 00	⑤	
15 : 00	⑥	
16 : 00	⑦	○ 진단
17 : 00	⑧	
18 : 00	⑨	
이후	⑩	
		관찰자 : ○○○

(2) 체크리스트(checklist)

관찰하려고 하는 행동을 미리 자세히 분류해서 도표로 작성하고 거기에다 체크하는 방법이다.

(3) 평정척도법(rating scale method)

등위법(method of rank order), 유사등간법(method of equal-appearing intervals), 상호대비교법(method of paired comparison) 등이 있는데, 특히 평정척도법을 구체적으로 보면, ① 숫자평정법(numerical rating scale), ② 기술평정법(descriptive rating scale), ③ 도식평정법(graphic rating scale), ④ 기술도표법(descriptive graphic scale), ⑤ 강제선택법(forced-choice technique), ⑥ 분류법(classification Method), ⑦ 대인비교법(man-to-man comparison method), ⑧ 체크리스트법(checklist method) 등이 있다.

3) 행동의 관찰과 기록방법

(1) 빈도관찰

어떤 행동이 일정한 시간 동안 얼마나 빈번히 일어나는지 그 수를 헤아려 보는 방법이다.

〈표 10-Ⅲ-22〉 빈도관찰표

예) 영숙의 욕하는 횟수		
관찰일	빈 도	계
4/1	12	12
4/3	10	10
4/5	5	5
4/7	9	9
4/8	10	10
		통 계 : 46
		일일평균 : 9

(2) 지속시간 관찰

어떤 행동이 얼마 동안 지속되는가 알아보기 위해 사용하는 방법이다.

예) 경철이가 학교에서 돌아와 책상에 앉아 공부하는 시간				
관찰일	지속시간			계(분)
	시작시간	끝난시간	지속시간(분)	
1일(금)	오후 4 : 00	5 : 00	60	90
	오후 7 : 30	8 : 00	30	
2일(토)	오후 7 : 00	7 : 30	30	30
3일(일)	오전 10 : 00	11 : 00	60	150
	오후 4 : 00	5 : 00	60	
	오후 7 : 00	7 : 30	30	
4일(월)	오후 4 : 50	5 : 40	50	50
5일(화)	오후 7 : 00	7 : 30	30	30
				총 계 350
				일일평균 70

(3) 시간표집법

일단 시간을 정했을 경우에는 줄곧 클라이언트의 행동을 장시간 관찰하는 것보다 관찰시간을 단시간으로 나누어 관찰하는 방법이다. 이때는 줄곧 행동을 관찰하는 것이 아니라 나뉜 시간, 간격이 시작되는 시간 또는 완료되는 순간에 클라이언트를 보고 관찰된 행동을 기록한다.

예) 영희의 엄지손가락 빠는 행동										
관찰일	3분	3분	3분	3분	3분	3분	3분	3분	3분	3분	%
1	+	+	−	−	−	+	−	+	+	+	60
2	−	−	−	+	+	+	−	+	−	+	50
3	+	−	+	−	−	+	+	−	−	−	40
4	+	+	+	−	+	−	+	+	−	−	60
5	−	−	+	+	−	−	−	+	+	+	50
+ : "엄지손가락이 입에 들어가 있음" − : "엄지손가락이 입에 들어가 있지 않음"											합계 260 평균 52

- 엄마가 매일 30분씩 영희의 행동을 관찰하기로 했는데 이 30분을 3분씩 나누어 관찰하였다. 매 3분이 될 때마다 한 번씩 놀고 있는 영희를 쳐다보고 엄지손가락이 입에 있는지 아닌지의 여부를 확인하여 5일 동안 관찰하였다.
- 관찰 제1일의 경우 관찰횟수 10회 중 엄지손가락이 입에 들어가 있었던 때가 6번이어서 60%가 됨을 알 수 있다. 이와 같이 2일에서 5일까지 퍼센트(%)로 내어 일일평균을 보니 52%이었다. 따라서 "영희가 손가락을 빠는 행동"은 하루에 약 50%라고 추정할 수 있다.

Chapter

11 집단중심 사회복지실천기술

Ⅰ. 집단중심 사회복지실천의 이론적 이해

1. 집단중심 사회복지실천의 기본 개념

1) 집단중심 사회복지실천의 정의

집단중심 사회복지실천에 대한 정의는 역사적 발달과정에 따라 변화되곤 하여도 아직도 전문가 사이에 일치된 정의는 이루어지지 않고 있다. 특히 집단접근방법이 다양한 전문직의 활동에서 생성된 것이기 때문에 아직도 집단중심 사회복지실천의 정의, 목적, 실천방법 및 기술에 대한 개념적 합의가 이루어지거나 명확화되지 않은 상태이다. 대표적인 학자의 개념정의를 바탕으로 개념을 규정해 본다(김혜란 · 홍선미 · 공계순, 2001 : 197-199).

(1) 김종옥과 권중돈(1993)의 집단중심 사회복지실천의 정의

집단중심 사회복지실천은 사회복지방법론 중의 하나이다. 따라서 집단중심 사회복지실천의 가치, 목적, 원리, 윤리 등은 사회복지전문직에 기초하고 있다. 집단중심 사회복지실천은 목표지향적 활동이다. 집단중심 사회복지실천에서 추구하는 목표에는 성원의 재활, 성원의 교육, 사회화, 성장, 성원의 지도력 개발, 사회환경의 변화, 조직 및 환경에 대한 개인의 통제력 증진 등이 포함된다.

(2) 남세진과 조흥식(1997)의 정의

사회사업방법 가운데 하나로서, 전문가에 의한 의도적인 집단과정과 경험을 통해 개인의 사회적 기능수행을 향상하게 하며, 개인, 집단, 지역사회의 당면문제에 대해 보다 효과적으로 대처해나갈 수 있도록 도움을 주는 것이다.

(3) 코일(Coyle, 1930)의 정의

집단 내 개인의 성장과 발전을 위한 수단으로 집단 내에서 경험하는 사회적 관계를 활용하는 사회복지방법론 중 하나이며 사회적 책임성을 발달시키고 민주사회를 진보시킬 활동적 시민양성에 관심을 가진다(윤현숙 외, 2001 : 76-77).

(4) 트레커(Trecker, 1972)의 정의

집단중심 사회복지실천은 사회복지의 한 방법론으로 집단에 속한 개인은 프로그램 활동을 통하여 상호작용을 지도하는 전문가의 도움을 받아 그들의 욕구와 능력에 따라 타인과의 관계나 성장의 기회를 경험하며 나아가 개인, 집단, 사회의 발전을 도모하고자 노력한다.

(5) 빈터(Vinter, 1974)의 정의

집단중심 사회복지실천은 클라이언트 사이에 바람직한 변화를 유도해내기 위해 소규모의 대면집단 내에서 이 집단을 통하여 개인에게 서비스를 제공하는 실천방법이다.

(6) 프레스톤-슈트(Preston-Shoot, 1987)의 정의

집단중심 사회복지실천은 개별사회사업의 대안이 아닌 독특한 사회사업의 한 방법으로 집단을 통해 각 성원들은 수많은 대인적 관계를 경험하고 서로 함께 집단역동을 일으켜 집단성과에 기여하고 집단 안에서 그들의 목표를 달성하게 된다.

(7) 윌슨과 리랜드(Wilson & Ryland, 1949)의 정의

민주주의라는 준거 틀에서 나타날 수 있는 목적을 성취할 수 있도록 전문가가 의식적으로 상호작용과정을 지시함으로써 집단생활에 영향을 미치는 과정이다(권중돈 · 김종옥, 1993 : 50-51).

(8) 리피트(Lippitt, 1957)의 정의

집단경험을 통하여 집단성원의 사회 · 정서적 성장, 과업성취를 위한 능력개발, 개인적 생산성의 증진 및 집단의 유능성 증진, 집단생산성의 촉진, 효과적 의사결정 등과 같은 다양한 목표를 성취할 수 있도록 원조하기 위해 전문가가 자신의 전문직 가치와 기술을 사용하는 모든 실무를 포함하는 것이다.

(9) 노던(Northen, 1969)의 정의

사회사업실천에서 소집단을 활용하여 집단성원의 자신에 대한 태도, 대인관계, 환경에 대한 효과적 대처능력을 지지하고 수정하는 실천방법이다.

(10) 코놉카(Konopka, 1983)의 정의

코놉카는 집단사회복지사가 고도의 감정능력, 융통성, 예민한 지각과 이성, 원만한 인간관계능력, 창의력, 상상력 등을 갖추어야 한다고 하면서 집단중심 사회복지실천, 집단상담, 집단치료, 집단지도의 개념을 비교하여 제시하였다. 첫째, 집단중심 사회복지실천은 의도적인 집단경험을 통해 개인의 사회적 기능을 향상시키고, 개인·집단·지역사회의 당면문제에 대해서 보다 효과적으로 대처해나갈 수 있도록 원조하는 것이다. 둘째, 집단상담은 특별한 문제를 해결하거나 특정 상황을 수정, 변경하는 데 중점을 두며, 성원들은 항상 집단의 초점을 제공하는 일상적 문제를 서로 공유하게 된다. 셋째, 집단치료는 전문가의 도움을 받는 특수하고 통제된 집단 상호작용을 통하여 집단성원의 개인적·사회적 기능을 향상시키고, 성원의 증상과 고통을 완화하며 기본적인 성격을 변화시키는 데 목적을 둔다. 넷째, 집단지도는 고통을 받는 개인뿐 아니라 건강한 개인으로 구성된 집단에 대한 지도까지를 포함한다.

이상의 정의를 근거로 하여 그룹워크는 다음과 같이 정의할 수 있다. 첫째, 집단중심 사회복지실천은 사회사업방법론 중의 하나이다. 둘째, 집단중심 사회복지실천은 목표지향적 활동이다. 추구하는 목표에는 ① 성원의 재활, ② 성원의 교육, ③ 사회화, ④ 성장, ⑤ 성원의 지도력 개발, ⑥ 사회환경의 변화, ⑦ 조직 및 환경에 대한 개인의 통제력 증진 등이다. 셋째, 집단중심 사회복지실천은 개별성원, 전체집단, 집단이 속한 환경이라는 세 가지 초점영역을 지닌다. 넷째, 집단중심 사회복지실천은 주로 소집단을 활용하며 고통받는 개인뿐만 아니라 건강한 개인들로 구성된 집단을 대상으로 한 실무이다. 다섯째, 집단중심 사회복지실천은 치료집단과 과업집단과의 실무를 포함한다. 여섯째, 집단중심 사회복지실천은 전문가의 지도와 원조하에 이루어진다(권중돈·김종옥, 1993 : 52-54).

2) 집단중심 사회복지실천의 기본 원칙

(1) 각 개인의 고유한 상이성을 인정한다.
(2) 다양한 특성을 지닌 집단을 하나의 집단으로 인정한다.
(3) 개인은 고유한 장점과 단점을 가진 존재임을 진정하게 수용한다.
(4) 집단중심 사회복지실천 지도자와 집단성원 간의 의도적인 원조관계를 수립한다.
(5) 집단성원 간의 상부상조, 협조적 관계수립을 격려한다.
(6) 진단과정의 적절한 수정을 도모한다.
(7) 각 성원이 자신의 능력에 따라 참여하도록 격려하여 능력을 향상시킨다.
(8) 문제해결과정에 성원이 직접 참여하도록 유도한다.
(9) 성원이 점차적으로 만족스러운 갈등해결방법을 경청할 수 있도록 원조한다.
(10) 대인관계와 성취의 새롭고 다양한 경험을 할 기회를 제공한다.
(11) 각 개인과 전체적 상황에 대한 진단적 사정평가에 따라 현명하게 제한한다.
(12) 각 성원에 대한 진단적 평가, 집단의 목적, 적절한 사회목적의 진단평가에 근거하여 의도적으로 상이한 프로그램을 활용한다.
(13) 개인과 집단발전에 대한 계속적인 평가활동을 한다.
(14) 전문가는 원만하고 절도있는 자기활용을 위해 노력한다.

3) 집단중심 사회복지실천의 목적

집단중심 사회복지실천의 기본 단위인 집단의 목표는 집단을 구성하고, 유지해나가는 기본적인 준거 틀이다. 즉, 집단의 목표에 따라 집단의 구조, 유형, 역동성, 집단성원 간의 상호작용유형, 집단활동의 결과가 달라질 수 있으며 집단사회복지사의 역할, 기능, 원조기술이 달라진다. 만약 집단의 목표가 분명하지 않거나 집단과정에서 집단의 목표를 상실할 경우에 집단을 지도하는 집단중심 사회복지실천가는 집단과정의 방향을 상실하게 되고 아주 빈약한 결과를 낳거나 중도에 집단이 해체되는 결과를 초래할 수 있다(권중돈 · 김종옥, 1993 : 60-62). 집단중심 사회복지실천에서 달성하고자 하는 목적에 대한 학자의 견해는 서로 상이한 측면과 유사한 측면을 지니고 있는데 그 내용을 살펴보면 다음과 같다.

(1) 트레커(1972)

① 개인의 성장, ② 집단의 성장, ③ 지역사회, 환경의 변화

(2) 핫포드(1971)

① 개인이 표적(개인의 성장, 지지, 재활, 변화), ② 기관, 지역사회가 표적(사회적 변화, 사회활동, 위기의 제거 및 감소)

(3) 미국사회사업가협회 그룹의 분과 실행위원회(1962)

① 활동적인 시민으로서의 책임감 형성, ② 개인적 성장과 풍요로운 생활, ③ 자아인식과 사회적 소속감의 증진, ④ 스트레스를 받는 시기의 지지와 새로운 상황에 대한 적응능력의 배양, ⑤ 만족할 만한 사회적 기능의 유지, ⑥ 사회적 해체나 질병의 교정 및 치료

(4) 소머스(Somers, 1976)

① 사회에 속한 개인의 정상적 성장과 지속적 발달, ② 개인과 집단의 사회적 경험과 기능의 결여된 부분과 박탈된 부분을 보완, ③ 개인의 해체와 황폐화의 수정, 교정 예방, ④ 사회기여의 동기와 능력을 유지·증진할 수 있도록 개인과 집단을 원조

(5) 더글라스(Douglas, 1979)

① 개인의 성장과 적응, ② 특별한 욕구충족을 하는 방향으로의 집단발달, ③ 집단경험을 통한 사회의 변화

(6) 알리시(Alissi, 1980)

① 치료 : 사회적 해체 또는 개인적 역기능의 치료와 회복, ② 예방 : 개인적·사회적 해체의 예방, ③ 정상적 성장과 발달 : 생활주기상 어려움에 부딪힌 개인의 정상적 성장과 발달과정을 촉진, ④ 개인적 성장 : 의미있는 대인관계를 통해 자아충족과 개인적 성장의 성취, ⑤ 시민으로서의 책임과 참여 : 사회의 참여자로서, 집단성원으로서의 책임성 배양

(7) 클라인(Klein, 1953)

① 재활 : 집단성원의 기능수준을 이전의 수준으로 회복하는 것, ② 적응 : 집단성원

의 성장과 발달을 원조하는 것, ③ 교정 : 사회적 법규와 관련된 문제를 가진 성원을 원조하는 것, ④ 사회화 : 타인과 관계를 맺는 방식을 배우고 사회적으로 수용되는 방식으로 행동하도록 원조하는 것, ⑤ 예방 : 적정수준까지 발달하고 기능하는 것을 원조하고 앞으로 발생할 수 있는 사건에 대해 미리 준비하도록 원조하는 것, ⑥ 사회행동 : 환경을 변화시킬 수 있도록 원조하는 것, ⑦ 문제해결 : 복잡한 문제나 관심사를 해결하도록 원조하는 것, ⑧ 사회적 가치의 개발 : 인본주의적 생활태도를 갖도록 원조하는 것

이상의 학자들의 견해를 종합하여 볼 때 집단중심 사회복지실천의 목적은 ① 개인의 사회화, 역기능의 예방, 치료, 재활 및 성장, ② 집단 자체의 변화와 성장, ③ 사회활동, 위기의 제거 등을 통한 사회의 변화, 즉 집단이 속한 현장의 변화가 목적이라고 할 수 있다.

4) 집단중심 사회복지실천의 활용영역

(1) 아동 및 청소년의 건전한 발달과, 특히 민주적 생활방식을 학습하는 기회를 제공하기 위한 집단활동

각급 학교, 각종 산업 및 기업체, 지역사회에 있는 청소년단체, 사회복지관, 청소년회관 등에서의 서클활동이나 여러 가지 소집단활동이 이에 속한다. 아동의 경우 부모도 함께 대상이 될 수 있다.

(2) 가족, 직장, 이웃, 친구 등과 떨어져 정상적인 사회집단의 생활을 영구히 또는 일시적으로 영위하지 못하는 사람을 대상으로 이들에게 건강한 집단생활을 재구성해 주는 경우

가족과 떨어져 시설에 수용되어 있는 아동이나 노인, 장기요양을 위해서 병원이나 요양원에 입원하고 있는 사람이 속하며, 이별을 경험하고 있는 본인과 더불어 이들을 수용해야 하는 사람도 대상의 범위에 속한다.

(3) 사회문제에 관련된 집단을 대상으로 이들의 행동변화를 목적으로 하는 집단활동

비행집단이 전형적인 예이다.

(4) 사회적 · 정서적 문제를 가진 개인을 대상으로 특수한 집단을 구성하는 경우

정서장애아의 치료시설, 아동상담소, 가족상담소, 정신병원 등에서 주로 실시된다.

(5) 사회복지시설이나 기관에서 교육이나 계몽적 사업을 실시하는 경우에 대비한 집단활동조직

보건소나 병원 등에서 환자의 가족에 대한 교육활동과 정서장애인, 지적장애인, 지체장애인을 고용하고 있는 사업주를 대상으로 한 계몽이 이에 포함된다.

(6) 사회복지의 일반적 영역에 걸쳐 동일 문제를 가지고 있으면서도 각자가 고립되어 있는 사람을 함께 모아 공통의 문제해결을 위해 집단을 대상으로 조직 · 운영하는 경우

개인이 가진 문제를 직접적인 사회복지서비스와 연결시키기 위한 운동을 위해 집단을 조직한다. 정신병원의 가족회의라든가 영세지역의 사회복지관에서 조직하는 의료보험수혜를 위한 가구주 모임, 문제자녀를 가진 어머니 모임 등이 이에 속한다(남세진 · 조홍식, 1998 : 29-30).

5) 집단중심 사회복지실천의 가치체계

모든 집단중심 사회복지실천은 인간본성, 성원의 역할, 집단사회복지사의 역할과 관련된 어떤 가정이나 가치에 근거하여 집단을 지도하고 원조하게 된다. 집단중심 사회복지실천에 있어 가치요인은 집단사회복지사의 개입양식, 사용하는 기술, 원조관계의 성격, 집단중심 사회복지실천의 초점 등에 영향을 미치므로 집단중심 사회복지실천에서 반드시 고려해야 할 요소이다. 가치란 한 개인이 어떤 방식으로 행동하고 행동하지 말아야 하는지와 관련된 선호도를 나타내는 신념체계이다. 집단중심 사회복지실천과 관련된 가치로는 환경적 가치체계, 집단성원의 가치체계, 집단사회복지사의 가치체계가 있다(권중돈 · 김종옥, 1993 : 70-72).

(1) 환경적 가치체계

환경적 가치체계는 사회, 기관이나 시설, 전문직의 가치체계를 말한다.

① 사회의 가치체계

사회의 가치체계는 집단중심 사회복지실천에 영향을 미치므로 실천가는 사회의 지배적 가치체계를 고려해야 한다. 브릴(Brill, 1973)은 미국사회의 가치체계에 대해서 첫째, 인간의 존엄성과 이웃에 대한 책임을 강조하는 유대-기독교 교리, 둘째, 생존권, 자유, 행복 추구 등 평등과 참여를 중시하는 민주적 가치, 셋째, 자기 자신에 대한 책임, 도덕적 생활에 있어서의 노동의 역할을 강조하는 청교도 교리, 넷째, 진화과정에서의 적자생존을 강조하는 사회진화론 등이라고 지적하고 있다.

② 기관이나 시설의 가치체계

집단활동을 지원하고 있는 기관이나 시설의 가치도 집단사회복지사의 집단에 대한 자세에 영향을 미친다. 집단사회복지사는 집단활동을 하기 전에 기관의 정책, 절차, 실무에 포함되어 있는 공식적, 비공식적 가치체계에 익숙해야 한다. 이렇게 할 때 기관 내에서 야기될 수 있는 집단활동에 대한 잠재적 저항에 미리 대비할 수 있고 기관 내의 활용할 수 있는 자원을 평가하고 활용할 수 있다.

③ 전문직의 가치체계

미국사회사업가협회에서는 사회사업전문직의 중심적 가치에 대해 조작적으로 진술한 윤리강령을 공표하였고 시포린(Siporin, 1975)은 사회사업의 주요 가치를 요약·제시하였다. 주요 가치는 인간의 존엄성, 개인의 자율성과 자기지향성의 존중, 원조과정의 개인의 참여촉진, 비심판적 태도의 유지, 서비스나 사회대책에 평등하게 접근할 수 있는 권리, 개인과 사회의 상호의존성 등이다.

(2) 집단성원의 가치체계

각 개인은 독특한 가치체계를 가지고 있으므로 집단성원 모두에게 일반적이고 공통적인 가치체계를 파악하는 것은 불가능하다. 집단성원은 자기 자신의 가치체계에 대해 명확히 알지 못하거나 관심을 기울이지 않는 경우가 많다. 그러므로 집단사회복지사는 집단성원이 자신의 가치체계를 명확히 할 수 있도록 원조하고, 개별성원의 가치체계와 집단 전체의 가치체계와의 사이에 나타날 수 있는 가치갈등을 해결할 수 있도록 원조하는 것이다.

(3) 집단사회복지사의 가치체계

집단사회복지사의 개인적 가치체계 역시 그룹워크 실천에 영향을 미친다. 다음과 같은 경우에는 집단활동의 장애가 나타나기도 하고 다른 가치관을 지니고 있는 성원과 갈등을 일으킬 수 있게 된다. 첫째, 가치가 게재되는 주제에 대한 논의를 피하거나,

둘째, 집단사회복지사가 자신의 가치를 집단에게 부과하거나, 셋째, 자신의 가치체계가 지니는 함축적 의미를 파악하지 못하는 경우이다. 집단사회복지사는 자신의 가치와 집단중심 사회복지실천에 임하는 자세를 확인하여 사회사업전문직의 가치체계와 일치되지 않는 가치체계는 수정해나가야 한다.

6) 집단중심 사회복지실천가가 갖추어야 할 기법과 개인적 특성

(1) 집단중심 사회복지실천 기법

원칙이라는 용어에는 기법이 포함되어 있으며 기법이란 용어에는 원칙이 포함되어 있다. 그러나 원칙이란 행동의 지침을 의미하는 경향이 강하며 기법은 행동을 보다 효율적으로 수행하게 하는 기술을 강조한다. 카이저(Kaiser, 1953)는 모든 사회사업실무에 공통되는 지식과 기법이 있음과 동시에 각 방법의 고유한 기법이 있다고 하여 집단중심 사회복지실천 고유의 지식과 기법이 있음을 지적하였다. 필립스(Phillips, 1957)의 집단중심 사회복지실천의 주요 기법은 첫째, 기관의 기능을 활용하는 기법, 둘째, 감정을 의사소통하는 기법, 셋째, 현실을 활용하는 기법, 넷째, 집단관계를 격려하고 이용하는 기법이 있다고 하였다.

가루인(Garuin, 1981)은 집단성원 개인의 변화를 원조하는 데 활용할 수 있는 주요 기법으로는 ① 개인의 현실인식을 변화시키는 기술, ② 개인의 인지를 변화시키는 기술, ③ 개인의 영향을 변화시키는 기술, ④ 개인의 행동을 변화시키는 기술, ⑤ 개인을 원조하여 문제해결을 하는 기술, ⑥ 성원의 역할을 조성시키는 기술 등으로 분류하였다. 토스랜드와 리바스(Toseland & Rivas, 1984)는 ① 집단과정 촉진기술, ② 자료수집 및 사정기술, ③ 행동기술이라는 세 가지 기술범주를 제시하였다.

(2) 집단사회복지사의 개인적 특성

집단사회복지사는 ① 인간에 대한 이해와 지식을 갖추어야 한다. ② 인간의 존엄성을 인정하여 개별성원과 집단은 자신의 문제와 관련된 가장 현명한 판단을 할 수 있다는 신념을 가져야 한다. ③ 개인과 집단은 독특한 존재이며 서로 차이가 있을 수 있다는 점을 수용하여야 한다. ④ 개별성원이나 전체 집단이 스스로 문제해결방법을 찾을 수 있도록 집단과 함께 한다는 자세를 가져야 한다. ⑤ 집단성원의 행동이 의미하는 바를 이해하고 자신의 행동을 집단원조과정에서 활용해야 한다. ⑥ 집단에서 허용되는 행동의 범위를 한정해 주고 어떤 체계를 가함과 동시에 이에 따르는 책임을 수행해야 한다. ⑦ 집단사회복지사가 자신이 속해있는 기관의 기능, 목적, 한계점을 인정하고 자신이 속한 기관을 대표할 수 있어야 한다.

2. 효과적인 집단운영을 위한 사전준비

1) 사전준비의 중요성

효과적으로 집단을 운영하기 위해서는 집단의 형성과 관련해 충분한 시간을 갖고 계획해야 한다. 이때 ① 누구를 위한 집단인지, ② 집단의 목표가 무엇인지, ③ 집단의 크기는 어느 정도로 할 것인지, ④ 집단이 어떤 구성원으로 구성될 것인지, ⑤ 모임의 빈도와 기간은 어느 정도로 할 것인지, ⑥ 모임을 위한 장소는 어느 곳으로 할 것인지, ⑦ 평가방법은 무엇인지 등의 사항을 결정해야 한다. 사전준비를 통해 사회복지사는 집단성원 개개인에 대한 특성을 파악할 수 있고 집단전체, 집단을 둘러싸고 있는 주변 환경(기관 및 사회적 상황)을 파악할 수 있는 기회를 갖는다(엄명용 · 노충래 · 김용석, 2005 : 246-258).

2) 준비단계의 구성요소

노던과 커랜드(Northern & Kurland, 2001)는 집단대상의 사회복지실천에서 준비단계로써 사회복지사가 고려해야 할 집단구성의 요소 6가지를 제시하였다. ① 욕구로서 집단에 참여할 가능성이 있는 집단성원의 문제나 어려움, 염려하는 부분은 무엇인가? ② 목적으로서 집단 전체가 추구하는 목적과 목표는 무엇인가? 개별성원의 목표는 무엇인가? 집단 전체의 목적과 목표 그리고 개별성원의 목표는 어떤 상관성이 있는가? ③ 구성으로서 집단에 참여할 집단성원의 수는 몇 명인가? 집단성원의 공통점과 차이점은 무엇인가? 집단을 이끌 사회복지사는 누구인가? ④ 구조로서 집단의 운영을 촉진하기 위해 필요한 것은 무엇인가? 특히 집단의 모임시간 및 장소와 관련해서 고려해야 할 것은 무엇인가? ⑤ 내용으로서 집단의 목적을 성취하기 위해 활용될 도구는 무엇인가? 집단 내에서 실제로 어떤 일이 벌어질 것인가? ⑥ 사전접촉으로서 집단참여에 필요한 인원은 몇 명을 확보할 것인가? 집단의 참여를 위해 집단성원을 어떻게 준비시킬 것인가?

사회복지사는 집단을 구성하는 과정에서 이들 6가지 요소를 기관 및 사회적 상황과 연계하여 고려하여야 한다. 예를 들어, 기관은 집단 프로그램의 운영을 지지하고 있는가?, 기관 내부에서 진행되고 있는 다른 유사한 집단은 없는가?, 기관의 동료 사회복지사는 집단에 참여할 성원을 의뢰해 줄 것인가? 개별상담을 받고 있는 클라이언트가 집단에 참여하게 됨으로써 2명의 사회복지사로부터 서비스를 받는 것은 아닌가? 등의 문제도 함께 고려해야 한다.

3) 준비단계에서의 과제

준비단계에서 집단성원의 현재 상태와 사회복지사가 해야 할 과제를 다음의 표로 정리하였다.

〈표 11-Ⅰ-1〉 집단의 준비단계에서 사회복지사의 역할

집단성원의 특성	집단의 특성	사회복지사의 역할
• 집단성원의 임시구성 • 집단의 구조 임시설정-모임 장소, 횟수, 기간, 공간, 규칙 • 집단의 내용, 목적, 목표를 임의설정 • 집단성원의 욕구파악 • 집단개별성원과 사전접촉-개별목표 설정	(해당 없음)	• 개별성원의 욕구 및 목표파악 • 집단의 목적을 명료하게 설정하고 설명 • 집단구성에 영향을 주는 요인 파악(예 기관의 정책, 장소, 의도, co-worker와의 협의)

(1) 집단홍보

사회복지사는 집단의 목표를 알리고 집단성원을 모집하기 위해 전략을 세운다. 홍보하는 방법으로는 여러 가지가 있으나 집단 프로그램의 목표, 프로그램의 대상, 프로그램의 기간, 프로그램의 장소 등의 내용을 담은 홍보물을 잠재적 대상자들에게 배포하는 방식을 취한다. 동료 사회복지사 등에게 집단을 알리고 집단성원을 모집하는 방법도 있다.

(2) 집단성원의 선별

집단성원의 선별작업은 집단의 목표와 집단성원의 욕구 및 개별목표를 최대한 일치시켜 집단을 효과적으로 운영할 수 있다. 선별작업은 사회복지사가 운영하고자 하는 집단에 적합하지 않은 클라이언트, 집단에 참여할 수 있는 능력이 부족한 클라이언트,

집단과정을 방해할지도 모르는 클라이언트 등을 선별할 수 있다. 현실적으로 클라이언트를 선별할 수 있는 기회가 없는 경우도 있다. 예를 들면, 수강명령으로 인해 자신의 의사와는 관계없이 집단에 참여해야 하는 경우(예 보호관찰소)나 병원 등에서는 클라이언트를 선별하기보다는 모든 클라이언트를 집단에 참여시켜야 한다.

(3) 집단의 구성

① 동질성 집단

유사한 목적을 가지고 어떤 개인적 특성은 공통적이어야 한다. 성원 간의 관계증진, 집단의 결속력을 고조시키나 서로를 너무 잘 안다고 생각하여 서로 자극하거나 반론을 제기하지 않아 침체되고 현실검증의 기회가 적을 수 있다.

② 이질성 집단

광범위한 견해와 관점을 제공하여 타 성원을 보고 상호학습할 수 있는 기회를 제공하나 서로 관련시킬 수 없는 현실로 인하여 문제를 표출하고 유대를 형성하는 데 오래 걸리며 초기에 많은 방어와 저항으로 성원이 탈락할 수 있다.

③ 개방형 집단

집단이 진행되는 동안 새로운 집단성원이 참여할 수 있는 집단으로 개방형 집단이 적합한 경우는 거주시설, 병원 등에서 운영되는 치료집단, 자조집단, 위기상황에 처해 있는 사람 등이다.

④ 폐쇄형 집단

집단이 진행되는 동안 새로운 성원을 받아들이지 않는 집단으로 폐쇄형 집단이 적합한 경우는 교육집단, 10대 미혼모집단, 심리치료집단 등이 있다.

〈표 11-Ⅰ-2〉 **개방형 집단과 폐쇄형 집단의 비교**

집단유형	장 점	단 점
개방형 집단	• 새로운 집단성원의 참여가 집단과 성원에게 자극이 됨 • 집단 가입과 탈퇴조건이 유연함	• 집단성원의 잦은 교체는 집단응집력을 약화시킬 수 있음 • 새로운 집단성원이 집단소속감을 갖는 데 문제가 있음
폐쇄형 집단	• 집단성원의 역할과 집단규범이 안정적임 • 집단응집력이 강함	• 다수의 성원이 탈퇴할 경우 나머지 집단성원에게 미치는 영향이 큼 • 새로운 정보나 내용이 없을 수 있으므로 지루해 함

(4) 집단의 구조

① 집단크기

집단성원의 상호작용과 만족도에 영향을 미치는 것으로 목적과 성원의 성숙도에 의해 결정된다. 일반적으로 5~12명이 선호되며 리더는 낙오를 감안하여 최소한 8명을 제안한다.

② 모임의 빈도

집단성원의 연령을 고려한다. 아동이나 청소년의 경우에는 시간은 짧게 하면서 모임을 자주 갖는 것이 좋다. 성인의 경우 1주일에 1회 모임을 갖는다면 아동이나 청소년 집단의 경우 심도있는 개입을 위해 1주일에 2회 정도로 모임을 계획한다.

③ 모임의 시간

성인의 경우 90~120분 정도, 아동이나 청소년 집단은 60~90분 정도가 좋다.

▸ 시간에 관하여 유의할 점 : 비록 한 명이 출석했더라도 정한 시간에 시작하여 제 시간에 마쳐야 한다. 보통의 집단활동이 끝부분에 가서 무르익는 경향을 보이기 때문에 경험이 적은 사회복지사는 시간을 연장하게 된다. 이런 경우 집단성원으로부터 제한성에 대한 학습과 현실검증에 대한 경험의 기회를 박탈하게 된다. 따라서 특수한 경우를 제외하고는 제 때에 시작하고 종료해야 한다(임은희, 2004 : 331).

④ 집단의 기간

집단의 목적과 유형에 따라 차이가 있다. 집단의 기간이 지나치게 짧으면 집단성원이 생산적이고 의미있는 변화를 가질 수 없으므로 신중해야 한다. 집단의 기간은 집단을 시작할 때 미리 알려주는 것이 좋다.

⑤ 모임의 장소

기관의 물리적 환경에 따라 결정되나 집단성원의 비밀이 보장될 수 있는 장소를 선택한다. 집단성원에게 편안함과 안락함을 제공해 줄 수 있는 장소여야 한다. 좌석배치도 사전에 계획해야 한다. 마주볼 수 있는 원형이 좋다. 그 이유는 집단성원과 눈맞춤을 할 수 있고 비언어적 행동을 관찰할 수 있기 때문이다.

⑥ 공동진행자에 대한 고려

사회복지사는 집단을 운영할 때, 집단의 목적, 크기, 성원의 특성에 따라 공동진행자를 참여시킬 것인지를 결정해야 한다.

3. 사정단계에 필요한 사회복지실천기술

사회복지실천 초창기에 사정은 진단이라고 불렸으나 진단이란 용어는 증상, 질병, 역기능과 같은 부정적 의미를 내포하는 경향이 있어 오늘날의 사정은 클라이언트의 잘못된 부분을 포함하기도 하지만 문제해결, 성장증진, 기능향상, 잠재력 실현, 새로운 자원개발에 활용될 수 있는 강점, 자원, 건강한 기능, 다른 긍정적 요인들을 평가하는 넓은 의미로 사용된다(Hepworth & Larsen, 1999 : 192).

1) 집단중심 사회복지실천의 사정과정

(1) 자료수집의 원칙

사정을 위한 자료수집의 원칙은 ① 가능한 한 가지 이상의 자료수집방법을 사용한다. ② 정보를 수집하는 데 문제, 관심사 또는 과업과 정보원을 구분한다. ③ 다양한 정보원으로부터 관련된 부분의 정보만을 수집한다. ④ 관련정보를 단기간 내에 효율적으로 수집하기 위해 자료수집을 구조화한다. ⑤ 정보체계를 개발한다. ⑥ 자료에 편견이 개입되지 않게 정보를 수집한다 등이 있다.

(2) 개별성원에 대한 사정

집단중심 사회복지실천 안에서 개별성원에 대한 사정은 집단에 참여하는 상당수의 성원이 비기능적인 측면을 가지고 있으므로 사회복지사는 성원이 자신의 행동패턴을 인식하고, 행동을 변화시키도록 돕는다. 집단에서의 역할은 다른 사회적 상황에서의 역할을 반영하는 것이므로 집단 내 역할에 대한 사정은 매우 중요하다.

(3) 전체 집단에 대한 사정

전체 집단에 대한 사정영역은 집단행동양식, 집단 내 하위집단(소시오그램을 이용), 집단의 규범이나 가치 등을 포함한다.

2) 집단중심 사회복지실천에서 사회복지사의 사정

(1) 집단성원 개개인에 대한 사정

① 집단성원의 특성에 대한 사정

성원의 성장발달과정에서 일어난 일, 현재의 건강상태, 심리상태, 정신위생, 교육, 직업, 수익, 취미, 신념, 기대, 동기 등에 대한 사정으로 의사, 사회복지사, 기타 전문가의 평가와 관찰, 성원 자신의 자기보고 등에 대한 정보를 기반으로 하여 사정이 이루어진다. 특정 문제를 가진 사람들의 치료집단이나 지지집단에서는 표준화된 척도나 질문지를 사용하여 집단 개시기의 사정자료나 종료 후 성원의 상태나 진보를 측정하는 평가자료로 활용하기도 한다.

② 대인관계와 집단성원 간 상호작용

가족과의 관계, 친구, 어떤 문제가 발생했을 때 이야기를 들어주고 정신적으로 의지할 수 있는 인간관계의 유무 등에 관해 사정한다. 집단이 시작되면 각 성원과 다른 성원과의 교류유형, 성원의 교제능력, 집단 안에서의 역할, 예를 들어, 중재역, 듣는 역, 처음 말을 꺼내는 역, 지도력, 집단 안에서의 보이기 쉬운 성원의 행동, 태도, 약점, 각 성원의 장점, 집단에 대한 공헌 등에 대해서도 사정한다.

③ 집단성원의 환경에 대한 사정

성원의 환경이 각자의 목표와 집단의 목표달성을 지지하는 환경인지 아닌지를 평가하게 된다. 이때 사회복지사는 반드시 한 번 이상 성원의 가정을 방문하여 실제적인 정보를 확인한다(윤현숙 외, 2001 : 154-165).

(2) 집단에 대한 사정

사회복지사가 집단에 대해 사정하고자 할 때, 집단역동에 대한 지식과 실천기술을 활용한다. 집단은 집단과정을 통해 개별성원뿐 아니라 전체로서의 집단에 영향을 미치는 독특한 힘을 만들어낸다. 집단과정에서 만들어진 이러한 힘을 집단역동이라고 하며 집단역동을 활용하는 것은 집단지도자의 중요한 과업 중 하나이다. 집단역동을 이해하는데 필수적인 영역으로는 집단구조, 집단 내 의사소통과 상호작용유형, 집단에 대한 매력과 응집력, 집단의 사회적 통제, 집단문화, 집단발달 단계에 대한 지식 등이다.

① 집단구조

집단구조는 집단의 서로 다른 부분들 가운데 존재하는 관계의 유형이며 집단구성원의 과업을 결정하고 해결하는 데 도움을 주는 방법으로 집단을 유지하는 데 큰 영향을 미친다.

② 집단 내 의사소통

상호작용유형을 이해하고 개입하는 데 있어서 첫 단계는 집단성원이 모여서 의사소통하는 것을 인식하는 것이다. 의사소통을 통한 집단성원의 상호작용은 집단 내 상호작용유형을 결정하는 중요한 요인이 된다. 집단 내 의사소통에는 언어에 의한 의사전달과 몸짓 등에 의한 비언어적 전달이 있지만 집단이 시작되면 어떤 형태로든 바로 의사소통이 시작된다.

③ 집단 내 상호작용

집단의 기본적 구성은 성원 사이의 상호작용이다. 집단 내 상호작용을 잘 알기 위해서는 집단과정에서 흔히 접하게 되는 구성원 간의 신호나 강화물, 정서적 결속, 힘과 지위, 집단의 크기와 물리적 환경, 하위집단 등을 이해하고 이용해야 한다.

④ 집단에 대한 매력과 응집력

성원이 집단에 대해 매력을 느끼고 집단 내 응집력이 높아지면, 집단성원 사이의 상호작용은 활발해지고, 경쟁적이지 않으며, 협력적이고, 성원의 집단에 대한 만족도가 높고, 성원 사이에 상호원조가 잘 이루어진다. 따라서 집단지도자는 응집력 있는 집단을 만들기 위해 노력해야 한다.

⑤ 집단의 사회적 통제

집단 내에서의 사회통제란 전체로서의 집단이 기능하게 하기 위해 성원을 순응, 복종하게 하는 과정을 말한다. 집단 내 통제는 집단의 규범, 집단 내에서 집단성원이 맡게 되는 지위 및 역할, 지도력 등 다양한 요인이 상호작용하는 과정에서 만들어진다. 따라서 집단 내 규범, 역할, 지위는 밀접하게 관련되고 집단통제의 수단으로서 각 성원의 행동에 매우 큰 영향을 미치게 된다.

⑥ 집단문화

집단성원이 공통적으로 가지고 있는 가치관, 규범, 신념, 활동 등으로 그 집단이 다른 집단과 구별되는 그 집단만의 독특성을 말한다. 집단문화는 집단성원의 규범에 일치하는 행동으로부터 형성되며 서로가 의사소통을 통해 이해하고 거기서 공통성을 찾아내어 집단문화를 형성하게 된다.

3) 집단환경에 대한 사정

집단환경으로는 사회복지사가 소속된 기관이나 시설을 비롯하여 이들 시설 간 환경 및 지역사회환경에 관해 사정하게 된다. 집단환경에 대한 사정은 집단목표의 달성가능성과 목표도달에 효율적인 방법의 탐색, 필요한 자원의 유무 및 동원가능성 등을 탐색하는 작업과 연계하여 이루어진다.

(1) 복지기관, 시설의 환경

복지기관, 시설 내에 집단을 결성할 경우 집단목적이 복지기관, 시설의 목적에 부합되는지, 집단활동을 할 장소는 있는지, 복지기관, 시설이 집단에 필요한 자원을 제공할 수 있는지, 다른 직원이 새로이 집단을 시작하는 것에 대해 협력적인지, 집단이 다루고자 하는 접근방법이 기관이나 시설의 방침에 적합한지 등을 사정한다.

(2) 시설 간 환경

다른 복지기관, 시설에서 새로운 프로그램이나 실천방법에 대한 연구회 등 특별사업이 행해지고 있는지, 새로이 계획된 집단과 동일한 집단이 다른 복지기관에서도 시작되어 프로그램이 중복되거나 필요성이 낮아지는 것은 아닌지 등 다른 기관에서 계획하고 있는 사업과 행해지고 있는 사업 등에 대한 정보를 수집하여 시설 간 환경에 대한 사정을 한다.

(3) 지역사회환경

지역에는 어떤 사람이 살고 있으며, 어떤 직업, 수입, 종교를 가지고 있는지, 지역 내에는 어떠한 공공자원이 있으며 부족한 자원은 무엇인지, 지역사회관심사는 무엇인지 등에 대해서도 사정한다. 이때 다른 지역사회지도자나 다른 분야 지도자와 만나 정확한 욕구 및 과제 사정방법 등에 대해 배우고 여러 조직의 활용가능한 자원에 대해 지식과 정보를 확보하는 것은 집단계획은 물론, 집단개입을 위해서도 중요하다.

4. 집단발달단계

1) 집단발달단계의 개념

집단사회복지의 목적은 개인의 변화이며, 집단은 변화를 위한 1차적 상황으로서 변화를 위해 집단상태를 활용한다. 집단은 시간이 지남에 따라 집단의 내부구조가 확립되고 문화가 형성되며, 조직과 집단의 진행과정에 변화를 겪게 된다. 이러한 집단의 변화를 집단발달이라고 일컫는다. 집단발달(group development)이란, 모든 소집단 발달의 과정에서 점진적으로 나타나는 일련의 단계, 또는 집단 내 여러 요인의 영향에 따른 집단성원 매력의 순환적 주기로 간주할 수 있으며, 각 단계는 어느 주어진 시점에서 볼 때, 이의 출현을 명백히 확인할 수 있는 특성을 나타낸다는 것이다.

집단발달은 일반적으로 세 가지 차원에서 고려되어야 하는데, 첫째로 사회적 조직, 즉 집단의 구조를 의미하며 참여자의 역할과 지위유형 및 권력구조의 변화차원이고, 둘째로 참여자의 활동 및 과업, 집단의 운영과정으로 집단의 의사결정과정의 차원이며, 셋째로 집단의 문화와 규범, 가치, 공통목적 등의 차원이다. 이러한 세 가지 차원은 시간에 따라 변화하며, 나름대로 변화의 어떤 규칙을 갖는다. 그러므로 집단발달단계를 이해하기 위해서는 이러한 규칙성과 변화를 파악해야 한다(이화여대 사회사업학과, 1998 : 247). 집단발달단계에 대한 지식은 집단의 존속기간 예측, 각 단계에서 예상되는 집단성원 및 집단행동지표 제공에 필요한 종합적인 작업기반을 제공하며, 사회복지사의 행동이 어떠해야 할 것인지를 암시해 준다(윤현숙 외, 2002 : 126).

2) 집단발달단계의 모델

대부분의 학자는 집단발달단계를 규정함에 있어 모든 집단이 일련의 과정을 통해 어떤 집단의 상태나 혹은 단계, 또는 집단성원의 서로 다른 요인으로 매력을 가지게 되는 반복주기의 일종이라는 점에서 합의를 이루고 있으나, 집단발달단계를 몇 단계로 구분하느냐에 대해서는 의견의 일치를 보지 못하고 있는데 그 이유는 다음과 같다.

첫째, 집단발달단계를 설명하는 데 있어서 동일한 범주와 개념을 사용하지 않고 있다. 둘째, 발달단계에 관한 이론이 주로 실천가의 관찰에 의해 만들어진 것으로 체계적이지 못하고 그 결과에 대한 신뢰도와 타당도가 낮다. 셋째, 변화의 정도나 집단 특성의 강도를 양분하여 측정할 수 있는 척도가 개발되어 있지 않다. 다음의 <표 11－Ⅰ－3>은 집단발달에 관한 대표적인 모델로 갈랜드, 존스, 콜로드니(Garland, Jones & Kolodny), 마이어(Maier), 사리와 갈린스키(Sarri & Galinsky), 슐만(Shulman), 킨델스퍼거(Kindelsperger), 트레커(Trecker), 핫포드(Hartford) 등의 모델이 있다(이화여대 사회사업학과, 1998 : 248-296).

〈표 11－Ⅰ－3〉 **집단발달단계 모델**

	Garland, Jones, & Kolodny	Maier	Sarri & Galinsky	Shulman	Kindelsperger	Trecker	Hartford
1	회원가입 전 단계 (Pre－affiliation)	공통성 확인단계	발생단계	준비기	접근 또는 오리엔테이션	시작단계	전 집단단계
2	권력과 통제단계 (Power&control)	교환의 생성단계	형성단계	개시기	관계의 협상 또는 갈등	집단감정, 조직의 출현	최초의 대면 접촉단계
3	친숙단계 (intimacy)	상호 간의 신분개발 단계	중간단계 (1)	작업기	집단역할의 출현	유대, 목적, 응집력 개발	집단형성단계
4	변별단계 (differentiation)	집단정체감의 개발	수정단계	종결기	집단역할우세의 동요	강한 집단감정－목표달성	분열단계
5	분리단계 (seperation)		중간단계 (2)		집단역할우세	흥미의 전환 집단감정 감소	재통합(분열, 갈등의) 1단계
6			성숙단계		제도화된 집단역할	종결단계－집단 종결결정	재통합(재조직 종합) 2단계
7			종결단계				전종결 단계
8							실재적 종결단계
9							종결 후 단계

(1) 사리와 갈린스키(R. Sarri & M. Galinsky)의 집단발달 모델

사리와 갈린스키의 집단발달 모델은 사회학과 집단치료 분야의 소집단 연구조사분석을 토대로 개발된 것으로 이론적으로 가장 잘 정립된 7단계 모델이다.

① **발생단계**(origin phase)

이 단계는 집단구성을 고려하는 단계이다. 사회복지사는 집단 최초의 기원에 대한 지식이 있어야 하며, 집단의 규모, 집단성원의 성격, 참여동기, 환경적 위치 등을 검토해야 한다. 집단의 규모는 집단의 구조와 집단성원의 참여유형, 개인의 만족도에 영향을 준다. 또한 집단성원의 성격은 계속되는 활동, 과업, 절차는 물론 집단문화에 영향을 준다. 집단성원의 최초 참여동기가 자발적인가 비자발적인가에 따라 집단의 사회적 조직에 영향을 준다. 기관의 위치 혹은 지역사회의 환경적 위치는 집단성원의 규범과 가치에 영향을 주고 집단의 활동과 과업을 제한한다.

② 형성단계(formation phase)

집단성원 간에 유대가 생기고 의사구조가 드러나며 사회적 조직이 만들어진다. 공격적이거나 주장이 강한 역할을 하는 집단성원이 사회복지사가 되는 지위구조가 나타난다. 집단성원은 개인의 가치와 집단의 목적이 일치하기를 바라며 어떤 공통성을 갖고자 한다. 공통의 가치와 태도가 수립되고 간단한 운영절차가 발달된다. 이런 조건이 실패하게 되면 다음 단계로 진행하지 못하고 집단이 종결되거나 혹은 집단성원이 떠나게 된다.

③ 중간단계 1(intermediate phase 1)

집단성원 간의 유대가 증가하고 집단의 응집력이 어느 정도 나타난다. 집단의 목적이 명확해지고 목적지향적인 활동이 생긴다. 전체 집단성원의 특화된 역할이 나타나고 집단의 과업이 명백해진다. 이 단계에서는 파벌과 하위집단이 형성되기 시작한다. 집단기능과 관련된 규범과 가치가 부가되며 사회통제기제가 발달하지만 아직 규범과 가치가 완성되지 못해 집단성원의 활동에 제한을 주기도 한다. 그러나 중요한 규범과 가치는 형성단계와 이 단계에서 수립된다.

④ 수정단계(revision phase)

이 단계에서는 초기 단계에 만들어진 지도구조에 대한 수정을 요구한다. 집단의 운영절차가 바뀌고, 집단성원의 역할이 더욱 분화되며 능력에 따라 특정 분야에서 사회복지사 기능을 하는 집단성원이 늘어난다. 집단성원은 점차 자신의 역할에 편안함을 느끼고 서로 더 많은 접촉을 한다. 이때 부정적 반응 역시 증가될 수 있다. 규범과 가치와 전통이 수정절차를 거쳐 다양하게 변화하거나 혹은 강화된다. 이 단계에서 집단의 목적은 더욱 명확해진다.

⑤ 중간단계 2(intermediate phase 2)

이 단계는 이전의 수정단계와 유사한 특징이 있으나 집단의 통합력이 더 높고 목적지향적 활동과 집단구조가 더욱 안정된다. 집단구조가 수정된 뒤 균형이 잡히고 전통과 규범이 더 명확해지므로 집단의 영향력과 응집력이 커진다. 집단성원 간에 상호의존과 협동이 증가하고, 목적을 위한 활동에 대한 관심도 커진다. 모든 집단에서 구조가 수정되는 것은 아니지만, 역할구조는 분명히 수정된다. 지도력은 집단성원에게로 분산되고 역할이 분화되어 증가하므로 운영절차도 변화한다.

⑥ 성숙단계(maturation phase)

이 단계에서 집단은 고도로 기능적이 되고, 집단구조가 발달하여 위계가 분명해지고, 역할이 상호의존적이면서 특수화된다. 상호작용유형이 공식화되고 하위집단과 대인 간의 유대가 증가한다. 집단참여유형, 의사결정, 문제해결과 수행의 운영절차가 관습화되고 효과적인 변화절차가 수립된다. 이 단계에서는 '역동적 균형'의 상태로 집단 외부와 내부의 변화압력에 대한 적응기제가 발달된다.

⑦ 종결단계(termination phase)

집단의 목적이 달성되었거나, 계약기간이 끝났거나, 집단통합성이 결여되었을 때 또는 외부압력에 대한 효과적인 반응수단을 개발하지 못했을 때 집단은 종결된다.

(2) 갈랜드, 존스, 콜로드니의 집단발달모델

집단사회복지실천의 적용성이 가장 뛰어난 모델로 알려진 갈랜드, 존스, 콜로드니(Garland, Jones & Kolodny)의 5단계 집단발달모델은 아동기관에서 3년에 걸쳐 작성된 집단과정기록의 분석결과를 토대로 수립된 것이다. 이 모델은 집단이 시작되어 계속적으로 발달하면서 흔히 일어나기 쉬운 문제를 서술하고 있다. 이러한 문제를 이해함으로써 사회복지사가 집단성원에게 좀 더 효과적으로 반응할 수 있도록 돕는다. 집단성원이 서로 간에 정서적으로 얼마나 가깝게 지낼 수 있는지를 의미하는 친밀성(closeness)에 초점을 두고 있다. 친밀성이란 집단발달의 매 단계에서 일어나는 집단성원 간의 투쟁을 통해 나타난다.

① 회원가입 전 단계(pre-affiliation)

이 단계에서 집단성원은 집단에 들어오는 것에 대해 양가감정을 가지며, 다른 집단성원과의 상호작용도 조심스러워진다. 이 기간 동안 집단사회복지사는 집단성원에게 집단이 매력적이 될 수 있도록 하기 위해 허용적이고 지지적이며, 신뢰를 갖게 되고 물리적·심리적 환경의 참석을 허용하는 활동을 제공하며, 집단구조를 주도한다. 이 단계는 집단성원이 집단에서 어느 정도의 안정감과 편안함을 느끼고 집단에 소속되어

활동함으로써 받게 되는 보상을 전망하면서 끝난다.

② 권력과 통제단계(power and control)

이 단계에서 집단의 특징이 나타난다. 의사소통, 유형, 동맹, 하위집단 등이 발달하고 집단성원은 역할과 책임을 맡게 된다. 또한 집단규범이 수립되고 과업을 수행하기 위한 방법론이 만들어지며 집단성원은 질문을 하기 시작한다. 집단성원을 통제하기 위한 권력투쟁도 일어난다. 이 단계는 과도기로 집단이나 사회복지사의 1차적 통제가 있다. 권력의 한계는 권력사용의 범위 등과 같은 기본 문제가 해결되어야 한다. 집단성원이 반항하기도 하며 집단을 탈퇴하기도 한다. 이 기간 동안 사회복지사는 첫째, 집단성원이 권력투쟁의 성격을 이해하도록 돕고, 둘째, 집단성원이 불확실성 때문에 갖게 되는 불안감에 대해 정서적으로 지지하며, 셋째, 이러한 것을 해결하기 위해 규범의 수립을 도와야 한다. 이 단계가 되면, 집단성원은 사회복지사를 신뢰하게 되면서 집단에 기여하게 된다.

③ 친숙단계(intimacy)

이 단계에서 집단성원의 인간적 관계가 강화되어 형제 간의 경쟁관계와 같은 성향이 나타나며 사회복지사는 부모처럼 된다. 집단성원은 좀 더 개방적으로 감정을 표현하며 토론한다. 집단은 성장과 변화가 일어나는 장소로 드러난다. 개인은 자신들의 태도, 생각, 문제를 바꾸려 노력하며 집단과업이 시작된다. 이런 가운데 집단 내의 응집력이나 '하나됨'의 감정이 발생한다. 집단성원은 집단경험의 중요성을 인식하고 자신의 생활에서 집단의 의미를 탐색하고 자신의 변화를 이루고자 한다.

④ 변별단계(differentiation)

이 단계에서 집단성원은 더욱 자유롭게 새로운 행동유형을 실험할 수 있고 개인의 권리와 요구를 인식하고 효과적으로 의사소통한다. 사회복지사의 역할을 함께 나누고 집단은 기능적이 되며 효과적으로 조직된다. 이때 집단사회복지사는 집단이 스스로 운영되도록 돕고, 다른 집단 혹은 지역사회와 통합되도록 권유하고, 집단의 활동과 집단성원의 감정 그리고 행동에 대한 평가를 해야 한다. 변별단계에서는 집단성원 간의 관계가 좀 더 대등해지고 서로 간에 지지적이며, 좀 더 합리적이고 목적적인 방법으로 관계를 할 수 있게 된다.

⑤ 분리단계(separation)

집단의 목표가 성취되고 집단성원이 새로운 행동유형을 배우는 마지막 단계이다. 집단성원은 종결을 꺼려해 퇴행적 행동을 보이거나 분노 혹은 심리적 거부감을 표현하기도 한다. 집단사회복지사는 이별을 촉진시키기 위해 집단성원으로 하여금 종결에 대한 양가감정을 표현하고 개선된 점을 인식하도록 도우며, 개별적으로 계속적인 지원을 하는 역할을 해야 한다.

Ⅱ. 집단중심 사회복지실천기술

1. 초기단계에 필요한 사회복지실천기술

초기단계는 집단성원과 관련된 사회·정서적과업문제와 관련이 있다. 집단의 초기단계에서 주된 사회·정서적 과업은 포함(inclusion)으로 갈랜드, 존스, 콜로드니가 말한 접근－회피(approach-avoidance)와 비슷하고, 맥켄지(K. R. MacKenzie)와 리브슬리(W. J. Livesley)가 말하는 계약(engagement)과 비슷하다. 이 단계에서의 주된 과업은 적응이다. 집단성원은 사회복지사와 다른 집단성원에게서 정보를 주고받으며, 공통점을 모색하고 집단이 자신에게 주는 의미를 찾으려 노력한다(노충래, 2006 : 65).

처음의 몇 회기에서 집단성원은 집단경험을 통해서 무엇을 얻고 싶은가가 불확실하고 모호하며, 집단의 규칙이나 기대되는 행동에 대해서 명확히 알지 못한다. 만일 지도력 스타일이 가능한 한 비구조화를 택하는 스타일이라면, 상황의 모호함 때문에 집단성원의 불안수준이 높아질 것이다. 그리고 집단 초기의 집단성원은 일반적으로 집단에 몰두하기보다는 다소 망설이는 태도를 취하고, 어떤 집단성원은 자신의 문제를 풀어가는데 있어 집단의 실제적인 가치에 대해 의심을 품기도 한다.

문화적 요소 또한 집단에 영향을 미칠 것이다. 자신의 문화적 전통이나 가치에만 충실하려고 할 때, 집단성원이 “저항”하고 있다는 것을 알게 된다. 이와 같은 집단성원은 성, 가족문제, 종교적인 신념과 같은 개인적인 문제에 대해서 공개적으로 이야기하는 것을 혐오할 만한 것이라고 믿을 수도 있다. 집단사회복지사로서 해야 할 중요한 기능은 집단성원이 자신을 개방하지 않으려는 초기 저항이 얼마나 자신의 문화적 상황과 관계되는지 이해하도록 돕는 것이다.

어떠한 집단이든 초기 저항은 나타나기 마련인데, 이러한 것은 이야기를 통해 표현하는 것이 좋다. 집단에서 저항의 일반적인 형태는 숨은 안건, 즉 집단의 과정에는 영향을 미치지만 공개적으로 이야기되지 않는 문제와 관계가 있다. 만일 이러한 문제가 충분히 드러나지 않고, 논의되지 않으면, 집단은 더 이상 진행되지 않는다. 집단사회복지사는 참을성을 가지고 비방어적으로 그 불만을 들으며, 그것을 극복하도록 도와야 한다. 집단을 늪에 빠지게 하는 것은 집단성원이 말하는 게 아니라 말하지 않는 것이라고 지적한다.

집단 초기 집단성원은 자신에 대해 깊이 탐색하려는 것에 대해 저항하는 방식의 일환으로 집단 밖의 사람과 상황에 초점을 맞추려고 한다. 이때 집단사회복지사는 그와 같은 집단성원으로 하여금 자기 자신에게 초점을 맞추도록 방향을 바꾸어야 하며, 이때 저항에 대한 용기를 주는데도 숙련되어야 한다. 물론 자신을 개방하기 전에 집단성원 간 신뢰관계가 형성되어야 한다(김명권 외, 2001 : 161-167).

사회복지사는 집단성원에게 사회복지사, 다른 집단성원, 집단의 활용계획에 대해 오리엔테이션을 해줌으로써 불확실감과 불안을 어느 정도 감소시킬 필요가 있다. 이를 통해 집단성원을 위해 집단이 잠재적인 가치를 향상시킬 수 있으며, 집단성원이 자신의 욕구를 충족시키기 위해 집단을 활용할 수 있는 동기를 제공할 필요가 있다.

1) 초기단계의 특징

초기단계의 클라이언트는 앞으로 경험하게 될 집단에 대한 오리엔테이션을 필요로 한다.

(1) 집단성원의 특성

집단성원은 집단에 대한 불안감, 불신감, 두려움, 저항감을 갖는다. 이 기간에 안면이 있는 사회복지사와의 대화를 시도하고, 사회복지사에게 잦은 질문을 한다. 또한 집단성원과의 탐색, 피상적인 대화, 성원과의 거리유지를 시도한다. 집단 내에서의 자신에 대한 문제 해결에 의구심을 갖는다. 클라이언트의 저항은 갈등으로 표현된다. 집단은 생활방식, 사고방식, 문화 등이 각기 다른 성원으로 구성되어 있기 때문에 집단성원 사이에 갈등이 일어날 수 있으며, 이러한 갈등은 불신감과 관련이 있다.

(2) 집단의 특성

개별성원, 사회복지사, 집단에 대한 오리엔테이션이 필요하며, 집단의 목적과 구조에 대해 설명이 필요하다. 집단의 규범, 가치, 규칙에 대한 설명과 집단의 대화방법에 대한 동일한 설정이 필요하다.

(3) 신뢰감과 소속감

초기 단계의 가장 뚜렷한 특징은 신뢰감을 형성하는 것이다. 초기 단계에서의 첫 모임은 집단성원 상호 간의 신뢰감이 매우 낮다. 따라서 초기 단계의 신뢰감 형성이 어렵게 되면, 집단의 응집력에 부정적인 영향을 미친다. 또한 집단을 대상으로 하는 사회복지실천에서는 집단성원 각자가 집단에 대한 소속감을 갖고 참여할 때, 집단성원 개개인과 집단 전체에 긍정적인 영향을 주게 된다.

(4) 사회복지사의 역할

사회복지사는 집단성원 간의 공통점을 찾아 연결하고, 집단성원 간의 불안감을 감소시키며, 대화가 일방형이 아닌 다방형이 될 수 있도록 유도한다. 즉, 집단성원의 참여를 촉진한다. 또한 집단성원에 관한 비밀보장의 원칙을 제시하고, 클라이언트를 지지할 수 있는 언행을 가진다.

2) 집단참여자에게 주지해야 할 사항

(1) 집단활동의 특이성

집단 프로그램은 개인의 자기성장을 돕기 위하여 진행되기 때문에 다른 학습집단에서처럼 객관적인 지식에 초점을 두지 않고, 참여하는 인간개체와 그의 세계에 초점을 두고 있다. 집단 내에서의 상호작용을 통하여 자신을 발견하고, 수용하며 개방할 수 있도록 도우려는 것이 집단 프로그램의 주된 목적이기 때문에 '지금－여기(here & now)'의 집단성원 개개인이 유일한 학습의 자료가 된다. 일반적 학습집단에서는 강의 또는 토의 내용을 중시하나 집단 프로그램에서는 학습의 과정을 더 강조하며, 객관적인 사실보다 감정과 정서, 창의성과 상상력, 인간이해와 인간관계 등과 관련된 정의적 영역에 더 치중한다.

(2) 집단 프로그램의 전개모형

진행과정	내 용
Ⅰ. 목적 제시 (1~2분 정도)	• 분위기 조성 • 주제 · 학습목표 제시
⇓	
Ⅱ. 강의 (10분 정도)	• 관계개념, 필요성 강의 • 중요성 인식 • 동기유발, 자극
⇓	
Ⅲ. 활동 (30~40분 정도)	• 활동에 대한 자세한 지시 • 주 활동 : 집단의 크기나 내용에 따라 적절한 시간조절
⇓	
Ⅳ. 토의 (5분 정도)	• 활동 전, 도중, 후를 관련지어 자신의 느낌, 생각 발표 • 집단성원에게 하고 싶은 말 • 활동경험에 대한 소감교환
⇓	
Ⅴ. 평가 (5분 정도)	• 오늘 모임에서 새롭게 발견되고, 학습된 점 발표(2~3명) • 오늘 학습활동요약(집단지도자) • 다음 모임 예고

(3) 효과적인 진행을 위한 기본 조건

① 자기투입과 참여

집단 프로그램은 참여자 스스로가 집단 내에 자신의 상호작용이 어떻게 일어나는지 관찰하고 분석하는 활동을 중심으로 이루어진다. 그러므로 효과적인 학습을 위해서 참여자 개개인은 심신을 투입하여 적극적으로 집단활동에 참여하여야 한다.

② 지금－여기 중심의 활동

경험중심적 학습방법을 채택하고 있기 때문에 지금－여기, 나와 너(You & I) 사이에서 일어나는 느낌, 생각, 행동을 상호 간에 관찰, 분석, 지적해 주는 것으로 진행된다.

③ 피드백 주고받기

자기성장을 위한 집단 프로그램에서는 피드백 주고받기가 필수적인 요소이다. 피드백이란 상대방의 행동이 나에게 어떤 반응을 일으키고 있는가에 대하여 그 상대에게 직접 솔직하게 이야기해 주는 것을 말한다. 효과적인 피드백은 개인으로 하여금 자신을 이해하도록 돕는 유일한 방법이자 수단이 된다.

④ 허용적인 분위기와 심리적인 안정감

참여자들이 집단에서 있는 그대로의 자기를 탐색하고 수용하며, 개방할 수 있고 상호 간에 솔직한 피드백을 주고받을 수 있으려면 먼저 징벌이나 도덕적 판단의 위험 없이 비교적 자유롭게 행동할 수 있을 뿐만 아니라 집단지도자를 포함한 모든 참여자 상호 간에 신뢰할 수 있는 분위기가 형성·발달되어야만 한다.

⑤ 의도적 활동 혹은 게임의 활용

자기성장을 위한 프로그램에서는 바람직한 학습이 이루어지도록 하는 하나의 수단으로 게임과 같은 의도적 활동을 이용하기도 한다.

⑥ 학습경험 보고서

집단활동이 끝날 때마다 더 많은 효과를 얻기 위하여 참여자로 하여금 자신의 느낌과 학습경험 등에 대하여 보고서를 써서 다음 모임에 제출하도록 한다.

3) 물리적 배치 및 세팅

물리적 세팅이 집단의 분위기에 기여하기 때문에 어느 정도 사람을 끌어들이는 흡인력이 필요하다. 만약 모임장소에 창문이 없고, 환기시설이 빈약하며, 춥거나 불편하다면 개인의 이슈를 탐색하기 위해 다가가는 것이 제한된다는 점이 주목할 만하다.

좌석배치는 중요하다. 구성원이 한 집단실에서 집단적으로 만나는 것은 탁자를 두거나 또는 눈맞춤을 촉진시키고 친밀감을 허락하는 세팅에서 모인 집단과 차별을 두는 것으로써 물리적으로 분리를 시킨다. 한 구성원이 다른 모든 구성원을 볼 수 없을 때, 일부 구성원이 방의 코너에만 있을 때, 몇몇이 다른 사람 뒤에만 앉아 있을 때, 다른 물리적 장애가 존재할 때에 심리적 거리와 분열을 예상할 수 있다. 다른 고려할 만한 사항은 분위기가 너무 편안하거나 비공식적이면 태만함을 촉진시킬 수 있다는 것이다. 동시에 집단지도자는 불편한 의자를 제거하기 원한다. 반면 매트리스와 크고 두툼한 쿠션은 푹 내려간 자세를 만들어 구성원이 다음 회기에 참여하지 않거나 심지어 잠을 자게 만든다.

4) 초기단계에서 필요한 개입기술

(1) 오리엔테이션과 참여자 소개

사회복지사는 집단성원을 대상으로 오리엔테이션과 참여자 소개를 실시한다. 오리엔테이션에서는 집단에 대한 정보를 제공하고, 사회복지사의 소개, 집단성원의 소개, 집단의 목적소개, 집단성원으로서의 역할소개, 규칙소개 등을 집단의 첫 번째 모임에서 실시한다. 집단 프로그램은 개인상담과 같이 일대일(1 : 1)의 관계에서 이루어지는 것이 아니라 10명 내외의 집단성원이 모여 이루어지는 것이므로 집단의 목표달성과 자신의 목표달성을 위하여 집단 프로그램에 대한 기초적인 지식을 갖추어야 한다. 그리고 낯선 동료들과 처음 만나는 자리이므로 집단성원 간의 상호이해를 돕기 위하여 각자가 자기소개를 해야 할 필요가 있다.

우리는 처음 만났기 때문에 서로를 잘 모른다. 따라서 집단의 분위기도 어색한 느낌이 든다. 그러므로 우리들 상호 간에 자기 자신에 관한 이야기를 교환한다면 상대방을 이해하는 데 도움이 될 뿐만 아니라 그러는 동안 자신을 다시 생각해 봄으로써 자기이해에도 많은 도움을 얻게 될 것이다. 자기소개는 부담없이 편안한 마음으로 할 수 있는 내용을 선택하여 하면 된다. 하나 둘 점진적으로 하는 것이 바람직하다. 오리엔테이션의 목적은 집단성원 자신의 특징이 무엇인가 확인해 볼 수 있는 기회를 통하여 자신의 이해에 도움을 얻고 그 특징을 타인에게 소개함으로써 집단성원 간의 상호이해와 인상 깊은 인간관계를 형성하도록 하는 것이다. 또한 참여자 소개를 통하여 자신의 특징을 확인해 볼 기회를 갖고 자신의 이해에 도움을 얻고 다른 참여자에게 자신을 나타내므로 집단성원 간의 이해와 신뢰감의 발달을 촉진시킨다. 사회복지사는 집단 프로그램에 대한 기초지식을 갖추고, 집단성원 상호 간의 이해를 돕는다.

① 사회복지사의 소개

사회복지사의 이름, 직위, 앞으로 운영될 집단 프로그램과 관련된 사회복지사의 경력 등을 소개한다. 집단성원이 담당 사회복지사의 자격증을 볼 수 있게 하는 간접적인 소개방법을 사용하면서 가벼운 주제로 집단성원과의 대화를 통해 집단성원 간의 긴장감을 완화한다.

② 집단성원의 소개

집단성원 각자가 자신의 소개를 할 수 있도록 사회복지사는 원조한다. 즉, 집단성원 각자가 참여하게 된 이유, 집단에 대한 기대 등을 표현하게 한다. 그러나 집단의 논의 과정에서 자신의 의견을 말하는 방법은 피해야만 한다. 이를 '집단 내에서의 케이스워크'라고 한다. 이는 집단 안에서의 한 개인이 초점대상이 되어 불편해 할 수 있기 때문이다.

〈표 11-Ⅱ-1〉 집단성원 소개활동 내용

① 8절 켄트지에 끈을 달아서 만든 준비물을 주고 자신의 취미, 특기, 별명, 성격, 신체적 특성 등 자기 자신을 잘 나타낼 수 있는 글귀나 그림 등을 그리게 한다(약 10분 정도). 이렇게 자신이 묘사한 그림을 목에 걸고 집단 앞에 나아가 그림에 대한 설명과 아울러 자기소개를 하게 한다.
② 전체 집단성원을 잘 모르기 때문에 두 사람씩 짝을 지우고, 10분 정도 대화를 나누게 한다. 그동안 상대방의 성명, 별명, 가족관계, 취미, 관심거리, 장래희망 등 가능한 많은 내용을 알아내도록 한 후 다시 모여 앉아 상대방에 대해 파악한 내용을 집단 앞에서 본인 대신 소개를 한다. 이때 상대방의 인격을 손상시키지 않으면서 흥미롭고 재치 있게 소개를 하는 것이 좋다.
③ 참여자를 둘러앉게 한 후, 한 사람씩 자신의 이름, 취미, 성격, 특기, 집단 프로그램에 참여하게 된 동기, 집단에 대한 기대 등에 대하여 다른 집단성원에게 발표하게 한다. 모든 집단성원의 소개가 끝나고 나면, 집단지도자가 집단 프로그램의 성격, 진행방법, 규칙, 목표 등에 대하여 종합하여 설명해 준다.

③ 집단의 소개

- 집단목적의 소개 : 사회복지사는 집단성원의 불안감을 해소해 줄 수 있도록 집단의 목적을 명확하고 간결하게 설명한다. 또한 집단 내에서의 사회복지사의 역할에 대한 설명이 필요하며, 특히 비자발적인 클라이언트 집단에서는 더욱 필요하다.
- 집단성원의 역할소개 : 집단성원은 참여동기를 알고 있을지라도 자신의 문제를 해결하기 위해서 집단 내에서 무엇을 해야 하는지에 대해 명확한 설명이 필요하다. 이때 사회복지사도 집단성원에 갖는 기대를 표현하게 된다.
- 집단규칙 : 초기 단계에 적용할 수 있는 사회복지실천기술 중의 하나이다. 첫째, 비밀보장을 원칙으로 한다. 그러나 클라이언트의 문제가 자신 또는 주변인물에게 위협적일 경우 사회복지사는 비밀보장의 원칙을 준수하기보다는 클라이언트 또는 그 주변인물의 안전을 위해 필요한 조치를 취해야 한다. 둘째, 사회복지사는 집단성원의 행동과 관련된 규칙을 논의하고 결정해야 한다. 이러한 관련규칙은 집단성원과 함께 결정해야만 한다.

〈표 11-Ⅱ-2〉 성공적인 집단을 운영하는 데 필요한 규칙

① 다른 집단성원이 얘기하는 동안 방해하지 않고 경청하기
② 집단토의를 독점하지 않기
③ 다른 집단성원의 생각과 감정을 존중하기
④ 진지하고 솔직하게 다른 집단성원의 생각과 감정에 관해 이야기하기
⑤ 서로 신뢰하고 협조하기

(2) 친숙해지기 위한 기술

① 이름 익히기

이 기법 중 하나는 구성원들이 그들 스스로 이름을 소개하고 집단이 알기 쉽도록 자신의 무언가에 관해 말하도록 하는 것이다. 프로그램을 시작하기 전에 사회복지사는 누군가가 그들을 소개하기 이전에 스스로 자신들 모두의 이름을 말하기를 요구한다. 사회복지사가 선호하는 바는 기계적으로 순환되는 것을 피하는 것이다. 사회복지사의 도움 없이 구성원 스스로 집단 내로 들어가도록 조장한다. 사회복지사는 구성원인 그들 스스로의 선택에 의해 자연스럽게 집단에 들어가는 것을 더 좋아한다. 이런 과정은 사회복지사에게 그들에 관한 얼마간의 정보를 준다. 구성원은 몇 분 동안 완전한 반복에 의해 다른 사람의 이름을 익힐 수 있다. 이런 훈련은 또한 빨리 이동하면서 친숙해지는 과정을 유지하게 하는데, 구성원은 이름의 리스트를 오래 기억하기 전에 말해야 한다는 것을 걱정하기도 한다.

② 스스로 소개하기

집단지도자는 구성원이 다른 방식으로 스스로를 소개하도록 요구한다. 예를 들어, 그들이 마지막 회기까지 스스로 되고 싶은 사람으로 그들 자신을 소개할 수 있을 것이다. 이 기법은 사람이 그들의 목표를 생각하게 해준다. 그것은 다른 사람들이 각각의 개인이 집단에서 희망하는 바가 무엇인지를 지각하도록 하고 그들 스스로 모험을 시작할 모든 기회를 제공해 준다. 또 지도자는 구성원에게 스스로 위험과 어려움에 관해 무언가를 말하는 노력을 지각하도록 요구할 수 있다. 이 기법은 구성원이 초기에 어떻게 집단에서 위험을 기꺼이 감수하는지를 판단하도록 하는 방법을 제공한다.

③ 다른 누군가를 소개하기

사람을 소개하는 것에는 구성원이 짝을 이루도록 요청하여 그들의 파트너에 관해 가능한 많이 알아서 그들이 후에 집단에서 자신의 파트너를 소개하도록 하는 기법이

있다. 파트너는 속을 캐보는 질문으로 서로 공격하는 것을 피해야 한다. 그들은 대신에 활동적인 경청자가 될 수 있고 그들이 선택한 주제에 관해 의견을 나눌 수 있다.

④ 시간 제한하기

당신은 구성원에게 시계를 주고 3분 안에 그들이 중요하다고 여기는 상황과 관련하여 묻게끔 한다. 구성원은 그들의 과거를 나누고, 현재의 삶에 초점을 두거나 그들이 미래에 희망하는 바를 표현할 수 있다. 그들은 또한 지금 순간의 감정이 무엇인지 나눌 수 있다. 토론은 계속적으로 누구나 돌아가며 할 수 있다. 경험에서 말하는 부분에 대해 강하게 보류하는 누군가는 간단하게 타이머를 다른 사람에게 넘길 수 있다. 그것은 이 사람을 이 시간에 초점이 되지 않게 하고, 주위의 흐름을 방해하지 않도록 하는 좋은 실천이다.

⑤ 짝과 소집단 활용하기

대집단에 대한 두려움의 감정을 감소시키는 것은 10분 동안 짝의 형태 또는 3인조를 만들어 파트너랑 친숙하게 하는 것이다. 그런 후 그들은 10분 동안 다른 새로운 파트너를 찾는다. 소집단의 크기와 사람을 결정하는 것은 2회 내지 10회로 조절가능하다. 혹은 구성원이 바뀐 후 짝 또는 3인조를 다른 구성원으로 만들도록 계속해서 진행할 수 있다. 이 기법은 적어도 짧은 기회 동안 다른 사람과의 관계를 만들고 자신에 관해 무언가를 말할 수 있게 하는데 있어 참여를 높이도록 한다. 소집단의 다양한 조합을 이용하는 것은 문제해결의 훌륭한 실마리를 제공하고 집단 내의 신뢰와 상호작용을 변화시키는 좋은 방법의 하나이다.

⑥ 짝지어 소개하기

목 적	아이스 브레이킹(ice-breaking)[1]을 하고, 집단성원이 서로 알도록 돕기
방 법	둘씩 짝지어 서로에 대해 어느 정도 알게 된 후에 집단에 서로를 소개하는 방법이다. 다른 형태로는 두 팀씩 묶어 각자의 짝을 소개하도록 하는 방법(상대적으로 덜 위협적이다), 집단지도자가 화제를 제한하는 방법("각자에 대해 짝에게 말해주되, 가족, 일, 학교 같은 것 대신에 자신의 성격, 취미, 가치관과 같은 개인적인 것에 대해서만 말해주세요")이 있을 수 있다. 집단에서 이야기하는 것을 몹시 어색해하고 부담스러워 하는 경우, 각자 기자가 되어 서로를 2분씩 인터뷰하고 인터뷰가 끝난 다음 전체집단에 기자로서 자신이 취재한 것을 보도하도록 한다는 상황설정을 해주면 더 편안하게 소개할 수 있게 된다.

1) 처음에 만나는 사람 간의 서먹한 관계를 얼음에 비유하여 그러한 서먹한 관계를 깨고 좀 더 원활히 만든다는 뜻으로, 직역하면 '얼음깨기'가 된다.

⑦ 집단지도자의 역할

집단지도자는 사람이 자신을 소개하는 초기 단계에 변화하는 무언가를 유지하게 해야 한다. 이런 방식에서는 누구나 여러 번의 기회를 가지는 상황을 만들어야 하는데, 개인에게 초점을 두는 것은 아니다. 집단지도자는 또한 특별히 사람들이 왜 그렇게 하고 느끼는지에 관해 구성원이 질문하는 것을 차단할 수 있다. 만약 질문과 대답 형태가 시작하기 전에 만들어져 있다면, 집단 전체과정에서 계속할 수 있다. 사람과 사람 사이의 변화의 초점을 유지하기 위해 집단지도자는 종종 주위의 많은 유용한 것을 찾고, 사회복지사가 제안한 여러 질문을 던져야 한다. 1시간에 한 가지 질문만 하는 것은 집단성원을 압도하는 기회를 감소시킨다.

집단지도자는 신뢰를 만들기 위하여 소개과정에 활동적으로 참여해야 한다. 그들은 집단의 시작에 관해 감정을 나누고, 기대하고 희망하는 바가 무엇인지 말하고, 집단을 이끄는데 있어 그들의 경험을 말하고, 특별히 집단에서 결정해야 하는 것, 개인적인 것에 관한 무언가를 공개할 수 있다. 그들은 그들이 이끈 집단에서의 수확이 무엇이었는지, 이 집단에서 배우고 경험하고자 하는 바람이 무엇인지 첨가하여 말할 수 있다. 그들이 그 순간에 깨닫는 바가 무엇인지에 관해 주목하는 것이 중요하다. 왜냐하면 그러한 개방모델은 집단성원의 현재 경험하는 바를 나누는 것에 집중하게 하기 때문이다.

(3) 신뢰감 형성기술

신뢰감 형성은 초기 단계에서 핵심적인 사회복지사의 역할이다. 집단의 초기에는 분위기가 어색하여 자신의 느낌이나 생각을 자유롭게 표현하지 못하며, 집단활동에 적극적으로 참여하기를 주저하게 된다. 집단성원이 학습집단에서 적극적으로 자신을 탐색하고 노출하기 위해서는 집단성원이나 집단에 대한 신뢰감이 형성되어야 한다.

〈표 11-Ⅱ-3〉 **신뢰감 형성활동**

① 집단성원 전원이 원으로 둘러서고 집단성원 한 사람이 중앙에 선다.
② 중앙에 선 사람은 완전히 힘을 빼버린 상태가 되어 서서히 아무쪽으로나 넘어진다.
③ 집단성원은 조심스럽게 쓰러지는 사람을 받쳐서 제자리에 세워준다.
④ 몇 회 반복하면서 실시하여 그때의 느낌을 표현하게 한다.
⑤ 돌아가면서 다 경험하고 이번에는 땅에 드러누워서 눈을 감고 있으면 여러 사람이 같이 부드럽게 들어올려 준다. 점점 높게 올렸다 내려 놓았다를 반복하다 역할을 바꾼다.
⑥ 처음에 쓰러질 때 자신이 멈칫해지는 것과 몇 번의 경험 후에 안심하고 쓰러질 수 있음에 관하여 토의하게 하고, 그 다음 누워서 들어올려질 때에 안락감과 불안감이 생기는 여부에 대해 토의한다.
⑦ 이러한 사실이 타인과의 신뢰감 형성에 영향을 주는 선입견에 관해서 이야기하고 활동과정을 평가한다.

집단성원은 자신의 언행에 대하여 다른 집단성원이 어떤 반응을 할지 잘 모르기 때문에 자신의 느낌이나 생각을 자유롭게 표현하지 못하며, 집단활동에 적극적으로 참여하기를 주저하게 된다. 모든 참여자가 오해를 받거나 상처받을 두려움 없이 사적인 정보를 상호교환할 수 있는 집단이 되려면, 장기간에 여러 번 만나야 하고 집단성원에 의해 지지를 주고받는 경험을 필요로 한다.

① 주의집중 행동(attending behavior)

신뢰감 조성을 위한 사회복지사의 기본 태도는 개방적이고 비심판적이며, 집단성원을 있는 그대로 수용하고 집단성원이 하는 말에 관심이 있다는 것을 비언어적으로 집단성원에게 전달하는 사회복지사의 행동을 말한다. 주의집중 행동은 비언어적 행동이며, 사회복지사의 눈맞춤, 자세, 목소리 등이 포함된다.

- 눈맞춤 : 클라이언트와 대화에서 눈맞춤을 통해 클라이언트가 하는 말에 관심이 있다는 메시지를 전달한다. 클라이언트의 눈맞춤의 빈도와 강도는 대화내용과 집단성원의 문화를 고려하여 조정해야 한다.
- 자세 : 대화내용에 맞게 자세를 유지한다.
- 목소리 : 목소리는 상대방에 대해 느끼는 감정을 전달하는 도구이기 때문에 대화의 내용에 맞게 목소리의 크기와 대화속도 등을 조절해야 한다.

② 두려움 확인하기

두려움이 비밀에 묶여있다면 그들은 단순히 과장하거나 계속적으로 두려움을 지니게 된다. 만약 그들이 두려움을 개방적으로 인지한다면 주저하지 않게 되고, 적어도 집단에 참여하는 것을 꺼리지 않게 된다. 참여자가 그들의 두려움을 탐색하도록 돕기 위해 지도자는 그들에게 눈을 감고 집단에서 일어난 나쁜 일을 상기시킨다. 집단성원이 허락되지 않는 두려움을 내부의 곪은 상처로 내버려 두지 않고 두려움을 개방하여 표현하도록 허용한다. 반복해서 집단의 문제의 원인이 무엇인지 찾는다는 것은 사람이 표현하는 감정이나 생각을 찾는 것이 아니다. 그들이 표현하지 않는 저항을 찾는 것이다.

③ 두려움 대처하기

불신을 다루는 다른 방법은 그들이 중요한 방식으로 자신을 드러내기 위해 충분한 안정감을 가지게 하는 것이 무엇인지 참여자가 상상하도록 요구하는 것이다. 사람이 여러 회기 동안 함께하고 다른 영향을 나타내는 얼마간의 기회를 가진 후 신뢰형성을 훈련하는 것은 그들이 교대로 타인과 그 자신을 각각 살펴보게 요청할 수 있다. "이 사람과 함께 이 집단에 있는 것이 얼마나 되었는가?, 이 사람에게 나를 개방해도 되는가?" 혹은 참여자가 그들 자신에게 물을 수 있다. "이 집단에서 가깝다고 느끼는 사람은 누구인가?, 누가 가장 멀다고 느끼는가?, 나에 대해 알고자 하는 것이 쉽다고 또는 어렵다고 하는 사람은 누구인가?" 몇 분 후 당신이 누구에게든 반응을 보고하도록 요청할 수 있다. 이 계획은 참여자가 가지고 있을 법한 비밀을 개방하게끔 하고, 또한 집단성원이 의심하거나 타인에게 비밀을 가지고 있다면 이런 반응은 인정하고, 신뢰가 형성되어 있다면 개방해서 다루어야 한다.

④ 경청하기와 관심 기울이기

경청하기의 목적은 클라이언트의 입장에서 사회복지사가 자신을 이해하고 있다는 생각을 할 수 있고 자신에 대해 좀 더 표현할 수 있도록 클라이언트를 격려하는 것으로 타인의 말에 주의를 기울여 듣는 기술을 말한다. 또한 타인과 친밀한 관계를 보다 잘 형성하기 위해 관심을 기울이는 행동과 그렇지 않은 행동을 명확히 식별할 수 있도록 하여 실생활에서 관심을 기울이는 행동을 익혀 행하도록 한다.

〈표 11-Ⅱ-4〉 경청하기와 관심 기울이기 활동

① 두 사람씩 짝을 짓게 한 후 경청하는 행동과 경청하지 않는 행동을 하게 한다.
② 두 사람씩 짝을 지은 후 한 사람이 이야기를 하면, 한 사람은 관심을 기울이지 않는 행동을 한다. 이때의 느낌을 상호교환하고 다시 온화한 시선접촉을 하고 이야기를 하게 하면서 자신의 느낌이 어떻게 변하는지를 발표하게 한다.
③ 다시 상냥한 얼굴표정과 음색으로 이야기하게 하고 그 다음에 즉각적으로 짧은 반응을 나타내도록 하며, 몸의 태도도 관심을 나타내게 한다.
④ 전체집단으로 돌아가서 관심 기울이기 행동과 인간관계가 어떤 관련이 있으며, 자신이 지금까지 의식하지 못한 것 등에 관해 토의하고 소감을 피력한다.

바람직한 인간관계의 형성·발달은 상대방의 이야기를 경청하려는 자세에서부터 시작된다. 경청한다는 것은 상대방의 대화에 귀를 기울여 듣는 것뿐만 아니라 상대방의 의사전달을 명확히 파악하는 것, 몸짓·표정·음성 등의 변화도 파악하며, 저변에 깔려있는 메시지를 지각하고, 나아가서 말하지 않은 내용까지 육감으로 파악하는 것을 의미한다. 우리에게 말하고 있는 상대방에게 전적으로 관심을 기울여 주는 것은 그 사람과의 좋은 관계를 발전시키는 데에 매우 중요하다. 또한 타인의 이야기를 받아준다는 것은 상대방을 이해하는 데는 물론 자신의 성장에도 큰 도움이 된다.

⑤ 나 뭐 달라진 거 없어요?

목 적	다른 집단성원에 대한 관찰력 증진시키기, 신뢰를 발전시키기
방 법	㉠ 집단성원 각자의 짝과 등을 맞대고 앉게 한 후, 자신의 외모에서 최소한 4가지 것을 바꾸도록 시킨다. ㉡ 2분 후에 다시 서로 얼굴을 보게 하고, 각 집단성원에게서 어떤 것이 변했는가를 약 2분간 확인하도록 한다. 이때 집단성원은 자신이 바꾼 것을 다시 고치거나 다른 것으로 대치하지 않도록 한다. ㉢ 이 활동은 집단성원의 관찰력을 예민하게 해줄 수 있다.

⑥ 한번 믿어보세요

목 적	집단성원 스스로, 집단성원 간 신뢰구축하기
방 법	집단 초기에 위험을 감수하고(risk－taking) 신뢰를 구축하기 위해 사용한다. ㉠ 믿고 넘어지기 : 짝에게 등을 돌려 서서 팔을 옆으로 벌리고 뒤로 넘어지면 짝은 그를 잡아준다. 역할을 바꿔 반복한다. ㉡ 믿고 걷기 : 한 명이 눈을 감으면 다른 한 명이 그를 도와 방을 돌아다닌다. 역할을 바꿔 반복하면서 집단지도자는 그들 사이에 신뢰가 싹트도록 한다. ㉢ 믿고 뛰기 : 밖으로 나가서 한 사람이 눈을 감고 달리면 다른 사람이 도와준다. 역할을 바꿔 반복한다. ㉣ 줄다리기 : 바닥에 가상의 선을 긋고 함께 마주보고 서서 상상의 줄다리기를 하는 것으로 다른 한 사람은 끌려간다. ㉤ 거울놀이 : 짝과 마주보고 서서 한 사람이 다른 사람의 몸 움직임을 똑같이 따라한다.

(4) 초점이 되는 구성원을 위한 기법

① 집단과정에 주의를 기울이기

한 집단이 형태를 취하여 시작한다면, 집단지도자는 신생 집단과정의 잠재적 상황과 집단성원이 자신의 반응을 어떻게 인지할지를 교육하는 것에 주의를 기울여야 한다. 첫 회기에서 사회복지사는 때때로 집단성원이 모두 조용히 평가하도록 요구한다. 사회복지사는 그들 각각 개인에 따른 가정(assumptions), 반응, 인지에 조용히 초점을 맞추도록 장려한다. 사회복지사는 항상 집단성원이 이 회기에서 반응을 드러내지 않기를 강조한다. 사회복지사의 목적은 집단성원이 새로운 집단에 들어가서 그들의 생각과 감정을 명료화하도록 돕기 위함이다.

② 집단 외부이슈에 초점을 두기

사회복지사는 집단실천실에서 '지금－여기'의 상호작용에 초점을 두고 집단 에너지를 동력화할 것을 강조한다. 사회복지사는 누군가의 집단 내부에서의 행동에 대해 잘 대처하는 것이 집단상황에서 어떻게 행동하게 하는가를 말하도록 주의를 기울여야 한다고 생각한다. 구성원이 집단에서 탐색하기 원하는 외부이슈에 초점을 두도록 하는 다양한 개방형 질문은, ㉠ 당신의 삶이 현재 냉랭하다면, 왜 그렇게 되었나?, ㉡ 이것이 치료를 위한 마지막 기회라면, 당신이 얻고자 하는 것은 무엇인가?, ㉢ 당신의 삶에 있어 현재 관계된 사람은 누구인가?, ㉣ 당신이 원하는 것에 대해 누군가가 말하는 것 중 멈추게 하고 싶은 것은 무엇인가?, ㉤ 이 집단에서 얻고자 하는 최상의 바람은 무엇인가?, ㉥ 당신이 좋아하는 기능을 방해하는 경향이 있는 명확한 생각이나 신념은 무엇인가?, ㉦ 당신과 관련있는 여러 감정은 무엇인가?, ㉧ 당신이 수정하고자 하는 몇 가지 분명한 행동이 있다면, 어떤 것인가? 등이 있다.

③ 여행 떠나기

목 적	㉠ 상상을 통해 자신과 타인에 대해 더 깊이 이해하기 ㉡ 위협적이지 않은 자세로 일대일 상호작용하기 ㉢ 분업적 과업수행에서의 역동을 경험해 보기
방 법	㉠ 집단지도자는 동료와 어디론가 여행을 떠나는 것에 대한 생각을 해보도록 이야기를 시작한다. ㉡ 집단성원은 2~3명이 한 팀을 이루고, 각 팀에게 그림 복사본을 한 장씩 준다. ㉢ 팀 구성원은 우선 그들 자신에 대해 소개하고, 어디로 여행을 갈 것인지에 대해 결정한 후, 그들이 여행에 가져갈 항목에 대해 상의한다. 또 누가 승객이 되고, 누가 운전을 할지에 대해서도 결정한다. ㉣ 각 팀은 다른 집단성원 앞에서 그들의 그림을 소개한다. 집단지도자는 각 팀에게 운전자와 승객, 가져갈 항목, 목적지 등을 어떻게 그리고 왜 선택했는지 설명해 보도록 요구한다. ㉤ 그리고 나서 팀은 이 주제에 대해 함께 작업하면서 어떤 느낌이 들었는지 토의한다. ㉥ 이 기법은 즐거움과 자기공개를 동시에 제공한다. 위협적이지 않은 방식으로 일대일 상호작용의 기회를 제공하기 때문에 집단발달의 초기단계에 적절하다.

(5) 집단성원의 불안 및 저항을 다루는 기술

집단성원 간의 불안은 초기단계에 자연스럽게 나타나는 것임을 집단성원에게 설명해 준다.

① 두려움 느끼기

집단의 초기단계에서 저항의 명백한 근원은 이 단계에서 정상적인 두려움과 불안을 너무 빨리 극복하려고 참가자를 떠미는 것이다. 만약 그룹의 진행상 구성원이 몹시 감정적이고 육체적 쇼크를 받았다면, 이러한 두려움은 복합적이라 할 수 있다. 그들은 지금-여기의 두려움과 저항을 꾸준히 연구해야 한다.

② 모델링

초기단계에서 저항을 극복하기 위한 좋은 기술은 지도자를 모델링하는 것이다. 당신이 구성원으로부터 저항을 경험할 때, 당신은 그것을 비난하지 말고 당신의 반응을 줄 수 있다. 예를 들면, 만약 초기 회기 동안 많은 침묵이 있었다면, 당신은 ㉠ "무엇이 여기에서 말하는 것을 어렵게 만드는가?", ㉡ "나에게 침묵은 어렵다. 나는 여기에서 다른 것을 위해 어떻게 해야 하는지 알고 싶다", ㉢ "당신이 이 그룹에서 친밀감을 느끼는 것을 말하거나, 당신이 여기에서 말하지 않는 것이 나에게는 중요한 것일 것 같다는 생각이 든다" 등으로 말할지도 모른다. 당신은 저항에 관한 당신의 경험과 구성원이 말한 그들의 경험을 공유할 수 있다. 그러한 모델링은 구성원이 그들의 감정을 표현하는 데 용기를 북돋아준다. 이것은 집단 내에서 일어나는 저항을 다루는 데 중요하고 직접적인 방법이다.

③ 마음에 내키지 않는 집단과 일하기

저항은 마음에 내키지 않는 클라이언트와 집단을 구성하는 데 각별한 문제가 될 수 있다. 많은 지도자는 마음에 내키지 않는 집단이 생기는 일이 많지 않을 것이라고 생각한다. 이런 태도는 구성원에 의해 쉽게 전달되고 터득된다. 그런 집단에서 중요한 변화를 위한 기회는 간과될 수 없다. 만약 저항하는 구성원이 저항에 대한 생각을 말로 나타내는 데 용기를 북돋아 주었다면, 그것은 더 깊은 저항을 연구하는 기술을 만드는 데 자료를 제공할 수 있다.

예를 들면, '총알'이란 말을 사용하는 클라이언트를 통해 집단 내의 다른 구성원은 '쏘다'라는 더 넓은 의미로 생각할 수 있다. 집단 내 다른 구성원 각각이 그를 말하게 하려고 아무 것도 하지 않는다고 말해도, 집단프로그램에 참여하고 있다는 것 자체가 이미 나오려는 노력을 하고 있는 것이다. 지도자는 단정한 언어, 최소한의 은어로 조심스럽게 기법을 표현해야 한다.

다른 가능한 유용한 계획은 구성원이 공공연하게 그들의 감정을 표현하도록 하는 것이다. 지도자는 "지금 당신이 할 수 있는, 느끼고 있는 감정에 대해 말하세요"를 통해 적개심, 무례함, 무시라는 저항의 감정을 다룰 수 있다. 이 기술은 불만과 예방을 넘어서 훌륭한 회기를 이끈다. 그것은 만남과 그룹의 시작을 제공한다. 집단의 보호를 필요로 하는 클라이언트의 저항을 다루는 기술은 짧은 시간 동안 개인적인 친분을 만들고, 그들에 대해 알 시간을 갖는 것이다. 그 중에서도 특히 치료 프로그램을 위해 집단과 같이 지내는 클라이언트들은 집단에 잘 적응하지 못한다. 그들은 단지 보호만을 원한다. 지도자는 단시간의 접촉이나 그룹 밖에서의 몇몇의 접촉으로 신뢰감 형성을 시작할 수 있다.

(6) 목표설정

사회복지사는 집단성원을 위해 두 가지 목표를 설정할 수 있다.

① 집단목표

집단에 참여한 모든 집단성원의 공통목표이며, 이는 집단의 목적에 따라 달라질 수 있다.

② 개별목표

집단목표들 안에서의 집단성원의 각자의 목표이며, 개별목표를 달성하기 위해 구체화될 수 있도록 해야 한다.

③ 효과적인 목표설정의 기준

㉠ 목표는 과정보다는 성취로 기술되어야 한다. ㉡ 목표는 명확하고 구체적으로 기술되어야 한다. ㉢ 목표는 측정가능한 표현으로 기술되어야 한다. ㉣ 목표는 현실적이어야 한다. ㉤ 목표의 달성은 문제상황의 호전과 관련있어야 한다. ㉥ 목표는 클라이언트의 가치관과 문화에 어울려야 한다. ㉦ 목표는 목표달성을 위한 기간을 명시해야 한다. 집단성원과 개별목표가 설정되면 이를 문서화하고 종결단계에서는 개별적으로 집단과 함께 목표의 성취 정도를 평가해 본다.

(7) 집단경험에서 최대한 많은 것을 얻어가도록 도와주기

집단성원에게 오리엔테이션을 할 때 회기가 제한되어 있기 때문에 집단성원이 집단경험에서 최대한 많은 것을 얻어갈 수 있는 방법을 교육한다. 이 교육에서 강조해야 할 점은 집단 내에서나 집단에서 습득한 것을 외부에서 얼마나 연습하느냐에 비례해서 집단으로부터의 유익을 얻게 될 것이라는 점이다.

① 신뢰감을 형성하는 방법을 습득하라

집단성원은 다른 사람이 나서서 위험을 무릅쓰고 신뢰를 형성할 것을 기대한다. 집단성원은 서로 신뢰할 수 있는 분위기를 만드는 데 기여함으로써 집단에서 자신의 경험내용을 풍부하게 할 수 있다.

② 지속되는 감정을 표현하라

집단성원이 지루함, 화, 실망 등의 감정을 타인에게 알리지 않고 비밀로 할 때가 있다. 집단과정과 관련된 지속되는 감정을 표현해 날려버리는 것이 중요하다. 예를 들어, 집단성원에게 "분리감이나 고립감을 느낀다면 이야기해 보십시오", "여기서 다른 사람에게 만성적으로 가지고 있는 화 또는 짜증을 경험한다면, 마음 속에만 담아두지 마세요"라고 말한다.

③ 독특한 용어를 잘못 사용하는 것을 주의하라

모호한 표현은 의사소통의 질을 떨어뜨린다. 집단성원에게 그들이 표현하고자 하는 감정을 명료화해 달라고 하면서 명확한 언어를 사용해 줄 것을 요구한다. 모호하거나 독특한 용어를 사용할 때는 말한 것을 10살 정도의 아이가 이해할 수 있을 정도로 표현을 바꾸어서 이야기해 보라고 반복시킨다.

④ 얼마만큼 자신을 노출할 것인지 결정하라

집단성원은 때때로 "더 많이 개방할수록 더 좋다"라고 생각하곤 한다. 그리고 그들은 프라이버시에 대해서는 생각하지 말라는 요구를 받기도 한다. 자기노출은 집단과정에서 중요하지만 어떤 면을 개방할 것인지는 개개인이 조절해야 한다는 점은 아무리 강조해도 지나치지 않다. 왜냐하면 집단성원이 "모든 것을 말해야 한다"고 생각하는 것은 많은 사람이 집단에 참여하는 데 있어 저항을 유발할 수 있기 때문이다.

⑤ 관찰자가 아니라 능동적 참여자가 되어라

집단성원이 비언어적으로 서로 반응하고 상호작용을 관찰하면서 배울 수도 있지만, 이는 한계가 있다. 만일 그들이 참여하지 않는 태도를 유지한다면, 다른 참여자는 그들에 대해 결코 알지 못할 것이고, 자신들이 관찰의 대상이 된 것 같아 좋지 않은 느낌을 가질 수 있다. 참여할 필요가 없다고 생각하는 집단성원에 대해서는 그들이 최소한 타인의 말에 경청하고 반응함으로써 다른 집단성원과 함께 할 수 있다는 것을 인식하도록 돕는다.

⑥ 모든 사람이 자신의 삶의 변화를 기꺼이 맞이할 것이란 생각은 하지 마라

집단경험의 결과로서 집단성원은 그들의 삶에서 사람들이 의미있는 변화를 할 준비가 되어있고, 이를 기꺼이 맞이할 것이라는 생각을 할 수도 있다. 그래서 "타인이 자신에 대해 이전의 모습이 더 좋다"라고 생각하는 것에 충격을 받을 수도 있다. 그리고 이

러한 충격 때문에 행동패턴을 수정하기가 더 어려워질 수도 있다.

⑦ 집단으로부터 이익을 얻기 위해 꼭 심각하게 아파야 할 필요는 없다

집단성원은 집단에서 항상 큰 문제를 고쳐야 하는 것이 아니라 작은 문제를 '조절' 하는 것도 가능하다는 사실을 배워야 한다.

⑧ 자신의 긍정적인 면을 발견할 것이라고 기대하라

집단에서는 집단성원이 고통을 다루고 표현함으로써 자신의 좋은 면을 볼 수 있게 된다. 자신을 사랑스럽다고 느끼기 시작하고 자신의 운명을 스스로 조절할 수 있게 되며, 이전에는 알지 못했던 자신의 재능을 발견하게 되는 경우가 많다.

⑨ 섬세하고 분별력 있게 경청하라

집단성원은 주의깊게 타인이 자신에 대해서 하는 말을 듣되 이를 무조건 수용하거나 거부해서는 안 된다. 반응을 하기 전에 조용히 자신에게 어떤 것들이 와닿았고, 영향을 주었는지 주의할 필요가 있다.

⑩ 일관성 있게 제시되는 피드백에 주의를 기울이라

자신에게 오는 피드백을 식별하여 수용하는 것이 중요하지만 일관성 있게 많은 사람으로부터 받는 메시지가 어느 정도 타당할 수 있다는 것을 인식하는 것 또한 중요하다.

⑪ 자신 스스로를 범주화하지 말라

집단 초기에는 일종의 역할로 자신을 드러내는 집단성원이 있다. 역할이라 함은 그들이 싫어하지만 하게 되는 행동양식을 의미한다. 그러한 낙인이 사실은 자기가 두려워하는 모습임을 수긍하도록 하는 것이 중요하다(김명권 외, 2001 : 185-193).

(8) 효과적인 집단운영

① 시간제한적이고 구조화된 집단운영

집단운영의 일반적인 특성을 보면, 6~16회기로 구성하고 교육자료를 제공한다. 연습, 역할극 등을 수행하고 교육자료 또는 집단성원이 집단 밖에서 경험한 문제에 대해 토의하며, 과제를 수행하고 모임에 대한 평가를 수행한다.

② 회기를 시작하는 기법

집단이 발달의 초기단계에 있을 때, 사회복지사는 전형적으로 각각의 회기에 적어도 하나의 라운드를 가지고 시작한다. 만약 사회복지사가 첫 번째로 말하는 사람에게

빨리 집중하고 다른 것을 허락하지 않는다면, 사회복지사는 종종 공통의 주제와 함께 구성원과 연결짓는 방법과 잠재적인 주제를 놓치게 된다. 지도자는 집단구성원이 일찍 도착하기를 기대할지도 모른다. 그러나 집중에 유연한 시간은 단지 몇 분이다. 그것은 때때로 회기 사이를 연결하는 데 유용하다. 특히 앞의 회기가 끝나지 않았을 때 유용하다.

집단회기를 시작하는 방식은 ㉠ 집단성원에게 이번 회기 동안에 다루기 원하는 것을 간략하게 질문한다. ㉡ 집단성원에게 지난 회기와 관련된 생각과 느낌을 질문한다. ㉢ 집단회기에 따라 진행되었던 일정을 집단에 보고하도록 한다. ㉣ 지난 회기에 관한 사회복지사의 관찰, 생각 등을 표현하면서 회기를 시작할 수 있도록 한다 등이 있다.

전통적으로 집단성원은 이 회기에서 원하는 것이 무엇인지 밝히고, 마지막 만남에서 그들이 원하는 것이 무엇인지를 의논하기를 원한다. 지도자는 앞선 회기에서 중요한 내용이 밝혀진 사람에게 그의 반항에 대한 생각을 물을지도 모른다. 이 기법은 클라이언트를 규명하고, 관계있는 회기에 대한 기회를 준다.

지도자는 구성원의 진행과정을 세부적으로 확인할 때 간섭하는 것을 조심하고 그들이 어떻게 하면 이 회기에 사용되는 시간을 좋아할지 명백히 해야 한다. 만약 집단지도자가 간섭을 하지 않는다면, 연습을 확인하는 데 거의 대부분의 시간을 소모할지도 모른다. 지도자는 초기단계 동안에 감정적으로 복잡한 사람과의 간섭을 피하는 조심성이 필요하다. 반드시 이러한 과정을 확인하는 것을 민감하게 다루어야만 하고, 집단성원은 종종 집단지도자의 지도가 필요하다.

집단에 집중시킬 때 제기되는 질문은 ㉠ "오늘 회기에서 원하는 것은 무엇입니까?", ㉡ 각 개인의 문장을 완성시키면서 라운드를 진행하는 것이 좋다. "자, 지금 나는 ~을 인식하고 있다", ㉢ "당신의 눈을 감고, 다음 2시간을 떨어져서 스스로에게 무엇을 원하는 지와 당신이 무엇을 할 수 있는지를 물어 보아라", ㉣ "사회복지사는 마지막 주에 ~를 멀리 떠났었다", ㉤ "마지막 주의 회기나 당신이 중지하기 원하는 것에서 아직 끝내지 못한 일에 대해 어떤 생각을 하고 있는가?", ㉥ "사회복지사가 당신에 대해 무엇을 알기를 원하는가?", ㉦ "이전의 것과 다른 이 회기의 어떤 점이 좋은가?", ㉧ "당신은 원하는 것을 말하기 위해 자진해서 무엇을 하였는가?", ㉨ "당신은 마지막 회기에서 말할 무언가에 대해 생각하고 있는가?", ㉩ "오후에 집단에 일찍 오면서 무엇을 생각했는가?", ㉪ "이 집단에 대해 어떤 공포나 의문을 가지고 있는가, 만약 있다면?", ㉫ "이 집단에 대해 생각할 때, 이 집단은 당신의 변화에 어떤 영향을 줬는가?", ㉥ "만약 당신이 여기에 보내졌기 때문에 지금 이 집단에 있다면, 당신은 그것에 대해 어떻게 느끼는가?" 등이 있다.

〈표 11-Ⅱ-5〉 집단을 시작할 때 사용할 수 있는 표현

① 오늘 여기에 대한 당신의 느낌은 어떤가요?
② 오늘 회기를 시작하기 전에, 몇 분간 당신의 이번 주 생활을 돌아보고, 우리에게 말하고 싶은 것에 대해서 생각해 보세요.
③ 당신은 당신이 원해서 여기에 있습니까?
④ 오늘 시작하면서, 짧게 돌아가며 이야기해 봅시다. 이번 회기의 목적을 무엇이라고 하고 싶은지를 이야기해 보세요.
⑤ 이 문장을 짧게 완성해 보세요. 오늘 나는 적극적으로 ~에 대해서 참여하고 싶다.
⑥ 당신은 당신이 원하는 것을 위해서 무엇을 하려고 합니까?
⑦ 집단에 오기 전에 어떤 생각과 느낌을 가지고 있었습니까?
⑧ 이 방안에서 누구를 가장 의식하고 있습니까? 그리고 왜 그렇습니까?

③ 회기의 마무리를 위한 기법

최초의 몇몇 회기 동안에, 그들의 참가에 대해 그들이 어떻게 생각하는지 묻는 시간을 가지는 것도 좋은 생각이다. 회기의 마감을 가져오는 상황을 설명하는 데 포인트가 있다. 집단회기를 마무리하는 방식은, ㉠ 회기 중에 제기된 이슈를 마무리하지 않은 채 회기를 끝낸다. ㉡ 집단성원에게 각자가 회기에 어느 정도 투자하였는지를 질문한다. ㉢ 이번 회기에 다루었던 내용을 요약한다. ㉣ 참여도가 높은 집단성원을 인정해 주고 긍정적인 피드백을 제공한다. ㉤ 과제수행 또는 집단에서 배운 것을 집단 밖의 문제상황에 어떻게 적용할지에 대한 계획을 이야기하도록 집단성원에게 요청한다. ㉥ 집단성원에게 다음 회기에 다루기 원하는 주제나 문제가 있는지를 질문한다. ㉦ 회기에 대한 사회복지사의 관찰, 생각 등을 표현하며 회기를 마무리한다 등이 있다.

또한 집단성원을 돕는 데 유용한 질문은 ㉠ "비록 짧은 시간을 함께 하였지만 당신은 여기에서 스스로에 대해 무엇을 배웠는가?", ㉡ "이 회기에서 멀어지기 위해 당신은 무엇을 생각하였는가?", ㉢ "당신은 다른 사람과 대화를 통해 당신의 관심사와 연관있는 어떤 것을 보았는가?", ㉣ "여기에서 당신이 발견한 가장 유용한 것은 무엇인가? 그리고 가장 유용하지 않은 것은 무엇인가?", ㉤ "당신이 이 회기를 그만두기 전에 말하지 못한 것은 무엇인가?", ㉥ "당신이 오늘보다 다음 회기를 좋아하게 할 어떤 방법이 있는가?" 등이 있다.

〈표 11-Ⅱ-6〉 사회복지사의 자세 향상을 위한 질문

① 오늘 집단이 당신에게는 어땠습니까?
② 무엇이 당신에게 가장 많은 영향을 주었으며, 무엇을 배웠습니까?
③ 당신은 새롭게 획득한 기술을 연습하기 위해서 이번 주에 집단 밖에서 어떤 행동을 계획하고 있습니까?
④ 짧게 돌아가면서 집단이 어떻게 진행되고 있는지 이야기하고, 변화를 제안해 봅시다.
⑤ 당신은 집단에서 원하는 것을 얻었습니까?
⑥ 만일 이 집단에서 일어나는 일에 만족하지 않는다면 이를 바꾸기 위해서 어떤 일을 할 수 있습니까?
⑦ 오늘 마무리를 하기 전에 이번 회기에 제가 관찰한 것에 대해 의견을 나누고 싶습니다.

회기의 시작과 마무리에 대한 기술을 개발함에 따라 집단활동에서 만남의 연속성을 획득할 가능성이 높아진다. 이러한 연속성을 통해서 집단성원의 통찰을 도울 수 있고, 집단에서 획득한 새로운 행동을 일상생활에서도 하게 됨으로써 집단성원이 차후의 회기에 참가하는 것을 계속 촉진할 수 있다(김명권 외, 2001 : 199-203).

2. 변화단계에서의 기법

1) 혼자 말하는 사람(self-talker)을 다루는 기술

집단성원이 침묵하는 동안 집단에 의해 문제가 되기 쉬운데, 혼자 말하는 사람은 집단시간에 효과적인 직면을 덜 하기 쉽다. 어떤 집단지도자는 집단성원이 그들 자신의 방법으로 말하면서 싸우는 것을 더 선호한다. 피드백은 지나치게 개인적인 이야기를 하는 것을 막는 것에 대항해서 보호할 수 있도록 유도할 수 있다. 그들이 기여한 것에 대한 평가를 말하고 다른 사람에게 말하는 것과 마찬가지로 지속적으로 활동하기를 희망한다. 혼자 말하는 클라이언트에게 강력한 기법은 다른 집단성원과 마찬가지로 직접적인 피드백을 제공하는 것으로 현재 그들이 어떻게 하는지 집단성원을 평가하게 한다. 하지만 주의해야 할 것은 만일 충분한 신뢰관계를 확립하지 않는다면 반대효과를 내기 쉽다. 피드백을 주는 것을 경시하는 기분을 느끼고 똑같은 문제되는 행동 또는 이야기를 독차지하는 행동을 증가시킬지도 모른다.

2) 습관적으로 다른 사람의 초점에 맞추려는 사람을 다루는 기술

침묵하는 집단성원과 같이 이러한 클라이언트는 집단에서 다른 사람에 의해 도전받기 쉽다. 그것은 집단지도자가 다른 집단성원의 용기를 북돋아 주는 좋은 생각이고 감

정을 표현하는 것을 막게 되고 그들의 재반응과 함께 작업한다. 피드백은 종종 대부분 그들 스스로에게 초점을 두는 까다로운 집단성원들 때문에 필요로 된다. 집단성원이 이타적인 의미로부터 멀리 떨어져 있으려 하지 않거나 또는 타인을 도와주기를 바라지만, 집단이 그들의 한쪽 측면만을 보는 것을 보게 된다. 그러한 집단성원을 위한 목표는 그들이 스스로를 위해 어떤 것을 얻게 되는 장소와 같은 것이 집단이라는 것을 알게 한다. 그들은 다른 사람으로부터 배운 것을 받아들일 수 있고 그들이 주는 스타일은 그들을 위한 것이 작업이 아니라 그들 자신이 다른 사람의 범위를 추가해서 얻은 이득이다. 용기를 북돋아서 변화하기 위한 하나의 기법은 집단성원이 빙 돌아서 표현하도록 요구하고 각 사람이 충고를 부분적으로 준다. 그리고나서 "당신에게 내가 원하는 것은…"하고 말한다. 이 기법은 클라이언트가 쉽게 무엇을 할 수 있도록 하고 이는 충고를 준다. 또한 어떤 것이 어려운지 클라이언트에게 물어보고, 이 기법은 집단성원이 원할 때만 적용하고 표현되는 행동유형을 변화하기 위해 최소한 고려해야 한다.

3) 의견충돌을 다루는 기술

변화단계에서 충돌에 의한 성격과 부정적 제 행동에 있어서 다양성을 표현하는 것은 집단의 발전에 있어서 전형적이다. 집단이 변화할 때, 신뢰를 지속적으로 유지하는 것은 중요한 과업이다. 저항이 분명하게 되고 목적과 이러한 행동에 맞는 기능을 이해하는 데 있어 필수적이다. 변화단계 동안 집단성원은 다른 것에 도전하고 지도자에 의해 도전받는다. 집단 노력의 한 부분은 자신의 독립으로 향하고 지도자는 또한 자주 도전받게 됨을 당신은 알게 될 것이다. 갈등은 까다로운 집단성원의 문제에 관련되는데, 왜냐하면 대부분 까다로운 집단성원의 참석으로 인해 종종 집단 내에서 갈등이 점점 커질 수 있기 때문이다. 만일 집단이 진전한다면 이 갈등은 인식되어야 하고 개방해서 이루어져야 한다.

집단성원 간의 의견충돌을 다루기 위한 질문은, ① 만일 당신이 지겹다면 당신에게 아무 일도 일어나지 않았다는 것인가?, ② 당신이 무엇을 생각하고 있는지 그리고 당신이 지겹다고 말하기 전에 느낀 것이 무엇인지 사회복지사에게 말해주시오. ③ 철수를 마주보고 앉아라. 그의 참석에 대해 당신이 어떻게 느끼는지 그에게 말하라. 지금 당신은 철수에게 당신의 삶 속에서 사람과의 경험, 즉 당신의 경험이 그를 기억하게 하는지에 대해 기꺼이 말할 것이다. ④ 영수 씨, 당신이 겁주는 말을 했을 때 어떻게 느끼는지 말해보세요. ⑤ 영미 씨, 당신은 집단 내에 속해있지 않다고 불평한다. 왜냐하면 당신의 문제가 다른 사람보다 덜 힘들기 때문이다. 어떻게 당신이 그 또는 그녀로부터 다른지 집단의 각 구성원에 대해 말해달라. 나중에 나는 당신이 말한 것이 무엇인지에 관해 그들의 느낌을 표현하도록 할 것이다. ⑥ 지영 씨, 당신의 아버지를 매우 비판적으로 말한다. 철수에 대해 당신의 비판이 계속되고, 그의 역할을 당신이 가정할 수 있나요?

일반적으로 집단지도자는 클라이언트가 비판을 받아들여 재행동하는 것을 점검하지만 일에서 제일 중요한 것은 그것을 주는 것이고, 그들이 집단에서 주요한 것을 조사하고 다른 사람을 변화하는 것보다 오히려 자신을 표현하는 데 있다는 것을 집단성원에게 부분적으로 가르친다. 집단지도자의 모델은 집단의 발전에 자극을 주는 데 중요하다. 집단지도자는 당신이 그를 생각하고 있는 것을 철수에게 말하고 철수는 그의 반응에 대한 당신의 느낌을 어떻게 철수에게 말하는지 사이에서의 차이를 설명할 수 있어야 한다.

4) 변화단계의 기법(이윤주 외, 2003)

① 우리는 모두 한배를 탔어요

목 적	㉠ 공통의 문제를 인식하면서 문제의 보편성을 집단에서 확인해 보기 ㉡ 서로를 지지하고 집단정체성과 응집력 높이기
방 법	㉠ 집단지도자는 집단성원에게 '우리 모두는 한배에 탔다'는 것이 무엇을 의미하는지에 대해 논의하도록 한다. ㉡ 집단지도자는 집단성원에게 배의 중간부분을 하나씩 나눠주고, 크레파스 혹은 사인펜을 나눠준다. 집단성원은 그들이 다른 집단성원과 공통적으로 갖고 있다고 느끼는 문제를 하나 적는다. ㉢ 토의를 시작하기 전에 집단지도자는 그 그림들을 모아서 접착테이프를 사용하여 하나의 긴 배를 만든다. ㉣ 배의 한 끝에서 시작하면서 집단지도자는 각 집단성원에게 적힌 문제를 이야기하도록 한다. ㉤ 집단지도자는 유사한 문제가 나올 때마다 피드백하도록 집단성원에게 말한다. ㉥ 집단성원이 공통의 문제에 대처하기 위해 서로 지지할 수 있는 방식으로 토의한다. ㉦ 집단성원은 행정정책이나 윗사람과의 갈등, 서로에 대한 부조화, 식사제한(입원환자의 경우)과 같은 대인관계 혹은 환경적 제한에 대한 감정을 나눌 수도 있다. ◎ 이 활동은 특수한 문제를 지닌 동질집단에서 유용하며, 집단발달 초기 이후에 효과적이다.

② 집단을 위해 필요한 것들 가방에 넣기

목 적	㉠ 집단의 과제완수와 관련된 역동을 증진시키기 ㉡ 공통적인 욕구와 탐색을 통하여 통찰을 증진시키기 ㉢ 집단정체성과 응집력을 증진시킬 수 있도록 공통목표를 향해 작업하기
방 법	㉠ 개인의 욕구와 집단의 욕구 간의 차이에 대해서 이야기를 나누는 것으로 활동을 시작한다. ㉡ 집단을 두 개의 팀으로 나누고 각 팀에서 그림을 그릴 사람을 선정한다. ㉢ 집단지도자는 각 팀에게 이 집단이 유지되고 제대로 기능하기 위해서 무엇이 필요한지 생각하도록 한다. ㉣ 팀원은 집단을 위해 필요한 것에 대해서 생각하고 토의한다. 그림을 그리기로 정해진 집단성원은 팀에서 논의된 결과를 그림의 가방 안에 그리거나 적어넣는다. ㉤ 집단지도자는 각 팀의 토의가 활성화되도록 격려한다. 그림이 완성된 다음에는 가방 안의 물건이 어떻게 집단의 약점을 극복하도록 돕는지 이야기하게 한다. 공통된 주제에 집중한다. ㉥ 이 기법은 집단성원이 이 집단의 요구를 더 잘 이해하도록 돕고 그 목표를 향해 함께 작업해나가도록 동기화하는 데 도움이 된다. ㉦ 집단은 이 기법을 몇 달 후에 다시 한 번 해봄으로써 집단성원의 욕구가 변화했는지 재평가해볼 수 있다. ㉧ 이 기법은 집단 초기 목표설정의 시기에도 효과적일 수 있다. 그리고 후반부에는 문제를 잘 풀어나가도록 돕는다.

③ 내가 보는 '나'와 남이 보는 '나'

목 적	자신의 인식과 타인의 인식 비교하기
방 법	㉠ 집단지도자는 준비물을 나누는 동안 이 기법의 의도와 방법을 설명해 준다. ㉡ 각 집단성원은 척도지에 자신의 이름을 적은 다음 자기분석척도를 작성(V표)하고 척도지를 짝에게 준다. ㉢ 짝은 자신이 본 것을 토대로 척도지를 작성(X표)하여 본인에게 돌려준다. ㉣ 척도지에 자신의 표시(V)와 짝의 표시(X)를 비교하면서 같은 점과 다른 점을 찾아보고 왜 이런 결과가 나왔는지 논의해 본다. ㉤ 논의의 결과를 전체 집단에서 돌아가면서 발표하고 논의결과에 대한 다른 집단성원의 피드백을 교환한다.

〈표 11-Ⅱ-7〉 내가 보는 '나'와 남이 보는 '나'

자기분석척도

이름 : ____________

이 척도는 당신이 당신 자신을 어떻게 보는가를 알아보기 위한 것입니다. 짝지어진 두 단어 중 내가 어느 쪽에 얼마나 가까운지 생각하여 V표로 표시하십시오. 그리고 짝은 이 사람이 어느 쪽에 얼마나 가깝다고 생각하는지를 X표로 표시하십시오. V표와 X표는 그 단어가 어느 정도로 당신과 짝이 바라본 당신에 가까운지를 나타내 줍니다.

나는 ~ 합니다.						
조심스러운	____	____	____	____	____	충동적인
편안한	____	____	____	____	____	긴장한
흥미를 느끼는	____	____	____	____	____	지루해하는
자신감 있는	____	____	____	____	____	자기의식적인
안전하게 느끼는	____	____	____	____	____	불안한
행복한	____	____	____	____	____	슬픈
근면한	____	____	____	____	____	게으른
융통성 있는	____	____	____	____	____	강박적인
유능한	____	____	____	____	____	무능한
동정적인	____	____	____	____	____	냉정한
세심한	____	____	____	____	____	세심하지 않은
친근한	____	____	____	____	____	혼자 떨어진
쉽게 동의하는	____	____	____	____	____	쉽게 동의하지 않는
성숙한	____	____	____	____	____	미성숙한
진실한	____	____	____	____	____	과장된
부드러운	____	____	____	____	____	거친

5) 집단 전환기의 중요한 과업

집단에서 신뢰와 결합을 계속적으로 세우기 위해서는 집단성원이 인지하도록 계속적으로 이끌고 그들의 두려움, 불안, 망설임을 다루기 등이 있다. 집단 안에서의 부정적인 반응과 갈등을 알기 위해 ① 집단성원 내부의 갈등을 인지하고 다루는 가치를 지적해내기, ② 도전받을 때 비방어적인 행동을 모델화하기, ③ 집단지도자는 집단성원의 독립이 감소하는 방향으로 일하고, 개인적인 반응이 증가하는 방법으로 일하기, ④ 집단에 대한 완고한 감정을 표현하도록 집단성원을 격려하기, ⑤ 그들이 피하는 방법을 어떻게 인지하는지, 그들의 저항에 도전하는 방법과 그들에게 가르치는 방법을 집단성원이 배우도록 돕기, ⑥ 집단성원에게 솔직함과 효과적인 직면을 가르치기, ⑦ 집단에서 다르게 되고자 하는 방법을 결정하도록 집단성원을 격려하기 등을 수행한다.

6) 효과적인 직면을 위한 지침

집단지도자의 기능 중 하나는 집단성원을 위해 구조적인 직면을 모델화하고 정직하고 민감한 방법으로 다른 사람에게 어떻게 직면하는지를 그들에게 가르치는 것이다. 사회복지사 자신이 적용하기 원할 수 있는 지침으로는 ① 직면은 사람이 직면하게 되는 것에 대해 당신이 보호한다는 가정에 기초를 두어야 한다. 그것은 당신이 전달하는(delivering) 직면의 수용과 같이 당신 자신을 상상하도록 도울 수 있을 것이다. ② 당신이 한 사람으로 직면한다면, 개인이 자신과 직면하는 데 당신의 목적을 알게 함으로써 당신 자신에 대해 진술하도록 하는 좋은 생각이다. 당신은 "나에 대한 당신의 견해, 그리고 나는 이 집단에서 더욱 말을 하고자 하기 원하는 것이다"라고 말할지 모른다. ③ 타인과 직면하는 데서, 당신 자신에 대해서 그들이 집단에서 하거나 말하는 것으로서 당신이 어떻게 영향을 받는지에 대해 우선적으로 말하라. 그것은 또한 "당신은 이 일에 대해서 말하는 것이 불가능하다"라고 말하는 것보다 "나는 이 일에 대해서 당신에게 말을 할 때 많은 어려움을 가진다"라고 말하는 것이 더욱 정확할 수 있다. 후자의 진술은 방어를 진전시키도록 경계가 된다. ④ 사람을 직면하는 것에서, 당신이 그들에게 하는 것을 보는 것을 묘사하고, 그들을 명명하거나 그들을 판단하는 것을 피한다. 말을 독점하는 클라이언트에게 말을 하는 것은 도움이 되지 않는다. 더욱 효과적인 직면은 "내가 당신에 대해 듣고 당신을 이해하기 원하지만, 나는 가끔 당신의 말을 잊어버리게 되고 당신이 정말로 나에게 듣기 원하는 것이 무엇인지 알지 못한다." ⑤ 타인을 격려하는 방법으로 직면하기는 당신이 그들에게 행동하는 것을 보고자하는 방법으로 계속하는 것이다. 기회는 만일 당신이 "당신은 절대 말하지 않을 것이고, 여기서 당신의 입을 열었던 시간에 관한 것이다"라고 말한다면, 한 사람은 피하게(put off) 될 것이라는 것이다. 그러나 만일 당신이 "나는 정말 당신이 말을 할 때 그것을 좋아하고, 나는 당신으로부터 많은 것을 배운다"라고 말한다면 그들 자신을 표현하도록 도울 수 있을 것이다. ⑥ 당신의 직면 시간에 민감해져라. 예를 들면, 클라이언트가 말을 하고 있는 순간에 불충분한 참여로 집단성원에게 직면하지 말라. 대신에, 기회를 만드는 개인적인 시도를 강화하라 등이 있다.

3. 개입단계를 위한 기법

집단개입은 각 단계마다 독특한 특성이 있다. 그 중에서 집단성원과 집단의 목적을 성취하기 위한 본격적인 개입이 이루어지는 단계인 개입단계에서는 그 특징에 따라 사회복지사의 역할도 달라진다. 본 내용은 개입단계에 필요한 사회복지실천기술에 대해서 설명하고 있다. 개입단계의 특징은 어떠한지부터 시작하여서 집단응집력, 자기노출, 직면, 인지재구성 등 구체적인 개입방법에 대한 내용까지 자세히 살펴보고자 한다. 덧붙여 다음에서 소개될 실천기술은 반드시 집단개입에서 사용되는 것이 아니라, 개인접근에서도 활용될 수 있다.

1) 개입단계에 필요한 사회복지실천기술

개입단계는 집단구성원의 변화를 이끌어내기 위한 사회복지사의 구체적인 개입이 이루어지는 단계라고 할 수 있는데, 개입단계의 특징은 다음과 같다.

(1) 신뢰감의 증가 및 소속감의 강화

자신의 생각과 감정을 집단 내에서 자유롭게 표현할 수 있다는 의미이며, 이는 집단의 응집력을 강화시킨다(엄명용 · 노충래 · 김용석, 2006 : 290-291).

(2) 집단구성원의 대인관계기술 향상

집단구성원의 향상된 대인관계기술은 그들의 자율성을 증진시키고, 사회복지사에 대한 의존도를 상대적으로 줄인다. 대인관계기술이 향상되면, ① 서로를 경청할 수 있는 능력이 증진된다. ② 집단구성원 간의 의사소통도 보다 공개적이며, 집단구성원은 집단 내에서 경험한 바를 보다 정확하게 표현하게 된다. ③ 집단구성원 간의 상호작용이 보다 자유롭고 직접적이다. ④ 집단구성원은 자신을 다른 집단구성원에게 알리게 되며, 자신의 개인적 관심사를 집단에게 털어놓는다. ⑤ 집단구성원 간의 갈등이 인식되며, 이를 효과적으로 다룰 수 있게 된다. ⑥ 집단구성원 간에 피드백을 주고받을 수 있으며, 사회복지사 또는 다른 집단구성원의 직면을 비방어적인 태도로 받아들일 수 있는 능력이 생긴다.

(3) 하위집단 형성

집단구성원은 집단 및 개별성원에 대한 탐색이 감소되면서 자신이 정서적으로 유대감을 형성할 수 있는 구성원과 하위집단을 형성하게 된다. 하위집단 간에 경쟁관계가 형성되면 이들 집단 간에 알력이 발생하지만 이를 잘 해결하면 집단과정을 촉진할 수 있는 계기가 만들어진다.

하위집단은 집단과 개인의 힘이 원인이 되어 집단성원의 일부가 정서적 결속이나 흥미동맹을 맺음으로써 형성된다. 하위집단은 모든 집단에서 나타나며, 유형별로는 2인군(dyad), 3인군(triad), 파벌(clique)과 특수한 형태의 하위집단인 고립자(isolate : 집단 내 외톨이로 집단과 상호작용을 하지 않는다), 희생양(scapegoat : 집단 내 외톨이라는 점에서 고립자와 공통되지만, 집단과 상호작용을 하면서 구성원으로부터 비난이나 비판의 대상으로 외톨이가 된다는 점에서 다르다) 등을 들 수 있다(윤현숙 외, 2002 : 151).

만약 집단 내에 하위집단이 없다면, 집단 내에는 어떠한 긴장도 나타나지 않게 된다. 하위집단이 문제가 되는 것은 하위집단 내의 구성원이 전체로서의 집단보다 하위집단에 더 매력을 느끼게 되는 경우이다. 이러한 하위집단은 전체집단으로부터 자신을 분리하기 시작하는데 이는 자신뿐만 아니라 집단 전체에도 위험을 초래하는 것이다. 왜냐하면 하위집단은 집단의 목적달성을 어렵게 하며, 파괴적인 형태로 발달하기도 하기 때문이다. 그러므로 하위집단의 강한 결속이 형성되기 전에 사회복지사는 전체로서의 집단기능을 방해하지 않도록 개입할 필요가 있다.

개입방법으로는 성원의 자리배치를 바꾸거나 하위집단 구성원을 분리시킬 수 있는 프로그램활동을 하는 등이 있다. 경우에 따라서는 사회복지사가 집단 내에 하위집단을 형성하도록 구성원을 격려해야 할 경우도 있다. 집단이 너무 커서 세심한 주의를 필요로 하는 활동을 하는 데 방해가 되는 경우에는 하위집단을 형성하도록 격려한다. 이렇듯 사회복지사가 하위집단의 필연성과 정당성을 감정적으로 수용하는 것이야말로 기술적으로 그룹워크를 할 수 있는 필수조건이 된다(이화여대 사회복지학과 편, 1999 : 274).

개입단계에서는 집단구성원과 집단이 갖고 있는 공통된 문제를 해결하는 단계로서, 상호 간의 협력과 이해, 수용, 정서적 유대감을 바탕으로 집단의 응집력이 강화되게 된다. 사회복지사는 집단의 현 상황(예 협력관계, 하위집단, 성원 간의 갈등 등)을 파악할 뿐만 아니라 집단의 개별성원이 집단에서 차지하는 지위와 역할을 평가한다. 집단 내의 갈등은 집단의 생존을 위협하기도 하지만, 긍정적인 갈등해결은 집단의 성장과 발달을 촉진하고 집단에서의 긍정적인 경험을 통해 문제해결을 모색하는 장을 제공하기도 한다. 이 단계에서는 집단성원의 참여가 활발하며, 집단구성원이 사회복지사를 실험하기도 한다(김성이 · 조학래 · 노충래, 2004 : 200). 개입단계에서는 집단의 생산성은 높아지고 구성원은 자신이 계획한 목표를 달성하기 위하여 이전보다 더 전념하게 된다. 따라서 이 단계에서 사회복지사는 집단과 성원이 목표를 잘 달성할 수 있도록 격려하고, 목표달성에 필요한 집단의 문화와 규범을 발전시키고 유지하며, 목표달성에 방해가 되는 장애를 극복할 수 있도록 원조해야 한다(김혜란 · 홍선미 · 공계순, 2001 : 247).

2) 개입단계에서 필요한 실천기술

개입단계에서 필요한 실천기술은 다양하다. 윤현숙 등은 집단지도자의 기술을 세 가지로 분류하여 제시하고 있고, 엄명용 등은 개입단계에서의 실천기술로 집단응집력 향상을 위한 실천기술, 집단과정을 촉진하기 위한 실천기술, 변화를 이끌어내기 위한 실천기술, 세 가지로 구분하고 있는데 이에 대한 구체적인 내용을 설명하고자 한다.

(1) 집단지도자의 실천기술(윤현숙 외 공역, 2002 : 113)

집단과정 촉진기술	자료수집과 사정기술	행동기술
• 집단구성원에 대한 관여 • 타인에게 관심을 기울이고 보살펴 주기 • 자기 표현하기 • 타인에 대해 반응하기 • 명확한 집단과정 수립하기 • 내용을 명확화하기 • 집단 상호작용의 지도	• 사고, 감정, 행동을 기술하고 규명하기 • 정보, 의문사항이나 조사내용에 대해 요청하기 • 정보를 요약하고 구분하기 • 사고, 감정, 행동을 종합하기 • 정보 분석하기	• 지지 • 재구조화와 재규정 • 구성원의 의사소통연계 • 지시 • 충고, 제안, 교훈 제공 • 자원제공 • 시범 보이기, 역할표현 • 시연, 지도 • 직면하기 • 갈등해결

(2) 집단단계에 따른 집단 특성과 사회복지사의 역할(김성이 · 조학래 · 노충래, 2004 : 199)

단 계	집단성원의 특성	집단의 특성	사회복지사의 역할
초기 단계	• 낯선 사람에 대한 불안, 불신 • 사회복지사와 대화시도 • 탐색 및 거리감 유지 또한 친해지려는 노력을 보임 • 성공할 수 있을 것인가에 대한 불안감 • 집단에서 도움을 받아 성공할 수 있을지에 대한 두려움	• 집단, 사회복지사, 집단성원에 대한 오리엔테이션 • 집단의 규범, 가치, 대화양식 등을 설정 • 집단의 목적을 공유 • 집단성원 간 공통점 모색 → 응집력에 영향을 준다.	• 비밀보장에 대해 설명 • 집단성원이 사회복지사에게 의존하므로 사회복지사의 적극적인 개입이 요구됨 • 집단성원의 불안감을 감소시킴 • 집단의 목적을 모두가 공유하게 함 • 집단성원 간의 공통점을 찾아 연결 • 집단의 규범이 설정되도록 도움
중간 단계	• 집단에 대한 탐색이 점차 감소 • 집단성원 간 짝을 이루고 하위집단 발생 • 하위집단 간 알력이 발생 • 자신의 지위 및 역할 모색 • 집단성원의 독특성 인정, 집단에의 공헌 모색 • 집단의 중요성을 내면화 • 사회복지사에게 덜 의존하게 되고 자신의 의사표현 시작	• 집단의 문화, 행동, 규범, 갈등이 발생하고 이를 해결 • 집단성원의 지위, 위계질서, 역할, 리더가 형성 • 집단성원 및 리더를 실험하고 신뢰할 수 있게 됨 • 집단성원 간의 공통점, 차이점을 인정하고 존중함 • 집단의 응집력 발달	• 집단의 현 위치를 파악(진행상황, 갈등, 협조체계 등) • 각 성원에 대한 평가(태도, 관계, 행동, 동기, 목표 등) • 집단 목적, 목표를 재확인하고 성원 모두의 참여유도 • 집단성원 간의 공통점 및 차이점 파악 • 집단리더에 대한 실험을 인정 • 집단성원이 다양한 경험을 할 수 있도록 도움 • 직면 • 집단의 갈등해소
종결 단계	• 집단성원이 자신의 성공담을 집단에서 표현함 • 대화가 자유로움 • 집단참여가 저조해짐 • 집단의 종결에 대한 양가감정 및 퇴행 발생 • 집단경험이 자신의 생활에서 준거 틀이 됨	• 집단의 종결에 대한 논의 • 집단에서 얻은 성과를 일관되게 유지토록 함 • 집단성원, 집단, 사회복지사에 대한 이별 준비 • 집단종결	• 집단종결을 준비함(집단의 종결이 임박함을 알림) • 집단종결에 대한 욕구와 목표달성 정도, 성과의 유지 정도 등을 점검 • 집단종결에 대한 개별성원의 반응 점검 • 남은 기간 성취해야 할 일과 과정을 토의 • 집단성원의 성과에 대한 논의 • 사회복지사의 감정처리

3) 집단응집력 향상을 위한 실천기술

(1) 집단응집력의 정의

집단응집력이란 집단구성원이 서로에게 끌리는 정도로 정의된다. 응집력 있는 집단은 집단구성원에게 집단에 계속해서 남아있도록 하는 자극을 제공하며 서로 간에 소속감과 관련성을 공유한다(엄명용 · 노충래 · 김용석, 2000 : 292). 구성원이 집단에 대해 매력을 느끼고 집단 내 응집력이 높아지면 집단구성원 사이의 상호작용은 활발해지며, 경쟁적이지 않고 협력적이며 성원의 집단에 대한 만족도가 높고 구성원 사이에 상호원조가 잘 이루어진다.

이러한 응집력은 집단 내에서 각자의 개성을 표현할 수 있고, 충분한 친밀감을 허용하는 서로 간의 유대라고 볼 수 있다. 응집력은 또한 구성원의 서로에 대한 매력, 집단이 함께 하는 행동이나 활동하는 목표에 대한 매력일 수 있으며, 함께하게 하는 외적 압력의 결과일 수도 있다. 응집력은 그 근원이 무엇이건 구성원 간의 상호작용, 서로를 위하는 느낌, 서로에 대한 동일시, 경험 나누기를 통해 내적으로 형성된다고 볼 수 있다(윤현숙 외 공역, 2002 : 157-159).

응집력이 강한 집단은 전반적으로 높은 치료효과 및 결과를 보인다. 긍정적 결과를 보이는 개인은 다른 사람과의 상호관계에 훨씬 더 만족하며, 응집력이 강한 집단일수록 자기노출 수준은 더욱 커진다. 집단응집력은 높은 출석, 적극적 참여율, 구성원에 대한 높은 영향력 등의 효과를 가져온다. 행동에 있어서는 자존감, 집단존중감, 치료적 변화, 타인에 의한 수용감, 자기수용, 구성원 사이의 이해, 집단성원의 유지, 적대감의 표현, 모험 무릅쓰기, 집중적 상호작용과도 긍정적 상관관계를 갖는다.

응집력 있는 집단구성원은 그렇지 않은 구성원과 비교해, ① 다른 집단구성원에게 영향을 주기 위해 노력한다. ② 다른 구성원으로부터의 영향에 개방적이다. ③ 타인의 말을 경청하고 수용한다. ④ 집단 내에서 안정감을 느끼며 긴장하지 않는다. ⑤ 모임에 준비성 있게 참여한다. ⑥ 자기노출을 더 많이 한다. ⑦ 집단규범을 잘 지키고 규범에 어긋난 구성원에 대한 압력을 감추지 않고 표현한다. ⑧ 집단종결 시 집단분열에 영향을 덜 받는다(윤현숙 외 공역, 2002 : 132-133).

집단응집력은 집단을 앞으로 나아가게 하므로 집단이 성공하기 위해서는 응집력이 꼭 있어야 한다. 그런데 이것은 저절로 만들어지는 것은 아니다. 응집력은 집단구성원과 지도자가 각 단계에서 혼연일체가 되어서 노력을 해야 얻을 수 있는 것이다. 얄롬

(Yalom, 1985)은 응집력이 집단의 긍정적인 성과를 결정한다는 연구결과를 발표했다. 구성원이 소속감이나 집단에 대한 매력을 느끼지 못하면, 긍정적 성과를 얻을 가능성이 적을 것이며, 부정적인 결과를 경험하게 될 수도 있다. 얄롬에 따르면, "지금-여기"에 집중하는 집단에는 활력과 응집력이 있다. 반면에 "그때-그곳"에 집중하는 집단은 응집력을 발달시키지 못한다(조현춘 외 공역, 2002 : 124).

집단응집력은 집단의 목표성취와 집단 내 변화를 가져오게 하는 영향력으로서 매우 중요한 기능을 하게 된다. 따라서 사회복지사는 응집력 있는 집단을 만들기 위해 노력해야 한다. 집단성원의 상호작용과 응집력을 측정하는 방법에는 모레노(Moreno)가 개발한 사회측정법(sociogram)이 널리 사용되고 있다.

(2) 집단응집력을 결정하는 요인

카트라이트(Cartwright, 1968)는 집단응집력을 결정하는 다양한 요인으로 ① 집단구성원이 집단의 참여를 소중하게 느끼고 그들이 사랑받는다고 느끼게 될 때, 집단구성원을 안전하게 보호한다고 느낄 때 집단응집력은 높아진다. ② 새로운 사람과의 만남, 수준 높은 사람과의 교류, 집단의 참여를 통해서만 얻게 되는 자원과 이득 등은 집단응집력을 높이는 자극제가 될 수 있다. ③ 집단구성원이 집단에 대해서 높은 기대를 갖게 될 때 집단응집력은 증가한다. ④ 이전과 비교했을 때 현재 참여하고 있는 집단에 더 만족할 경우 집단에 매력을 더 갖는다 등 네 가지를 제시하고 있다.

(3) 집단응집력 향상을 위한 원칙

집단응집력의 향상을 위한 원칙을 보면, ① 집단토의와 프로그램활동을 적극적으로 활용하여 집단구성원 간의 공개적이고 활발한 상호작용을 촉진시켜 집단응집력을 향상시킨다. ② 사회복지사는 집단구성원이 집단과정에 적극적으로 참여하고 그들이 목표를 달성하고 변화를 이루어낼 수 있는 유능한 존재라는 것을 인식할 수 있도록 돕는다. 집단성원 개개인이 스스로를 가치있고 능력있는 존재라고 믿게 되면 집단구성원은 집단에 보다 적극적으로 참여하게 된다. ③ 집단구성원의 욕구가 집단 내에서 충족된 방법을 파악할 수 있도록 돕는다. ④ 목표달성과 집단응집력은 밀접한 관계가 있기 때문에 집단구성원이 목표에 초점을 두고 목표를 달성할 수 있도록 원조한다. ⑤ 집단구성원의 상이한 인식과 관점을 인정하면서 구성원이 비경쟁적인 관계를 형성하면 집단응집력이 높아지기 때문에 집단구성원이 협력하는 관계를 형성하도록 원조한다. ⑥ 모든 집단구성원이 집단과정에 완전히 참여할 수 있는 규모의 집단을 형성하도록 한다. ⑦ 집단구성원이 기대하는 바를 명확히 하고, 집단구성원의 기대와 집단의 목적을 일치시키도록 한다. ⑧ 집단에 참여함으로써 얻을 수 있는 자극제(예 자원, 보상 등)를 집단구성원에게 제공한다. ⑨ 집단구성원이 현재 참여하고 있는 집단에 자부심을 느끼도록 돕는다. ⑩ 집단에 대한 집단성원의 책임성을 강조하도록 한다(엄명용・노충래・김용석, 2006 : 294-295) 등이 있다.

(4) 집단응집력을 촉진시킬 수 있는 기타 방법

사회복지사 자신이 사용할 언어에 대한 신중한 고려를 통해 응집력을 증가시킨다. 가능한 '나는'이라는 말 대신 '우리는, 우리의, 우리에게'라는 표현을 쓰는 등의 연구 및 배려가 필요하다. 집단 전원의 공통관심사를 가지고 집단에서 서로 경험을 나누는 상호원조의 중요성을 강조한다. 집단구성원이 집단을 통해 이룩한 것, 발전한 것, 집단에 공헌한 것에 대해 아낌없이 칭찬해 준다. 집단구성원에게 규범을 제시한다. 집단이 건전하고 순조롭게 목표를 달성하기 위해서는 집단과제뿐 아니라 집단의 사회적・정서적인 면을 좋은 상태로 유지해야 하며, 이를 위해 필요한 행동규범을 제시해야 한다. 이때 구성원은 사회복지사의 모델링을 통해 새로운 대화법을 선택하고 가능한 행동과 방법을 배울 수 있다(윤현숙 외, 2002 : 166-167).

4) 새로운 주제에 개입하기

사회복지사는 개입단계에서 나타날 수 있는 다양한 주제를 제공한다. 사회복지사의 목적은 회기에서 개인적 노력, 구성원이 좀 더 깊이 자신의 관계를 탐색하도록 돕는 기법을 기술하기 위한 노력의 일부 종류(flavor)를 주기 위함이다. 명백한 것은 집단발전에서 전개기간 동안 만들어진 하나의 상황을 일부 따른다. 반면 개입단계에서 집단성원은 전형적으로 화가 나서 멈추게 하는 요인도 기꺼이 지나치는 것을 보여준다. 개입을 위한 그들의 약속은 종종 다른 집단성원의 동기를 일으키게 하는 효과를 가지고 있다. 그것은 집단에서 공통의 주제를 개발하기 쉽게 한다.

(1) 나는 혼란스럽고 어떻게 해야 할지 모르겠다

혼란이 표현되는 상황은 때때로 무의식적 저항의 형태가 될 수 있다. 그것은 경직된 아동과 권위적인 부모로부터 나온다. 치료전문가에게 유행하는 것은 아버지가 클라이언트에게 어느 정도 개입하도록 시도하는 것이다.

(2) 나는 사람과 가까워지는 것이 두렵다

집단지도자는 구성원이 감춘 이슈를 탐색하고자 하는지 아닌지를 요청함으로써 시작될 수 있다. 그는 정말로 감추길 원하는가?, 만약 그렇지 않다면 그에게 괜찮은 것인가?, 지금 그의 삶에서 감추길 원하는 사람은 누구인가?, 때때로 그들이 소개하는 문제가 얼마나 진실한지는 분명하지 않다. 이런 질문을 다른 집단성원에게 물음으로써 지도자는 이 이슈가 그를 억압하는지 아닌지 혹은 지금 무엇을 원하는지 아닌지를 초점에 두도록 허용할 수 있다.

(3) 이것은 진정한 세계가 아니다

특별히 다른 상황에 대해 묘사하고, 변화되길 원하는 것이 무엇인지를 말하도록 집단지도자가 요구하는 것이다.

(4) 만약 운다면 멈출 수 없을 것 같아 두렵다

집단의 많은 사람이 깊은 상처를 내놓고 치료과정의 시작을 스스로 허용하는 것에서 중요한 모험을 하게 됨에도 불구하고 소수의 사람은 스스로 점검하고 좀 더 인지적 차원에서 문제를 끊임없이 다루려 한다.

(5) 나의 일부는 이것을 원하고, 또 다른 일부는 저것을 원한다

이중적 경향, 양분화, 양극성 등 이러한 것은 상담과 관련된 업무에 아주 일반적인 용어이다. 일반적인 양극성으로는 "나의 일부는 가족과 함께 하고 싶어 하지만, 또 다른 일부는 일하러 돌아가기를 원한다", "나의 일부는 당신을 끌어내려고 하지만, 또 다른 일부는 당신은 나를 잡기를 원한다", "나의 일부는 아버지를 사랑하지만, 또 다른 일부는 그를 싫어한다", "나의 일부는 살고자 하지만, 또 다른 일부는 죽고자 한다", "때때로 나 자신이 중요하다고 느끼지만, 가치가 없다고도 느낀다", "나의 일부는 당신을 신뢰하지만, 또 다른 일부는 그렇지 않다", "나의 일부는 느끼고자 하지만, 또 다른 일부는 무감각해지기를 원한다" 등이 있다. 전형적으로, 사회복지사는 각각의 부분이 표현되는 방식을 찾고자 하고, 각각의 부분이 나타나는 기회가 있을 것이라고 상담을 받는 클라이언트를 설득하기 위해 노력한다. 이러한 방식으로 클라이언트는 한쪽 편을 고려하면서 동시에 다른 편의 힘을 변함없이 취소할 필요가 없게 된다.

(6) 나는 당신의 동의가 아주 절실하게 필요하다

사람은 때때로 그들이 자신을 표현하면, 어떤 동의도 얻을 수 없을 것이라고 겁에 질린 나머지 그들의 생각을 꼭꼭 숨기곤 한다. 그들은 일상에 주어진 논제와 부딪히고, 집단으로 가져가기도 한다. 집단 내에서는 공개할 것에 대해 정상적인 것이 있다면, 개개인은 참가해야 한다는 압박과 다른 이들은 그들이 말하고 행동하는 것을 좋아하지 않을지 모른다는 두려움을 떨쳐내야 한다는 욕구 사이에서 어떤 갈등을 경험하게 된다.

5) 개입단계의 실천지침

이 단계에서 집단성원의 목표를 성취할 수 있도록 돕기 위해서 사회복지사는 집단이 개인과 목표를 추구하는 성장지향적인 체계가 될 수 있도록 집단을 돕는다. 사회복지사의 과업에는 다음과 같은 것이 있다.

① 사회복지사는 집단과정 동안 자신의 영역에 대해 지속적으로 숙고하며, 자신의 감정, 의견, 경험이 개인과 집단을 대상으로 효과적으로 일하는 데 어떻게 도움이 되고 방해가 되는지를 이해한다.

② 사회복지사는 각 집단성원의 집단참여를 계속해서 사정하고, 집단성원이 획득한 지위, 새로운 지식과 기술을 배우거나 문제에 대처하려는 동기와 능력을 사정하며, 집단이 욕구를 충족시켜 주는 체계로 발달하는지, 환경에서의 기회나 장애가 되는지를 계속해서 사정한다.

③ 지지적인 관계를 강화하고 적절한 형태의 지지를 제공하며, 욕구를 파악하고 역할에 영향을 주며, 역기능적인 행동을 다루기 위해 직면을 활용한다.

④ 필요한 경우 개별 집단성원과 면접을 하여 그들이 집단에 보다 효과적으로 참여할 수 있도록 도우며, 시기적으로 집단의 내용에서 벗어난 문제에 대처할 수 있도록 돕거나 그들을 집단 외부의 자원에 의뢰한다.

⑤ 적합한 집단의 목적에 집중할 수 있도록 돕는다.

4. 종결단계의 기법

일반적으로 다음은 집단의 종결단계에서 이루어질 필요가 있는 것이다. ① 집단성원은 집단의 필수적인 결말에 직면하고 소외감을 충분히 토론하도록 격려될 수 있다. ② 집단성원은 다른 집단성원이나 집단지도자와 가지고 있는 미결된 업무를 완성시킬 수 있다. ③ 집단성원은 집단을 어떻게 떠나고, 그들이 배운 것을 어떻게 가지고 갈지를 배울 수 있다. ④ 집단성원은 변화에 대한 구체적인 계획을 만들고 일상생활에서 효과적으로 배운 교훈을 짚어나갈 수 있는 명확한 단계를 취하도록 도움받을 수 있다. ⑤ 집단지도자는 집단성원이 집단을 떠난 후에 그들의 지원체계를 만들 수 있는 방법을 발견할 수 있도록 도와줄 수 있다. ⑥ 후속 업무와 평가에 대한 구체적인 계획을 만들 수 있다.

종결은 사회복지에서 역동적이면서 매우 중요한 단계이다. 이 단계에서의 주된 사회·정서적 주제는 이별이며, 주된 과업은 종결이다. 집단성원은 사회복지사, 집단, 다른 집단성원과의 이별에 대해 양가감정을 갖는다. 집단성원은 집단을 떠나 타인과의 관계나 활동으로 전환해갈 준비를 한다. 또한 집단에서 미처 해결하지 못한 과업을 종결하려고 하고 집단경험을 회고하며, 평가하고 자신이 집단에서 얻은 이익을 안정시키고 지역사회의 새로운 환경에 적용하려고 한다. 집단성원은 집단경험의 전후를 회고함으로써 집단경험은 하나의 추억이 되며 미래를 위한 협상의 준거 틀이 된다(노충래, 2006 : 454-494).

1) 집단종결의 유형

집단종결의 유형에서는 성공적인 집단종결, 미완결 상태에서의 집단종결, 중도탈락, 타 기관이나 전문가에 의뢰, 집단사회복지사의 근무지 이전에 의한 종결 등이 있다(윤현숙 외, 2002 : 170-173).

(1) 성공적인 집단종결

공식적인 종결은 마지막 모임 전 모임에서부터 시작하는 것이 필수적이다. 최후의 모임은 미리 집단성원에게 알려져서 동의되고 토론되어져야 하며, 집단을 끝마치기 위해 충분한 시간이 할당되어야 한다. 집단의 과제, 목표성취, 집단성원이 측정할 수 있는 진전, 남아있는 문제에 대한 집단성원의 지속적인 작업계획, 최후 논제와 해결되지 않은 작업, 종결을 처리하는 집단성원의 정서적 반응, 집단종결에 대한 특별한 사회적 행사계획 등에 대해 논의하기 위한 충분한 시간이 필요하기 때문이다. 종결은 때로 슬픈 반면, 집단성원이 주고받은 것, 성장한 방식, 학습한 기술, 집단의 성취를 강조함으로써 부정적 감정이 전복될 수 있다.

(2) 미완결 상태에서의 집단종결

집단의 목표가 충족되지 않은 상태에서 끝을 맺게 되는 경우이다. 미완결 집단의 종결은 혼돈스럽고 위험하기도 하다. 여기서도 집단성원은 종결에 대한 계획을 미리 세울 수 있어야 한다. 마지막 모임일이 토론에 의해 결정되고, 미해결과제에 대해 논의할 시간이 충분히 주어져야 한다. 진전이 없었던 이유에 대한 분석, 평가, 집단성원에 의해 토의된 목표와 대안, 진전 부족은 물론 종결에 대한 집단성원의 정서적 반응을 다루고, 미해결된 마지막 논제를 수행할 시간을 가질 수 있어야 하며, 집단이 종결 시 특수한 사회적 행사를 갖기를 원하는지에 관해 토론할 시간을 가져야 한다.

(3) 중도탈락

집단이 계속 진행되고 있는데, 집단성원이 중도탈락하면 집단성원의 입장에서 볼 때 종결이 이루어진다. 집단성원의 중도탈락 요인에는 집단이 설정한 목표를 수행하지 못할 것이란 생각, 집단성원 본인이 집단을 잘 받아들이지 못할 것이라는 생각, 다른 집단성원에 대한 불쾌감, 불일치 등 여러 가지가 있다. 집단성원이 중도탈락할 때마다 집단사회복지사는 그 집단성원의 집단에 대한 긍정적인 기여를 집단성원에게 알려줄 필요가 있다. 중도탈락은 개인적 실패로 비추어질 수 있기 때문에 긍정적 기여에 대한 개인적 실패감을 느끼지 않도록 도와준다.

(4) 타 기관이나 전문가에 의뢰

사회복지사는 집단성원을 다른 집단이나 치료자에게 의뢰해야 할 경우도 있는데, 집단성원이 집단의 목표와 맞지 않을 경우, 집단성원이 받아들이기 힘든 대안만 내놓을 경우, 심각한 성격적 문제를 가진 경우 등이 있다.

(5) 집단사회복지사의 근무지 이전에 의한 종결

집단사회복지사에 의한 종결은 집무의 변화, 일신상의 이유, 가족과의 문제 등으로 발생할 수 있다. 사회복지사는 집단사회복지사가 다른 곳에 직장을 찾아 집단을 떠날 경우 집단성원이 자연스럽게 새로운 사회복지사를 맞이할 수 있게 도와주어야 한다. 집단성원은 이러한 전환을 생의 건설적인 전환으로 삼을 것인가, 파괴적인 계기로 삼을 것인가에 대한 결정과 선택을 하게 될 것이다.

2) 종결기 집단성원의 반응

집단경험이 너무나 좋고 집단성원에게 만족을 주는 것이어서 집단성원이 많은 긍정적인 이익을 얻는다면, 집단을 계속하기를 원한다. 집단성원이 나아진 것을 인정하는 것과 사회복지사의 도움으로부터 이탈하는 것 사이의 갈등, 사회복지사의 특별한 관심과 집단의 지지를 잃게 되는 것에 대한 두려움은 집단성원에게 종결에 대한 다양한 반응을 불러일으킨다.

(1) 슬픔

집단성원이 어떤 경험을 완결하게 되고 이러한 경험이 그 사람에게 많은 의미를 부여했을 때, 타인과 헤어지는 것에 대해 슬픔을 느끼는 것은 당연한 것이다. 하지만 이러한 슬픔은 이전의 경험에서 있었던 상실감을 재현시키기 때문에 더욱 악화될 수도 있다. 종결에 내재되어 있는 상실감을 직면하게 되면 집단성원은 슬픔을 표현하게 되고 그 상황에 대해 숙고하게 된다. 이러한 숙고와 이별의 수용은 치료적 이익의 주요 원천이다.

(2) 불안

집단은 종종 의미있는 준거집단이 되며 집단성원의 사회적 만족감을 가져다 주는 도구가 된다. 이러한 사실이 종결에 대한 불안과 저항감을 유발시킨다. 대체로 불안이 사회복지사를 상실하는 것과 연관이 있기는 하지만, 쉐이들링거(Saul Scheidlinger)와 홀든(Marjorie Holden)은 주요 분리불안이 사회복지사의 상실보다는 집단 전체를 잃는 것의 위협과 관련되어 표현된다고 주장하였다.

(3) 부인

집단성원은 종결에 대해 여러 가지 방법으로 저항하는데, 집단이 종결된다는 사실을 부인하는 것은 가장 흔한 방법 중 하나이다. 부인은 다가오는 이별, 상실감, 이와 관련된 불안을 접할 때 활용하는 방어기제이다. 집단성원은 종결사실을 수용하기를 거부하면서 그것이 발생하지 않을 것처럼 행동하고 집단의 기간 및 종결에 대해 사회복지사가 설명한 것을 잊는다. 부인의 현상으로는 종결을 언급했을 때, 장기적으로 비정상적인 침묵이 있다든지, 사회복지사가 집단성원과 함께 이별의 의미를 탐색하려고 할 때 주제를 바꾼다든지, 그 사람의 기능과 맞지 않은 과장된 의존감 등이 있다. 또한 이전보다 더욱 강한 응집력을 보이는 것으로 나타날 수도 있다.

(4) 분노

클라이언트는 저버림, 거부 혹은 처벌이라고 생각하는 것에 대해 분노로 반응할 수 있다. 분노의 표현은 사회복지사나 다른 집단성원 혹은 집단 외부의 사람들에게 간접적인 방법이나 전치된 방법으로 시작된다. 분노의 표현은 정화의 기능을 하며, 사회복지사는 항상 이를 수용할 필요가 있다. 사회복지사가 이러한 집단성원의 표현을 인식하고 수용하게 되면 그 다음에는 집단성원의 적개심이나 집단의 종결과 연결된 언급이나 질문을 할 수 있다.

(5) 퇴행

퇴행은 종결에 대해 나타나는 흔한 반응 중 하나이다. 이러한 행동은 종종 집단성원 간의 갈등이 재현되거나 이전에 분명히 숙달되었던 과업과 상황에 대처할 수 없는 형태로 나타난다. 사회복지사는 이런 행동들을 집단성원의 집단종결에 대한 양가감정의 대처방법의 하나로 이해하는 것이 필요하다. 이런 집단성원에게는 준비가 되기 전까지는 이들이 집단을 떠나지 않을 것이라는 사회복지사의 확답이 필요하다.

(6) 거절

사회복지사에게 거절당한 느낌은 종결에 대한 또 다른 전형적인 반응이다. 거절당한 느낌은 종종 분노를 수반한다. 일부 집단성원은 사회복지사가 자신을 결코 돌아보지 않았다는 것을 입증이나 하려는 듯이 집단경험의 긍정적인 의미를 부인하기도 한다. 또한 일부 집단성원은 종결을 자신의 수용할 수 없는 행동에 대한 처벌로 간주하기도 한다. 이러한 목적 때문에 집단성원은 다양한 거절이나 거절을 유발하는 행동을 사회복지사에게 보인다. 집단성원은 결석을 하거나 집단을 떠나거나 사회복지사에게 거절당한 느낌을 받거나 사회복지사를 거절하는 말을 하기도 한다.

(7) 도주

어떤 집단성원은 집단에 남아있게 되는 것이 너무 두려워서 급하게 관계를 깨뜨리려고 하는데 "당신이 나를 떠나기 전에 내가 당신을 떠날거야"라는 말처럼 행동한다. 권위적 부모나 타인을 신뢰해 보지 못한 집단성원은, 특히 사회복지사와의 관계의 친밀함에 대해 매우 두려워한다. 삶의 경험에서 많은 상처를 받았기 때문에 이들 집단성원은 자신이 다시 한 번 상처를 받을 것이라는 희미한 조짐이 있거나 자신이 실제로 이별을 다룰 수 없다는 두려움이 있게 되면 집단으로부터 쉽게 철회하려 한다.

3) 회기를 마무리하는 기법

집단생활을 통하여 집단지도자는 시간을 알고, 참가자에게 그들에게 주어진 제한시간을 가장 잘 이용할 수 있는 방법을 가르쳐야 한다. 미숙한 심리치료사의 한 가지 위험은 어떤 영역에서 남겨진 시간이 얼마나 되는지를 모른다는 것이다. 그러한 집단지도자는 획득한 것을 통합하기 시작하는 것이 보다 가치있을 때 자료를 열람할지도 모른다. 그들의 행동은 집단성원의 경향이 마지막 시간(저항의 형태)에서 새로운 자료를 야기하도록 강화하고, 구성원으로 하여금 집단지도자가 영역을 넓히도록 조작하도록 고무시킬 수 있다.

(1) 집단성원에게 요약을 요청하기

좋은 연습은 영역이 구성원 개개인에게 어떤 의미를 가지고 있는지를 요약하도록, 영역의 길이와 집단의 크기에 따라 영역 마지막에 적어도 10분의 시간을 남겨두는 것이다. 대답을 요하는 몇 가지 질문이 있다.

① "이 영역이 당신에게 무엇을 의미하는지 짧게 요약할 수 있나요?"
② "당신이 생활을 바꾸는데 있어서 지금과 나중의 영역 사이에 취하고자 하는 단계는 무엇이죠?"
③ "오늘 미결된 것 중에 다음 미팅에서 계속하고자 하는 것이 있나요?"
④ "이번 미팅에서 당신이 경험한 가장 중요한 것은 뭐죠?"
⑤ "당신이 가지고 있는 중요한 생각이나 통찰을 요약할 수 있나요?"
⑥ "다른 이의 일 중에서 오늘 가장 감명 깊었던 것은 무엇인가요?"
⑦ "가기 전에, 여기서 다른 사람에게 주고 싶은 피드백이 있나요?"

⑧ "자신에 대해서 무엇을 배웠죠?"
⑨ "사회복지사가 다음에 만나기 전까지 했으면 하고 원하는 것이 있나요?"
⑩ "마치기 전에 이번 영역에서 적어도 언급했던 활동을 하지 못해서 후회하는 것이 있나요?"
⑪ "이번 회기에서 당신이 원한 것을 얻었나요?"
⑫ "이번 회기의 참석률에 만족합니까?"
⑬ "무관심하고, 지루하고, 관여치 않고, 적의적 혹은 저항적이라고 생각한다면, (만약 있다면) 이런 자세를 바꾸기 위해서 어떻게 하시겠습니까?"

모든 집단성원에게 빠른 체크를 해보는 이런 연습은 아주 중요하다. 왜냐하면 매주 집단성원이 조직에 주고 얻는 것을 생각하는 것은 도전적인 것이기 때문이다. 만약 그들이 경험한 것을 기뻐한다고 얘기한다면, 그들은 좋아하는 것에 관하여 구체적으로 설명하거나 보고 싶어하는 다른 것을 설명하도록 요구받을 수 있다. 만약 그들이 (조직 자체나, 지도자, 혹은 그들 자신에게) 기쁘지가 않다고 얘기하면, 변하고자 원하는 것이나 집단 혹은 그들 자신에게 이러한 변화를 생성시킬 수 있는 계획에 관하여 구체적으로 되도록 고무되어질 수 있다. 이러한 점검이 규칙적으로 이루어진다면, 집단성원은 아무것도 언지 못했거나 집단 내의 업무를 증진시키려는 노력이 이루어지지 않는 집단의 종결을 향하여 불만을 덜 털어놓을 것이다.

(2) 미결업무 다루기

만약 한 영역의 격렬한 활동이 그 집단이 끝나는 시간까지 마쳐지지 않으면 어떠한가? 첫째, 그들이 어떻게 느끼는지 말로써 나타내는 것이 중요하다고 할지라도, 감정에 휘말려 집단을 떠나는 집단성원의 발생만큼 끔찍하고 불행한 것은 없다. 민감한 집단지도자는 사장된 채 방치된 그러한 감정을 단순하게 인정함으로써 밀폐의 감정을 가져다 줄 수 있다. 둘째, 클라이언트는 짧은 기간 가정하는 것보다, 특히 집단지도자가 시간적 제약을 알려주면 보다 많은 것을 얻는다. 사람은 자동적으로 그들이 가진 시간대로 일을 움직여나간다.

집단지도자는 상황을 완화시키고 계속해서 의뢰인에게 다음과 같이 말하면서 건설적인 제안을 한다. "오늘 정말로 일할 시간이 없어서 당신에게 많은 것이 혼란스럽다는 것을 알고 있습니다. 그러나 떠나기 전에 여러분이 오늘 남긴 것과 일주일 그리고 앞으로의 영역을 배워나가면서 이 일을 어디에 적용시키고 싶은지를 한 가지 내지 두 가지로 말씀해 주셨으면 합니다." 이 관점에 접근하는 다른 한 가지 접근방식은 단순히 의뢰인에게 "이번 주에 경험할 시간이 없기 때문에, 지금과 다음 회기 사이에 어느 정도 반성을 해서 다시 제기해 보는 것이 어떨까요?"라고 하는 것이다.

(3) 과제 정리하기

회기를 마무리하고 다음 회기와 이어주는 한 가지 기법은 집단성원에게 과제물이나 그들이 한 회기에서 했던 일을 보다 깊게 옮겨갈 수 있는 수단을 알리도록 하고, 다음 회기의 시작단계에서 이 과제를 보고하는 것이다. 과제는 집단성원 자신이나 집단지도자 혹은 집단의 다른 구성원에 의해서 수정될 수 있다. 가끔 집단성원은 그들 자신이 그렇게 할 수 없다면, 회기 내에서 그들이 경험한 개인적인 이슈에 대해서 생각하지 않거나 활동하지 않는다. 예를 들어, 영숙이가 교수와의 일을 다루기를 두려워한다면, 그녀는 자신이 다음 회기 이전에 교수를 찾으려고 노력하거나 수업시간에 그녀의 두려움에 대해서 교수에게 이야기할 것이다. 만약 그녀가 과제물의 성격을 결정하는 데 극도의 책임감을 가진다면, 그녀는 이미 변화에 대한 단계를 취하고 있는 것이다.

(4) 자신의 말을 하고 집단성원으로부터 알아보기

집단지도자는 그들의 반응, 집단과정의 얘기, 회기의 마지막을 향한 미팅의 요약사항을 가져다 준다. 집단지도자는 집단의 결합, 집단성원이 자유롭게 일에 대한 주제를 가져다 주는 정도, 불안전한 주제에 대해서 위험을 감수하거나 얘기하고자 하는 의지, (지도자를 직접적으로 향한 얘기에 반대되는) 다른 이와의 상호협력을 하는 정도, 부정적인 염려나 느낌을 토의하고자 하는 의지 등을 언급한다. 집단지도자는 또한 일주일 동안 각각의 회기에 관한 필기를 할 수도 있고, 그런 다음 회기를 연결시켜 주는 촉매제로써 다음 회기의 초반기에 이러한 언급을 사용할지도 모른다. 집단성원은 또한 각각의 회기의 마지막에 그들이 다음 회기에서 얘기하고자 하는 구체적인 주제, 질문, 관심사, 문제, 혹은 개인적인 이슈를 적어나갈 수도 있다.

따라서 그들은 그들 자신이 제기했던 것에 대해서 다음 회기 전에 생각하도록 격려되어질 수도 있다. 어떤 사회복지사는 이 연습이 너무 과열되고 계획적인 것이라고 생각할지도 모르지만, 그것은 집단성원에게 집단 내에서 가능한 제한된 시간을 사용하는 책임감에 직면하도록 하는 가장 충분한 기법이다. 각각의 영역에 다가서는 다른 한 가지 방법은 집단성원이 간략한 평가나 항목을 채움으로써 마지막 5분을 할애하는 것이다. 평가표는 몇 분 안에 끝낼 수 있고, 그 결과는 다음 영역의 시작에서 제시될 수 있다. 1~10까지의 수치가 사용된다. 집단성원은 다음의 질문을 통해 자신이나 다른 집단성원, 혹은 집단지도자를 평가할 수 있다.

① 당신은 이 회기에 얼마나 관련이 있었는가?
② 당신은 오늘 집단에서 어느 정도 되고 싶었는가?
③ 당신은 오늘 얼마나 집단에 기여하는 활동적인 사람으로 자신을 보았는가?
④ 당신은 집단에서 얼마나 위험을 떠맡으려고 했는가?
⑤ 당신은 오늘 얼마나 집단지도자를 신뢰하였는가?
⑥ 오늘의 회기는 당신에게 당신의 문제, 생활의 상황, 혹은 당신이 하고자 하는 가능한 결정을 생각하도록 얼마나 자극을 주었는가?
⑦ 오늘의 집단은 당신에게 얼마나 감정적으로 영향을 주었는가, 혹은 당신의 생활에서 감정적으로 짐이 되는 사건을 상기시키도록 도와주었는가?
⑧ 당신은 이 회기에서 다른 집단성원에 대하여 얼마나 걱정하였는가?
⑨ 오늘 회기에서 당신이 무엇을 느끼고 생각하는가를 얼마나 공유하려고 했는가?
⑩ 당신은 이 회기에서 얼마나 명확한 목표를 가지고 있었는가?
⑪ 당신은 이번 주에 몇몇 새로운 행동을 얼마나 활발하게 연습하려고 했는가?
⑫ 이런 관점에서 당신은 다음 주 집단에 얼마나 돌아가고 싶어하는 욕구를 느끼는가?
⑬ 당신은 얼마나 자주 당신 자신을 준비하거나 오늘 오기 전에 회기에 대해서 생각을 하는가?
⑭ 당신은 집단을 얼마나 살아있고, 목표지향적이며, 에너지가 넘치는 것으로 보는가?
⑮ 당신이 생각하기에 집단은 지금 시점에서 얼마나 결합력이 있고 함께 한다고 보는가?
⑯ 당신은 다른 사람에게 집단의 피드백을 얼마나 주려고 하는가?
⑰ 당신은 당신이 받거나 조심스럽게 생각하는 피드백을 얼마나 비방어적으로 취하는가?
⑱ 당신은 당신의 삶에서 바꾸고자 하는 긍정적인 힘으로써 이 집단을 어느 정도 보고 있는가?
⑲ 당신은 오늘 생산적인 것으로써 집단을 어느 정도 보고 있는가?

만약 집단지도자가 결과를 표로 만들어서 부족한 관련성, 낮은 단계의 위험도, 신뢰도 부재, 제한된 공유의 양, 집단복귀로의 저항, 포괄성의 부재 같은 명확한 경향을 본다면, 그들은 다음과 같은 말을 함으로써 다음 회기를 열 것이다. “지난 2주 동안 대부분의 여러분은 이 집단을 개인적인 자료를 공개하는 데 안전하지 못한 장소로써 명확하게 봐왔습니다. 많은 분이 신중함은 없고, 목표는 불분명하고, 집단의 에너지는 떨어져있다는 데에 동의하고 있습니다. 저는 사회복지사고 이러한 경향을 보고 이러한 상황에 대해서 무엇을 해야 할지를 보고 싶습니다. 특히 사회복지사는 아직 많은 집단회기를 남겨두고 있기 때문입니다.” 집단성원은 그들의 몇몇의 인지를 끄집어내고 개방적으로 집단을 평가할 수 있게 된다. 그리고 집단성원과 집단지도자는 집단의 방향을 바꾸는 것에 대한 결정을 할 수 있다.

(5) 성과와 계획을 구체화하기

모든 집단회기 동안 집단성원은 일반이고 포괄적인 상태를 피해야만 하고, 그 대신에 구체화되고 기술적이어야만 한다. 집단의 마지막 단계 동안, 만일 집단성원이 그들이 그들 자신에 관해 배웠던 것과 그들이 이러한 사항을 적용할 예정인 방법에 대해 확신이 있으면 구체화하는 것은 특별히 중요하다. 만약 집단성원이 “이 집단은 나에게 매우 좋았어, 나는 그래서 많이 배우고 많이 성장했어”라고 말한다면, 다음과 같은 집단지도자의 응답이 있을지도 모른다. “특히 당신이 배울 수 있었던 것과 당신이 자신이 성장했다는 것을 어떻게 알게 되었습니까?”, “어떤 측면에서 이 집단은 당신에게 좋았습니까? 당신에게 좋았던 것은 무엇입니까?” 만일 집단성원이 그들이 배운 것과 변화에 대한 계획을 구체화한다면, 그들이 그들의 행동을 변화시키기 위해 움직일 것이라는 가능성은 늘어나게 된다. 종결단계 동안의 피드백 또한 구체화할 필요가 있다.

최종적인 피드백 회기 동안, 가치있는 것은 특정의 반작용, 인상과 간단한 설명이다. 하나의 기술은 피드백을 받는 사람에게 말하고 있는 것을 대답하지 말고 신중하게 들을 것을 요구하는 것이다. 그들의 침묵은 확실하게 피드백을 받아들이는 것을 의미하는 것은 아니다. 만약 그들이 즉석의 응답을 준다면, 그것은 단지 그들이 더욱 진지하게 듣고 있음을 말한다. 또 다른 피드백과정은 집단성원에게 다음의 것 일부를 끝낼 것을 요구한다.

(6) 집단에 대한 개인적인 반응을 요약하기

집단의 마지막 회기 동안, 집단성원이 되기 위해 바랐던 것을 간단하게 진술하고, 그들이 경험의 결과로써 얻은 것을 요약하는 것은 가치 있다. 만약 그들이 그들의 반작용에 대해 말로 표현하고 그들이 배웠던 것에 대한 의미와 전망을 준다면, 집단은 더 많은 정보로 구성원을 강화시킬 것이다. 집단성원이 이야기할지도 모르는 질문의 예가 있다.

① "이 집단의 구성원으로서 당신을 위하여 무엇을 해왔습니까?"
② "당신이 집단 내에 있는 동안 무엇을 좋아했고 싫어했습니까?"
③ "당신은 자신에 관해 무엇을 배웠습니까?"
④ "다른 사람이 당신을 보는 방법에 관해 당신은 무엇을 배웠습니까?"
⑤ "이 집단 안에서 당신을 위한 주요한 전환점의 일부는 무엇이었습니까?"
⑥ "당신을 위한 가장 중요한 결과는 무엇이었습니까?"
⑦ "이 집단이 끝날 때에 당신이 가장 말하고 싶은 것은 무엇입니까?"

이 기술은 모든 집단성원에게 각자가 그룹으로부터 제거하고자 하는 약간의 생각을 가지는 것을 허락한다. 그들이 배우는 회기에서 전체를 생각하고, 서로 협력하는 것을 또한 집단성원에게 권한다.

(7) 계약하기

집단의 종결이 집단성원에게 그들의 일상의 생활에서 새로운 행동을 시험해 보는 것을 돕는 가치있는 일이라면 그 이상의 행동을 수행하는 것을 계약한다. 어떤 기술은 집단이 종결하면 그들이 바라고 있는 변화에 대한 도전에 관한 성명서를 쓰도록 요구하는 것이다. 참가자는 그들의 계약을 크게 읽을 수 있고, 다른 사람은 계약을 완수하기 위한 특정한 제안을 줄 수 있다. 그리고 계약의 현실성 여부에 대해 비평할 수 있다.

예를 들면, "수영은 그가 일관되게 비생산적인 발언과 함께 그 자신의 지위를 떨어뜨리고, 실패를 무서워하여 새로운 활동을 시험해 보지 않는다는 것을 집단작업을 통하여 깨닫기 위해 왔다. 그는 자기 합리화와 함께 실패에 자기 자신을 짜맞추는 것을 알고 있다. 그는 새로운 안을 시도하는 것에 의해 이러한 행동에 대한 변화를 원한다" 라고 정한다. 그는 이 안에 대한 여러 개의 목록을 만들고, 그의 오래된 습관으로 다시 돌아가는 것을 어떻게 하면 피할 수 있을까를 제안하는 것을 요구한다. 그들은 제안의 결과로, 그 몇몇의 서명을 한 그의 계약서의 일부를 그의 욕실 안의 거울에, 냉장고 문에, 집안 다른 장소에 붙여둘 것에 동의한다. 서명한 것을 낭독한다.

① 나는 올바르게 내가 원하는 것을 요구해야 한다.
② 나는 계속해서 패배를 위해 나 자신을 속일 필요가 없다.
③ 나는 내가 과거에 할 수 있었다라고 나 자신에게 말했던 것보다 더 잘할 수 있고, 할 것이다.

(8) 자기 자신을 비하하지 않고 배운 것을 잊지 않기

집단성원은 집단 내에서 그들이 배운 것을 쉽게 잊어버리거나 그들이 가지는 통찰력을 쉽게 비하하는 경향이 있다. 집단의 종료 이후, 집단성원은 집단의 경험이 일상생활에서 복제될 수 없다고 그들 자신에게 말할지도 모른다. 예를 들면, 진경은 집단 내의 사람만이 단지 그녀에게 친절했고, 그녀가 집단을 떠난 지금 변화할 수 있는 같은 지지를 발견할 수 없다고 그녀 자신을 납득시킨다. 훈련을 비하하는 관점에서 몇몇의 집단성원은 내부모임(inner circle) 형태를 띠고, 마치 그들이 집단의 종료 이후에도 몇 개월 동안 만날 것처럼 이야기한다. 그들이 특히 집단의 가치를 적게 평가하고 그들의 경험을 비하하는 모든 방법에 대해 말한다.

정당성은 시간이 계속 지남에 따라 그들을 속박할지도 모르는 내부의 문답(자기 합리화)을 예지할 기회를 집단성원에게 줄 수 있다. 대안으로 그들은 그들의 일상생활에서 사람에게 집단의 경험을 이야기할 때 집단의 경험을 저하시킬지도 모르는 역할을 수행할 수 있다. 만일 집단성원이 이런 식으로 잊어버리고 비하하는 가능성에 직면하고 있으면, 그들이 그렇게 할 경향은 적다.

5. 지속적인 사정과 사후관리를 위한 기술

1) 사후관리 면접을 수행하기

안전점검으로써 그리고 평가에 대한 방법으로써, 지도자는 집단이 끝난 후에 수주 또는 수개월 내에 각 집단의 구성원에게 개인적인 면접을 수행하려고 노력할 수 있다. 이런 인터뷰는 “열광적 지지자(booster shot)”로서 클라이언트에게 유익할 수 있고, 또한 집단의 효과를 측정할 수 있게 한다.

이 회기의 목적은 그들의 개인적 목표의 달성여부와, 그들의 계약을 수행했던 정도를 확인하는 데에 있다. 집단의 영향을 논의하는 것, 끝나지 않은 사업에 대해 논의하거나 그룹으로부터 떠나는 것에 관한 느낌을 논의하는 것은 지도자나 구성원 양쪽 모두에게 기회이다. 만일 구성원이 그들이 배웠던 것을 이용하는 데에 문제를 가진다면, 이 개개의 접촉은 이러한 어려움을 다루는 방법을 조사할 기회이다. 만일 그것이 적절하게 보이면 다른 집단 또는 개인적 카운슬링을 제안하는 것은 지도자를 위한 훌륭한 기회이다.

2) 다른 구성원과의 접촉을 촉진하기

그들이 실습하는 새로운 행동이나 달성하는 행동 프로그램으로써 구성원의 지지를 이끌어낼 수 있는 기술은 집단종료 이후에 다른 구성원에게 정기적으로 연락하는 것이다. 이 접촉은 구성원이 곧 집단이 끝나가는 때에 그들이 그들 자신에게 그다지 강요하고 있지 않다는 것을 알 때 특히 중요할 수 있다. 다른 구성원과의 방문에 의해 그리고 그들의 진보나 부족함에 대해 보고서를 제출하는 것에 의해, 그들은 지지와 격려를 얻을 수 있다. 구성원은 그들의 목표를 향한 진행을 보고하기 위해 종료 이후에 그들이 접촉하고자 하는 한 사람 이상의 사람을 고를 수 있다. 이것은 책임의 방법이다. 그리고 지지시스템을 확립하는 방법을 배울 수 있는 사람을 위한 수단이다.

3) 사후관리 회기 정돈하기

다음 회기는 구성원의 각각에서 그룹의 영향을 평가하는 집단이 끝난 후에 두 달이 경과한 장소에서 취할 수 있다. 그런 회기를 행하는 것은 구성원이 집단경험으로부터 지속적인 이익을 받을 수 있는 기회를 극대화하는 방법 중 하나이다. 구성원은 그들이 수행했던 것을 재조사하기 위한 장래의 어떤 시간에 집단을 만날 것을 알기 때문에, 그들은 더 많이 그들의 계약을 고집한다. 그들이 변화를 위한 그들의 계획을 고수하든지 말든지와는 무관하게 사회복지사는 사회복지사의 집단에게 모든 구성원이 뒤이어 수반되는 결정적인 것이 어떠한 것인지를 강조한다. 때때로 그들이 약속했던 것을 하지 않았던 것에 대해 자신에게 실망감을 느끼는 구성원은 사후관리에 관해 잊었거나 그들이 너무 바쁘다고 주장하고 싶어질지도 모른다.

사회복지사는 집단 내에서 그들이 배웠던 것을 사용함에 있어서 그들이 만났던 어려움에 대해 이야기를 나누는 것에 의해 서로 많이 배울 수 있다는 것을 강조한다. 그런 회기도 그들에게 기회를 그들이 배웠던 수업이 그들의 인생에 맞았던 방법을 받았음을 알리기 위해 준다. 그런 회기는 또한 그들에게 그들이 배웠던 수업이 그들의 인생에 꼭 들어맞았던 경험에 대해 공유할 수 있는 기회를 준다. 그리고 지도자는 그룹의 전반적인 충격의 감각을 얻을 수 있다.

4) 더 나은 성장을 위해 어디로 가는지를 제안하기

집단경험은 구성원의 대다수를 위한 성장의 제일 첫 시작일지도 모른다. 비록 일부 구성원이 그들의 첫 번째 집단에서 거의 얻지 못하는 것으로 보인다하더라도, 미래의 성장경험을 위해 그들은 자주 준비해야 한다. 이런 식으로, 마지막 회기, 이어지는 인터뷰, 또는 이어진 회기 동안, 지도자는 그들이 시작했던 일을 계속 진행하고 싶어하는 그러한 참가자에게 많은 제안을 해줄 수 있다. 이러한 제안은 개인적 카운슬링과 치료를 위한 추천, 다른 종결집단, 워크숍, 또는 아마 이제 막 종결된 집단으로부터의 같은 구성원의 일부와 함께한 계속적인 집단을 위한 특정한 추천을 포함할지도 모른다.

지도자는 또한 구성원이 사회적 활동의 다양성에 대해 접촉할 수 있는 요소와 형편에 따라서는 조직에 대해 이해할 것을 제안할 수 있다. 구성원은 그들의 일과 함께 한층 더 나아가는 방법에 관한 영감에 마지막 회기의 일부를 그들 자신이 이용할지도 모른다. 구성원이 다른 집단을 고려할 준비가 되어있을지도 모르거나 개인적 카운슬링이 단지 몇 시간이 경과해왔기 때문에 이어진 회기는 여러 가지 성장계획을 포함하는 가치를 강화하기 위한 훌륭한 장소이다.

5) 집단을 평가하기 위한 기술

(1) 평가형태

지도자는 여러 종류의 평가장치를 집단의 결과를 결정하기 위해 사용할 수 있다. 사회복지사는 최종적인 회기에서와 이어지는 회기에서 구성원의 주관적인 반작용을 개발하는 장치를 지지한다. 구성원은 집단이 끝난 후에 즉시 집단에 대해 어떻게 느끼는가에 대한 것과 그들이 몇 개월이 지난 후에 느끼는 것에 대해서는 중요한 차이가 종종 있다. 양쪽 예에 있어서 피드백은 가치있다. 평가형태는 그들의 그룹에 대한 만족의 정도와 그들이 그것에 투자했던 수준의 정도를 평가하는 것을 구성원에게 요구할 수 있다.

① 현저한 특징과 중요한 사건을 생각해내는 것
② 그들이 집단에 있는 동안 갈망하는 변화를 취하기 위한 행동을 구체화하는 것
③ 어떤 기술이 가장 많고 가장 적게 도움이 되었는지 구체화하고, 형식에 있어서의 변화를 제안하는 것
④ 집단이 몇 시간이 경과한 후에 그들의 눈을 통하여 잠시 뒤에 어떻게 나타나는지 기술하는 것

회원자격에 따라, 구축되어진 체크리스트가 고안되거나 전면적인 문자가 요구될지도 모른다. 또는 평가 스케일과 에세이 질문의 조합이 사용될지도 모른다. 이 평가과정은 집단의 효과를 측정하는 지도자를 위한 길뿐만 아니라 그들의 그룹에 있는 동안 그들이 했던 그들의 사고와 경험으로부터 그들이 받았던 것에 초점을 맞추는 구성원들을 위한 길에도 가치가 있다. 다음의 설문조사는 지도자가 구성원이 있는 집단의 충격에 대한 생각을 얻기 위해 사용할 수 있는 한 평가형태이다.

(2) 구성원 평가형식

① 당신의 인생에서 당신의 집단경험에서 가졌던 일반적인 영향력은 무엇이었는가?
② 당신을 위한 집단경험의 하이라이트는 무엇인가?
③ 당신이 당신의 생활양식, 태도, 다른 것과의 관계에 관해 알아차릴 수 있었던 특별한 일은 무엇인가?

④ 적어도 부분적으로 당신이 집단경험에 있다고 생각할 수 있는, 당신의 삶에서 당신을 변화하게 한 요소는 무엇인가?
⑤ 집단지도자에 의해 사용되는 기술 중 어느 쪽이 당신에게 가장 많은 영향을 주었는가? 어느 기술이 가장 적은 영향을 주었는가?
⑥ 집단지도자와 그들의 스타일에 대한 당신의 견해는 어떠한가?
⑦ 집단 내에서 당신이 만든 결정의 일부를 수행하기 위해 노력했을 때, 외부세계에서 당신은 어떤 문제와 직면했는가?
⑧ 집단이 끝난 후에 당신이 자신에게 질문한 문제의 일부는 무엇인가?
⑨ 집단경험은 당신에게 어떤 부정적인 영향을 끼쳤는가?
⑩ 당신 자신을 비판적으로 또는 부정적으로 보는 것이라고 깨닫는다는 무엇인가가 있는가?
⑪ 당신이 집단에 참가한 것은 어떻게 당신의 인생에서 중요한 사람을 감동시켰는가?
⑫ 만일 당신이 집단의 구성원이 아니었더라면, 당신의 인생은 어떻게 변해있을까?
⑬ 만일 집단이 당신에 있어서 무엇을 의미하는지 한 문장 또는 두 문장으로 말해야만 하면, 당신은 어떻게 응답할 것인가?

(3) 구성원의 자기평가를 위한 기법

집단의 초기단계에서 구성원은 자신들의 참여를 어떻게 평가하는지 배울 필요가 있다. “지금 이 집단 내에서 당신은 자신을 어떻게 보고 있는가?, 당신의 방법에 대해 어떻게 느끼고 있는가?”, “만약 당신이 했었던 구성원과 같이 한다면, 마지막 세션에 대해 어떻게 생각하는가?”, “이 집단 내에서 행하는 것 중 당신이 가장 좋아하는 것은 무엇인가?”, “당신이 집단 내에서 기피하는 것은 스스로 어떻게 보는가?”, “이 집단 내에서 당신이 하거나, 느끼는 가장 좋은 변화는 무엇인가?” 이 기법은 그룹 내에서 스스로 구성원의 변화를 가져오는 몇 가지 방법이다.

참여하는 사람이 극히 적은가? 대부분의 지도자는 집단의 모든 구성원이 주제를 정하는 데 참여하는 것을 전적으로 좋아할 것이라고 생각한다. 예를 들어, 어떤 구성원을 불러 주제를 정하는 것에 대한 그들의 생각을 물어보자. 그룹의 구성원은 각각 질문에 다른 답을 한다. 만약 지도자가 이 방법을 자주 사용한다면 구성원은 그들이 대답하기 전에 부르기를 기다릴지도 모른다. 더 나은 기법은 그룹 내에서 직접 주제를 정하는 것이다.

참여의 단계에서 구성원과 함께 하는 것이 불만스러운 지도자는 또한 일반적인 활동이나 움직임을 유지하는 짜여진 기법을 사용할지도 모른다. 이런 기법의 사용은 본인에게 공격이 되어 다시 돌아오고, 참여수동성을 가져올 수 있다. 여기에서 최상의 기법은 구성원이 스스로 이 시간에 집중할 수 있도록 돕는 것이다.

(4) 지도자의 자기평가를 위한 기법

초기단계 동안 집단 내에서 구성원이 진보하는 동안 지도자와 동료지도자는 효과적인 평가를 할 수 있다. 이것은 집단 내의 자기평가와는 다른 시기에 진행되고, 동료 지도자와의 사이에서 유리한 도약판이 될 수 있다. 당신은 스스로 아래의 문장을 사용하여 평가하라.

① 나는 나의 그룹과의 만남에서 보편적으로 열심히 한다.
② 나는 집단에 가서 나의 반응을 자발적으로 표현한다.
③ 나는 구성원이 그들의 목표를 분명히 하고, 그것에 닿기 위해 전진하도록 도울 수 있다.
④ 나는 구성원을 이해할 수 있고 이런 이해를 함께할 수 있다.
⑤ 나는 그들의 방어의 증가가 없어도 구성원의 지도하는 방법에 도전할 수 있다.
⑥ 나는 집단 내에서 바라던 행동을 모방할 수 있다.
⑦ 나는 구성원과 일을 할 때, 자진해서 위험에 처할 각오를 하고 있다.
⑧ 나의 지도시간은 보통 클라이언트의 일을 방해하지 않고 보낸다.
⑨ 나는 민감하게 클라이언트의 길잡이가 되고, 구성원을 떠밀기보다는 그들을 따른다.
⑩ 나는 구성원에 관한 지각과 나의 초기개입에 도전할 수 있다.
⑪ 집단 내의 나의 행동은 기본적으로 구성원에 대한 존중을 나타내고 있다.
⑫ 나는 공통의 주제를 잡을 때, 한 명의 구성원이나 다른 구성원의 일과 연결하고 있다.
⑬ 나는 세션에 들어가기 전에 내가 성취하기를 위하는 것에 대한 생각을 제공하였다.
⑭ 나는 요약할 적당한 시간을 허락하고, 각각의 세션의 마지막에 통합하게 하였다.

⑮ 나는 비생산적인 행동을 하는 구성원을 공격하지 않고 효과적으로 개입할 수 있다.
⑯ 나는 적당한 시기에 구성원에게 지지와 긍정적인 강화를 제공하였다.
⑰ 나는 보통 나의 파트너와 효과적으로 일하고, 내가 하지 못할 때는 적당한 시기에 그것에 대해 말하고 인정할 것이다.
⑱ 나는 적당한 자기 정보공개의 사용을 준비하고 있다.
⑲ 나는 클라이언트의 문화적인 배경의 감수성과 함께 기법을 사용한다.
⑳ 나는 집단에서 내가 사용하는 기법에 대한 이론적 설명을 제공하고 있다.

(5) 집단지도자의 일지

사회복지사가 초기에 추천했던 것에 따라 일지를 쓰는 것은 집단구성원과 집단지도자에 대한 훌륭한 생각이다. 그것은 그들이 집단의 진보를 평가하는 것을 돕는다. 그리고 발달단계 동안 변화를 평가하는 것을 돕는다. 그들은 집단 안에서, 구성원의 행동에 관해 일어나는 것뿐만 아니라 그들 자신의 반작용에 관해서도 초점화할 수 있다.

① 당신이 집단을 초기에 본 관점은 어땠는가?
② 전반적으로 집단에 대한 당신의 반응은 무엇이었는가?
③ 당신이 각 구성원에게 가졌던 최초 반작용은 무엇이었는가?
④ 이 반작용이나 느낌은 어떻게 바뀌었는가?
⑤ 당신은 어떤 구성원과 함께 가장 일하고 싶은가?
⑥ 당신은 어떤 구성원과 어려움을 겪었는가?
⑦ 당신은 이 집단을 이끄는 것을 어떻게 느꼈는가?
⑧ 일반적으로 당신은 집단에 있고 싶었는가?
⑨ 당신은 집단의 발전에 대한 당신 책임의 몫을 보전했는가?
⑩ 당신이 찾지 않았던 개인의 관심 때문에 집단에 곤란을 느끼게 했던 어떤 시간이 있었는가?
⑪ 이 화제에 있어서 개인적인 불쾌 때문에 당신 자신이 어떤 화제를 피하고 있는 것을 깨달았는가?
⑫ 당신은 이 집단에서 어떤 전환점을 보았는가?
⑬ 집단의 성공 또는 실패에 공헌하는 것으로써 당신은 어떤 요인을 보는가?

⑭ 어떻게 구성원으로부터 당신이 받았던 피드백을 비방어적으로 취하고 고려하여 당신 자신을 개방했는가?
⑮ 당신이 사용한 기술은 무엇이었고, 결과는 무엇이었는가?
⑯ 각 회기의 중요한 사건은 무엇이었는가?
⑰ 집단과 구성원 간의 관계의 역학을 묘사해라. 만약 이 집단이 당신 자신 같은 구성원으로 되어있었다면, 집단의 종류가 어떻게 되어왔다고 생각하느냐?
⑱ 이 집단을 이끄는 것으로부터 당신 자신에 관해 당신은 무엇을 배웠는가?
⑲ 특정의 구성원에게로 향한 반작용으로부터 당신은 집단작업에서 무엇을 배울 수 있는가?

이런 일지를 쓰는 것에 의해 사회복지사는 집단에서의 경향을 재검토할 수 있고, 형식에 있어서의 변화 또는 미래의 집단을 위한 기술을 궁리할 수 있다. 사회복지사는 각각의 회기에 대한 당신의 관찰을 타이프하여 준비할지도 모르고, 이어지는 회기 전에 구성원에게 이 노트를 줄지도 모른다. 구성원 또한 간단한 과정의 일지를 쓰는 것이 권해질 수 있다. 그리고 사회복지사와 구성원은 사회복지사의 관찰을 공유할 수 있다. 종결에 있어서 이 일지는 집단 내에서의 중요한 사건에 대한 개요를 제공한다. 게다가 공동지도자가 집단의 진보를 논의하기 위해 만날 때, 그들은 견해의 차이에 직면했을 때 그들의 과정노트를 언급할 수 있다.

이 일지는 지도자로서 사회복지사를 위한 개인의 일을 형성하는 좋은 장치이다. 사회복지사는 자신의 인생에서 풀리지 않는 문제에 대해 생각나는 것은 무엇이나 작성하기 위해 일지의 한 부분을 예약할 수도 있다. 예를 들면, 만일 사회복지사가 일부 구성원의 일을 통하여 상처를 입는 감각과 거절을 알아채면, 사회복지사는 그 자체가 집단에서 그 문제를 수행하지 않기로 결정할지도 모른다. 그러나 사회복지사가 자신의 치료에서 할지도 모르는 그 이상의 일에 관해 사회복지사의 일지에 작성하는 것에서 이익을 얻을 수 있다.

지금까지 개입단계에 필요한 사회복지실천기술에 대해서 살펴보았다. 집단의 발달단계 가운데서도 개입단계의 중요성이 크기 때문에, 이 단계에서 행해지는 실천기술의 영향력도 크다고 볼 수 있다. 집단개입에서 주의할 점은, 이론상의 내용은 이러하지만 집단역동 등 상황에 따라 다양한 특징이 나타날 수 있으므로 이러한 점을 감안하여 적절하게 활용할 수 있어야 할 것이다. 개입단계에서의 사회복지사의 실천기술에서 공통적으로 집단과 사회복지사의 관계형성이 전제되어야 행해질 수 있는 기술들이 있다. 따라서 사회복지사는 집단개입에서 초기단계에서부터 집단성원과의 라포형성, 관계형성을 위해 노력을 하고 상호 간의 신뢰관계를 바탕으로 하여 효과적인 개입을 하여야 할 것이다.

Chapter

12 가족중심 사회복지실천기술

Ⅰ. 가족중심 사회복지실천의 기본 개념과 사정

가족에 대한 관점은 여러 가지이다. 따라서 현대의 가족에 대해 한 마디로 규정하기는 어렵다. 그러나 가족은 인간이 만든 여러 가지 제도 중에서 가장 오래된 것으로 사회의 변천에 따라 여러 가지 영향을 받으며 지금까지 지속되어온 기본적인 사회제도이다. 가족은 역사와 민족, 시대적 흐름에 따라 다양하게 변화되었기 때문에 한 마디로 정의한다는 것은 어려운 일이나 보편적으로 다음과 같이 정의해 볼 수 있겠다.

가족이란 부부와 그들의 자녀로 구성되는 기본적인 사회집단으로서 이들은 이익관계를 초월한 애정적인 혈연집단이며, 같은 장소에서 기거하고 취사하는 동거동재 집단이고, 그 가족만의 고유한 가풍을 갖는 문화집단이며, 양육과 사회화를 통하여 인격형성이 이루어지는 인간발달의 근원적 집단임과 동시에, 사회변동과 함께 의도적인 정치적 개입에 의해 변화하며, 그러한 변화에 대하여 역동적으로 적응할 수 있는 사회제도의 하나이다.

1. 가족중심 사회복지실천의 기본 개념

1) 가족의 기본적 속성

가족을 단위로 한 사회복지실천을 행하기 위해서는 사회단위로서의 가족에 대한 이해가 필요하다. 가족이 어떤 속성을 갖고 있고 어떤 기능을 수행하든 상관없이 모든 가족은 공통적으로 두 가지 차원의 속성에 영향을 받아 형성·유지된다. 하나는 시간적 차원이고 다른 하나는 공간적 차원이다.

먼저 시간적 차원에서 가족은 역사성을 띠고 있다. 가족의 역사성이란 현재 우리가 속해있는 가족은 여러 세대를 거쳐 아버지쪽과 어머니쪽 가족의 특성이 전해 내려오면서 통합과 조정의 과정을 거쳐 형성된 결과물이라는 것이다. 하지만 가족의 속성은 역사성에 의해서만 영향을 받아 형성되는 것은 아니다. 동 시대에 함께 존재하는 가족을 둘러싼 각종 환경과의 교류를 통해 가족의 속성이 변화될 수 있다. 이것을 가족의 공간성이라고 말할 수 있다. 가족의 공간성이란 가족이 진공상태에서 존재하는 것이 아니라 주변환경과 끊임없는 교류를 하면서 생존・적응해 가고 있음을 의미한다. 권위적이고 경직된 가족관계양상에 영향을 받고 성장한 아버지라 할지라도 애정중심적이고 비권위적인 이웃가정과 전반적인 사회분위기 속에서 생활해가면서 자신의 가족관계양상에 변화를 가져올 수 있을 것이다. 이렇게 볼 때 가족은 역사성과 공간성을 동시에 띠고 있다고 볼 수 있다. 골든버그와 골든버그(Goldenberg & Goldenberg)의 가족에 대한 기본적인 속성을 보면 다음과 같다.

(1) 가족은 특정한 목적달성을 위해 인위적으로 형성된 집단이 아니라 자연스럽게 형성된 사회집단이다. 따라서 가족의 목적과 기능은 가족이 생활해나가는 가운데 가족원 간의 상호교류, 타협, 조정의 결과로 자연스럽게 형성된 것이라고 볼 수 있다.

(2) 가족은 생활해가는 가운데 일련의 생활유형 또는 규칙을 발전시키게 된다. 이러한 생활규칙은 대부분 분명하지 않아 가족원도 모르고 지내는 경우가 많다. 이것을 우리는 가족의 생활방식, 가족관계양상, 가족관습 등으로 부를 수 있다.

(3) 가족의 각 구성원에게는 나름대로 할당되고 부여된 역할이 있다. 이러한 역할의 종류와 특성은 가족이 성장해가면서 가족 내부상황 또는 가족 외부환경의 영향에 따라 생성, 소멸, 분화 또는 변화될 수 있다. 경제적 부양의 책임, 가사운영의 책임, 자녀교육의 책임, 가족 내 감정조절의 책임 등이 각 가족원에게 분담될 수 있다.

(4) 가족은 나름대로의 권력구조를 갖고 있다. 어느 가정에서는 아버지가, 다른 가정에서는 어머니가, 또 다른 가정에서는 할아버지 또는 할머니가 상대적으로 강한 의사결정권과 가정의 통솔권을 갖고 있을 수 있다. 자녀가 장성한 뒤에는 자녀 중 누군가가 상대적으로 강한 권력을 갖게 될 수도 있다.

(5) 가족은 공공연하거나 은밀하면서 복잡한 형태의 의사소통형태를 갖고 있다. 이러한 특성은 두 번째 항목에서 설명한 가족의 생활유형 또는 규칙과 겹치는 부분이다. 가족의 생활유형 중 의사소통유형만을 놓고 볼 때 가족에게는 그 나름대로의 의사소통유형이나 특성이 나타난다. 언어적 표현이 매우 발달한 가족이 있는가 하면, 비언어적 의사소통이 지배적인 가족도 있다. 감정표현이 풍부하고 세심한 가족이 있는가 하면, 감정의 표현이 극도로 억제되는 가족도 있다.

(6) 가족은 나름대로 문제를 해결하고 타협·협상하는 방법을 갖고 있다. 가족은 문제에 직면했을 때, 그 문제를 해결하는 나름대로의 방식을 가지고 있다. 차분한 대화로 가족원의 의견을 수렴하여 이성적으로 해결하는 가족이 있는가 하면, 감정적인 면을 강하게 드러내면서 감성에 의지해 충동적으로 문제를 해결하는 가정도 있다. 가장을 중심으로 권위적 의사결정에 의해 문제가 해결되는 가정이 있는 반면, 민주적 의사결정방식에 의해 문제가 해결되는 가정도 있다.

(7) 가족은 역사, 세상에 대한 관점, 목적의식 등을 공유하고 있다. 이것은 가족의 세상에 대한 인식이라고 불릴 수 있다. 세상을 살 만한 곳, 믿을 만한 곳, 희망과 포부를 갖고 한번 도전해 볼 만한 흥미진진한 곳으로 바라보는 가정이 있는가 하면, 세상은 못 믿을 곳, 불안한 곳, 미움·다툼·시기·질투가 가득한 곳으로 생각하는 가정도 있을 수 있다. 이런 인식은 가족원 사이에 공유된다.

(8) 한번 구성원은 영원한 구성원으로 남아있다. 가족은 이혼, 사망, 별거, 유기 등에 관계없이 한번 가족원이면 영원히 가족원으로 남아있다. 가족관계가 법적으로 정리될 수는 있어도 그 외의 측면에서는 각 개인의 생각, 정서, 감정, 행동 등에 끊임없이 영향을 미치는 존재가 바로 가족이다. 가족원 중 한 명이 의도적으로 다른 가족원과 멀리 떨어져 생활한다고 하더라도 그 영향력은 여전하다(엄명용·노충래·김용석, 2007 : 315-319).

2) 개인치료와 가족치료의 차이점

개인치료와 가족치료는 고통받고 있는 개인을 돕는다는 치료목표에서 본다면 이견을 달리할 수 없을 것이다. 또한 사회복지사와 치료관계를 맺고 있는 클라이언트의 권리를 존중해야 한다는 것도 모든 치료가 가진 공통점이다. 그러나 어떻게 도울 것인가에 대해서는 많은 차이를 보인다. 가족치료는 개인의 심리적 문제보다는 그 사람의 환경이나 생태학적 체계처럼 개인을 둘러싸고 있는 관계 속에서 일어나는 문제에 더 많은 관심을 가지고 있다. 따라서 개인보다는 가족이라는 한 집단을 치료의 단위로 취급하게 된다. 개인치료와 가족치료의 차이를 크게 구분하면 다음과 같다.

(1) 병리적인 초점의 차이이다. 전통적인 개인치료에서는 문제의 원인을 개인에게 두고 정신 내면의 과정에 보다 많은 관심을 기울여왔다. 그러나 이러한 개인에 대한 접근에는 한계가 있다. 그러므로 가족치료에서의 병리적인 초점은 개인을 둘러싼 가족이나 사회체계에 둔다. 왜냐하면 사회맥락 속에서 의미있는 사람과의 역기능적인 상호작용양상의 결과로 어떤 문제가 발생한다고 보기 때문이다.

(2) 치료개입대상의 차이이다. 물론 개인치료에서는 일반적으로 개인이 치료의 대상이 된다. 사회복지사는 개인에게 집중하여 그의 생활을 보다 만족스럽게 변화하기 위해서 어떻게 할 것인가를 그들의 과거와 현재에서 찾으려고 노력한다. 한편 가족사회복지사는 환자의 가족체계를 치료대상으로 삼는다. 가족 안에서 문제를 가지고 있는 사람을 IP(Identified Patient)라고 부른다. 이들은 단지 가족으로부터 문제시되고 있는 사람일 뿐이다. 따라서 가족사회복지사는 IP와 다른 가족과의 관계의 변화에 관심을 가지게 될 것이다.

(3) 치료의 단위이다. 개인치료에서는 일반적으로 개인을 치료의 단위로 삼는 데 반해서 가족치료에서는 체계의 많은 구성원이 치료의 단위가 된다. 문제시되는 개인을 둘러싼 맥락 속에서 개인과 개인의 관계를 강조하는 대인관계적인 모형을 강조한다고 말하면 가장 먼저 떠오르는 질문은 '그 관계에 누가 포함되어야 하는가'라는 것이다. 가족치료라고 반드시 모든 가족이 다 참석해야만 하는 것은 아니다. 현존하는 문제에 영향을 끼쳐서 그 과정을 바꾸는 데 꼭 필요한 가족원을 필요로 한다.

(4) 치료기간의 차이이다. 치료기간에서도 개인이 가진 지난 날의 경험에 기초한 내면의 갈등을 해결하고자 하는 개인치료에서는 자연히 많은 시간을 필요로 할 수밖에 없다. 사회복지사의 이론적 지향이나 어떤 문제를 가지고 있느냐에 따라 다르지만, 일반적으로 1년 이상의 치료기간이 필요하다고 알려져 있다.

한편 가족사회복지사는 가족과 관련된 문제의 해결을 위하여 단기치료를 추구하는 경향이 있다. 체계이론을 지향하는 가족사회복지사는 최근 일어난 역기능적인 문제를 중심으로 단기간에 치료를 시도한다. 따라서 개인치료보다는 상당히 짧아서 6개월이나 그보다 짧은 것으로 알려졌다. 왜냐하면 가족사회복지사는 가족원의 오래된 내면의 갈등을 해결하기보다는 개인을 둘러싼 역기능적 상호작용에 의한 위기를 해결함으로써 고통을 경감하려고 노력하기 때문이다. 여기서 다른 심리치료와 가족치료의 차이점(Glic, Kessler, 1974)을 간단히 정리해 보면, 다음의 <표 12－Ⅰ－1>과 같다(김유숙, 2000 : 19-22).

〈표 12－Ⅰ－1〉 가족치료와 다른 심리치료의 비교

유 형	목 표	초 점	사회복지사 역할	주요 문제	참여자	면담시간과 빈도	치료 기간
가족치료	향상된 가족기능	가족의사소통 연합과 역할	적극적 참여관찰자	부부문제 부모자녀문제	한가족 1~2명 사회복지사	1시간 또는 90분 주 1회	6개월 ~2년
개인치료							
정신분석	성격 재 구조화	과거의무의식 감정전이	소극적 비지시적	성격의 무의식적 갈등	개인 1명 사회복지사	1시간 주 1~2회	2년 ~5년
정신역동적 심리치료	성격수정	현재의 방어기제	적극적 참여관찰자	방어기제의 부적응유형	개인 1명 사회복지사	1시간 주 1~2회	6개월 ~2년
단기심리 치료	증상제거	기능의 회복	지시적	스트레스와 관련된 불안	개인 1명 사회복지사	1시간 주 1회	1~10주
집단심리 치료	향상된 사회기능	집단참여 및 피드백	유동적	빈약한 또래관계	6~8명 1~2명의 사회복지사	90분 주 1회	6개월 ~2년
환경치료	사회적 기능의 수정	적절한 사회경험	적극적 참여관찰자	병적인 사회환경	10~30명 10~30명의 스텝	거주	3개월 ~2년

3) 가족치료 개입의 초점

사티어(V. Satir)는 가족치료에서 개입의 초점을 개인수준에 두고 있고, 헤일리(J. Haley)는 가족의 관계수준에 더 강조를 두고 있으며, 미누친(S. Minuchin)은 가족의 전체 수준에 두고 있다. 통합적 가족치료에서는 가족체계의 세 수준을 다루므로 더 효율적으로 개입할 수 있다고 보며, 가족체계의 개입을 개인수준, 관계수준, 가족 전체수준으로 구분하여 개입할 수 있다. 가족체계의 개입을 처음에는 개인 구성원의 단순행동, 가족의 상호작용수준, 패턴화된 상호작용으로 옮겨갈 수 있다.

치료적 개입에서 개인수준－관계수준－전체수준은 상호연관성이 강해서 어느 하나 수준의 변화는 다른 수준에 영향을 주고 변화를 초래한다. 개인수준은 자존감, 역할, 가치관, 신념 등을 말할 수 있고 관계수준은 권력유형, 의사소통유형 등을 말할 수 있으며, 전체수준에서는 가족의 구조로 상·하위 체계 간의 경계, 의사교류패턴, 인식의 틀 등이 해당할 수 있다(김규수·오현숙, 2005 : 147-148).

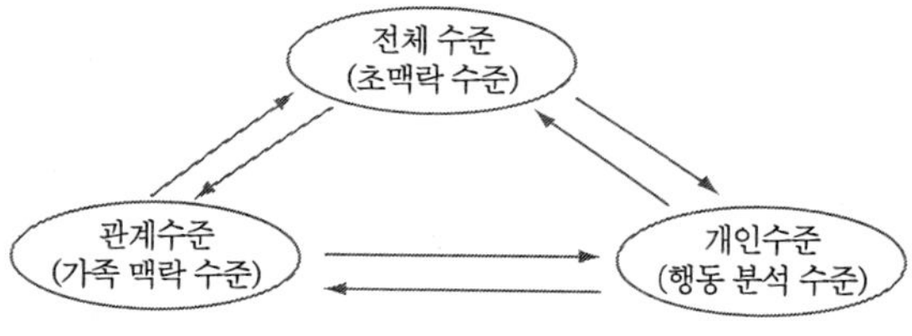

|그림 12-Ⅰ-1| 치료적 개입수준

2. 가족사정에 대한 이해

1) 가족사정의 의미

가족사정은 가족에게 치료를 어떻게 적용할지에 대한 정보와 가족 안에서 나타난 문제들의 기능에 대한 정보를 주기 위해서 상담자에 의해 설계된 연속적인 행위이다. 가족사정에 치료적 개입이 의미있는지의 여부는 상담 전체의 맥락에서 논의될 문제로서 그것은 상담자가 추구하는 방향과 방법에 따라 위치가 다르게 정해질 수 있다. 사정을 위해 투자된 물리적인 노력은 치료적 개입과 가족을 진단한다는 두 가지 목적 모두에 사용될 수 있어야 한다.

사정단계를 통해 가족에 대한 정보를 파악하는 동안 상담자는 가족에게 반드시 가족체계론적인 생각을 이해시키려고 노력할 필요는 없다. 중요한 것은 가족을 이해하는 상담자의 시각이 가족체계론적 시각에 서있느냐의 여부이다. 상담자가 개개인에게 자신의 입장을 설명하지 않더라도 면접을 통하여 그들은 가족구조와 가족체계 안에서 자신들의 역할에 대하여 생각하게 될 것이다. 상담자가 바람직한 가족기능의 개념을 가지고 있다면 자신이 만나는 가족을 보다 잘 이해할 수 있을 것이다(김유숙, 2000 : 237-238).

2) 가족사정의 목적

가족사정은 가족단위의 접근이 적합한지, 적합하다면 어떤 유형의 개입이 필요하고 구체적으로 어떤 변화가 필요한지를 결정한다. 현실적인 목표에 기초한 장・단기 목표를 수립한다. 가족의 변화를 위해 필요한 가족환경과 지역사회의 자원 및 가족의 강점과 자원을 확인한다. 개입결과를 평가하기 위한 가족기능의 기초선을 설정한다(권진숙 외, 2007 : 131).

3. 가족사정의 틀

구체적인 가족사정에 들어가기 전에 사회복지사는 클라이언트가 호소하는 문제에 대해 사정을 해야 한다. 즉, 클라이언트의 문제의 지속기간과 복잡성, 문제의 과거기록, 문제에 대해 가족원이 갖는 관점, 문제해결을 위해 기울였던 노력의 종류와 정도, 상황을 변화시키려는 의지의 정도 등이다. 이러한 클라이언트 문제에 대한 전반적 파악은 가족을 사정하는데 있어 중요한 자료가 될 수 있다. 여기에서는 가족사정을 가족역동성과 가족의 기능수행에 대한 사정, 가족생활주기에 따른 사정으로 나누어 살펴보고자 한다.

1) 가족역동성과 가족의 기능수행에 대한 사정

여기에서는 가족체계를 구성하는 사람의 상호작용 특성과 구조를 확인한다. 새 가족을 형성하거나 합류할 때, 그들은 원가족에서 아동기에 학습된 행동유형을 반복하는 경향이 있다. 더욱이 사람들은 가족이 확대되는 시기에 함께 살게될 때, 그들의 상호작용은 습관적이 된다. 가족원은 현상을 유지하려는 경향이 있고, 심지어 가족기능의 수행상 명확한 문제가 있을 때조차도 익숙한 것을 반복하는 경향이 있다. 가족은 참으로 복잡한 체계이고 가족 상호작용패턴을 확인하고 사정하는 것은 만만치 않은 과업이다. 다음과 같은 질문은 사회복지사가 가족의 기능수행에 관한 정보를 수집하는 데서 명심해야 할 사항이다(남기철 외 공역, 2005 : 363-370).

(1) 가족원 의식을 어떻게 규정하는가?

다양한 방법으로 가족원 의식을 볼 수 있다. 예를 들면, 생물학적 가족원들은 누구인가?(친부모인가? 친자식인가?), 누가 법적 가족원이 되나?(결혼, 이혼, 법적 입양), 기능적 가족을 구성하는 것은 무엇인가?(누가 아동양육과 일상생활 과제를 수행하는가?) 등이 있다.

(2) 가족을 설명하는 사실과 실제는 무엇인가?

가족원의 이름, 성과 연령은 무엇인가?, 이혼, 유기 혹은 폭력의 역사가 있는가?, 신체적 혹은 정신적 질병으로 가족의 기능수행이 영향을 받았는가?, 가족원의 다양한 발달단계에 따라 가족기능이 어떻게 영향을 받았는가? 등이 있다.

(3) 가족의 기능수행은 지역사회의 지지를 받는가?

가족이 생활하는 이웃과 지역사회는 무엇이 있나?, 가족이 그곳에서 생활함으로써 어떻게 영향을 받나?, 그곳은 살기에 안전한 곳인가?, 적당하고 편리한 주택을 활용할 수 있는가?, 근처에 공공시설이 있는가? 등이 있다.

(4) 가족기능은 얼마나 잘 수행되는가?

경제단위(소득, 세금지불)로써 가족기능은 어떤가?, 가정은 가족원을 위한 사적 공간을 충분히 제공하는가?, 가족은 서로에게 친밀성을 제공하는가?, 가족은 아동에게 필요한 사회적 교육을 제공하고 있는가? 등이 있다.

(5) 가족상호작용을 좌우하는 경계, 하위체계, 규칙, 역할은 무엇인가?

경계가 불명확하고 약할 때, 가족원들의 생활에 침입하고 과도하게 관여하게 된다. 그런 가족관계를 밀착(enmeshed) 융합된 가족이라 한다. 반대로 가족 하위체계 내에 의미있는 상호작용이 거의 일어나지 않는 경우는 유리된(disengaged) 유형을 가지고 있다고 한다. 역할은 가족 내에서 다른 사람에게 어떻게 행동할 것인가를 규정짓는 사고와 행동패턴을 말한다. 예를 들면, 세금을 지불하는 사람, 아동을 양육하는 사람을 나타낸다. 사회복지사는 그런 과제가 가족원 중 특정인에게 부여되는 이유를 결정하는 것이 중요하다. 규칙은 가족의 조직이나 '체계성을 유지하는 외적 · 내적 원리'를 말하고 가족원의 상호작용을 좌우한다. 규칙은 식사시간에 좌석을 배치하는 것이나, 목욕이 끝난 후 욕조를 깨끗하게 해야 하는 것과 같은 규정에 반영된다. "속옷을 갈아입지 않고는 여행하지 않는다"라는 가족규칙은 가족 내에서는 해가 되지 않지만, 외부사람에게는 우스워 보일 수도 있다. 사회복지사는 가족규칙을 확인해야 하고, 보다 중요한 것은 그들이 개방적으로 논의할 수 있는지 그리고 규칙이 깨질 때 어떤 일이 발생하는지를 관찰해야 한다. 경계, 규칙, 가족 내 작용하는 역할은 주의깊은 관찰을 한 후에만 추론될 수 있다. 어떤 가족원들은 가족규칙을 정교화할 수 있지만, 대부분 이런 패턴은 아주 뿌리깊게 박혔기 때문에, 자연스럽고 정상적인 것처럼 보이며 문제가 제기되지 않는다.

(6) 각 가족원은 가족체계 내에 얼마나 잘 적응하는가?

각각의 독특한 유전적이고 생물학적 특성과 생활경험을 가진 가족원이 조화를 이루면서 규범과 가치, 규칙에 적응하면서 살고 있는지 고려해 본다.

(7) 가족기능수행의 도덕적, 윤리적 차원은 무엇인가?

가족원 간의 많은 갈등은 개인의 도덕적, 윤리적 기준에 대한 특성을 둘러싸고 발생한다.

(8) 생활의 어떤 측면이 인간의 통제를 넘어선다고 생각하는가?

개인이나 가족의 종교의식은 그들의 종교적 신념, 영성, 신에 대한 개념, 삶, 사망, 인간의 고통에 대해 부여하는 의미와 밀접히 관련된다. 따라서 클라이언트의 행동과 결정을 이해하기 위해서, 그의 종교적 의식을 이해할 필요가 있다.

(9) 가족이 어떻게 의사결정을 하는가?

어떤 사회복지사는 모든 가족원을 만나고, 그들에게 과제(휴가나 야유회)를 수행하도록 요청하고 그들이 어떻게 결정을 내리는지 관찰함으로써 누가 의사결정에 주도적인 역할을 하는지, 가족원이 모두 참여하는지 관찰하고 학습한다.

(10) 가족의 분위기는 어떤가?

(11) 가족원은 차별성을 어떻게 다루는가?

대인관계 어려움의 공통적인 이유는 자신과 다른 사람을 받아들이는 능력이 결핍되었기 때문이다. 그래서 가족을 사정할 때, 가족원이 다른 사람을 무시하는지, 회피하는지, 개방적이고 정직한 의사소통을 하는지 알아야 한다.

(12) 가족원은 자신의 기대와 욕구에 대해 얼마나 정확히 의사소통을 하는가?

(13) 가족 내 존재하는 의사소통패턴은 무엇인가?

둘 혹은 그 이상의 사람들이 정기적으로 상호작용할 때는 언제든지 언어적, 비언어적 의사소통패턴이 발생한다. 사회복지사는 이 패턴을 이해하기 위해 누가 처음에 말하는가?, 누가 누구의 말을 주로 듣는가?, 누가 가장 말을 많이 하는가?, 한 사람을 향한 메시지가 실제로 다른 사람을 향하는 경우가 있나? 등을 관찰해야 한다.

(14) 가족원은 다른 가족원과 정서적으로 친밀해지는 것을 허용하는가?

때로 사람은 다른 사람과 친밀해지는 것을 피한다. 왜냐하면 자신의 상처가 드러날 것에 대한 두려움이 있기 때문이다. 그리고 다른 사람은 그들의 취약성을 어느 정도 이용할 것이다. 기능적인 가족에서 가족원은 그들의 내적인 사고와 감정의 많은 부분을 드러낼 수 있지만, 또한 편안한 수준에서 사생활 보호를 유지할 수 있다.

(15) 가족관계에서 '어려움을 일으키는 행동'을 상쇄시키는 것은 무엇인가?

어려움을 겪는 가족을 이해하기 위해서 사회복지사는 문제행동 이면의 것을 보고, 상당한 스트레스와 비참함을 초래하는 상호작용에 가족원이 반복적으로 참여하는 이유를 파악하여 개입활동에 대한 가설을 개발해야 한다. 문제를 다루는 가족의 노력을 관찰할 때, 사회복지사는 이런 행동이 어떻게 가족원을 정서적으로 더 친밀하게 하는가 혹은 소속감을 느끼게 하는가?, 어떻게 이런 행동이 고립감을 증진시키는가? 등의 질문을 계속해야 한다.

(16) 가족 내에서 누가 변화를 지지하고 누가 반대하는가?

변화를 고려할 때는 언제든지 일정 정도 저항을 예견할 수 있다. 그렇지만 변화에 대한 반대의 정도는 가족원마다 차이가 있다. 변화에 대한 지지와 반대를 사정하기 위해서 사회복지사는 가족원이 가상적으로 변화의 효과에 대해 생각하도록 요청할 필요가 있다.

2) 가족의 생활주기에 따른 사정

가족의 기능을 측정하려고 할 때, 가장 먼저 떠오르는 질문은 가족이 수행하지 않으면 안 되는 기능이 무엇인가 하는 문제이다. 이러한 질문에 답을 찾아주는 정상적인 가족의 기초선을 제공하는 것이 가족생활주기이다. 가족생활주기를 거치는 동안 여러 가지 발달과제를 해결해야 한다. 가족생활주기는 그 자체가 하나의 정서적 발달의 기본 단위이며, 특유의 단계와 경과를 가진 가족 개개인의 움직임과 상호관계를 이해하는 준거 틀로서의 의의를 가진다.

한 개인의 발달에서 발달과제를 달성하지 못하는 것과 마찬가지로 가족의 경우에도 어떤 단계에서 요구되는 과제를 수행하는 데 실패하는 경우가 있다. 예를 들어, 자녀가 사춘기에 접어들면서 겪게 되는 스트레스를 생각해 보도록 하자. 이 시기는 부모와 자녀 모두에게 어려운 시기이다. 특히 자녀가 부모에게 반항하는 것은 부모 자신이 자신의 원가족과 해결하지 못한 사건을 자극하게 되며, 이 과정에서 부모들은 자녀를 더욱더 통제하려 하기 때문에 문제가 생기게 된다. 이처럼 개인과 달리 가족이 경험하게 되는 스트레스는 수직적 요인과 수평적 요인이 함께 작용하므로 더욱 복잡하다.

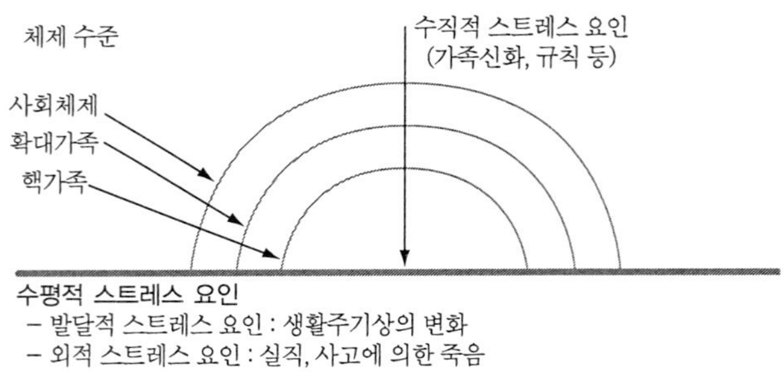

▌그림 12-Ⅰ-2▌가족의 수직적 스트레스 요인과 수평적 스트레스 요인

위의 ▌그림 12－Ⅰ－2▌에서 보는 것처럼 수직적 스트레스 요인은 가족의 태도, 기대, 규칙 등 세대에 따라 전수되는 관계와 기능양상을 포함한다(김유숙, 2000 : 242). 다시 말하면, 원가족에서 파생되는 가족의 이미지, 가족신화, 가족규칙 등이 이에 속한다. 수평적 스트레스 요인은 가족이 대처할 수 있는 예측가능한 것, 즉 자녀의 출산, 입학, 결혼과 같이 대부분의 가족이 발달하면서 겪게 되는 사건과 생활주기에 혼란을 가져오는 실직, 사고에 의한 죽음과 같이 예측할 수 없는 사건으로 이루어져 있다. 이러한 일상적인 사건의 압력은 서로 영향을 주고받을 뿐 아니라, 가족체계에 혼란을 초래하는 수직적 스트레스 영역과도 서로 영향을 주고받는다.

가족사정을 할 때는 가족생활주기를 이해함으로써 틀을 마련하게 된다. 왜냐하면 가족은 그들의 발달과제가 순조롭게 해결되지 않을 경우에 전문가의 도움을 필요로 하는 경우가 많기 때문이다. 가족행동양식이나 위기는 가족이 발달의 어떤 단계에 있는지에 대한 맥락에서 보다 더 잘 이해될 수 있다.

카터와 맥골드릭(Cater & McGoldrick)은 이러한 가족생활주기에 대한 인식을 일반체계이론의 입장에서 통합하여 새로운 가족생활주기의 모형을 제시하였다. 이들은 가족생활주기를 6단계로 구분하여 3세대 이상의 대가족 가족체계를 중심으로 개념화하였다. 카터와 맥골드릭은 한 단계에서 다음 단계로 성공적으로 넘어가는 데는 가족 간의 관계가 중요한 역할을 한다고 보았다.

〈표 12-Ⅰ-2〉 **카터와 맥골드릭의 가족생활주기**

가족생활주기 단계	각 단계의 정서적 과정	가족상태상의 변화
1. 결혼 전기	부모-자녀 간 분리를 받아들이는 것	① 원가족과 관련된 자아의 분화 ② 친밀한 동년배관계를 발전 ③ 직업에서의 자아설정
2. 신혼기	새로운 체계에 관여하고 헌신	① 결혼체계의 형성 ② 배우자의 확대가족 및 친구와의 관계정립
3. 자녀아동기	새 가족원을 가족체계로 받아들이는 것	① 자녀를 위한 공간을 만들 수 있게 결혼체계에 적응 ② 부모역할을 수행하는 것 ③ 부모역할 및 조부모역할을 포함한 확대가족과의 관계를 정립하기
4. 자녀청소년기	가족경계의 융통성을 증가시키는 것	① 청소년이 가족체계의 안과 밖을 넘나들 수 있도록 부모-자녀관계를 변화시키는 것 ② 중년기 결혼이슈에 초점 두기 ③ 노년기에 대한 관심을 갖기 시작
5. 자녀독립기	가족체계에서 나가고 들어오는 것을 수용하기	① 2인 결혼체계에 대한 재협상 ② 부모-자녀관계를 성인관계로 발전시키는 것 ③ 시부모와 손자녀와의 관계설정 ④ 부모(조부모)의 장애와 죽음에 대한 대처
6. 노년기	세대 간 역할변화를 받아들이기	① 신체적 노쇠 앞에서 자신과 배우자의 기능 및 관심을 유지 : 새로운 친밀관계 및 사회적 역할탐구 ② 중년세대가 중심역할을 하도록 지원 ③ 노년기의 지혜와 경험으로 가족체계 내에 여유를 만들기 : 노년세대에 대한 과잉기능 없이 노년세대를 지지하기 ④ 배우자, 형제, 친구의 상실에 대한 대처 및 죽음에 대한 준비 : 생에 대한 재검토 및 통합

듀발(Duvall) 또한 가족생활주기를 8단계로 나누어 2세대의 핵가족을 중심으로 가족생활주기를 개념화하였다(김혜란 · 홍순미 · 공계순, 2001 : 160-161).

〈표 12-Ⅰ-3〉 **듀발의 가족생활주기 단계**

가족생활주기 단계	가족발달단계에 따른 과업
1. 결혼 전기	① 상호 만족스러운 결혼생활의 확립 ② 임신의 적응과 부모가 되는 것에 대한 희망 ③ 친족망과의 조화
2. 신혼기	① 아이를 낳고 아이에 적응하고 아이의 발달을 고무 ② 부모와 아이 모두에게 만족스러운 가족을 꾸미는 것
3. 자녀아동기	① 취학 전 자녀의 주요 욕구와 관심을 격려하고 성장을 증진하도록 적응 ② 에너지 고갈과 프라이버시 부족에 대처
4. 자녀학령기	① 학령기 가족의 지역사회에 조화 ② 자녀의 교육성취에 대한 격려
5. 자녀청소년기	① 자유와 책임의 조화 ② 부모역할을 마친 후의 관심과 진로 확립
6. 자녀독립기	① 적절한 의례와 지원으로 초기 성인 독립 지지적 가정기반의 유지
7. 중년기	① 결혼관계의 재확립 ② 노인세대, 젊은 세대와의 친족관계 유지
8. 노년기	① 사별과 혼자 사는 것에 대한 대처 ② 노년에 대한 적응 ③ 은퇴에 대한 적응

가족의 욕구와 문제는 생애주기에 따른 발달과업과 연관되는 경우가 많다. 또한 한 가족은 생애주기에 따라 발달할 뿐 아니라 가족의 문화적 · 종교적 유산과 신념체계, 관계유형 등을 이전 세대에서 다음 세대로 전승함에 따라 여러 세대에 걸쳐 발달한다. 예를 들어, 가정폭력의 가해자 자신이 아동기에 학대받은 경험을 가지고 있는 경우가 많은 것으로 알려져 있는 것을 보면 이를 알 수 있다.

〈표 12-Ⅰ-4〉 생활주기표의 예

가족원	발달단계								
	0~1	2~4	5~7	8~12	13~17	18~22	23~34	35~60	61~
마가렛(조모)									×
존								×	
매 리								×	
존 지미					×				
윌			×						

가족생활에 대한 발달적 접근은 클라이언트의 가족이 처한 해당 생활주기에서 기대되는 것이 무엇인지에 대한 이해를 제공할 뿐만 아니라, 가족원이 기대하는 욕구를 얼마나 충족시키고 있는지를 알게 해줌으로써 사회사업실천과정에 적용할 수 있는 중요한 도구이다.

3) 가족사정의 실제내용

사회복지사는 가족으로부터 정보를 받으면서 동시에 가족체계를 사정하기 시작한다. 사정내용(엄예선, 1994 : 272-274)은 다음과 같다.

(1) 가족체계와 외부와의 경계선이 지나치게 유동적인가? 혹은 지나치게 경직되어 있는가?

(2) 각 가족원 개인으로서의 경계선은 얼마나 신축성이 있으면서도 동시에 분명한가?

(3) 가족 내의 권력구조와 위계질서가 어떻게 되어있나?

(4) 이 가족의 주요 집행체계가 누구누구로 구성되어 있으며, 이 체계가 얼마나 기능적으로 활동하고 있나?

(5) 가족체계의 기능적인 규칙은 무엇이며, 비기능적인 규칙은 무엇인가?

(6) 가족 내에서 발견되는 바람직하지 못한 역할은 무엇인가?

(7) 의사소통의 유형은 어떤 것인가? (이중구속, 미혹화의 발견 여부) 얼마나 분명한 혹은 불분명한 의사소통을 하나?

(8) 각 배우자의 원가족이 발달단계 중 어디에 처해 있으며 얼마나 잘 적응하고 있나?

(9) 가족 외부에서 오는 스트레스는 얼마나 크며, 또 자원은 얼마나 되는가? 또 그동안 활동되지 못했던 가족자원은 어떤 것이 있는가? (예 알코올중독 입원환자의 누나가

오랫동안 형제 간에 소원하게 지내다가 치료자의 요청에 의해 가족상담에 임했는데 그동안은 자신의 병문제로 인해 동생을 못 돌보아 주었으나 앞으로는 관심을 갖겠다고 다짐하는 경우)

(10) 각 가족원의 외적인 모습(옷차림, 얼굴표정, 몸짓, 혈색) 및 상담실 안에서 앉는 유형은?

(11) 각 가족원의 인지적 기능 정도는 어느 정도인가? 누가 얼마나 왜곡된 상황해석을 하는가?

(12) 가정 내의 기본적 감정상태가 어떤 것이고 누가 그것을 어떻게 표현하나?

(13) 사회복지사가 보는 가족의 강점은 무엇인가? (강점목록을 머릿속에서 작성할 것)

(14) 스트레스에 직면했을 경우 가족으로서, 부부로서, 각 개인으로서 주로 사용하는 방어기제가 무엇인가? (예 매우 주의산만한 가족, 끊임없이 상호비난하여 서로에게 문제를 투사하는 가족, 비밀이 누설될까봐 쉬쉬하는 가족) 때로는 어떤 가족은 치료를 종결시킴으로써 스트레스에 대처하기도 한다.

(15) 이 가족의 항상성 유지자(homeostasis maintainer), 즉 현재의 상태를 유지하고자 가장 애쓰는 가족원이 누구인가?를 파악할 것, 이 사람이 변화에 가장 저항할 사람일 것이다.

(16) 누가 혹은 무엇이 결혼갈등 혹은 가족갈등에 개입되어 있나? 이것은 술이나 직장, 아이, 취미생활, 외도대상자일 수도 있다. 즉, 모든 삼각관계가 생기고 있는 유형을 찾아야 한다.

(17) 가족체계와 문제시되고 있는 증상과는 어떤 관련이 있나? 즉, 증상이 가족체계를 위해 어떤 기능을 이행하고 있나? 예를 들면, 가족갈등이 심한 가정에서 26세 아들이 부모가 싸울 때마다 심장이 멎을 것 같은 공포증 때문에 앰뷸런스를 불러 병원응급실로 달려간다. 부모는 아들이 이런 증세를 보일 때마다 부부싸움을 중지하고 아들에게 함께 관심을 쏟는다. 이들은 아들이 안정기에 접어들면 다시 심하게 다투기 시작하고, 그럴 때마다 아들은 같은 행동을 반복하는 경우가 있었다. 위의 경우 아들의 공포증 증세는 부부관계를 안정시키는 기능을 이행하고 있다고 볼 수 있다. 증상과 가족체계와의 관련성을 이해하기 위해 사회복지사가 더 평가해야 할 점은, ① 증상이 덜 자주 일어나거나 또는 제거될 경우 증상을 가진 가족원과 다른 가족원에게 각기 어떤 영향이 있을 것인가?, ② 어떤 상황에서, 즉 언제 어디서 누구와 있을 때 증상의 강도에 어떤 변화가 있는가?, ③ 무엇이 증상을 유지시키도록 돕는 역할을 하나?, ④ 증상을 중심으

로 가정에서 일어나는 반복적이고 순환적인 행동유형은 무엇인가?, ⑤ 이 가족의 증상변화에 대한 가장 큰 희망은 무엇이며 가장 큰 두려움은 무엇인가?

(18) 문제를 일으키는 저변에 깔린 주 요인이 무엇인가? 각 가정마다 문제의 주 요인이 있다. 예를 들면, 신뢰문제, 권력문제, 친밀성의 문제, 가치관의 갈등문제, 생활방식의 차이, 성격차이, 대화의 미숙함의 문제, 과거의 해결되지 못한 실패나 상실의 문제 등이다.

(19) 이 가정을 특징짓는 주요 주제(main theme)가 무엇인가? 주요 주제를 찾는 데 도움이 되는 방법으로는 안무(choreograph)나 혹은 언어환상 등을 들 수 있다. 예를 들면, 필자가 상담한 한 부부는 관계성을 안무로 표현해 보라는 치료자의 지시를 받고 부인은 온 방안을 열심히 기어다니고, 남편에게 의자에 앉아 바이올린 켜는 시늉을 하라고 하며, 자신은 지금 이솝우화에 나오는 개미와 베짱이의 장면을 연출하고 있다고 했다. 한편 남편은 부인을 벽을 향해 세워놓고 부인이 도저히 뚫고 들어갈 수 없는 벽같이 느껴짐을 표현했다. 이 안무를 통해 이 부부문제의 주요 주제, 즉 아내의 피해의식과 남편의 좌절감이 잘 나타났다.

(20) 가족원이 얼마나 "우리" 개념을 쓰고 얼마나 "나" 개념을 쓰는가?

(21) 상담에 대한 동기가 가족체계로서는 얼마나 강하고 각 개인으로는 얼마나 강한가?

(22) 가족에 대한 치료자 자신의 감정적 반응은 어떤 것인가? 이러한 반응은 어디에 근거한 것인가?, 혹 치료자 자신의 문제와 연관된 반응은 아닌가?(Kramer, 1985)

(23) 사회복지사는 치료의 동기가 적고 동시에 가족체계 내에서 가장 큰 영향력을 끼치는 사람에게 특별한 관심과 노력을 기울여야 한다. 동기를 평가하는 방법으로는 어떻게 치료에 오게 되었는지?, 어떤 변화를 희망하는지? 등을 본인과 배우자, 때로는 시부모, 친정부모나 제3자에게 물을 수도 있다. 동기를 평가할 수 있는 또 다른 단서는 ① 말하고 싶어하는 태도, ② 눈물 등을 통한 솔직한 감정표현, ③ 인사하는 태도의 진지성, ④ 감사의 표현, ⑤ 남을 비난하지 않고 스스로 책임지려는 자세 등이다(Broch & Barnard, 1988).

4. 가족사정 방법과 도구

가족을 사정하는 일은 어떠한 장(場, setting)에서도 요구되고 있는 과제이고, 고도의 지식과 기술을 필요로 한다. 이론적인 개념에 관한 지식은 가족을 이해하는 것과 관련이 된다. 또한 가족의 이해와 관련된 이론적 개념에 관한 지식은 사정에 대한 원리를 제공한다. 가족사정에서 효과적으로 활용되어져왔던 세 개의 중요한 이론적 접근은 면접(인터뷰), 직접적인 관찰, 체크리스트와 인벤토리 활용의 세 가지이다.

면접은 정보를 수집하거나 돕기 위해 공통의 목적에 관련된 한 사람 또는 그 이상의 가족원과 사회복지사 간에 면접을 하는 것이다. 면접은 다양한 길이와 기관에서 가족원과 사회복지사 간에 접촉하게 될 수 있고, 독점적 접촉이나 일련의 과정 중에서 하나의 접촉들을 가지게 될 수도 있다. 역동적 가족체계에 초점을 둔 도구로서, 예를 들면, 생태도(eco-map), 가계도(genogram), 가족조각(family sculpture) 등이 활용된다.

사정의 목적을 위한 직접적인 관찰방법은 가족원의 개별화에 초점을 두고 가족원이 가족집단에 어떻게 상호작용하는가를 관찰한다. 관찰은 비참여 관찰자로서, 참여 관찰자로서, 또는 지도자－개시자(leader-initiator)로서 사회복지사가 함께 참여하게 되어 구조화되거나 비구조화될 수도 있다. 체크리스트와 인벤토리는 가족기능의 중요한 것으로 고려되어지는 요인을 이끌어내어 준다. 환경적, 물리적, 사회적, 정서적인 요소를 포함하고 있다.

종합하면 그 요인은 가족의 개괄(overview)을 살펴볼 수 있고, 가족의 강점과 제한점의 비율에 대한 의미를 나타내어 준다. 이러한 방법은 공통적인 것을 배제하는 것이 아니라 오히려 가족원의 욕구에 직면하는 것으로 한 가족의 능력을 평가하는 데 기여하고, 특수한 초점을 각각에게 제공하여 준다.

1) 면 접

면접은 부모 또는 부모의 대리인을 포함한다. 그리고 적절할 경우에는 물론 아동을 포함시킨다. 어떤 경우의 면접에서는 확대가족의 구성원과 그 가족에 대한 사실을 잘 알고 있는 다른 사람[예 교사, 이웃, 성직자(교인) 등]을 포함하기도 한다. 그러나 가족원을 만나는 것이 우선적이다. 의뢰적 정보를 포함하고 있는 기관의 보고에서 가족에 관련된 유용한 모든 사실을 검토하는 일은 필수적이다. 면접에 있어서 지시적인 질문이나 비지시적인 질문 두 가지 모두에 대한 응답으로 이끌어지는 활용이 가능한 정보는 격려되는 말, 부연하기, 감정을 반영하는 것, 요약하는 것 등이다. 경청과 관찰은 필수적인 요소이고 모든 단계의 면접에서 중요하다(Shubert, 1971).

면접에서 아동과 부모에 대한 수용을 높이기 위해 만족스런 환경을 만들어내는 일은 중요하다. 그리고 그들의 참여와 협력을 격려하는 일은 중요하다. 사회복지사는 사정과정에서 서로 함께 나누기 위해서 가족원과 다른 사람을 초청하는 개방적인 분위기(an atmosphere of openness)를 조성해나아가야 한다. 면접의 목적을 분명하게 초점 맞추면 중요한 목적이 전달되어 달성될 수 있다. 이것은 필요한 정보수집을 이해하는 것에 대한 책임을 확실하게 하는 데 도움이 될 것이다.

면접의 목적은 어떻게 면접이 실시되는가가 중요한 요소가 된다. 시급하게 중요한 결정(vital decision)을 필요로 하는 상황이라고 한다면, 면접은 필요로 하는 모든 정보를 얻기 위해 할당된 시간의 틀 속에서 구조화되어야 한다. 만일 개입계획 이전에 좀 더 완전한 사정이 허락된 통상적인 상황이라면, 그 면접은 다른 사정도구를 가지고 종합해서 활용되어질 수 있다. 그리고 그것의 구조 내에서 보다 융통성 있게 될 수 있다.

장애아동의 방임과 학대에 대해 생각해 보자. 심각한 아동방임이나 학대에 대해 강한 의심을 품을 때면, 면접을 통해서 조사된 특수한 기법이 필요하다(Sgrio, 1982). 학대정도는 확인된 모든 가족원의 장점과 약점을 가지고 사정이 되어야 한다. 아동의 희생정도가 단지 한 번에 그쳤는지, 심각성의 정도가 어느 정도인지를 아는 것은 중요하다. 평범하지 않은 상황(환경)에서 아동학대가 발생했는지의 여부를 결정짓는 일은 사정의 중요한 부분으로 요구되어진다. 민감하고 집중적인 질문으로써 면접하는 일은 아동보호에 필요한 요인을 설정하기 위해서 요구되는 정보들을 얻기가 가능해질 것이다. 법적인 개입이 필요한 케이스의 경우에 사회복지사는 학대의 주장을 실증(實證)할 수 있는 명백한 자료를 수집해야만 한다.

면접의 또 다른 방법은 역동적인 가족체계에 초점을 둔 사정도구를 활용하는 것이다. 반면에 이러한 것은 많은 다른 양식을 사용할 수 있다. 가장 널리 사용되는 방법은 생태도, 가계도, 가족조각(family sculpture) 등이다. 비록 이 세 가지 방법이 각각 다른 기원을 가졌을지라도, 이것은 '가족을 발견하기(Finding Families)'에서 하트만(Ann Hartman)에 의해서 사정목적에 대해 종합하여 분류되어왔다. 이러한 도구들은 주관적인 자료뿐만 아니라 객관적인 자료를 수집하는데 있어서 가족원과 사회복지사 간에 적극적인 협력을 촉진하는 데 특별히 유용하다. 앞서 논의된 생태도는 그들의 생태학적인 분야에서 가족체계와 다른 체계 사이의 관계를 도식으로 나타내 주는 하나의 구조를 제공해 준다. 가계도는 중요한 인물과 몇 세대 간의 중요한 인물과 사건을 포함하고, 또한 가족나무(family tree)를 포함한다. 가족조각은 가족원이 하나의 생동감 있는 가족초상화(인물의 묘사)를 만들어내는 것을 의미한다. 이러한 도구는 좀 더 상세하게 논의될 것이다.

가족원이 비언어적인 가족원과 함께 작업할 때에 이러한 협동적인 접근은, 특히 가치가 있다. 면접에서 적극적인 관여(active involvement)는 과묵하고 억제하는 다른 가족원에 대해서 참여를 촉진시켜준다. 타당성 있는 정보수집을 위해서, 변화능력을 사정하거나 기능에서 변화를 불러일으키는 데 목적이 있는 사람의 문제해결팀의 협동적인 성원으로서 클라이언트를 끌어들이는 데에 생태도, 가계도, 가족조각과 같은 역동적인 자극의 활용을 예시해 주고 있다. 이러한 방법은 이전에는 가족사정에서 소용이 없는 것으로 인식되어져왔다. 부가적으로 그것은 실제적인 정보를 수집하기 위해서 사회복지사에게 가족사건과 과정에 기인하는 직접적인(개개의) 반응과 의미를 이해할 수 있게 한다. 이러한 사정도구는 면접에서의 상황과 클라이언트에 따라 다르게 사용되어질 수 있다. 각각의 도구는 상세하게 토론되고, 도구의 활용에 대한 지시는 분명하게 명시되어야 한다.

(1) 생태도(eco－map)

아동학대와 방임의 상황에서 원인이 되는 다양한 요인을 이해하는 것은 환경에서 가족과 자원 상호 간의 균형을 사정하는 데 필수적인 요소이다. 폴란스키(Polansky, 1979) 등은 방임가정이 유사한 사회적 상황(similar social position)의 다른 가족과 같은 동일한 원조망이 없다는 사실을 발견했다. 생태도를 작성하는 일은 각자의 삶의 공간(life space)에 있어서 가족, 삶, 제도 간의 관계를 다이어그램(도식)으로 나타내 주는 하나의 역동적인 방법이다. 이러한 사정도구는 공적 아동복지 사회복지사가 가족의 요구를 조사할 수 있도록 돕기 위해 안 하트만(Ann Hartman)에 의해 1975년에 개발되었다.

생태도는 가족의 복잡한 생태학적 체계에 대한 시각적인 개요를 제공하고 가족의 조직적 패턴과 관계를 보여준다. 생태도는 가족환경의 일부분으로서의 중요한 체계를 지도로 만들고, 가족체계의 요구, 자원 서로 간의 균형에 관련된 하나의 그림으로 나타내 준다. 생태도는 직면하지 않는 요구와 일탈뿐만 아니라 환경으로부터 가족에 이르기까지 자원의 흐름을 예시하여 준다(Hartman, 1978).

가족원을 관여(참여)시킴으로써 발전되어 온 생태도와 같은 것은 가족과 사회복지사에게 유용한 자원뿐만 아니라 가족체계와 관련된 스트레스에 대한 이해를 제공해 준다. 그리고 가족원은 제공되는 정보에 대해 좀 더 만족스럽고 방어가 줄어드는 느낌이 될 것이다. 구조화된 지도를 활용하는 것은 사회복지사에게 절차를 간결하게 하고 가족의 생태학적인 분야에서 다양한 체계가 자신의 가족과 어떻게 관계하는가를 참여하는 가족원에게 밝혀준다(Hartman, 1983 : 62-67).

① 생태도의 일반적 특성과 유용성

㉠ 종이와 필기구만 있으면 쉽게 작성될 수 있다. ㉡ 개인 또는 가족의 삶의 공간에 존재하는 생태체계를 다양한 방법으로 그릴 수 있다. ㉢ 주요 주변환경체계, 가족과 그들의 관계, 주변체계 간의 관계 등을 표시할 수 있다. ㉣ 가족을 둘러싼 자원 또는 에너지의 유입, 유출을 표시할 수 있다. ㉤ 가족기능에 영향을 미치는 개인적 · 사회적 · 심리적 · 영적 영향요인을 그려내기 위해서 사회복지사와 클라이언트의 공동노력을 필요로 한다. ㉥ 가족의 장점을 위축시키는 외부요소를 찾아내 표시할 수 있다. ㉦ 가족의 적응과 대처능력을 향상시킬 수 있는 외부요인을 확인해낸다. ㉧ 조정되어야 할 갈등요소, 연결 · 동원 · 추구되어야 할 자원을 확인해낼 수가 있다. ㉨ 가족의 건강한 성장 · 발전 · 적응에 기여하는 상호교류와 가족생활을 해치며, 가족기능을 약화시키는 상호교류에 대한 이해를 도모한다. ㉩ 생태적 · 체계적인 공간 내에서 가족원을 향한 에너지의 출입경향을 확인함으로써 가족원의 현 상태에 대한 객관적 이해와 수용을 유도할 수 있다. ㉪ 생태도 그리기를 마친 후 확인된 가족교류의 문제점을 사회복지사와 클라이언트가 공동으로 인식한 후, 개선 또는 향상시킬 점과 이를 위해 필요한 자원 및 행동목록을 확인해낼 수 있다.

② 생태도의 작성

- 백지의 중앙에 가족체계를 상징하는 큰 원을 그린다.
- 큰 원 안에 가족원이 표시된 간략한 가계도를 그린다.
- 큰 원 주변에 가족원 또는 가족체계에 영향을 미치는 주변 환경체계를 그린다.
- 가족체계와 주변 환경체계와의 교류상황, 외부 환경체계 간의 교류상황을 파악한다.

- 그 상호교류의 성격을 선으로 표시한다. 각 교류성격을 나타내는 선 중 하나를 골라 가족체계와 주변체계 또는 주변 환경체계 사이를 선으로 연결한다.
- 외부체계가 가족 전체와 연결되어 있으면 외부체계와 큰 원을 선으로 연결하고, 외부체계가 가족 내의 특정 개인과만 연결되어 있으면 그 개인과 외부체계를 선으로 연결한다.
- 간략한 설명을 선 옆에 적는다.
- 사회복지사와 클라이언트가 협력하여 수행해야 할 가장 중요한 일은 가족과 외부체계와의 상호작용요소 중 가장 크고, 신속하고, 효과적인 가족변화를 가져올 요소를 찾아내는 것이다.

③ 생태도의 분석

- 생태학적 환경에서 가족을 전체적으로 이해한다. 가족이 이용할 수 있는 주요 자원은 무엇인지, 전혀 없거나 있지만 부족한 자원이나 지지는 무엇인지, 가족과 환경 간 관계의 본질은 무엇인지 등을 이해한다.
- 가족과 환경의 경계에 대해 이해한다. 에너지 혹은 투입과 산출의 흐름이 쌍방적인지, 환경으로부터 가족에게로 일방적인지, 가족으로부터 환경에게로 일방적인지에 대해 이해한다.

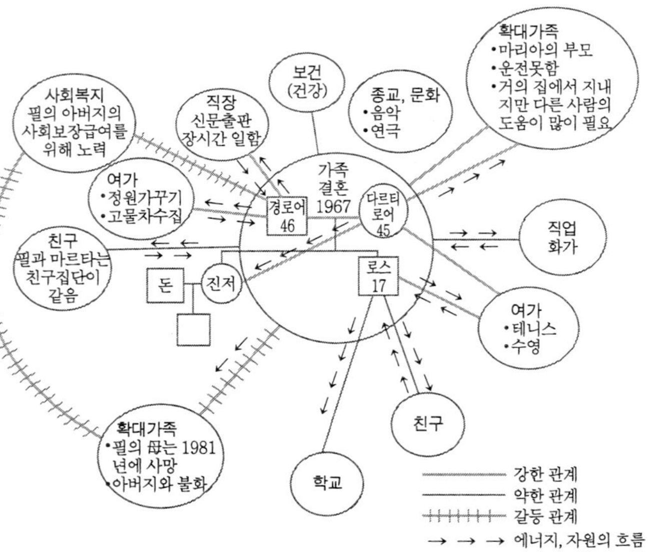

▌그림 12-Ⅰ-3▐ 로어가족의 생태도(성정현 외, 2005 : 152)

- 가족 내부에 대해 이해한다. 가족원이 외부체계와 서로 다르게 연결되는지, 한두 가족원이 환경으로부터 특히 단절되어 있는지, 한 가족원이 특히 긴장적 관계에 연결되어 있지 않은지, 가족이 함께 혹은 개별적으로 다른 체계와 상호작용하는지 등에 대해 이해한다(김혜란 · 홍선미 · 공계순, 2001 : 165-166).

(2) 가계도(genogram)

가계도란 3세대 이상에 걸친 가족원에 관한 정보와 그들 간의 관계를 도표로 기록하는 작성방법을 말한다. 가계도에서는 가족에 관한 정보가 도식화되어 있기 때문에 복잡한 가족유형의 형태를 한눈에 볼 수 있다. 그렇기 때문에 어떤 임상적 문제가 어떻게 가족맥락과 관련되어 있으며, 그 문제와 상황이 시간이 경과되면서 어떻게 발전되어가는가를 여러 가지 면에서 추측해 볼 수 있게 된다.

가계도는 한 세대 이상의 가족사(family's history)를 이해하기 위한 하나의 가치있는 평가도구이다. '가족나무'의 개념에 기초한 가계도는 대개 그 가정의 3세대 또는 그 이상의 세대에 대한 자료를 포함한다. 그것은 종적인 시각을 제공한다. 가족관계체계에 대한 하나의 도표로서의 가계도는 중요한 생활사건(출생, 결혼, 별거, 이혼, 질병, 사망 등), Identification(인종, 사회적 계급, 종교), 직업(가족거주지)을 포함하는 가족가계에 대한 하나의 생생한 묘사를 제공해 준다.

가족양상(family pattern)은 종종 가족문제의 원인이 되는 행동과 관련된 생생한 정보를 제공해 준다. 면접의 과정에서 가족에 대한 이러한 시각적인 해석을 도표화하는 과정은 가족원과 사회복지사에게 독특한 기회를 제공하고, 하나의 구성단위로서 가족을 살펴볼 수 있도록 가족에게 능력을 부여한다. 가계도는 정보를 함께 나누도록 구조화한다. 즉, 동시에 가계도는 논의되었던 사람과 사건에 대한 감정표현을 촉진한다.

가계도는 사회복지사와 클라이언트가 세대를 통해 내려오는 문제가 있는 감정이나 행동의 패턴을 측정하는 데 유용한 도구이다. 이러한 패턴은 반복되는 경향이 있다. 한 세대에서 일어난 것은 종종 다음 세대에서도 일어난다. 가계도는 가족원이 가족관계의 패턴을 정확히 알고 이해하는 것을 돕는다. 보웬(M. Bowen)은 이 기법을 만든 최초의 사람이다.

① 가계도의 작성

사회복지사가 우선 가계도의 이론적 근거를 설명하면서 시작한다. 즉, 사회복지사는 가계도를 통해 가족배경이 현재의 문제에 어떻게 영향을 미쳤는지 등의 가족의 기원에 관한 정보를 얻을 수 있는 효과적인 수단이라는 점을 가족에게 설명하도록 한다.

가계도 작성법을 보면, ㉠ 가계도를 작성할 때에는 우선 가족구조를 도식화한다. 즉, 각각의 가족원이 한 세대에서 다음 세대까지 생물학적, 법적으로 어떻게 관련되는지를 도표로 묘사한다. 다음으로 ㉡ 가족원에 관한 정보를 기록한다. 즉, 가족원의 이력(연령, 출생 및 사망 시기, 직업, 교육수준), 가족의 역할(가족원 각자의 신체, 정서, 행동에 관한 비교적 객관적인 정보), 가족생활의 중요한 가족사건(과도기, 인간관계의 변화, 이주, 상실과 성공) 등에 관한 정보를 덧붙인다. ㉢ 가족관계를 표현한다. 이것은 가족이 말한 내용과 사회복지사의 직접적 관찰에 근거하여 각 가족원의 관계를 도식화하는 것이다.

가계도를 그리는 동안 유의해야 할 점은 ㉠ 초기의 과제이므로 사회복지사는 모든 가족원이 참여하도록 격려해야 한다. ㉡ 사회복지사가 재치를 발휘하여 가족에 대한 각자의 견해와 느낌을 서로 나누도록 해야 한다. ㉢ 사회복지사는 가계도를 그린 후 가족에 대한 각자의 견해와 느낌을 서로 나누도록 도와야 한다.

② 가계도의 분석

- 가족구조 : 가족구조에는 첫째, 가족의 구성 : 비결손 핵가족, 한부모가족, 재혼가족, 3세대 동거가족, 핵가족 이외의 동거인이 있는 가족 등 어떠한 가족구성을 하고 있는지를 살핀다. 둘째, 형제의 나열 : 출생순위, 형제의 성별, 연령의 차, 형제위치에 영향을 주는 그 밖의 요인을 살핀다.
- 생활주기의 적합성 : 가족의 생활이 주기에 적합하게 이루어지고 있는지, 만약 그렇지 않다면 어떤 배경을 가지고 있는지를 해석한다.

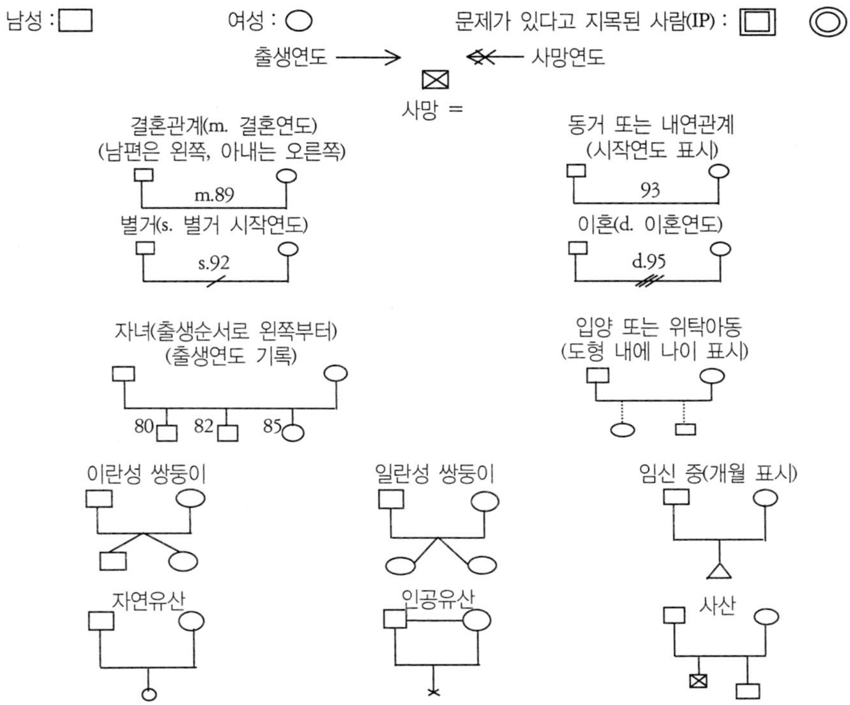

▌그림 12-Ⅰ-4▐ **가족원 기호**

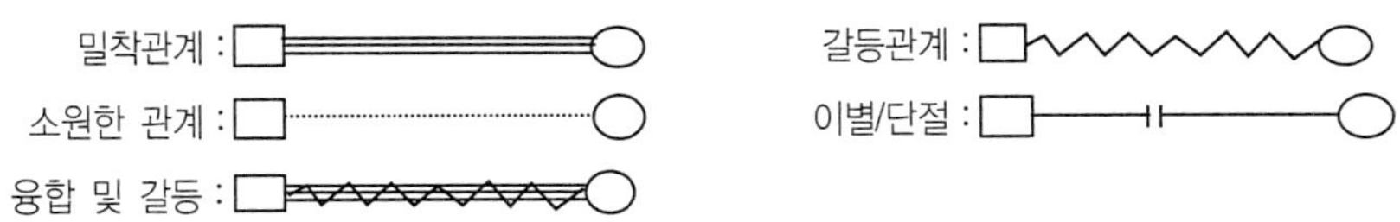

▌그림 12-Ⅰ-5▐ **가족관계 기호**

- 세대를 통하여 반복되는 유형 : 역할유형, 관계유형, 구조유형이 세대를 통해서 반복되고 있는지를 해석한다.
- 인생의 중대사와 가족역할 : 중대사가 우연히 일치하는지, 생활변화나 수난에 의한 충격은 어떤 것이 있는지를 살핀다. 또한 어떤 기념일의 반응이나 사회, 경제, 정치의 영향을 받았는지도 해석한다.
- 삼각관계 유형 : 삼각관계의 유무를 살핀다. 부모와 자녀 간의 삼각관계, 부부의 삼각관계, 이혼이나 재혼을 한 가정의 삼각관계, 위탁아동, 입양아가족의 삼각관계,

다세대에 걸친 삼각관계, 가족 이외의 삼각관계 등을 찾아볼 수 있다.

- 가족의 균형과 불균형 : 가족의 구조나 역할이 균형적인가, 불균형한가, 또 기능수준과 유형은 어떤가? 즉, 어디가 어떻게 기능하는가? 그리고 자원의 유무에 대한 균형과 불균형을 해석한다(윤현숙 외, 2001 : 268-273).

가계도를 구성하는 것은 과묵한 가족원조차도 일반적으로 많은 정보를 함께 기꺼이 나누고 그들이 다른 영역에 대해 적게 알고 있고, 반면에 어떤 가족사의 영역에 대해서는 많이 알고 있다는 것을 인식함으로써 종종 놀라기도 한다. 정보를 검토함으로써 배우자나 아동이 그들이 알고 있다는 것을 가정하는 정보에 익숙하지 않다는 것을 알게 된다. 난처하게 하거나 고민스러운 가족사를 나타내거나, 정보를 나누는 것을 싫어하는 것조차도 사회복지사에게 존중이 되어야 한다. 점차 사회복지사를 신뢰하게 됨으로써, 최근에 드러나게 된 이전에 알리지 않았던 정보를 발견하게 되는 것이 이상하지는 않다.

③ 가계도의 예

가계도의 예를 보면, 남자(45세), 그의 아내(33세), 세 명의 자녀(3, 1, 10세)가 함께 동거하고 있다. 10세 된 자녀는 그의 어머니의 이전 결혼에서 소생한 자식이고 그 소년의 생부는 1983년에 사망했다. 45세인 남편은 이전 부인(42세)과 1986년에 이혼했으며, 전처와의 사이에 두 명의 딸(20, 18세)을 두었고 20세 된 딸이 1세 된 손녀딸을 낳은 후로 이제 그는 조부가 된 것을 알 수 있다. 현재 전처는 44세의 다른 남자와 결혼했다. 다음 ▌그림 12－Ⅰ－6▌은 재구성된 가족(재혼가정)의 가계도 도표이다.

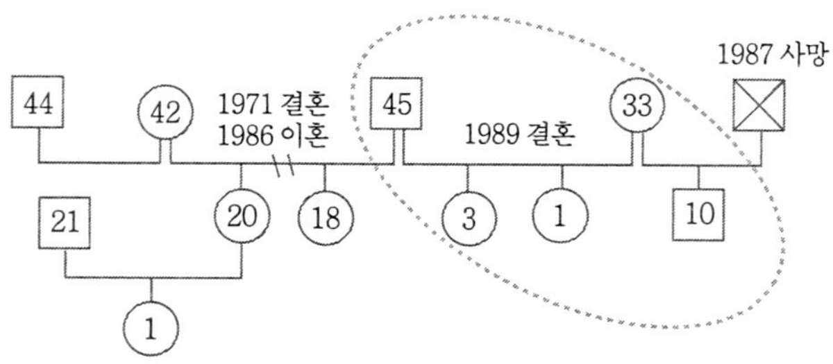

▌그림 12－Ⅰ－6▌재구성된 가족의 가계도

(3) 가족도(family map)

가족구조를 부호로 표시한 것을 말한다. 세대 관계도와는 다르며, 관심사를 둘러싼 가족성원의 배치를 나타낸다. 연합이나 경계를 표시하는 것으로 치료의 방침을 세우는 데 유익하다(Minuchin, 1974). 미누친은 가족치료를 시작함에 있어서 가족원의 상호교류의 방식, 치료자와의 관계방식을 관찰하고 기능장애의 패턴이나 직면하고 있는 문제를 분석하여 가설을 세우는 것이 중요하다고 언급했다. 그들의 관찰내용은 가족 내의 힘 관계나 커뮤니케이션의 방식, 정서적 상태 등인데 그들을 가설로써 조직적으로 조직화됨으로써 가족의 동적이고 복잡한 문제를 단순화하고 자료를 조직화할 수 있다. 가족 내에서 잘 기능하고 있는 영역과 잘 기능하지 못할 가능성이 있는 영역에 대해서 더욱 여러 가지 가설을 설정할 수 있다. 가족도는 치료자가 치료목표를 설정하는 데 강력한 도움의 하나가 된다. 즉, 세대 관계도, 연합, 경계 등을 나타낼 수 있다.

생태도는 가족 외부체계와의 역동적인 상호작용을 가시화하는 데 초점을 두지만 가족도는 가계 내부의 구조와 역할, 권력에 초점을 둔다. 즉, 부부 혹은 부모-자녀 간의 권력관계, 경계갈등 등을 강조하기 위해 상징을 사용한다. 가족도를 그린 후 가족과 함께 논의하는 것은 가족원의 역할을 명료하게 하는 데 도움이 된다. 예를 들어, 가족원 간에 역할의 갈등이 있다고 가정해 보자. 역할에 대한 기대와 실제 수행 간에 괴리가 생기면, 가족원은 서로에게 불만을 토로하게 된다. 그러므로 이때는 가족 안에서 수행되어야 할 과업과 그 과업에 필요한 시간, 에너지, 관심, 책임역할과 경계 등을 그리고 그것이 어느 정도 이루어지고 있는지 사정평가하며, 그 결과를 가족원과 함께 논의해야 한다. 또 체계의 변화를 위해 가족과 함께 정한 목표에 연결시킴으로써 변화를 유도해야 한다.

(4) 가족조각(family sculpture)

가족상담은 가족관계와 상호작용을 사정하기 위해 가족조각을 사용함으로써 더 풍부해질 수 있다. 가족치료운동에서 생겨났으며, 이것은 그들이 어떻게 해서 살아있는 가족초상화를 만들어내는지 역동적인 과정 안에 가족을 끌어들이는 도구이다. 이것은 특히 가족관계체계를 표현하는 수단으로써 말을 할 수 없는 클라이언트와 함께 할 때 효과적이다.

가족조각기법의 주요 특징은 가족의 관계나 서로의 상호작용모양을 나타내는 위치나 자세를 만드는 데 가족을 배치하는 것이다. 가족관계에 있어서 감정적 관여는 무척 중요한 요소이다. 그러한 감정적 관여는 타인과의 거리라는 은유적 표현으로 묘사되는 경우가 많다. 즉, 가족이 서로를 '가깝다'라든지 '지나치게 멀다'고 표현하기도 한다. 이처럼 사회과학자들은 가족을 상징하는 이미지를 객관적인 기술로 파악해 보려는 노력을 많이 해왔다. 그런 시도 중의 하나가 가족조각기법이다.

가족조각기법은 가족 중 한 사람이 자신의 이미지에 따라 다른 가족공간에 배열한 후 신체적 표현을 요구하여 가족관계를 나타내는 무언의 동작표현이다. 즉, 공간개념을 통하여 가족체계를 상징적, 비유적으로 묘사하고 있는 것이다. 가족조각기법은 현실공간에 인간을 놓고 자세나 표정을 사용하여 특정한 대인관계에 관하여 조직을 만드는 사람의 인식이나 감정을 나타낸다. 구체적인 실시방법은 첫째, 가족의 동의를 얻는다. 둘째, 조각을 만들 사람을 선정한다. 셋째, 조각을 만드는 단계이다. 조각을 만들 가족원이 가족 앞에 서게 한 후 자신이 생각한 가족의 이미지를 가족의 몸이나 얼굴을 마음대로 움직여 표현해 본다. 넷째, 자신의 감정을 나누는 단계이다.

(5) 가족화

가족화는 개인의 가족의 이미지를 파악할 뿐만 아니라 가족 전체의 상호작용을 반영하는 것도 가능하다. 그 중에 동적 가족화는 가족관계를 보다 더 잘 이해할 수 있다. 동적 가족화는 클라이언트로서 온 가족에게 도화지와 연필을 건네 주면서 "당신을 포함한 당신 가족이 무언가를 하는 모습을 그려주세요. 스케치가 아니라 사람 전체를 그려주세요"라고 지시한다. 이와 같은 과정을 통하여 그려진 동적 가족화를 해석할 때 다음의 세 가지 축에서 해석되어야 한다. 첫째, 동적 가족화가 의미하는 것을 찾는다. 둘째, 그림을 그리는 과정을 관찰한다. 셋째, 그림을 그린 후의 면담과정에서 정보를 수집한다.

동적 가족화는 투영법의 하나인데, 다른 투영법과 마찬가지로 클라이언트의 생활사, 가족배경과 같은 면접자료 없이 해석하는 것은 불가능하다. 그림을 그린 아동을 둘러싼 환경체계에 대한 고려를 하면서 그림의 특징에 관하여 해석해야 한다. 그리고 동적 가족화를 해석할 때 주의해야 할 점은 그린 사람의 문화적 배경이 그들 가족관계의 표현에 반영되기 쉽다는 점을 인식하여 그러한 점을 염두에 두지 않으면 안 된다는 것이다(김유숙, 2000 : 259-260).

(6) 가족생활연대기(family life chronology)

가족생활에 대한 발달적 관점에 기초하는 가족생활연대기 혹은 가족의 시간선은 시간의 경과에 따라 가족생활에서의 핵심적인 사건을 드러내 준다. 동시에 그 사건에 따른 가족의 강점과 스트레스 요인이 어떻게 결합하였는지도 알게 해준다(성정현 외, 2005 : 154).

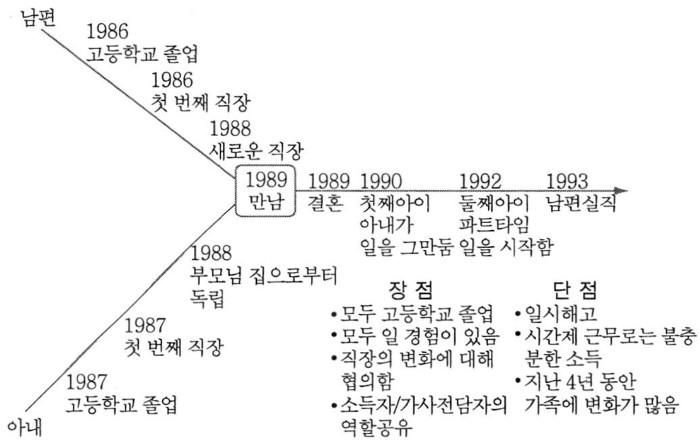

|그림 12-Ⅰ-7| 가족의 시간선

(7) 사회적 관계망

가족이 주거하고 있는 이웃과 지역사회를 포함하여 외부의 사회체계는 지속적으로 가족과 상호작용하며 영향을 주고받는다. 따라서 사회복지사는 이웃관계탐방(neighborhood walk)을 비롯한 다양한 도구를 활용하여 가족이 외부의 사회체계로부터 어떻게 영향을 받는지 사정평가해야 한다. 외부체계의 영향 중 가장 강력한 것은 사회적 관계망의 사회적 지지이다. 사회적 지지란 "사회적으로 친밀한 사람이나 존재라고 생각되는 사람이 제공하는 언어적·비언어적 정보나 충고, 가시적인 유형의 도움이나 행동, 클라이언트에게 정서적으로나 행동적으로 바람직한 효과를 제공하는 것"이다.

〈표 12-Ⅰ-5〉 사회적 관계망 그리드(조흥식 외, 2006 : 129)

응답자 ( ) 이 름 ( )	생활 영역	물질적 지지	정서적 지지	정보 /조언	비 판	원조 방향	친밀도	만나는 빈도	알고 지낸 기간
01									
02									
03									
04									
05									
06									
07									
08									
09									

비 고	
생활영역	① 가구원, ② 다른 가족, ③ 직장/학교, ④ 조직, ⑤ 다른 친구, ⑥ 이웃, ⑦ 전문가, ⑧ 기타
물질적 지지	① 거의 없다, ② 가끔씩, ③ 거의 항상
정서적 지지	① 거의 없다, ② 가끔씩, ③ 거의 항상
정보/조언	① 거의 없다, ② 가끔씩, ③ 거의 항상
비 판	① 거의 없다, ② 가끔씩, ③ 거의 항상
원조방향	① 양 방향, ② 그들에게만, ③ 나에게만
친밀도	① 거의 친하지 않음, ② 가까운 정도, ③ 매우 가까움
만나는 빈도	① 1년에 몇 번, ② 한 달에 몇 번, ③ 주마다 몇 번, ④ 매일
알고 지낸 기간	① 1년 미만, ② 1~5년 미만, ③ 5년 이상

사회적 관계망은 이런 사회적 지지를 제공하는 관계망(network)을 의미한다. 가족원의 사회적 관계망을 그림이나 도표로 그리는 것은 관계의 양과 질을 한눈에 파악하고 지속적인 사정과 개입계획을 수립하는 데 도움이 된다. 또한 대인적 역동성을 보다 명백히 함으로써 사정평가를 잘할 수 있고 클라이언트도 타인에 대한 자신의 감정과 태도를 명확하게 검토할 수 있다는 장점이 있다(성정현 외, 2005 : 155-156).

(8) 강점사정

가족구조, 문화적 영향, 인종적 배경, 여러 다른 환경적 변수로 인한 차이 때문에 가족의 강점을 사정하는 것은 쉬운 일이 아니다. 이런 다양성에도 불구하고, 비버스(Beavers)는 능력있는 가족은 타협능력, 개인적 표현의 명료성, 개인적 선택, 양가성에 대한 존중, 서로에 대한 제휴적 태도(affiliative attitude)에 있어서 높은 수준의 일관성을 유지한다고 지적한다. 기능적인 가족은 특정 구조와 생활스타일을 가진 가족에게 국한되는 것이 아니라 다양한 구조와 생활스타일을 가진 가족에서 발견될 수 있다. 다시 말해서, 가족의 건강성은 가족원의 상호작용의 본질, 가족원이 주고받는 지지에 따라 결정되는 것이다. 다음 표는 원래 계부모가족의 강점 사정도구 중 일반가족을 대상으로 하는 문항만을 소개한 것이다.

〈표 12-Ⅰ-6〉 **가족의 강점(이원숙, 2004 : 125-126)**

1 거의 전혀	2 가끔 한 번씩	3 때때로	4 빈번하게	5 거의 항상

( ) 1. 우리 가족은 서로를 위해 좋은 일을 한다.
( ) 2. 우리 가족은 느끼는 대로 말할 수 있다.
( ) 3. 우리는 가족을 자랑스러워한다.
( ) 4. 문제가 있을 때 자녀의 제안도 환영받는다.
( ) 5. 우리 가족은 필요시 도움을 요청할 수 있는 친구와 친척이 있다.
( ) 6. 우리는 서로에게 관심이 있다는 사실을 표현한다.
( ) 7. 우리는 서로의 이야기를 경청한다.
( ) 8. 우리는 가족으로서 함께 뭉친다.
( ) 9. 우리 가족은 유사한 가치와 신념을 가진다.
( ) 10. 우리 가족은 지역사회 혹은 종교집단 및 활동에 참여한다.
( ) 11. 나는 우리가 가족으로서 친밀한 것에 대해 행복하다.
( ) 12. 우리는 서로에 대한 감정을 이해하는 것이 중요하다고 믿는다.
( ) 13. 우리는 가족전통을 가지고 있고 이를 지켜나간다.
( ) 14. 자녀는 규칙과 훈육에 대한 의견을 말할 수 있다.
( ) 15. 문제가 있을 때, 우리는 동일한 문제에 직면한 다른 가족에게 기꺼이 도움을 요청할 의사가 있다.
( ) 16. 우리는 가족 내 타인이 어떻게 느끼는지에 대해 관심을 쏟는다.
( ) 17. 우리는 논쟁하지 않으면서 문제에 대해 이야기할 수 있다.
( ) 18. 우리는 우리 가족의 역사에 대해 자랑스러워 한다.
( ) 19. 집안일은 가족에게 공정하게 나누어진다.
( ) 20. 우리 가족은 필요할 때 외부의 전문적 도움을 얻을 의사가 있다.
( ) 21. 우리는 서로를 존중한다.
( ) 22. 우리는 함께 이야기나누는 것을 즐거워한다.

( ) 23. 가족원은 서로에게 충성심을 느낀다.
( ) 24. 주요한 가족문제를 결정할 때 각 가족원은 의견을 표명할 기회를 가진다.
( ) 25. 떨어져 사는 가족원과 접촉을 유지하고 있다.

개별적 강점 점수표	
가족돌봄	1, 6, 11, 16, 21번 문항의 총점 ( )
의사소통	2, 7, 12, 17, 22번 문항의 총점 ( )
가족 자부심	3, 8, 13, 18, 23번 문항의 총점 ( )
가족 결속감	4, 9, 14, 19, 24번 문항의 총점 ( )
지역사회 및 가족유대	5, 10, 15, 20, 25번 문항의 총점 ( )

2) 관찰과 체크리스트

가족사정을 위한 생태학적인 접근을 채택함에 있어서 관찰의 역할은 강조되어야 한다. 하나의 가족기능에 대해 지식을 얻거나, 관찰의 예술을 신장시키기 위하여 필요하다. 가족원이 다른 인간체계와 상호작용하고, 물리적이고 사회·환경적으로 상호작용하는가에 대한 비판적인 견해는 가족의 강점과 약점에 관련된 인식을 가능하게 해준다.

최근에 가족연구자 사이에 가족연구에 있어서 관찰방법에 대한 관심이 증가되고 있다. 관찰기술의 발달은 다음과 같은 요인에 의해 자극되었다. 첫째, 가족 상호작용의 원인적 중요성을 강조하는 이론의 대중화, 둘째, 자신의 가족에 있어서 상호작용에 관해 정확하게 보고할 수 있는 가족원의 능력에 대한 불신, 셋째, 정신병리학에 대한 발달과 가족능력에 대한 조사연구, 넷째, 가족치료자-연구자에 의한 가족체계이론의 수용, 다섯째, 사건의 기록과 용량이 큰 컴퓨터와 같은 관찰자료의 분석과 수집을 위한 적절한 도구의 개발, 여섯째, 적절한 행동부호의 개발 등이 있다.

관찰방법은 구조적인 것과 비구조적인 것이 될 수 있다. 특별한 정보가 가족의 진전을 평가하거나 접근을 개발할 필요가 있을 때 구조화된 관찰을 수행하는 것이 유용하다. 부모-자녀 간 상호작용에 대한 관찰측정도구의 개발이 증가되었다. 측정도구의 종류는 부모나 자녀의 상호작용 스타일의 측면을 확인하는 데 도움이 될 수 있고, 양자관계적 상호작용의 질을 조장하도록 고안된 접근으로부터 이득을 얻을 수 있다. 비디오테이프의 이용은 특정 측정에 의해 요구되는 방식에 있어서 행동을 부호화하고 재검토할 수 있는 관찰자의 능력을 강화시킨다. 관찰자료 수집전략으로는 가족상호작용 부호화 체계(family interaction coding schemes)와 가족기능에 대한 평정척도가 있다.

(1) 부호화 체계(coding schemes)

관찰의 부호화 체계는 가족 안에 있는 개인의 정확한 행동과 상호작용의 과정을 이해하는 데 필수적인 분석을 가능하게 한다. 관찰부호화는 가족의 상호작용이 전통적으로 관찰을 강하게 강조하기 때문에 자료수집의 하나의 기초적 방법과 타당한 과정을 밝히는 데 목적이 있다. 상호작용이론과 연구에 있어서 관찰에 관심을 많이 가짐으로써 많은 가족상호작용 부호화 체계가 도구로 만들어졌다.

관찰방법에는 미량 분석적 관찰방법과 분석적 분석기술이 있다. 미량 분석적 관찰방법은 객관성에 기초한 이 방법의 우수성에 대해 주장하며, 가족원의 주관적 "내부자" 현실과 객관적 "외부자"의 시각 간에 차이가 많다는 사실을 발견하였다. 가족상호작용에 대한 연구의 양이 증가함에 따라 가족연구자에 의한 관찰작업의 중요성이 입증되었지만, 가족상호작용연구가 대부분 행동의 발생빈도를 측정하는 까닭에 가족상호작용에 대한 이론적 개념화에 관심을 둔다. 따라서 그러한 행동을 지속적으로 기술하는 데 관심을 두기보다는 관찰할 수 있는 행동의 빈도에만 초점을 두는 것이 체계적 연구에 부적절한 것으로 나타났다.

행동에 대한 미량 분석적 관찰은 관계 안에서 개인의 행동이나 특성 대 전체 관계의 질을 얻기 위한 그들의 능력에 따라 제한된다. 가족상호작용을 사정하는 목적이 전체 관계구조나 전체 가족의 특성을 서술하기 위한 것이라면, 평정척도를 이용하여 측정할 필요가 있다.

〈표 12-Ⅰ-7〉 **부호화 일람표(Coding Schemes)**

(1) Misher와 Waxler(1968)의 가족 상호작용 부호(FIC)
(2) Riskin과 Faunce(1969)의 가족 상호작용 척도(FIS)
(3) Henggeler와 Tavormina(1980), Hetherington, Stowie, & Ridbeng(1971), Jacob(1974)의 가족갈등과 지배부호(FCDC)
(4) Doane, Goldstein, & Jones(1981)의 정서적 스타일 측정(ASM)
(5) Rosman과 Minuchin(1978)의 가족과제(Family task)

(2) 평정척도(rating scales)

평정척도는 가족의 이해에 객관성을 확보하는데 있어서 행동 간 부호화 체계와 유사하나 분석의 수준에 있어서 본질적인 차이가 있다. 평정절차는 몇 가지 심리적 차원에 관한 개인, 2인, 전체가족의 배치에 관하여 관찰자가 요약적으로 판단하는 것을 포함한다. 평정척도가 정신측정학적 특성에 있어서 다른 것과 다르다하더라도, 평정자의 복잡한 정보화 과정에 대한 능력에 관해 일반적인 신뢰성을 갖는다. 평정척도는 요약·판단에 도달하는 복잡한 정보를 통합하고 요약해 주며, 정보에 대한 인간의 능력에 도움이 된다. 그래서 평정척도는 가족체계 안에서 일어나는 대인관계의 특성을 확인하는 데, 특히 적절한 것으로 밝혀졌다. 평정방법은 분석의 관계단위나 전체가족에 잘맞는 객관적인 관찰방법을 제공한다.

패터슨과 레이드(Patterson & Reid)는 분석의 가장 의미있는 수준을 선택하는 것이 가족을 연구하는 연구자에게 가장 도전받는 문제라고 하였다. 그들이 질문하는 수준을 자료수집의 적절한 수준에 맞추고, 그들이 요청하는 질문을 예리하게 인식하는 것이 가족임상가와 연구자에게는 중요하다. 마크맨과 노타리우스(Markman & Notarius)는 미세단위 수준(micro-level) 분석과 대단위 수준(macro-level) 분석을 함께 이용할 때, 양자 간의 "협력적 상호작용"의 장점이 있음을 지적하였다.

정신측정학적 질이 평정척도방법의 잠재적 질을 높인다. 주요 관심은 평정척도가 평정자의 복잡한 정보화 과정능력에 의존했기 때문이다. 반대로 정확한 기록자가 될 필요가 있는 행동관찰 부호화 체계를 작성하는 평정자는 적당한 가족이론가, 방법론자, 관찰자, 정신측정학자가 되어야 할 필요가 있다. 특히 평정척도방법을 사용하기 위해서는 다음과 같은 가정을 전제로 하고 있다. ㉠ 평정자는 평정될 필요가 있는 특성이나 질에 대한 이론적인 개념을 척도개발과 다른 평정자와 공유한다. ㉡ 평정자는 질과 특성을 반영한 행동의 개념을 공유한다. ㉢ 평정자는 행동의 흐름의 방향 안에서 특성과 관련된 정보를 검출할 수 있다. ㉣ 평정자는 특성이 판단될 수 있는 정신측정학적 "척도"(㉾ 정상분포)를 같이 공유한다. ㉤ 평정자는 한 분포에 관해 관찰된 행동을 판정하기 위해 준거집단이나 비교집단에 관한 충분한 지식을 가지고 있어야 한다. 이러한 가정 때문에 평정자의 능력과 훈련은 가족사정에 있어서 매우 중요하다. 평정척도의 사용자는 도구에 관한 훈련경험과 확대된 임상훈련을 가진 평정자가 관여한 척도를 사용한 대부분의 연구를 알아야만 한다.

따라서 관찰은 자료수집을 위한 매우 유용한 기법 중의 하나이다. 관찰은 가족구조가 어떻게 작용하는지에 대한 많은 측면에 대해 인식할 수 있는 기회를 제공해 준다. 가족역할이 수행되는 방법적인 측면에서 그들의 가족원을 서술하는 것과 어떻게 관계를 맺는가에 대해서 서술하는 것은 중요한 것이다. 그러나 항상 신중하게 검토되어야 하는 것은 아니다. 그러한 서술은 현재의 균형을 계속 유지함으로써, 다소의 가족욕구에 대한 신념을 반영하는 것처럼 보인다. 어떤 가족원은 정보를 전달하기 위한 표현에 능통하지 않을 수 있고, 가족상호작용과 역할수행을 표현하는 통찰력을 가지고 있지 않을 수 있다. 당연하게 가족원의 보고는 명확하고 타당성 있는 가족역동성의 직접적인 관찰을 대신할 수 없다. 능숙한 관찰자는 주제넘지 않은 매우 능숙한 인상(impression)을 활용한다.

가족하위체계와 가족경계의 작용을 학습하는 것은 가능하다. 가족이 하나의 개방된 체계 또는 폐쇄된 체계를 가지고 있으면, 반투성이의 것은 관찰에 의해 사정되어 질 수 있다. 가족이 엉켜있거나 유리되어 있다면 다른 사람과 함께 가족원을 포함하는 본질(nature)을 관찰에 의해서 분별할 수 있다. 또한 규칙이 수행되고 있는 방법은 ① 동맹(협력) 또는 연합을 관찰할 수 있는가?, ② 부모가 떨어져서 앉는가?, ③ 부모의 지나친 관심(과잉보호)의 대상아동이 있는가?, ④ 보호자로서 아동이 행동하는가?, 반면에 부모는 부적절하게 그들 아동과 거리를 두고 있는가?, ⑤ 가족 분위기(mood)가 관찰될 수 있는가?, ⑥ 가족이 침묵하는가?, 반영적인 가족인가?, 또는 난폭한가?, 무기력한가? 등의 질문을 통해 관찰자에 의해서 알 수 있다.

〈표 12-Ⅰ-8〉 **가족기능에 대한 평정척도**

(1) Beavers−Timberlawn의 가족평가척도(BT)
(2) Beavers−Timberlawn의 원심적/구심적 가족스타일 척도(CP/CF)
(3) McMaster의 임상평정척도(McMaster CRS)
(4) 가족사정측정 임상적 평정척도(FAM−CRS)
(5) 전체 가족 상호작용척도(FIS−Ⅱ)
(6) 부부와 가족체계의 순환모델을 위한 CRS
(7) 전체 부호화 일람표(Global Coding Scheme)
(8) 가족 상호작용 Q−Sort(FIQ)

3) 자기보고식(self-reported) 척도

자기보고식 설문지(질문지)는 가족면접과 직접적인 관찰과 함께 활용될 때 보다 더 효과적인 사정이 되는 도구이다.

(1) 전체 가족기능에 대한 자기보고식 측정 틀

자기보고식 설문은 1970년대에 걸쳐 가족연구에 있어서 유력한 방법이었다. 자기보고식 측정에 관한 신뢰는 과학의 실증주의적 지향을 나타내고 편리함을 반영하였다. 자기보고식 방법의 신뢰성과 타당성은 반응양식과 반응세트, 보다 제한된 사용과 같은 질문의 정신측정학적 특성의 중요한 연구결과에 따라 심리학 분야에서 강한 도전을 받았다. 이 방법은 상호작용적 현실성을 측정하기 위한 한 방법으로 가족연구분야에서 그 효과에 대한 비판이 있었다. 그러나 비판할 점이 있었음에도 불구하고, 반응자의 주관적 현실에 대한 측정방법으로서 자기보고식 측정은 폭넓은 조사연구와 진단적 중요성을 갖는 것으로 판단되었다. 과거 20년 동안 가족체계이론이 대중화됨에 따라 가족체계의 특성을 파악하기 위하여 고안된 자기보고식 설문은 많은 정보를 수집하는 표준화된 방법이며 그 효과가 입증되었다.

〈표 12-Ⅰ-9〉 **전체 가족기능에 대한 자기보고식 측정**

① Skinner 등(1984)의 가족사정측정(FAM-Ⅲ ; Family Assessment Measurement)
② Foelofse와 Middleton(1985)의 청소년에 있어서 가족기능의 설문(FFAQ ; Family Functioning in Adolescent Questionnaire)
③ Emery 등(1980)의 가족평가모형(FEF ; Family Evaluation Form)
④ Epstein 등(1983)의 McMaster의 가족사정도구 제3판(FAD ; McMaster Family Assessment Device, Version 3)
⑤ Barbarin과 Gilbert(1979)의 가족과정척도_E형(FPS ; Family Process Scales, Form E)
⑥ Beavers, Hampson, & Hulgus(1985)의 자기보고식 가족인벤토리(SFI ; Self-Report Family Inventory)
⑦ Bllom(1985)의 Colorado 가족기능 자기보고식 측정(Colorado Self-Report Measure of Family Functioning)
⑧ Moos와 Moos(1986)의 가족환경척도(FES ; Family Environment Scale)
⑨ Pinasimons와 Slawinowski(1984)의 FES의 아동용(CVFES ; Children's Version of the FES)
⑩ Hudson(1982)의 가족관계에 대한 목록(IFR ; Index of Family Relations)
⑪ Straus(1979)의 갈등전술척도(CTS ; Conflict Tactics Scale)
⑫ Henggeler와 Tavormina(1980)의 가족관계척도(FRQ ; family Relationship Questionnaire)
⑬ Lowman(1980)의 가족정서척도(IFF ; Inventory of Family Feelings)
⑭ Olson, Portner, & Lavee(1985)의 가족적응성과 응집성 평가척도 Ⅲ(FACES-Ⅲ ; Family Adaptability and Cohesion Evaluation Scales Ⅲ)
⑮ Williamson과 Bray(1889)의 가족체계에 있어서 개인적 권위에 대한 설문(PAFS-Q ; Personal Authority in the Family System Questionnaire)
⑯ Smilkstein(1978)의 가족 APGAR
⑰ Perosa(1986)의 구조적 가족 상호작용척도_A형(SFIS-R ; Structural Family Interaction Scale, Form A)

(2) 가족스트레스와 극복에 대한 자기보고식 측정

스트레스는 생물학, 의학, 심리학 그리고 사회학을 포함한 다양한 영역에서 사정되고 넓게 사용되는 개념이다. 스트레스는 장·단기 정신과 장애와 신체질환과 관련되고 있다. 스트레스는 연구자, 임상가, 종교인이 관심을 갖는 친숙한 개념이다. 스트레스가 넓게 사용된다고 하더라도 신체적 반응의 형태, 정신상태(디스트레스), 적응을 요구하는 힘(strain 긴장), 자극의 형태(스트레스 요인)에 공평하게 적용되며, 스트레스에 관한 중심의 문은 ㉠ 생활사건이 역기능의 소인을 만들 수 있을 것인가?, ㉡ 특정 스트레스 요인이 역기능의 어떤 형태와 관련될까?, ㉢ 무슨 과정이나 기제가 밑바탕이 되어 있을까? 등에 대한 문제가 양립되어 남아있다. 스트레스와 관련된 주제와 주어진 우리 문화의 관심뿐만 아니라 스트레스를 가속시키거나 완충할 수 있다는 (사람의 환경이) 관점을 기대하는 가족학자들은 개인의 스트레스와 극복에 있어서 가족의 역할에 주의를 기울여왔다.

스트레스는 발달과 가족체계의 시각으로부터 개인과 가족의 발달과정의 하나의 정상부분으로 보고 있다. 개인들이 발달적 변화에 있을 때, 다른 가족원들과 가족체계는 변화과정에 있는 가족원에게 적응해야만 하는 것으로 예상하고 있다. 가족원과 가족체계는 실직과 같은 외적 스트레스 요인에 적응해야만 한다. 스트레스가 많은 사건에 대해 개인과 가족의 반응은 "극복"을 고려한다. 임상적 관심과 증가하는 연구는 특별한 스트레스 요인에 직면하는 개개 가족단위의 탄력성의 현상이다.

〈표 12-Ⅰ-10〉 **가족스트레스와 극복에 대한 자기보고식 측정**

① Olson과 그 동료(1982)의 가족위기에 대한 개인적 척도(F-COPES)
② Sawa(1986)의 가족기능척도(FFQ)
③ Pless와 Satterwhite(1973)의 가족기능목록(FFI)
④ Olson과 그 동료(1982)의 생활사건과 변화에 대한 가족 인벤토리(FILE)
⑤ Holahan과 Moos(1981)의 가족관계목록(FRI)
⑥ Boyce, Hensen, James, & Peacock(1983)의 가족루틴 인벤토리(Family Routines Inventory)
⑦ Olson과 그 동료(1982)의 가족강점(Family Strengths)
⑧ Roberts와 Feetham(1982)의 Feetham의 가족기능조사(FFFS)
⑨ Procidano와 Heller(1983)의 가족에 대한 Procidano의 지각된 사회지원설문(PSS-Fa)

(3) 자기보고식 척도의 활용

① 가족 내에 강점과 약점을 명확하게 확인할 수 있도록 사회복지사에 의해 수집된 객관적이고 주관적인 자료를 종합해서 조직하도록 도울 수 있다.
② 수집되었던 어떤 것의 정보를 남겨둘 것과 이미 알려진 정보를 측정하기 위해 사정의 다양한 과정에서 선택하여 사용할 수 있다.
③ 먼저 가족과 접촉함에 있어서 우선적으로, 하나의 체크리스트는 여러 원인으로부터 의뢰되었던 요소와 기관의 기록에서 그러한 자료를 조직하기 위해 사용된다.
④ 이름, 연령, 직업, 의뢰한 이유와 같이 의뢰한 요소와 같은 정보를 객관적인 자료로써 기록한다.
⑤ 하나의 체크리스트는 또한 가족의 본질(특성)과 같은 주관적인 정보와 함께 활용할 수 있다.

4) 가족사정 모델에 의한 사정도구

가족사정에서 질문지 사용의 이점은 다음과 같다. 첫째, 어떤 가족에게 다른 가족의 걱정이 무엇인지에 대해 체계적으로 이해시킬 수 있는 기회를 제공한다. 둘째, 가족 각자가 자기노출을 할 수 있는 기회를 제공받는다. 사람들은 그들이 걱정하고 있는 특정한 문제 또는 잠재적인 문제에 대하여 언어표현하는 것보다 체크리스트에 대답하는 것이 쉽다고 느낀다. 체크리스트를 가지고 토론하는 과정에서 자신의 문제에 대한 지각과 통찰을 가능하게 한다. 현재 가족사정도구로 사용되는 질문지는 여러 가지가 있으나, 그 중에서 자주 사용되는 것은 맥마스터 모델, 비버즈 모델, 순환모델이 있다(김유숙, 2000 : 239-251).

(1) 맥마스터 모델

캐나다의 맥마스터 대학 정신과에 재직하던 학자들에 의해 개발된 맥마스터 모델은 가족기능을 평가하고 사정하는 데 뛰어난 개념적 준거 틀을 제공하고 있다는 평가를 받고 있다. 여기서는 맥마스터 모델에서 제시하는 것처럼 가족기능을 문제해결, 의사소통, 가족역할, 정서적 반응성, 정서적 관여, 행동통제의 여섯 가지의 측면에서 고려해 보고자 한다.

① 문제해결

효과적인 가족기능의 유지와 문제의 해결을 위해서 문제해결은 중요한 요소이다. 문제를 해결해나감에 있어서 과제가 있음을 아는 것은 그만큼 빠른 해결을 가져오는데 의식주의 해결처럼 사회에서 생활하기 위한 기본적인 과제, 가족생활주기의 각 단계마다 건강하게 발달하기 위해 달성해야 하는 발달과제, 발달과제가 가족의 능력과 자원의 한계를 넘어서 갑작스럽게 대처해야 하는 위기과제 등이 있는데 얼마나 잘 대처하고 적응하는가가 가족의 건강을 판단하는 지표가 되고 있다.

② 의사소통

정보가 어떻게 흐르는가의 문제로 때로 비언어적인 의사소통도 중요하지만 주로 언어에 의한 자료수집이 용이하기에 이 모델에서는 의사소통이 어떻게 교환되는가를 본다. 의사소통은 보고적 차원과 요구적 차원이 있을 수 있기에 애매하거나 간접적인 의사소통보다는 명료한 의사소통이 바람직하다. 이중구속과 같이 가족원을 혼란하게 하여서 왜곡과 불안을 조장하든지, 제3자를 이용한 의사소통을 하는 것은 가족 모두에게 혼란만 가중시킬 뿐이다.

③ 가족역할

개인이 가족기능의 충족을 위해 반복하는 행동유형으로 적절하게 역할이 배분되어야 가족원들은 이를 달성하기 위해서 노력한다. 건강한 가족일수록 기능상의 충족과 역할의 적절한 분배 및 책임소재가 명확하다는 것이다. 그 역할로는 필수적인 기능으로 물질적인 자원의 마련, 가족을 양육하고 지지하는 것, 배우자끼리의 성적인 만족, 가족의 성장을 돕고 지도력을 발휘할 수 있는 상황을 만들고, 의사결정을 할 수 있게 하며, 가족 간의 명확한 경계를 통해 질서가 유지되도록 하는 등의 생활을 위한 기본적인 기술의 획득 등이 있으며, 그 밖의 기능으로 특정한 가족에게 특별히 기능하는 것으로 누구를 우상화하거나 또는 희생양으로 만드는 것을 들 수 있다.

④ 정서적 반응성

주어진 자극에 따라 적절한 내용과 감정으로 반응할 수 있는가의 정서적 경험능력을 의미한다. 가족이 정서생활에서 광범위하게 느끼고 경험하는가?, 상황적 맥락에서 경험되는 정서는 자극에 부합되는가? 하는 문제이다. 적절한 수준의 정서적 반응은 어떻게 정서를 표현하는지의 문화적 특성에 따라 다르지만 건강한 가족은 적절한 강도와 지속성을 가지고 다양한 정서의 반응능력을 보이나 역기능의 가족은 정서의 범주가 한정되어 있거나 질적·양적 차원에서 반응도 부적절한 편이다.

⑤ 정서적 관여

가족 서로에 대한 관심사, 활동, 가치관 등에 얼마나 관심과 배려를 보이는가를 말한다. 이 모델에서는 상호작용의 정도에 따라 5가지로 구분하고 있는데 상호작용이 결핍되었거나 공생적인 경우는 바람직하지 못하다.

- 결핍된 관여 : 무관심하여 서로에게 소원하거나 정서적 욕구가 충족되어지지 않는 상태이다.
- 감정이 배제된 관여 : 가족과의 상호작용은 의무감이나 통제가 필요한 경우, 또는 단순한 호기심이 발동할 때만 이루어진다.
- 자기도취적 관여 : 주로 타인에 대한 관심이 중심적인 경우로 자신의 존재가치를 유지하기 위해서 타인과 관계하는 경우를 말한다.
- 공감적 관여 : 상대방이 무엇을 필요로 하는지 진정으로 이해하고 관계하는 것으로 바람직한 관여라 할 수 있다.
- 공생적 관여 : 지나치게 밀착되어 있어서 때로 가족성원의 발달에 장애를 초래하기도 한다.

⑥ 행동통제

현 상태를 유지하거나 새로운 상황에 적응하기 위해 가족원은 영향을 주고받는데 이러한 과정을 통해 행동통제를 배우게 된다.

- 경직된 통제 : 예측이 가능하며 가족이 건설적이지도 못하고 적응력도 낮다. 현 상태의 유지에는 도움이 되나 새로운 발달과제 앞에서는 변화를 받아들이지 못해 바람직하지 않다.
- 유연한 통제 : 예측가능하며 건설적이고 적절한 변화에 대처가 가능하며 지지적이고 교육적이며 가족성원들의 이상이나 규칙을 함께 공유하는 것을 도와주기에 과제의 달성에도 용이한 편이다.
- 방임적 통제 : 예측이 어느 정도 가능하나 건설적이지는 못하다. 우유부단하여 의사소통과 역할에 부담을 주기도 하며 무질서한 가족 속에서 자란 아동은 불안정한 정서를 보이고 다른 사람의 관심을 바라며 충동을 억제하거나 통제하는 힘이 부족한 편이다.

• 혼돈된 통제 : 예측을 불허하며 건설적이지 못하다. 사건의 변화는 상황이나 필요에 의해서가 아니고 기분이나 감정에 의해 일어나기도 한다.

〈표 12-Ⅰ-11〉 **맥마스터 모델의 가족기능(김유숙, 2000 : 245-246)**

차 원	중심개념	내 용
문제해결	문제유형	도구적, 정서적
	문제해결과정(7단계)	① 문제인식, ② 적절한 사람에게 문제에 대해 의사소통, ③ 대안적 행동 생각하기, ④ 한 가지 대안 정하기, ⑤ 행동, ⑥ 행동 모니터하기, ⑦ 행동의 성패평가
	가장 효과적인 유형	모든 단계가 실행될 때
	가장 비효과적인 유형	문제인식조차 할 수 없을 때
의사소통	영역	도구적, 정서적
	의사소통유형	① 분명하고 직접적, ② 분명하고 간접적, ③ 불분명하고 직접적, ④ 불분명하고 간접적
	가장 효과적인 유형	분명하고 직접적
	가장 비효과적인 유형	불분명하고 간접적
가족역할	영역	도구적, 정서적
	유형	필수적인 가족기능, 기타 가족기능
	가장 효과적인 유형	모든 필수적인 가족기능이 개인에게 적절하며 분명하게 할당되고 그에 따른 책임을 가질 때
	가장 비효과적인 유형	필수적인 가족기능이 거론되거나 분담되지 않고 그에 대한 책무를 언급하지 않을 때
정서적 반응성	유형	안녕감, 위기감
	가장 효과적인 유형	다양한 정서가 질적·양적인 면에서 주어진 자극과 맞을 때
	가장 비효과적인 유형	질적·양적으로 매우 제한된 정서만이 있을 때
정서적 관여	유형	① 관여의 부재, ② 정서가 없는 관여, ③ 자기도취적 관여, ④ 공감적 관여, ⑤ 과잉관여, ⑥ 공생적 관여
	가장 효과적인 유형	공감적 관여
	가장 비효과적인 유형	공생적 관여와 관여의 부재
행동통제	상황	① 위험한 상황, ② 심리생리적 욕구와 충동을 표현하고 충족시킬 때, ③ 가족 내외의 대인 간의 사회화 행동
	유형	① 엄격한, ② 융통성 있는, ③ 자유방임형, ④ 혼란형
	가장 효과적인 유형	융통성 있는 행동통제
	가장 비효과적인 유형	혼란한 행동통제

(2) 비버즈(Beavers) 모델

비버즈 모델은 2개의 축을 채택하고 있다. 첫째, 가족이 서로 관계하는 양식에 관한 것으로 구심성과 원심성, 그것의 혼합형이라는 가족분류를 하였다. 둘째, 심한 장애를 가진 가족에서 가장 이상적으로 기능하는 가족까지 가족기능의 정도에 따라 가족을 나눌 수 있다고 보았다. 비버즈는 심한 장애, 경계, 중간상태, 적정한 상태, 최적상태로 나누었는데 여기서는 원심적 양식과 구심적 양식이 중요하다. 구심적이란 가족이 서로 집착하는 정도를 가리키고 원심적이란 가정이라는 보금자리를 떠날 수 있는 용이성의 정도를 가리킨다(김유숙, 2000 : 247).

사정방법은 주로 청소년기의 아동을 가진 가족을 대상으로 가족에서 어떤 것이 바뀌기 원하는가에 대한 가족회의를 실시하게 한 후, 그 장면을 10~15분 정도 비디오 녹화를 한다. 여러 명의 상담자는 전체 내용과 과정을 관찰한 후에 다음의 하위척도에 맞추어 평정하게 된다. 물론 이때 매겨지는 점수는 객관적인 행동평가의 수치가 아니라, 각 하위척도상에서 상담자의 주관적 추정에 의한 것이다. 각 하위척도를 보면, ① 가족역할에 대한 분명한 인지능력, ② 부모와 자녀의 연합, ③ 가족 간의 친밀성, ④ 가족신화의 파악, ⑤ 효율적 · 목표지향적 협상능력, ⑥ 행동에 대한 가족의 책임의식, ⑦ 타인의 진술에 대한 개방성, ⑧ 감정적 표현의 범위, ⑨ 정서와 어조, ⑩ 풀리지 않은 갈등의 유무, ⑪ 공감적 반응의 정도, ⑫ 가족의 효능감이 있다.

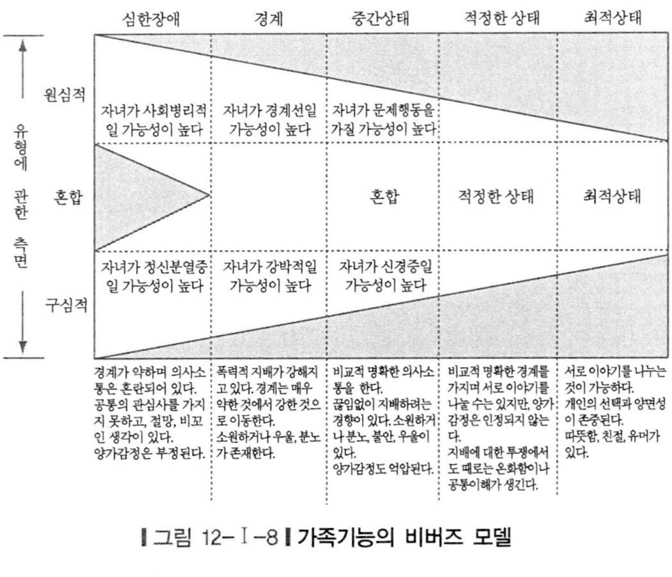

▌그림 12-Ⅰ-8▌가족기능의 비버즈 모델

이와 같은 하위척도를 고려하여, 전체적인 점수는 비버즈 가족사정 도표 위에 그 가족을 표시함으로써 매겨졌다. 비버즈는 이 도구가 자기보고식 도구이기 때문에, 그 도구를 선별도구로 사용할 수 있다고 언급했다. 따라서 이를 통해 가족에게 기능적인 가족기능을 가르치는 것이다. 그러나 비버즈 모델은 아직 임상적 유용성이 입증되지 못하여 정상적인 가족연구의 사정도구로 이용되는 경우가 많다.

(3) 순환(circumplex)모델

순환모델은 가족행동의 두 가지 측면인 응집력과 적응력이 근본적으로 중요하다는 사실을 밝혀내고 가족진단에 이 두 차원을 사용했다. 올슨, 스프렝클, 러셀(Olson, Sprenkle, Russell)은 이러한 차원으로 가족을 평가하는 순환모델을 발표하여 그 후 몇 차례에 걸쳐서 가족응집력과 적응력 측정 정도(FACES : Family Adaptability and Cohesion Evaluation Scales)라는 질문지를 만들었다. 이 척도는 가족이 현재 가족을 어떻게 인식하고 있느냐는 현실 가족과 가족이 어떻게 되었으면 좋겠다는 이상적 가족에 대하여 각각 질문지에 대답하도록 구성되어 있다.

아래의 ▌그림 12－Ⅰ－9▌에서 보이는 것처럼 기능하는 가족과 역기능의 가족을 평가할 때 사용된다. 적응력과 응집력은 각각 4개의 수준으로 구성되어 있어서 이 모델을 사용하면 16개의 가족을 구분해낼 수 있다(김유숙, 2000 : 250).

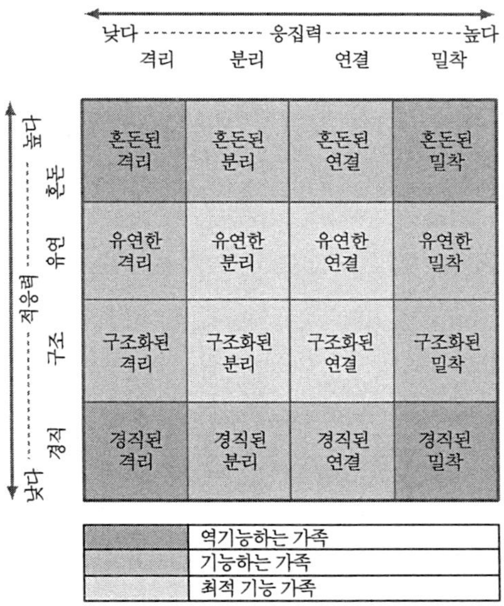

▌그림 12－Ⅰ－9▌순환모델

적응력이란 가족의 변화를 허용하는 정도, 균형을 유지하려고 하는 정도를 말한다. 즉, 가족생활의 압박이나 갈등의 반응에서 그들의 규칙, 역할, 구조 등을 유연하게 할 수 있는 가족능력을 의미한다. 가족이 만족할 만한 기능을 수행하기 위해서는 균형을 유지하려는 힘과 변화하는 능력이라는 두 가지 요소가 필요하며, 이 둘은 적절하게 균형을 이루어야 한다. 혼돈된 가족은 가족생활의 문제와 관련된 아무런 구조도 가지고 있지 않다. 유연한 가족은 규칙이나 역할의 변화를 인정함으로써 문제를 해결하는 능력을 가지고 있다. 구조화된 가족은 유연한 가족보다는 역할이나 규칙의 변화가 덜 일어난다. 경직된 가족은 역할이나 규칙의 변화를 마지못해 하며 그들은 현상을 유지하는데 모든 대가를 치루는 경향이 있다.

응집력은 가족원 서로의 정서적 결합의 정도를 나타내는 것이다. 즉, 가족에게 부여된 개인의 자율성과 가족이 함께 하는 정도와 관련되어 있다. 응집력 역시 중용의 위치에 있는 것이 중요한데, 어디가 최상인가 하는 것은 가족이 속한 문화에 따르도록 설정된다. 격리된 가족은 낮은 응집력을 가지고 있다. 가족원은 최대한의 자율성을 즐기며 가족 안에서 자신을 동일시하려는 노력은 전혀 없다. 분리된 가족은 개인의 자율성에 가치를 둔다. 그러나 그들은 가족의 통합과 정체감의 감각도 함께 지니고 있다. 연결된 가족은 친밀함에 가치를 두고 그것을 더욱 좋아한다. 또한 연결된 가족은 각 가족원의 자율성의 발달을 인정하고 돕는 경향이 있다. 융해된 가족은 무엇보다도 가족의 친밀성에 가치를 둔다. 자립을 방해하는 희생적인 가족의 결합은 대부분 융해된 가족의 중요한 잘못된 가족규칙에 기인한다.

순환모델에서는 중간범위의 가족이 적응력이나 응집력에서 적절한 점수를 가진다고 보았다. 적절한 점수를 가진 가족은 가족건강의 특성이 존재한다고 보았으며 두 차원의 극단적인 점수를 나타내는 가족은 가족의 역기능적 특징을 보인다고 보았다.

Ⅱ. 가족중심 사회복지실천 : 실천과정과 모델

1. 가족중심 사회복지실천의 일반적 개입절차

가족사정이 끝나고 나면 사회복지사는 가족에 관한 정보를 조직화하여 본격적인 가족의 변화과정으로 들어가기 위한 준비를 해야 한다. 이 과정은 가족상담에 임하는 클라이언트의 요구는 무엇인지, 이러한 요구와 가족에 관한 정보를 종합할 때, 어떤 종류와 방법의 개입이 가족의 변화를 위해 적절할 것인지, 개입은 어느 정도의 기간을 필요로 하는지, 가족의 문제해결을 위해 교사, 의사, 알코올치료전문가 등과 같은 외부 전문가와의 개입이 필요한지 등과 관련한 치료의 방향을 정하는 단계다. 이 과정에서 점검해 보아야 할 내용을 살펴보기로 하자(엄명용 · 노충래 · 김용석, 2007 : 403-406).

(1) 문제목록의 작성 및 문제해결의 우선순위 설정

사회복지사는 가족으로부터 청취한 여러 가지의 문제상황 중에서 가장 먼저 해결해야 하는 문제로부터 나중에 해결해야 할 문제의 순서로 우선순위를 정하기 위해 가족과 함께 협상하고 그 결과를 바탕으로 개입 우선순위 목록을 작성한다. 이 우선순위 목록은 사회복지사와 가족이 함께 앞으로 문제해결을 위해 노력해가는 과정에서 가장 먼저 해결해야 할 문제상황에 우선 초점을 맞춰나갈 수 있도록 안내역할을 한다. 만일 가족이 치료 우선순위나 목표를 수정하기 원한다면 사회복지사는 문제해결 우선순위 목록에 대해 가족과 재협상해야 한다.

(2) 초점문제의 간단한 내력과 과거 및 현재 노력/치료내용의 검토

우선 개입해야 할 문제의 내용과 그 문제에 대한 간단한 내력을 검토한다. 앞서 밝혔듯이 해결중심 관점에서는 문제의 성격과 그 내력에 대해 많은 관심을 기울이지 않는다. 하지만 가족이 문제에 대해 서술할 수 있도록 최소한의 시간을 배려하는 것이 좋다. 아울러 초점문제를 해결하기 위해 가족이 지금까지 스스로 어떤 노력을 어떻게 해왔으며, 그 과정에서 문제해결을 위해 외부 전문가의 도움을 어떻게 받았는지, 그 결과는 어떠했는지 등을 파악한다. 이러한 노력은 사회복지사가 문제의 현상을 파악하고 개입방향을 설정하는 데 도움이 된다.

(3) 이론적 틀에 입각한 초점문제의 개념화

사회복지사가 각자의 이론적 틀에 따라 문제를 보는 시각과 그 문제를 해결하기 위해 동원되어야 할 개입의 방향이 다르다고 했다. 앞 장에서 개략적으로 살펴본 네 개의 이론적 틀에 입각하여 문제가 어떻게 해서 발생하고 유지되어왔는가에 대한 잠정적 가설을 설정한다. 이때 설정된 가설은 개입과 사정을 반복해가는 과정에서 나타나는 사실과 상황에 따라서 수시로 얼마든지 수정될 수 있는 것이다. 또한 가설설정의 배경에 있는 이론적 틀까지도 나중에 얼마든지 교체될 수 있다.

(4) 개입목적과 목표의 설정

처음의 2~3회기 기간 중 가족과 충분히 논의하여 분명한 개입목적을 세우고 이를 가족과 확인한다. 개입의 목적은 개입이 궁극적으로 추구할 활동의 방향이다. 따라서 다소 추상적으로 표시될 수도 있다. 반면 치료목표는 어떤 구체적인 문제행동의 감소와 같이 측정할 수 있고 명확한 형태로 기술되어야 한다. 또한 치료목표는 무엇보다도 사회복지사가 희망하는 것이 아니라 클라이언트와 그 가족이 모두 희망하는 상태이어야 한다. 즉, 가족의 모든 구성원이 바람직한 상태로 기대하고 동의하는 것이어야 한다. 때로 클라이언트의 목적과 사회복지사의 목적이 다를 수도 있는데, 이러한 경우 사회복지사와 클라이언트는 그것에 대해 함께 논의하고 조정해야 한다. 개입의 목적이 여러 가지일 경우 사회복지사와 클라이언트가 공동으로 잘 협의하여 그 중요성에 따라 우선순위가 정해져야 한다.

(5) 개입방법의 선택

앞에서 설정한 개입목적과 목표를 성취하는 데 가장 적절하다고 판단되는 이론적 관점을 선택한다. 몇몇의 이론을 분별있게 선정하여 혼합하는 것도 적절한 방법이다. 다만, 사회복지사가 어떤 이론적 근거에 입각하여 자신이 개입방법을 선택하는지를 의식하지 못한 채 이것저것 혼합하다 보면, 나중에 개입과정에서 방향을 잃어버릴 가능성이 크다. 여러 이론의 요소를 혼합할 때는 각 이론의 전제, 원리, 목표가 상이하므로 이러한 이론적 요소를 잘 구별하여 혼합해서 사용해야 할 것이다. 어느 한 이론체계와 치료모델을 선택할 경우 사회복지사는 자신의 이론적 선호도에 따르기보다는 클라이언트와 그 가족이 나타내는 문제해결에 가장 도움이 될 만한 이론체계와 개입모델을 선택해야 한다. 그럼에도 불구하고 개입모델의 선택은 사회복지사의 경험과 지향점,

클라이언트의 경제적인 제약, 개입의 지속기간, 가족원의 참여가능 여부 등에 따라 영향을 받게 된다. 전략적 치료나 해결중심치료와 같은 단기개입모델은 가급적 짧은 시간 내에 가족원 모두의 참여 없이도 가족개입을 수행한다. 보웬의 모델도 가족상담에 있어 가족 모두의 참여를 요구하지는 않는다.

(6) 개입기간과 횟수의 결정

개입활동에 대해 클라이언트가 감당해야 할 비용과 각 개입회기 참여에 소요되는 시간적 제약과 같은 이유로 인해 개입에 소요되는 기간과 횟수를 미리 정하는 것이 좋다. 또한 회기가 얼마나 자주 실시될 것인가에 대해서도 미리 정해 가족에게 동의를 구하는 것이 좋다. 그래야 클라이언트가 치료를 시작하는 날과 끝나는 날, 회기와 회기의 간격, 한 회기의 지속기간 등을 정확히 알고 그에 대해 미리 대비할 수 있다. 대개 일주일에 두 번 이상, 하루에 2회 이상의 개입회기를 갖지 않는 것이 보통이다. 한 회기 내 시간할당에 대해서도 클라이언트에게 미리 알려주는 것이 좋다. 대개 시작에서 첫 10분 내지 15분 동안은 지난 회기의 정리 및 과제점검이 이뤄지고, 회기가 끝나기 10분 내지 15분 동안에는 회기의 정리와 과제부여가 이뤄지는 것이 보통이다. 한 회기의 길이는 50분에서 90분 사이가 보통이다.

(7) 외부자원의 활용 및 의뢰

사회복지사는 가족상담 외에 다른 치료자원이 가족에게 필요한지를 살펴보아야 한다. 이를 위해서 사회복지사는 가족이 활용할 수 있는 지역사회의 다양한 자원을 파악하고 있어야 한다. 필요에 따라서는 정신과의사나 약물중독전문 사회복지사 등의 전문가에게 클라이언트 가족을 의뢰할 수 있다. 가족상담이 가족문제의 모든 것을 해결할 수 있는 것은 아니기 때문이다. 클라이언트를 다른 전문가나 자조집단 등에 의뢰할 경우에는 사회복지사가 클라이언트 및 그 가족을 거부한다는 듯한 인상을 주지 않도록 유의해야 한다. 특히 자포자기 상태에 있는 클라이언트를 의뢰할 경우 각별한 주의가 필요하다.

2. 가족중심 사회복지실천의 개입과정

개인과의 실천에 필요한 여러 가지 준비 및 기초 기술이 가족과의 실천에서도 활용될 수 있다. 하지만 가족단위의 개입에 필요한 기술은 개인이나 집단을 단위로 한 개입에 필요한 기술과 구별되는 특성을 갖고 있다 그것은 실천과정에서 사회복지사가 보통 한 사람 이상을 동시에 상대해야 한다는 것이다. 특정 문제가 가족원 개개인에게 미치는 영향을 가족의 한 사람이 모두를 대신하여 설명한다는 것은 거의 불가능하다. 따라서 문제의 원인과 해결방안에 대한 가족원 개개인의 의견이 서로 다를 수 있기 때문에 가족 모두의 이야기를 들을 필요가 있다.

1) 첫 가족상담 전 준비사항

(1) 초기 불안의 완화

초기 단계의 목적은 가족원을 인정하고, 활동을 하기 전에 가족이 편안하게 느끼도록 하는 것이다. 사회복지사의 따뜻하고 진심에서 우러나온 인사와 소개는 가족체계 간의 관계를 시작하는 좋은 방법이다. 사회복지사는 가족이 만남을 즐겁게 느낄 수 있는 방법에 관해 말해야 하며, 어느 정도의 담소는 모임을 부드럽게 할 수 있고 더욱 편안한 분위기를 조성할 수 있다. 사회복지사는 가족과의 만남에 대한 간략한 설명과 그의 입장에서 필요한 가족에 관한 정보가 무엇인지를 말할 수도 있다. 사회복지사는 또한 함께 활동하기 위한 기본적인 규칙을 만들 수도 있다. 이러한 규칙은 이야기하면서 모든 가족원의 참여가 중요하다는 것을 강조할 수 있다. 사회복지사는 가족원이 서로 언어적으로나 비언어적으로 존중하며, 서로 방해하지 않고 어떻게 참아야 하는지, 어떻게 가족이 상호작용하고 의사소통을 하며 가족이 답할 수 있는 질문이 무엇인지를 이해해야 한다.

사회복지사가 가족에게 정보를 제공하는 의도는 그들이 정보를 잘 알지 못하여 갖게 되는 두려움을 해소하도록 돕는 것이다. 가족원은 사회복지사와의 원조과정을 잘 이해하고 있을수록 더 편안하게 느끼는 경향이 있다. 사회복지사는 클라이언트가 친숙치 못한 상황에 어떻게 반응하는지를 생각하는 것은 중요하다. 사회복지사는 다른 모든 사람 앞에서 개인적인 질문을 할 것인가? 클라이언트는 나를 아무것도 아니라고 절하시키지 않을까? 모든 사람이 의자에 앉아야만 하는 걸까? 그러므로 실체가 없는 두려움을 경감시키기 위해서는 가족개입의 본질에 관해 토의를 시작하는 것이 중요하다. 불안을 경감시키는 또 다른 기법은 가족원이 갖고 있는 감정과 생각을 설명해 보도록 각 사람에게 요청하는 것이다(전재일 · 이성희, 2004 : 193-194).

(2) 가족단위개입 필요성 여부 판단

가족상담의 요청은 대개 가족 중 한 사람이 기관에 전화를 하거나 기관을 방문함으로써 이루어진다. 사회복지사는 전화나 방문 또는 의뢰에 의해 사회복지사에게 온 문제가 과연 가족상담의 대상인가를 판단하는 것이 중요하다. 가족 모두에게 영향을 미치고 있는 가족원이 그 문제의 유지에 영향을 주고 있다고 판단되는 경우에 가족단위의 개입이 고려될 수 있다. 그렇지 않을 경우엔 개별적 개입이나 집단개입이 고려될 수 있을 것이다.

(3) 개입 가능성 여부 판단

도움을 요청한 문제로 인해 가족원 모두가 영향을 받고 있다고 판단되면, 사회복지사는 다음으로 자신과 자신이 속한 기관이 그 문제를 진단하고 개입할 수 있는 지식과 경험을 갖고 있는지를 판단한다. 약물중독, 알코올중독 등과 같은 문제, 공포증 등 극히 개인적인 문제, 가정폭력문제 등은 가족원 전체에게 영향을 주고 가족원에 의해 영향을 받는 문제이긴 하지만, 사회복지사가 단독으로 가족상담을 통해서 해결하기 어려운 복합적인 문제일 수 있다. 따라서 슈퍼바이저와 의논하여 적절한 곳으로 의뢰를 하여야 할 것이다.

(4) 가족원 모두의 참여유도

가족단위의 개입이 요구되는 문제이며, 사회복지사 자신이 속한 기관에서 다룰 수 있는 문제라는 것이 확인된 경우, 가족원 중 누가 현재의 가족문제와 직접적으로 관련되어있는지를 파악한다. 그리고 문제와 직접 관련된 사람이 가족상담을 받기 위해 기관으로 올 수 있는지 여부와 그들의 치료동기를 확인한다. 그리고 가족원 중 누가 치료에 도움이 되며, 도움이 되지 않는지, 그 이유는 무엇인지 파악한다. 일단은 문제와 직접 관련된 사람을 중심으로 가족상담을 시작하되, 이번에 오지 못하는 가족은 가족상담을 진행하다가 필요하다고 판단될 경우 나중에 사회복지사가 상담 참여요청을 할 것임을 밝힌다. 이는 가족원 모두의 관심과 노력이 있어야 가족문제가 해결될 수 있다는 것을 확인시켜 주기 위함이다.

(5) 문제에 대한 대처상황의 파악

문제해결을 위해 가족이 지금까지 가족 안에서 어떤 노력을 기울여왔는가를 개략적으로 파악한다. 다른 곳에서의 상담이나 치료경험, 지금 가족상담을 받고자 하는 이유 등에 대해서도 질문한다. 첫 면접에서는 문제와 관련된 기본적인 정보와 적절한 사항에 대화가 집중될 수 있도록 해야 한다. 이 단계에서는 적극적 경청의 기술이 요구되며, 성급한 충고나 문제해결방안이 제시되지 않도록 주의한다.

(6) 문제상황에 대한 잠정적 가설을 설정

문제상황이 개략적으로 파악되면 지금까지 파악된 정보를 바탕으로 문제의 원인과 진행과정에 대한 잠정적 가설을 세운다. 가설을 어떤 방향, 어떤 내용으로 세우느냐는 가족상담자나 사회복지사가 갖고 있는 이론적 배경이나 틀에 따라 달라질 수 있을 것이다. 하지만 여기서 말하는 잠정적 가설이란 이론적으로 빈틈없는 가설이나 특정 개입모델 또는 이론에 충실한 가설을 의미하는 것이 아니다.

사회복지사가 다루어 본 유사한 사례에 대한 경험, 개인 및 가족발달에 관한 지식, 임상적 추측, 직관 등에 기초를 두고 설정하는 임상적이며 실용적인 가설을 의미한다. 이 가설은 현상의 원인에 대한 답을 찾아내는 데 목적이 있는 것이 아니다. 앞으로 진행할 면접에서 사회복지사는 최초에 세운 잠정적 가설이 옳은 것인가, 그렇지 않은가를 판단하기 위해 여러 질문을 하게 되는데 최초의 잠정적 가설은 후속질문의 방향 및 내용을 안내하는 역할을 하게 된다.

(7) 기타 행정적인 측면 언급

상담료, 상담횟수, 1회 상담시간의 길이, 상담약속의 방법, 약속의 준수 및 취소에 대한 원칙을 언급한다. 이러한 사항에 대한 언급은 초기 접촉의 적절한 시점에서 늦어도 가족단위와의 첫 면접 전에 이루어지도록 노력해야 한다(엄명용 · 노충래 · 김용석, 2007 : 336-351).

2) 첫 가족상담을 위한 준비

(1) 물리적인 공간의 준비

가족원 모두가 함께 참석할 수 있는 상담장소를 마련한다. 한 명의 사회복지사가 상담을 맡고 슈퍼바이저나 다른 팀원이 상담실 밖에서 도움을 주는 가운데 상담이 진행되는 경우엔 일방경이 설치된 장소를 확보하는 것이 좋다. 이는 슈퍼바이저나 다른 팀원이 가족에게는 노출되지 않은 채 가족상담상황을 지켜보면서 필요한 경우 적절한 지시나 조언을 할 수 있기 때문이다. 이때 사회복지사는 이 사실을 알리고 그 이유에 대한 설명과 함께 동의를 구해야 한다. 또한 필요한 경우 동의서를 작성할 수도 있으며, 이때 기관의 책임, 즉 치료목적 이외에 사용되지 않을 것을 분명히 밝히는 것도 필요하다.

(2) 가족 영접준비

일단 가족이 정해진 상담실로 들어오면 각자 편안하게 자리를 잡고 앉도록 권유한다. 가족들이 상담실에 들어오는 순간부터 자리에 앉을 때까지 가족원 모두에게 관심을 갖고 최대한의 배려를 한다. 즉, 사회복지사가 가족원 모두를 개별적으로 존중한다는 것이 가족원 각자에게 충분히 전달될 수 있도록 해야 한다. 그래야 모든 가족원이 상담과정에 적극적으로 참여하게 되며 소외감을 느끼지 않는다. 가족이 자리에 앉으면 먼저 사회복지사가 자신과 자신의 가족상담관련 기능에 대해 간략한 소개를 한다. 아울러 전 가족을 대상으로 가족상담의 진행절차, 횟수, 사회복지사가 하게 될 역할, 사회복지사가 가족에 대해 갖고 있는 기대 등을 간략하게 설명한다. 상담을 받기 위해 기관에 처음으로 나온 가족은 낯설고 서먹서먹하며 약간의 긴장 및 불안을 경험할 수 있다.

따라서 앞으로 전개될 일에 대한 개략적인 상황설명은 가족의 막연한 불안감 해소에 도움이 될 수 있다. 사회복지사 자신의 소개가 끝나면, 가족원 각자를 간략히 소개하도록 한다. 가족원 각자의 말문을 열게 한다는 의미에서 한 사람이 다른 가족원 모두를 소개하는 것보다 될 수 있는 한 가족 각자가 자신을 소개하도록 한다. 이 과정에서 사회복지사는 향후 상담이 지속되는 동안 가족원 각자를 어떤 호칭을 사용하여 부를 것인가를 잘 생각하면서 각자의 소개를 주의깊게 듣는다.

(3) 질문내용의 준비

가족과 본격적인 대화를 시작하기 전의 준비가 어느 정도 되었으면, 이제 가족과 마주 대하고 앉아 무슨 이야기를 먼저 시작해야 할 것인가를 생각해 봐야 한다. 앞서 세운 잠정적 가설을 중심으로 이야기가 이어져나가야 할 것이다. 가족과의 첫 접촉에서 얻은 정보의 내용은 가족원 한 사람의 시각에 의한 문제양상인 반면, 가족 전체와의 첫 상담에서는 전반적인 문제상황의 재정리와 그 문제에 대한 가족원 각자의 인식, 그 문제가 가족원 각자에게 미치는 영향 등을 포괄적으로 파악해야 한다. 다음은 간단한 질문 요령이다. 첫째, 문제에 대한 각 가족원의 이야기를 듣기 위해 다음과 같은 질문으로 시작한다.

"어떤 부분에 대해 도움을 받길 원하십니까?"
"무엇이 가장 가족을 어렵게 만들고 있습니까?"
"그 일은 ○○ 자신에게 어떤 영향을 미치고 있습니까?"

위와 같이 질문을 하면 가족은 상담을 받으러 온 목적과 치료에 대한 기대에 대해 이야기를 시작할 것이다. 여기서 주의할 점은 가족의 어려움에 대해 모든 사람의 견해를 골고루 듣도록 노력해야 한다는 것이다. 이를 위해 사회복지사는 초점이 되는 문제에 대한 자신의 관점을 밝힐 기회를 모든 가족원에게 동등하게 제공해야 한다. 사회복지사가 가족 중 어떤 한 사람 또는 특정 하위체계와 한편이 된다는 인상을 주게 되면 나머지 가족원 각자의 관점이 위축되게 되고 가족문제의 역동성과 상호작용성을 정확하게 판단하기 어려워진다. 모든 가족원이 한꺼번에 나서서 이야기를 하는 경우도 경계하여야 한다.

둘째, 많은 가족은 자신의 어려움에 대해 이야기를 하라고 하면, 그 어려움과 관련된 과거의 사건까지 끝없이 거슬러 올라가 문제의 발생, 전개과정, 그 인과관계까지를 자세하게 설명하려는 경향이 있다. 일반적인 사회복지실천은 문제의 사정과 개입에 있어 '지금—여기'에 초점을 두고 있다. 따라서 가족과의 실천에서도 가족의 과거의 사건이나 상황으로 회귀하는 경향을 최대한 통제하는 것이 좋다.

셋째, 지금까지 가족이 문제를 어떻게 다루어왔는가를 가족 전체의 시각에서 다시 파악한다. 지금까지 가족이 자신의 문제해결을 위해 노력해온 과정을 살펴봄으로써 가족이 갖고 있는 문제의 원인에 대한 관점, 가족이 동원한 자원, 가족이 치른 희생의 내용, 문제해결 노력과정에서 나타난 가족의 장점 및 단점, 지금까지의 문제해결 시도가 실패한 이유 등을 파악할 수 있다. 또한 파악된 내용을 바탕으로 지금까지 가족이 시도해온 것과는 다른 내용의 해결방법을 모색해 보는 계기를 마련할 수 있다.

3) 가족상담과정의 기본 절차

가족에 대한 사정을 마치면, 사회복지사는 앞으로 상담과정을 어떻게 운영할 것인가에 대한 나름대로의 지침을 세워야 한다. 이를 상담과정의 구조화라고 한다. 사회복지사가 상담과정을 구조화시킨다면, 상담을 하면서 느낄 수 있는 사회복지사의 불안이 감소되어 바람직한 사회복지사와 가족의 관계를 형성할 수 있을 것이다.

(1) 가족체계의 명료화

상담 초기에는 사회복지사가 현재 무엇이 일어나는지를 상실하지 않는 범위 내에서 다소는 가족의 관점을 따라가는 것이 좋을 것이다. 시간이 지나 가족과 사회복지사 사이에 라포나 신뢰감이 형성되어 차츰 가족이 사회복지사가 시사하는 바에 따르기 쉬워지면 사회복지사는 자신의 견해를 피력할 수 있을 것이다. 그러나 일반적으로 대부분의 가족은 가족상담이 무엇을 하는 것인지에 대한 분명한 생각 없이 사회복지사를 찾기 때문에 사회복지사는 초기상담을 할 때, 가족상담의 과정과 목적을 설명함으로써 가족이 가지고 있는 두려움을 없애주고 안심시키는 것이 중요하다.

가족의 상담 초기단계에서 가족체계의 개념은 가족이 가족상담과 개인상담의 차이를 이해하는 데 사용된다. 상담의 중간 단계에는 똑같은 개념이 증상이나 가족문제를 재명명화하기 위하여 사용된다. 종결단계에서 가족체계 개념은 가족 내에서 무엇이 변했는지를 명료화하는 데 도움이 된다. 이처럼 가족체계를 정의하는 데 몇 가지 개념을 사용하면 가족들은 보다 쉽게 가족체계를 이해하게 될 것이다.

(2) 상담에 참가하는 가족범위

가족을 처음 만날 때 가장 중요한 것은 왜 최초의 사정을 위한 상담에 가족전원이 참석하지 않으면 안 되는가를 납득하지 못하는 가족을 이해시키기 위한 설명이 필요하다. 때로는 가족이 참여하는 것에 대한 이점을 설명함으로써 가족전원과 만나는 것의 의의를 이해시킬 수 있다. 상담에 참석하지 못하는 가족이 있을 경우에는 참석하지 못하는 이유를 파악해서 여러 가지 방법을 사용하여 비협조적인 가족원이 변화하도록 노력한다. 사회복지사가 참가하지 않는 가족에게 문제해결을 보다 효과적으로 하기 위해서는 그의 참가가 필요하다고 전해야 한다. 이밖에도 여러 가지 방법으로 모든 가족이 상담에 참여할 수 있도록 해서 가족으로부터 다양한 정보를 얻어야 할 것이다.

(3) 상담계약

사회복지사는 우선 가족과 특정의 계약을 맺는 것은 바람직하다. 이러한 계약은 사회복지사가 선택한 다양한 개입방법의 효율성과 가족에게 일어나는 변화를 확실하게 사정할 수 있는 기회를 제공한다. 가족은 가족과 초기 계약을 협상해나가는 과정에서 여러 가지 질문에 관해서 대답해야 하므로 사회복지사는 가족이 어떻게 작용하는지를 관찰할 수 있는 기회가 된다. 이 계약에는 예정된 상담의 횟수와 간격, 한 상담의 길이, 누가 참석할 것인가, 상담목표, 상담비용 등이 포함된다. 계약 중 가장 중요한 것은 가족과 사회복지사가 만남으로써 만들어질 변화를 명확히 서술하는 것이라고 생각한다.

(4) 개인상담의 수락 여부

가족 중 한 명이 개인상담을 요청할 경우에는 먼저 그러한 제의를 하는 개인의 의도와 그에 대한 나머지 가족의 생각이나 의견을 확인한다. 이때 사회복지사는 개인상담이 전체 가족상담에 미칠 영향과 개인상담의 비용을 가족들이 함께 책임질 수 있는지의 여부와 개인상담의 목적과 의도를 모든 가족과 나눌 수 있는지의 여부 등을 고려해야 한다. 경우에 따라서는 사회복지사가 먼저 개인상담을 필요로 하게 될 때가 있는데 이러한 경우는 약속을 하기 전에 개인상담이 필요하다고 생각되는 사회복지사의 의견을 말하고, 다른 가족이 반감이나 의혹을 가지지 않게 검토한 후 결정한다.

(5) 비밀유지

가족전원이 상담에 임하면서 문제에 대하여 서로 나누는 경우, 때로는 어떤 정보에 대하여 가족 내에서 비밀로 해두지 않으면 안 되는 일이 생기게 된다. 이와 같은 비밀유지는 사회복지사에게 어려운 문제이다. 때로는 가족이 지금 나눈 이야기의 내용은 다른 가족원에게 알리지 않도록 요구하는 경우가 있다. 이러한 경우를 대비하여 상담계약을 맺을 때, 때로는 특정 가족과 사회복지사만의 비밀이 있을 수 있으며, 그 내용은 다른 가족원에게 말하지 않는다는 것에 대한 가족의 동의를 얻는 것이 중요하다.

(6) 공동상담

일반적으로 공동상담이 갖는 이점은 가족 안에서 무엇이 일어나고 있는가를 보다 잘 관찰할 수 있다는 것이다. 가족의 규모가 큰 경우에는 단순히 사건을 관찰하고 상담과정을 통제하여 모든 가족과 접촉을 가지기 위해서는 두 사람 또는 그 이상의 사회복지사가 필요하다. 공동사회복지사는 유사한 이론적 지향, 비슷한 기술, 일을 하기 위한 만족된 관계를 가지는 것이 필요하며, 주의깊게 계획을 세우는 것이 바람직하다.

4) 초기 가족상담

(1) 전화에 의한 접수상담

가족상담의 경우 다른 심리치료에 비하여 초기 전화상담을 중요시하여 전화에 의한 접수상담을 잘 훈련된 전문가가 담당하는 경우가 많다. 왜냐하면 전화상담을 통하여 사회복지사는 첫 회의 상담에 누가 참석해야 하는지를 명확히 전하고 상담의 방향과 구조를 확립시킬 수 있기 때문이다. 사회복지사는 일단 첫 상담에 가족이 모두 참석하면 전화상담 시 나누었던 이야기를 반복하게 하여 문제를 모든 가족에게 공유하게 한다. 사회복지사는 전화를 건 사람의 말을 경청한 후 그가 말한 내용의 요점을 명확히 하거나 혹시 빠진 것이 있다면 다시 상기시킬 수 있다.

(2) 문제의 명료화

사회복지사는 제시된 문제를 명료화하려는 노력을 하지 않으면 자칫 자신이 만나고 있는 가족을 기능적 장애가 있다고 판단하여 잘못된 방향에서 상담할 수도 있다. 사회복지사는 가족상담을 원하는 가족과 처음 만나면, 가족상담에 대한 정확한 이해를 할 수 있도록 가족상담을 설명해 주는 것이 필요하다. 문제가 무엇인지 잘 정리되면 반은 해결된 것이라는 말이 있듯이 현재 가지고 있는 문제를 명료화하는 것은 임상적으로 중요한 단계이다. 또한 문제를 명료화함으로써 가족은 자신이 문제에 어떻게 개입되어 있는지 이해할 수 있다. 문제를 명료화하는 과정은 가족에게 사회복지사의 능력과 그들의 파괴적인 과정을 적절하게 조정할 수 있다는 감각을 제공한다. 그리고 문제를 명확히 할 때 중요한 점은 '왜, 지금인가?. 가족 각자가 생각하는 문제는 무엇이며, 어떻게 변해야 하는가?'를 표현하게 한다.

(3) 가족과 관계형성

관계를 확립하는 것은 사회복지사와 가족이 서로를 심리적으로 감지하기 시작하는 복잡한 과정이다. 관계가 확립되기 시작하면서 치료적 관계가 가족변화의 부수물로써 발전하기 시작한다. 최초의 면접이나 2~3회 면접의 중요한 목적은 라포의 형성이며, 이것은 상담과정 전체를 통하여 지속되지 않으면 안 된다. 라포는 부분적이라도 서로 이해하며 서로 조화하여 일치된 상태라고 정의할 수 있다. 가족체계에 합류하기 위해서는 사회복지사는 가족의 조직과 유형을 받아들이고 거기에 융해될 수 있어야 한다.

또한 사회복지사는 가족이 자주 사용하는 언어나 표현을 함께 사용하는 것이 바람직하다.

(4) 상담목표의 설정

목표설정은 가족뿐만 아니라 사회복지사에게도 매우 중요하다. 사회복지사는 목표를 구체화함으로써 가족과 가질 수 있는 상담이 마술적이거나 이와 유사한 그 어떤 것이라고 여기는 인식을 사라지게 할 수 있다. 그러나 명심해야 할 것은 상담목표는 상담이 진행되면서 수정될 수 있다는 사실이다. 사회복지사와 가족이 목표의 도달 여부를 알 수 있는 형태로 설정하는 것이 중요하다. 사회복지사의 입장에서 보면 목표를 설정해놓는 것이 상담개입의 영향에 대한 피드백을 얻는 데 도움이 된다. 가족상담의 경우에는 목표에 다양한 가족이 관련되어 있으므로 첫 단계부터 최종의 목표를 보는 것은 불가능하기 때문에 보다 판단하기 쉬운 몇 가지 목표를 단계적으로 나누어 최종목표에 달성하도록 하는 것이 바람직하다. 또한 사회복지사는 상담은 변화에 영향을 주기 위해 존재하며, 변화의 목표가 중요하다는 것을 가족에게 인식시키는 것이 중요하다.

(5) 상담을 통한 가족이해

가족이 어떻게 기능하고 있는가를 알기 위해서는 사회복지사 자신과 가족관계 속에서 경험된 것을 토대로 사회복지사 스스로가 추론하는 것이 바람직하다. 사회복지사가 가족의 관계를 알기 위해서 사용하는 가장 일상적인 방법은 첫째, 가족의 실제 상호작용을 관찰하는 것이고, 둘째, 가족에게 서로의 관계에 대하여 질문하면서 그것에 대한 가족의 언어적, 비언어적 반응을 주의깊게 관찰하는 것이다. 가족에게 질문할 때는 가족이 집단이나 조직으로서 어떻게 기능하고 있는가를 질문하는 것이 아니라는 것을 간접적으로 명확히 한다. 사회복지사는 얻은 정보를 검토하여 체계적인 평가를 할 필요가 있다. 이때 가족의 기능과 문제 등을 검토한다.

(6) 초기상담의 종료

초기상담이 종료될 때, 가족은 다음에 무엇이 일어날지를 아는 것이 중요하다. 사회복지사는 가족에게 가족상담을 계속하고 싶은지의 의향을 물어서 가족이 앞으로 상담을 계속하기 원하면, 다음의 상담일정을 정하게 된다.

5) 가족상담과정에서 의사소통문제

상담에서는 사회복지사와 가족 사이에 일어나는 언어적, 비언어적 의사소통이 중요한 역할을 하게 된다. 따라서 사회복지사는 상담 중에 일어날 수 있는 여러 가지 의사소통의 상황을 이해하는 것이 도움이 된다.

(1) 잡담을 하는 경우

사회복지사는 가족의 불안을 완화시키기 위하여 일상적인 이야기나 잡담을 하게 되는 경우가 있다. 그러나 잡담은 친숙해지는 수단이 되기도 하지만, 지나치게 사용할 경우에는 오히려 상담에 방해를 초래할 수도 있으므로 신중히 사용하여야 한다.

(2) 모든 가족이 동시에 말하는 경우

어떤 가족의 경우에는 면담에서 저마다 자신의 견해를 알리고 싶어하여 동시에 이야기하는 경우가 있다. 이 경우 사회복지사는 가족 각자의 의견을 존중하면서도 체계적으로 듣기 위한 나름대로의 방안을 가지고 있어야 한다. 방안으로는 ① 사회복지사가 특정 가족원을 지정해서 질문하는 방법이다. ② 사회복지사가 가족을 대변해서 이야기하는 것이다. ③ 모자나 막대기 같은 소도구를 사용하여 발언할 사람을 정해주는 규칙을 설정하는 것이다. ④ 모든 시도가 아무런 효력을 발휘하지 못하면 상담을 중단하는 것이다.

(3) 아무도 발언하지 않는 경우

상담에서 가족이 침묵하는 것은 여러 가지 원인을 생각할 수 있다. 일반적으로 생각할 수 있는 것은 가족의 상호작용이 원만하지 못할 경우와 자신의 생각이나 감정을 억압하는 경우이다. 사회복지사는 가족이 가지고 있는 생각과 감정을 추정해내고 이를 공개적으로 표현함으로써 침묵이라는 가족규칙을 깨뜨린다. 때로는 감정이입을 통하여 가족 각각의 관점을 정확히 대변할 수 있도록 노력해야 한다.

(4) 두서없이 떠드는 경우

이런 경우 사회복지사는 섣불리 말을 가로채지 않으면서 발언권을 얻어내는 방법을 궁리하는 것이 필요하다. 두서없이 떠드는 가족을 위해서는 합법적으로 사회복지사가 끼어들어 가족에 대한 관심과 이해를 전달하거나 사회복지사가 선택한 화제로 대화를 재조정하는 방법이 있다.

(5) 어떤 가족원이 다른 가족원을 대신해서 말할 경우

타인을 대신해서 이야기하는 사람의 입장에서는 모든 것을 잘하고 있는 것처럼 느낄 수 있으나, 실제로 이야기의 대상이 되는 당사자는 무시당한다거나 억압당한다고 느껴서 화가 나기 쉽다. 그러므로 어느 누구도 타인을 대신해서 이야기해서는 안 된다는 규칙을 만들어 놓는 것이 효과적이다. 이것은 사회복지사가 가족이 이미 가진 일상적인 의사소통유형에 익숙해지는 것을 거부하는 것으로 가족의 안전성을 흔들어 놓는 전략이다.

(6) 어떤 가족원이 사회복지사에게만 말을 하는 경우

어떤 가족원이 다른 가족원과는 상호작용하지 않고 사회복지사에게만 말을 하는 경우는 초기상담 때 많이 보이는 현상이다. 이것을 해결하는 방법은 가족의 발언에서 언급된 구체적 대상에게 직접 이야기하도록 요구하는 것이다. 그리고 가족상담에서는 가족원 간의 상호작용을 자유롭게 느껴야 한다고 설명해 주거나 때로는 의자의 배치를 다시 하여 두 사람이 마주보도록 앉히기도 한다.

(7) 다른 가족원을 비난하는 경우

가족의 상호작용에서 비난, 직면, 공격, 방어 등이 나타날 수 있는데 만약 이러한 것에 대한 어떤 조치가 없다면, 가족은 상담과정에서 계속 이렇게 행동해도 괜찮다고 생각할 수 있다. 따라서 이를 다루는 방법으로는 ① 제지하는 표정이나 손이나 팔을 흔들거나 일어서는 등의 행동을 통하여 상호작용을 멈추게 할 만한 행동을 취한다. ② 어떤 가족을 비난하는 사람에게 건설적인 방법으로 자신의 감정과 생각을 다시 이야기하도록 하고 공격적인 행동이 의사소통과정에서 왜 해로운 것인지 설명해 준다. 사회복지사가 역기능적인 의사소통을 막기 위해 일관성 있는 주의를 기울인다면 가족은 자신의 의사소통을 보다 기능적이고 새로운 양상으로 변화시킬 것이다.

(8) 문제를 분명하게 정의하지 못할 때

가족이 혼란을 느끼거나 무엇을 의미하는지 알지 못하는 경우에는 용어나 증상을 명확히 정의하도록 하는 기회를 준다. 가족이 용어나 증상에 대한 정의가 명확하게 내려졌을 때의 이점을 지각할 수 있도록 돕는 것이 필요하다.

6) 행동변화에 도움이 되는 기법

(1) 문제의 재정의

사회복지사가 가장 많이 쓰는 개입방법의 하나가 재정의, 재명명화, 긍정적 의미부여라고 불리는 역설적 방법이다. 문제를 보는 시각을 바꿈으로써 새로운 해결책을 찾아내려고 하는 것인데 이것은 짧은 언급이나 긴 문장으로 진술된다. 어떤 가족의 특정 행동과 성격 특성은 재명명화에 의하여 새롭게 이름 붙여지는데 가족은 이러한 과정을 통하여 스스로 재조명해 볼 수 있다. 재명명은 부정적이기보다는 긍정적인 용어를 사용하는 것이 바람직하다.

(2) 칭찬

사회복지사의 칭찬은 가족을 변화시키는 데 도움이 된다. 특히 해결중심적 가족상담에서는 개입에서 다른 것보다 칭찬에 많은 시간을 할애한다. 의외의 칭찬은 이들의 자존감을 높이고, 더 나아가 변화하고자 하는 동기를 자극하게 된다. 따라서 가족이 성공적으로 과제를 수행할 때 사회복지사는 칭찬 등의 보상을 아끼지 말아야 한다.

(3) 경험적 기법을 사용한 상담

경험적 상담을 할 때는 다음의 세 가지 규칙을 기억해야 한다. ① 역할극을 하는 상담 초기에 미리 가족에게 알려야 한다. ② 가족이 자연스럽게 역할극의 역할을 할 수 있도록 유도한다. ③ 역할극에서 하게 될 역할을 자세하게 설명함으로써 가족 자신이 무엇을 해야 하는지 정확하게 파악할 수 있어야 한다. 이때 사회복지사가 직접 시범을 보여주면, 가족은 쉽게 알 수 있다.

(4) 직면

상담에서의 직면의 위상은 양면적이다. 직면은 가족을 변화시키는 가장 효과적인 공헌을 할 수 있기도 하며, 때로는 정반대로 상담을 파국으로 이끌 가능성도 있다. 그러므로 적절한 충격과 완충상태를 제공해 줄 수 있는 관계로 발전한 후에 직면하는 것이 바람직하다.

(5) 과제

사회복지사는 가족에게 어떤 과제를 수행하도록 요구기도 하는데, 가족에게 과제를 제공할 경우 가족이 그 과제를 수행할 수 있는지의 여부를 파악하고 가족에게 그 과제의 중요성과 과제를 수행함으로써 얻을 수 있는 것이 무엇인지, 그리고 과제를 수행하는 방법에 대해서 구체적으로 설명해 주어야 한다. 이처럼 상담 초기에 과제를 확인하는 목적은 상담을 보다 용이하게 하고 과제의 중요성을 강조하고 사회복지사와 신뢰를 유지하는 데도 도움이 되기 때문이다.

7) 가족상담에서 다루어야 할 특별한 가족문제

사회복지사는 가족이 무엇에 주의를 기울이고 있는지를 알고 있어야 할 뿐만 아니라, 가족이 쉽게 토론의 주제를 따라갈 수 있도록 상담을 구성하여 여러 화제들로 적절히 전환시켜 줄 수 있어야 한다.

(1) 가족슬픔에 대한 처리

해결되지 않은 슬픔은 가족생활주기나 가족 각각의 발달에 정서적 제동을 걸어 성장의 저해요소가 되기도 한다. 접수상담 때 지난 1년간 경험한 중요한 상실이나 실망을 파악한다. 해결하지 못한 상실에 대한 확인과 해결방안을 도모하는 방법으로는 ① 상실에 대한 반복적이며 직접적인 질문을 통해 상실에 대해 집착하고 있는 감정을 표현하게 한다. ② 가족에게 자기노출이나 감정이입을 사용하여 상실이 집착될 만한 민감한 주제를 어떻게 이야기해 나가는가를 보여준다. ③ 가족에게 상실을 공유할 기회를 제공한다.

(2) 불안의 유발

불안은 상담이 진행되는 동안 계속 일어나기 때문에 사회복지사의 통제 밖에 있는데 사회복지사는 불안을 일으키는 단서를 적절히 다룰 수 있어야 한다. 사회복지사가 불안을 다루는 방법은 여러 가지이다. 때로는 치료적 변화를 얻어낼 수 있을 만한 동기가 되도록 가족의 불안을 의도적으로 자극하는 경우도 있다. 그와는 달리 파괴적인 행동을 일으킬 만한 불안심리에 대해서는 불안을 감소시키는 방향으로 정보를 재구성한다.

(3) 위기의 처리

위기가 치료적 변화에 있어 생산적이지 못한 경우에 사회복지사는 갈등하는 가족 사이에 개입하여 삼각관계를 만들거나 과거의 위기를 언급함으로써 현재의 위기를 분산시킬 수 있다.

(4) 부모역할에 대한 조언

가족생활주기의 관점에서 보면, 충성심이 보다 중요하게 다루어지는 단계가 있는데, 그 대표적인 예가 사춘기의 자녀가 있는 단계이다. 이때 사회복지사는 집 밖으로 떠도는 사춘기의 자녀를 이해하지 못하는 부모에게 자녀가 권위나 충성심을 부정하고 싶어하는 것은 이 시기의 당연한 발달과제라는 사실을 이해시키는 것이 중요하다. 이러한 과정에서 효과적인 부모역할을 촉진하게 될 것이다. 가족건강에 있어서 부모의 하위체계 상태는 매우 중요하다. 부모의 양육태도에 대한 부모의 제휴를 형성하기 위해서는 부모 양쪽과 서로 의논하여 어떤 기준을 만들어내는 것이 무엇보다 중요하다.

8) 예상하지 못한 문제를 처리하기

(1) 가족이 제멋대로 상담장소를 떠날 때

때때로 가족 중 한 명이 격앙된 감정을 표현하다가 갑자기 상담장소에서 나가버리는 경우가 있다. 사회복지사는 그런 일에 그리 놀라서는 안 된다. 오히려 가족의 조직을 관찰하는 데 중요하고, 새로운 자료로 사용할 수 있을 것이다. 떠난 사람이 다시 상담에 돌아오든 안 오든간에, 가족 전체로 보면 어떤 행동을 보이고 어떤 식의 반응이 일어나는지의 과정을 파악하는 측면에서 가치가 있다.

(2) 상담동기의 저하

가족에게 상담의 동기를 부여하는 방법은 사회복지사가 낙관적인 태도를 보이면서 상담을 성공리에 마치면 사태가 어떻게 될 것인가를 설명하거나 그러한 상황을 확신하는 언어를 상담 중에 언급하는 것이 효과적이다.

9) 가족상담의 종결

가족상담의 종결은 상담관계 전체의 종결과 마찬가지로 상담을 받는 가족에게는 특별한 의미를 가진다. 사회복지사는 가족이 상담에 의존한 것에서 벗어나 사회의 네트워크 속으로 상호의존관계를 형성하도록 유도한다. 그러므로 종결에 대한 사회복지사의 세심한 치료적 배려가 필요하다.

(1) 종결에 대한 계약

상담이 한정된 계약이라면 가족은 상담을 시작하는 시점에서부터 종결을 준비하는 셈이다. 계약이란 유연성을 가져야만 한다. 즉, 상담의 빈도는 가족에게 변화가 일어나 문제의 강도가 소멸됨에 따라서 감소할 수 있는 것이다. 한정된 계약을 한 가족은 처음부터 상담이 언제 끝날 것인가를 알고 종결에 대한 준비를 한다. 그러나 한정되지 않은 계약을 할 경우는 어떤 시점에서 종결이란 주제를 다루어 그것에 관련된 문제를 서로 말할 수 있도록 해야 한다.

(2) 상담을 종결시키는 지표

가족상담의 종결은 사회복지사가 추진할 수도 있으며 때로는 가족이 종결하고 싶다는 의향을 알리기도 한다. 사회복지사는 상담 초기에 설정한 목표가 달성되었을 경우 상담의 종결을 준비하거나 최초에 설정한 특정한 목표는 충분히 달성되지 않았지만 상담이 더 이상 필요하지 않다고 판단될 정도로 가족기능에 변화가 있는 경우, 외부로부터의 자원이 더 이상 필요하지 않다고 판단되는 경우, 사회복지사가 여러 가지 노력을 해왔음에도 불구하고 상담의 효과가 없다는 것을 알았을 때, 또는 가족이 상담에 대한 동기를 상실했거나 결여되었을 때 종결을 결정하는 것이 바람직하다.

(3) 상담종결방법

요약이야말로 상담을 종결하는 데 유용하다. 클라이언트들 스스로 상담에서 무엇을 얻었는지 요약해 보게 하고, 클라이언트와 맺은 계약의 관점에서 상담 재구조화를 재평가해 보도록 하는 것 또한 효과적이다. 가족이 계속하여 상담에 참가하는 것을 내키지 않아 하여 종결하는 경우에 가족은 종결단계에서 긍정적인 대우를 받아야만 한다. 상담이 끝날 때에 가족이 계속해 이용할 수 있는 자원을 남기는 것은 도움이 된다. 때로는 상담의 종결은 가족에게 중대한 정서적 의미를 가지게 된다. 사회복지사가 가족의 능력에 대하여 긍정적 견해를 표명한 후에는 상담이 종결했다는 것을 분명히 하는 것이 좋다. 사회복지사가 상담기간 중 가족에게 생긴 변화가 지속되고 있는지를 아는 것은 중요한 일이다. 이러한 딜레마를 해결하기 위해서는 추후상담을 상담기관의 방침으로 정해 놓는 것이 중요하다. 추후상담의 접촉은 전화, 편지, 상담의 형식이 있으나, 일반적으로 전화가 많이 사용된다.

3. 가족치료모델별 주요 개입기술

1) 보웬(M. Bowen)의 체계적 접근

〈표 12-Ⅱ-1〉 개입목표

보웬 가족치료는 행동장애를 증가된 불안의 산물로 본다. 이들은 고립되고 분화되지 못한 가장 상처받기 쉬운 개인이 증상을 발달시키거나 혹은 갈등의 중심이 되기 쉽다고 보았다. 다시 말하면, 행동장애는 한 세대에서 다른 세대로 전수된 정서적 융해의 결과이다. 따라서 치료목표는 이와 같이 다세대에 걸친 삼각관계를 이루고 있는 사람을 거기서 해방시키는 탈삼각관계를 꾀하는 것이다. 요약하면, 보웬 가족치료의 치료목표는 불안을 감소시키고, 자아분화를 증가시키는 것이다. 그들은 증상을 덜 강조하며, 문제는 개인이 아니라 체계에 내재하고 있다고 간주하여, 개인의 변화는 타인과의 관계변화를 통하여 이루어질 수 있다고 보았다. 체계를 변화시키고, 가족원의 높은 분화수준을 성취하기 위해서 변화는 가족 내 가장 중요한 삼각관계에서 일어나야만 한다. 사회복지사는 가족의 변화를 초래하기 위하여 사회복지사 자신과 가족의 주요 인물 두 사람과 함께 새로운 삼각관계를 만들기도 한다. 이상적인 발달은 원가족과 자율적인 분화가 잘 이루어져 있고, 불안이 낮고, 부모가 그들의 원가족과 좋은 정서적 접촉을 할 때 일어난다. 이전 세대와 분화가 잘된 사람은 원가족과 밀착 또는 격리된 사람보다 훨씬 안정적이다. 자기분화는 보웬 가족치료에서 치료목표인 동시에 성장목표이다. 다시 말하면, 분화되지 않는 가족자아집합체(undifferentiated family ego mass)에서 자신을 분리독립시켜 정체감을 형성하고, 자기충동적, 정서적 사고와 행동에서 자유를 획득해 나갈 수 있도록 돕는 것이 치료의 목표이다(김유숙, 2000 : 130－131).

(1) 치료적 삼각관계

삼각관계를 해결하기 위해서 사회복지사는 가족이 가지고 있는 삼각관계와 다른 종류의 삼각관계를 만든다. 아버지와 어머니 그리고 아들이 삼각관계를 가지고 있다면 사회복지사는 치료적 삼각관계(therapeutic triangle)를 만든다. 아버지와 어머니는 아들이 말을 하지 않을 때마다 불안을 느끼기 때문에 아들을 재촉하면서 말을 하도록 한다. 반면 사회복지사는 아들이 말을 하지 않는 경우에 조용하고 부드러운 말로 아버지와 어머니가 어떤 느낌이 드는지 알아본다. 즉, 아버지와 어머니의 불안을 탐색함으로써 사회복지사는 아들에게 향하는 부모의 투사를 돌리게 된다. 사회복지사는 부모가 자신에게 초점을 맞추도록 돕는 데 역할을 한다. 아들이 말을 하지 않는 측면에 초점을 맞추게 되면 부모는 불안해지고, 불안해지면 자신이 가지고 있는 오래된 삼각관계의 형태가 나오게 된다. 사회복지사는 부모의 불안이 어디에서 오는가 하는 점을 질문하여 스스로 자신의 불안에 초점을 맞추도록 하는 역할을 한다.

사회복지사는 자신이 불안을 견딜 수 있는 능력을 가지고 있어야 한다. 치료 삼각관계가 가지고 있는 특징은 기존의 가족이 가지고 있는 삼각관계와 다른 방식의 상호작용을 보여주는 일이다. 사회복지사가 가족의 삼각관계 안에 들어갈 때, 사회복지사 자신에게로 비난의 화살이 쏟아질 수 있다. 이런 상황에서 사회복지사가 가족과 같은 방식으로 상호작용을 하게 되면 치료적 삼각관계는 형성되지 않는다. 사회복지사가 가족처럼 비난하고 상대방을 통제하려고 하거나 초점을 바꾸는 등의 행동을 하게 되면 기존의 삼각관계를 되풀이하는 역할을 한다. 사회복지사는 자신의 불안을 스스로 통제할 수 있는 역량이 있어야 한다. 가족이 불안을 일으키며 사회복지사를 비난하는 상황에서 사회복지사는 할 수 있는 한 객관적 자세를 유지하여야 한다. 객관적으로 문제를 이해하고 분석하며 가족에게 지적 방식으로 반응할 수 있어야 한다. 이런 방식으로 가족과 상호작용을 할 수 있을 때 사회복지사는 가족과 치료의 삼각관계를 만들게 된다(김용태, 2004 : 359-360).

(2) 관계경험

관계경험은 핵심적인 삼각관계를 구조적으로 변화시키기 위한 것이고, 궁극적인 목적은 가족원이 체계과정을 알도록 하며, 체계과정에서 자신의 역할을 인식하도록 돕는 것이다. 이러한 관계경험 기법은 정서적으로 가까워지기를 추구하는 사람과 냉담한 사람을 치료하기 위해 만든 것이다. 정서적 애착관계를 추구하는 사람에게는 추구하는 것을 억제하고 그리고 요구를 멈추고 정서적인 연결로 인한 압박을 줄이도록 용기를 주고, 자신과 타인의 관계에서 무엇이 발생하였는지를 보도록 돕는다. 이것은 관련되어 있는 정서적 과정을 명확하게 하기 위한 것이다. 냉담한 사람에게는 타인에게 가까이 가는 것과 자신의 생각과 감정에 대해 이야기하는 것에 관하여 용기를 준다. 관계경험은 타인의 요구에 대하여 회피하거나 항복하는 것을 변화할 수 있는 방법을 찾도록 하는 것이다(송성자, 2000 : 202).

(3) 코치하기

코치란 사회복지사의 역할을 나타내는 개념으로 사회복지사가 마치 운동경기를 하는 선수를 돌보는 감독과 같은 역할을 한다는 데서 나온 말이다. 감독은 운동경기를 하는 선수들을 운동장 바깥에서 객관적으로 바라보면서 관찰한 후, 시간이 되면 선수를 모아놓고 자신의 생각을 전달한다. 감독이 선수에게 모든 행동을 일일이 지시할 수는 없다. 실제로 운동장에서 뛰는 선수들은 개개인이 가지고 있는 능력에 따라서 경기를 하게 된다. 마찬가지로 사회복지사는 가족원이 일일이 행동하는 수칙을 만들어서 행동하도록 하지는 않는다.

사회복지사는 몇 가지 기본이 되는 원리를 가르치고 이를 통해서 가족이 스스로 행동하게 한다. 사회복지사는 가족의 행동을 때때로 지시하기도 하지만 대부분 가족이 자신의 상호작용을 자율적으로 할 수 있도록 돕는 과정을 진행하는 진행자의 역할을 한다. ① 코치하기의 개념은 가족이 가족정서과정과 그 안에서 자신의 역할을 명확하게 알도록 질문하는 것, ② 클라이언트에게 개방적이고 직접적으로 접근하도록 하는 기법, ③ 클라이언트가 문제를 이해하도록 하고, 자신을 바로 알게 하며, 가족원 간에 좀 더 기능적인 애정관계를 맺거나 발전시키게끔 하는 기술 등이 있다. 이와 같이 코치하기의 목표는 이해를 증진시키고, 자신에게 초점을 맞추고, 주요 가족원에게 보다 기능적으로 애착하도록 돕는 것이다(김규수 · 오현숙, 2005 : 249).

(4) 자기 입장을 취하도록 함

타인이 행동하는 것에 관하여 말하는 것 대신에 자신이 느끼는 것을 말하므로 자기 유형을 취하는 것은 정서적인 반응의 악순환을 깨는 것으로 가장 직접적인 방법이다. 이것은 "당신이 그렇게 행동한 것에 관하여 나는 매우 소외감을 느끼고 섭섭하다. 그리고 화가 나서 지금은 어떠한 대화도 하고 싶지 않다.", "빌려간 책을 약속한 대로 돌려주지 않아서 나는 공부하는 데 지장이 많다. 숙제를 하지 못해 다른 친구의 책을 빌려 보아야 했고 늦게 제출하여 교수님께 야단맞았다.", "네가 자세한 말을 하지 않고 소리만 지르니까 나는 네가 무엇을 원하는지 알 수가 없다. 말을 하라고 해도 소리만 지르니까 나도 화가 나서 더 이상 참을 수가 없고 잘해주려는 마음이 없어진다." 여기서 예를 든 대화는 화가 나고 속상한 상태에서 그 원인을 추적하거나 상대방에게 책임을 추궁하는 것이 아니고, 자신의 현재 감정상태를 표현하는 것이다. 따라서 상대방이 말하는 사람의 상태를 이해하게 하며, 반응적이며 악순환적인 대화를 벗어나서 무엇인가 해결방법을 찾을 수 있는 생각을 시작하게 할 수 있다(송성자, 2002 : 203).

(5) 질문

질문은 보웬의 가족치료에서 가장 중요한 치료방법의 하나이다. 질문을 통해서 사회복지사는 가족원으로 하여금 생각을 하도록 만든다. 분화수준은 지적 활동을 통해서 높아진다. 독자적으로 생각하고 이를 통해서 목표지향활동을 할 수 있을 때 분화수준은 올라가게 된다. 불안이 유발되는 상황에서 사회복지사는 질문을 한다. 무엇 때문에 불안한가 하는 질문을 통해서 가족이 타인의 행동에 초점을 맞추기보다는 자신에게 초점을 맞추도록 한다. 대부분의 사람은 불안이 생길 때 타인에게 초점을 맞춘다. 타인이 이렇게 행동했기 때문에 자신에게 불안한 감정이 생기는 현상은 당연하다고 생각한다. 즉, 타인의 행동이 변화하면, 자신이 불안하지 않다고 생각을 한다. 그러나 보웬의 가족치료이론에서는 타인의 행동에 의한 불안보다는 분화수준이 낮기 때문에 불안이 생긴다고 본다. 따라서 불안의 감정은 자신의 분화수준과 관련이 있고 질문을 통해서 자신의 분화수준을 바라보도록 한다. 불안한 마음이 들 때, 자신의 불안이 어디에서 생기는가 하는 점을 지적으로 이해할 수 있도록 돕는 활동이 질문이다(김용태, 2004 : 367).

2) 미누친(S. Minuchin)의 구조적 접근

〈표 12-Ⅱ-2〉 개입목표

구조적 가족치료는 문제가 역기능적 가족구조에 의해 유지된다고 보았다. 치료는 가족구조를 변화시켜서 가족의 문제를 해결할 수 있도록 하는 것이다. 치료목표는 구조의 변화이며, 문제해결은 체계적 목표의 부산물이다. 구조적 가족사회복지사는 가족원이 구조를 변화시키는 것을 돕기 위하여 가족체계에 참여한다. 사회복지사는 경계선을 바꾸거나 하위체계를 재정비하기 위하여 가족원 각각의 행동과 경험을 바꾼다. 문제를 해결하는 것은 가족이 해야 할 부분이다. 사회복지사는 단지, 가족의 기능이 변화하도록 도와줄 뿐이다. 이처럼 구조적 가족사회복지사는 IP(Identified Patient)의 가족구조를 변화시키고자 한다.

문제행동의 변화와 향상된 가족기능은 서로 연관된 목표이다. 문제행동을 변화시키는 가장 효율적인 방법은 그와 같은 문제행동을 유지시키는 가족유형을 변화시키는 것이다. 효과적으로 기능하는 가족은 가족원을 지지하는 체계이다. 구조적 가족치료의 목표는 가족이 서로 지지하면서 개인이 문제행동을 해결하고 성장하도록 촉진하는 것이다. 이것은 결국 가족체계의 성장으로 이어지게 될 것이다. 가족목표는 가족이 제시하는 증상과 구조적 역기능의 특성에 의해 파악될 수 있다.

가족체계의 상호교류규칙을 재구조화하는 것은 구조적 가족사회복지사가 가진 또 다른 목표이다. 가족은 대안적인 방식과 다른 가족원과 보다 만족스러운 상호작용방식을 하는 방법을 배워 미래의 갈등과 스트레스에 바람직하게 대처할 수 있게 된다. 이를 위한 세부적인 치료목표는 하위체계 간의 명확한 경계선 설정, 가족위계질서의 강화, 가족의 실상에 맞는 규칙의 대체이다. 새로운 구조의 출현은 전체로서의 가족은 물론 IP에게 변화를 주기 위해 의도된 것이다. 이러한 관점에서 볼 때 새로운 구조는 부적당한 가족규칙을 새로운 규칙으로 대처하고 가족원이 고정된 역할과 기능에서 벗어나 가족항상성을 유지하기 위한 문제행동이 더 이상 필요하지 않게 됨으로써 IP의 현재 문제를 사라지게 한다. 이와 같은 가족 재구조화의 결과로써 또다시 문제행동이 나타날 가능성은 줄어들고, 전체로서의 가족이 그들의 성장잠재력을 증가시킬 수 있는 가능성은 커지는 것이다. 사회복지사는 가족이 가진 가능한 융통성과 변화의 영역을 탐색하고 잠재적인 구조적 대안을 활성화시켜 변화하도록 한다(김유숙, 2000 : 159-160).

(1) 합류화

합류화는 사회복지사가 가족의 현실상황에서 함께 경험하는 과정이다. 합류화(joining)는 가족의 구조를 관찰하고 존중해 줌으로써 이루어진다. 가족의 상호교류패턴에 사회복지사가 합류하는 것은 사회복지사의 역할을 활성화하고, 가족원 간의 상호교류를 다루는 기술이다. 사회복지사가 가족과 합류를 잘 이루어야 신뢰의 기초가 튼튼해져서 가족은 대안적이고 발전적인 구조를 위하여 사회복지사를 믿고 따를 수가 있다.

가족체계에 합류하기 위하여 사회복지사는 ① 가족의 조직과 유형이 역기능일지라도 먼저 받아들인다. ② 가족의 상호교류 양식패턴의 장점을 경험한다. ③ 소외당하거나 희생양이 된 가족원의 고통을 사회복지사는 느낄 수 있어야 하고 공감해 주어야 한다. ④ 가족원이 가장 중요시하는 가치나 자아존중감 정도를 알아야 한다. ⑤ 가족원과 함께 문제탐색과정에 참여하여야 한다. ⑥ 가족의 의사소통의 속도, 언어스타일, 행동방식을 알고 따라야 한다 등과 같은 조건을 잘 파악할 수 있어야 한다.

구조적 가족치료에서 합류화를 촉진시키기 위한 방법으로 사회복지사는 유지, 추적, 모방의 기술을 이용한다. 첫째, 유지(적응하기)의 기술은 사회복지사가 기존의 가족구조를 이해하고 유지해나가는 것을 존중하고 그것을 따르려고 한다. 사회복지사는 가족원의 상호작용을 파악하고 가족구조를 있는 그대로 유지하면서 가족원과 접촉하는 것이며 가족하위체계의 특정한 상호교류유형에 접근하는 것이다. 둘째, 추적(따라가기)의 기술은 사회복지사가 가족의 있는 그대로의 의사소통과 행동의 내용을 추적하고 이를 계속하도록 권장하는 기술이다. 추적은 질문을 명확히 하고 의견을 수용하게 하고 초점을 확대하는 것을 의미한다. 사회복지사는 말하는 것에 대해 도전하거나 강요하지 않는다. 사회복지사는 관심을 표현하는 말(그렇군요, 네, 그러세요 등), 내용을 명료화하기 위한 질문, 핵심용어 반복 등으로 친밀한 관계형성을 위한 기술을 이용한다. 셋째, 모방(흉내내기)의 기술은 사회복지사는 가족의 언어적, 비언어적인 의사소통(제스처, 말하는 태도, 억양, 얼굴표정)과 감정의 표현을 모방함으로써 가족에게 합류한다(김혜숙, 2005 : 82-83).

(2) 실연화(enactment)

사회복지사가 구상하고 있는 상호작용의 방법을 가족으로 하여금 실제로 행동을 통해서 연기하도록 만드는 방법이 실연화의 기술이다. 가족이 가지고 있는 역기능의 상호작용이 분명하게 보이도록 하기 위해서 사회복지사가 가족에게 실제 상호작용을 연기하도록 요구한다. 사회복지사는 가족이 연기하는 동안에 관찰하는 입장을 가지고 가족의 상호작용 속에서 역기능의 가족구조를 발견하고자 한다.

실연화의 기법은 여러 가지 치료의 효과가 있다. 미누친과 피시맨은 치료의 효과를 네 가지로 설명하고 있다. 첫째, 사회복지사의 가족 사이에 치료동맹을 촉진시키는 효과를 가지고 있다. 가족은 사회복지사의 요구대로 연기함으로써 하나의 팀이 된다. 둘째, 사회복지사는 실연화를 통해서 가족의 믿음에 도전할 수 있다. 가족이 가지고 있는 개인주의적 문제의식은 실연화의 과정 속에서 도전을 받게 된다. 역기능의 상호작용을 분명하게 봄으로써 가족은 자신이 가지고 있는 문제에 대한 관점을 확장하고 넓힐 수 있게 된다. 문제에 대한 초점이 한 개인이 아니라 전체체계의 역기능에 있음을 깨닫게 된다. 셋째, 가족은 새로운 상호작용과 구조를 실험할 수 있는 장을 가진 셈이 된다. 사회복지사의 확실한 지지와 연출을 통해서 가족은 안심하고 새로운 상호작용을 실험하고 도전할 수 있는 여건을 갖게 된다. 이전에는 할 수 없었던 말을 사회복지사의 지지에 의해서 다른 가족에게 할 수 있게 된다. 넷째, 사회복지사를 가족의 삼각관계나 안정된 연합으로부터 피할 수 있도록 하는 효과가 있다. 개인주의적 관점을 가진 가족 또는 타인과 연합을 통해서 갈등을 피해가려고 하는 가족에게 사회복지사는 강력하고 안정된 연합을 할 수 있는 사람으로 등장한다. 사회복지사는 단순하게 가족만 상호작용을 하도록 지시함으로써 삼각관계 또는 연합으로부터 피할 수 있게 된다.

실연화는 세 가지 상호작용을 통해서 일어난다. 세 가지 상호작용은 서로 연속된 행동 과정 속에 있다. 첫째, 사회복지사는 가족의 자발적 상호작용을 관찰한다. 가족의 상호작용 중에서 어떤 영역에서 역기능의 상호작용이 있었는지 결정한다. 둘째, 상호작용은 가족의 역기능 상호작용을 어떻게 실연시킬지에 대해서 구상한다. 예를 들면, 부인이 울고 있는 동안 남편이 무관심한 태도를 보인다면, 사회복지사는 부인으로 하여금 남편과 무엇을 하고 싶은지 물어본다. 그리고 남편과 부인으로 하여금 가족의 역할을 하는 동안 사회복지사는 세 번째 상호작용을 생각한다. 셋째, 상호작용은 사회복지사가 역기능의 상호작용을 대체할 수 있는 대안을 제시한다. 이러한 제시는 가족으로 하여금 치료에 대한 희망을 가질 수 있도록 만든다(김규수 · 오현숙, 2005 : 276-277).

(3) 경계선 만들기

부부, 부모, 형제, 부모-자녀의 하위체계가 각기 경계선을 명확히 할 때 가족구조 내에서 새로운 상호작용유형이 생기고 체계의 기능이 증가하게 된다. 하위체계의 경계가 부적절하게 경직되어 있거나 혼돈되어 있을 때 일반적으로 역기능적인 상호교류 유형의 문제가 발생한다. 특히 부모와 한 자녀가 경직된 삼각관계를 형성한 경우 역기능적인 상호작용유형이 발생하게 된다. 이때 사회복지사는 부부하위체계를 강화함으로써 제3자의 개입 없이 부부문제를 협의할 수 있도록 하고, 제3자(자녀)의 자율성을 보호해 주고, 삼각관계 경계선을 약화시킴으로써 하위체계가 좀 더 개방적이 되도록 한다. 경계선이 밀착된 가족에서는 가족원의 개별화를 촉진시키기 위하여 경계선을 강화시키고 명확히 하여야 한다. 분리된 가족에서는 가족원 간의 지지적이고 서로를 통제하는 기능을 강화하여 하위체계 간의 교류를 촉진시키고 경직된 경계선을 완화시켜야 한다.

개인의 자율성은 가족원이 상대방의 말을 경청하고 서로 이야기하지만 타인에 관한 이야기는 하지 않으며, 타인에게 하는 질문에 대신하여 대답하지 않고, 본인이 없는 데서는 말하지 않는 등의 가족규칙을 세움으로써 경계를 보호하고 명확하게 한다. 사회복지사는 자녀들 사이의 개별화를 강조하여야 하고 부모는 자녀의 발달단계에 맞는 요구를 하고, 자녀의 행동에 적절한 보상을 할 수 있도록 원조해야 한다. 이와 같이 개인영역의 윤곽을 분명히 하고 가족원이 알도록 하는 것은 개인의 자율성과 가족기능을 활성화시키는데 있어서 매우 중요하다. 사회복지사는 어느 한 하위체계에 집중적으로 접촉한다고 하여도 마음 속에는 전체가족에 대한 체계를 가지고 치료하며, 사회복지사의 최종목표는 가족 전체를 재구조화하는 것이다(송성자, 2002 : 278-279).

(4) 재조직화(reconstruction)

가족원이 가족 내의 문제를 다른 관점에서 보도록 돕는 것이다. 예를 들면, 한 가족원의 관점을 다른 가족원이 공감하지 못한다고 확신할 때 "이 문제에 대해 다른 생각을 하는 분이 있군요"라며 문제를 재정의하여 준다. 가족 재조직화는 인간적 상황을 제공하는 하나의 여행이다. 가족 재조직화 기법은 클라이언트 원가족의 심리적・상황적・역사적 맥락을 재현해서 클라이언트가 과거에 구성했던 지각과 감정, 이루지 못한 기대와 열망을 다루어 준다. 이 과정에서 자신과 부모를 새로운 눈으로, 현재와 미래를 새로운 전망에서 볼 수 있게 하면서 가족을 재조직화한다. 가족 재조직화를 통하여 사람은 더 많은 가능성과 자유를 갖게 될 뿐 아니라 책임감 있는 인간이 되도록 도움을 받게 된다.

인간의 대처행동상의 문제는 화해가 잘 되지 않는 부모와 자녀 간의 경험과 학습이 인간을 전인적(holistically)으로 되는 것을 방해할 수 있는데, 그 이유는 인간이 과거에 집착하여 아동기에 가졌던 불완전한 지각을 현재에도 사용하기 때문이다. 그러나 중요한 것은 치명적인 과거의 사건 그 자체를 지울 수는 없으나, 과거의 영향을 최소화시킬 수는 있다. 그러므로 과거의 영향이 현재를 방해하기보다는 현재를 부각시켜 현재를 더욱 만족하며 살게 할 수는 있다. 이것은 과거에 그렇게 대처할 수밖에 없었던 것을 현재에는 자유의지에 따라 선택적으로 대처할 수 있는 능력으로 바꿈으로써 가능해진다(김규수 · 오현숙, 2005 : 282-283).

(5) 재명명화(relabeling)

가족이 통상 개인의 증상으로 간주하고 있는 것을 대인관계적으로 정의하는 것을 말한다. 일반적으로 증상이나 행동에 관한 이해방식을 바꾸는 과정이기도 한다. 예를 들면, 부모가 사춘기 아이들의 행동을 반항적으로 역행하는 경우에 그 같은 행동은 보통의 성장과정을 보이고 있다고 설명함으로써 재명명화가 행해지는 것이다. 재명명화는 구조적 가족치료에 있어서 주요 기법의 하나이다. 이것은 증상의 재명명화(relabeling the symptom)라고 불리는 경우가 많다. 재명명화에서는 가족증상에 대하여 별도의 의미를 갖는 것으로 이해시키고 문제에 새롭게 대처하는 길을 여는 것이 목표가 된다. 이 기법에서는 문제행동에 관한 새로운 의미부여가 중요하며, 문제와 유사한 구조적인 기반 위에 서면서도 가족이 확실히 이해할 수 있는 차이가 보여야 할 것이다.

예를 들면, 부모와 동거하고 의존적으로 생활하고 있는 남성이 우울상태를 호소하고 있는 경우를 생각해 보자. 이 젊은 남성과 가족을 관찰한 사회복지사는 환자는 우울상태는 아니며 부모의 싸움을 예방하기 위해 동거하고 있는 것이라고 재명명화하려고 할지도 모른다. 이 같은 경우에는 사회복지사는 가족에게 안도감을 느끼게 하고, 아들에게는 겉보기의 우울상태이므로 자신의 행위를 속일 필요는 없다고 알리고 양친의 대립을 예방하기 위해 그를 구하고 있는 것이라면 동거하는 것에 동의할 필요가 있다고 설명한다. 아들의 원조를 받아들일지 아닐지를 결정함으로써 양친은 아들이 의존적인 채 머물러 있게 할지, 아닐지를 결정하게 하는 것이다. 이 재명명화에 이어서 증상에 부여된 감정적 의미를 바꾸기 위한 기법이 사용되는 경우도 많다.

(6) 긴장고조

긴장을 고조시킴으로써 가족구조를 재구조화하는 기술은 첫째, 상호교류유형을 차단시키는 것으로서 사회복지사가 긴장을 조성하는 가장 간단한 전략은 의사통로를 차단시키는 것이다. 예를 들어, 모녀 간의 의사소통을 계속 해석하여 온 장남에게 "잠깐만"이라고 말하면서 딸에게 "계속해서 이야기하세요."라고 지지하여 모녀 간의 접촉을 증가시켜 줌으로써 가족조직의 융통성이 생기며, 모녀의 하위체계가 가까워짐으로써 재구조화가 이루어질 수 있다.

둘째, 가족원 간의 의견차이를 강조하는 것이다. 사회복지사는 가족구조 내에서 발전해온 가족원 간의 차이점을 강조함으로써 긴장을 조장할 수 있다. 가족원에게 문제에 대한 의견을 질문하고, 이 문제에 대하여 의견이 다른 것은 가족원 간에 의논하도록 하는 것이다. 그러므로 은폐하려는 의견차이를 표현하게 함으로써 긴장은 조장되었으나 결과적으로 상대방을 이해하고 견해를 절충하여 상호교류유형에 변화를 가져오게 된다.

셋째, 은폐하려는 갈등을 조장하는 것이다. 예를 들어, 부부하위체계는 은폐된 갈등을 표면화하는 것이 두렵기 때문에 남편은 강한 위치를 피하고 약한 남자로서 부인의 공격을 받는 입장을 취하는 경우가 있다. 사회복지사는 갈등을 실제로 막아온 자녀와의 경직된 삼각관계를 깨뜨림으로써 부인의 역기능적인 심리기제를 없앤다.

넷째, 가족구조 내의 제휴나 결탁에 합류하는 것이다. 일시적으로 한 가족원이나 한 하위체계와만 합류하는 것이다. 즉, 사회복지사는 한 가족원과 합류하고 그 편에 서서 상대방과 대치한다. 그리고는 다른 가족과 합류한다. 이런 방법으로 공평하게 합류하며 입장을 변호하고 의견을 제시한다. 결과적으로 가족은 규칙을 발전시키고 적절하게 지지적인 반응을 반전시키게 된다.

이러한 합류는 세심한 계획 없이는 가족 간의 갈등에 휩싸이게 될 수 있다. 그러므로 합류할 때에는 사회복지사와 합류한 가족원에 대하여 문제가 되고 있는 상대편 가족원을 지나치게 공격할 수가 있으므로 유의하여야 한다. 이때에 치료의 궁극적인 목표는 전체가족에 이익을 가져오는 점이라는 것을 모두가 알고 느끼게 하여야 한다. 이 방법은 특히 갈등을 부인하거나 가족전체가 문제라는 사실을 받아들이지 않는 가족에게 효과적인 기술이다(김유숙, 2000 : 278-279).

(7) 증상 활용

사회복지사는 개인의 증상이나 문제를 가족의 역기능적인 가족구조 안에서 하나의 선택의 방법으로 본다. 그러므로 역기능적인 가족을 가장 빠르게 변화시키는 길은 현재 환자의 증상을 다루는 동시에 가족의 구조변화를 시도하는 것이다.

증상을 활용하는 방법으로는 첫째, 증상을 강화하는 것이다. 증상을 호소하는 개인은 증상에 시달리는 고통을 당하기도 하지만 또한 동시에 다른 이득을 얻을 수 있다. 가족원으로부터 지대한 관심의 대상이 되기도 하며 자신의 은밀한 욕구를 채우려는 속셈도 있다. 이런 2차적으로 이득이 될 수 있는 것을 차단하도록 개인의 증상을 더욱 강화시키는 역설적인 방법의 시도이다. 둘째, 증상을 의도적으로 등한시하는 것이다. 개인 증상의 중요성을 무시하므로 이제까지 증상중심으로 이루어진 가족의 교류유형을 변화시키려는 시도이다. 개인의 증상보다는 다른 문제나 상황을 더 중시하므로 상대적으로 증상을 약화시킬 수 있다. 셋째, 증상에 새로운 명칭을 붙이는 것이다. 증상의 재명명화, 증상에 대한 긍정적인 의미부여로 이해한다. 개인의 증상중심의 초점에서 사회복지사는 증상의 의미를 가족의 전체체계로 바꿀 수 있는 이해와 안목이 필요하다. 사회복지사의 증상에 대한 의미부여와 해석은 아주 중요하므로 재정의를 통해서 가족이 증상에 대한 이해와 시각을 달리 하도록 한다(김혜숙, 2005 : 87-88).

(8) 과제부여

사회복지사는 가족 상호교류에서 자연스럽게 발전될 수 없는 행위를 실연해 보도록 하며, 가족이 행할 필요가 있는 분야를 개발시키기 위하여 과제를 주는 것이다. 예를 들어, 치료시간에 "3분 동안 방해하지 마세요.", "의자를 돌려 앉으세요.", "위치를 바꾸어 좀 더 가까이 앉으세요."라고 지시하는 것이다. 그리고 치료시간뿐 아니라 집에서 할 수 있는 과제를 줄 수 있다. 아들이 소리지르고 짜증을 내면서 말한다고 불평하는 어머니에게 아들이 소리지르지 않고 짜증내지 않으면서 말하는 시간과 상황을 관찰해 오도록 한다. 관찰을 잘한 이후에는 아들이 바람직하게 말을 잘할 때 칭찬하거나 이야기를 끝까지 들어주는 과제를 줄 수 있다. 불장난하는 아이의 어머니에게 하루 5분씩 어머니가 성냥 긋는 법을 가르치게 한다. 이것은 매일 야단치는 대신 유능한 교육자 역할을 하게 하여 기능적인 상호교류유형을 발전시키는 것이다. 이와 같이 과제를 주는 것은 가족의 상호교류를 증진시키고 변화를 제시하기 위하여 사용되는 기술이다(송성자, 2000 : 279-280).

3) 헤일리(J. Haley)의 전략적 접근

〈표 12-Ⅱ-3〉 개입목표

전략적 가족치료의 목표는 가족이 가지고 있는 문제를 해결하는 것이다. 헤일리는 가족을 구조적으로 재조직하는 데 목표를 두었다. 특히 가족의 위계질서나 경계선의 재구조화를 강조하였다. 이와 같은 목표를 보면 구조적 가족치료와 다른 점이 없는 것처럼 느껴질 수 있으나, 이와 같은 목표가 현재의 문제와 직결되어 있다는 점에서 다르다.
한 예를 들어 설명하자면, 반항적인 십대의 자녀와 부모가 그들의 관계를 향상하기 위하여 치료에 왔다. 헤일리는 가족에게 반항하는 아들을 다루는 어려움에 대하여 이야기하도록 할 것이다. 그러나 구조적 가족사회복지사라면 부모에게 부부 간의 문제에 대해 서로 이야기하도록 요구할 것이다. 그리고 구조적 가족사회복지사는 가족과 개인적인 관계를 통하여 변화를 추구하였으므로 때로는 치료장면 속에서 생기는 충돌이나 갈등을 피하지 않는다. 그러나 헤일리의 관심은 전략에 있었다.

전략적 사회복지사는 사람이 변화하는 동안 생기는 충돌이나 거부를 최소화하기 위해 각 개인보다는 전략적인 부분에 의존하였다. 그리고 치료가 문제해결의 끝이라고는 믿지 않았다. 그러므로 현재 가족이 가지고 있는 어려움의 문제가 해결되면 반드시 치료가 끝나야 한다고 믿지 않았다. 오히려 치료는 문제를 만들어낸 구조적 문제가 해결될 때까지 계속되어야 한다고 생각하였다. 또한 헤일리는 변화에 대한 책임이 환자보다는 사회복지사에게 있다고 믿었다. 헤일리와 함께 치료에 임했던 마다네스(Madanes)는 문제중심적이거나 구조적인 목표를 넘어서 균형, 조화, 사랑과 같은 성장 지향적인 영역을 포함하고 있었다. 그녀의 치료목표는 삶 속에 조화와 평형을 주는 것이었다(김유숙, 2000 : 178-179).

(1) 지시

헤일리는 가족의 문제를 치료하는데 있어서 지시방법(directive method)을 사용한다. 지시를 사용하는 데는 두 가지 방법이 있다. 첫째는 사회복지사가 가족이 하기를 원하는 행동에 대해서 하도록 만드는 방법이 있고, 둘째는 사회복지사가 가족이 어떤 행동을 하지 않기를 원할 때 하도록 하는 방법이다. 어떤 방법이든 사회복지사는 가족으로 하여금 무엇인가를 하도록 만들어서 가족의 상호작용의 형태를 변화시키고자 한다. 가족의 행동을 변화시키기 위해서 지시를 하는 경우에는 두 가지 방식으로 할 수 있다. 사회복지사가 어떤 행동을 변화시키기 위해서 가족에게 어떤 행동을 하지 않도록 하는 지시이다.

예를 들면, 아이가 문제를 가지고 온 경우에 이 가족에게서 폭력이 있었다고 한다면, 사회복지사는 가족에게 때리지 말도록 지시를 하게 된다. 이러한 지시를 잘 따르도록 하기 위해서 사회복지사는 가족이 협력하고 돕도록 만든다. 두 번째는 사회복지사가 가족에게 어떤 행동을 하도록 만든다. 어떤 행동을 하도록 하기 위해서 사회복지사는 충고를 하거나 가족의 상호작용을 변화시킬 수 있는 지시들을 한다. 충고를 하는 방법은 아마도 교육의 수준이 높거나 사회복지사의 충고를 잘 받아들이는 가족에게 한정될 수 있다. 다른 가족은 충고를 따르지 않거나 또는 거부할 수 있다. 이러한 가족인 경우에는 다른 방법이 필요하다. 따라서 충고를 사용할 때는 가족의 상황이나 배경에 알맞게 형편을 고려해서 사용하도록 한다(김용태, 2004 : 143-144).

(2) 은유

사회복지사는 말과 행동을 통해서 은유(metaphor)의 방법을 사용한다. 헤일리는 개를 두려워하는 아이를 예로써 설명하고 있다. 사회복지사는 개를 두려워하는 아이가 어린 시절에 입양된 아이라는 사실을 알게 되었다. 부모는 아이에게 입양된 사실을 말하지 않았다. 아이는 자신이 입양되었는지에 대해서 표면상으로 모르는 체 하고 있다. 이 경우에 사회복지사는 개를 데리고 와서 입양의 주제에 대해서 서로 이야기를 하도록 만든다. 개는 그 가족에게 입양이 되었으며 입양된 개는 때로는 아플 수도 있고 또는 가족에게 버려질 수도 있음을 서로 말한다. 그러나 일단 입양이 되면 개가 아플 때 개를 의사에게 데려가서 돌보아 주어야 하며 개를 잘 돌보도록 가족은 신경을 써야 한다. 마찬가지로 입양된 아이도 아플 때 부모가 병원에 데리고 가며 돌보듯이 아이도 개를 입양하여서 돌보아야 한다. 개를 두려워하는 아이의 입양주제를 가족이 개를 입양하여 돌보는 주제와 연결하여 서로 이야기함으로써 문제를 해결하도록 만든다. 아이는 개를 입양하여 돌보는 과정에서 개에 대한 두려움을 해소하도록 만든다. 비유의 방법은 행동을 통해서 하기도 한다. 아이로 하여금 부모가 자신에게 무엇인가 해주도록 표현하는 과정을 행동을 통해서 할 수도 있다. 손가락으로 일정한 방향을 가리키거나 상담실 바닥에 누워서 자는 시늉을 하는 등 다양한 행동을 통해서 자신을 표현하도록 한다(김용태, 2004 : 144-145).

(3) 역설적 개입

역설적 개입은 가족원이 저항하도록 하여 변화를 일으키는 치료기법이다. 이러한 역설적 지시는 사회복지사가 가족원에게 변화할 수 있도록 원조하기를 원한다고 말함과 동시에 변화하지 말라는 요구를 하기 때문에 가족에게는 역설적으로 보일 수 있다. 이러한 역설적 개입을 헤일리는 크게 전체가족에 대한 개입과 특정 가족원에 대한 개입으로 구분하고 있으며, 역설적 개입을 하는데 있어서 단계적으로 접근하는 것이 중요하다는 점을 지적하면서, 역설적 개입의 단계를 <표 12－Ⅱ－4>와 같이 8단계로 구분하여 제시하고 있다.

〈표 12-Ⅱ-4〉 역설적 개입의 단계

1단계	치료관계를 형성한다.
2단계	문제를 명확하게 규정하여야 한다.
3단계	치료목적을 분명하게 설정하여야 한다.
4단계	사회복지사는 치료계획과 개입의 근거를 제시하여야 한다.
5단계	사회복지사는 문제가 지니고 있는 권위를 박탈한다.
6단계	사회복지사는 역설적 과업이나 지시를 준다.
7단계	사회복지사는 지시에 대한 반응을 관찰하고, 추적하며, 증상적인 행동을 계속하도록 격려한다.
8단계	변화가 계속될 때 사회복지사는 인정하는 것을 하지 않는다.

가족이 변화에 대한 저항이 매우 크거나 사회복지사가 상호작용과 의사소통에 압력을 많이 받을 때 활용하는 역설적 개입기법은 다른 기법과 개념과 기술이 혼합되어 있기 때문에 이를 범주화한다는 것은 무리가 있다. 그러나 헤일리와 마다네스가 주로 사용하는 역설적 기법은 처방, 제지, 가정, 시련기법 등이 있다.

① 처방기법

역설적 개입전략 중에서 가장 많이 사용되는 것이 증상을 처방하는 것이다. 처방이란 증상을 없애기 위하여 증상을 지속하게 하거나, 증상을 과장하게 하고, 자의로 증상을 통제할 수 있도록 하는 역설적 개입전략이다. 치료를 받으러 온 개인이나 가족이 잠재적으로는 증상행동을 유지하기 원하고 있기 때문에 이와 같은 증상의 처방기법을 활용할 수 있는 것이다. 만일 가족의 행동체계와 관련성이 없는 처방을 하게 되면 문제는 변화하지 않고 그대로 남아 있기 때문에, 증상을 처방할 때 사회복지사는 문제와 관련되어 있는 가족의 행동체계를 정확히 파악해야 한다. 문제와 관련된 가족의 행동체계를 정확히 파악하여 증상을 처방하게 되면, 가족원은 역기능적인 행동체계의 속성을 인식하게 됨으로써 증상을 계속하라는 지시를 받았다고 하더라도 증상행동을 포기하고 다른 행동유형을 탐색하게 된다.

② 제지기법

모든 치료에서 사회복지사는 증상에 대하여 낙관적 태도를 취하고, 지지적 태도를 보이며, 클라이언트가 소극적일 때 적극적으로 개입하는 등 클라이언트의 변화를 촉진시키는 방향으로 격려하는 것이 기본 원칙이다. 그러나 이와 반대로 역설적 기법에서는 치료의 효과를 증진시키기 위하여 재발을 예측하여 경고하거나, 변화의 속도가 지나치게 빠르다고 지적하여 변화의 속도를 통제하기도 하는데 이를 제지기법이라 한다.

③ 가정기법

가정기법은 마다네스가 발전시킨 기법으로 역설적 개입의 범주에 속하긴 하지만 특별한 범주로 구분할 수 있다. 대부분의 역설적 기법들이 직면적 경향이 높고, 가족의 저항을 활용하는 반면 가정기법은 더 직면적이고 가족의 저항을 활용하지 않으면서 가족의 저항을 다루는 효과적인 기법이다. 가정기법은 클라이언트와 사회복지사 사이의 관계를 방해하는 지시를 내리지 않으면서 클라이언트에게는 증상을 가지고 있는 것처럼 행동하게 하고, 가족에게는 클라이언트를 보호하고 원조하는 것처럼 행동하게 하는 기법이다. 사회복지사가 클라이언트에게 문제가 있는 것처럼 행동하라고 지시하였을 때, 클라이언트는 가정하기 위해서는 실제 문제를 가지고 있을 수 없게 되거나 가정할 수 없게 되므로 가정하는 방법에 대해 타인의 지도나 원조를 받아야 한다. 이때 가족이 클라이언트를 증상행동에서 끌어내기 위해 노력하기보다는 클라이언트가 증상을 제대로 가정하지 못한다고 비난하고 제대로 가정할 수 있도록 원조하고 격려하게 한다. 이렇게 되면 지금까지 클라이언트의 문제행동을 은연중에 조장하였던 가족의 행동이 변화되고, 이로 인하여 클라이언트는 지금까지 가족을 보호하기 위하여 수행하던 문제행동을 포기하게 된다.

④ 시련기법

헤일리는 밀튼 에릭슨(Milton Erickson)이 최면기법을 중심으로 실시한 시련기법을 좀 더 다양한 개입방법으로 발전시켰다. 이 기법은 간단히 말하면 변화를 원하는 사람에게 증상보다 더 고된 체험을 하도록 과제를 주어 증상을 포기하도록 하는 것이다. 따라서 시련기법에 근거한 과제에 따르는 고통은 증상으로 인한 고통보다 좀 더 괴로운 것이어야 한다. 만일 시련과제가 증상을 감소시키거나 제거시키기에 충분하지 않다면 증상이 제거될 때까지 시련의 정도를 증가시켜야 한다. 그리고 시련과제가 사람들에게 유익한 것이라면 그것은 더욱 좋으며, 타인을 위해 희생하거나 타인에게 도움이 될 수 있는 과정이면 더 좋다(송성자, 2002 : 232-238).

4) 사티어(V. Satir)의 경험적 접근

〈표 12-Ⅱ-5〉 **개입목표**

경험적 가족사회복지사의 목표를 한 마디로 정의하면, 가족을 안정된 상황에 머무르게 하는 것이 아니라 성장시키려는 것이다. 감수성, 느낌의 표현, 자발성과 창조성, 확실성의 성장이 치료의 전형적 목표이다. 그들은 물론 증상의 감소나 사회적 적응도 중시하였지만, 내면의 경험이나 그러한 경험의 확대를 가족치료의 기본적인 목적으로 삼았다. 치료적 개입은 독자적이고 도전적이며 때로는 상식을 뛰어넘는 특유한 것이다. 사회복지사는 가족이 자기인식, 자기신뢰, 인간적 성장을 할 수 있도록 돕는다. 사티어는 자신의 자아존중감을 높이고 자기 인생에 대한 선택권을 스스로 갖도록 돕는 개인의 성장을 최대의 목표로 삼았다. 한 개인의 성장은 가족체계의 건강과 통합됨으로써 이루어진다. 따라서 이를 위해서는 우선, 가족이 희망을 찾고 미래에 대한 꿈을 갖도록 도와야 한다. 이와 같은 궁극적인 목적을 달성하기 위해 그녀는 가족이 서로 협력하는 과정과 기술을 강화하도록 도왔다. 또한 각 개인은 선택할 수 있으며 선택의 결과를 책임져야 한다는 것을 인식시킴으로써 가족원 개개인과 가족체계의 건강을 증진시키려 하였다. 사티어는 구체적으로 치료를 통해 개인의 낮은 자존심을 회복시켜 자신의 가치를 인정할 수 있는 감정과 자원을 발견하도록 도왔다. 그리고 이를 활용하여 문제상황에 잘 대처할 수 있도록 원조하였다(김유숙, 2000 : 112－113).

(1) 재정의(reframing)

재정의는 클라이언트나 가족의 세상에 대한 내면의 준거 틀을 변화시키는 데 효과가 있는 치료적 전략이다. 이 기법은 행동, 감정, 사고에 어떠한 긍정적 개념을 제시하는 것으로 볼 수 있는데, 클라이언트는 사물에 대한 새로운 정보를 수집하고 현상적인 사건에 대한 긍정적인 의미를 만들어내는 것이다. 재정의는 부정적인 의미를 긍정적으로 변화하기 위하여 사용하는 기법으로, 사실은 변화하지 않은 상황에서 이미 경험한 사실에 대한 관념, 정서적 감정과 태도를 좀 더 구체화하고 긍정적으로 규정함으로써 변화기가 발생하는 것이다.

사회복지사가 긍정적 측면에서 행동의 의미를 발견하고 강조하는 것과 클라이언트가 새로운 긍정적 차원에서 자신과 상대방의 행위를 볼 수 있도록 의미를 재정의하는 것은 증상에 새로운 의미를 부여하는 것이다. 결과적으로 증상에 대하여 긍정적 재정의를 하는 것은 클라이언트로 하여금 행동을 조정할 수 있다는 감정을 갖게 해주고 긍정적 변화에 대한 기대감을 갖게 해주는 것이다. 예를 들면, 사건에 대한 생각이 혼돈되고, 혼돈되었기 때문에 무기력하다고 느끼는 클라이언트에게 그 혼돈은 성장을 준비하는 데 따르는 어려움이라고 재정의해줄 수 있다. 이렇게 재정의해 줌으로써 클라이언트가 혼돈을 수용할 수 있고, 집착했던 문제로부터 벗어날 수 있으며, 나아가서는 긍정적 방법으로 변화하는 것을 기대할 수 있다. 따라서 재정의는 개인이나 문제에 관하여 좀 더 긍정적으로 적절하고 정상적인 것으로 재규정함으로써 의미와 가치판단을 변화시키는 것이다(김규수 · 오현숙, 2005 : 312).

〈표 12-Ⅱ-6〉 사티어의 의사소통유형

	회유형	비난형	초이성형	산만형
단 어	• 동의하는 단어 사용 : "나의 잘못이다", "네가 없으면 난 아무 것도 아니다", "나는 너를 행복하게 하기 위해 존재한다."	• 반대하는 단어 사용 : "너는 아무것도 제대로 못한다", "문제가 무엇이냐", "모든 것은 네 탓이다."	• 극히 객관적인 규칙과 옳은 것에 관한 자료 사용, 추상적인 단어와 긴 설명 • "모든 것이 허구적이다", "사람은 지적이어야 한다".	• 관계없는 단어 사용 • 뜻이 통하지 않고 요점이 없음 • 계속해서 그대로 두라고 함
정 서	• 구걸하는 마음 : "나는 힘이 없다", 변명하는 표현과 목소리, 약한 신체적 자세	• 비난적 • "나는 여기서 우두머리이다" • 힘이 있어 보이는 입장 • 융통성이 없음	• 완고, 냉담, 경직된 감정, 고자세, 침착함 • "사람은 어떤 희생이 있어도 냉정하고, 조용하고, 침착해야 한다."	• 혼돈스러운 감정, 계속해서 움직임, 비스듬이 앉음 • "나는 실제 여기에 있는 것이 아니다"
행 동	• 의존적 · 순교적임 : 너무 착한 행동, 너무 좋게 처리하며 사죄하고 변명하며, 우는 소리를 하고 모든 것을 제공한다.	• 공격적 • 심판, 명령, 약점 발견	• 권위주의적 행동 : 강직, 원칙론적 행위, 행동의 합리화, 조작적 · 의도적 · 강제적 행동	• 산만한 행동, 지나치게 활동적 · 방해적 행동, 부적절한 행동
내적 경험	• 아무것도 아닌 것같이 느낀다.	• 소외됨 • "나는 외롭다", "나는 실패자다"	• "나는 상처받기 쉽고 고립된 느낌이다" • "어떤 감정도 표현할 수 없다"	• "아무도 상관하지 않는다" • "거기는 내게 적절한 곳이 아니다"
심리적 영향	• 신경과민, 우울증, 자살적 성향, 자멸적 성향	• 과대망상, 이탈행동 • 살인할 수 있는 성향	• 강박적 · 강제적 · 사회적으로 위축, 반사회적, 지나치게 긴장	• 혼돈됨, 부적절한 느낌, 정신이상적 느낌
신체적 영향	• 소화기관의 고통, 위장 장애, 당뇨, 편두통, 변비	• 근육긴장과 등의 통증, 관절염, 변비, 혈액순환의 문제와 고혈압, 천식	• 건조성 질병, 임파조직에 질병, 암, 심장마비 등의 통증	• 중앙신경계통 장애, 위장장애, 변비, 당뇨병, 편두통

(2) 가족조각

가족조각을 할 때, 사회복지사는 먼저 자신들이 어떤 대화의 유형을 가지고 있는지 알아보도록 한다. 회유형, 비난형, 초이성형, 산만형 네 가지 대화유형이 가지고 있는 자세를 취하도록 한다. 어떤 종류의 자세는 편안하고 어떤 종류의 자세는 불편하거나 안 맞는 느낌이 든다. 어떤 경우에는 몇 가지 자세가 들어맞는 경우도 있다. 자신에게 가장 편안하고 맞는 느낌이 드는 자세가 곧 자신이 평상시에 하고 있는 방식이다. 두 번째로 가족원이 자신에게 맞는 방식으로 모두 자세를 취해본다. 여러 종류의 대화유형의 배합이 가능해진다. 이렇게 자세를 온 가족이 취해본 다음 다른 가족원의 자세를 취해본다.

예를 들면, 회유형의 경우에 비난형의 자세를 취해본다. 다른 가족원도 이렇게 자세를 돌아가면서 취해보도록 한다. 회유형이 비난형의 역할을 해보았으면, 비난형은 회유형의 역할을 해본다. 마찬가지 방식으로 서로 역할을 바꾸고 서로의 입장이 되어 보도록 한다. 이렇게 한 다음 온 가족이 서로에 대해서 또는 자신에 대해서 드는 느낌과 생각을 서로 말하도록 한다. 여러 가지 대화의 형태를 이러한 종류의 자세로 취해 봄으로써 자신의 대화유형이 무엇인지 깨닫도록 한다. 또한 상대방의 역할을 몸을 통해서 해봄으로써 상대방이 자신의 그러한 행동을 어떻게 느끼는지 이해하도록 한다. 서로 느낌을 나누고 말하는 과정을 통해서 자신들의 행동을 조절하고 변화시켜나갈 수 있도록 한다. 사회복지사는 적극적으로 가족의 자세를 조정하고 실제로 해보도록 함으로써 가족이 서로에 대한 이해와 느낌을 갖도록 만든다. 사회복지사는 대화의 진행자로서 그리고 조정자로서 역할한다(김용태, 2004 : 142-143).

(3) 원가족 삼인군 치료

사티어는 출생가족의 성장과정과 생활경험을 중요시하였으며, 현재의 자아존중감, 자기가치, 신념, 생존유형, 의사소통 등을 성장과정에서의 생활경험과 연결시켜 이해하려고 노력하였다. 이것은 현재의 문제나 증상의 원인을 파악하기 위한 것보다는 부모와 자신의 관계를 중심으로 전체 가족구조, 전체적인 가족생활역사, 가족관계를 이해하고 평가하도록 하는 것에 관심을 두고 있다.

원가족 삼인군 치료의 궁극적인 목적은 클라이언트가 원가족 삼인군에서 학습한 역기능적 대처방법에 집착하는 것에서 벗어나고, 가족규칙과 부모의 규제에서 벗어나 독자적인 개별성을 갖도록 돕는 데 있다. 의식적 선택을 통하여 클라이언트가 자신의 행동에 책임을 지고, 자신의 감정을 잘 관리할 수 있도록 도우며, 자신의 내적·외적 자원을 인정하고 개발하며, 일치된 의사소통을 할 수 있도록 하여 결과적으로 자존심을 높이는 데 있다. 원가족 삼인군 치료는 원가족 도표를 사용하며, 가족원이 공동으로 원가족 도표를 작성하는 과정과 완성한 원가족 도표를 설명하고 재구조화하며, 조각 내지는 역할극을 병행하면서 치료과정을 진행하게 된다(다음의 그림 12－Ⅱ－1 참조).

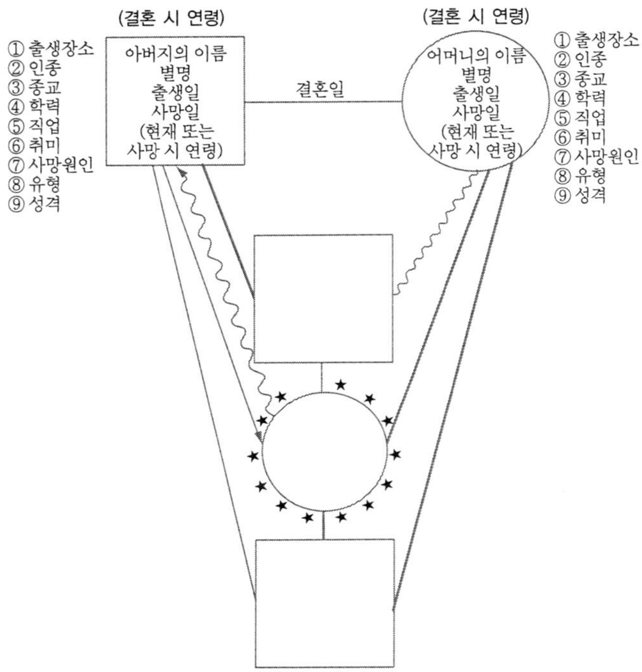

❙그림 12-Ⅱ-1❙ 원가족 도표

원가족 도표(family of origin map)는 원가족의 맥락에서 개인의 심리의 내적 과정뿐 아니라 가족과의 상호작용 및 가족역동성을 이해하고 평가하게 해준다. 이 도표를 통하여 가족원의 성격, 자아존중감의 정도, 대처방법인 의사소통유형, 가족규칙, 가족역동성, 가족 내의 상호대인관계, 세대 간의 유사점과 차이점, 사회와의 연계수준 등을 파악할 수 있다(김규수 · 오현숙, 2005 : 314-316).

▸ 1단계 : 원가족 도표 그리는 방법

① 아버지와 어머니를 각각 도형(□, ○)으로 그리고 각 도형 안에 아버지와 어머니의 이름, 출생일, 연령을 적는다. 부모가 사망한 경우 사망일을 적으며, 도형에 사선을 긋는다.

② 각 도형 옆에 부모의 개인 및 인구론적 정보를 적는다(①에서 ⑨까지).

③ 부모 각각의 출생일, 별명, 부부결혼일자, 사망일, 사망 시 연령을 기록한다.

④ 형제를 출생 순서대로, 개인 및 인구사회학적 정보를 적는다.

▶ **2단계 : 과거에 느꼈던 가족의 모습 그리기**

⑤ **대처유형** : 8세 이전에 가족원이 스트레스를 받았을 때 1차적으로 보인 유형을 적되 가능하면 2차 대처유형도 적는다(회유형, 비난형, 초이성형, 산만형으로 표현한다).

⑥ **성격 특성을 각각 형제별로 형용사로 표현** : 18세 이전으로 돌아가 그때 생각했던 가족 각각의 특성에 대해 적되, 긍정적 특성 세 개와 부정적 특성 세 개를 적는다.

⑦ 가족 간의 밀착이나 갈등 정도를 표시한다. 18세 이전에 스트레스를 경험한 특정한 상황을 생각하면서 그때의 가족관계를 표시한다.

굵은 선(━━━)	상당히 밀착된 관계
물결 선(∿∿∿)	자주 부딪치고 적대적인 관계
얇은 선(────)	관계가 정상적, 수용적, 긍정적이며, 적음
점 선(- - - -)	소원하고 부정적이고 무관심한 관계

⑧ IP(Identified Patient) 위에 별표를 한다.

⑨ 어머니의 원가족 도표를 그린다. 아버지의 원가족 도표를 그린다. 필요한 경우, 현재 가족에 대해서도 도표를 그린다.

(4) 개인의 빙산(심리 내적 상담)

치료는 경험의 다양한 수준에서 이루어지게 되는데, 이를 개인의 빙산에 비유해 보면, 수면 위에 보이는 것이 사람의 행동이고 수면 밑에 있는 것이 사람의 감정, 기대, 지각, 열망이다. 개인의 내적 과정을 이끌어내는 은유적인 방법으로 사티어는 빙산기법을 활용한다. 빙산기법을 통해 전달하고자 하는 주요 개념은 우리 경험의 대부분이 '수면 아래'에서 경험된다는 것이다. 그러므로 변화가 일어나기 위해서 사회복지사는 클라이언트의 외적 과정, 즉 표면적 경험의 수준에서뿐만 아니라 잠재의식 수준인 내적 과정과 작업하여 역동을 변형시켜야 하는데, 이를 위해서는 고도의 기술이 필요하다.

변화를 시도하고 치료과정을 진행함에 있어서 사티어 모델은 가족원 간의 상호관계적 역동과 개인의 심리 내적 역동과정을 활용하도록 권장한다. 이 치료에서는 클라이언트가 내면의 감정을 진정으로 느껴보고 이를 표현하며, 자신이 가져왔던 기대를 저버리게 하는 것(letting go of expectation)이 치료과정의 중요한 부분이 된다. 즉, 기대를 표면화시키고 저버리는 단계를 통해 부모로부터 충족되지 않았던 아동기의 열망을 다른 방법을 찾아 실행할 수 있도록 돕는 것인데, 이는 클라이언트에게 힘을 줄 뿐 아니라 클라이언트가 가진 내적·외적 자원을 잘 활용하도록 격려하고 지지함으로써, 클라이언트가 자기선택을 통하여 성취하고 책임을 질 수 있게 하는 것이다. 그러나 기대를 표면화시키고 변형시키는 과정에서 클라이언트가 죄의식을 갖기 쉬우므로 이를 염두에 둘 필요가 있다.

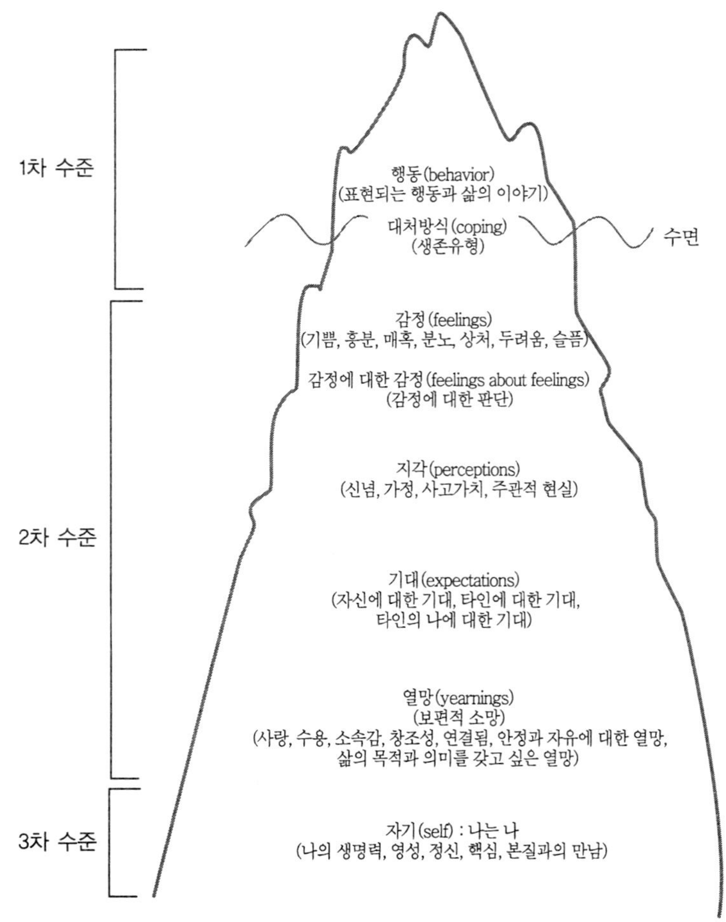

| 그림 12-Ⅱ-2 | 빙산에 비유한 인간의 심리 내적 경험

일반적으로 클라이언트를 대할 때 개인의 빙산차원에서 보면 빙산의 극히 일부분인 행동만을 보기 쉽다. 일반적인 모델에서는 제 행동의 변화에 초점을 둠으로써 1차 수준의 변화치료가 있다. 사티어 치료모델에서는 빙산의 '수면' 아래를 탐색하여 부적응적 클라이언트의 경험을 표면화하고 변형하도록 함으로써 2차 수준 변화와 3차 수준의 변화를 목표로 한다(김규수 · 오현숙, 2005 : 317-320). 개인의 빙산을 탐색하는 과정에서 클라이언트의 심리 및 감정과 접촉하여 이들을 연결하고 변화시키기 위해 여러 가지 과정을 질문하는데, 다음과 같은 질문이 유용하게 사용될 수 있다(위의 그림 12－Ⅱ－2 참조).

① 행동에 대한 탐색

클라이언트가 해온 행동 또는 지금의 행동에 대해 알아본다. "무엇을 해보셨나요?", "어떻게 하시죠?"

② 감정에 대한 탐색

무력감, 무가치감, 가책, 우울, 예민함, 두려움, 아픔, 분노, 격정 등의 부정적인 감정을 표면화하여 변형시킨다.

③ 지각에 대한 탐색

자신이나 타인에 대한 무가치감, 거부감, 배신감, '패배자' 같은 느낌, '마땅치 않은' 느낌, 소외되는 느낌, 그리고 '충분히' 잘하고 있다는 느낌의 부재나 완벽해야만 될 것 같은 느낌 등을 표면화하여 변형시킨다. "어떻게 보시나요?", "어떻게 생각하세요?", "어떤 그림이 그려지세요?"

④ 기대에 대한 탐색

클라이언트의 채워지지 않은 기대, 수용되고, 인정받으며 존중받고, 포함되고 싶어 했던 기대들을 경청하는 자세로 탐색한다. "원하는 것이 무엇인가요?", "기대하는 것이 무엇인가요?"

⑤ 열망에 대한 탐색

사랑받고 사랑하고 싶은 열망, 소속되고 싶고, 수용되며, 인정받는, 그리고 서로 연결되면서도 성장을 향해 자유로울 수 있는 열망에 대해 다룬다. "필요한 것이 무엇인가요?", "그런 욕구에 대해 어떻게 생각하시죠?", "열망에 대해서는 어떤 기대를 갖고 있으세요?"

⑥ 자기에 대한 탐색

마음의 평화와 높은 책임감, 존중감과 삶의 의미를 지니고 본연의 자신과 더불어 타인들과 조화와 연결성을 가지도록 한다. “당신은 그럴 만한 가치가 있나요?”

(5) 영향력 바퀴

영향력 바퀴(wheel of influence)란 사티어의 아동기와 사춘기를 통하여 지적, 정서적, 신체적, 사회적으로 영향을 준 사람이나 사건을 그림으로 만든 것이다. 영향을 준 사람과 사건의 관계는 선의 두께와 모양으로 표시하여 관계의 친밀도와 갈등 정도를 나타낸다(김규수 · 오현숙, 2005 : 320-321). 작성법은 다음과 같다.

① 먼저 스타(star, 사티어)를 중앙에 그린다.
② 스타를 중심으로 사티어에게 영향을 준 사람과 사건을 적는다.
③ 스타와 이들 간의 친밀도와 갈등 정도를 선으로 표시한다.
④ 영향을 준 사람과 사건들을 묘사하는 형용사를 세 개씩 적고, 어휘의 수용 정도에 따라 형용사에 긍정(+) 또는 부정(−) 표시를 한다.

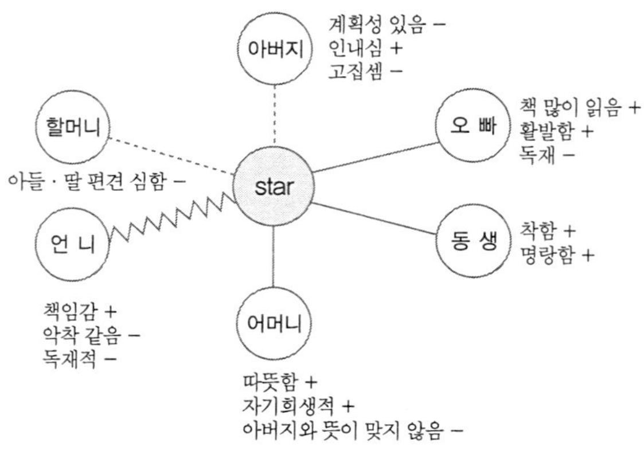

▍그림 12-Ⅱ-3▍영향력 바퀴

04

사회복지실천기술의 기록과 평가

제13장 사회복지실천 기록

제14장 사회복지실천 평가

Chapter

13 사회복지실천 기록

사회복지사는 클라이언트에 관해서, 자신이 제공하는 서비스의 과정과 진행사항에 관한 정보를 문서화하여 보유하기 위해 기록을 한다.

1. 사회복지실천 기록의 기본 개념

1) 사회복지실천 기록의 내용

사회복지실천 기록은 사회복지실천만큼이나 다양하기 때문에 기록의 내용을 일반화하는 것은 쉽지 않다.

(1) 서비스중심 기록

기록이 책무성을 다하려면 서비스중심적이어야 한다. 기록이 의미 있으려면 관찰, 사정, 사정에 사용된 기준을 포함해야 한다. 기록은 ① 서비스를 요청, 의뢰, 제공하는 이유, ② 클라이언트의 상황에 대한 기술과 사정, ③ 이용가능한 자원, 서비스 및 장애요인과 같은 내용에 초점을 두게 된다. 또한 서비스 계약이 수립되면, 기록은 실행에 초점을 두며, ① 서비스에 관한 사회복지사와 클라이언트의 결정, ② 서비스의 목적과 목표, ③ 계획, ④ 서비스 활동, ⑤ 진행, ⑥ 진행과 영향에 대한 사정의 내용을 기록한다. 클라이언트에 대한 서비스를 종결하고자 결정하면, 기록의 초점은 ① 서비스의 종결 또는 이전 이유, ② 서비스 제공 전 과정 동안의 클라이언트-상황에 대한 재검토, ③ 서비스 제공에 대한 재검토, ④ 서비스와 클라이언트-상황에 대한 서비스 영향에 대한 평가, ⑤ 향후 서비스를 위한 계획, ⑥ 사후관리 등의 내용으로 옮겨간다.

오늘날 실무환경에서 1차적 목적을 달성하려면, ① 전문적 결정과 행동의 근거, 내용, 결과를 반영하기 위해 선택된 내용, ② 클라이언트의 상황과 서비스 교류를 기술하고 사정하는 것과 관련된 관찰과 추론으로 구성된 내용, ③ 전문직, 지식, 가치, 윤리에 근거한 내용, ④ 기록할 실무와 지속적으로 연계된 내용 등의 내용을 포함해야만 한다.

(2) 기록내용요소

서비스의 한 국면에 대한 정보가 그 국면과 다음 국면에서 일어나는 결정과 행동의 근거가 되는 것처럼, 기록내용의 요소는 이상적으로는 모두 함께 연계되어 있다.

① 클라이언트의 특성

클라이언트의 특성은 클라이언트와 그 가족에 의해 보고되는 정보와 공공서류와 다른 서비스 기록에 있는 정보에 기초하게 된다. 클라이언트의 특성에 따라 서비스 전달, 책무성 수행, 행정적 계획을 위한 조사에서 서비스 자격요건을 결정하기 위한 목적에 의해 사용된다. 클라이언트를 확인하게 해주는 공적 정보는 이름, 주소, 생년월일, 성별, 전화번호 등이 있고 확인가능한 사적 정보는 교육수준, 현재 직업, 수입, 결혼상태, 시민권, 가족구성 등이 있다.

② 서비스를 개시하는 방법과 이유

서비스를 개시하는 방법과 이유는 인테이크(intake)로 기록되는데 이 정보는 서비스를 의뢰하는 측이 가진 서비스에 대한 클라이언트의 욕구와 서비스의 잠재적 이득에 대한 견해를 나타내 준다. 클라이언트가 직접 기관과 접촉을 시작한 것이 아니고 의뢰되었거나, 클라이언트가 요구하기 이전에 서비스가 먼저 제공된 경우에도 문제와 서비스 욕구에 대한 클라이언트의 인식을 기록하는 것은 중요하다. 서비스 개시이유가 분명하지 않은 경우에도 분명하게 서비스 개시방법은 나타난다.

③ 현재와 과거의 클라이언트 상황에 대한 기술

기록이 현재와 가까운 과거에 초점을 둘 때에도 기록의 이러한 구성요소는 흔히 '사회력'이라고 불린다. 사회력은 과정인 동시에 결과물로서 간략할 수도 있고 광범위할 수도 있다. 사회복지사는 자신의 지식과 경험으로부터 클라이언트의 상황에서 매우 중요하다고 판단되는 특정 요소에 관심을 기울인다. 사회복지사는 자기가 종사하는 분야의 최신 지식을 갖고 중점탐색을 시도하여 클라이언트의 상황에 영향을 줄 수 있는 중요한 요인에 관한 가설을 만들거나 대치하거나 반박한다. 사회력은 주제별로 또는 시계열적으로 구성될 수 있다. 기록할 때 개방식 이야기체를 활용하는 경우와 표준화된 기관양식이 사용되는 간략형 사회력이 있다.

④ 자원과 제약

탐색과정에서 확인된 문제와 욕구에 대응하기 위해 클라이언트가 필요로 하고 이용가능한 자원과 서비스를 고려하게 된다. 여기서 이용가능한 공식적, 비공식적 자원만을 명시해서는 안 된다. 지역사회자원의 부적합성뿐만 아니라 존재하는 자원에 접근하는 데 따른 장애요소도 기록되어야 한다.

⑤ 사정

기록에서는 보통 클라이언트의 상황과 서비스 과정 및 진행에 관한 기술이 이루어진 다음에 정보에 대한 사정이 뒤따른다. 사정은 사회복지사의 사고과정과 결정 및 행동의 근거를 보여준다. 기록에서 사정은 있는 그대로의 기술과 분리되어 '사회복지사의 사정', '견해', '조작적 가설'과 같은 분명한 명칭을 갖는 것이 좋다. 기록에서 기술과 사정이 혼합되어 있는 것은 좋지 않으며, 이런 경우 사회복지사가 추론하는 것이 분명하지 않게 된다.

⑥ 서비스에 영향을 미치는 결정

클라이언트에게 전달되는 서비스의 종류, 질, 양에 영향을 미치는 중요한 결정의 본질과 정당성을 기록하는 것이 중요하다. 서비스 제공자에 의해 내려지거나 서비스에 영향을 주는 또 다른 결정은 주로 클라이언트나 클라이언트를 대신해 주는 사람에 의해 내려진다. 사회적 서비스에 관한 결정은 대개 사회복지사의 클라이언트의 상황에 관한 관찰, 클라이언트의 선호도, 자원의 이용 가능성, 클라이언트의 과거력, 기관의 정책, 클라이언트나 클라이언트의 개인적 환경 내에 있는 다른 사람의 행위에 근거한다.

⑦ 서비스 목적

서비스 목적이 명확해야 서비스 교류와 기록이 구성될 수 있다. 서비스 목적이란 서비스 목표에 대한 기술이다. 다시 말해, 서비스의 목적은 목표를 달성하기 위해 사회복지사, 클라이언트, 다른 사람이 어떤 행동을 취할지를 명시하는 것이다.

⑧ 서비스 계획

계획은 서비스 목적을 성취하기 위해 취해지는 행위를 포함한다. 계획과정은 매우 다양하지만 계획에 대한 기록의 역할은 동일하다. 계획은 미래에 관한 것을 제시해 준다. 어떤 클라이언트의 상황과 서비스 접근은 자세한 계획에 근거하며, 다른 경우는 그렇지 않을 수도 있다. 계획은 다음 단계에서 탐색해야 할 중요한 쟁점이 무엇인지 어떻게 해석할 것인지를 기술해 준다. 예를 들면, ㉠ 기관에 대해 또는 프로그램 의뢰에 대해 기술한다. ㉡ 탐색과 개입을 위한 쟁점을 제시한다. ㉢ 사회복지사, 클라이언트, 타인이 취한 일련의 단계를 개괄한다. ㉣ 돌발적인 사건을 제시한다 등을 들 수 있다.

⑨ 서비스 특성

서비스를 추적하기 위해 순서도나 서비스 진행표와 같은 단일양식을 사용하고 있다. 다른 조직은 여전히 기관이 클라이언트에 대해 관여하고 있는 각 측면을 기록하기 위해 표준화된 양식인 테스트를 사용하고 있다.

〈표 13-1〉 기록의 내용

■ 서비스 개시

(1) 서비스를 요구하고 의뢰하며, 제공하는 이유 : 클라이언트와 사회복지사를 함께 연결시키는 사람과 조직뿐만 아니라 환경을 기술한다.

(2) 관련이 있는 클라이언트의 상황요인에 대한 기술 : 클라이언트에 대한 행동, 감정, 가치, 선호도, 감정, 충족되지 않은 욕구를 기술한다.

① 가족 및 자연적 사회관계망 : 클라이언트의 대인적 환경 내에 있는 관련자들 확인, 기술

② 물리적 환경 : 자원 또는 장애로 작용하는 환경의 여러 측면을 확인하고 기술한다.

③ 공식적 사회조직 : 현재 및 과거의 관계를 확인하고 기술한다.

(3) 정보가 누구로부터 어디서 얻어졌는지 등 정보의 출처를 포함하여 자료수집과정 기술

(4) 현재의 클라이언트의 상황을 사정한다.

① 클라이언트에게 가장 중요한 욕구, 문제, 강점, 선호도는 무엇인가?

② 자연적, 사회환경적, 물리적 환경 내에 존재하는 관련자원은 무엇인가?

③ 존재하는 관련장애는 무엇인가?

④ 사회조직과 현재 어떤 관계를 갖고 있는가?

(5) 개입, 서비스, 자원영역을 탐색한다(문제와 욕구, 연관되는 개입, 서비스, 자원).

■ 목표(계약)와 설정

(1) 요약형태도 다음의 질문에 답함으로써 목표를 계획, 설정하는 과정을 기술한다.

(2) 계약을 간단하게 기술하고 결정의 근거를 대고 기술한다.

(3) 계획을 수행하고 목표를 달성하는 데 대한 장애를 기술한다.

■ 중간노트

(1) 클라이언트와의 면접

① 질문을 요약형태로 대답함으로써 면접을 기술한다.

② 지난 번 보고 이후의 클라이언트와 사회복지사의 활동을 기술한다.

③ 클라이언트의 상황, 사람, 환경에 있어서의 변화를 모두 기술한다.

④ 클라이언트를 위해 이루어진 모든 결정의 근거를 대고 기술한다.
⑤ 목표와 계획의 변화를 간략하게 기술한다.
(2) 자원이 되는 타인과의 면접
① 면접한 사람과 세팅을 확인한다.
② 면접의 목적을 기술한다.
③ 어떤 정보를 알고 공유되었는가에 대한 면접의 내용을 기술한다.
④ 목표와 계획에 관련해 무엇이 성취되었는가?

■ 서비스의 종결 또는 이전
(1) 서비스의 과정을 간략하게 재검토한다.
① 서비스 목표와 계획은 어떠했는가?
② 서비스가 개시되었을 때, 클라이언트의 상황은 어떠했는가?
③ 어떤 개입, 서비스, 자원이 관련되었는가?
④ 서비스가 무엇을 성취했는가?
(2) 종결 또는 의뢰의 사유를 기술한다.
(3) 종결 또는 의뢰의 과정을 기술한다.

■ 사후관리
(1) 사람과 세팅에 대해 간략하게 기술한다.
(2) 현재 클라이언트의 상황을 기술한다.
(3) 클라이언트 혹은 타인의 의뢰, 서비스, 계약을 위한 계획을 기술한다.

⑩ 중간노트

일단 서비스 계획이 시작되면 중간노트가 클라이언트－상황과 서비스 교류를 정규적으로 기술하고 사정한다. 중간노트는 간결할 수도 있고 포괄적일 수도 있는데, 이는 어떤 정보를 포함하며 얼마나 자주 기록하느냐에 달려있다. 중간노트의 목적은 ㉠ 클라이언트의 상황이나 서비스 제공에 관한 새로운 또는 부가적 정보를 기록, ㉡ 서비스의 목적이나 계획을 수정, ㉢ 언제 서비스를 종결해야 할지를 결정, ㉣ 서비스를 평가, ㉤ 책무성을 수행, ㉥ 합의된 실무를 준수하고 있는지를 보여주기, ㉦ 슈퍼비전, 자문, 동료 검토, ㉧ 행정적 의사결정 등이 있다. 중간노트는 항상 완전하게, 즉시 기록되어야 하며, 동시에 슈퍼바이저와 다른 책임관리자에게 보고되어야 한다. 전형적인 형태는 행해진 서비스 활동은 간략하게 요약하고 중요한 사건은 좀 더 자세하게 기록하는 것이다.

⑪ 서비스 재검토

중간노트가 주어진 사례에 대한 사회복지사의 지속적 관찰과 사정을 기록한다고 할지라도 서비스 재검토는 서비스 결정과 서비스 활동에 대한 공식적 재평가를 기록하게 된다. 이러한 재검토는 흔히 동료, 다른 서비스 제공자, 슈퍼바이저, 자문가, 클라이언트와 클라이언트를 대신하고 있는 사람의 의견을 포함한다.

⑫ 서비스 종결의 방법과 이유

서비스는 사전에 수립된 계획에 따라 종결될 수도 있으며 클라이언트의 독립적 결정에 의해 조기에 종결될 수도 있다. 또한 서비스 환경에서 있는 타인에 의한 결정, 클라이언트와 사회복지사의 서비스 교류에 영향을 주는 예기치 못한 조건 때문에 조기에 종결될 수 있다.

⑬ 서비스 활동과 결과에 대한 요약

사회적 서비스에 관한 기록은 흔히 서비스 과정의 개괄이라고 할 수 있는 종결요약과 종결 당시의 서비스 결과에 대한 기술을 포함한다. 이것은 클라이언트가 부가적 서비스를 받기 위해 재방문할 때, 서비스 교류에 관한 정보를 쉽게 이용가능하도록 만들어 준다.

⑭ 사후관리

사후관리에 관한 기록은 클라이언트의 상황에 관한 현재의 상태와 향후의 서비스에 관한 제안이나 클라이언트와 함께 또는 클라이언트를 대신해서 취해진 모든 행동에 대한 정보를 포함해야 한다.

기록을 위해 정보를 선택하는 지침을 제시하고 있다. 이야기체 기록방식과 더불어 사회복지기록에 포함되는 각 구성요소들을 자세하게 기술하였다. 하지만 실무에서의 기록은 이런 모든 내용요소들을 다 포함하지 않을 수도 있다. 많은 사례에서 서비스가 제한적이기 때문에 이런 경우 기록은 클라이언트가 누구이며 어떤 서비스가 제공되었는지만 간단히 기록할 수도 있다.

2) 기록의 목적과 장점

(1) 기록의 목적

기록의 목적에는 ① 클라이언트 자신 및 욕구의 파악을 위해 기록한다. ② 사회복지활동에 대한 증빙자료로 활용한다. ③ 서비스의 계속성을 유지하기 위해 기록한다. ④ 클라이언트에게 서비스를 전달하는 다른 전문가와의 커뮤니케이션을 하기 위해 기록

한다. ⑤ 지도 · 감독 및 자문에 활용된다. ⑥ 교육 및 훈련의 자료로 활용된다. ⑦ 조사연구의 자료로 활용된다. ⑧ 통계 보고서로 활용된다. ⑨ 행정적 의사결정의 자료로 활용된다. ⑩ 클라이언트와 정보를 공유한다. ⑪ 사회복지사의 사고를 조직화한다. ⑫ 서비스의 과정과 영향의 평가에 사용된다(김기태 · 박병현 · 최송식, 2002 : 235-238).

(2) 기록의 장점

기록의 장점은, ① 기록을 구성하거나 기록하는 데 소비되는 시간을 제한하거나 정보의 저장, 검색, 활용을 간단히 함으로써 비용을 절감할 수 있다. ② 자격을 인정해 주거나 재원을 제공해 주는 기관이 요구하고 있는 책무성을 만족시킨다. ③ 의사결정, 사례의 지속성, 슈퍼바이저 또는 전문가 간의 의사소통을 원활히 하고자 하는 기관 내부의 욕구를 만족시킨다. ④ 현재의 기관차원 또는 분야차원의 기록기준과 일치한다. ⑤ 어떤 정보가 중요하며 어떤 변화가 일어날 것인지에 관한 실무가정과 일치한다. ⑥ 클라이언트의 사적 권리를 최대화할 수 있다. ⑦ 클라이언트 접근에 적절하다 등이 있다.

3) 기록의 방법

(1) 초기단계

초기단계 기록에는 클라이언트의 인구학적 특성, 호소하는 문제, 인지, 신체, 건강, 교육, 직업, 재정, 범법행위, 대인관계, 문화적 특성, 주거환경, 자원, 강점, 약점 등에 대해 기록한다. 이러한 정보를 토대로 클라이언트에 대한 사정보고서를 작성한다. 클라이언트와 계약서를 작성한다. 계약서에는 개입목적, 개입계획, 사회복지사와 클라이언트의 역할과 과업 등을 명시한다.

(2) 중간단계

사정보고서와 계약서를 작성한 후에는 매번 클라이언트를 만난 후 클라이언트의 호소내용, 개입내용, 사회복지사의 느낌과 생각, 개입에 대한 사회복지사 자신의 총평 등을 기록한다. 중간보고서를 작성하게 되는데 사회복지실천이 초기 단계의 계획대로 진행되고 있는지를 평가할 수 있는 장점이 있다.

(3) 종결단계

그동안 진행된 사회복지실천활동을 요약하고 평가하는 내용으로 기록을 작성한다.

종결보고서에는 의뢰경위, 주요 문제, 개입목적, 개입과정 요약, 개입에 대한 총괄평가, 사후관리계획 등을 중심으로 기록한다.

4) 기록의 종류와 특징

(1) 서면 서비스 계약서

서면 서비스 계약서는 서비스 동의서, 사례계획서, 치료계획서, 개입계획서, 개별가족지원계획서와 혼용되어 사용하고 있으며, 미국공공복지협회(The American Public Welfare Association, 1979 : 82)는 '서비스의 행동적 목표를 설정하고 목표달성을 촉진하기 위하여 정해진 시간 내에 취하는 행동을 구체적으로 설명한 서면자료'라 규정하고 있다.

① 서비스 계약서에 포함되는 사항들

서비스 계약서에 포함되는 내용을 보면, ㉠ 기관과 사회복지사가 클라이언트에게 제공하는 서비스의 바람직한 결과는 무엇인가?, ㉡ 클라이언트가 해야 할 것은 무엇이며, 언제 해야 하는가?, ㉢ 가족, 친구, 이웃 등과 같이 클라이언트의 중요한 타자들이 해야 할 것은 무엇이며, 언제 해야 하는가?, ㉣ 사회복지사와 다른 기관 직원들이 해야 할 것은 무엇이며, 언제 해야 하는가?, ㉤ 다른 기관에서 확보해야 할 서비스는 무엇이며, 언제 해야 하는가?, ㉥ 클라이언트의 상황에 대해 재사정하게 하고 서비스 계약을 재조정하게 만든 사건은 무엇인가?, ㉦ 계획에서 의도하지 않은 결과가 있다면 무엇인가? 등이 있다.

② 서면 서비스 계약서의 유용성을 높이기 위한 고려사항

서면 서비스 계약서의 유용성을 높이기 위한 고려사항을 보면, 첫째, 서면 서비스 계약의 활용과 관련된 기관의 정책과 법적 요구사항을 명확히 한다. 둘째, 서면 서비스 계약의 장·단점을 이해한다. 장점을 보면, ㉠ 목적을 분명히 함으로써 클라이언트와 사회복지사의 갈등을 줄일 수 있다. ㉡ 우선순위를 정하고 역할과 책임을 설명하고 측정과정에 합의된 방법을 제공할 수 있다. ㉢ 비자발적인 클라이언트와의 활동에 유용하다. 단점을 보면, ㉠ 서면계약을 준비하기 위하여 시간이 필요하다. ㉡ 불확실한 법적 지위를 가진다. ㉢ 사소하지만 쉽게 개념화된 목표에 집중하면서 복잡하거나, 성공하기 위해 위험을 감수해야 하는 목표를 회피할 가능성이 크다. ㉣ 무력한 클라이언트가 처벌의 두려움으로 계약에 동의할 위험성이 있다(특히 법원의 명령에 의한 경우). 셋

째, 사회복지사와 클라이언트가 다루어야 할 문제를 연구하고 동의하는 철저한 사회진단을 하고 나서 계약을 맺는다. 넷째, 계약은 규정에 따라 클라이언트, 사회복지사, 기관이 해야 하는 것을 구체화한다. 다섯째, 계약은 말한 것을 클라이언트가 정확하게 알 수 있도록 단순하고 분명한 언어로 표현한다. 여섯째, 계약은 상대를 희생시키지 않고 가능한 한 성공할 수 있도록 한다. 일곱째, 계약에 명시된 목표는 현실적이고 클라이언트의 관점에서 달성할 만한 가치가 있어야 한다. 여덟째, 목표를 선택하고 구성할 때 논리적인 순서에 따라 계획을 세운다. 아홉째, 클라이언트가 혼자 할 수 있는 것을 도와서는 안 된다. 열번째, 계약에 대한 규정은 변화하는 현실적 상황에 따라 필요한 경우 수정하여 클라이언트의 신뢰를 유지해야 한다.

(2) 보고서 작성하기

명확하고 유용한 전문적인 보고서를 작성하기 위한 지침을 보면, ① 보고서를 읽는 사람이 이 말을 어떻게 해석할지 또는 보고서를 잘못 이해하지는 않을지를 항상 생각해야 한다. ② 공식적인 보고서가 필요한지 아니면 단지 메모가 필요한지를 결정한다. 메모에는 축약어, 이름, 전문적인 용어 등이 포함될 수 있다. 공식적인 보고서에는 그러한 축약어를 피하여야 한다. ③ 작성하기 전에 제시할 정보를 논리적인 구조로 조직화하고 개요를 구성한다. 질서정연한 방법으로 생각을 표현한다면 읽는 사람이 더 잘 이해할 것이다. ④ 완성하기 전에 두세 번의 수정・검토를 거칠 필요가 있다. ⑤ 단순하고 분명한 말을 사용한다. 독자가 이해할 수 있는 단어를 사용하기 위하여 단어를 주의깊게 선택하고 다른 맥락에서는 다른 의미를 갖는 단어를 피한다. ⑥ 필자가 자신의 언급에 대해 책임을 회피하려는 '모호한 말'을 사용하지 않는다. 이것은 독자로 하여금 보고서의 신뢰도를 의심하게 하고 사회복지사의 능력에 문제를 제기하게 한다. 쓰거나 말을 하는데 있어 의사를 분명히 하여야 한다. ⑦ 상투적인 표현을 피한다. 상투적 구절은 작성자가 불성실하거나 단지 형식적으로 대처하고 있다는 것을 암시하는 것이므로 취할 행동에 대해 구체적이어야 한다. ⑧ 자주 되풀이되는 구절을 피하여야 하고, 필요한 단어만을 사용한다. ⑨ 보통 20단어 이내가 되도록 문장을 짤막하게 한다. ⑩ 가능한 능동적인 동사를 사용한다. ⑪ 문단구성에 주의를 기울인다. 즉, 첫 문장에는 문단의 주요점을 서술하고 필요하면 말을 바꾸어 주요점을 다시 서술하거나 부가적인 설명을 제공하며, 주요점을 지지하는 배경이나 증거를 제시한다. 적절한 곳에서 예를 드는 것도 좋고 결론을 내리며, 한 문장으로 핵심점을 요약함으로써 문단의 끝을 맺는다. ⑫ 모든 사회복지사는 워드프로세서의 사용법을 배워야 한다. 컴퓨터 프로그램은 사전 철자법 검사를 포함하고 있으므로 올바른 문서사용으로 전문화된 자료를 작성할 수 있다.

(3) 편지 작성하기

편지에서 정보와 생각을 분명하고 간결하게 의사전달하기 위한 지침으로는 ① 아무리 간단한 편지라도 쓰기 전에 계획한다. ② 편지의 초고를 수정하고 다듬고 마지막 원고를 교정한다. ③ 모든 편지와 노트의 복사본은 기관서류철에 보관한다. ④ 항상 수신자의 이름에는 '씨' 등의 명칭을 사용한다. ⑤ 기관에서 흔히 발생하는 상황에 맞춰 간단한 몇 가지의 편지형태를 개발하여야 한다. ⑥ 전문적인 편지는 머리말, 날짜, 주소, 주제, 인사말, 본문, 맺는 말, 이름, 서명을 포함해야 한다. ⑦ 어떤 편지에서 불평이나 요구가 필요할 때에는 공격적이지 않으면서도 분명하고 단호하게 뜻을 말할 수 있다. ⑧ 클라이언트에게 보내는 편지에는 인간적이고 상대방에 대한 개인적 관심을 나타내도록 한다. ⑨ 중요한 지위의 사람에게 편지를 쓸 때에는 업무적으로 임하며, 너무 친근하지 않게 주의를 기울여야 한다. ⑩ '나' 자신의 관점을 사용하는 것에 대해 주의한다. '나'라는 말을 너무 많이 사용하지 않아야 한다. ⑪ 의도했던 편지수신자가 아닌 제3자가 읽었을 때 비밀보장을 위반하거나 당혹감을 자아낼 수 있는 내용을 포함하지 않는다.

5) 리코딩과 보고서 기능

리코딩과 보고서 기능은 ① 클라이언트의 사례기록을 보존한다. ② 재활기관 내외의 적절한 전문가에게 클라이언트의 진전에 관해 보고한다. ③ 클라이언트의 재활 프로그램을 수행하고 있는 기관이나 개인에게 클라이언트를 설명하기 위해 요약된 보고서를 준비한다. 리코딩과 보고서는 재활사회복지사의 효과성 평가의 수단으로써 중요한 기능을 하며 사례의 개관에 관해 지속적으로 강조하고 있다. 또한 함께 협력하는 전문가나 기관에게 클라이언트를 설명하기 위한 서류나 요약된 보고서를 준비한다. 다른 사람이 클라이언트의 진전도를 이해할 수 있도록 요약이나 사례메모(진전노트)를 작성한다. 다른 협력자나 재활팀에게 클라이언트의 진전도에 관해 구두로 보고한다. 결재를 얻기 위해 슈퍼바이저에게 상정하고, 평가계획을 완성하며, 클라이언트가 발전하는 것으로써 재활계획의 단계를 기록한다.

리코딩과 보고서 기능을 지식적 측면과 기술적 측면으로 나누어 살펴보면, 우선 지식적 측면은 재활사회복지사의 업무에 적용되는 것으로써 기관의 규범, 실무, 정책을 이해해야만 한다. 리코딩과 보고서 기능의 기술적 측면을 보면, ① 직업재활에 따른 지위체계를 정확히 이용할 수 있는가?, ② 최종 목적을 위한 서비스 프로그램, 목적의 측정, 특정한 욕구, 강점을 강조하는 평가보고서를 작성할 수 있는가?, ③ 보고서 작성기술과 사례기록을 효과적으로 이용할 수 있는가? 등이 있다(손광훈, 2004 : 291-292).

6) 기록의 질

기관에서 기록의 질을 어떻게 개선시킬 수 있는가? 기록의 질은 무엇보다도 서비스를 제공하기까지의 사고와 행동의 질에 달려있다. 궁극적으로 기록이 실무보다 더 훌륭할 수는 없다. 그러나 사회사업기록의 질은 정보가 어떻게 선택되고 보관되며 읽는 사람에게 어떻게 제시되는가에 따라 달라진다.

(1) 잘된 기록의 특징

좋은 기록은 ① 간결하고 구체적이며, ② 명확하고 타당하며, ③ 논리적이고 시기적절하며, ④ 의미있고 유용하며, ⑤ 사실에 근거하고, ⑥ 전문가적 윤리를 바탕으로 하며, ⑦ 수용된 이론에 기초해 있고 문장이 유연하며, ⑧ 조직화되어 있어 전문가의 견해를 담으면서도 클라이언트의 관점을 무시하지 않는다. 잘된 기록은 ① 서비스 결정과 행동에 초점을 둔다. ② 사정개입 평가의 기초가 되는 클라이언트-상황에 관한 정보가 들어있다. ③ 각 단계에서 목적, 목표, 계획과정과 진행을 포함하여 서비스 전달에 관한 정보가 들어있다. ④ 상황묘사와 사회복지사의 견해가 명확하게 분리되어 별도의 제목하에 쓰여져 읽는 사람이 사회복지사의 관찰사항과 해석을 별도로 이해할 수 있다. ⑤ 구조화되어 있어서 정보를 효과적으로 문서화할 수 있고 쉽게 색출해낼 수 있다. 서비스 전달이 잘 묘사되고 모든 문서가 정확하여 유용하다.

(2) 기록을 향상시키기 위한 네 가지 지침

① 실무자의 기술 : 실무자의 기술향상

사회복지사는 매번 클라이언트를 만나기 전, 만나는 동안, 만난 이후에 각각 기록할 준비가 되어 있어야 한다. 클라이언트와 만나기 전, 특히 서비스 관계 초기에 사회복지사는 다음과 같은 기록에 필요한 정보를 문의할 준비를 해야 한다. 첫째, 양식, 간단한 서식, 방침을 검토한다. 둘째, 메모하는 습관을 기른다. 즉, 서비스를 제공하고 1~2일 이후에 기록을 작성하게 될 때, 정확성과 구체성을 기할 수 있어 효과적이다.

일반적으로 서술형 기록은 사회복지사가 기록을 녹음하거나 작성하기 전에 각 기입사항에 대해 간략하게 개요를 설정함으로써 향상될 수 있다. 또한 기록은 실무영역 어디에서나 찾아볼 수 있고 실무기술의 고하를 막론하고 반복적으로 나타나는 제반문제를 제거함으로써 개선될 수 있다. 또한 기술적인 부분에서의 오류－철자 틀림, 반복된 표현, 과장된 표현 등을 피하고, 사회복지사의 사정을 기술할 때 용어를 주의깊게 살펴보고 선택함으로써 기록의 이러한 오류를 피하고 구체성, 정확성, 명확성의 의미가 향상될 수 있다.

사회복지사는 내용묘사와 본인의 견해를 구분하도록 주의해야 한다. 이를 위해서 기록 시에 내용이 사정인지, 진단인지, 가설인지, 판단인지가 명확하게 명시되어야 하며, 그러한 결론을 끌어내게 된 관찰내용이 뒤따라야 한다. 즉, 초점있는 묘사와 다른 견해에 대한 짧은 사정을 포함시킴으로써 이러한 오류발생을 줄이고 향상시킬 수 있다.

② 기관의 지침개선

사회사업서비스의 자원은 줄고 문서화의 요구가 늘어감에 따라 기록을 개선시키려는 기관과 부서에서 기록에 대한 현재의 방침을 발전시키고 개선할 필요가 생기게 되었다. 기록의 내용, 구조, 절차를 명시하는 지침이 있어야 한다는 말은 설득력이 있다. 기관은 가장 귀한 자원인 전문가의 시간을 아껴서 사용해야 한다. 기록업무에 너무 많게, 너무 늦게 시간을 사용하는 것은 낭비이다.

기관은 프로그램에 대해 기록의 내용, 형태, 절차를 구체적으로 안내하는 지침을 필요로 한다. 모든 기록을 체계화하려고 하기보다는 지침을 통하여 최소한의 기준을 설정하고 구체적인 결정은 사회복지사에게 맡겨야 한다. 일반적으로 기관의 지침은 다음과 같이 명문화되어야 한다. 첫째, 모든 사례에서 알릴 정보와 특별한 상황에서만 알릴 정보, 둘째, 형식과 사용되는 체제, 그것을 사용하는 환경, 셋째, 언제 내용의 특정요소가 제시되고, 얼마나 자주 기록이 검토되며, 최신화되는가 등이다.

③ 자원의 개발

정확성과 효율성이라는 상충되는 목표는 기관이 기록을 준비하고, 복사하고, 저장하고, 색출하는 과업을 위해 충분한 자원을 가질 때에만 해결될 수 있다. 먼저 사회복지사는 기록을 준비하기 위하여 시간을 충분히 써야 한다. 따라서 사무직원을 두어 이들이 정보를 옮겨쓰고 정리·보관하며 정정하는 일을 하고 녹음기와 컴퓨터를 사용할 수 있어야 한다. 이런 기관에서의 사회복지사의 기록시간은 주로 이미 타이핑되어 있는 기록을 재구성하고 검토하는 데 사용된다.

④ 기관의 풍토개선

기록의 질을 향상시키기 위해서는 기관 내의 문화가 변화될 필요가 있다. 슈퍼비전을 줄 때 기록을 이용하는 방법은 기록을 정확하고 시의적절하게 만들기보다 오히려 방해가 되는 경우가 많다. 사회복지사 직무수행에 대해 평가하고 사회복지사의 약점을 발견하고 수정해 주는 수단으로 기록을 사용할 때 기록의 질이 떨어진다. 이 문제를 교정하기 위하여 슈퍼비전의 초점과 분위기가 변화되어야 한다.

평가를 위한 슈퍼비전 시에 사회복지사의 업무수행을 알려면 다른 방법을 사용하고 기록에만 의존하는 일은 덜 강조되어야 한다. 기록내용이 구체적인 실무방법을 논의하기 위한 자료가 되어야 되며, 실무자의 일하는 습관에 대한 비판이 되어서는 안 된다. 기록업무에 대한 논의는 비판적이기보다는 지지적이어야 하고, 업무수행상의 실책을 찾아내고 단점을 지적하기보다는 장점을 강조하고 더 개선되기 위해 노력하도록 격려하는 데 초점이 맞추어져야 한다. 즉, 기록업무가 실무에 활용되어야만 임상실무 사회복지사들 사이에서 타당성을 충분히 인정받게 될 것이다.

2. 사회복지에서 사용되는 기록들

1) 과정기록

과정기록은 사회복지역사에서 중요한 위치를 차지한다. 과정기록은 사회복지실천의 중요목적이 사회조사였을 때 클라이언트의 상황을 연구하기 위해 처음 사용되었으며, 전문성에 대한 오리엔테이션이 변화함에 따라 변화를 겪어 왔다. 초창기 사회복지사는 클라이언트가 말한 것과 행동한 것, 사회복지사가 말한 것과 행동한 것, 사회복지사가 관찰한 것, 믿는 것, 추측한 것에 관하여 사회복지사가 기억할 수 있는 모든 것을 기록하였다. 오늘날 과정기록은 일상의 실천에서는 거의 사용되지 않고 있다. 기록은 여전히 서비스 과정에 관한 정보를 포함하지만 과정형식보다는 이야기체 요약형태를 취하고 있다.

과정기록이 유일한 기록방법이어서는 안 되는 이유는 첫째, 과정기록은 표현된 진술 그대로의 보고서가 아니라 서비스 과정을 선택적으로 재구성한 것이다. 그래서 녹음이나 녹화를 이용해서 실제 과정을 더 이해하는 것이 필요하다. 둘째, 과정기록은 실무에서 정규적으로 사용되지 않기 때문에 과정기록을 사용하는 것은 학생이 나중에 사회복지사로서 필요로 하는 기록기술을 발전시켜나가는 데에 도움이 되지 않는다.

과정기록은 원조과정이나 클라이언트와 사회복지사의 상호작용 과정을 연구할 수 있도록 사회복지사의 실천을 기록한다. 과정기록은 사회복지사의 기본적인 기술학습을 돕기 위해 사용되는 사례기록의 세밀한 형태이다. 과정기록의 요소는 ① 면접이나 회의에 참석한 사람들의 이름, ② 날짜, 장소, 회합의 길이, ③ 회합의 목적, ④ 회합에서의 계획, ⑤ 상호작용과 내용에 대한 서술 : 회합을 시작한 방법, 회합 중에 일어난 의미있는 교환, 논의된 특정한 주제, 도달된 결론, 세운 계획, 클라이언트가 얻은 새로운 사실과 정보, 회합의 분위기와 느낌, 회합이나 회의를 끝낸 방법, ⑥ 역할과 활동, ⑦ 클라이언트의 관심사, 상황 또는 문제, 클라이언트의 현재 반응, 사회복지사나 원조과정에 대한 클라이언트의 반응 등에 대한 사정, ⑧ 회합 중에 자신이 수행한 것에 대한 스스로의 사정, ⑨ 클라이언트와의 다음 만남이나 면접을 위한 계획 등이 있다.

2) 교수/학습기록(teaching/learning record)

교수/학습기록(이○○/L record)은 인지적 실무기술, 대인적 실무기술, 이야기체 기록기술을 가르치고 학습하는 것을 돕기 위한 것이며 실무기술을 개발하는 기초가 된다. 학생은 클라이언트의 상황, 서비스 교류, 자신의 실무기술을 서술하고 사정할 기회를 갖고, 실습지도자가 서비스 과정과 학생의 전문적 발전을 볼 수 있는 '창문'을 제공한다. 이는 학생과 협력하여 서비스에 관한 결정을 내리고 학생의 지식과 기술의 발전을 사정하고 원활히 해줄 수 있도록 한다.

3) 핵심적 기록(essential recording)

(1) 면접의 녹음

면접의 녹음은 기초적인 면접기술을 시험해 보고 모니터하는 것을 도와주고 가족치료와 같이 발전된 일상실무를 교수, 학습, 지도하는 데 사용된다. 사회복지사, 슈퍼바이저, 교육자에게 '행동으로 하고 있는' 실무를 관찰할 기회를 제공하며, 자기 자신과 클라이언트에 대해 더 깊게 이해하도록 돕는다. 인지적, 대인적인 실무기술을 발전시키고 사회복지사의 자기성찰을 개발하는 데 사용된다.

(2) 핵심적 기록의 목적

면접의 핵심을 어떻게 도출해내며 어떻게 문장력 있고 의미있는 대화체 기록을 준비할 수 있는지 가르치는 것이다. 녹음은 자기 자신과 클라이언트의 객관적 관찰기회를 제공한다.

(3) 핵심적 기록의 과정

클라이언트를 주의깊게 관찰하고 자기 자신과 클라이언트의 의사소통을 곰곰이 생각해 본 뒤 서비스의 내용, 사정에 대해 주의깊고 완벽한 분석으로 이야기체 요약을 쓸 수 있도록 배운다.

(4) 핵심적 기록의 6단계

① 학생은 클라이언트로부터 면접을 녹음할 수 있도록 요청, 허락을 받는다. ② 학생은 클라이언트와의 면접을 녹음한다. ③ 각 테이프는 표현된 진술 그대로의 기록으로 옮겨진다. ④ 학생은 비구조화된 형식이나 반구조화된 양식 중에 택일하여 각 면접의 요약을 준비해 준다. ⑤ 학생과 슈퍼바이저는 실무와 기록의 관점에서 재검토하고 토의한다. ⑥ 학생은 관례적 기관양식을 사용하여 공식적 클라이언트의 기록을 위한 이야기체 보고서를 준비한다.

(5) 핵심적 기록의 주의사항

첫째, 기관은 클라이언트에게 누가 테이프를 재검토하며 어떻게 사용될 것인지 알려주어야 한다. 둘째, 기관은 테이프의 비밀보장을 위한 지침을 필요로 한다. 셋째, 클라이언트의 사적 권리를 침해하면 안 된다. 넷째, 학생은 기구, 테이프, 사본에 드는 비용을 부담해야 한다.

4) 이야기체 기록

(1) 기록의 구성과 목적

기록구성의 목적은 다음과 같다. ① 기록을 구성, 기록하는 데 소비되는 시간을 제한하거나 정보의 저장, 검색, 활용을 간단화함으로써 비용을 절감한다. ② 자격을 인정해 주거나 재원을 제공해 주는 기관이 요구하고 있는 책무성을 만족시킨다. ③ 의사결정, 사례의 지속성, 슈퍼비전 또는 전문가 간의 의사소통을 원활히 하고자 하는 기관 내부의 욕구를 만족시킨다. ④ 현재의 기관차원 또는 분야차원의 기록기준과 일치한다. ⑤ 어떤 정보가 중요하며 어떤 변화가 일어날 것인지에 관한 실무가정과 일치한다. ⑥ 클라이언트의 사적 권리를 최대화한다. ⑦ 클라이언트 접근에 적절하다.

(2) 이야기체 기록(narrative records)

① 개방식 이야기체 형식

개방식 이야기체 형식에는 조직의 기능, 임상가의 기능, 클라이언트 상황의 본질, 서비스의 목적, 실무모델과 관련이론, 서비스 과정 등이 있다.

② 훌륭한 이야기체 보고서

훌륭한 이야기체 보고서는 비구조화되거나 비조직화되어 있지 않고, 오히려 주제별과 시간별로 조직화되어 있다.

③ 이야기체 기록

개별적, 독특한 기록방식, 클라이언트-상황과 서비스 교류의 특수한 본질을 반영할 수 있어 임상실무를 문서화하는 데 특히 적합하다. 그러나 미완성적이며 과잉적으로 단순하거나 지나치게 길고 초점이 분명하지 않을 수 있으며, 서비스의 질보다는 사회복지사의 문장력이나 기록에 투여된 시간에 의해 더 좌우될 수도 있다. 또한 시간소모적이고 비용이 많이 들어 기록을 미루게 되고 시기적절하지 않게 하며 유용성을 감소시킨다.

④ 이야기체 기록의 목적

이야기체 기록의 목적에는 첫째, 구조화된 양식을 사용, 복잡하고 개별화된 서비스에 대해서만 제한된다. 둘째, 개별화에 초점을 둔 요소에 한정적, 체계적, 전형적 정보에 대해 양식과 목록 개요를 사용한다. 셋째, 상이한 클라이언트 집단, 서비스 프로그램, 실무모델의 기록을 위해 관련된 주제를 제시한다. 넷째, 다른 곳에 기록되어야 할 내용, 먼저 기록되었어야 할 내용, 좀 더 효율적인 스타일을 사용하여 충분히 문서화될 수 있는 내용은 제외시킨다.

⑤ 이야기체 기록의 장점

이야기체 기록의 장점은 첫째, 개별화된 서비스를 문서화하는 양식이다. 둘째, 간결하며 초점이 분명한 이야기체 보고서는 효율적이다. 셋째, 사회력, 클라이언트의 상황에 대한 사정과 같은 특정 내용요소들만을 문서화하는 데 사용된다.

(3) 이야기체 기록을 위한 사례노트 유지

이야기체 사례기록의 창출로 효율성을 향상시킨다. 이야기체 기록은 융통성이 있어 중요하다고 간주되는 것은 모두 기록될 수 있다는 장점이 있으나 단점으로는 시간이 많이 소모되고 정보를 쉽게 복구할 수 없다는 것이다. 특정한 정보를 찾는 개인은 그들이 찾고자 하는 페이지를 찾으려면 많은 페이지를 읽어야만 한다. 이야기체 기록의 제한점을 최소화하면서 강점을 최대화하기 위해서는 ① 복합적이고 개별화된 서비스에 대해서만 이야기체 기록을 사용하도록 제한한다. 단기의 정규적 서비스에 대하여는 구조화된 형식을 사용한다. ② 개별화에 초점을 두는 기록에만 이야기체 기록을 사용하도록 제한한다. 체계적이거나 전형적인 정보에는 형식이나 목록, 개요를 사용한다. ③ 이야기체 기록에 포함되는 것들에 대한 지침을 세운다. 이러한 지침은 서로 다른 클라이언트의 집단서비스 프로그램, 실천양상의 기록을 위한 관련된 주제를 제시한다. ④ 이야기체 기록에서 배제되어야 할 것에 대한 지침을 세운다. 특히 다른 곳에서도 진술되는 내용, 쉽게 접근할 필요가 있는 내용, 좀 더 효율적인 형식을 사용하여도 충분히 진술될 수 있는 내용 등과 같은 방법을 사용할 수 있다.

사회복지사가 효율적으로 요약하기 위해서는 필기체계를 개발하여야 하는데, 그러한 방법으로는 이러한 정보가 항상 가까이 있도록 한 곳에 모든 사례를 메모하도록 하며, 활동한 것에 대하여 시간 순으로 기록하고 요약해서 적는다. 이야기체 기록은 보편적인 사회복지 기록 스타일이며, 사회복지사는 내용과 구조를 취하는 개방식 이야기체 형식을 사용한다. 이야기체 기록에는 ① 조직의 기능, ② 임상가의 기능, ③ 클라이언트-상황의 본질, ④ 서비스의 목적, ⑤ 실무모델과 관련이론, ⑥ 서비스 과정 등이 포함되며, 이야기체 기록은 주제별과 시간별로 조직화되어 있다.

5) 문제중심 기록(POR : Problem-Oriented Record)

문제를 다루기 위하여 클라이언트의 문제와 전문적 개입에 초점을 두는 간결한 기록형식을 촉진시킨다. POR은 병원 또는 의료적 프로그램에서 자주 사용되는 기록형식의 한 방법이며 사회복지기관에서도 널리 사용하고 있다.

(1) 문제중심기록의 장점

문제중심 기록의 장점은 ① 동료 사회복지사, 기관감독자, 외부의 자문가, 조사자에게 사회복지사나 기관이 특정한 문제에 대해 접근해온 방식을 살펴볼 수 있게 한다. ② 클라이언트가 경험한 문제의 복합성과 상호관련성을 보여주지만 그럼에도 불구하고 각 특정한 문제에 초점화된 관심을 갖도록 한다. ③ 전문가 상호간의 의사전달과 지시의 명료성을 촉진시키기 때문에 사례조정이나 팀워크를 증진시킨다. ④ 기관에서 직원교체가 있을 때에도 특정한 문제에 대한 전문적인 관심이 지속될 수 있다. ⑤ 문제해결의 진전에 대한 점검과 사후관리(조사)를 위한 기제를 제공한다. 문제지향의 기록을 살펴봄으로써 행동하지 않은 것 혹은 클라이언트의 문제와 관련되지 않은 행동을 알아 낼 수 있다. ⑥ 간결한 기록을 장려한다. 특정한 문제에 초점을 두고 있기 때문에 적절하지 않은 정보는 기록에서 제외된다.

(2) 문제중심 기록의 구성요소

POR은 네 가지 요소로 구성되며, 이 요소는 문제해결과정의 기본적인 단계와 관련이 있다. 데이터베이스는 접수단계 동안 수집한 정보로 주로 구성되며 클라이언트가 기관에 가져온 문제의 서술을 포함한다. 문제란 클라이언트, 혹은 양쪽 모두의 관심사일 수 있다. 모든 문제가 문제목록의 일부가 된다. POR은 클라이언트 문제목록의 각 항목에 대한 반응과 행동의 특정 유형을 요구한다.

기본적으로 세 가지의 행동이 있을 수 있다. 즉, 세 가지의 행동유형은 ① 개입, ② 문제를 보다 잘 이해하기 위하여 부가적인 정보를 확보, ③ 상황점검과 더 이상의 향상을 기다리는 것 이외에는 아무 것도 하지 않는 것이다. 사회복지사는 사례기록의 본문에 자신의 행동을 기록하고, 특정 문제에 대한 행동에 참고하기 위해 문제번호를 활용하는 데 주의해야 한다. 문제중심 기록은 보건 및 정신보건기관에서 광범위하게 사용되는 형식이다.

(3) 문제중심 기록의 주요 방법

① 데이터베이스

데이터베이스에는 ㉠ 클라이언트의 주요 불만, ㉡ 클라이언트의 프로파일(일상에 대한 기술), ㉢ 사회적 정보, ㉣ 현재 질병, ㉤ 과거력과 체계에 대해 검토, ㉥ 신체검사 결과, ㉦ 상담실 보고자료 등이 포함된다.

② 문제자료

문제자료는 ㉠ 사회복지사가 팀으로 또는 독립적으로 자료수집과정 동안 정의된 모든 문제의 목록을 작성하고, ㉡ 문제의 목록은 기록에 대해 색인역할을 하며, 이것은 책무성을 위한 문서가 된다. ㉢ 새로운 문제가 정의되면 이 문제에는 번호가 매겨져서 목록에 추가되고, ㉣ 문제가 해결되거나 재정의되어 더 이상 서비스의 초점이 되지 않으면 상황변화가 기록되며, ㉤ 퇴원 시 문제목록은 서비스 제공을 검토하기 위한 근거가 된다.

③ 초기 계획

초기 계획에는 ㉠ 진단계획, ㉡ 치료계획, ㉢ 교육계획, ㉣ 추적계획, ㉤ 경과기록을 작성한다. 위드(Weed)는 각 계획이 클라이언트의 정보, 부가적 치료, 교육에 대한 더 많은 것을 포함할 것을 제안한다. ㉠ 사회복지사는 목록으로 작성된 문제의 각각에 대한 계획을 세운다. ㉡ 계획에는 번호가 붙여지고, 관련문제를 대표할 수 있게 이름을 부여한다. ㉢ 각 계획은 필요할 때마다 진행노트 속에서 최초의 정보로 바뀐다.

④ POR의 수정

정신보건세팅의 모든 분야에 활용을 위해 수정을 필요로 하는데 첫째, 데이터베이스 내용의 확대는 ㉠ 관련있는 현재의 개인적, 사회적, 환경적 요소, ㉡ 자세한 개인력 및 사회력, ㉢ 과거의 정신보건서비스 경력, ㉣ 정신상태검사, ㉤ 심리검사결과 등이 포함되며, 둘째, 문제목록 내용의 확대는 ㉠ 관련있는 정신과적 진단, ㉡ 일상생활에서의 문제점, 특히 자기관리 및 자기보호, 가족, 친구, 지역사회의 관계 및 작업환경에서의 관계 등이 포함된다.

⑤ POR의 변형

POR의 초점을 다음과 같이 지나치게 간단화하거나 왜곡시킬 수 있다. 첫째, 사회복지 관심의 폭(욕구), 자원, 강점보다는 문제를 강조함으로써, 둘째, 관련된 현상의 복잡성, 관심의 초점으로서 개인-상황 교류보다는 개인을 강조함으로써, 셋째, 통합적이며 체계적인 쟁점-부분화를 강조함으로써, 넷째, 사회복지활동이 특수한 본질-치료적 개입을 강조하지 않으면서 사례관리를 강조함으로써 초점에 대한 이러한 제한점은 만약 사회복지사가 POR의 형식을 관련된 심리사회적 정보, 사회사업서비스, 사회사업활동에 관한 전 범위를 포함할 수 있도록 수정되어진다면 어느 정도 해소될 수 있다. 데이터베이스에 포함시켜야 할 내용은 ㉠ 관련된 상황의 대인적, 사회적, 제도적, 물리적 환경의 쟁점, ㉡ 클라이언트의 강점, 자원, 능력, ㉢ 클라이언트의 개인환경에 있는 이용가능한 자원 등이 있다.

(4) SOAP 형식

이야기체 노트(narrative note)는 종종 SOAP 메모로 언급되는데 데이터베이스에 있는 정보를 최신 정보로 바꾸고 초기 계획을 수정한다. 개입이 필요할 때 이 행동을 서술하는 데는 SOAP 형식을 사용하는 것이 유용하다. SOAP의 약자는 다음과 같다.

① 주관적 정보(S : Subjective Information)

클라이언트가 상황을 어떻게 인식하고 느끼는가를 나타낸다. 따라서 주관적 정보는 독립적으로 느끼는가를 나타낸다. 클라이언트의 자기보고에서 나온 외적 타당도는 없다. 클라이언트와 가족이 기술하는 문제와 같은 주관적 정보는 클라이언트, 클라이언트 가족, 클라이언트의 친지 등으로부터 얻은 주관적 정보로서 클라이언트가 상황을 어떻게 인식하고 느끼는가를 나타낸다. 기록내용은 ㉠ 클라이언트의 병력, ㉡ 클라이언트의 생활양식이나 가정생활, ㉢ 클라이언트의 정서나 태도, ㉣ 클라이언트의 목표, ㉤ 클라이언트의 치료에 대한 반응, ㉥ 클라이언트의 사례나 현 상태에 대한 다른 정보 등이 있다.

② 객관적 정보(O : Objective Information)

전문가의 직접적 관찰, 임상적 실험, 체계적인 자료수집 등에 의해 얻어진다. 주관적 정보와 비교하여 볼 때 이러한 자료는 독립적으로 검증될 수 있다. 사회복지사가 보는 클라이언트에 대한 관찰과 같은 객관적 정보는 전문가의 직접관찰, 임상실험, 체계적인 자료수집에 의해 얻어진 정보, 주관적 정보의 객관적 검증을 한다. 객관적 정보에는 ㉠ 의료기록지에서 나온 클라이언트의 병력이나 현 문제와 관련된 클라이언트의 병력, ㉡ 객관적인 검사 또는 측정이나 관찰의 결과, ㉢ 이미 클라이언트에게 제공되는 치료 등이 있다.

③ **사정**(A : Assessment)

주관적, 객관적 정보의 검토를 통해 추론된 전문가의 개념화와 결론을 말한다. 주관적 및 객관적 자료의 중요성을 분석, 정리하고 그 결과에 의하여 클라이언트의 문제에 대한 전문가의 의견을 기록한다. 의료진의 견해(impression), 해석(interpretation), 사정(assessment) 등이 있다. 사정에는 ㉠ 주관적 정보와 객관적 정보 사이의 관계, ㉡ 단기목표 혹은 치료계획에 대한 정당화, ㉢ 클라이언트의 주요 문제에 대한 명확화, ㉣ 치료진에 대한 정당화, ㉤ 치료에 있어서 클라이언트의 진전상황에 대한 논의, ㉥ 클라이언트의 재활 가능성과 이유에 대한 토의, ㉦ 처음 면접 동안 정보획득에 있어서 어려움의 설명 등이 있다.

④ **계획**(P : Plan)

전문가가 특정한 문제를 제기하거나 해결하는 방법을 나타낸 것이다. 계획은 앞으로의 진단과 치료에 대한 계획, 클라이언트나 가족에 대한 교육계획 및 추적계획이 포함된다. 초기계획에는 ㉠ 하루 혹은 일주일에 클라이언트가 받아야 할 횟수, ㉡ 치료의 장소, ㉢ 치료의 진전, ㉣ 평가나 재평가에 대한 계획, ㉤ 종결계획, ㉥ 타 기관에 의뢰 등과 같은 형식으로 작성한다.

〈표 13-2〉 **SOAP 기록의 예**

구분	내용
S (주관적 정보)	허구한 날 술만 먹고 남편 구실을 해야지요. 돈 한번 제대로 벌어온 적이 없어요. 매일 잔소리 해봐야 먹히지도 않고, 죽는다, 헤어지자… 그래도 들은 척 만 척이에요. 애들 때문에 살지…
O (객관적 정보)	문제성 음주, 사회적 역할수행 기능약화, 가족의 대응기제 결핍
A(사정)	알코올 의존(alcohol dependence), 가족대처기술의 결핍(deficit of family coping skill), 질병에 대한 이해 부족
P(계획)	① 주 1회 알코올 교육집단 참여, ② 가족교육(질병의 이해, 대처기술)

6) 시계열적(단일사례) 기록(time-series records)

시계열적 기록은 사회사업개입의 표적이 되는 행동, 태도관계에 대한 측정을 되풀이 해 기록하는 것이다. 클라이언트-상황에 대한 사정과 그 후에 서비스의 목적이나 목표성취활동에 대한 평가에 사용되며, 서비스의 목적 또는 목표가 설정되자마자 측정도구가 결정되고, 측정과정이 시작되며, 기록하는 작업이 시작된다. 시계열적 기록은 측정목적, 과정, 누가 측정하는가에 따라 다양성을 나타내며, 측정을 기록하는 것은 항상 동일한 원칙을 따른다. 무엇이 기록되고, 언제 기록되며, 누가 기록하느냐 하는 것이 명시되어야 하며, 서비스 과정을 통하여 일관성이 있어야 한다.

선택된 측정을 일관성 있게 기록하기 위해서는 가능한 한 양식을 사용하며, 특별하게 설계된 양식을 사용하는 것은 정보수집과 기록과정 자체를 조직화하는 것을 돕는다. 하나 이상의 측정이 사용될 때 각각의 측정을 기록하기 위해 보통 별도의 양식이 사용되며, 다른 시간대에 다른 자료원으로부터 수집된 정보를 한 가지 양식 안에다 합쳐놓는 것은 자료의 정확도를 해칠 수 있다. 각각의 양식으로부터 얻어진 정보는 후에 언제든지 단일차트 속에 합쳐질 수 있다. 시계열 측정을 선택하고, 실행하고, 해석하는 활동을 혼동시키는 여러 요인을 보면, ① 선택된 측정이 변화를 실제로 대표하지 않을 때, ② 측정 자체가 개입으로 작용할 때, ③ 측정된 효과와 효과를 준 원인을 서로 연계시키는 것이 어려울 때 등이 있다.

시계열적 기록양식의 주요 내용에는 양식사용지침(누가, 언제, 왜, 무엇을), 측정시기, 측정과정이나 측정 자체에 영향을 줄 수 있는 개인적, 상황적 특수요인 등이 있으며, 시계열적 기록의 형태로는 행동에 관한 기록, 진행업무일지, 지지적 작업 프로그램에 대한 시간표, 시계열적 그래프 등이 있다.

3. 사회복지 기록의 활용과 유의점

1) 사회복지 기록의 활용

(1) 클라이언트의 욕구확인

기록은 클라이언트, 상황, 서비스에 대한 욕구를 확인시켜 주는 정보를 포함한다. 이런 정보는 클라이언트의 서비스 자격요건을 확인해 주고 제공된 서비스에 대해 제3자로부터 배상을 청구할 때도 사용한다.

(2) 서비스 내용의 보고

사회복지사는 클라이언트와의 만남, 지역사회기관과의 회의, 기관의 사례검토에 대해 기술한다. 사회복지사는 클라이언트의 상황이나 서비스 과정에 영향을 주는 주요

사건에 대해 보고하게 되는데, 이러한 보고의 목적은 서비스 과정에 대한 정당한 이유를 제공해 주기 위한 것이다.

(3) 사례의 지속성 유지

사회복지사 부재 시 클라이언트에게 서비스를 전달하는 다른 사회복지사가 사례에 대한 현재까지의 진행과정을 검토할 수 있게 해준다.

(4) 전문가 간 의사소통의 원활화

기록은 팀 구성원에게 집단결정과 집단행동을 강화시켜 주는 자원을 제공하며, 전문가의 개별적 노력을 조정할 수 있도록 돕고, 팀의 모든 구성원이 접할 수 있는 새로운 정보를 만들어낸다.

(5) 클라이언트와 정보공유

기록은 클라이언트와 의사소통하는 도구로 사용될 수 있다.

(6) 슈퍼비전, 자문, 동료검토의 원활화

슈퍼바이저는 이 정보를 사회복지사가 서비스를 계획하고 실행하는 것을 돕는 데 사용한다.

(7) 서비스의 과정과 효과의 모니터

기록은 서비스에 대한 지속적 평가에 유용한 도구이다. 기록은 보고하고 실무과정과 행동에 영향을 주기 위해서뿐만 아니라 그것을 기술하기 위해 사용되는 서술적이며 평가적인 문서이다.

(8) 학생과 다른 전문가에 대한 교육

기록은 교육적 측면에서도 명시적인 역할과 암시적인 역할을 모두 수행하고 사회복지실천과 기관의 업무과정을 가르치기 위해 사용하며, 각 사회복지사의 지속적 교육과 발전을 위한 중요한 도구이다.

(9) 행정적 과업을 위한 자료제공

클라이언트와 서비스에 관한 정보는 클라이언트를 지속적으로 추적하고 클라이언트의 욕구, 서비스의 유형, 직무관리, 직원의 직무수행, 자원의 분배에 관한 행정적 결정을 위한 정보를 제공하기 위해 사용한다.

(10) 조사를 위한 자료제공

'조사'라고 이름붙은 활동을 위한 재원을 정당화시키는 데 어려움을 겪지만 많은 기관과 사회복지사들은 조사에서 기록을 사용한다.

2) 기록에서 유의할 점

(1) 정확한 표현을 사용해야 한다. 구체적인 연, 월, 일을 정확히 기록하여 혼란을 방지하며, 정확하게 기록하여 정확한 정보를 제공하여야 한다.
(2) 간결하게 핵심적인 내용을 중심으로 작성한다. 내용을 지나치게 상세하게 기록하는 경우 내용을 파악하기 어려우므로 다른 사람이 처음 읽었을 때도 사회복지실천의 주요 내용을 쉽게 파악할 수 있게 핵심적인 것을 중심으로 간결하게 기록하는 것이 바람직하다.
(3) 가능하면 6하원칙에 따라 누가, 언제, 어디서, 무엇을, 어떻게, 왜 했는지에 대해 기술함으로써 상호파악을 용이하게 해야 한다.
(4) 진단명은 의료진에 의한 정확한 진단이 아닌 한 사용에 주의해야 한다. 의료진에 의한 정신과적 진단이 없는 상태에서 우울증 환자, 알코올 중독자라고 기술해서는 안 된다.
(5) 기록 중에 잘 모르는 부분은 피하지 말고 잘 모른다고 정직하게 기록하여 다음 면접 때 확인할 수 있게 해야 한다.
(6) 철자, 띄어쓰기, 시제 등의 문법적인 사항에 유의하여 사회복지사가 전달하고자 하는 내용을 읽는 사람이 바르게 이해할 수 있어야 한다.

3) 사회복지현장의 문서와 서류

다음은 2013년도 장애인거주시설 평가지표 안에서 다양한 서류나 문서에 관한 내용(보건복지부, 2012 : 46)은 다음과 같다.

〈표 13-3〉 **서류의 비치 및 관리**

<table>
<tr><td>평가항목</td><td colspan="2">서류의 비치 및 관리</td></tr>
<tr><td>평가목표</td><td colspan="2">서류의 비치 및 관리가 적절히 이뤄져 행정업무가 원활히 이뤄지고 있다.</td></tr>
<tr><td>평가지표</td><td colspan="2">B7. 서류는 제대로 관리・비치되어 있는가?</td></tr>
<tr><td>평가내용</td><td colspan="2">① 사례, 행정기록의 목적, 양식 내용 등이 명시된 서류관리지침이 문서화되어 있다.
② 서류관리 지침에 따라 기본 서류가 기록, 관리되고 있다.
③ 직원 간의 문서 공유체계가 있고 실현되고 있다.
④ 위임, 전결규정이 있고 실현되고 있다.</td></tr>
<tr><td rowspan="4">배점방식</td><td>우수(4)</td><td>위 항목 중 4가지 항목이 해당된다.</td></tr>
<tr><td>양호(3)</td><td>위 항목 중 3가지 항목이 해당된다.</td></tr>
<tr><td>보통(2)</td><td>위 항목 중 2가지 항목이 해당된다.</td></tr>
<tr><td>미흡(1)</td><td>위 항목 중 1가지 이하 항목이 해당된다.</td></tr>
<tr><td>지표해설</td><td colspan="2">– 관련근거 : 사회복지사업법 제37조 및 동법시행규칙 제25조의 필수비치 서류는 법인의 정관(법인에 한한다), 법인설립허가증사본(법인에 한한다). 사회복지시설신고증, 입・퇴소자의 명부, 입・퇴소자의 상담기록부, 시설의 운영계획서 및 예산・결산서, 후원금품대장, 시설의 건축물관리대장, 시설의 장과 종사자의 명부이다.
– 장애인복지법 시행규칙의 필수비치 서류는 관리에 관한 장부로 직원관계철, 회의록철, 사업일지, 문서철, 문서접수・발송대장, 차량운행일지, 사업에 관한 장부로 거주자관계서류(신상조사서, 명부, 건강기록부, 입・퇴소자의 명단, 보호의 경과, 지도, 개별상담 등 관계철), 재활프로그램 관리대장, 교육・훈련관계서류(훈련일지 및 평가관계서류), 급식관계대장, 재무・회계에 관한 장부로 총계정원장 및 수입・지출 보조부, 금전출납부 및 그 증빙서류, 예산서 및 결산서, 비품수불대장, 비품(장비)대장, 재산대장・재산목록과 그 소유권에 관한 증빙서류, 거주자의 비용부담 관계서류, 각종 증빙서류 및 기타 필요한 서류이다.
– ③ 직원 간 문서공유체계란 문서 또는 네트워크상에서 공람, 협조, 회람, 결재 과정에서의 협조 여부로 판단한다.</td></tr>
<tr><td>평가기간</td><td colspan="2">2010.1.1.~2012.12.31</td></tr>
<tr><td>평가자료</td><td colspan="2">관리・사무・재무・회계에 관한 장부확인, 컴퓨터 파일 확인, 운영규정, 위임・전결규정 등 관련문서</td></tr>
</table>

Chapter 14 사회복지실천 평가

사회복지실천의 과정이 마무리되는 종결단계에서는 사회복지사와 클라이언트가 이제까지의 문제해결과정을 종합적으로 평가, 종결하게 된다. 사회복지에서의 평가는 사회에 대한 책무성과 효과성을 입증하는 방법이자 사회복지사의 자기발전 및 기관의 사회적 승인을 확보하는 중요한 과업이 된다.

1. 평가의 개념

1) 평가(evaluation)란?

사회복지실천에서 사용되는 중재 또는 개입의 결과를 사정하기 위한 기술이다(Zastrow, 1999 : 258). 평가는 문제해결과정의 마지막 단계이며, 평가를 통해서 사회복지사와 클라이언트는 사회복지사가 의도한 대로 서비스 계획을 수행하고 있는지, 목적이 달성되고 있는지를 결정할 수 있다. 평가에 근거하여 사회복지사와 클라이언트는 다른 문제를 변화시키고 목적을 바꿀 수 있으며, 서비스 계획을 바꾸거나 다른 방식으로 계획을 수행할 수도 있다.

평가에는 ① 사회복지사가 개입계획의 효율성과 효과성을 클라이언트들과 함께 사정하는 것, ② 사회복지사와 클라이언트가 의도한 대로 서비스 계획을 수행하고 있는지를 결정하는 것, ③ 기관이 제공하는 프로그램과 서비스를 동료 사회복지사와 함께 사정하는 것, ④ 효과적인 접근방법을 선택하는데 있어서 사회복지사와 클라이언트에게 도움이 될 이전의 프로그램 평가에 의해 산출된 지식을 이용하는 것, ⑤ 의도하지 않은 결과에 대해 주의하고 개입의 역효과를 방지하기 위해 합리적인 조치를 취하는 것, ⑥ 서비스 계획을 평가하는 데 사용할 기록자료를 보관하는 것 등과 같은 사항이 포함된다(전재일 · 이성희, 2004 : 357-359).

2) 평가과정

평가과정은 개입의 효과성과 효율성을 측정하는 것이다. 효과성은 목표가 달성되었는지의 여부를 말하는 것이고 효율성은 사용된 자원(시간, 노력, 비용 등)과 얻어진 성과 간의 비율을 말하는 것이다(sheafor 외, 1991 : 384). 효율성은 산출/투입으로도 표시될 수 있어서 분자가 분모보다 커야 효율적이라고 말할 수 있다. 개입이 효과적임과 동시에 효율적인 것이 이상적이지만 하나의 목표를 달성하기 위해 너무 많은 시간이나 노력, 비용이 필요하다면, 목표를 달성하기 때문에 효과적이지만 경제적이지 못하기 때문에 효율적이지는 못하다. 만약 개입이 목표를 달성하지 못한다면 효과적이지도 못하고 효율적이지도 못하게 된다.

평가에는 두 가지 차원이 있다. 하나는 무엇을 대상으로 하는가(평가수준)의 차원이며 다른 하나는 무엇을 재는가(평가내용)의 차원이다. 평가수준의 차원에는 두 가지 유형이 있는데 그 중의 하나는 사회치료(social treatment) 평가로서 특정한 클라이언트나 가족, 소집단에 대한 개입의 효과성과 효율성을 측정하는 것이며, 다른 하나는 프로그램 평가로서 다수의 클라이언트나 전체 지역사회에 대한 프로그램의 효과성과 효율성을 측정하는 것이다.

사회복지실천에서 효과성을 평가하는 이유(Bloom, Fischer & Orme, 1999)는 ① 개별 클라이언트에 대한 특정 개입의 효과성에 관한 정보를 통하여 클라이언트에게 최대한 도움을 주기 위해 평가를 실시한다. ② 서로 다른 문제, 특성, 환경을 가진 클라이언트들에게 상대적으로 효과적인 개입방법을 선정하기 위해 평가를 실시한다. ③ 기관, 클라이언트, 전문가 집단, 지역사회에 대한 책무성을 향상시키기 위해 평가를 실시한다(김혜란 · 홍선미 · 공계순, 2001 : 268-269).

사회복지실천의 효과성 정도는 다음의 세 가지 조건과 관련하여 정의된다(Blythe, Tripodi & Briar, 1994 : 160). 첫째, 사회복지실천의 효과성은 특정한 개입에 대해 개입의 목표가 달성된 정도이다. 둘째, 개입과 목표달성의 관계에서 사회복지실천의 효과성이란 성공적인 목표달성이 개입과 상호 관련되어 있거나 인과적으로 관련되어 있는 정도이다. 셋째, 일반화는 사회복지실천의 효과성은 개입과 목표달성의 관계가 특정 클라이언트에게 지속적으로, 비슷한 문제나 다른 문제를 가진 클라이언트에게 일반화될 수 있을 때 향상된다. 위의 세 가지 조건 중 특히 첫째, 둘째 조건은 사회복지사가 개별사례에 대해 개입의 효과성을 평가할 때, 반드시 갖추어야 하는 것으로 목표의 달성 여부와 그 목표달성이 계획된 개입으로 인한 것이라는 것이 평가과정에서 나타나야 한다(김융일 · 조흥식 · 김연옥, 1995 : 265-266).

3) 평가의 중요성

사회복지기관은 평가를 통해 클라이언트와 사회에 책임을 다할 의무가 있다. 사회복지기관은 프로그램을 개선 · 개발하고 사회복지사의 재교육을 계획하는 데 필요한 정보를 얻을 수 있으며, 사회복지실천의 효과를 평가, 증명해 보임으로써 외부의 재정적인 지원을 계속해서 받을 수 있게 된다. 사회복지사도 클라이언트에게 책임을 다할 윤리적 의무가 있다. 사회복지사는 자신의 실천활동이 클라이언트를 변화시키는 데 효과적인지를 평가해야 하며, 평가과정에서 클라이언트의 의견을 반영해야 한다. 이러한 자기평가과정을 통해서 사회복지사는 자신의 실천을 향상시키는 데 필요한 기초를 마련하게 된다. 평가에 대한 개방과 수용을 통해 전문직으로서의 사회복지사 위상을 높이는 관건이 된다(성규탁 · 윤경아, 1996 : 8-9).

4) 프로그램 평가의 유형

(1) 실천평가

서비스 제공자의 개입노력을 사정하는 것으로 "개인(가족, 집단, 조직, 지역사회)을 기대한 만큼 변화시켰는가"하는 것이다. 실천평가는 형성평가와 총괄평가 모두를 일컫는다.

(2) 형성평가(formative evaluation) : 결정지향적 평가

형성평가는 원조과정 동안 실시한 사정과 관련되며, 귀납적인 논리에 입각한 평가이다. 형성평가의 초점은 "앞으로의 결정을 위하여 알아야만 될 것이 무엇인가?"라는 질문이며, 프로그램이 수행, 전달되는 과정 중에 실시할 수 있다는 것이 특징이다. 또한 과정지향적(process-oriented) 평가라고도 한다. 형성평가에서는 모니터링 테크닉의 사용으로 그때그때의 필요한 소프트(soft)한 자료를 수집하며, 모니터링 테크닉과 피드백을 중요시하기 때문에 융통성이 많다는 것이 특징이다. 서비스 제공자가 과정을 검토하도록 하고, 필요한 경우에는 개입계획을 수정할 수 있도록 한다. 형성평가는 실천과정을 점검하는 것이며, 평가가 프로그램을 시험하고, 클라이언트나 지역사회에 더 좋은 서비스를 제공하도록 그 기능수행을 변화시키는 데 토대가 된다면 이는 형성평가이다.

형성평가의 4단계 실행과정

1단계 : 프로그램 운영에 있어서 무엇이 문제이며, 누가 이 문제에 대하여 관심을 갖고 있는가?

- 미래의 결정을 위한 문제를 규명한다.
- 누가 이 문제에 대해 관심을 가지고 있으며, 그 이유는?
- 결정을 위해 필요한 정보, 자료는 무엇인가?

2단계 : 필요한 정보는 어떻게, 어디에서 수집하는가?

- 얼마나 신빙성이 있는 자료인가?
- 정보수집에 가장 협력을 거부할 사람은 누구겠으며, 그 이유는?
- 정보수집을 위한 자원은 확보되어 있는가?

3단계 : 수집된 정보의 질(質)은 어떠한가?

- 이 정보는 얼마나 타당성, 신빙성이 있는가?
- 기관의 보유자료를 정보산출을 위해 쓸 수 있는가?
- 새로운 정보수집도구를 도입해야 되는가?
- 얼마나 자주 정보를 수집하고, 보고를 해야 되는가?

4단계 : 정보를 수집하고, 보고한 사람은 누구인가?

- 어떻게 정보가 수집되며, 어떠한 형태로 보고될 것인가?
- 정보의 신뢰도, 타당도를 어떻게 검토할 것인가?
- 이 정보를 어떻게 결정과정에 활용할 것인가?
- 이 정보의 신용도를 어떻게 결정할 것인가?

형성평가 진행과정표

1단계 : 프로그램 운영에 있어서 무엇이 문제이며, 누가 이 문제에 관심을 갖고 있는가?	1	2	3
(1) 해결되어야 할 문제는 무엇인가?			
(2) 누가 이 문제에 관심을 갖고 있는가?			
(3) 왜 이 문제에 관심을 갖고 있는가?			
(4) 이 문제를 해결하기 위해 필요한 자료나 정보는 무엇인가?			
2단계 : 필요한 정보를 어디서 어떻게 수집하는가?	**1**	**2**	**3**
(5) 정보를 누가, 어디에서 제공하겠는가?			
(6) 수집된 정보의 신빙성은 있는가?			
(7) 정보수집에 관심이 없거나 협력하지 않는 사람은?			
(8) 정보수집에 관심이 없는 이유는?			
(9) 정보수집을 위한 자원은 확보되어 있는가?			

3단계 : 수집된 정보의 질은 어떠한가?	1	2	3
(10) 수집된 정보의 질은 어떠한가?			
(11) 자료의 질은 어떻게 측정하겠는가?			
(12) 정보수집의 자료, 문서, 도구는 어떤 것인가?			
(13) 얼마나 자주 정보수집을 해야 되는가?			
4단계 : 정보수집의 책임	**1**	**2**	**3**
(14) 누가 정보를 수집하고, 보고를 담당하는가?			
(15) 정보의 타당도와 신빙성은 어떠한가?			
(16) 정보를 어떻게 환류시키겠는가?			
(17) 문제해결을 위한 정보의 실용성은 어떠한가?			

(3) 총괄평가(summative evaluation) : 목표지향적 평가

총괄평가는 본질적으로 연역적인 논리에 바탕을 둔 평가이며, 한 기관의 정책 또는 프로그램이 달성하고자 했던 목표를 얼마나 잘 성취했는가의 여부를 평가한다. 총괄평가는 최종결과물을 평가하고, 성공 혹은 실패와 관련된 요인을 알아내는 것이며, 프로그램의 결과와 효과를 평가하고자 한다. 또한 점검이 과정의 종결까지 지속되면 총괄평가 형식이 된다. 총괄적인 것이란 재원제공자에게 실시 결과를 보고하기 위한 것이다.

총괄평가의 6단계 실행과정

1단계 : 이 기관의 목적(mission)은 무엇인가?

- 이 기관이 개입 또는 해결하고자 하는 문제는 분명하게 규명되어 있는가?
- 서비스의 표적집단은 규명되어 있는가?
- 서비스가 달성하고자 하는 목표는 분명히 확인되었는가?
- 서비스의 방법은 분명히 설명되었는가?

2단계 : 프로그램의 목적(goal)은 무엇인가?

- 이 기관이 달성하고자 하는 프로그램은 목적달성을 위한 업무활동, 표적집단, 소요 전문인력, 예산 등을 정확히 기술하고 있는가?
- 이 기관이 시행하고자 하는 프로그램의 목적은 표적집단에게 기대되는 예상효과(impact), 해결되어야 할 문제, 서비스 전달방법을 구체적으로 명시하고 있는가?

3단계 : 프로그램의 목표(objective)는 무엇인가?

- 각 프로그램의 목적 달성을 위한 측정가능한 목표와 구체적으로 연결되어 있는가?
- 서비스가 어떻게 전달될 것이라는 과정적 목표가 명시되어 있는가?
- 표적집단 또는 서비스의 대상자에게 나타날 서비스 효과의 목표가 구체적으로 명시되었는가?

4단계 : 프로그램의 목표가 달성되었는지 여부를 어떻게 결정하는가?

- 프로그램 목표 달성의 여부를 측정하기 위하여 어떤 척도를 사용할 것인가?
- 과정적 임무 및 효과척도를 사용하였는가?
- 우리의 업무는 프로그램의 목표달성과 관련이 있는가?

* 과정적 임무 : 직원의 서비스 전달 소요시간, 서비스 전달형태와 방법 등을 칭한다.

5단계 : 클라이언트를 대상으로 한 목표는 달성되었는가?

- 클라이언트와 공동으로 합의되었던 특수한 서비스의 목표가 있었는가?
- 공동의 서비스 목표달성을 위해 특별히 채택된 방법이 있었나?
- 목표달성의 여부를 확인하기 위한 정기적인 평가는 있었나?
- 사회복지사와 슈퍼바이저는 자신의 서비스 전달의 효과성을 정기적으로 평가하는가?

6단계 : 평가의 자료를 어떻게 사용할 것인가?

- 프로그램의 목적과 목표는 달성수준을 평가할 수 있도록 평가의 자료를 체계적으로 정리하였는가?
- 평가의 자료가 해석의 과정을 거칠 수 있도록 충분한 시간을 할애했는가?
- 어느 정도나 내적 혹은 외적 요인이 평가결과에 영향을 미쳤는가?
- 프로그램의 긍·부정적인 양면을 고려할 때 어떠한 변화를 시도해야 되는가?
- 평가의 결과는 어떻게 활용해야 될 것인가?

총괄평가의 핵심내용

1. 평가결과의 정리

1) 기관의 목적 :

2) 프로그램의 목적 :

3) 프로그램의 목표 :

	긍정적	부정적
예상된 결과		
예상치 못한 결과		

2. 프로그램의 내용과 목적

1) 프로그램과 관련된 업무영역 :

2) 표적집단의 범위 :

3) 서비스 전달에 투입된 인력 :

4) 이 프로그램의 목적	(1) 기대효과 :
	(2) 표적집단 :
	(3) 해결대상문제 :
	(4) 서비스 전달전략 :
	(5) 프로그램의 최종 목적 :

3. 프로그램 목표와 척도	
1) 업무수행과 관련된 프로그램 목표	(1) 업무자료(클라이언트에게 소요되는 시간, 행정업무 등)
	(2) 양적 지표(변화된 클라이언트의 수, 전달된 서비스)
	(3) 생산성 비용(비용비율분석, 직원비율, 시간비율 등)
2) 목표달성과 관련된 척도	(1) 클라이언트의 만족
	(2) 클라이언트의 지식, 기술, 태도분석
	(3) 클라이언트 주변사람의 평가
	(4) 변화된 클라이언트의 행동관찰

5) 프로그램 평가의 기준

평가의 기준(criteria)이란 평가를 위한 척도이다. 프로그램의 성패를 판단하기 위해서 프로그램의 어느 측면을 평가의 초점 또는 대상으로 삼아야 할 것인가에 대한 기준을 말한다. 평가의 기준은 대체로 ① 목표달성 수준, ② 기대하는 변화의 정도, ③ 변화 또는 성과를 나타내는 점수, ④ 의도한 서비스 효과가 표현되는 맥락이나 상황의 수준, ⑤ 원하는 가치가 산출되는 정도나 범위, ⑥ 클라이언트의 만족도를 나타내는 특정 지표, ⑦ 특정 행동 또는 태도의 변화 등으로 표현할 수 있다.

요크(R. O. York)는 평가의 기준으로 ① 노력성(effort), ② 효과성(effectiveness), ③ 효율성(efficiency), ④ 서비스의 질(quality of services), ⑤ 과정(process), ⑥ 영향(impact), ⑦ 형평성(equity) 등 7가지를 제시하였으며, 여러 학자의 공통적인 평가기준은 ① 노력성, ② 효과성, ③ 효율성, ④ 서비스의 질, ⑤ 이용자 만족도를 제시하고 있다.

〈표 14-1〉 요크의 평가유형

평가의 종류	개 념	방법 및 도구
(1) 투입 · 노력성 평가	• 노력성이란 기관이 얼마나 많은 활동을 했고, 서비스를 제공했는가 하는 사업의 산출을 평가하는 것	• 노력의 양 측정
(2) 효과성 평가	• 효과성이란 일반적으로 목표달성의 정도라 정의되며, 프로그램의 성과가 있었는지에 관한 정보를 얻기 위한 평가이다.	• 단일사례연구 • 목적달성척도(GAS) • 평가조사
(3) 효율성 평가	• 효율성은 최소의 자원투입으로 최대의 산출을 냈는가에 초점을 둔다. 산출/투입의 비율로 표현되며, 자원의 효율적인 사용에 대한 정보를 제공해 준다.	• 서비스 단위별 비용 • 비용효과성 분석 • 비용편익분석

(4) 영향평가		• 영향분석 • 평가조사
(5) 서비스 질 평가	• 서비스의 질이 얼마나 우수한가 하는 평가는 보통 제공된 서비스 내용 자체보다도 서비스 제공자의 자격이나 서비스 제공형식이 전문기준에 맞는가를 진단하는 데 초점이 맞추어진다.	• 동료리뷰 • 클라이언트의 만족도 조사 • 단일사례연구 • 대외적 근거자료 : 면허증, 수료증, 증서획득 등
(6) 과정평가		• 목표에 의한 관리(MBO) • 동료리뷰
(7) 형평성평가		• 평가조사

6) 유용한 프로그램 평가를 위한 지침

(1) 평가자료와 보고의 사용자(행정가, 입법가, 실천가, 프로그램 기획가 등)를 명확히 한다

① 사용자는 이 평가에서 진정으로 무엇을 원하고, 필요로 하고 있는가?, ② 사용자는 어떠한 유형의 정보를 이해하고 사용할 수 있는가?, ③ 평가결과가 프로그램의 지속, 조정, 종결에 영향을 줄 것이라는 믿음이 합리적인가?

(2) 평가가 가능한지 결정한다

① 평가에 필요한 시간, 자금, 기술이 사용가능한가?, ② 프로그램 평가 전문가에게 접근성을 가지고 있는가?, ③ 필요한 자료가 실제로 사용가능한가?, ④ 모든 핵심직원들이 평가의 아이디어에 동조하는가?, ⑤ 프로그램이 면밀한 조사를 수행할 만큼 충분히 안정적인가?, ⑥ 평가가 가치가 있을 만큼 프로그램이 충분히 오랫동안 진행되어왔는가?

(3) 프로그램의 목표와 목적을 진술한다

평가를 하는 데 가장 어렵고 중요한 단계이다. 프로그램이 무엇을 달성하려고 하는지 정확히 알지 못하면, 평가할 수 없다.

(4) 평가될 프로그램의 개입을 서술한다

개입활동은 프로그램 목적과 목표와 관련되어야 하고, 프로그램이 통제하는 요소나 힘에 초점을 두어야 한다. 개입이나 서비스 단위를 명확하게 기술한다. ① 언제 시작하고 끝나는가?, ② 서비스 제공자가 개입이 시작되는 때를 결정하는가?, ③ 클라이언트나 다른 사람이 개입이 시작되는 때를 결정하는가?, ④ 개입과 그 외의 클라이언트-

직원 상호작용을 구별할 수 있는가?, ⑤ 언제 서비스가 사용되어왔는지 판단할 수 있는가?

(5) 변화에 대한 측정가능한 지표를 선정한다

지표는 논리적으로 프로그램 개입으로 인한 것이어야 한다.

(6) 적절하고 사용가능한 자료수집과 측정의 도구를 선정한다.

(7) 자료를 어떻게 수집하고 도표화하며, 분석할지 계획한다.

(8) 평가결과를 해석한다. 평가노력의 마지막 산물은 결과의 보고이다.

2. 사회복지실천 평가를 위한 기술과 지침

직접적 서비스의 제공에서 가장 많이 사용되는 실천평가 기법은 단일사례설계이다. 그러나 많은 사회복지적 개입은 단일사례설계에서 요구되는 기초선 작업이나 측정유형에 맞지 않다(의뢰, 중개, 서비스 조정, 옹호활동 등). 이러한 경우에 목표달성척도, 결과체크리스트, 과제달성척도와 같은 다른 기법이 직접적 실천의 효과를 평가하기 위해 사용된다.

1) 신속한 사정도구(Rapid Assessment Instruments, RAI)

신속한 사정도구는 임상적 측정의 도구를 사용하여 평가와 사정의 정확도를 증진한다. 신속한 사정도구라고 불리는 도구가 단일사례설계와 함께 다양한 문제에 대한 임상적 개입을 평가하는 기법을 제공한다. 클라이언트의 RAI의 초기 점수는 기초선이 되고 나중의 점수는 변화의 지표로 간주된다. 피셔와 코코란(Fischer & Corcoran, 1995 : 9)은 RAI는 클라이언트가 상대적으로 짧은 시간에 기입할 수 있고, 사회복지사에 의해 쉬운 사용과 채점이 가능하고 특정 시간이나 특정 기간의 클라이언트의 조건에 대해 정확한 모습을 그려줄 수 있는 표준화된 필답의 설문지라고 했다.

2) 목적달성척도(Goal-Attainment Scaling, GAS)

목적달성척도(GAS)는 직접적이거나 간접적인 사회복지서비스 제공에서 클라이언트의 변화 또는 표적체계의 변화를 측정하는 유용한 평가도구 중의 하나이다. 목적달성척도는 사회복지개입의 목표가 어느 정도 달성되었는지를 가늠해 보기 위해서 사용된다. 목적달성척도는 정신보건, 약물 오·남용, 보호관찰 등과 같은 치료나 교정중심의 직접 서비스 제공분야를 비롯하여 집단과 지역사회에 대한 개입, 재가복지 및 사회복지행정분야에서도 활용할 수 있다.

(1) 사용방법과 절차

목적달성척도는 임상적 개입에서 계약단계나 목적설정단계에서 적용되기 시작한다. 개입과정에서 클라이언트에 대한 일반적인 개입목표가 사회복지사와 클라이언트 간의 합의에 의해서 설정되면, 그 목표는 몇 가지 하위목표로 나누어지고 그것은 목적달성추적표(goal-attainment follow-up guide)에 기록되어 개입과정에서 점검되고 종결단계에 종합적으로 평가된다. 이 측정표는 일련의 척도들로 구성되어 있으며, 그 척도들은 클라이언트 기능수행의 영역에서 합의된 긍정적이거나 부정적인 성과를 측정하게 해준다. 우선 목적달성추적표를 만드는 방법은 다음 세 가지 단계를 거친다.

단 계	내 용
1단계	서비스의 목표를 구체화하는 것
2단계	목적을 성취하는 방향으로 움직임을 기록하기 위한 방법을 선택하는 것
3단계	목표달성을 향한 움직임을 평가하기 위한 목적달성척도를 개발하는 것

① 사회복지적 개입이 영향을 주는 클라이언트의 주요 기능수행영역을 파악한다

정신보건분야에서 클라이언트의 주된 기능수행영역에는 알코올, 우울, 자살, 대인관계 등이 있으며, 재가노인복지분야에서는 독립적인 생활의 영위라는 일반적인 목표 아래 경제적, 심리적, 의료적, ADL(Activities of Daily Living), 비공식적인 원조망 등이 있을 수 있다.

② 여러 가지 하위목표의 영역을 비교하여 상대적 중요도를 표시하는 숫자를 부여한다

이 숫자들은 각 하위목표의 영역들에 대한 성과에 가중치를 부여하여 전반적인 목적달성에 관한 판정의 공정성을 확보하기 위해서 부여된다. 예를 들면, 노인재가복지에서 경제적, 심리적, 의료적, ADL의 네 가지 하위목표영역 가운데 ADL의 기능향상을 0.4로 하

고 나머지 세 가지 영역에 0.2씩을 부여하여 총점이 1이 되도록 가중치를 부여한다.

③ 각 목표영역에서 달성될 수 있는 성과를 5점 척도로 나누어 기록한다

성과의 5점 척도는 누진적으로 '가장 바람직하지 않은 성과(−2)', '기대 이하의 성과(−1)', '기대수준의 성과(0)', '기대 이상의 성과(1)', '최고의 성과(2)'의 순으로 정한다. 성과에 관한 진술은 구체적이고 관찰가능하며, 클라이언트의 문제와 밀접히 관련된 것이고 실제적이어야 한다.

점 수	내 용
−2	가장 바람직하지 않은 결과가 나옴
−1	기대한 성공수준보다는 낮음
0	기대한 성공의 수준
+1	기대한 성공수준보다 높음
+2	가장 바람직한 결과가 나옴

목적달성추적표는 개입과정에 필요한 시점에 작성할 수도 있으나 대체로 사례를 종결할 때나 종결 후 전화나 방문을 통해서도 작성할 수 있다. 목적달성척도는 각 클라이언트를 위해 개별적으로 개발될 수도 있으며, 클라이언트 집단, 예를 들면, 특정 서비스 프로그램에 참여하는 모든 클라이언트를 위해 개발될 수도 있다. 숫자로 표시된 값이 실제로 무엇을 의미하는지 인식하여 정보가 적절히 사용될 수 있도록 하는 것은 매우 중요하다. 목표성취도의 점수는 기대되는 목표성취의 수준에 얼마나 도달했는가 하는 수준을 나타내 주는 것이다. 점수는 기대가 성취되었는지뿐만 아니라 기대가 적절하였는지도 반영한다. 똑같은 결과가 나왔을 때 낮은 기대수준은 높은 기대수준보다 더 높은 점수를 얻을 것이다. 이런 점수만으로 특정 결과의 이유를 설명하지는 못한다.

또한 목표달성을 향한 움직임을 평가하기 위한 목적달성척도를 개발하는 것이다. 목적달성척도의 한계를 보면, 첫째, 점수만으로 특정 결과의 이유를 설명하지 못한다. 둘째, 바람직하지 못한 결과는 다양한 요인에 의해 비롯되기 때문에 목표의 부적절한 선택, 잘못된 측정, 통제되지 않은 클라이언트 환경 속의 사건이 있기 때문에 무엇이 바람직한 결과를 가져오는지도 분명치 않다. 바람직하지 못한 결과는 ① 목표의 부적절한 선택, ② 잘못된 측정, ③ 통제되지 않은 클라이언트 환경 속의 사건 등 다양한 요인에 의해 비롯될 수 있다. 무엇이 바람직한 결과를 가져오는지 분명치 않다. 만약

점수를 서비스 효과를 사정하기 위해 사용하려는 것이라면 클라이언트－상황과 서비스 환경에 대한 더 많은 정보를 기록하여야만 한다.

(2) 목적달성척도의 장단점

① 일반적인 목표가 여러 가지의 하위목표로 분화되어 각 하위목표의 성공과 실패의 정도를 측정하여 전반적인 목적달성의 여부를 계량적으로 파악할 수 있다.

② 목적달성 추적표로 특정한 서비스 제공이 어느 정도 효과가 있었는지 쉽사리 평가할 수 있다. 그러나 이러한 장점에도 불구하고 하위목표의 설정이 주관적이어서 사회복지사가 쉽게 달성할 수 있는 목표를 설정하고 추진하는 경우가 있다는 점이 단점으로 지적된다.

(3) 목적달성추적표의 작성과 계산법

일반목표 : 클라이언트의 자아존중감 향상		
클라이언트의 성명 : ____________		일자 : 20 년 월 일
성과의 수준(척도의 점수)	목표 ① : 재정적인 독립(0.6)	목표 ② : 체중감소(0.4)
최적의 성과 (1.0)	• 전임직장을 구하고 최저임금을 훨씬 상회한 보수와 의료보험 혜택	• 체중 30kg 이상 감량
기대 이상의 성과 (0.75)	• 전임직장을 구하고 최저임금을 약간 상회하는 보수수준	• 체중 15~30kg 정도 감량
기대한 정도의 성과 (0.5)	• 전임직장을 구하고 최저임금 수준의 급여	• 체중 5~15kg 정도 감량
기대 이하의 성과 (0.25)	• 시간제 직업을 구함	• 체중 5kg 이하 감량
전혀 성과가 없음 (0)	• 직장과 일거리를 갖지 못하고 여전히 부모와 동거	• 체중 증가

위의 사례에서 클라이언트의 자아존중감을 향상시키는 전반적인 목적에 이를 달성하기 위한 두 개 목표, 재정적인 독립과 체중감소를 설정하였다. 전반적인 목적달성 정도를 측정하기 위해 목표 ①을 기대 이상의 성과(0.75)를 보이고 목표 ②는 기대한 정도의 성과(0.5)를 보였다면, 다음과 같이 계산할 수 있다.

전반적인 목적달성 수준(GGAL) = (목표 ①의 가중치 × 성과수준) + (목표 ②의 가중치 × 성과수준)
$\therefore$ GGAL = (0.6×0.75)+(0.4×0.5) = 0.45+0.2 = 0.65

이 점수는 기대한 정도의 성과(0.5)보다 30% 기대 이상의 성과를 올린 것으로 판단할 수 있다.

≪요약≫
일차적 기능 : 책무성
현재 활용 : 정신보건
기록구성의 원칙 : 개별화된 목표와 목표성취에 대한 측정은 기대되는 목표성취라는 측면에서 볼 때 어느 수준의 목표가 달성되었는지를 수치화시켜 주는 척도를 위한 근거를 설정하여 준다.
장 점 : 사회복지사와 클라이언트가 성취할 수 있는 결과에 초점을 두도록 한다. 과정을 평가하는 방법을 명시화해 준다.
제한점 : 목적달성척도는 목표가 적절한지 또는 중요한지를 측정할 수는 없다. 또한 서비스가 효율적이고 효과적이었는지, 성취된 결과가 직접 원인이었는지를 결정할 수가 없다.

3) 과업성취척도(Task Achievement Scaling, TAS)

과업성취척도는 과업중심의 모델(task-centered model)을 정립시킨 레이드와 엡스타인(Reid & Epstein)에 의해서 개발된 평가도구로 간편하고 탄력적으로 개입의 주요 과업이 어느 정도 성취되었는지를 알아보기 위한 방법으로 널리 활용되고 있다. 이 척도는 정보제공, 의뢰, 식사배달, 주택확보, 독립생활 향상, 생활비 제공 등 유·무형의 구체적인 자원공급과 서비스 제공의 과정평가에 적합한 평가도구이다.

(1) 사용방법

① 개입의 목표를 다섯 개 이내의 주요 과업으로 나눈다.

예) 목표 : 가정에서 독립생활의 확보
• 과업 : ① 가정봉사원 배치, ② 식사배달서비스 확보, ③ 치료용 침대확보, ④ 이웃주민의 원조확보

② 성취도의 수준을 정하고 구체적으로 기술한다.

③ 각 과업의 진척을 5점 척도로 평가한다.

평 점	평점내용
0	과업에 대해 일할 기회가 없었다.
1	거의 성취되지 않았다.
2	부분적으로 성취되었으나 여전히 상당한 노력이 필요하다.
3	상당히 성취되었으나 여전히 상당한 노력이 필요하다.
4	완전히 성취되었다.

(2) 적용

과 업	성취도	평 점
① 가정봉사원 배치	Intake 이후 서비스 개시	3
② 식사배달 서비스	타 기관의 협조로 주 5일 식사제공	2
③ 이웃주민의 원조	이웃주민과 면접 후 매일 1회씩 접촉	4
④ 아들과 접촉	진전 없음. 아들의 연락처를 추적했으나 행방불명	1

(3) 과업성취척도의 장·단점

① 장점

㉠ 구체적이고 다양한 서비스 제공의 정도 또는 결과를 측정한다.

㉡ 과정평가로 서비스의 점검에 활용되며, 효과적이고 효율적인 서비스 제공에

주요한 정보를 제공한다.

ⓒ 사회복지사의 과업에 관한 결과와 성취도를 어느 정도 객관적으로 가늠하게 한다.

ⓡ 사례관리의 대상자에 적합한 평가도구이다.

② 단점

ⓖ 주관적인 평가의 성격이 강하여 과학적이고 객관적인 평가가 되지 못한다.

ⓛ 결과만 평가되고 의도나 노력성에 관한 평가는 어렵다.

ⓒ 주관적인 평가로 평점의 부여가 자의적일 수 있다.

4) 표적문제 변화척도(Target Problem Change Scale, TPCS)

표적문제 변화척도는 클라이언트의 행동, 가족문제, 조직변화, 지역사회의 변화 등 다양한 실천영역에서 표적문제로 간주되는 문제의 해결 정도를 점검하고 평가하는 방법이다. 주로 질적 조사의 형태로 이루어지는 평가방법으로 어떤 문제가 선정되면, 개입하면서 반복적으로 그 문제가 감소, 수정, 제거되는 정도를 파악할 수 있게 해준다. 이 척도는 사회복지사와 클라이언트가 공동으로 개입기간 동안 문제행동과 상황의 변화 정도에 합의하여 평가할 수 있다는 점에서 신뢰도는 확보할 수 있으나 변화의 정도를 해석하고 판단하는 사람인 클라이언트나 사회복지사가 주관성을 완전히 배제시키기 어려우므로 타당도에서 약간의 취약성이 있다.

(1) 사용방법

표적문제	표적문제 평정 (심각성 정도)				표적문제 평정 (변화의 정도)		종합적 향상 정도
	시 작	시점1	시점2	시점n	종 결	사 후	
동네를 걸어다니기가 무섭다	ES	VS	S	NP	④	④	
아이들이 뛰어놀 장소가 없다	ES	ES	S	NVS	③	⑤	④

심각성 정도	NP (No Problem)	NVS (Not Very Severe)	S (Severe)	VS (Very Severe)	ES (Extremely Severe)
향상 정도	① (더 나빠졌다)	② (변화가 없다)	③ (아주 조금 나아졌다)	④ (다소 나아졌다)	⑤ (매우 나아졌다)

이 양식은 클라이언트와 사회복지사가 공동으로 작성해야 하며, 개입 중, 개입종료 후에도 계속적으로 사용할 수 있다. 이 척도는 형성평가와 총괄평가에 공히 사용할 수 있으며, 표적문제의 수는 클라이언트와 사회복지사가 합의에 의해서 결정하나 보통 5개 미만이 적당하다. 종합적인 향상의 정도는 모든 문제에 대한 변화의 정도를 나타내는 수치의 평균으로 환산한다.

(2) 응용 : 지적장애아동의 치료

표적문제	표적문제 평정 (심각성 정도)				표적문제 평정 (변화의 정도)		종합적 향상 정도
	시 작	시점1	시점2	시점n	종 결	사 후	
공격적이고 도전적인 언어와 행동을 한다.	VS	VS	S	NVS	③	③	
수업 중 주의가 산만하고 집중하지 못한다.	ES	VS	S	NVS	③	③	③

(3) 표적문제 변화척도의 장점

① 미시적 또는 거시적 실천에 공통적으로 사용할 수 있다.

② 문제해결의 정도를 평가할 수 있는 유용한 도구로 활용할 수 있다.

5) 서비스계획 성과 체크리스트(Service Plan Outcome Checklist, SPOC)

서비스계획 성과 체크리스트는 한 기관에서 전형적으로 제기되는 결과목적의 일람표에서 클라이언트 진보를 기록한다. 서비스계획 성과 체크리스트는 접수에서 종결까지 클라이언트가 수행한 진보의 자료를 수집하는 데 사용하기 위한 기록과 점검의 도구이다. SPOC는 클라이언트와 사회복지사가 그들의 관심영역에 관계된 것으로 선정한 것에서 가능한 개입 결과(목적)의 일람표를 사용하는 평가도구의 예이다. 이것은 그 기관에서 서비스를 받는 많은 클라이언트에게 원하는 서비스 결과가 서로 비슷한 현장에서 사용이 가능하다. 장점은 과업성취척도(TAS)나 목적달성척도(GAS)에 비해 완성하는 데 시간도 덜 걸리고 사용이 쉽다. 단점은 그 일람표에 담긴 가능한 성과가 다소 넓고 모호한 개념으로 쓰여있고 기능수행의 기초선을 제공하지 못한다는 것이다. SPOC는 기관과 사회복지사에게 유용한 도구이다. 모든 사례에 대한 자료의 요약이 컴퓨터나 손으로 빠르게 정리되고 도표화될 수 있다. 따라서 사회복지사는 제기된 문제의 유형과 목적이 달성된 정도에 관한 정보를 가지고 자신의 실천을 점검해 볼 수 있다. 기관은 어떻게 그 프로그램과 서비스를 강화하고 직원훈련의 우선순위를 설정할 것인가를 결정하기 위해 자료를 사용할 수 있다.

6) 개별화된 척도(Individualized Rating Scales, IRS)

개별화된 척도는 개별 클라이언트와 상황에 독특한 측정척도를 만든다. 개별화된 척도는 사회복지사와 클라이언트가 어떤 특정한 클라이언트의 문제나 관심사를 측정하기 위해 고안된 척도와 관련된다. 블룸, 피셔, 옴(Bloom, Fischer, and Orme, 1995 : 161)에 따르면 사용이 간편한 이 척도는 욕구가 발생하면 가장 적절한 것으로 보이는 차원에 따라 중요한 표적으로 확인된 것이 무엇이든지간에 이를 측정하기 위해 각 클라이언트와 상황에 독특하게 맞추어진 것이다. 개별화된 척도에는 두 가지의 유형이 있다. 자기고정적인 척도와 관찰자 측정척도이다. 자기고정적인 척도의 평가는 클라이언트에 의해 결정된다. 반면 관찰자 측정척도의 평가는 클라이언트를 관찰해온 사람에 의해 결정된다.

7) 차별적 영향의 점수화(Differential Impact Scoring, DIS)

차별적 영향의 점수화는 개입이 시작된 이래 발생한 변화에 대한 클라이언트의 인식을 얻어내고 다른 요인에 의한 것과 개입에 의한 변화를 구별한다. 클라이언트가 한 전문가 혹은 한 기관 이상의 곳에서 서비스를 받고 있을 때 개입의 영향을 어떻게 평가할 것인가? 개입과는 아무런 관계가 없이 상황의 개선 혹은 악화를 가져올 수 있는 클라이언트 생활여건변화를 어떻게 설명할 것인가? 일반적인 전후조사의 제한점은 확인된 변화가 긍정적인 것이든 부정적인 것이든 사회복지사나 기관의 개입 이외의 영향으로 나타날 수 있다는 것이다. 그러한 경우에 기관이 긍정적인 변화에 대해 신뢰를 보이거나 부정적인 변화에 대해 책임을 묻는 것은 부적절 할 수 있다. ABA나 ABAB 단일사례설계가 이 문제를 제기하는 시도를 했지만 실제적으로 윤리적인 이유로 여러 개의 개입 중에서 효과가 있는 것을 결정하기 위해 개입을 멈추고 나중에 다시 시작하는 것이 가능하지는 않게 된다. DIS는 다른 요인 및 클라이언트에게 영향을 줄 수 있는 다른 개입으로부터 관심을 가지는 특정 개입의 영향을 구별하려는 기법이다. DIS의 주요한 제한점은 자기보고된 자료에 의존한다는 점이다. 클라이언트에 의해 밝혀진 인식은 실제로 발생한 것에 대한 정확한 기술일 수도 있지만 아닐 수도 있기 때문이다.

8) 동료검토

동료검토는 사회복지사의 활동을 일련의 원칙과 기준에 비추어 그 실천의 질을 평가한다. 동료검토의 과정은 기관의 클라이언트, 정책, 절차를 이해하고 있는 동료 사회복지사가 사회복지사의 수행을 정기적으로 검사하는 것이다. 본질적으로 품질관리의 한 형태이다. 병원과 같은 특정 조직이나 기관에 위임하여 동료검토체계를 설정하도록 요구된다. 동료검토절차를 개발하는 첫 단계는 사회복지사들이 자신들의 세팅에서 좋은 실천은 어떤 것인가 하는 기준과 원칙에 동의하는 것이다. 그 과정을 상대적으로 단순하게 유지하기 위해 그 기준의 수는 10을 초과해서는 안 된다. 또한 참여하는 사람들은 검토할 사례를 선정하는 절차에 동의할 필요가 있다.

사회복지사가 활동 중인 사례파일들에서 무작위 추출하는 것이 일반적인 접근법이다. 동료검토 회합은 한 달에 한 번처럼 정기적으로 계획되어야 하고 한 회합은 약 한 시간 반 정도로 제한되어야 한다. 번갈아가며 하는 체제가 각각의 사회복지사가 다른 사회복지사와 그들의 단위나 부서에서 동료검토를 수행할 기회를 가지게 된다. 이 검토의 결과는 양식에 의해 기록되어야 한다. 한 사회복지사의 업무수행에서 반복되어 나타나는 문제는 치료나 개인적인 개선이 필요하며 모든 사회복지사에게 반복되는 문제는 체계적 문제의 신호가 되고 현재의 정책이나 절차를 시험해 볼 필요가 있게 된다.

9) 사회복지사 수행평가

수행평가는 사회복지사와 기관 모두에게 생산적인 것이 되도록 수행평가의 목적과 절차를 이해한다. 사회복지사 수행평가는 기관의 직원들이 일정 기간 동안 그들의 일을 얼마나 잘 수행하고 있는가를 체계적으로 사정하는 것과 관련된다. 수행평가는 사회복지사가 자신의 지위에서 요구받는 사항을 달성한 정도를 측정하도록 설계된 것이다. 직원에 대한 정기적인 평가는 클라이언트와 지역사회, 재정지원을 한 사람에 대한 기관의무의 근원적인 부분이다. 또한 사회복지사에게 전문적 성장을 위한 중요한 기회를 제공하게 된다.

매더슨, 반다이크, 밀러(Matheson, Van Dyk, & Miller, 1995 : 1)는 적절하게 수행된다면, 사회복지사에 대한 수행평가는 ① 그 사람으로 하여금 효과적으로 업무를 수행하려는 동기를 증가시킨다. ② 평가받는 사람의 자기 존중감을 증가시킨다. ③ 평가하는 사람이나 받는 사람이 새로운 인식과 통찰을 얻게 한다. ④ 평가받는 사람의 직무를 보다 잘 규정하게 하고 더 명확하게 하게 된다. ⑤ 참여하는 사람 간의 가치있는 의사소통을 촉진한다. ⑥ 참여자 간의 이해, 그들 자신에 대한 이해, 가치있는 직원개발 종류에 대한 이해를 증진한다. ⑦ 조직적 목표를 명확화하고 그들의 수용을 촉진한다. ⑧ 조직이 인적 자원의 기회, 타당도 검사, 훈련 프로그램의 개발 등의 긍정적인 결과를 얻을 수 있다고 하였다.

수행평가의 결과는 해당 사회복지사에게 긍정적인 결과를 낳을 수도 있고 부정적인 결과를 낳을 수도 있다. 이에 따라 승진이나 급여의 상승, 다른 보상 등이 주어질 수도 있고 반대로 사회복지사를 관찰대상으로 하든가 혹은 해고하는 등의 부정적인 결정이 나타날 수 있다. 후자의 경우, 사회복지사가 개방성과 자기노출을 꺼려할 수도 있고 사회복지사의 전문성 개발을 위한 이 평가과정의 유용성이 제한될 수 있다. 평가과정은 주의깊게 수행되어야 하고 평가의 기준은 명확하고 구체적이고 현실적이며 측정 가능해야 한다.

유용하고 타당성 있는 수행평가를 위한 핵심적인 세 가지 요소는 첫째, 평가자가 되는 슈퍼바이저나 다른 사람은 능력있는 사람이어야 한다. 좋은 실천을 구성하는 요소를 알고 있어야 하고 평가받는 사회복지사와 신뢰하는 관계를 발달시킬 수 있어야 한다. 그 신뢰는 사회복지사가 사회복지사로서의 자신의 잠재력을 개발하려는 것을 도우려는 욕구에 중심을 두어야 한다. 평가자는 사회복지사가 업무수행에서의 유능함과 부족한 면을 동시에 명확히 할 수 있어야 하고, 부족한 면을 고치기 위해 사회복지사의 장점을 육성하는 방향으로 이를 분명히 해야 한다.

둘째, 평가를 기반으로 하는 기준은 평가받는 사회복지사가 평가기간에 들어가기 전에 분명히 되어야 한다. 명확한 기준이 없으면 혼란과 불편한 감정이 야기된다. 전형적인 직접적 서비스를 제공하는 사회복지사의 수행평가는 ① 클라이언트와 적절한 관계를 만들고 유지할 수 있는 능력, ② 원조과정에서의 지식과 기술(클라이언트 참여, 자료수집과 사정, 계획과 개입, 면접과 의사소통기술, 작업의 문서화와 기록유지 등), ③ 기관정책, 절차, 목표에 대한 지식과 준수, ④ 슈퍼비전과 학습기회의 활용, ⑤ 업무량과 스트레스의 관리, ⑥ 기관 내의 관계(다른 직원과의 의사소통과 팀워크), ⑦ 기관 간의 관계(다른 기관, 프로그램, 자원과의 직무관계 창출과 유지), ⑧ 생산성(서비스를 받는 클라이언트나 새로 시작한 프로그램 혹은 받는 대금의 수와 양) 등이 있다.

셋째, 수행을 시험하는 것은 사회복지사의 행동에 대한 설명이나 합리화가 아니라 행동 그 자체에 초점을 두어야 한다. 평가의 기록된 측면은 대화체 서술, 척도 혹은 그 조합일 수 있다. 기록된 것은 검토되고 논의되고 수정되어야 한다. 동의되지 않는 부분에 대한 기록과 함께 사회복지사와 슈퍼바이저 모두가 서명을 하고 그 사회복지사에 대한 영구적 기록에 배치되어야 한다(B. Sheafer, C. Horejsi, G. Horejsi, 1995 : 677-694).

3. 단일사례설계(SSD : Single-Subject Design)

단일사례설계는 사회복지실천과 조사연구활동을 통합할 수 있고, 또 개인, 가족, 집단 등 다양한 수준의 클라이언트를 대상으로 한 사회복지실천과정을 평가할 수 있다는 점에서 그 유용성이 강조되어왔다. 단일사례설계는 사회복지사가 갖고 있는 이론적 배경이나 선택하는 개입방법에 관계없이 일상의 실천활동을 평가하여 자신이 한 실천활동의 효과를 증명할 수 있는 기술이다(Dean & Reinherz, 1986 : 71).

1) 단일사례설계의 기본 특징

단일사례설계란 클라이언트 체계의 특정 문제나 표적의 변화를 관찰하기 위하여 개입 전, 개입과정, 개입 후에 걸쳐 반복적으로 측정하는 경험적 절차를 말한다. 단일사례설계의 주요 특징은 다음과 같다(Bloom, Fischer & Oreme, 1995 ; Bloom & Fischer, 1982 ; Jayaratne & Levy, 1979).

(1) 문제규정

클라이언트와 사회복지사가 합의하여 우선적으로 변화되어야 할 문제, 즉 표적문제를 측정할 수 있는 용어로 정의한다.

(2) 문제측정

표적문제를 관찰하거나 측정하는 데 적절한 방법을 선택하여 측정한다. 이것은 클라이언트의 문제를 파악하는 중요한 자료가 된다.

(3) 반복측정

표적문제에 관한 정보를 여러 번 반복해서 수집한다. 개입에 따른 표적문제의 변화를 파악하기 위해 개입 전과 개입 과정, 혹은 개입 후에 정기적으로 표적문제를 관찰하거나 측정한다.

(4) 기초선 설정

개입이 시작되기 이전인 기초선 기간에 표적문제에 관한 정보를 여러 번 반복해서 수집한다. 이러한 정보수집활동은 3~4일간 지속되거나 2~3주간 계속될 수도 있다. 이 기간에 수집된 자료는 주로 표적문제의 초기 상태를 평가하는 자료로 사용되며, 또 개입이 시작된 이후에 수집될 자료와 비교하게 될 중요한 정보가 된다.

(5) 개입에 대한 명확한 규정

실제로 개입이 이루어지는 기간과 기초선 기간에서의 자료의 변화를 파악하기 위해 사용될 개입을 명확히 규정해야 한다.

(6) 자료분석

단일사례설계의 핵심은 단계에 따라 표적문제의 변화를 비교하는 것이다. 단일사례설계에서는 이러한 비교를 위해 시각적인 분석과 대안적인 통계분석방법을 실시한다.

단일사례설계의 가장 큰 특징은 개입의 효과와 개입 외적인 요인의 영향을 구분해내기 위해 클라이언트의 행동이나 사고, 감정 등을 여러 번 반복 측정하는 데 있다(Rubin & Babbie, 1993 : 293 ; Alter & Evens, 1990 : 15). 블룸, 피셔, 옴(Bloom, Fischer, & Oreme, 1995)은 실천평가에서 단일사례설계를 사용하는 목적으로 ① 시간의 변화에 따른 사건과 사람의 변화를 점검하고 사례상황을 사정하기 위해서, ② 표적사건에 긍정적 혹은 부정적 변화가 일어났는지를 평가하기 위해서, ③ 실천가의 개입이 이 변화와 원인적으로 연결되는가를 평가하기 위해서, ④ 실천가가 개입 간의 효과를 비교할 수 있게 하기 위함 등 네 가지를 제시했다.

2) 단일사례설계 이용의 장점

단일사례설계 이용의 장점을 보면, 첫째, 전통적인 조사연구는 개입 전과 개입 후에만 측정을 하므로 중간과정에서 어떤 변화가 있었는가에 대한 정보는 거의 제공하지 못한다. 단일사례설계는 개입의 전 과정에 걸쳐 규칙적인 간격으로 반복측정이 이루어지므로 일정 기간의 개입 후에 기대했던 개입의 효과성이 나타나지 않는 경우 개입내용을 곧바로 바꿀 수 있다. 둘째, 단일사례설계는 사회복지실천과정상의 주요 결정에 필요한 정보를 체계적으로 제공해 줄 수 있다. 예를 들어, 개입 전에 문제의 심각성 정도를 구하는 기초선 단계는 곧 사회복지실천에서 사정단계와 같은 것으로 평가의 개념을 도입하여 측정이 이루어질 경우 보다 더 정확한 사정을 하게 한다. 셋째, 단일사례설계는 상대적으로 이해하고 활용하기 쉬우며, 일단 단일사례설계의 기본 특징을 이해하면 상황 또는 사례에 맞게 다양하게 발전시켜 이용할 수 있다. 넷째, 클라이언트를 단일사례설계의 측정과정에 참여하게 함으로써 문제완화나 해결을 위한 동기자극제로 사용할 수 있다. 클라이언트가 자신의 문제에 대해서 반복측정을 하게 되면 문제해결의 진전 정도를 잘 알게 되어 자신의 문제를 조속히 해결하기 위해 열심히 노력한다. 다섯째, 단일사례설계를 사회복지기관 전체 차원에서 이용하게 되면, 외부 조사연구자가 기관업무를 평가하는 경우는 줄어들게 되고 기관 내부적으로 평가역량이 증가하게 된다(김혜란 · 홍선미 · 공계순, 2001 : 274-275).

3) 단일사례연구를 실행하기 위한 절차

(1) 표적행동을 선정

단일사례설계의 실행은 개입의 사정단계에서 시작된다. 신체적, 심리사회적 사정을 수행하는데 있어 핵심과제 중 하나는 클라이언트의 제시된 문제를 확인하는 것이다. 클라이언트의 제시된 문제를 구체적이고 정확하고 관찰가능한 용어로 조작적 정의를 한다. 이는 제시된 문제를 표적문제로 바꾸는 것이다.

(2) 성과측정의 선택

실천의 사정단계에서 또 하나의 과제는 초기 개입목표를 확인하는 것이다. 실천평가를 위해서 일반적인 목적은 성과목적으로 바뀌어야 하며 성과목적은 클라이언트의 표적행동의 빈도(얼마나 자주), 크기(얼마나 많이), 기간(얼마나 오래)을 증가 또는 감소시키는 것이다.

(3) 측정방법 선택

기본 단일사례설계를 실행하기 위한 일반적인 방법은 직접관찰, 표준화된 측정, 클라이언트 자기보고이다.

① 직접관찰

행동의 직접적인 관찰은 클라이언트 문제나 목표달성 정도가 변화하고 있는지를 가장 직접적으로 알 수 있어서 좋은 근거가 되며, 관찰자의 능력에 따라 신뢰도가 높고 자연스러운 상황에서의 관찰은 타당도 역시 높으므로 간단하고 이용하기 쉬운 측정방법이다.

② 표준화된 측정

사회복지사는 클라이언트의 진전을 위해 점검하는 빠르고 수월한 방법이 중요시되거나, 클라이언트와 같은 문제를 가진 사람들의 집단과 비교하는 것이 유용할 수 있는 상황을 측정하기 위해서는 표준화된 도구를 선택할 수 있다. 이들 도구에는 질문지, 검사지, 조사지, 체크리스트 등이 있다. 표준화된 측정은 모든 사회복지사에 의해서 같은 방식으로 점수화되고 관리되기 때문에 방법론적인 적합성의 기준을 충족시킬 수 있다. 즉, 신뢰할 만하고 타당하다는 것이다.

③ 클라이언트 자기보고

클라이언트의 개입목표가 클라이언트의 내적인 상태와 관련되었을 때는, 측정에 가장 적합한 것은 클라이언트 자기보고이다. 척도를 스스로 재는 것이다. 사회복지사와 클라이언트는 상황에 대한 특별한 욕구를 충족시킬 수 있는 척도를 개발하기 위해 함께 작업하며 이 척도는 클라이언트 문제의 강도를 측정하는 데 사용된다(김혜련 외, 2004 : 219-225).

(4) 기초선 설정

문제가 발생한 상태의 고정된 형태를 알기 위해, 개입에 노출되었던 클라이언트를 비교하는 수단을 제공하기 위해서 연구의 기초선을 설정한다. 기초선을 설정하기 위해 필요한 시간과 측정하는 횟수는 클라이언트의 욕구에 따라, 실천세팅의 정책과 과정에 따라, 측정전략의 복잡성에 따라 다양해진다. 기초선은 대개 며칠 혹은 몇 주간의 표적행동의 빈도, 강도, 지속시간을 관찰함으로써 설정된다. 시간적 여건이 개입 전의 관찰을 허용하지 않는다면 이전의 행동패턴에 초점을 둔 클라이언트와의 면접, 클라이언트의 가족이나 타인들과의 면접, 기관기록, 학교보고 등에서 모은 정보를 통해 회고적으로 기초선을 설정하는 것도 가능하다. 복수기초선이란 하나 이상의 기초선을 사용하는 것을 말한다. 표적행동이 구체적이지 않은 이상 개입의 영향을 포착하기 위해 대개 복수기초선이 필요하다.

(5) 개입단계

사회복지사가 개입을 시작하고 진행하면, 클라이언트 표적문제의 심각성과 범위를 체계적이고 지속적으로 기록해야 한다. 개입에 클라이언트가 참여하는 동안 사회복지사는 수집한 정보를 고찰할 수 있고 만약 클라이언트에게 목표를 향한 진전이 나타나지 않으면 클라이언트와 합의하여 개입전략을 수정할 수도 있다.

(6) 개입성과 사정

평가를 수행하는 마지막 단계는 수집한 정보를 조심스럽게 분석하고 비교하는 것이다. 단일사례설계에서는 수집한 자료를 해석하는 데 그래프와 같은 시각적 분석형태를 사용한다. 그래프는 클라이언트의 표적문제의 변화나 형태를 확인하도록 도와주고 클라이언트의 표적문제의 변화나 형태를 성공적으로 성취했는가를 보여준다. 개입과정에서 수집한 정보가 클라이언트의 표적문제의 변화로 드러난다면 클라이언트의 개입을 성공으로 고려하게 된다.

4) 단일사례설계의 제 유형

단일사례설계의 다양한 종류는 몇 개의 알파벳으로 표시된다. A라는 기초선은 자료가 수집되는 시기를 뜻하며, B라는 문자는 개입기간을 말한다.

(1) AB 설계

A = 기초선 시기, B = 치료시기

하나의 기초선 단계와 하나의 개입단계를 포함하는 설계를 말하는 것으로 개입 이전에 기초선을 세우는 것을 말한다. 간단한 설계로 사회복지실천에 적용하기 비교적 용이하다. 그러나 인과관계를 추론하는데 있어 외부사건이 영향을 미쳤는지를 통제하지 못하는 단점이 있다. 이 설계의 유용성은 위기개입을 제외한 모든 개입환경과 문제상황에 쉽게 적용이 가능하다. AB 설계의 장·단점은 다음과 같다.

장 점	단 점
① 개입 전·후를 비교할 수 있다. ② 개입영향에 대해 자료에 근거한 비교를 제공한다. ③ 대부분의 치료상황과 세팅에서 사용이 가능하다.	① 복합모델 치료가 제공되는 곳에서 차별적 분석이 불가능하다. ② 자료패턴에서 오직 하나의 변이가 있는 경우 치료가 기록된 변화를 가져왔다는 주장을 지지하는 최소한의 증거가 된다.

(2) AB 응용설계 : ABC 설계

AB 설계는 개입 프로그램이 긍정적인 변화를 가져온다고 가정한다. 그러나 B가 실패하거나 기초선과 동일한 결과를 가져올 때 설계를 확장할 수 있다. ABC 설계에서 B, C는 두 개의 상이한 개입방법이다. B 이후의 개입국면은 다양하게 명명된다. 이 설계의 유용성은 서비스를 세련화하려는 임상조사자에게 개입의 특정 측면을 수정하고, 동일하거나 유사한 상황과 사례에 걸쳐 적용하여 실증적 타당성을 얻을 수 있다. ABC 설계의 장·단점은 다음과 같다.

장 점	단 점
① 개입 전·후를 비교할 수 있다. ② 차별적 분석의 기회를 제공한다. ③ 확장설계는 다양한 치료 측면의 차별화를 위한 특수성과 구체성을 요구한다. ④ 사용의 편이성이 있다.	① 복합치료 효과를 인식하거나 분리하기가 어렵다. C−B=B−C ? ② 주 효과와 상호작용 효과를 차별화하기가 어렵다. ③ 자료패턴에 하나 이상의 변화가 있기 때문에 치료가 변화를 가져온다는 주장을 지지할 부가적 증거가 있어야 한다.

(3) ABAB 설계 : 반전과 철회설계(Reversal/Withdrawal Design)

Operation	A1	B1	A2	B2	follow−up

A = 기초선 시기, B = 개입시기

A1	기초선 단계	이 기간 동안은 개입이 이루어지지 않는다.
B1	첫 번째 개입단계	클라이언트 체계에 변화를 초래하기 위해 임상연구자가 특정 개입을 적용하는 기간
A2	철회단계	이론적으로 A1의 기간의 반복·재현을 의미한다. 이 기간의 논리는 개입이 철회되면, 개입의 효과는 어느 정도 반전되어져야 한다는 것이다.
B2	두 번째 개입단계	이는 B1 기간의 재현이다. B1 기간 동안에 발생한 긍정적인 결과가 다시 나타날 것이라고 가정한다. B1의 기간 동안에 바람직하지 않은 결과가 나타났으면, 임상연구자는 개입 프로그램을 계속하기보다는 다른 설계(ABAB 응용설계)를 적용해야 한다.

외부사건을 보다 더 잘 통제하기 위해 두 번째 기초선 단계와 개입단계를 도입한 것이다. ABA 설계에 네 번째 단계를 추가시킨다. 만약에 두 번째 기초선과 다른 변화가 다시 일어난다면, 변화는 개입 때문이라는 것이 확실해진다. 이 설계의 문제 중 하나는 실천적 또는 윤리적 문제로서 효과가 있는 것으로 보이는 개입을 중지하고 기초선 상황으로 돌아가는 것은 클라이언트에게 해를 끼칠 수 있다는 것이다. 문제의 또 다른 하나는 많은 상황에서 측정의 대상이 되는 문제는 기초선 상태로 되돌릴 수 없다는 것이다. 개입이 중단되었더라도 첫 번째 개입의 효과가 여전히 지속되는 잔여효과가 있을 수 있다는 것이다.

① ABAB 설계의 장 · 단점

장 점	단 점
① 표적문제와 목적에 대해 개입기간 전후에 어떠한 변화가 있었는지를 비교할 수 있다. ② 같은 개입전략을 두 번 적용하여 동일하거나 유사한 결과를 초래함으로써 B가 변화를 초래했다는 것을 지지할 만한 보다 확실한 자료를 제공할 수 있다.	① 개입 프로그램 B1이 성공적일수록 A2의 기초선으로 되돌리기가 더욱 어려워진다. ② A2의 철회단계는 이후의 개입 프로그램에 나쁜 영향을 줄 수도 있다. 바람직한 개입요소와 그렇지 않은 개입요소가 혼합되어서 측정오차를 초래하기도 한다. ③ 만약 복합적인 개입이 제공된다면, 개입의 어떤 부분이 가장 효과적이었는지를 결정하기가 어려워진다. ④ 철회의 절차는 표적문제가 자해적, 파괴적, 극도로 심각한 문제일 경우에는 윤리적인 이유로 활용되어질 수 없고, 활용되어져서도 안 된다.

② ABAB 설계의 활용에 대한 제안

AB 설계보다 활용 가능성은 제한되지만, 윤리성과 가능성 정도를 감안하여 활용한다면, 인과관계를 밝히는데 있어서 매우 강력하다는 장점을 갖는다. 행동체계의 범위가 작고, 개입의 장이 제도적인 세팅일 때 활용 가능성이 높다. 계획되지 않은 반전기간이 있을 수 있는데(예 임상가의 질병 등으로 개입의 중단), 이러한 경우는 인과관계를 밝히는 데는 별 함의를 제공하지 못하지만, 임상적으로 평가적인 정보를 제공해 줄 수 있다.

③ 개입의 철회와 자료의 반전 가능성

철회란 단순히 개입의 제거를 의미하는 것이며, 반전 가능성이란 초기 개입 이전의 상태로 되돌아갈 가능성을 의미한다. 반전 가능성은 주어진 상황에서 변화가 있었다면, 그 상황을 제거하거나 다른 것으로 대체하거나 원래의 수준으로 되돌리면, 또 다른 형태의 변화가 발생하게 된다는 논리이다. 이런 식으로 문제와 목적을 조작할 수 있다면, 변화를 야기한 주 요인과 변수를 밝힐 수 있는 것이다.

반전 가능성이란 개입이 제거되고, 원래의 조건으로 재조정된다면, 표적의 문제수준이 애초의 기능수준으로 되돌아간다는 것을 의미하는데 어떤 문제는 이러한 반전이 불가능한 것이 있다. 예를 들면, 우울증에 걸려서 사회적인 관계를 맺지 못하는 클라이언트가 개입의 결과 우울이 감소되고, 소집단의 친구를 사귀게 되었다고 했을 때, 개입을 제거한다고 하더라도 이전의 상태로 되돌아가리라고 생각할 수는 없다. 이것은 반전 가능성과 윤리에 관련된 문제이다. 윤리적으로 개입의 효과성을 판단한다는 명목하에 바람직하지도 않은 문제의 상태로 되돌린다는 것이 가능한가? 그러나 반전의 절차는 개입 프로그램과 미래의 효과성을 타당화시키는 데 도움을 줄 뿐만 아니라 문제를 발생시키는 데 기여한 행동체계(action system)를 민감하게 하는 데도 기여할 수 있다. 안정성(stability)의 이슈이다. 원인과 결과를 확인하기 위해 두 번의 기간을 필요로 한다는 것을 감안하면, 안정성을 확보하기 위한 시간의 소모가 문제로 대두한다. 반전설계가 경험적으로 강점을 가지고 있음에도 불구하고 이의 기능적 활용은 환경적 현실에 의해 다소 제한된다. 그러나 다른 변화된 설계의 활용을 통하여 이러한 한계를 극복할 수 있다.

(4) ABAB 응용설계

① ABAB 응용설계의 종류

㉠ ABAC 설계 : 주어진 개입 B가 바람직한 결과를 초래하는 데 미흡했다면, 두 번째 개입 B 대신에 대안적 개입방법인 C를 활용할 수 있다. 여기에서 C는 새로운 개입전략일 수도 있고, 기존 전략의 부분적 보완일 수도 있다.

㉡ ABA 설계 : ABA 설계는 개입의 영향을 테스트하기 위해 일정 기간 이후에 개입을 중단한다. 이때 처음의 기초선으로 다시 돌아간다면, 변화가 개입 때문에 일어난 것이지 클라이언트 생활의 다른 요인들 때문이 아니라는 것이 가정된다.

㉢ BAB 설계 : 이 설계는 기초선의 측정 없이 바로 개입을 할 때, 사용하는 설계이다. 클라이언트가 위기상황에 처해 있어 즉각적인 개입이 필요한 경우가 있을 때, 기초선 단계의 자료를 모으지 않고 바로 개입을 한다. 첫 번째 B단계와 A단계 자료를 비교하고, 또 A단계와 두 번째 B단계 자료를 비교하여 효과성을 판단하게 된다. 그러나 첫 번째 기초선 자료가 없으므로 문제가 얼마나 개

선되었는가를 아는 데 한계가 있으며, 개입의 잔여효과가 기초선 기간에 지속될 수 있다는 점에 유의한다.

② ABAB 응용설계의 장·단점

장 점	단 점
㉠ 개입 전후에 표적문제와 목적에 대해 무슨 변화가 일어났는지 비교할 수 있다. ㉡ AB 응용설계와 비교해 보면, ABAB 응용설계는 각 개입 후에 기초선으로 복귀하기 때문에 개입의 복합적인 모델을 구축하거나 분해하는 데 있어서 판별분석의 가능성을 보다 높여준다. ㉢ ABAB 응용설계는 임상연구자로 하여금 치료의 다양한 측면을 구별할 수 있도록 보다 구체화시킬 것을 요구한다.	㉠ B의 개입 프로그램이 성공적일수록 A2의 기초선 조건으로 되돌아가기가 어렵다. ㉡ 철회기간이 이후의 개입 프로그램에 악영향을 미칠 수 있다. ㉢ 철회의 절차는 표적문제가 자해적, 파괴적, 극도로 심각한 문제일 경우에는 윤리적인 이유로 활용되어질 수 없고, 활용되어져서도 안 된다. ㉣ AB 응용설계에서처럼 순서효과(order effect)를 구별해내기가 어렵다. 그러나 개입 간의 차이를 구별하는 것에 대한 가능성은 반전/철회로만 이루어진 AB 응용설계보다는 높다. ㉤ AB 응용설계에서와 같이 주 효과와 상호작용 효과 간의 차이를 구분하기가 어렵다.

③ ABAB 응용설계의 활용에 대한 제안

ABAB 설계와 관련된 모든 상황에서 적용가능하고, 개입에 있어서 변화를 모니터하며, 이러한 변화의 영향을 측정할 수 있는 차원이 보장되면, 더욱 활용가능하고, 더 많은 융통성을 갖는다.

(5) 복수기초선설계(Multiple Baseline Design)

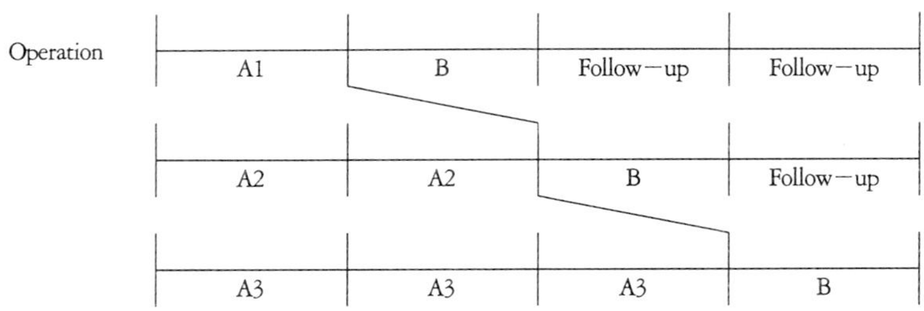

A1	첫 번째 문제/목적, 상황, 개인의 기초선 기간
A2	두 번째 문제/목적, 상황, 개인의 기초선 기간
A3	세 번째 문제/목적, 상황, 개인의 기초선 기간

복수기초선설계는 두 개 이상의 문제/목적, 상황, 개인에 대한 하나의 개입전략인 경우에 특히 유용하다. ABAB 설계와는 달리 반전이나 철회가 필요하지 않다. 표면적으로 보면, 이 설계는 AB 설계로 보기 쉬우나 결정적인 차이는 측정이 모든 문제, 상황, 개인에 대해 동시에 이루어진다는 점이다. 이 측정은 모든 대상에 대해 개입 전(全) 기간에 걸쳐 계속된다. 첫 번째 문제에 개입이 끝날 때까지 두 번째 문제에 대한 개입은 하지 않는다. 그러나 개입은 각각 분리된 문제/목적에 따라 도입되지만 측정은 동시에 수행한다.

이 설계는 첫째, A1, A2, A3은 세 가지 다른 문제/목적, 상황, 개인에 대한 자료를 대표한다.[1] 둘째, 개입과 측정부분인 B는 전(全) 개입단계에서 반복적으로 이루어진다. 셋째, A1에 대한 개입 동안에 A2, A3에 대한 기초선 자료를 수집한다. 넷째, 표적문제/목적, 상황, 개인에 대한 상대적 상호의존성에 주목한다. 상관관계가 높을수록 표적문제의 변화 가능성이 높다(예 알코올 중독자에서 음주횟수와 소비액은 상관관계가 아주 높은 반면, 결혼관계에서 의사소통 증가가 성적 접촉을 증대시키기도 하고 감소시키기도 하는 경우 분리된 적용이 요구됨). 복수기초선 설계에서는 표적행동 간 상대적 독립성이 있어야 한다. 사람과 상황은 한 개인 내에서는 다른 행동보다 영향이 적을 수 있으나 상호관련의 가능성을 고려해야만 한다. 다섯째, 상관관계의 가능성과 복수기초선설계의 장점을 극대화하기 위해 최소한 세 가지의 다른 문제/목적, 상황, 개인을 모니터한다.

① 복수기초선설계의 종류

㉠ 문제/목적 간의 복수기초선설계(Multiple Baseline across Problem/Goals) : 최우선인 문제에 대해 한 가지 개입을 하면서 다른 것에 대한 자료를 수집한다. 개입문제는 개선되고 다른 것이 개선되지 않으면, 개입의 효과를 확신하는 근거가 된다. 클라이언트 체계가 복합적인 문제와 상황에 있을 때 유용하다.

㉡ 상황 간의 복수기초선설계(Multiple Baseline across Situations) : 한 클라이언트의 두 가지 상황(학교, 집, 사무실 등)에 대해 자료를 수집한다. 한 상황에서는 변화가 일어나고, 다른 상황에서는 변화가 일어나지 않는다는 가정하에서 개입은 한 상황에 적용한다. 상황 간의 독립성의 개념이 중요하다. 서로 다른 상황에서의 개입효과를 비교하고자 할 때 유용하다.

---

1) A1, A2, A3의 예 1 : 부부의 성관계(A1), 의사소통유형(A2), 의사결정유형(A3), 예 2 : 알코올 중독자 상철(A1), 상수(A2), 상민(A3), 예 3 : 아동의 집(A1), 학교(A2), 지역사회(A3)

㉢ 개인 간의 복수기초선설계(Multiple Baseline across Individuals) : 여러 명에 대해 자료를 수집하는 동안에 한 명에게 개입을 한다. 개인 간 접촉이 많을수록 개입과정이 서로에게 전달되어 기초선 자료를 오염시키고, 타당도에 영향을 미친다. 이 설계는 기초선 개입설계나 반전/철회설계에서 클라이언트가 보이는 자기통제(own control)뿐만 아니라 개인 간의 비교도 가능하여 개입과정에 대한 신뢰도를 높여준다. 이 설계는 임상연구자가 동시적으로 많은 개인을 상대하는 상황에 유용하며, 개인 간의 상관관계가 없이 개입할 때, 개인 간의 접촉이 최소화되어야 한다. 집단상황에서는 유용하지 않다. 즉각적인 개입을 요구하는 문제가 아니고 몇몇이 개입을 거부하는 상황 등에 최상의 유용성이 있다.

복수기초선설계의 장점	복수기초선설계의 단점
① 표적문제에 대한 개입 전·후 비교가 가능하다. ② AB 설계와 비교하여 B가 변화를 가져왔는지를 입증할 수 있는 실질적인 자료를 획득할 수 있다. ③ 인과진술이 반전/철회설계만큼 강하지 않지만 반전이 문제로 되는 경우에 유용하다. ④ 독립성을 요구하지만 효과의 일반화나 문제의 공변성을 분석하는 도구가 될 수 있다. ⑤ 복수기초선설계는 대조변량(antithetic variate)을 관찰하는 기회를 제공한다. 즉, 한 문제에 바람직한 변화를 가져온 개입이 다른 문제에는 더 악화되는 경우에 사용할 수 있다.	① 복합모델에 의한 개입인 경우, 이 설계는 분별력 있는 분석이 아니다. ② 표적문제/목적, 상황, 개인의 독립성은 비현실적 임상상황이다. 그러나 이 설계는 경험적 가치를 최소화할지라도 이 설계를 포기해야 하는 것은 아니다. ③ 개인 간 설계인 경우 개입에 대한 보류가 요구된다. 문제의 특성에 따라 이 설계의 선택이 제한을 받는다.

(6) 성분분석설계(Component Analysis Design)

성분분석설계는 다모델 치료의 효과를 분석하는 데 적합하며, 주어진 개입 안에서 복수개입 방법의 분석이나 상이한 개입의 비교분석을 위해 고안된 방법이다. 이 설계에는 동시치료설계, 복수절차설계, 삭제/첨가설계가 있다.

① 동시치료설계(Simultaneous-treatment designs)

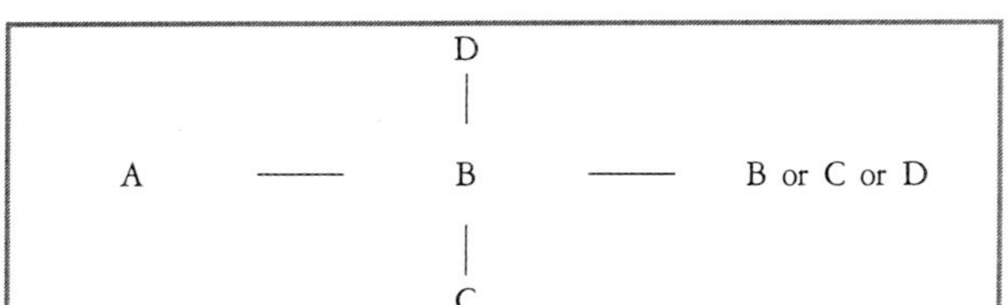

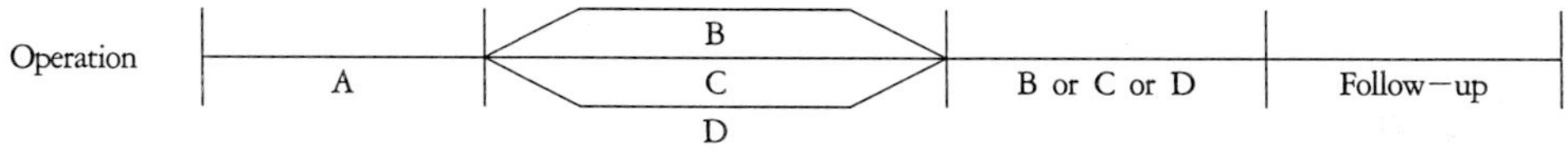

A	표적문제 및 목적의 기초선 기간
B or C or D	치료의 확인된 전략 및 치료 패키지. 각각의 패키지와 전략은 상호분리되고 거리가 있어야만 한다.

동시치료설계에서 임상연구자는 다모델치료, 즉 다양한 치료기법의 조합을 한 목표문제의 치료에 동시에 사용하며, 가장 많은 변화를 달성한 한 개입기법을 계속해서 사용하고, 다른 기법은 사용하지 않는다. 다양한 개입방법의 효과성에 대한 내적인 비교가 가능하며, 이로 인해 더 효과적인 서비스의 전달을 가능하게 한다.

이 설계의 개념을 보면, 동시는 순차적인 의미이다. 동시에 다기법을 사용하는 것이 아니라 주어진 치료시간에 동일 기간 동안 순차적으로 치료기법을 사용한다. 복수기초선설계와는 다른 것이다. 균형 맞추기(counterbalancing)는 치료제시 방법이 결과에 영향을 미치지 않도록 치료기법이 변경되어야 한다. 즉, 치료자와 치료기법 사이의 상호작용 효과나 순서효과를 피하기 위해 변경되어야 한다. 이 설계의 유용성은 광범위한 접근이 가능하고, 설계를 실시함에 있어서 시간의 단축이 가능하다는 것이다. 그러나 비교하는 기법이 세 가지 이상일 경우는 적용되지 않는다. 동시치료설계의 장단점은 다음과 같다.

장 점	단 점
① 개입 전·후의 개입문제나 목표의 비교가 가능하다. ② 동시적용된 치료기법 간의 비교가 가능하다. ③ 시간이 요소일 때 복수기초선설계나 ABAB 설계보다 시간이 적게 소요된다. ④ 복수기초선설계나 ABAB 설계와 달리 개입이 소거되지 않는다.	① 사용된 개입기법 간의 상관관계가 높을수록 자료해석상의 문제가 발생한다. ② 한 개입기법의 다른 기법에 대한 상호작용의 효과가 존재한다. ③ 치료기법 간의 오염을 최소화할 수 있도록 주의깊은 계획, 즉 균형을 맞춘 배치가 필요하다. ④ 상호작용 효과를 제외한 한 기법의 독특한 영향을 해석할 수 있는 통계적 기법이 필요하다. ⑤ 치료 자체보다 치료 초기에 받은 영향으로 반응하는 대비(contrast)효과가 존재한다. ⑥ 혼합된 치료기법의 효과성 분석이 불가능하다. 즉, 치료기법 간의 효과를 분석한다. ⑦ 설계의 복잡성으로 적용사례가 적다.

② 복수절차설계(Multiple-Schedule Design)

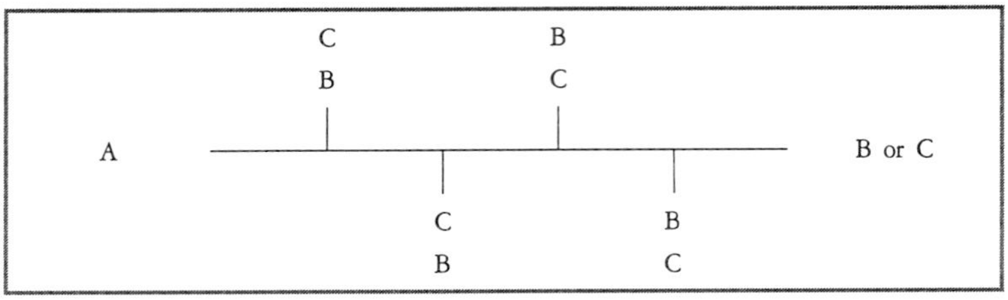

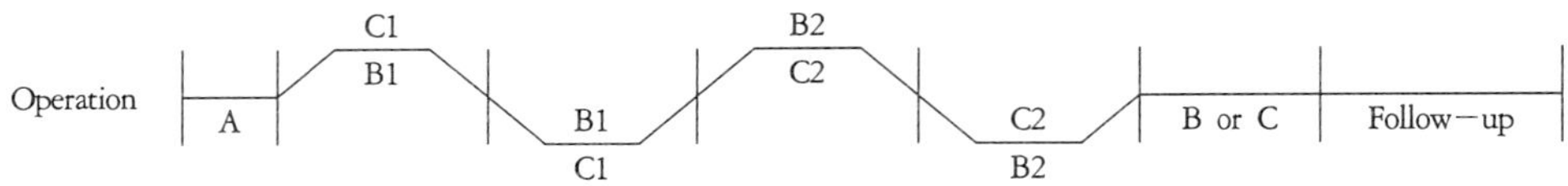

A	표적문제 및 목적의 기초선 기간
B1 C1	치료전략 혹은 치료 패키지 B와 C를 갖고 첫 번째 개입시기
B2 C2	치료전략 혹은 치료 패키지 B와 C를 갖고 두 번째 개입시기

두 가지 이상의 치료가 상이한 치료자나 상이한 세팅에서 변화되면서 제공될 때 사용된다. 즉, 클라이언트는 첫 번째 치료기간에 한 조건에서는 B치료를 받고, 다른 조건에서는 C치료를 받게 되며, 다음 치료기간에서는 기법을 맞바꾸어 개입한다. 여기서 조건은 치료상황, 세팅, 치료자, 가족원 등을 의미한다.

다양한 치료전략의 내적 비교를 가능하게 한다는 점에서 동시치료설계와 비슷하나 중요한 차이점이 존재한다. 즉, 동시치료설계에서는 치료가 개입기간 동안 같은 임상연구자에 의해 동일상황 안에서 동시적으로 실시되지만, 복수절차설계는 상이한 치료자, 상황에서 동시적인 적용이 아니라 치료자와 상황의 변화 속에서 실시된다. 따라서 복수기초선설계와 마찬가지로 개인 간 상황 간의 비교가 가능해진다. 복수기초선설계와는 두 가지 이상의 치료기법을 비교한다는 점에서 유사하나, 복수기초선설계가 개입이 진행되는 동안 자료수집을 하는 반면 개입시작 전에 기초선 자료수집을 한다는 점에서 상이하다.

장 점	단 점
① 개입 전·후의 개입문제나 목표의 비교가 가능하다. ② 상이한 치료기법 간의 비율적인 효과성의 비교가 가능하다. ③ ABAB 설계와 달리 개입이 소거되지 않는다. ④ 개인, 상황, 치료자 간의 치료효과의 비교가 가능하다.	① 치료가 계속적으로 사용되어 한 개입기법의 다른 기법에 대한 상호작용 효과가 존재한다. ② 치료기법 간의 오염을 최소화할 수 있도록 주의깊은 계획, 즉 균형을 맞춘 배치가 필요하다. ③ 상호작용 효과를 제외한 한 기법의 독특한 영향을 해석할 수 있는 통계적 기법이 필요하다. ④ 치료 자체보다 치료 초기에 받은 영향으로 반응하는 대비(contrast) 효과가 존재한다. ⑤ 혼합된 치료기법의 효과성 분석이 불가능하다. 즉, 치료기법 간의 효과를 분석한다. ⑥ 설계의 복잡성으로 적용사례가 적다.

③ 삭제/첨가설계(Strip/Construction Design)

삭제 : A－(BC)－A－C－A－B－B or C or (BC)

첨가 : A－B－A－C－A－(BC)－B or C or (BC)

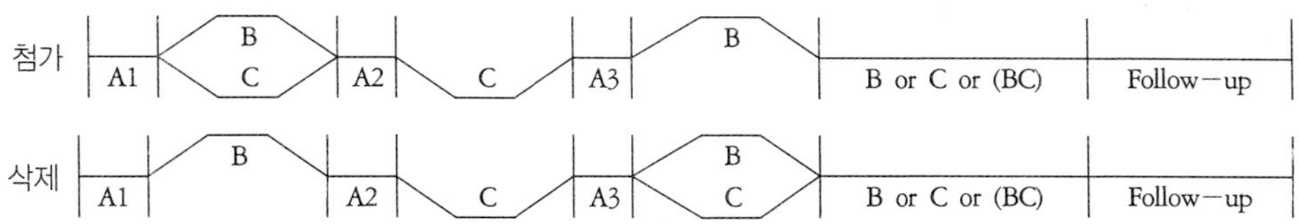

삭제/첨가설계의 핵심은 다양한 치료전략의 체계적인 삭제와 첨가이다. 앞의 동시치료설계와 복수절차설계의 요소를 모두 갖고 있다. 또한 연속설계와 유사성을 갖고 있으나 동시에 두 가지 이상의 치료를 적용한다는 점에서 차이가 난다. ABAB 설계에서 나타나는 자료의 해석과 분석에 있어서 문제가 발생한다.

장 점	단 점
① 개입 전·후의 개입문제나 목표의 비교가 가능하다. ② 상이한 치료기법 간의 비율적인 효과성의 비교가 가능하다. ③ 기초선으로의 복귀로 인해 치료의 인과관계에 해석의 지지가 가능하다. ④ 기초선으로의 복귀로 인해 상이한 치료기법 간의 상호작용의 가능성을 감소시킨다.	① 개입기법 간의 관계가 높을수록 결과해석상에 어려움이 존재한다. ② 치료 자체보다 치료 초기에 받은 영향으로 반응하는 대비(contrast) 효과가 존재한다. ③ 개입기법이 성공적일수록 기초선으로의 복귀가 어렵다. ④ 개입문제가 파괴적이거나 극히 심각할 경우 사용이 불가능하다. ⑤ 기초선으로의 복귀 대신 다른 기법을 사용하는 변형설계의 경우 상호작용의 영향으로 해석상의 문제가 발생한다.

(7) 다중요소 설계

다중요소 설계는 개입의 변화가 미치는 영향을 분석하기 위해 사용된다. 클라이언트에게 효과가 없는 것으로 보이는 개입을 변형하고자 할 때, 또는 개입의 어느 부분이 실제로 대상문제의 변화를 설명하는지를 결정하고자 할 때 이 설계를 사용하는 것이 좋다. 이 설계는 사회복지현장에서 많이 적용될 수 있다. 그 이유는 특정한 하나의 개입방식으로 클라이언트의 표적문제가 해결되지 못할 때 사회복지사는 다른 개입을 시도하기 때문이다.

부록

부록 1 사회복지사 윤리강령

부록 2 Lori A. Russell-Chapin의 사례 :
숙련도에 따른 미시적 기술분류

Chapter

부록 1 사회복지사 윤리강령

한국사회복지사협회 윤리강령

▸ **전 문**

사회복지사는 인본주의·평등주의 사상에 기초하여, 모든 인간의 존엄성과 가치를 존중하고 천부의 자유권과 생존권의 보장활동에 헌신한다. 특히 사회적·경제적 약자들의 편에 서서 사회정의와 평등·자유와 민주주의 가치를 실현하는 데 앞장선다. 또한 도움을 필요로 하는 사람의 사회적 지위와 기능을 향상시키기 위해 저들과 함께 일하며, 사회제도 개선과 관련된 제반활동에 주도적으로 참여한다.

사회복지사는 개인의 주체성과 자기결정권을 보장하는 데 최선을 다하고, 어떠한 여건에서도 개인이 부당하게 희생되는 일이 없도록 한다. 이러한 사명을 실천하기 위하여 전문적 지식과 기술을 개발하고, 사회적 가치를 실현하는 전문가로서의 능력과 품위를 유지하기 위해 노력한다.

이에 우리는 클라이언트·동료·기관·지역사회 및 전체 사회와 관련된 사회복지사의 행위와 활동을 판단·평가하며, 인도하는 윤리기준을 다음과 같이 선언하고 이를 준수할 것을 다짐한다.

▶ 윤리기준

Ⅰ. 사회복지사의 기본적 윤리기준

1. 전문가로서의 자세

1) 사회복지사는 전문가로서의 품위와 자질을 유지하고, 자신이 맡은 업무에 대해 책임을 진다.
2) 사회복지사는 클라이언트의 종교·인종·성·연령·국적·결혼상태·성 취향·경제적 지위·정치적 신념·정신, 신체적 장애·기타 개인적 선호, 특징, 조건, 지위를 이유로 차별대우를 하지 않는다.
3) 사회복지사는 전문가로서 성실하고 공정하게 업무를 수행하며, 이 과정에서 어떠한 부당한 압력에도 타협하지 않는다.
4) 사회복지사는 사회정의 실현과 클라이언트의 복지증진에 헌신하며, 이를 위한 환경조성을 국가와 사회에 요구해야 한다.
5) 사회복지사는 전문적 가치와 판단에 따라 업무를 수행함에 있어, 기관 내외로부터 부당한 간섭이나 압력을 받지 않는다.
6) 사회복지사는 자신의 이익을 위해 사회복지전문직의 가치와 권위를 훼손해서는 안 된다.
7) 사회복지사는 한국사회복지사협회 등 전문가단체 활동에 적극 참여하여, 사회정의 실현과 사회복지사의 권익옹호를 위해 노력해야 한다.

2. 전문성 개발을 위한 노력

1) 사회복지사는 클라이언트에게 최상의 서비스를 제공하기 위해, 지식과 기술을 개발하는 데 최선을 다하며 이를 활용하고 전파할 책임이 있다.
2) 클라이언트를 대상으로 연구하는 사회복지사는 저들의 권리를 보장하기 위해, 자발적이고 고지된 동의를 얻어야 한다.
3) 연구과정에서 얻은 정보는 비밀보장의 원칙에서 다루어져야 하고, 이 과정에서 클라이언트는 신체적, 정신적 불편이나 위험·위해 등으로부터 보호되어야 한다.
4) 사회복지사는 전문성을 개발하기 위해 노력하되, 이를 이유로 서비스의 제공을 소홀히 해서는 안 된다.

5) 사회복지사는 한국사회복지사협회 등이 실시하는 제반교육에 적극 참여하여야 한다.

3. 경제적 이득에 대한 태도

1) 사회복지사는 클라이언트의 지불능력에 상관없이 서비스를 제공해야 하며, 이를 이유로 차별대우를 해서는 안 된다.
2) 사회복지사는 필요한 경우에 제공된 서비스에 대해, 공정하고 합리적으로 이용료를 책정해야 한다.
3) 사회복지사는 업무와 관련하여 정당하지 않은 방법으로 경제적 이득을 취하여서는 안 된다.

Ⅱ. 사회복지사의 클라이언트에 대한 윤리기준

1. 클라이언트와의 관계

1) 사회복지사는 클라이언트의 권익옹호를 최우선의 가치로 삼고 행동한다.
2) 사회복지사는 클라이언트에 대하여 인간으로서의 존엄성을 존중해야 하며, 전문적 기술과 능력을 최대한 발휘한다.
3) 사회복지사는 클라이언트가 자기결정권을 최대한 행사할 수 있도록 도와야 하며, 저들의 이익을 최대한 대변해야 한다.
4) 사회복지사는 클라이언트의 사생활을 존중하고 보호하며, 직무수행과정에서 얻은 정보에 대해 철저하게 비밀을 유지해야 한다.
5) 사회복지사는 클라이언트가 받는 서비스의 범위와 내용에 대해, 정확하고 충분한 정보를 제공함으로써 알 권리를 인정하고 존중해야 한다.
6) 사회복지사는 문서·사진·컴퓨터 파일 등의 형태로 된 클라이언트의 정보에 대해 비밀보장의 한계·정보를 얻어야 하는 목적 및 활용에 대해 구체적으로 알려야 하며, 정보공개 시에는 동의를 얻어야 한다.
7) 사회복지사는 개인적 이익을 위해 클라이언트와의 전문적 관계를 이용하여서는 안 된다.

8) 사회복지사는 어떠한 상황에서도 클라이언트와 부적절한 성적 관계를 가져서는 안 된다.
9) 사회복지사는 사회복지 증진을 위한 환경조성에 클라이언트를 동반자로 인정하고 함께 일해야 한다.

2. 동료의 클라이언트와의 관계

1) 사회복지사는 적법하고도 적절한 논의 없이 동료 혹은 타 기관의 클라이언트와 전문적 관계를 맺어서는 안 된다.
2) 사회복지사는 긴급한 사정으로 인해 동료의 클라이언트를 맡게 된 경우, 자신의 의뢰인처럼 관심을 갖고 서비스를 제공한다.

Ⅲ. 사회복지사의 동료에 대한 윤리기준

1. 동 료

1) 사회복지사는 존중과 신뢰로써 동료를 대하며, 전문가로서의 지위와 인격을 훼손하는 언행을 하지 않는다.
2) 사회복지사는 사회복지전문직의 이익과 권익을 증진시키기 위해 동료와 협력해야 한다.
3) 사회복지사는 동료의 윤리적이고 전문적인 행위를 촉진시켜야 하며, 이에 반하는 경우에는 제반 법률규정이나 윤리기준에 따라 대처해야 한다.
4) 사회복지사가 전문적인 판단과 실천이 미흡하여 문제를 야기했을 때에는, 적절한 조치를 취하여 클라이언트의 이익을 보호해야 한다.
5) 사회복지사는 전문직 내 다른 구성원이 행한 비윤리적 행위에 대해, 제반 법률규정이나 윤리기준에 따라 조치를 취해야 한다.
6) 사회복지사는 동료 및 타 전문직 동료의 직무가치와 내용을 인정·이해하며, 상호 간에 민주적인 직무관계를 이루도록 노력해야 한다.

2. 슈퍼바이저

1) 슈퍼바이저는 개인적인 이익의 추구를 위해 자신의 지위를 이용해서는 안 된다.
2) 슈퍼바이저는 전문적 기준에 의해 공정하게 책임을 수행하며, 사회복지사·수련생 및 실습생에 대한 평가는 저들과 공유해야 한다.
3) 사회복지사는 슈퍼바이저의 전문적 지도와 조언을 존중해야 하며, 슈퍼바이저는 사회복지사의 전문적 업무수행을 도와야 한다.
4) 슈퍼바이저는 사회복지사·수련생 및 실습생에 대해 인격적·성적으로 수치심을 주는 행위를 해서는 안 된다.

Ⅳ. 사회복지사의 사회에 대한 윤리기준

1) 사회복지사는 인권존중과 인간평등을 위해 헌신해야 하며, 사회적 약자를 옹호하고 대변하는 일을 주도해야 한다.
2) 사회복지사는 필요한 사회서비스를 개발하기 위한 사회정책의 수립·발전·입법·집행에 적극적으로 참여하고 지원해야 한다.
3) 사회복지사는 사회환경을 개선하고 사회정의를 증진시키기 위한 사회정책의 수립·발전·입법·집행을 요구하고 옹호해야 한다.
4) 사회복지사는 자신이 일하는 지역사회의 문제를 이해하고, 그것을 해결하는 일에 적극적으로 참여해야 한다.

Ⅴ. 사회복지사의 기관에 대한 윤리기준

1) 사회복지사는 기관의 정책과 사업목표의 달성·서비스의 효율성과 효과성의 증진을 위해 노력함으로써, 클라이언트에게 이익이 되도록 해야 한다.
2) 사회복지사는 기관의 부당한 정책이나 요구에 대하여, 전문직의 가치와 지식을 근거로 이에 대응하고 즉시 사회복지윤리위원회에 보고해야 한다.
3) 사회복지사는 소속기관 활동에 적극 참여함으로써, 기관의 성장·발전을 위해 노력해야 한다.

Ⅵ. 사회복지윤리위원회의 구성과 운영

1) 한국사회복지사협회는 사회복지윤리위원회를 구성하여, 사회복지윤리실천의 질적인 향상을 도모하여야 한다.
2) 사회복지윤리위원회는 윤리강령을 위배하거나 침해하는 행위를 접수받아, 공식적인 절차를 통해 대처하여야 한다.
3) 사회복지사는 한국사회복지사협회의 윤리적 권고와 결정을 존중하여야 한다.

사회복지사 선서

○ 나는 모든 사람이 인간다운 삶을 누릴 수 있도록, 인간존엄성과 사회정의의 신념을 바탕으로, 개인·가족·집단·조직·지역사회·전체사회와 함께 한다.
○ 나는 언제나 소외되고 고통받는 사람들의 편에 서서, 저들의 인권과 권익을 지키며, 사회의 불의와 부정을 거부하고, 개인의 이익보다 공공의 이익을 앞세운다.
○ 나는 사회복지사 윤리강령을 준수함으로써, 도덕성과 책임성을 갖춘 사회복지사로 헌신한다.
○ 나는 나의 자유의지에 따라 명예를 걸고 이를 엄숙하게 선서합니다.

미국사회사업가협회(NASW) 윤리강령

윤리원칙

다음의 포괄적인 윤리원칙은 사회복지서비스의 핵심 가치인 서비스 정의, 사회정의, 개인의 존엄성 및 가치, 인간관계의 중요성, 성실성, 능력을 바탕으로 한다. 이러한 원칙들은 모든 사회복지사가 열망하는 이상을 규정한다.

1. 가치 : 서비스(봉사)

▶ 윤리기준 : 사회복지사의 주요 목표는 욕구에 처한 사람을 도우며, 사회문제를 해결하고자 하는 것이다.

1) 사회복지사는 개인적인 이익을 초월하여 타인에 대한 서비스를 고양시킨다.
2) 어려움에 처해있는 사람을 돕고 사회문제를 해결하기 위해 사회복지사는 자신의 지식, 가치 및 기술을 활용한다.
3) 사회복지사는 금전적 소득을 기대하지 않으면서 자신의 전문적 기술을 자발적으로 발휘하도록 권장된다.

2. 가치 : 사회정의

▶ 윤리기준 : 사회복지사는 사회적 부정의에 도전한다.

1) 사회복지사는 사회적 변화, 특히 취약하고 억압받는 사람 및 집단을 위한 사회적 변화를 추구한다.
2) 사회복지사가 추구하는 사회변화를 위한 노력은 빈곤, 실업, 차별, 기타 유형의 사회적 부정의에 그 주된 초점을 맞춘다.
3) 이를 위해 억압과 문화적, 인종적 다양성에 관한 지식의 민감성을 증진시켜야 한다.
4) 사회복지사는 필요한 정보서비스 자원에 대한 접근, 기회의 균등, 모든 사람을 위한 의사결정에 의미있는 참여를 보장하고자 노력한다.

3. 가치 : 개인의 존엄성 및 가치

▶ 윤리기준 : 사회복지사는 개인의 타고난 존엄성과 가치를 존중한다.

1) 사회복지사는 개인적인 차이와 문화적 및 인종적 다양성을 염두에 두고 이들을 보호하고 존중하는 마음으로 모든 사람을 대해야 한다.
2) 사회복지사는 사회적으로 책임있는 클라이언트의 자기결정권을 위해 노력한다.
3) 사회복지사는 이들의 욕구를 변화시키고 해결하기 위해 클라이언트의 역량과 기회를 강화시켜야 한다.
4) 사회복지사는 클라이언트와 사회에 대한 책임을 인식해야 한다.
5) 사회복지사는 사회복지 전문직의 가치, 윤리기준, 윤리원칙에 일관되는 사회적인 책임을 의식하면서, 클라이언트의 이해관계와 자신의 이해관계 사이의 갈등을 해결하기 위해 노력한다.

4. 가치 : 인간관계의 중요성

▶ 윤리기준 : 사회복지사는 인간관계의 본질적인 중요성을 인식한다.

1) 사회복지사는 사람들 사이의 관계가 변화를 위한 중요한 매개체라는 것을 인식한다.
2) 사회복지사는 클라이언트를 지원하는 과정에서 이들을 파트너로서 대우한다.
3) 사회복지사는 개인, 가족, 사회집단, 조직, 지역사회의 복지증진과 회복유지를 위해 사람들 사이의 인간관계를 강화시키고자 한다.

5. 가치 : 성실성

▶ 윤리기준 : 사회복지사는 신뢰성을 줄 수 있게끔 행동한다.

1) 사회복지사는 사회복지전문직의 임무가치, 윤리기준, 윤리원칙을 항상 염두에 두며, 이러한 것에 일관되게 실천에 임한다.
2) 사회복지사는 정직하고 책임성있게 행동하며, 자신이 속한 조직의 입장에서 윤리적인 실현을 증진한다.

6. 가치 : 능력

▸ 윤리기준 : 사회복지사는 자신의 능력이 미치는 범위 안에서 실천을 하며, 자신의 전문기술을 발전 및 강화시킨다.

1) 사회복지사는 자신의 전문지식과 기술을 확충하기 위해 끊임없이 노력하며, 이러한 지식과 기술을 실천에 적용한다.
2) 사회복지사는 사회복지전문직의 지식기반에 이바지하고자 노력해야 한다.

Chapter

부록 2 Lori A. Russell-Chapin의 사례 : 숙련도에 따른 미시적 기술분류

상담기술 분류		축어록
	1	Rachel : 이봐요. 뭘 제안할 수 있겠어요? 당신은 인생경험이 별로 없는 어린애예요. 당신은 절대로 내 문제를 돕거나 이해할 수 없을 거예요.
가벼운 격려 따라가기	2	Lori : (고개를 끄덕이며 듣는다)
	3	Rachel : 나를 어떻게 도울래요?
바꾸어 말하기 개방질문	4	Lori : Rachel씨. 당신 말이 맞을 거예요. 저는 당신만큼 오래 살지 않았고, 당신만큼 인생경험이 많지도 않아요. 제가 할 수 있는 일이란 당신 말을 듣고 상담관계를 맺을 수 있을지 알아보는 것뿐이죠. 어떻게 생각하세요?
	5	Rachel : (마침내 자리에 앉는다) 좋아요. 하지만 나아진 건 없어요. 알다시피 John과 나는 50년 동안 행복하게 살았어요! 6개월 전에 갑자기 그가 죽고 나니 난 뭘 해야 할지 모르겠어요.
의미반영과 공감/라포	6	Lori : 그렇게 오랫동안 삶의 중요한 부분이던 남편께서 갑자기 돌아가셨다니 끔찍했겠어요. 너무 안 됐어요.
	7	Rachel : (멈추고 나를 보면서) 그게 어떤 건지 안다고요?
자기개방	8	Lori : 남편을 잃는 것이 어떤 건지 정확히 알지는 못해요. 하지만 사랑하는 사람을 잃는다는 것이 어떤 건지는 알아요. 저희 아버지는 제가 25살 때 돌아가셨어요. 저는 무서웠고 너무 슬펐어요.
	9	Rachel : 맞아요. 같지는 않아요. 하지만 당신은 적어도 그게 어떤 느낌인지는 알겠군요.
의미반영/목표설정	10	Lori : 그러면 우리가 몇 가지 공통점은 있다는 거군요. 그리고 우리가 상담에서 다룰 수 있는 것 중의 하나는 남편을 잃은 것에 대한 것이 되겠네요. 그렇죠?
	11	Rachel : 그래요. 그걸 다루고 싶어요. 이제 John이 갔으니 내가 무엇을 해야 할지에 대해 이야기하고 싶은 거 같아요. 우린 정말 많은 걸 함께 했었거든요. 왼팔이 잘려 나간 것 같아요.
바꾸어 말하기/의미반영/따라가기	12	Lori : 남편을 잃은 것은 여러 면에서 당신을 힘들게 했을 거예요. 뭐든지 함께 한 친구일 뿐만 아니라 당신의 한 조각을 잃은 거 같을 거예요.

상담기술 분류		축어록
	13	Rachel : 예, 예. 여러 면이 있어요. 아이 셋은 다 컸는데도 저희 아빠를 너무 그리워하고 지금은 내가 괜찮은지 보려고 계속 나를 불러대요. 솔직히 애들이 묻고 걱정하는 것 때문에 미치겠어요! 막내아이는 내게 집을 떠나 자기와 함께 가자고 해요.
행동묘사/이끌기	14	Lori : Rachel, 당신이 자녀들 이야기를 하기 시작했을 때, 목소리가 더 높고 커졌어요. 흥분한 것 같았어요. 자녀들과 관계에 대해 좀 더 얘기해 보실래요?
	15	Rachel : 나는 아이들을 사랑해요. 하지만 각자 자기 삶이 있어요. 그 아이들은 갑자기 내가 혼자 살 수 없을 거라고 생각하는 것 같아요. 겨우 71살인데! 아직 운전도 하고 카드게임도 하며, 1학년 아이에게 읽기도 가르치는데… 음, 내 말은 내가 그런 일들을 하곤 했다는 거예요.
요 약	16	Lori : 제가 상황을 잘 이해했는지 보죠. 당신은 남편이 많이 그립고 외로워요. 그리고 최근에는 세 자녀가 당신을 나약한 사람으로 만들려고 하며, 이사해서 자기네들과 살자고 설득하고 있어요. 당신은 독립적으로 많은 일을 했던 것처럼, John 없이도 잘살 수 있다고 생각하고 있고요. 당신과 John은 함께 많은 일을 했지만, 몇 가지는 John 없이 했었다는 것처럼 들리네요. 제가 정확히 이해한 건가요?
	17	Rachel : 예, 예. (Rachel은 다시 침묵했고, 나는 꽤 긴 시간 동안 조용히 그녀와 함께 앉아 있었다) 나는 John과 함께 했던 것들이 그리워요! 이전 생활이 그리워요.
언어 따라가기/ 개방질문/관심사 탐색/이해	18	Lori : Rachel, 이전 생활에서 뭐가 그리우세요?
	19	Rachel : 우린 둘 다 은퇴해서 자유롭게 여행을 했어요. 어디나 갔었죠. 우리의 여행과 함께 보낸 시간들에 대한 기억이 아주 많아요. 이 도시와 전국에 친구가 많이 있어요.
의미반영/관심사 탐색/이해	20	Lori : 그런 기억들은 함께 보냈던 좋은 시간을 회상하게 해주지만 동시에 잃은 것들도 기억나게 하죠. Rachel, 최근에 그 친구들을 몇 번이나 만나셨어요?
	21	Rachel : 수백 장의 카드와 추도편지를 받았고 손수 감사카드를 써서 보냈어요. 하지만 John이 죽은 후로는 친목회에 나가지 않았어요.
해석/바꾸어 말하기/적절한 폐쇄질문/지각확인	22	Lori : John을 잃은 것 이상으로 외로움이 크군요. 그런가요?
	23	Rachel : (울면서) 이전 생활이 모두 그리워요.
감정반영	24	Lori : 슬픔과 상실감에 압도된 거 같아요.
	25	Rachel : 어떻게 해야 할지 모르겠어요.

상담기술 분류		축어록
이끌기/가르치기/특수한 기법	26	Lori : Rachel, 너무 고통스러운 6개월을 보내셨어요. 이 상담실에서도 당신은 충격에서 슬픔, 분노까지 다양한 감정을 드러내셨어요. 그런 느낌은 아주 자연스럽고 당연한 거예요. 남편의 죽음으로 당신의 이전 생활이 산산이 부서진 거 같아요. 당신의 생활과 느낌을 재구성하는 데 도움이 되도록 몇 가지 상담목표를 세웁시다.
	27	Rachel : 어떤 목표를 세워야 할지도 모르겠어요.
목표설정	28	Lori : 이미 몇 가지 아이디어를 제게 주셨고 대안적인 방식이 많이 있어요. 첫 번째 목표는 당신의 슬픔을 다른 사람과 공개적으로 나누는 거예요. 여기서 잘했는데 저에게 여러 가지 감정과 생각을 말해 주세요. 세 자녀와도 이렇게 했으면 해요. 다음 회기까지 자녀들에게 각각 연락해서 당신이 John을 얼마나 보고싶어 하는지, 자녀들이 나약한 사람으로 대하는 것이 어떻게 느껴지는지 알려주세요.
	29	Rachel : 예, 아이들에게 전화하죠.
목표설정/적절한 폐쇄질문	30	Lori : 오늘 우리가 정할 또 하나의 목표는 카드게임 친구에게 연락해 다음 게임 시간이 언제인지 알아오는 것입니다. 하실 수 있겠어요?
	31	Rachel : (천천히 웃는다) 그건 확신할 수 없지만 해볼게요.
내용과 감정요약	32	Lori : 이제 15분 남았어요. 짧은 시간 동안 많은 영역을 다루었어요. 저는 당신의 깊은 상실감을 이해했다고 생각해요. John은 틀림없이 훌륭한 배우자였을 거예요. 당신은 그가 많이 그립고 외로워요. 이전 생활로 돌아가고 싶고요. 게다가 당신을 너무 사랑해서 당신이 혼자 사는 것에 대해 염려하는 자녀들이 있어요. 또 당신이 즐겼던 것, 게임, 과외, 여행 같은 것들을 많이 포기했다는 것도 알았어요.
	33	Rachel : 많은 영역을 다루었군요. 이야기를 시작하기 전까지는 내가 얼마나 많은 것을 잃었는지 잘 몰랐어요.
개방질문/회기평가	34	Lori : 오늘 상담에서 어떤 부분이 당신의 슬픔을 이해하는 데 도움이 되었나요?
	35	Rachel : 많은 것들이 이해에 도움이 되었어요. 하지만 여전히 좀 혼란스러워요.
명료화/회기평가	36	Lori : Rachel, 그러면 좀 더 명확화해 봅시다. 오늘 당신에게 어떤 것이 이해가 되었나요?
	37	Rachel : 음, 전에 말했던 단지 John의 죽음에 대한 것이 아니라, 이전 생활을 너무 많이 잃어버린 것에 대해 슬퍼하고 있구나 하는 것이에요.
계획검토	38	Lori : 당신은 잃어버린 많은 것들에 대해 슬퍼하고 있어요. 그리고 오늘 당신은 최소한 두 가지 삶의 영역에서 통제력을 회복하기 시작했어요. 자녀들에게 당신이 그들을 사랑하지만 혼자 살 수 있음을 알리고, 카드게임 친구에게 전화를 걸기로 했어요.
	39	Rachel : 내가 그렇게 말했죠. 그렇죠!?!
즉시성/개방질문/피드백/회기평가	40	Lori : 예, 당신이 그랬어요! 나는 오늘 회기에서 당신의 느낌과 슬픔이 정말로 당연하고 정상적이라고 생각했어요. Rachel, 오늘 당신은 매우 주저하면서 여기 오셨고 저를 보자 제가 도움이 될 수 없다고 생각했어요. 지금은 우리에 대해 어떻게 생각하세요?

상담기술 분류		축어록
	41	Rachel : 여전히 당신이 너무 젊다고 생각해요. 하지만 당신은 돕겠다고 했고 그렇게 했어요. 고마워요, 친절한 아가씨.
개방질문/상담약속 정하기	42	Lori : Rachel, 당신과 상담하는 것이 즐거웠어요. 다음 상담약속을 어떻게 하고 싶으세요?
	43	Rachel : 다음 주 같은 시간에 만날 수 있을까요?
따라가기/회기종결	44	Lori : 확인해 보죠. 그 시간이 비었어요. 고마워요. Rachel.

참고문헌

고수현 외. 사회복지개론. 서울 : 대학출판사.

권육상 · 이태희(2003). 최신가족복지론. 서울 : 유풍출판사.

권중돈 · 김종옥(1993). 집단사회사업방법론. 서울 : 홍익제.

권진숙 외(2007). 가족복지론. 경기 : 공동체.

김교헌 · 심미영 · 원두리 공역, C. S. Carver, M. F. Scheier 저(2005). 성격심리학. 서울 : 학지사.

김규수 · 오현숙(2005). 가족치료. 경기 : 양서원.

김경호(2005). 사회복지실천기술론. 서울 : 청록출판사.

김기태 · 김수환 · 김영호 · 박지영(2002). 사회복지실천론. 경기 : 양서원.

김기태 · 박병현 · 최송식(2007). 사회복지의 이해. 서울 : 박영사.

김동배 · 권중돈(2008). 인간행동이론과 사회복지실천. 서울 : 학지사.

김동배 · 이윤로(2004). 집단사회사업의 실천과 평가. 경기 : 도서출판 21세기사.

김미란(2006). 아들러의 개인심리학에 근거한 격려 집단상담 프로그램 개발 및 효과분석. 목포대학교 대학원 박사학위논문.

김성이 · 조학래 · 노충래(2004). 청소년복지학. 서울 : 집문당.

김연옥 · 조흥식 · 김융일(1995). 사회사업방법론. 경기 : 나남.

김영호 외(2005). 인간행동과 사회환경. 경기 : 양서원.

김용태(2004). 가족치료이론. 서울 : 학지사.

김유숙(2000). 가족치료. 서울 : 학지사.

김유진 · 임충기(2002). 최신심리학. 서울 : 시그마프레스.

김융일 · 조흥식 · 김연옥(1995). 사회사업실천론. 경기 : 나남.

김정희 역, R. J. Corsini, D. Wedding 편저(2004). 현대심리치료. 서울 : 학지사.

김진숙 · 김창대 · 이지연 공역, N. G. Hamilton 저(2007). 대상관계 이론과 실제. 서울 : 학지사.

김통원(2003). 사회복지 프로그램 개발과 평가. 서울 : 학지사.

김춘경 외 공역, Stephen Palmer 저(2006). 상담 및 심리치료의 이해. 서울 : 학지사.

김충기 · 김현옥 공역, Grrald Corey 저(1997). 상담과 심리치료의 원리와 실제. 서울 : 성원사.

김충기 · 강봉규(2003). 현대 상담이론과 실제. 경기 : 교육과학사.

김학주(2004). 사회복지 프로그램 평가. 경기 : 집문당.

김헌수 · 김태호(2006). 상담의 이론과 실제. 서울 : 태영출판사.

김형식(1999). 사회복지 프로그램 평가 : 이론과 실제. 서울 : 아시아미디어리서치.

김형태(2000). 상담의 이론과 실제. 서울 : 동문사.

______(2003). 21세기를 위한 상담심리학. 서울 : 동문사.

김혜란 · 홍선미 · 공계순(2001). 사회복지실천기술론. 경기 : 나남.

김혜련 · 이시연 · 최윤정 · 권현진(2004). 임상사회사업. 서울 : 학지사.

남세진 · 조홍식(1998). 집단지도방법론. 서울 : 서울대학교출판부.
노안영(2007). 상담심리학의 이론과 실제. 서울 : 학지사.
노안영 · 강영신(2003). 성격심리학. 서울 : 학지사.
류종훈(2005). 사회복지실천기술론. 서울 : 유풍출판사.
문인숙 외(1998). 사회사업방법론 : 통합적 접근. 경기 : 보진재.
민경환(2002). 성격심리학. 경기 : 법문사.
민성길(1995). 최신정신의학(제4판). 서울 : 일조각.
박경란 · 이영숙 · 전귀연(2001). 현대가족학. 서울 : 신정.
박경애(2004). 인지 · 정서 · 행동치료. 서울 : 학지사.
박기흠(2003). 가족의 구조와 기능. 대한가정의학회 가정의학 총론편. 서울 : 계축문화사.
박명숙(1999). 생태체계이론에 대한 이해와 사회사업에의 적용에 관한 연구. 서울 : 카톨릭대학교 사회복지연구소.
박민자(2003). 현대의 가족사회학 : 이론적 관점과 쟁점. 한국이론사회학회. 사회와 이론, 통권 제2집.
박성주(1993). 상담이론. 서울 : 한국방송통신대학교 출판부.
박아청(1984). Maslow 자아실현의 심리. 경기 : 교육과학사.
______(2006). 성격발달심리의 이해. 경기 : 교육과학사.
박종삼 외(2002). 사회복지개론. 서울 : 학지사.
사회복지사 국가시험연구회(2002). 사회복지사 1급 국가시험 해설문제집. 서울 : 은신미디어.
서병숙 외(2002). 현대가족과 복지. 경기 : 교문사.
서봉연(1989). 심리학개론(제2판). 서울 : 박영사.
서진숙(1993). 인본주의 심리학에 대한 소고. 심리연구 학술지. 서울 : 이화여자대학교 사범대학 교육심리학과.
서진환 · 이선혜 · 정수경 공역, 말콤 페인 저(2001). 현대사회복지실천이론. 경기 : 나남.
서현정 역, 앨런 피즈 · 바바라 피즈 저(2005). 보디랭귀지. 서울 : 베텔스만.
성규탁 · 윤경아(1996). 사회복지실천평가론. 경기 : 법문사.
성영혜 · 이재연 · 서영숙 · 이소희(1997). 현대사회와 가족복지. 서울 : 숙명여자대학교출판부.
성정현 · 여지영 · 우국희 · 최승희(2004). 가족복지론. 경기 : 양서원.
성현란 외(2001). 인지발달. 서울 : 학지사.
손광훈(2004). 장애인복지론. 경기 : 현학사.
______(2008). 인간행동과 사회환경. 경기 : 공동체.
손정락 역, Walter Mischel 저(1994). 성격심리학. 경기 : 교육과학사.
손정락 역, W. Mischel, Y. Shoda, R. E. Smith(2007). 성격심리학. 서울 : 시그마프레스.
송성자a(1995). 가족과 가족치료. 경기 : 법문사.
송성자b(1995). 가족관계와 가족치료. 서울 : 홍익제.
신성자 외(2007). 사회복지실천기술론. 경기 : 양서원.
신응섭 외(2002). 심리학개론. 서울 : 박영사.
안범희(2002). 성격심리학. 서울 : 도서출판 하우.
안병환 외 공역, Raymond G. Miltenberger 저(2002). 행동수정. 서울 : 시그마프레스.

양옥경 · 김정진 · 서미경 · 김미옥 · 김소희(2001). 사회복지실천론. 경기 : 나남.
엄명용 · 노충래 · 김용석(2007). 사회복지실천기술의 이해. 서울 : 학지사.
__________(2005). 사회복지실천기술의 이해. 서울 : 학지사.
엄예선(1994). 가족치료의 초기과정을 이끄는 방법. 한국사회복지학, 통권 제23호, 272-274.
연세사회복지실천연구회 역(2004). 사회복지실천이론의 이해와 적용. 경기 : 나남.
오인수 · 이동궁 · 김영조 · 김은향 · 송선원 · 고정자 · 이은경 · 이정희 · 이보경 · 황애현 · 장현일(2005). 상담으로 풀어가는 교실 이야기. 경기 : 교육과학사.
오창순 · 윤경아 · 김근식 공역(2001). 사회복지실천론 : 통합적 관점. 서울 : 아시아미디어리서치.
오혜경. 사회사업실천에서 생태체계이론의 적용에 관한 서설적 연구. 사회과학연구, 제14집.
원호택 역, Aaron T. Beck 저(1997). 우울증의 인지치료. 서울 : 학지사.
원호택 외(2000). 심리장애의 인지행동적 접근. 경기 : 교육과학사.
윤가현 외(2005). 심리학의 이해. 서울 : 학지사.
윤순임 외(2005). 현대 상담 · 심리치료의 이론과 실제. 서울 : 중앙적성출판사.
윤현숙 외(2001). 사회복지실천기술론. 서울 : 동인.
이관직 역, 스탠톤 L. 존스 · 리차드 E. 버트만 저(1995). 현대심리치료법. 서울 : 총신대학교출판부.
이무석(2005). 정신분석에로의 초대. 서울 : 이유출판사.
이성진(2003). 행동수정. 경기 : 교육과학사.
이성진 · 홍준표(1998). 행동수정의 원리. 경기 : 교육과학사.
이소희 · 최덕경 · 강기정 · 김 현(2004). 가족문제와 가족복지. 서울 : 대왕사.
이수일 역, 줄리어스 파스트 저(1992). 바디랭귀지. 서울 : 한마음사.
이원숙(2004). 가족복지론. 서울 : 학지사.
이윤로(2005). 사회복지실천기술론. 서울 : 학지사.
이윤주 외(2003). 집단상담기법. 서울 : 학지사.
이애재(2006). 사회복지실천기술론. 경기 : 양서원.
이인정 · 최혜경(2001). 인간행동과 사회환경. 경기 : 나남.
이장호 · 금명자(1992). 상담연습교본. 경기 : 법문사.
이장호 외(2001). 상담심리학의 기초. 서울 : 학문사.
이장호(1986). 상담심리학 입문. 서울 : 박영사.
______(2006). 상담심리학. 서울 : 박영사.
이장호 · 정남운 · 조성호(2005). 상담심리학의 기초. 서울 : 학문사.
이정호 · 김성이 · 김통원(1999). 사회복지시설평가의 길잡이. 서울 : 한국사회복지협의회출판부.
이준우 · 이화옥 · 임원선(2004). 사회복지실천론. 서울 : 인간과 복지.
이팔환 외 공역(2001). 사회복지실천 이론의 토대. 서울 : 나눔의 집.
이현림(2000). 상담이론과 실제. 서울 : 원미사.
이형득 외(1993). 상담의 이론적 접근. 서울 : 형설출판사.
이형득(1997). 상담의 이론적 접근. 서울 : 형설출판사.
이형득 · 김선남 공역(1991). 가족치료입문. 서울 : 형설출판사.

이형득 · 김성회 · 설기문 · 김창대 · 김정희(2003). 집단상담. 서울 : 중앙적성출판사.
이화여대 사회사업학과 편(1997). 가족치료 총론. 서울 : 동인.
______________________(1993). 집단사회사업실천방법론. 서울 : 동인.
임은희(2004). 사회복지실천론. 서울 : 학지사.
이훈구 역, L. A. 젤리 · D. J. 지글러 저(2000). 성격심리학. 경기 : 법문사.
임상곤(2006). 성격심리학론. 서울 : 백산출판사.
장수미(1992). 알코올중독자 자녀의 자존심 고취를 위한 단기집단치료 프로그램 효과에 관한 연구. 이화여자대학교 대학원 석사학위논문.
장인협(1992). 사회사업실천방법론(上). 서울 : 서울대학교출판부.
______(1989). 사회사업실천방법론(下). 서울 : 서울대학교출판부.
장인협 · 오세란(1998). 사회지지체계론 : 기초 이론과 실천사례. 서울 : 사회복지실천연구소.
장인협 · 우국희(2001). 케어 · 케이스 매니지먼트. 서울 : 서울대학교출판부.
장혁표 · 제석봉 · 김정택 공역(1988). 가족치료. 서울 : 중앙적성출판사.
전병재(1997). 인간과 사회 : 비판사회심리학적 이해. 서울 : 경문사.
전윤식 · 강영심 · 황순영 공역, M. D. Spiegler, D. C. Guevremont 저(2004). 행동치료. 서울 : 시그마프레스.
전재일 · 이성희(2004). 사회복지실천기술론. 서울 : 형설출판사.
전형태(2005). 21세기를 위한 상담의 이론과 실제. 서울 : 동문사.
정명숙 역, Carole Sutton 저(2007). 사회복지와 심리학. 서울 : 시그마프레스.
정무성 · 정진모(2001). 사회복지 프로그램 개발과 평가. 경기 : 양서원.
정영숙 · 안현의 · 유순화 공역, Lawrence A. Pervin 저(2005). 성격심리학. 서울 : 박학사.
정채기(2004). 성격심리학. 서울 : 교육 아카데미.
정현숙 · 유계숙(2001). 가족관계. 서울 : 학지사.
조운희(1999). 사회복지관 운영관리 평가. 서울 : 아시아미디어리서치.
조흥식 · 김인숙 · 김혜란 · 김혜련 · 신은주(1998). 가족복지학. 서울 : 학지사.
조흥식 외(2006). 가족복지학. 서울 : 학지사.
조현춘 외 공역. R. M. Liebert, L. L. Lieber 저(2003). 성격심리학. 서울 : 시그마프레스.
조현춘 · 조현재 공역. Gelard Corey 저(2003). 심리상담과 치료의 이론과 실제. 서울 : 시그마프레스.
지은구(2005). 사회복지 프로그램 개발과 평가. 서울 : 학지사.
최경석 · 김양희 · 김성천 · 김진희 · 박정윤 · 윤정향(2001). 한국사회복지의 이해. 서울 : 인간과 복지.
최선화(2006). 풀어쓴 사회복지실천기술론. 경기 : 공동체.
최옥채 · 박미은 · 서미경 · 전석균(2007). 인간행동과 사회환경. 경기 : 양서원.
최정훈(1992). 인본주의 심리학. 경기 : 법문사.
최창호(1999). 20세기를 빛낸 심리학자들. 서울 : 학지사.
한국여성복지연구회(2005). 가족복지론. 서울 : 청목출판사.
한재희(2006). 상담패러다임의 이론과 실제. 서울 : 교육 아카데미.
허남순(2004). 사회복지실천이론과 기술. 서울 : 나눔의 집.
홍숙기 역, E. Jerry Phares 저(2004). 성격심리학. 서울 : 박영사.

Allen, J.(1993). The constructivist paradigm : Values and ethics. In J. Laird(Ed.), *Revisioning Social Work Education : A Social Constructionist Approach*(pp.31-54). NY : Haworth.

Anderson, J.(1981). *Social Work Methods and Processes*. Belmont, CA : Wadsworth.

Barker, R. L.(1995). *The social work dictionary*(4th ed). Washington, DC : NASW Press.

Bartlett, H. M.(1970). *The Common Base of Social Work Practice*. NY : Putnam.

Brill, N. I.(1997). *Working with People : The helping process*(6th ed.). NY : Longman.

Collins, D., Jordan, C., & Coleman, H.(1999). *An Introduction to Family Social Work*. F. E. Peacock Publishers. Inc.

Collins, D., Jordan, C., & Coleman, H. 저, 이화여자대학교 사회복지연구회 역(2001). **가족복지실천론**. 서울 : 나눔의 집.

Compton, B., and Galaway, B.(1984). *Social work processes*. Homewood, Ill : Dorsey.

Corey, G., Corey, M. S., & Callanan, P.(1998). *Issues and Ethics in the Helping Professions*(3rd ed.). CA : Brooks/Cole Publishing Company.

Corey, G.(1991). *Group Techniques*(2nd.). Pacific Grove, CA : Brooks/Cole Publishing Company.

Corey, G. 저, 한기태 역(1996). **상담과 심리요법의 이론과 실제**. 서울 : 성광문화사.

Corey, M. S., Corey, G. 저, 김명권 외 공역(2001). **집단상담 과정과 실제**. 서울 : 시그마프레스.

Corey, Gerald. 저, 조현춘 · 조현재 · 이희백 · 천성문 공역(2002). **집단심리상담의 이론과 실제**. 서울 : 시그마프레스.

Cournoyer, B.(2000). *The social work skill workbook*(3rd.ed). Belmont, CA : Brooks/Cole.

Cournoyer, Barry. 저, 김인숙 · 김용석 공역(2002). **사회복지실천기술연습**. 경기 : 나남.

Corsini, R. J., & Wedding, D. 저, 김정희 역(2004). **현대 심리치료**. 서울 : 학지사.

Crain, W. C.(1985). *Theories of Development : Concepts and Applications*. Englewood Cliffs, NJ : Prentice-Hall.

Dean, R. G., & Fleck-Henderson, A.(1992). Teaching clinical theory and practice through a constructivist lens. *Journal of Teaching in Social Work, 6*(1), 3-20.

Dorfman, R. A.(1996). *Clinical Social Work*. NY : Brunner/Mazel, Inc.

Dorfman, R. A. 저, 김혜련 · 이시연 · 최윤정 · 권현진 공역(2004). **임상사회사업**. 서울 : 학지사.

Doremus, B.(1976). The four R's : Social diagnosis in health care. *Health and Social Work, 1*, 121-139.

Evans, David R., Hearn, Margret T., Uhlemann, Max R., & Jvey, Allen E. 저, 성숙진 역(1998). **상담의 필수기술**. 경기 : 나남.

Fischer, J.(1981). The social work revolution. *Social Work, 26*(3), 199-207.

Frick, W. B.(1991). *Personality Theories : Journeys into self : An Experiential Workbook*(2nd ed.). NY : Teachers College Press.

Garvin, Charles D. 저, 정진영 · 황성철 외 공역(1998). **현대 집단 사회사업**. 서울 : 학문사.

Germain, C. B.(Ed.)(1979). *Social Work Practice : People and Environments*. NY : Columbia University Press.

Germain, C. B., & Gitterman, A.(1980). *The Life Model of Social Work Practice*. NY : Columbia University Press.

______________________________(1987). Ecological perspectives. In A. Minahan(Editor-in-chief). *Encyclopedia of*

Social Work(*Vol. 1*, 18th ed., pp.488-499). Silver Spring, MD : National Association of Social Workers.

Goldenberg, I., & H. Goldenberg(1991). *Family Therapy : An Overview*(3rd ed.). CA : Brooks/Cole pub. Co.

Greene, R., and P. Ephross(1991). *Human Behavior and Social Work Practice*. NY : Aldine de Gruyter.

Greene, R. R., & McGuire, L.(1998). Ecological Perspective : Meeting the challenge of practice with diverse populations. In R. R. Greene & M. Watkins(Eds.) Serving Diverse Constituencies. *Applying the Ecological Perspective*(pp.1-29). Hawthorne, NY : Aldine de Gruyter.

Greene, R. R., & Watkins, M.(1998). Serving Diverse Constituencies. *Applying the Ecological Perspective*. Hawthorne, NY : Aldine de Gruyter.

Guba, E. G.(Eds.)(1990). *The Paradigm Dialog*. newbury Park, CA : SAGE.

Hackney, H. L., Cormier, L. S. 저, 임성문 외 공역(2004). 심리상담의 과정과 기법. 서울 : 시그마프레스.

Hall, C. S., & Lindzey, G.(1957). *Theories of Personality*. NY : Wiley.

Hartman & Laird(1983). *Family-Centered Social work Practice*. NY : The Fire Press.

Hepworth, Rooney & Larsen. 저, 허남순 · 한인영 · 김기환 · 김용석 공역(2004). 사회복지실천이론과 기술. 서울 : 나눔의 집.

Hill, Clara E., & O'Brien, Karen M. 저, 주은선 역(2001). 상담의 기술. 서울 : 학지사.

Jayaratne, S., and Levy, R. L.(1979). *Empirical Clinical Practice*. NY : Columbia University Press.

Kadushin, Alferd. 저, 문인숙 · 김만두 공역(1986). 사회사업면접의 기술. 서울 : 홍익제.

Larraine, M., K. DeLois and L. GlenMaye(1995). Understanding Empowerment Practice : Building on Practitioner-based Knowledge. *Families in Society*, *Vol. 76*.

Lichtenberg, J. W., Johnson, D., & Arachtingi, B. M.(1992). Physical illness and subscription to Ellis's irrational beliefs. *Journal of Counseling & Development*, *Vol. 71*.

Maguire, Lambert. 저, 배태순 외 공역. 전문사회복지실천기술. 서울 : 시그마프레스.

Mangold, M. M., & Zaki, E. P.(1982). *Annette Garrett Interviewing : Its Principle and Methods*(3rd ed.). Family Service America.

Mangold, M. M., & Zaki, E. P. 저, 김연옥 · 최해경 공역(1994). 사회사업 면접의 이론과 사례. 경기 : 한울 아카데미.

Meyer, C.(1983). Selecting appropriate practice models. In A. Rosenbatt & D. Waldfogel(Eds.). *Handbook of Clinical Social Work*(pp.731-749). San Francisco, CA : Jossey-Bass.

Minuchin, S., and H. C. Fisch.(1981). *Family Therapy Techniques*. Gambridge, MA : Harvard University Press.

Nichols, M., and R. C. Schwartz.(1991). *Family Therapy Concepts and Methods*. Boston : Allyn and Bacon.

______________(1995). *Family Therapy : Concepts and methods*(3rd ed.). Boston : Allyn and Bacon.

Nichols & Schwartz(2001). 가족치료(핵심개념과 실제적용). 서울 : 시그마프레스.

Northen, H.(1982). *Clinical Social Work*. NY : Columbia University Press.

Northen, Helen., Kurland, Roselle. 저, 노충래 역(2006). 집단사회복지실천. 서울 : 학지사.

Neukrug, Ed.(2002). *Skills and Techniques for Human Service Professionals*. CA : Brooks/Cole.

Palmer, Stephen. 저, 김춘경 외 공역(2006). 상담 및 심리치료의 이해. 서울 : 학지사.

Patterson, J., L. Williams, C. Grauf-Grounds, and L. Chamow(1998). *Essential Skills in Family Therapy : From the First Interview to Termination*. NY : Guilford.

Perlman, H. H.(1957). *Social Casework : A Problem-Solving Process*. Chicago : University of Chicago Press.

Phares, E. Jerry(1987). 성격심리학. 서울 : 박영사.

Pozatak, E.(1994). The problem of certainty ; Clinical social work in the postmodern era. *Social Work*, *39*(4), 396-403.

Richmond, M.(1917). *Social Diagnosis*. NY : Russell Sage Foundation.

Robert E. Rakel(2002). The family genogram. Syed M. Ahmed et al., *Testbook of family medicine*. philadelphia : Saunders.

Roger. C. R.(1951). *Client-centered therapy : Its current practice, implications, and theory*. Boston : Houghton Mifflin Company.

___________(1959). A theory of theory, personality, and Interpersonal relationships, as developed in the client-centered framework. In S. koch(ed), *Psychology : A study of a science, Vol. 3*. NY : Mcgraw-Hill.

___________(1963). The actualizing tendency in relation to "motives"; and to consciousness. In M. Jones(Ed), *Nebraska symposium on motivation, vol. 2*. Lincoln. Neb : University of Nebraska Press.

___________(1977). *Carl Rogers on personal power*. NY : Delacorte Press.

Phares, E. J.(1984). *Clinical Psychology : Concepts, Methods, and profession*(2nd ed). Homewood : Dorsey.

Satir, V., J. Banmen, J. Gerber, and M. Gomori(1991). *The Satir Mode l : Family Therapy and Beyond*. Palo Alto, CA : Science and Behavior Books.

Satir, V. 저, 성민선 · 송 준 공역(1986). 사람 만들기. 서울 : 홍익사.

Schön, D.(1983). *The Reflective Practitioner*. NY : Basic Books.

Sheafer, B., Horejsi, C., Horejsi, G.(1988). *Techniques and guideline for social work practice*. Boston : Allyn & Bacon.

Sheafer, B., Horejsi, C., Horejsi, G. 저, 서울대 사회복지실천연구회 역(1999). 사회복지실천기법과 지침. 경기 : 나남.

Shaw, M. E., & Costanzo, P. R.(1982). *Theories of Social Psychology*(2nd ed.). NY : McGraw-Hill.

Shulman, Lawrence. 저, 김성숙 외 공역(1997). 어떻게 도와야 하나. 서울 : 홍익재.

Tomm, K.(1998). Interventive interviewing : Part Ⅲ. *Family Process*, *27*(1), 1-15.

Trevithick P.(2000). *Social work skills : A practice handbook*. Philadelphia, PA : Open University Press.

Trevithick P. 저, 장인협 감역, 우국희 · 최경원 · 황숙연 공역(2002). 사회복지실천기술 : 실천을 위한 핵심기술 50. 경기 : 사회복지실천연구소.

Turner, F. J.(1995). Social work practice : Theoretical base. In R. L. Edwards(Editor-in-chief). *Encyclopedia of Social Work*(*Vol. 3*, 19th ed., pp.2258-2265). Washington, DC : NASW Press.

Volger, N. R.(1996). *New Approaches to Family Practice : Confronting Economic Stress*. CA : Sage Publications.

Wakefiled, J. C.(1996). Does social work need the eco-systems perspective?(part 1). *Social Service Review*, *70*, 1-32.

Walsh, F., and C. Crosser(2000). Advances in family therapy : Theory and practice. In P. Allen-Meares and C. Garvin(Eds.). *The Handbook of social work direct practice*. Thousand Oaks, CA : Sage.

Weick, A.(1993). Reconstructing social work education. In J. Laird(Ed.), *Revisioning Social Work Education : A Social Constructionist Approach*(pp.11-30). NY : Haworth.

White, M., & Epston, D.(1990). *Narrative Means to Therapeutic Ends*. NY : W. W. Norton.

Woods, M. E., and H. Robinson(1996). Psychological Theory and Social Work Treatment. In F. Turner(ed.). *Social Work Treatment*(pp.557-563). The Free Press.

찾아보기

인 명

내 용

저/자/약/력

■ 손광훈(孫廣壎)

숭실대학교 사회사업학과(학사)
숭실대학교 대학원 사회사업학과 석사 · 박사
미국 University of Pennsylvania 교환연구원
미국 Colorado State University 교환교수
서울장애인종합복지관 사회복지부 차장 역임
부산남구종합사회복지관 관장 역임
현 경성대학교 법정대학 사회복지학과 교수

〈논문 및 저서〉
장애인복지론(정민사, 2013)
사회복지사를 위한 기초기술과 연습(양서원, 2009)
인간행동과 사회환경(공동체, 2008)
한국의 지역사회복지실천(현학사, 2004)
사회복지학개론(학지사, 2002)
발달장애아 가족사정 도구개발과 효과성에 관한 연구(1996). 숭실대학교 대학원 박사학위논문
GIS를 활용한 사회복지관의 장애인복지 기능전환 및 특화에 관한 사례연구(2013), 한국지역사회복지학, 44(1)
균등화 방법을 이용한 사회복지시설 평가점수의 사후보정(2012), 한국사회복지행정학회, 14(1)
자료포락분석(DEA)을 이용한 사회복지관 효율성 평가에 관한 연구(2003), 한국사회복지학, 52(봄) 외 다수

사회복지실천기술론

|저자| 손광훈

|1판 1쇄| 발행 2009년 8월 30일
|2판 1쇄| 발행 2013년 8월 15일
|2판 2쇄| 발행 2015년 3월 5일
|2판 3쇄| 발행 2017년 1월 20일
|2판 4쇄| 발행 2020년 2월 14일

|발행인| 김 동 훈
|발행처| 공 동 체

|주소| 경기도 고양시 일산동구 호수로 358-39, 동문타워 I 905호(백석동)
|전화| 031) 920-8305(대표)
|팩스| 031) 920-8308
|e-mail| compub@naver.com
|출판등록| 2005년 10월 6일
|등록번호| 제396-2005-36호

|ISBN| 978-89-6352-531-0
정가 23,000원